Jonathan Meese
1970–2023

Verlag der Buchhandlung Walther König, Köln

Robert Eikmeyer / Doris Mampe

JONATHAN MEESE 1970–2023

oder: Mach Dich unwählbar

Vorwort

Ich will, dass jedes ideologische System kaputtgeht. Und das geht nur durch Kunst. Die Kunst selber ist eben verfassungsfeindlich. (Jonathan Meese)

Seit dem Tod von Joseph Beuys 1986 ist kein Künstler und kein künstlerisches Werk so kontrovers diskutiert worden wie das von Jonathan Meese. Meese polarisiert die Öffentlichkeit und die Vorwürfe gegen ihn klingen wie ein Déjà-vu: Scharlatan, Clown, Schwätzer, Missionar, und – nach den jüngsten »Entlarvungen« bei Beuys* – Anti-Demokrat oder verkappter Nazi. Das Leben als permanente künstlerische Performance beinhaltet für Meese die Zurschaustellung gesellschaftlicher Dämonen und deshalb auch die Zeichen und Gesten des als radikal böse erachteten Dritten Reichs, insbesondere den Hitlergruß, der von ihm als »Meesegruß« im performativen Exzess völlig überzeichnet eingesetzt wird. Ein Höhepunkt war nach der Veranstaltung *Größenwahn in der Kunstwelt* an der Universität Kassel im Vorfeld der documenta 13 erreicht, als das Amtsgericht Kassel nicht nur klären wollte, ob Meeses Gruß im Rahmen einer Performance erfolgte und somit durch Art. 5, Abs. 3 des Grundgesetzes, die »Kunstfreiheit«, gedeckt sei, sondern auch, ob er mit dem stereotypen Einsatz dieser Geste – wie viele meinen eine »Geschmacklosigkeit« – der Kunst diene. Meese ist im Gegensatz zu Beuys kein Avantgardist, der die Kunst in eine wie auch immer geartete Lebenspraxis überführt, er will im Gegenteil die Kunst von allen außerkünstlerischen Zwängen und Zugriffen befreien. In der »Diktatur der Kunst« soll die Kunst führen, was für den Künstler allein dadurch gewährleistet wird, dass wir der (r)evolutionären Macht der »K.U.N.S.T.« bedingungslos dienen.

Ist es sinnvoll, bei einem Künstler wie Jonathan Meese, der seine Person und sein Ich so stark negiert wie kein anderer und sich zur »Ameise der Kunst« bzw. zum »Metabolischen« stilisiert, nach biografischen Fakten und Erzählungen zu fragen? »(*1982 in Palermo / I), lebt und arbeitet in Celebration / Tokio und Old Phantomsee.«** lauten beispielsweise die biografischen Angaben zu Meeses erstem großen öffentlichen Auftritt 1998 auf der Berlin Biennale. Sukzessive ist der »private« Meese in den letzten Jahren hinter der Kunstfigur verschwunden, nahezu alles Bildmaterial aus Kindheit und Jugend hielt Einzug in die Bildermaschine seiner Ausstellungen und wurde dort zu Kunst recycelt. Meeses Vater bleibt als eine Art »Überdaddy« in den Erinnerungen eine sagenumwobene Gestalt, während die Mutter – zentrale Bezugsfigur des Künstlers – als »Mother«, »Mama Johnny« oder »De Frau« von ihm mehr und mehr selbst in Kunst verwandelt wurde.

Wo viele Biografien versuchen, Kunst und Künstler aus der Entwicklung einer Persönlichkeit verständlich zu machen, geht dieses Buch deshalb den umgekehrten Weg und zeichnet die Verwandlung von Jonathan Meese in die »Ameise der Kunst« und Bühnenfigur »Meese« nach.

Besonders danken möchten wir Jonathan Meese. Er hat an dem Entstehungsprozess des Buches maßgeblichen Anteil gehabt und in ausführlichen Gesprächen Auskunft zu Stationen seiner Herkunft, Entwicklung und Auffassung von Kunst gegeben. Darüber hinaus gewährte er uneingeschränkt Einblicke in sämtliche in seinem Archiv befindlichen Dokumente und gab wichtige Hinweise für weitere Recherchen. Mit ihren lebendigen Erzählungen und Familienbildern eröffnete uns Brigitte Meese tiefere Einsichten in die Kindheit und Jugend des Künstlers. Großer Dank gilt auch den Fotografen, die ihre Aufnahmen für diesen Band zur Verfügung gestellt haben. Ihr spezifischer Blick auf den Künstler wurde in dessen Werk von Anfang an reflektiert und eingebunden. Das gilt besonders für Jan Bauer, der seit vielen Jahren Person und Werk des Künstlers begleitet. Er stellte uns neben zahlreichen Fotos auch Daten aus seinem umfangreichen Archiv zur Verfügung. Das Frühwerk bleibt besonders in den wunderbaren Aufnahmen Stefan Thaters lebendig, einem Freund und Kommilitonen, der die ersten »Wände« und Rollenspiele von Jonathan Meese an der Hochschule für bildende Kunst in Hamburg mit der Kamera einfing. Die frühen öffentlichen Performances begleitete häufig Caroline Stummel, deren Fotos die Intensität dieser Auftritte bis heute lebhaft vermitteln. Für die ausdauernde Bildrecherche und Kommunikation mit den Fotografen danken wir vor allem Mathilde Walter. Dass eine überwältigende Masse an Bildern und Texten schließlich zu einem überzeugenden Ganzen wurde, ist der immer anregenden und engen Zusammenarbeit sowie dem genauen Auge von Swantje Grundler und Thomas Mayfried zu verdanken. Nicht denkbar wäre das Buch auch ohne die zahlreichen Auszüge aus Katalogtexten und Magazinen. Wir danken ihren Autoren, sie hier zum Wiederabdruck freigegeben zu haben. Sie erlauben, Person und Werk Jonathan Meeses im Kontext der zeitgenössischen Kunst seit der Jahrtausendwende zu verorten.

Robert Eikmeyer
Doris Mampe

*
Vgl. Hans Peter Riegel:
Beuys. Die Biographie, Berlin 2013.

**
Miriam Wiesel, Klaus Biesenbach, Hans Ulrich Obrist, Nancy Spector (Hgg.): *Berlin/Berlin,* Ostfildern 1998, S. 267.

Biographie Jonathan Meese [1]

geboren der Sexualität
ab dann: Pflege – Eltern Geld
(ZUCHTHAFT)
> LICHTUNG DER OPFER
Behausung: Metabayreuthonon:
1007: MALDORORMENSCH
1911: Verbrechen Lichtnot
1913: Gralsbruderschaft: ZOOLOGIE
KAMPFMENSCH + Totentum
1921: SCHÖPFUNG II (Seelenzucht)
1922: ELAN VITAL: (Steinwesen)
193: RICHARD WAGNER WIRD STAATSGOTT
208: FOSSILIENBLUT: ERBSEX
2008: Eremial: Verrat + NAHRUNG
2007A: SAINT JUST VON TRONJE
2001: NÄHRSOLDAT: ALEX d'LARGE
2005: Apokalypse: Gleichsamentum
2010: ERZKAMERAD: ZOON POLITIKON
(Sedimenttyrannei)
1977: Leichenfeld: Schädel – Devon – Karbon – ERZPAPST
1789: BROT, DUNG, ERZE
1999: Parteigründung
SEPTEM
(Soziale ERZPARTEI TOTALER ERZMENSCH)
TOTALPALÄONTOLOGIE
203: MENSCHWERDUNG: KAMPF
Rückzugsgebiet: Kambrium
(ERZSÄUGETIERMORD)
201: MAO
20.010: ERDEESSEN
207: FUSULINEN: ERBIUM (Monumental-MOSAIK)
20.000: Ammonitentum
Volk = Seelenfossilien
PALÄOZOIKUM: SCHUTZFOSSILISATION
> Ahnenmensch

ERZRELIGION
1008: STALIN = Lichtentzündung: Mesozoikum
Götzendämmerung: Marktgeschrei
AKTION: DAS LEBENDIGSTE
Erzwaffe: Totentanz
LOSUNG: VIEHGRAL
Ernteproduktionsmeldung: Holz und Dekoration
MÖNCHSTUM: Erzisis
VORSEHUNG: Seelensaal am Hain
Bürgerkrieg: sein Dazutun
überall liegt dein Schädel
2009: Rüstung: Kreuz aus Mais, Blut und TOTEM
2008: GNAEUS: Halt: Nährkette
ABSOLUTION: Leibesübung
(Balthus)
STAATSSATANISMUS
TOTENMÜDIGKEIT
ECHNATON: Menschenvoodoo
SAALSCHLACHT PARACELSUS
SAALRÄUMUNG: FAUSTPFAND
FEIND + GRAVITATION
(SCHUTZ, Organisation + Schrein)
(Versorgung)
2000: VATIKAN
PORNOGRAPHIESTAAT: NÄHRSTAAT
KAMPF: Grabung Fra (Neutralität)
Schuljungenpolitik: ZOMBIE
FEIND: Menschengedenken

Zweite Biographie (Zusatzbiographie) Jonathan Meese

– Ich will immer zusammensein
– hau ab
– STRASSENKAMPF
– was geht
– ERZTOTAL
– warum bist du so gemein?

– zählt
– warte mal
– besonders WASSER
– WACH AUF
– REST
– Ich bin weg
– Ach du Scheiße
– schon weg (noch was zu melden?)
– WALDKÖNIGREICH
– ORDNUNG / MELDUNG
– ICH BIN DE SCHEISS
– magst DU MICH?
– ZERSETZUNG / ENTLEERUNG
– ERZPRÄHISTORIE: TOTALES MEDIUM
– UNENDLICHE GEHEIMBIBLIOTHEK
– schaffst du es dazuzutun?
– bedrückt
– JESUS / PAKT
– KAMPFBESCHAFFENHEIT
– MESOPOTAMIEN
– ist noch was in Ordnung?
– lass mich nicht hängen
– WAS IST DAS MENSCHLICHSTE?
– WARUM BIST DU SO GEMEIN ZU MIR?
– woher weißt du es?
– jetzt sofort
– Inquisition: WAHNKIND
– Ich will immer mit dir ZUSAMMENSEIN
– IST NOCH WAS IN ORDNUNG?
– STAATSHETZE
– muss SPASS machen
– gleich SEXUALITÄT
– ich weiß es einfach
– TOTALES
– wach auf!
– zählt
– gern haben

– dazusein, erwache
– abgemachte Sache
– Erdbeobachtung
– was willst du noch Tiermensch?
– DEIN
– was willst du wegnehmen?
– LETZERES
– stattfinden (NOTSTAND)
– sehr
– ERSTENS

geboren der Sexualität
ab dann: Pflege – Eltern Geld

1970–1973

Jonathan Robin Meese wird am 23. Januar als drittes Kind von Reginald Selby Meese (*1926 in Newport / Wales; †1988 in Yeovil / Somerset) und Brigitte Renate Meese geb. Wetzel (*1929 in Stuttgart) in Tokio geboren. Der Vater kommt zunächst als junger Soldat der Royal Air Force während des Zweiten Weltkrieges nach Japan. Nach der Entlassung aus dem Militärdienst studiert er an der London School of Economics Japanisch und kehrt anschließend nach Japan zurück, um in Tokio in der Filiale einer englischen Im- und Exportfirma zu arbeiten.

Ich weiß von meinem Vater eigentlich nur graphische Sachen: wie er aussah, was für Sachen er getragen hat, wie er rüberkam. Was in seinem Kopf vorging oder was er wollte, wie er gelebt hat, das weiß ich nicht wirklich. Ich frage zwar immer mal wieder meine Mutter, vergesse diese Informationen aber auch wieder ganz schnell, weil die nicht wirklich da sind. Die Informationen über meinen Vater sind sehr spärlich. Die Leute sagen immer nur, er war wahnsinnig charmant. Er sah sehr gut aus und konnte sich in allen Kreisen bewegen. Er war ein Charmeur, ein Gentleman. Ein wahnsinnig schlauer Mensch mit einem ganz speziellen Gehirn. Der hat nichts vergessen, nichts – und war deshalb auch ein totaler Perfektionist in der Sache und wollte immer alles super machen. Deshalb hat er die Dinge nicht auf die Reihe gekriegt. Er hat hundert Millionen Sachen gleichzeitig getan, ist aber nie zum Punkt gekommen. Er war ein Riesenschauspieler. Aber damals war Schauspielerei für ihn nicht möglich. Eigentlich war er ein Banker, ein Geschäftsmann. All diese Dinge hätte er aber spielen müssen. Dann wäre er auch glücklich geworden. Mein Vater war phasenweise natürlich sehr glücklich, aber phasenweise auch sehr, sehr unglücklich. Und das hat man gemerkt. Ich hatte kaum einen Zugang und kenne den Mann gar nicht richtig – wahrscheinlich, weil ich einfach zu schüchtern war. Also, ich habe meinen Vater nie wirklich vermisst, weil er fast nie da war.

R.A.F. Form 2520A

AIRMAN

307673

ROYAL AIR FORCE

SERVICE AND RELEASE BOOK

Rank .... SGT. ....

Service Number .... 306977 ....

Surname .... MEESE ....

Initials .... R. S. ....

Class of Release .... PRIVATARMEE ....

Age and Service Group No. .... 64. ....

51-9893

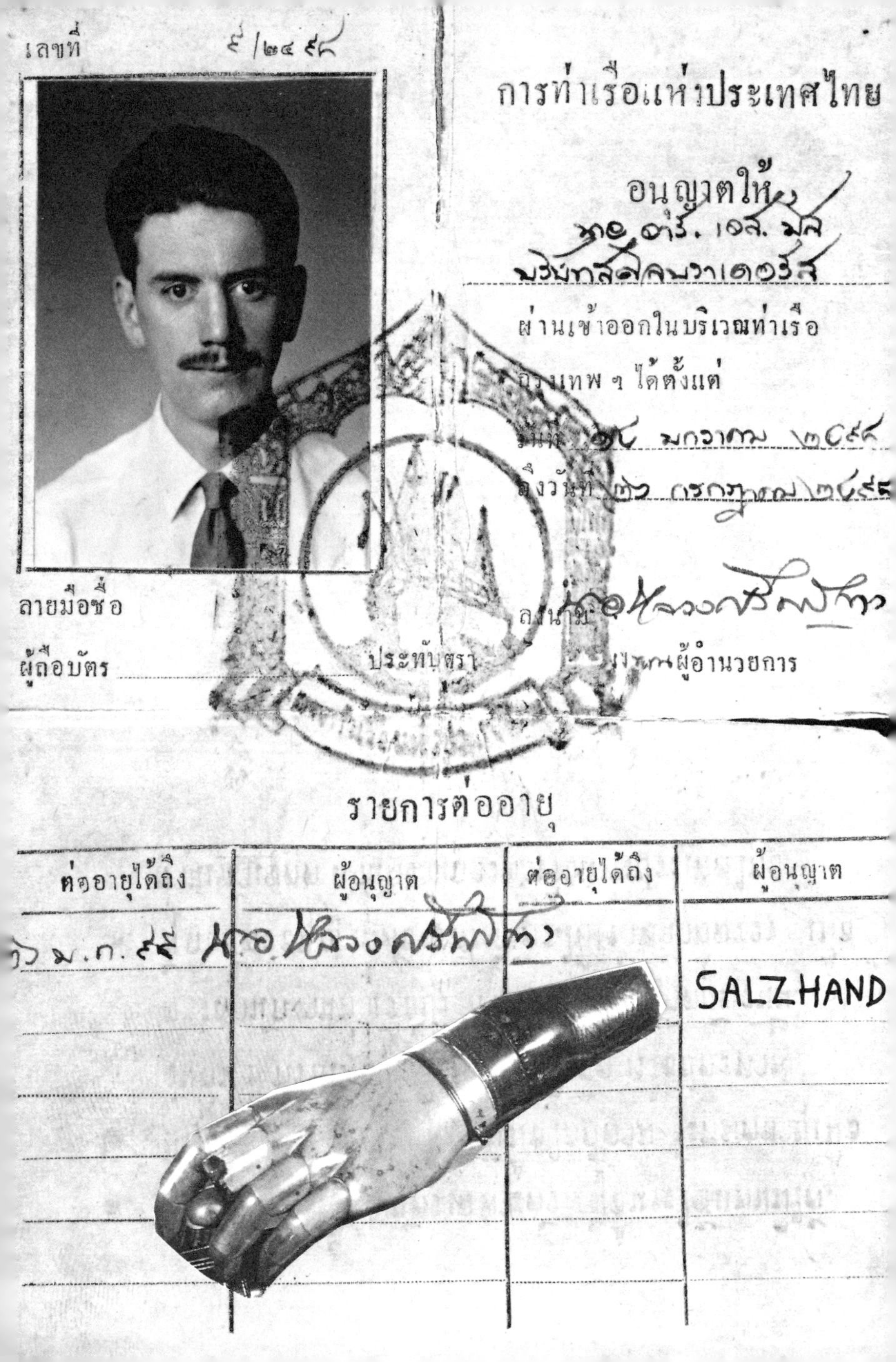
เลขที่

การท่าเรือแห่งประเทศไทย

อนุญาตให้

ผ่านเข้าออกในบริเวณท่าเรือ

กรุงเทพ ฯ ได้ตั้งแต่

วันที่

ถึงวันที่

ลงนาม

ผู้อำนวยการ

ลายมือชื่อ

ผู้ถือบัตร

ประทับตรา

รายการต่ออายุ

ต่ออายุได้ถึง	ผู้อนุญาต	ต่ออายุได้ถึง	ผู้อนุญาต
			SALZHAND

Bearer
Titulaire

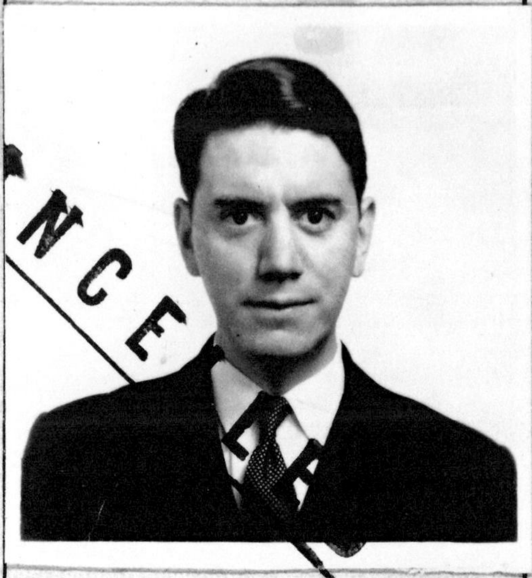

Wife
Femme

CANCELLED

(PHOTO)

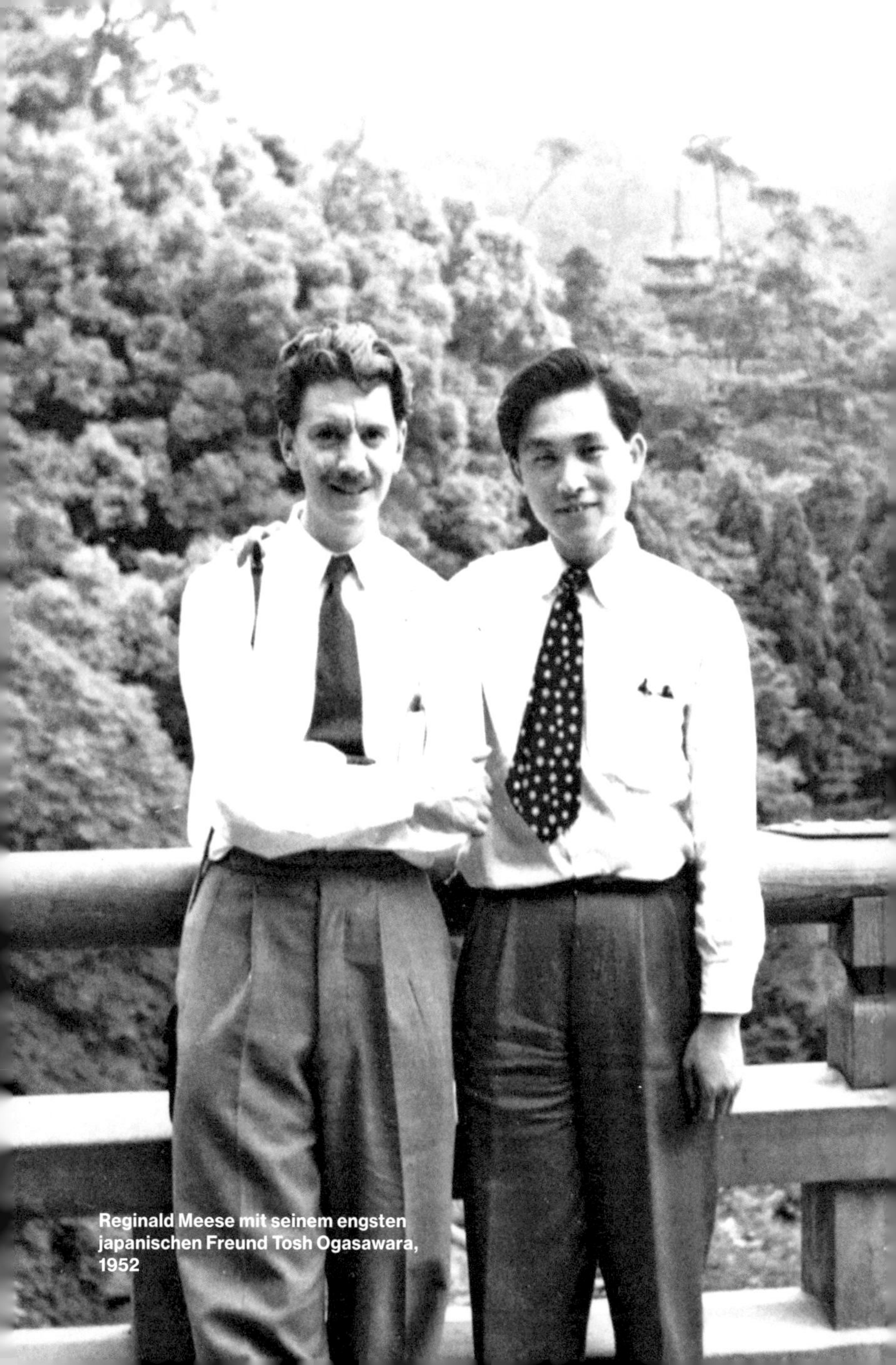

Reginald Meese mit seinem engsten japanischen Freund Tosh Ogasawara, 1952

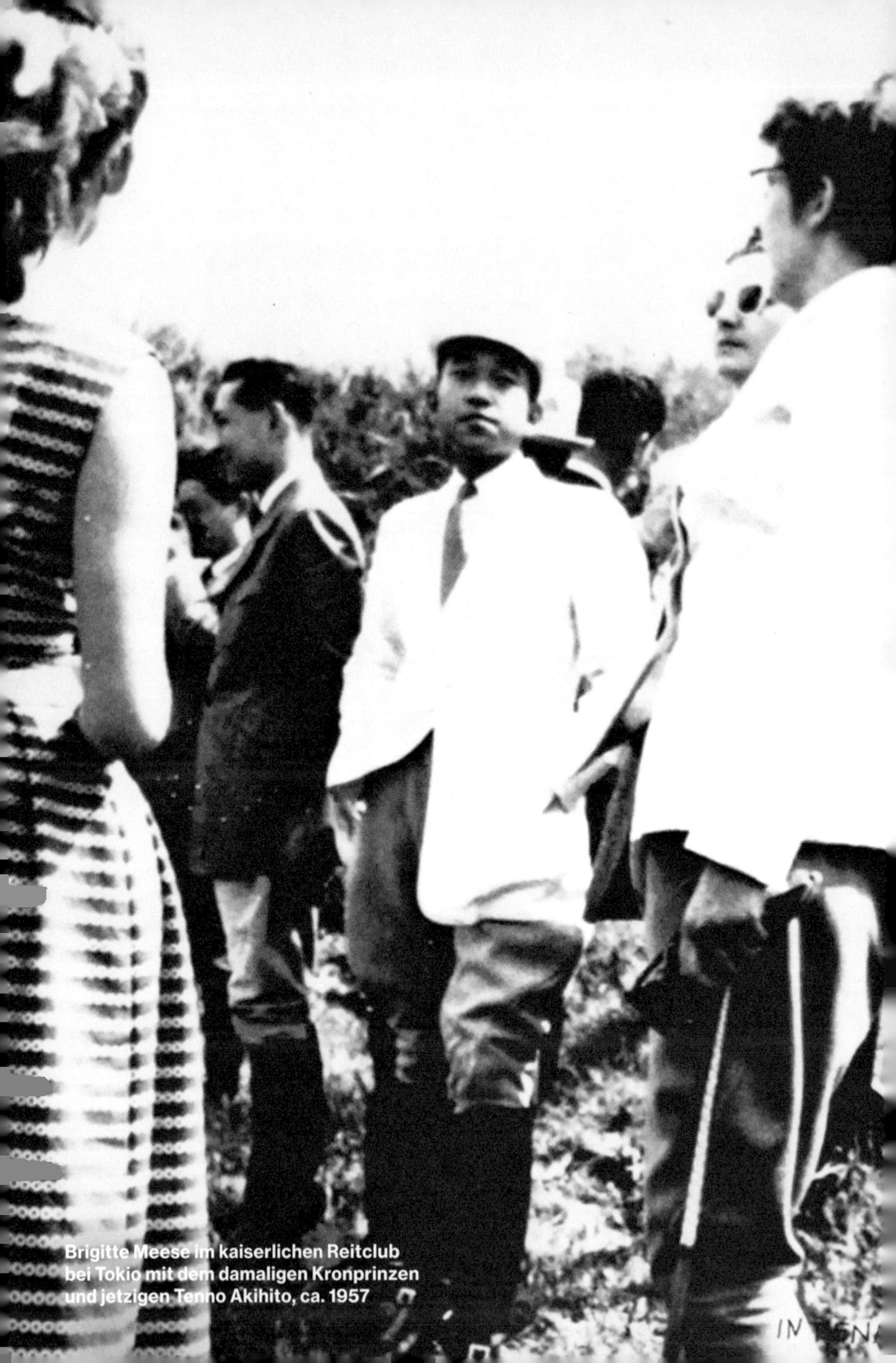

Brigitte Meese im kaiserlichen Reitclub bei Tokio mit dem damaligen Kronprinzen und jetzigen Tenno Akihito, ca. 1957

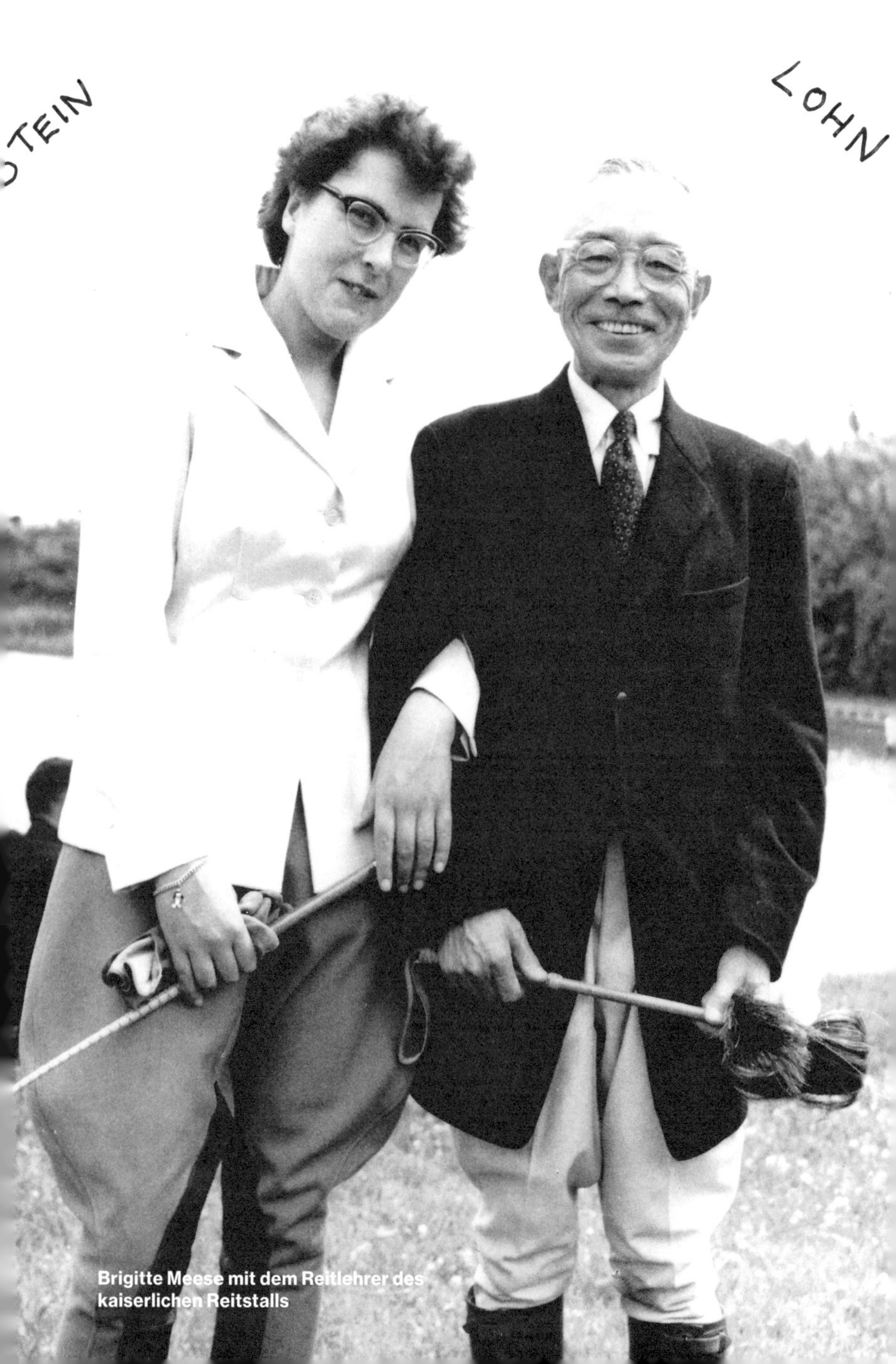

Brigitte Meese mit dem Reitlehrer des kaiserlichen Reitstalls

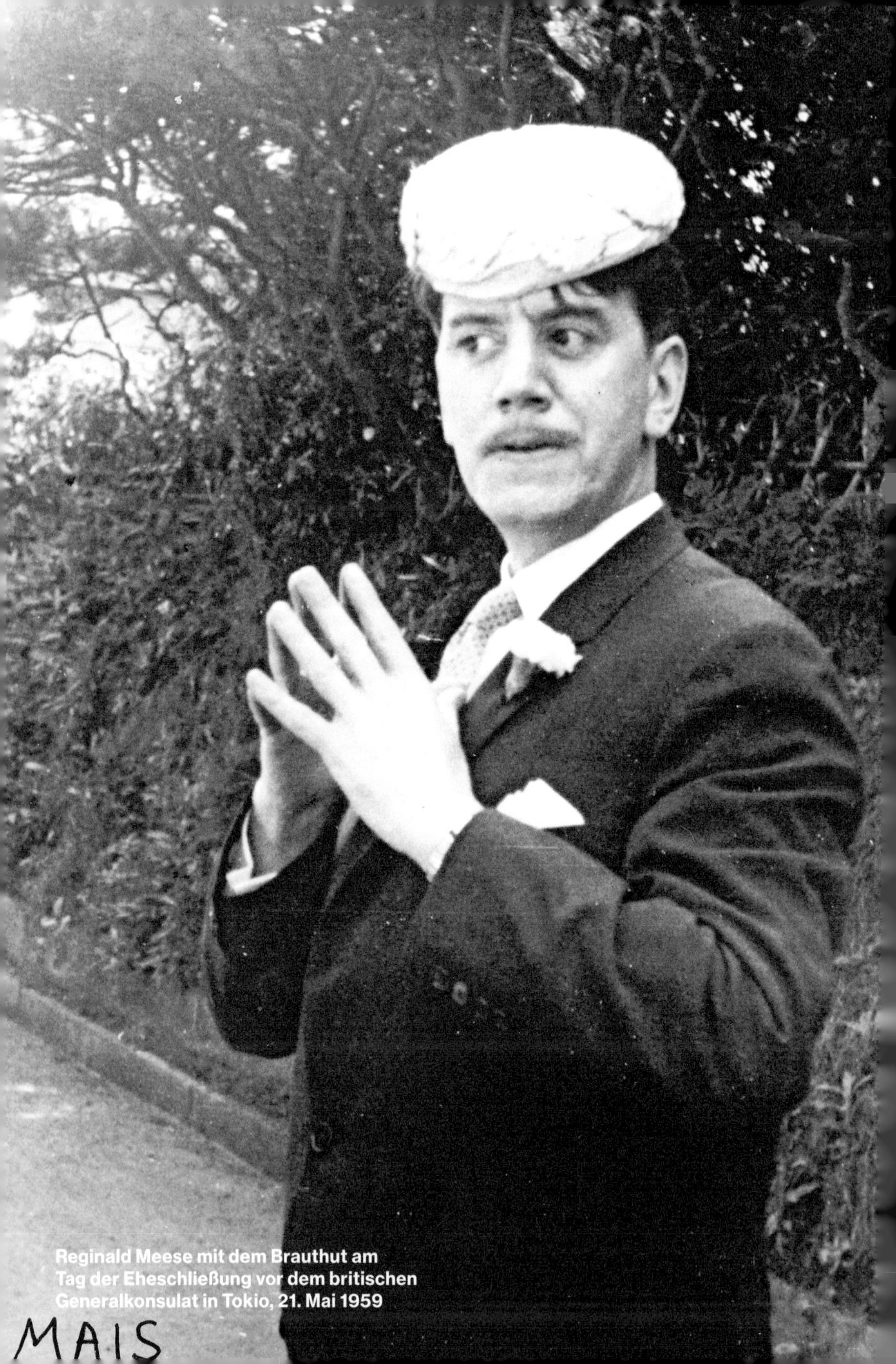

Reginald Meese mit dem Brauthut am Tag der Eheschließung vor dem britischen Generalkonsulat in Tokio, 21. Mai 1959

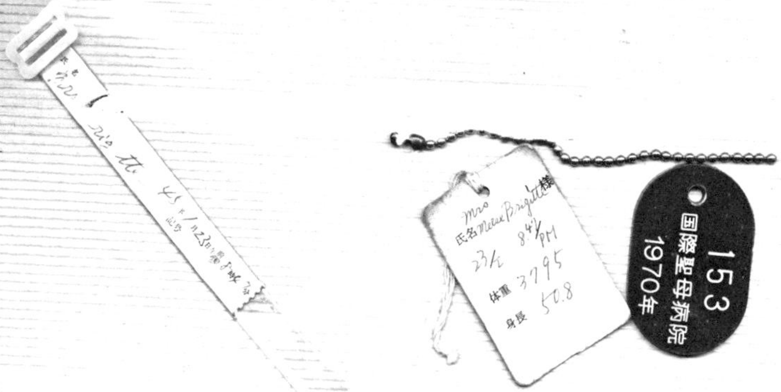

EXAMINATION ON DISCHARGE DAY

~~Baby's~~ Name *Mrs. Meese Brigitte* Room No. *306*

General condition *OK*

Eyes: *OK* Umbellical cord

Skin: *OK* Bowels :

Formula : *Mother's milk* Quantity : *2-oz 60 cc*

Feedings : *AM 1-5-9 , PM 1-5-9*

Weigth at birth : *3795 g* Weigth on discharge : *3650 g*

Head circumph. : *35.8 cm* Chest circumph. : *34.8 cm*

Length : *50.8 cm* Remarks :

weight 2. March 70 5.300 gr.
2 May 70 7.700 gr

Date : *29 – 1' 70*

Sig. :

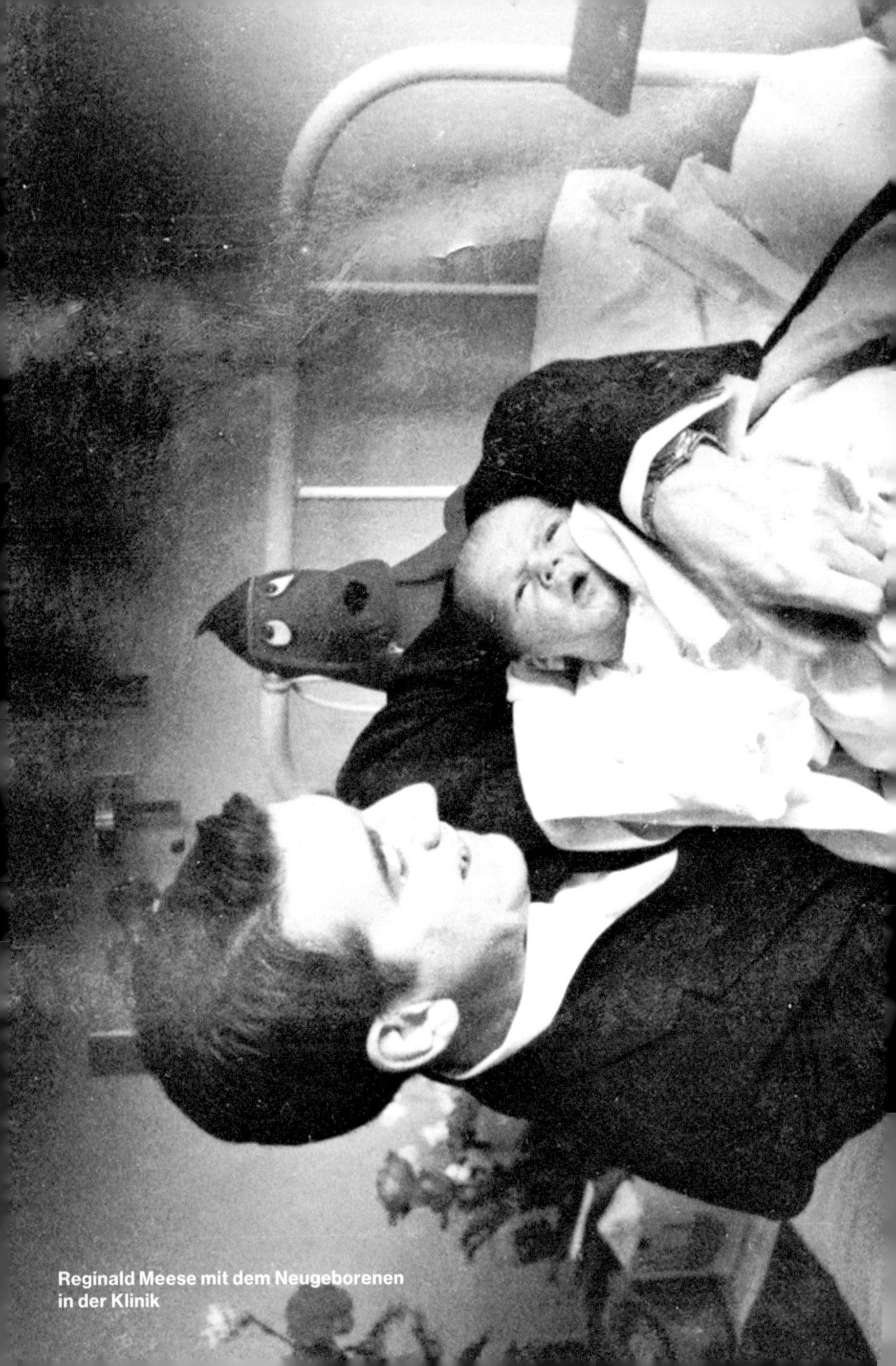

Reginald Meese mit dem Neugeborenen
in der Klinik

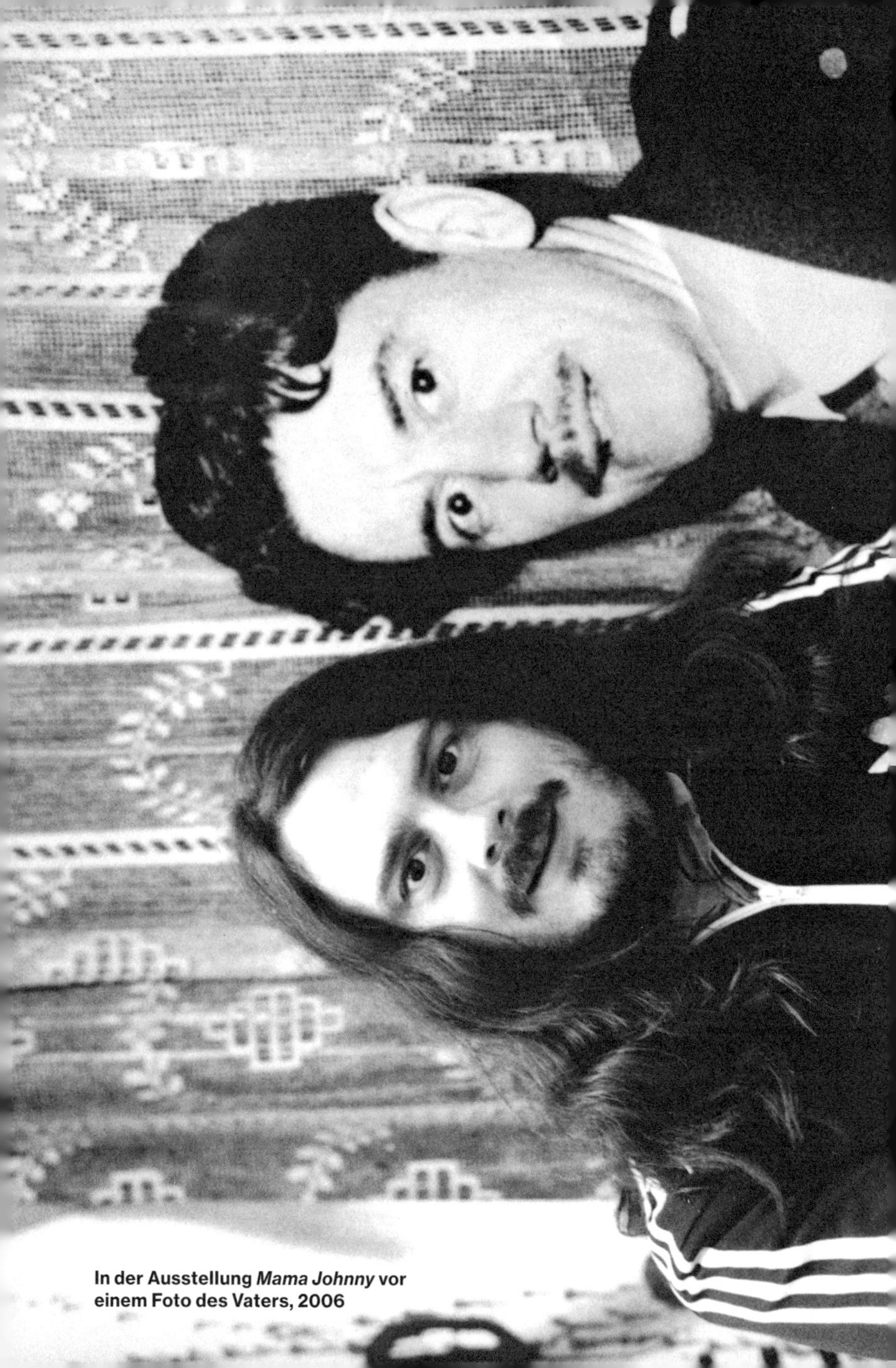

In der Ausstellung *Mama Johnny* vor einem Foto des Vaters, 2006

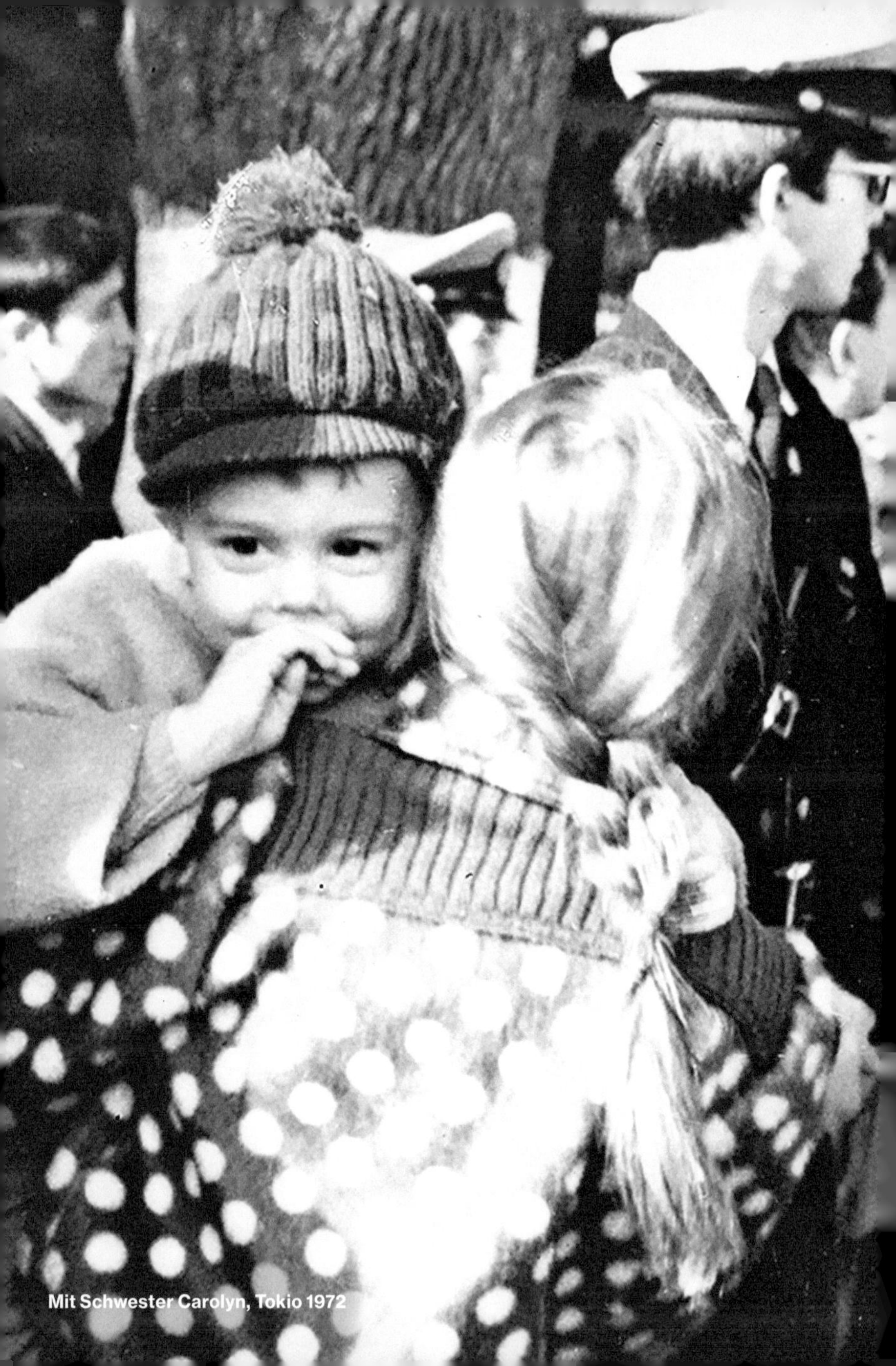

Mit Schwester Carolyn, Tokio 1972

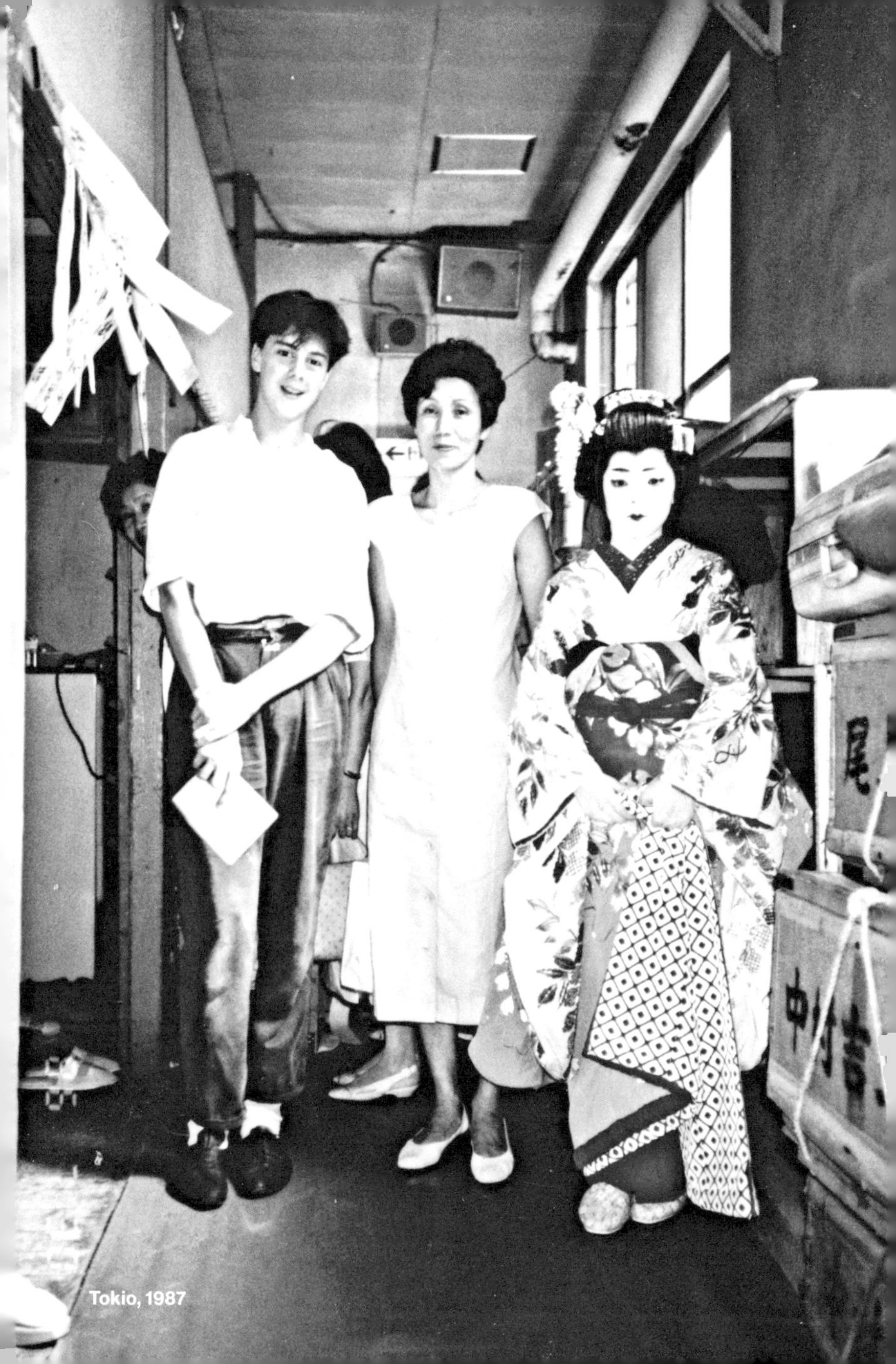

Tokio, 1987

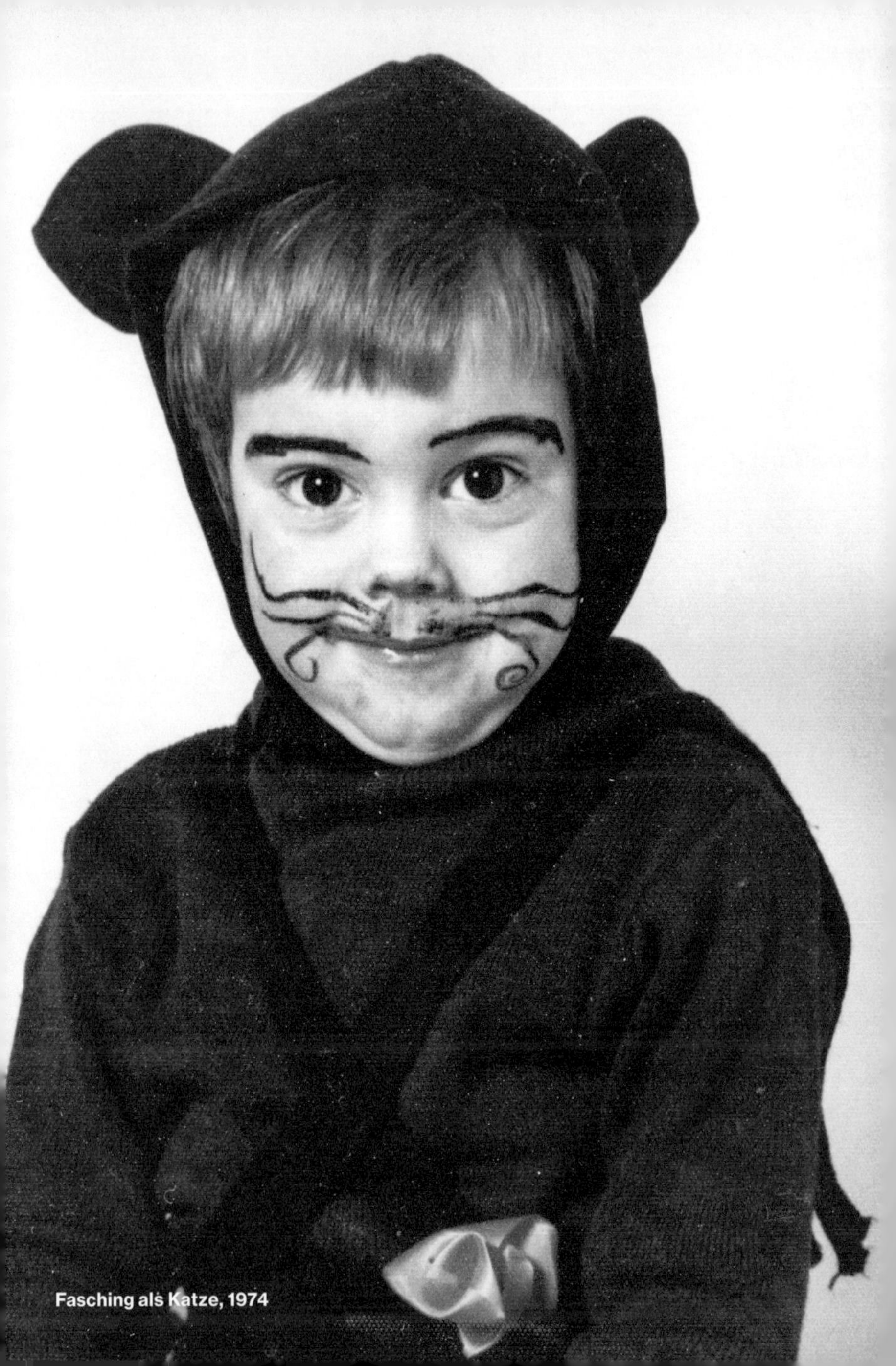

Fasching als Katze, 1974

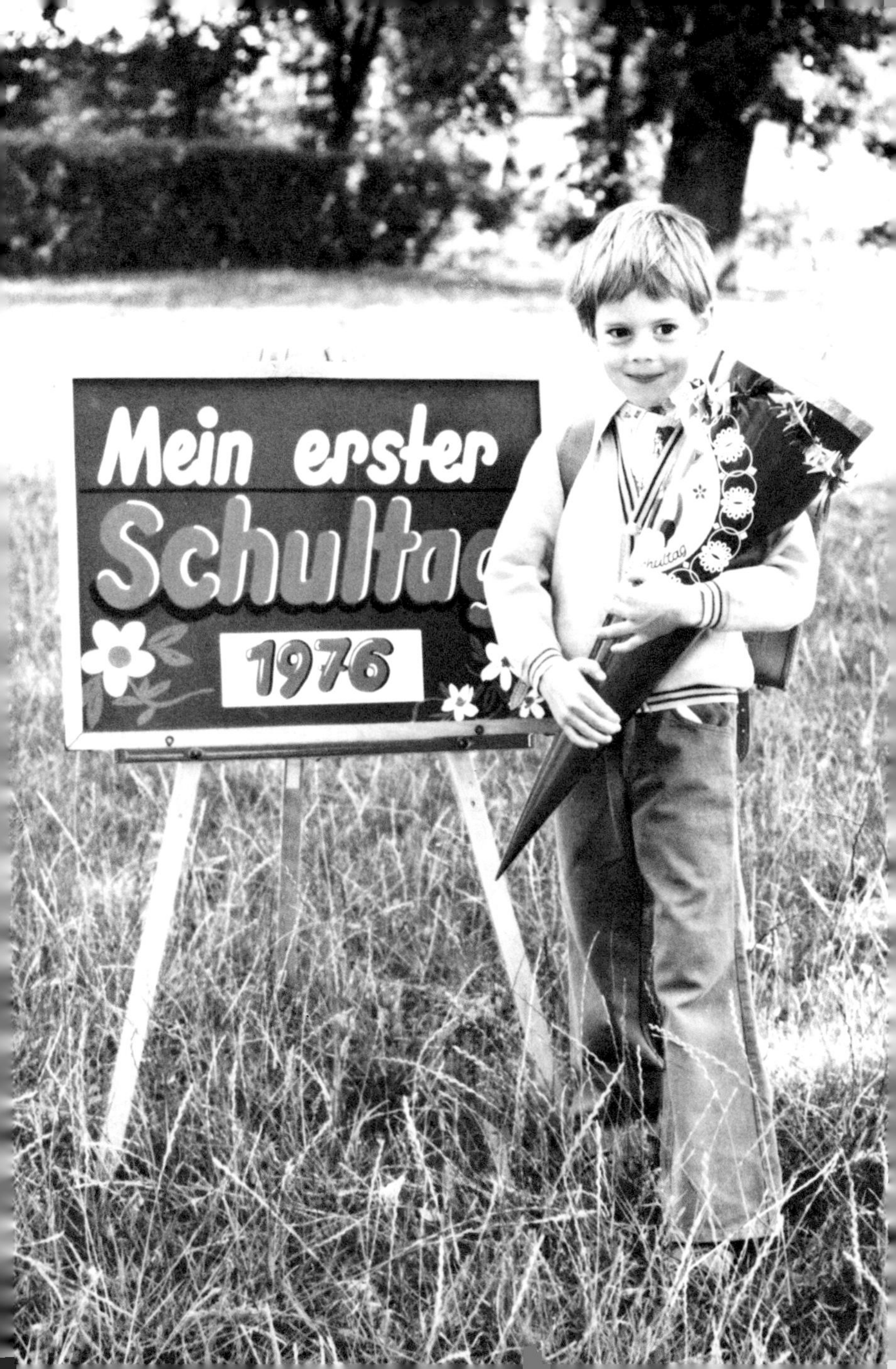
Mein erster
Schultag
1976

Ich finde ihn trotzdem super. Er ist ein tolles Bild, nämlich das Schwarz-Weiß-Bild einer Figur, die vor 5.000 Jahren gelebt hat. Wenn ich ein Bild von meinem Vater hinhänge, geht es um Graphik, es geht um eine Geschichte. Es geht um reine Kunst. Da ist überhaupt keine Realität mehr da.

Brigitte Wetzel hat den Großteil ihrer Schulzeit im Internat Salem am Bodensee verbracht und anschließend Sprachen studiert. 1956 kommt sie nach Tokio, wo sie ein Jahr später ihren zukünftigen Mann kennenlernt.

Meine Mutter ist viel zukünftiger als mein Vater. Meine Mutter kann mit der Zukunft etwas anfangen. Damit konnte mein Vater nichts anfangen. Das hat er nicht gebracht. Da war er limitiert. Deshalb war Japan vielleicht auch ein gutes Auffangbecken für ihn. Weil es dort so viele Rituale gibt, die einen auffangen.

1973 kehrt Brigitte Meese mit den Kindern, aber ohne ihren Mann, nach Deutschland zurück und wohnt in Ahrensburg, einer Kleinstadt nordöstlich von Hamburg.

Mein Vater ist auf seinen Geschäftsreisen jedes Jahr ein- bis zweimal nach Deutschland gekommen. Er war immer total abgehetzt, hatte immer unglaublich viele Geschenke dabei und war immer wahnsinnig müde. Ich weiß, dass mein Vater oft eingeschlafen ist, weil er total erschöpft war, oft sogar am Küchentisch beim Abendbrot. Das habe ich von ihm geerbt: immer schlafen. Mein Vater war wie ein Schauspieler, der irgendwann einfach kam, Geschenke verteilte und dann wieder ging. Ich habe den geliebt ohne Ende, Ultra-Respekt gehabt, aber eine Beziehung zwischen meinem Vater und meiner Mutter habe ich nicht wirklich feststellen können. Alles schien friedlich, liebevoll und mir gegenüber schützend distanziert. Ich habe auch nie irgendein Gespräch zwischen den beiden verfolgt, das fand irgendwie hinter geschlossenen Türen statt. Ich war ja auch noch sehr klein. Zwischen meinem vierten und 18. Lebensjahr ist Daddy immer mal wieder nach Deutschland gekommen, aber mit 18 war ich wie andere mit zwölf. Ich war mal im Raum, habe »Hallo« gesagt, Geschenke abkassiert, bin dann aber oft gegangen und habe gespielt. Mein Vater hat mich bestimmt total geliebt, ich ihn auch, aber das war Rollenspiel, das war wie eine Puppenkiste.

Und dann bin ich 1987 nach Tokio gereist. Für circa einen Monat. Ich war 17 Jahre alt. Im Haus waren mein Vater und die Haushälterin Tomiko-san, die früher meine Nanny war. Ich kann mich an diese Zeit fast überhaupt nicht mehr erinnern, weiß aber noch, dass meine Schwester zeitweise auch da war. Wir sind mal auf den Fujiyama rauf. Ich war dann aber zu müde, die letzte Etappe zu absolvieren. Ich erinnere mich an meinen Vater, wie er mit einem Haarnetz und in so einem Kimono morgens am Frühstückstisch saß und Zeitung las. Für mich sah er aus wie Hercule Poirot. Es war alles so künstlich. Ich war ganz oft in der Badewanne. Ansonsten saß ich immer unter so einem beheizbaren Tisch. Das ist so üblich dort. Da kann man sich so drunter legen und sogar dort essen. Die Tomiko-san hat wahnsinnig viele Sachen zu essen gemacht. Und ich habe immer gegessen. Aber was ich sonst gemacht habe, weiß ich nicht. Mit 17 war ich das schüchternste Wesen aller Zeiten. Deshalb hatte ich natürlich Angst vor meinem Vater, Angst ihn mit schlechtem Englisch zu enttäuschen. Und deshalb habe ich lieber erst gar nicht mit ihm geredet. Ich war auch viel zu scheu, alleine durch die Straßen zu gehen und mir etwas anzugucken. Wenn meine Schwester mich mitgenommen hat, dann bin ich natürlich mitgegangen. Aber ich hatte Angst. Ich weiß, dass ich immer so ein grünliches Getränk getrunken habe, mit einer Kugel Eis drin. Das war super. Ich habe bestimmt auch irgendwelche Tempel gesehen, aber ich erinnere mich an nichts mehr. Und mit meinem Vater bin ich überhaupt nie ausgegangen, kein Kino, keine Konzerte, überhaupt kein Unterhaltungsprogramm. Wir gingen vielleicht mal zusammen essen, aber da ist auch nicht viel passiert.

Schuljungenpolitik: ZOMBIE

1976–1993

Meese besucht in Ahrensburg zunächst die Grundschule Am Reesenbüttel (von 1976 bis 1980) und im Anschluss die Stormarnschule, wo er 1989 sein Abitur macht. In der Schule bemüht er sich, möglichst wenig aufzufallen, er träumt gerne und ist ein eher mittelmäßiger Schüler.

In der Schule musste ich mich ehrlich gesagt durchschummeln. Ich habe kein Fach wirklich gemocht, ich habe auch keinen Lehrer besonders bevorzugt. Für mich war das ein Zwischenspiel, wirklich. Kunst habe ich in der 11. Klasse abgegeben. Das war für mich wie Spanisch oder Chemie. Mami hat die meisten Bilder für mich gemacht oder zumindest angedacht oder angezeichnet. Ich hatte überhaupt kein Verhältnis dazu, gar nicht, das war für mich wie in jedem anderen Fach. Ich habe immer versucht, mich rauszuwurschteln und mich rauszuhalten, ganz hinten zu sitzen, mich klein zu machen, damit die Lehrer mich nicht aufrufen konnten – wenn der Lehrer mich anguckte, habe ich einen Stift fallen lassen, damit ich beschäftigt wirkte, oder ich bin aufs Klo gegangen. Auf jeden Fall habe ich immer irgendwie versucht, nicht aufzufallen, nullkommanull. Das war elementar wichtig und im Kunstunterricht musstest du ja auffallen. Und das ging gar nicht.

Zuhause liest ihm die Mutter tagsüber häufig englische Kinderbücher vor, dazu kommen als Lektüre Piratenbücher und Geschichten über verborgene Schätze.

Alles, was mit Schätzen zu tun hatte, hat mich dann interessiert – Schätze suchen, Schätze heben, Piraten, solche Geschichten eben. Von Karl May hab ich alles gelesen. Alle Edgar-Wallace-Bücher, alle James Bonds, alle John Sinclairs. Dann Daphne du Maurier, auch von ihr hab ich alles gelesen. Rebecca *und so, das hat mich total geprägt. Dann habe ich die deutschen Sagen gelesen und die Gebrüder Grimm; und von* Europa *alle Hörspiele durchgehört. Immer wieder, immer und immer wieder…, weil ich diese bestimmten Sätze haben wollte.* Alaska-Kid *konnte ich komplett auswendig. All diese Sachen –* Schatzinsel *natürlich,* Moby-Dick, Odysseus, Winnetou *und* Old Shatterhand, Graf von Monte Christo, Die unheimliche Insel, Dracula, Die Mumins, Die drei ???, Ein Fall für TKKG, *die Gruselserien von H.G. Francis,* Der Pakt mit dem Teufel, John Sinclair, Larry Brent: Die Angst erwacht im Todesschloss, *usw.*

Abends schauen sie gemeinsam Fernsehen, vor allem Serien, aber auch Tierfilme.

Wir haben eben alles durchgeguckt: Krimis wie Derrick, Der Alte, Die Zwei, *aber auch Serien wie* Schirm, Charme und Melone *waren ultrawichtig für mich.* Raumschiff Enterprise, Western von gestern, Raumpatrouille Orion, Mondbasis Alpha 1, Sandokan, Der Junge mit den Goldhosen, Der Denver-Clan, Dallas, Pippi Langstrumpf, *alle Filme aus dem Kinder- und Ferienprogramm – wir waren eigentlich fernsehsüchtig. Tierfilme – alles reingezogen, wie wahnsinnig – und je stumpfer es war, je wiederholter, desto besser. Nur wenn's brutal wurde, sollte ich nicht gucken –* Aktenzeichen XY *durfte ich nicht sehen; das war eigentlich das Einzige, was ich nicht gucken durfte – weil's Realität war. Auch* Der Marathon-Mann *wurde mir damals verboten, zu hart.*

Mit 12 sieht er gemeinsam mit einem Freund zum ersten Mal *Zardoz* von John Boorman. Der Film von 1974 mit Sean Connery und Charlotte Rampling in den Hauptrollen – eine krude Mischung aus philosophischem Science-Fiction und kitschigem Fantasy – wird später einer der zentralen Referenzpunkte in Meeses künstlerischer Arbeit. Vor allem der riesige fliegende Steinkopf zu Beginn des Films, der abwechselnd Waffen und Getreide transportiert, die Zardoz-Masken der Reiter und das Tabernakel, ein kaleidoskopartig verspiegelter Raum, sind von bleibendem Eindruck.

Ein extrem prägendes Erlebnis war für mich circa 1982 den Film Zardoz *von John Boorman zu sehen. Den habe ich mit W. geguckt. Wir haben uns immer getroffen, zu Stofftierpartys – ja, das hieß so bei uns. Das haben wir durchgezogen, bis wir ungefähr 14 waren. Ich fuhr mit dem Fahrrad mit allen Stofftieren, die ich hatte, zu ihm, meistens wenn seine Eltern nicht zuhause waren, abends natürlich, und dann haben wir unten im Partykeller für diese Stofftiere Partys veranstaltet. Wir haben sogar eine Schatztruhe gehabt, wo wir unsere Süßigkeiten gehortet haben. An dem einen Abend gab's dann also* Zardoz *im Fernsehen, um 22 Uhr oder so – und wir haben das staunend geguckt. Dieser Film hat mich umgehauen, ja, das war für mich der absolute Wahnsinn. Wie dieser Kopf rumfliegt und als Gott die Befehle gibt, das war sehr unheimlich, und der steinerne Kopf, die Zardoz-Maske, hat sich in mein Gehirn gebrannt.*

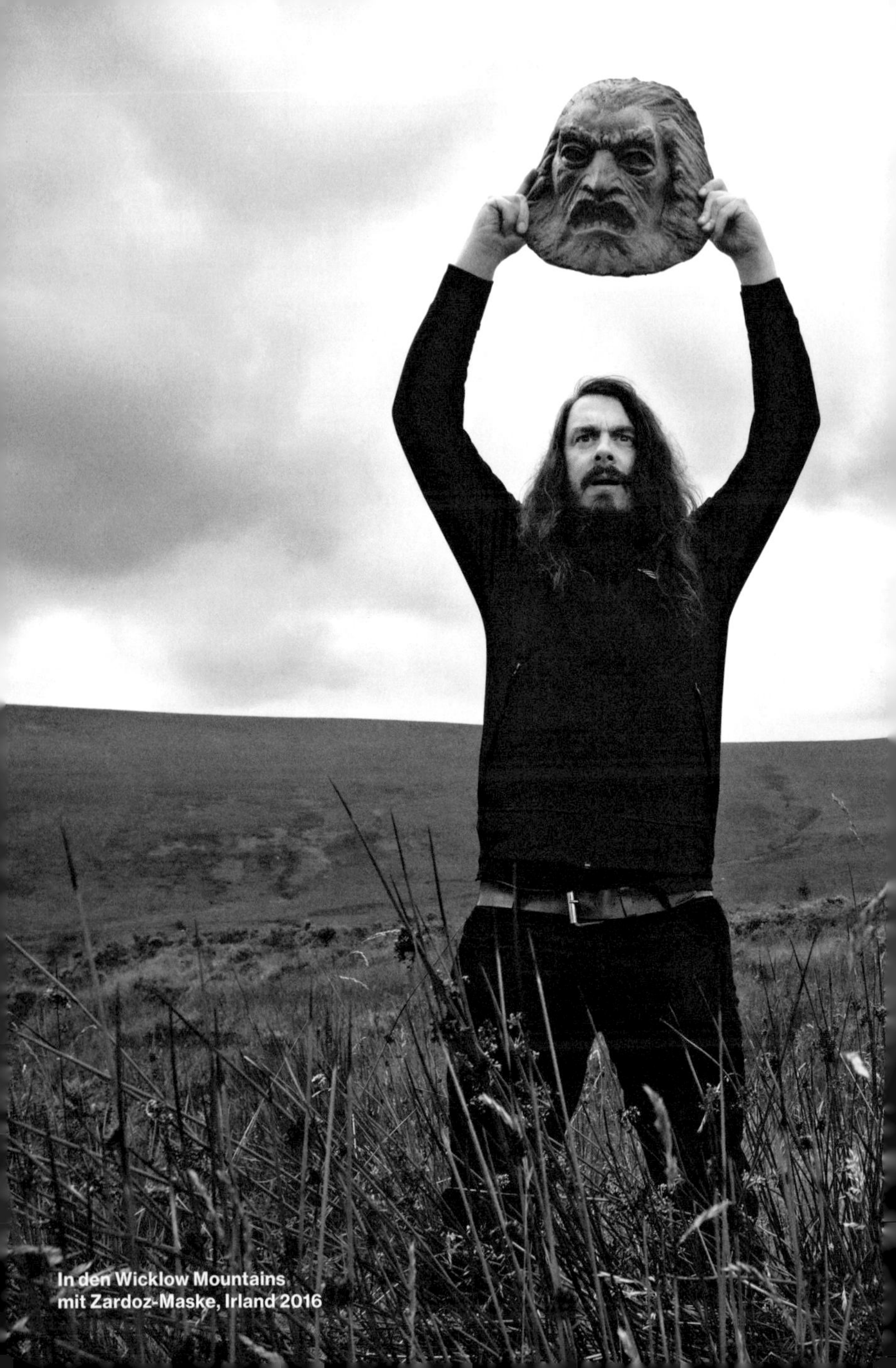

In den Wicklow Mountains
mit Zardoz-Maske, Irland 2016

Ich habe im Laufe meines Lebens immer beste Freunde gehabt, und die dann immer bis zu einem bestimmten Zeitpunkt. W. zum Beispiel war mein bester Freund bis 14 – in dem Moment wurde er erwachsen, während ich Kind blieb, deshalb war ich nicht mehr »in«, ja, deshalb musste ich raus.

Um mit der Realität nun klarzukommen, entwickelt Meese eine Geheimsprache, die teilweise auch von anderen benutzt wird.

W. ging also weg und A. kam. Und A. war anders. Für den war das nicht so ein Problem, dass ich jünger war und uncool. Die Geheimsprache nutzte ich, um mich von der Realität abzugrenzen. A. und sein Vater fanden das lustig und haben auch ein bisschen mitgemacht. Aber nur von mir wurde diese Kunstsprache exzessivst eingesetzt. Es war ja auch nervig, immer nur »Doho«, »hallo Nonninei«, »Beuteheminnedorn«, so in dem Stil. »Nonninei« zum Beispiel heißt »Johnny Nein«, »Beuteheminnedorn« heißt »Beute mich nicht an«, also »beute mich nicht aus«. Es gab noch andere Wörter wie, »Djotti«, »Djottidei«, »Choll« usw. Außerdem gab es mehrere Grimassen, die ich mir angewöhnt und in bestimmten Situationen benutzt habe. Dazu kraulte ich ab und zu den Leuten und mir selbst unter dem Kinn und machte dazu heulende Geräusche.

Meeses kindliches Aussehen macht ihm in der Schule und bei den Mitschülern zunehmend zu schaffen. Er entwickelt zwanghaft weitere Strategien, um nicht aufzufallen.

Sie haben mich gelassen, ich wurde nie gequält. Dafür war ich viel zu uninteressant, viel zu belanglos. Den »Kleinsten« quälst du nämlich nicht, wenn dieser seine Rolle annimmt. Aber die Rolle war dann eben auch immer, sich zurückziehen, sich rauslavieren. Nicht in die Disko gehen. Gar nicht dabei sein. Sich immer unauffällig aus der Affäre ziehen. Raus. Immer weg. ABBA hören – zum Beispiel Dancing Queen, *hundert Mal hintereinander. In der Bücherei war ich derjenige, der die meisten Bücher ausgeliehen hat, das gab's nie wieder in dem Maße. Nicht, dass ich die alle gelesen hätte, ich habe die einfach immer gehabt und mir damit eine Trutzburg um das Bett gebaut. Das besondere Buch habe ich mir unters Kopfkissen gelegt, um im Schlaf Wissen durch Osmose zu erlangen. Ich hatte damals auch beste Freundinnen, A. und B. in Timmendorf, da sind wir dann oft hingefahren, auch über Nacht. Die sind abends aber in die Disko gegangen und sagten immer: »Komm doch mit, komm doch mit, komm doch mit!« Das wollte ich aber nicht: »Nee, nee, ich warte lieber hier!« Ich habe stattdessen immer Anita Wards* Ring my Bell *auf Endlos-Wiederholung eingestellt und mir das angehört, bis sie wieder zurückkamen. Da muss ich so ungefähr 18 gewesen sein. Das weiß ich noch ganz genau. Selbstausgrenzung pur, wie heute.*

1988

Nach kurzer schwerer Krankheit stirbt Reginald Meese.

Ich habe auch den Tod meines Vaters so gut wie überhaupt nicht mitbekommen. Und ich sollte es wohl auch nicht mitkriegen. Ich bin einmal hingefahren, als er sehr, sehr krank war und bereits im Hospiz im Süden von England lag. Aber das war so eine gespenstische Szene, aus der ich auch sofort wieder rausgenommen wurde. Ich sollte damit nichts zu tun haben. Meine Mutter wollte mich da wohl beschützen.

Für die Zeit nach der Schule wünscht sich Brigitte Meese, dass er eine Banklehre macht, um anschließend ein Studium der Volkswirtschaftslehre aufzunehmen. Aufgrund einer Verletzung wird er zunächst allerdings vom anstehenden Militärdienst zurückgestellt, stattdessen besucht er für ein Dreivierteljahr einen Sprachkurs am Stevenson College in Edinburgh. Das anschließende VWL-Studium bricht er nach nur einem Semester ab.

Ein halbes Jahr bin ich in die Uni gegangen. Da mein Bruder Andy das auch studiert hat, wurde dann eben entschieden: »Ja, Volkswirtschaft ist in Ordnung, versuche das mal!« Bis zur ersten Prüfung habe ich durchgehalten – und genau an dem Tag dieser Prüfung bin ich nicht mehr hingegangen. Ich habe mir das angeguckt, habe mir die Leute da reingezogen, hatte auch Spaß, habe nichts verstanden, es hat mich auch überhaupt nicht interessiert. Und als dann die erste Prüfung kam: Auf Wiedersehen.

Meese entschließt sich, den Militärdienst zu verweigern.

Das war eine der ersten wirklichen Radikalst-Performances. Die Prüfungskommission war schon nett zu mir, die waren nicht böse. Die haben zwar diese Fangfragen gestellt, aber die waren ganz nett – weil ich auch nett zu ihnen war. Die haben gedacht: »Das Häufchen Elend, das brauchen wir nicht! Das Jüngelchen können wir hier in einem Jahr nicht zum geilen Soldaten machen, das lassen wir lieber. Wir nehmen lieber andere!« Ich habe ja auch überhaupt nicht auf aggressiv gemacht – gar nicht. Ich habe denen erzählt, dass ich ein Baum ohne böse Früchte sei. Ähnliches stand auch in meiner Verweigerung. Die merkten sofort, dass ich den Rahmen der Bundeswehr gesprengt hätte und total ungeeignet war, einen auf Realsoldat zu machen. Damit war das Thema Militär erstmal erledigt und ich machte Zivildienst.

Nach dem Abbruch des VWL-Studiums gibt es keine konkreten Zukunftspläne. Auf die eher beiläufige Frage seiner Mutter, was er sich denn zu seinem 22. Geburtstag wünsche, antwortet er spontan: »Einen großen Zeichenblock mit Pastellkreiden.«

Ich saß zu der Zeit ganz viel auf meinem Sofa, Mami war schon böse. Und dann kam der 22. Geburtstag. Wir standen gerade vor dem Karstadt in Hamburg und Mami sagte: »Was wünschst du dir denn zum Geburtstag?« Und ich antwortete: »Ja, wie wär's denn mit einem Zeichenblock?« Und darauf sie: »Was willst du mit einem Zeichenblock? Du hast doch noch nie gezeichnet? Was soll denn das?« Und wieder ich: »Doch, das will ich jetzt haben! Einen Zeichenblock mit Pastellkreiden.« Und das haben wir dann gekauft. 60 Mark hat das gekostet, war damals teuer – und dann ging's ab.

Auf dem allerersten Bild sind drei schlafende Cowboys vor einem Tor in einer Stadt zu sehen.

Das gibt's alles irgendwie noch. Das sind so Picasso-Geschichten. Den kannte ich aus der Schule – und den habe ich für Kunst gehalten. Ich habe gedacht, Picasso = Kunst. Das war für mich wie eine Formel.

Weil das Zimmer der Wohnung in Ahrensburg nach kurzer Zeit völlig überfüllt und wegen des intensiven Ölfarbengeruchs nicht mehr bewohnbar ist, mietet Brigitte Meese ein Atelier im Hafenklang, wo ihr Sohn gemeinsam mit anderen arbeiten soll.

Ich kann nicht gut mit anderen in einem Atelier sein und habe deshalb Gemeinschaftsateliers auch später ganz wenig genutzt. Ich fühlte mich meistens zu viel unter Beobachtung. Ich brauche ein Einzelatelier, alles andere hat keinen Sinn.

Parallel zum Zivildienst belegt er abends Aktzeichenkurse an der Volkshochschule in Ahrensburg und einen Radierkurs in der Hamburger Kunsthalle. Später besucht er den Mappenvorbereitungskurs einer privaten Kunstschule in Hamburg-Blankenese, um sich mit einer professionellen Mappe an einer Kunsthochschule zu bewerben.

Bevor ich an die Kunsthochschule in Hamburg kam, bin ich da mal reingegangen, mit der Blankeneser Mappe, um erstmal zu gucken. Ich wollte mal sehen, was das überhaupt ist, eine Kunsthochschule? Ich hatte irrsinnige Angst, Schwellenangst. Aber man muss seinen inneren Schweinehund auch mal überwinden. Diese Kunsthochschule ist furchteinflößend, ein großer Bau – dunkel wie ein Schloss – und dann gehst du rein, da ist ein Pförtner, dann gehst du hoch. Und ich wusste nichts, kannte nichts und ich bin durch die Gänge gelaufen mit dieser Mappe unterm Arm. Und habe dann einfach so an eine Tür geklopft, da stand Büttner dran. Da machte mir Daniel Richter die Tür auf. Ich habe meine Mappe gezeigt. Zuerst dem Daniel, weil der sozusagen eine Art Vorinstanz war. Daniel fand die Sachen gut, der fand es witzig. Der mochte das, das habe ich gemerkt. Und er zeigte es dann dem Büttner und der hat dann sein Spielchen gespielt. Das war interessant. Der schaute sich diese Mappe an, diese aufgeklebten Fotos mit den Drahtskulpturen und mit diesen Totem-Skulpturen aus Ton, die ich auf so einem Tischchen platziert hatte. Er guckte sich das an, zeigte die dann in die Runde und sagte: »Haben Sie schon jemals so eine hässliche Wohnung gesehen? Das ist die hässlichste Wohnung, die ich je gesehen habe.« Ich war natürlich völlig perplex, weil ich mir dachte: »Du Arsch, guck dir die Skulpturen an, was interessiert dich die Wohnung. Es geht doch um die Skulpturen.« Büttner hat dann noch irgendwelche anderen Texte abgelassen über die Bilder – sieht doch alles ziemlich scheiße aus, auf Wiedersehen. Später habe ich dann herausgefunden, dass er es gar nicht so scheiße fand. Es war wohl einfach nur ein Test, eine

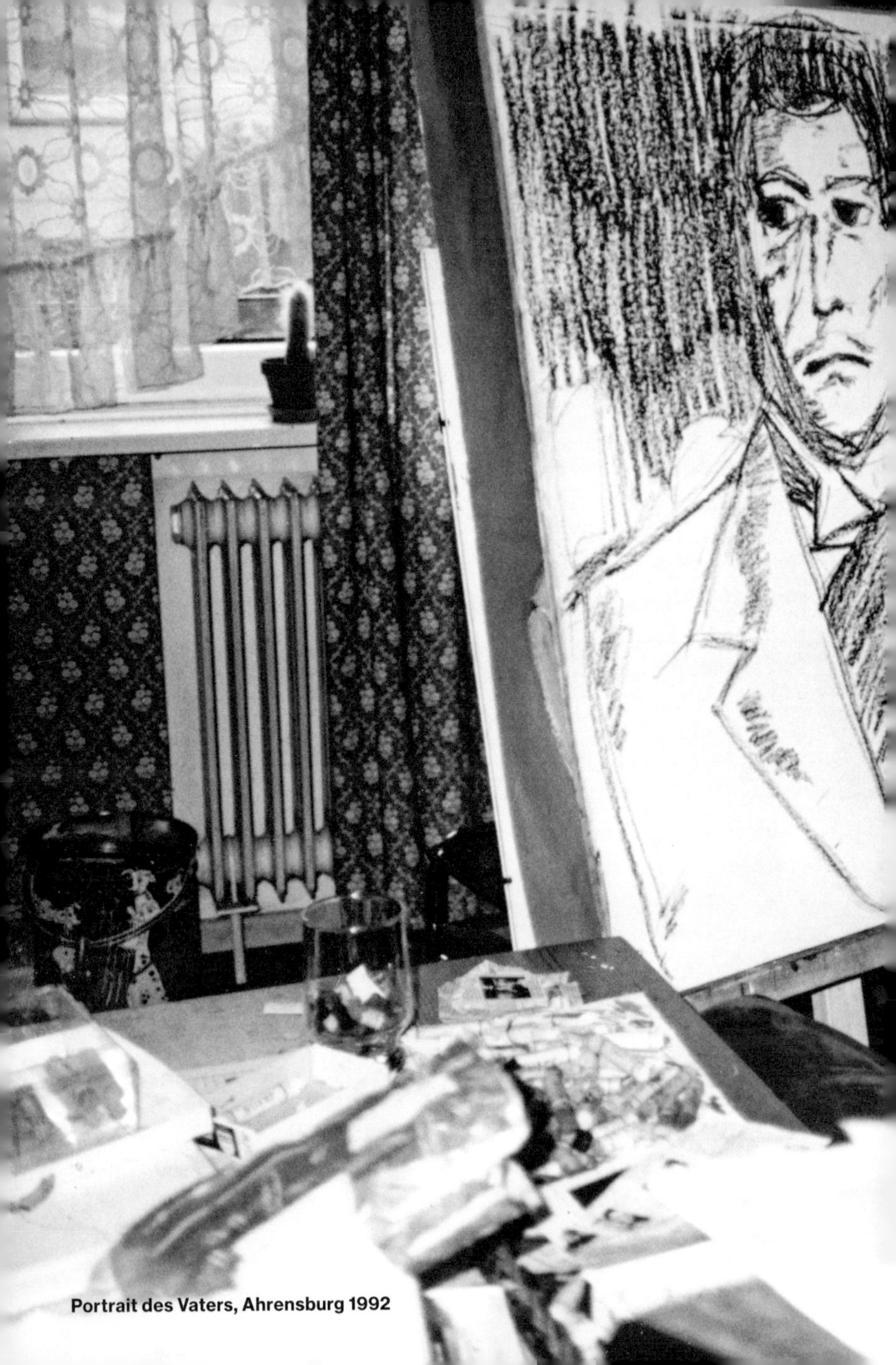

Portrait des Vaters, Ahrensburg 1992

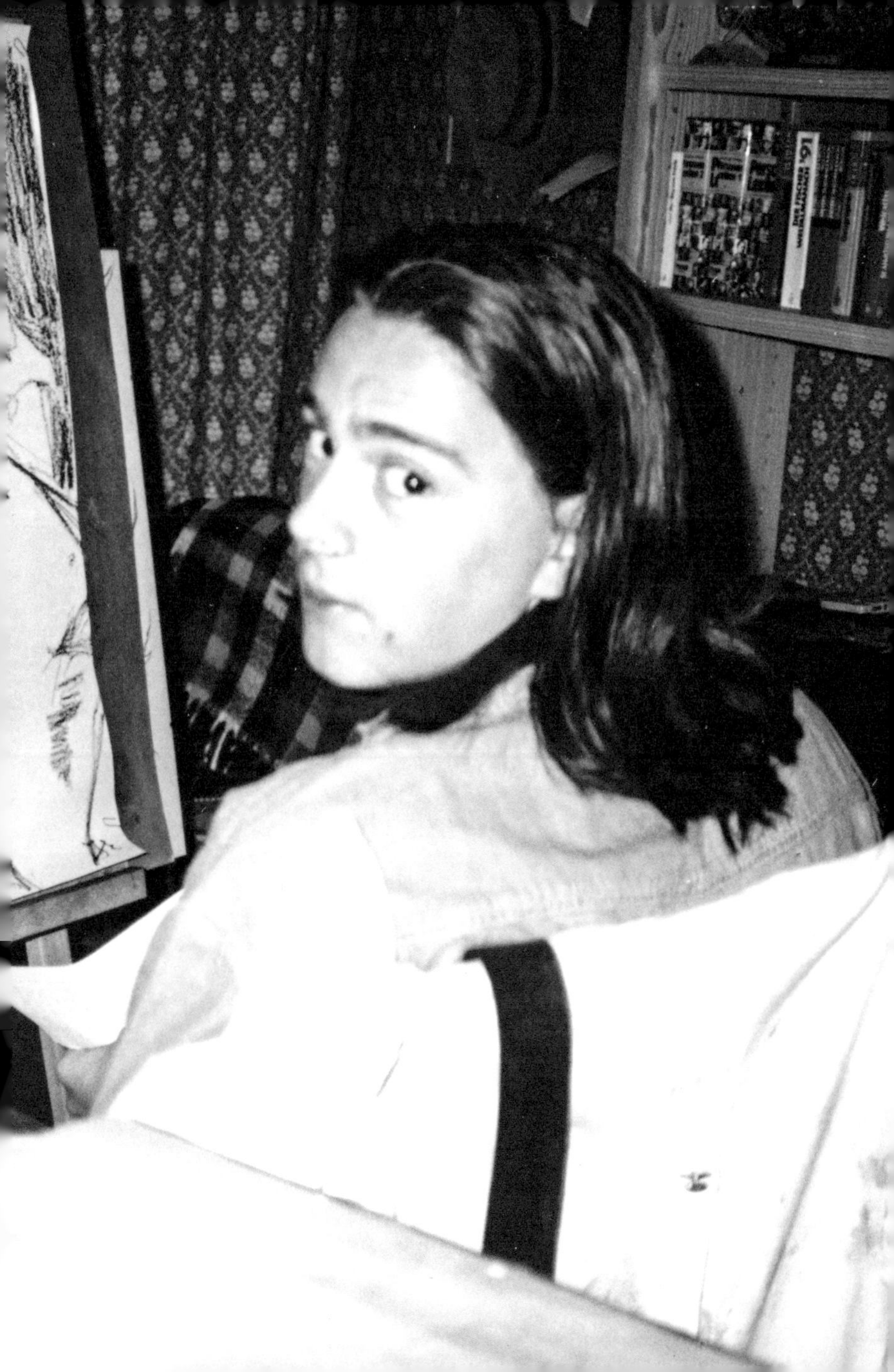

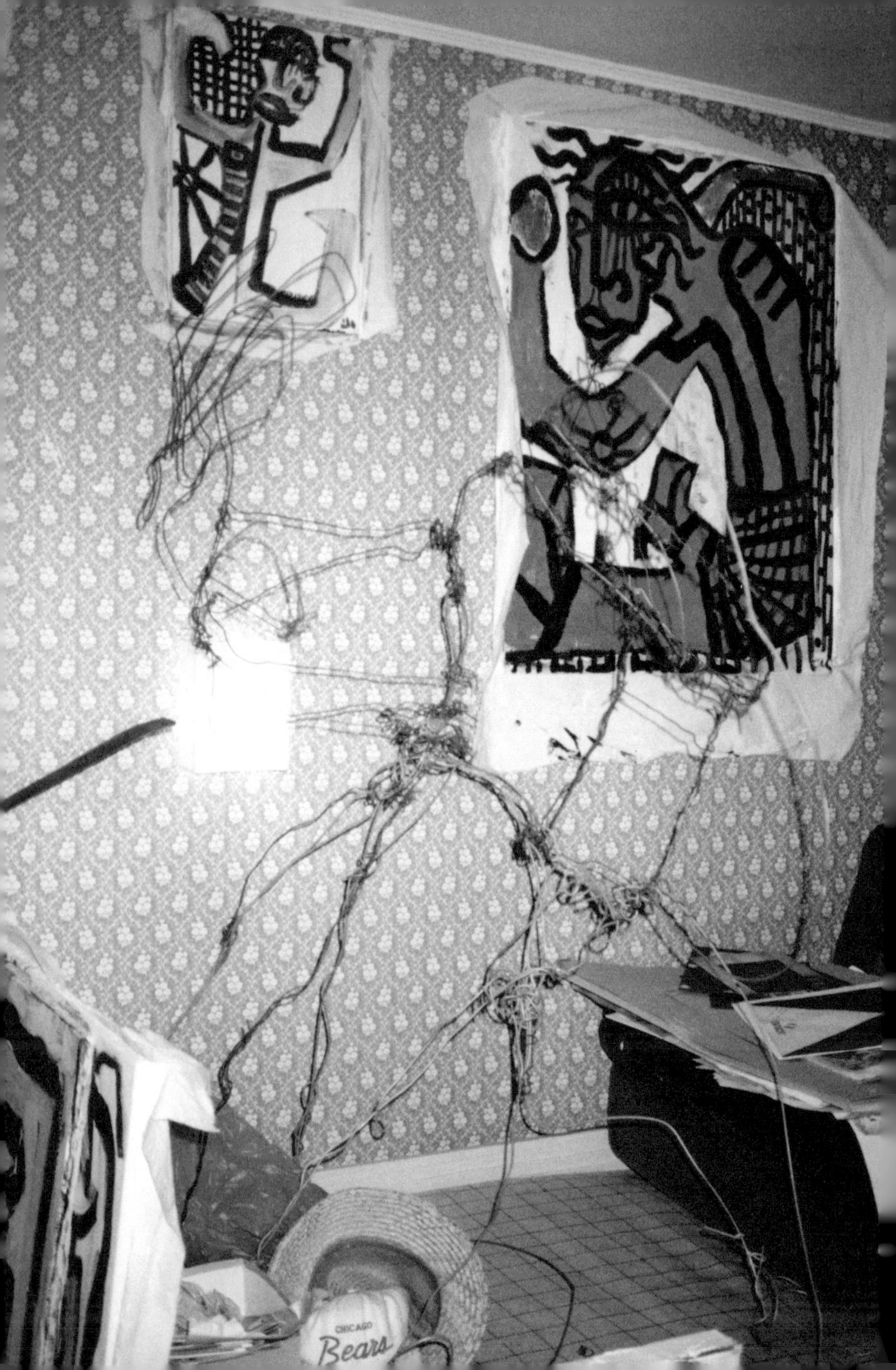
CHICAGO
Bears

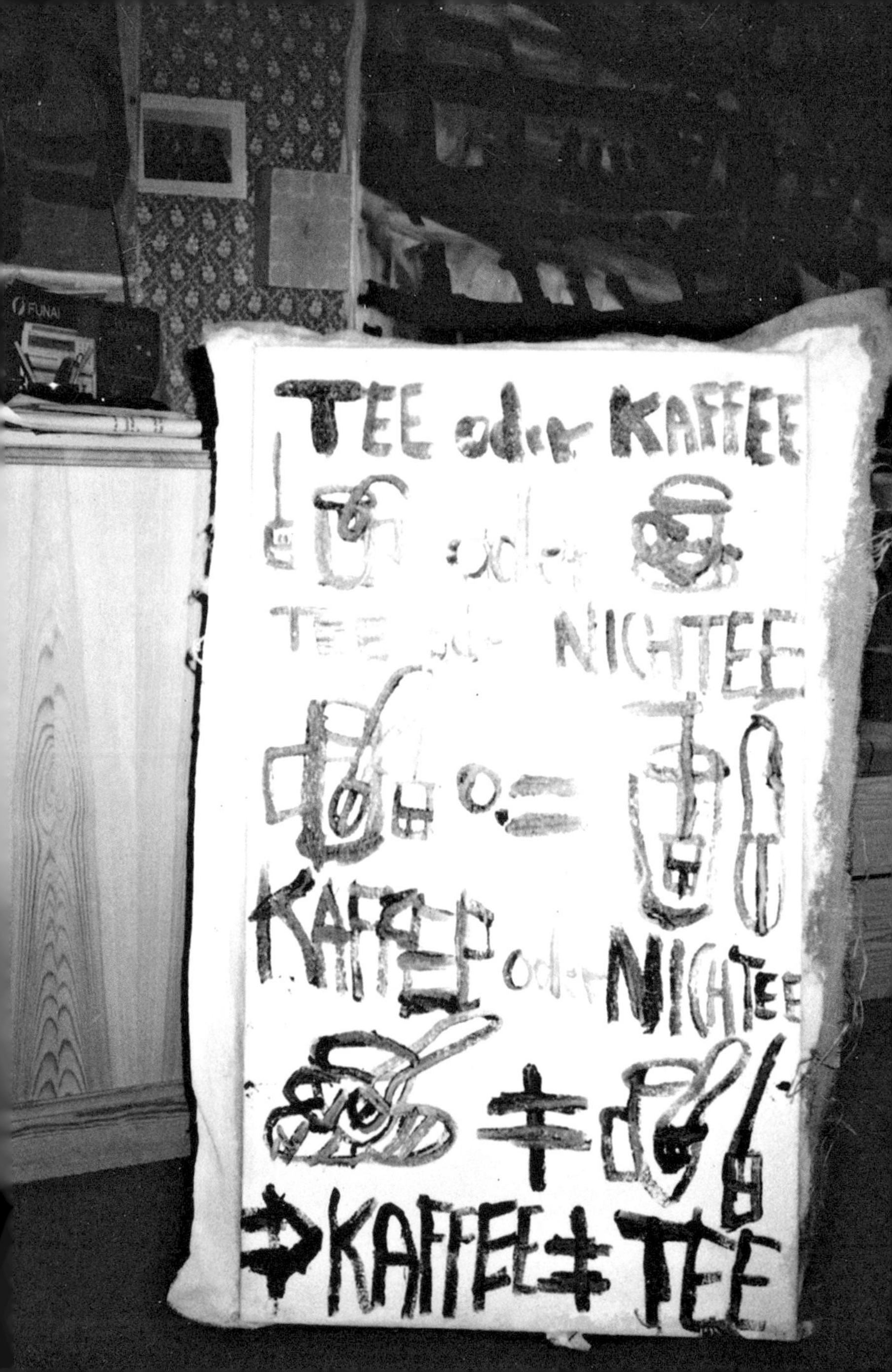
TEE oder KAFFEE
oder
NICHTEE
KAFFEE oder NICHTEE
KAFFEE + TEE

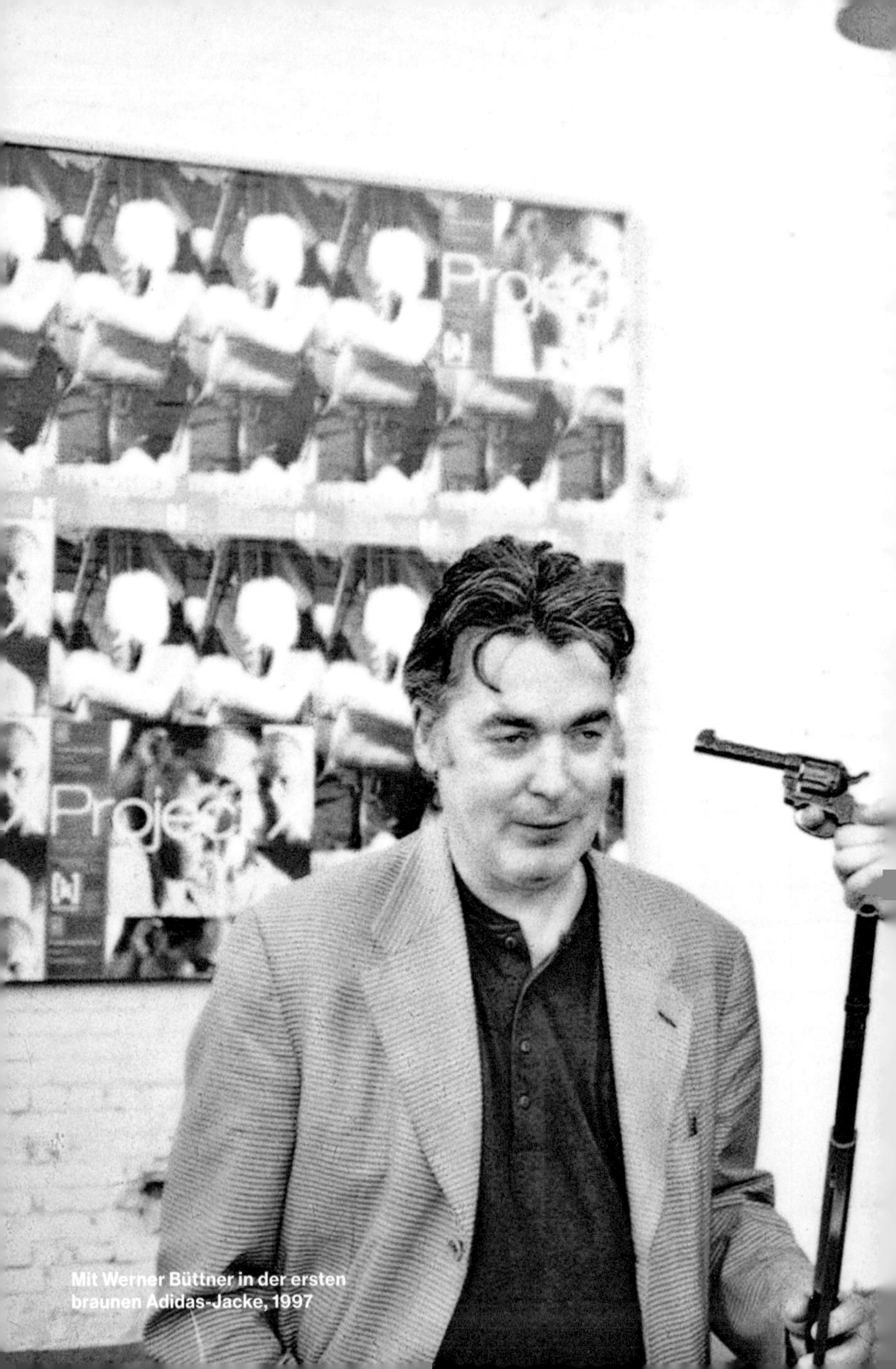

Mit Werner Büttner in der ersten
braunen Adidas-Jacke, 1997

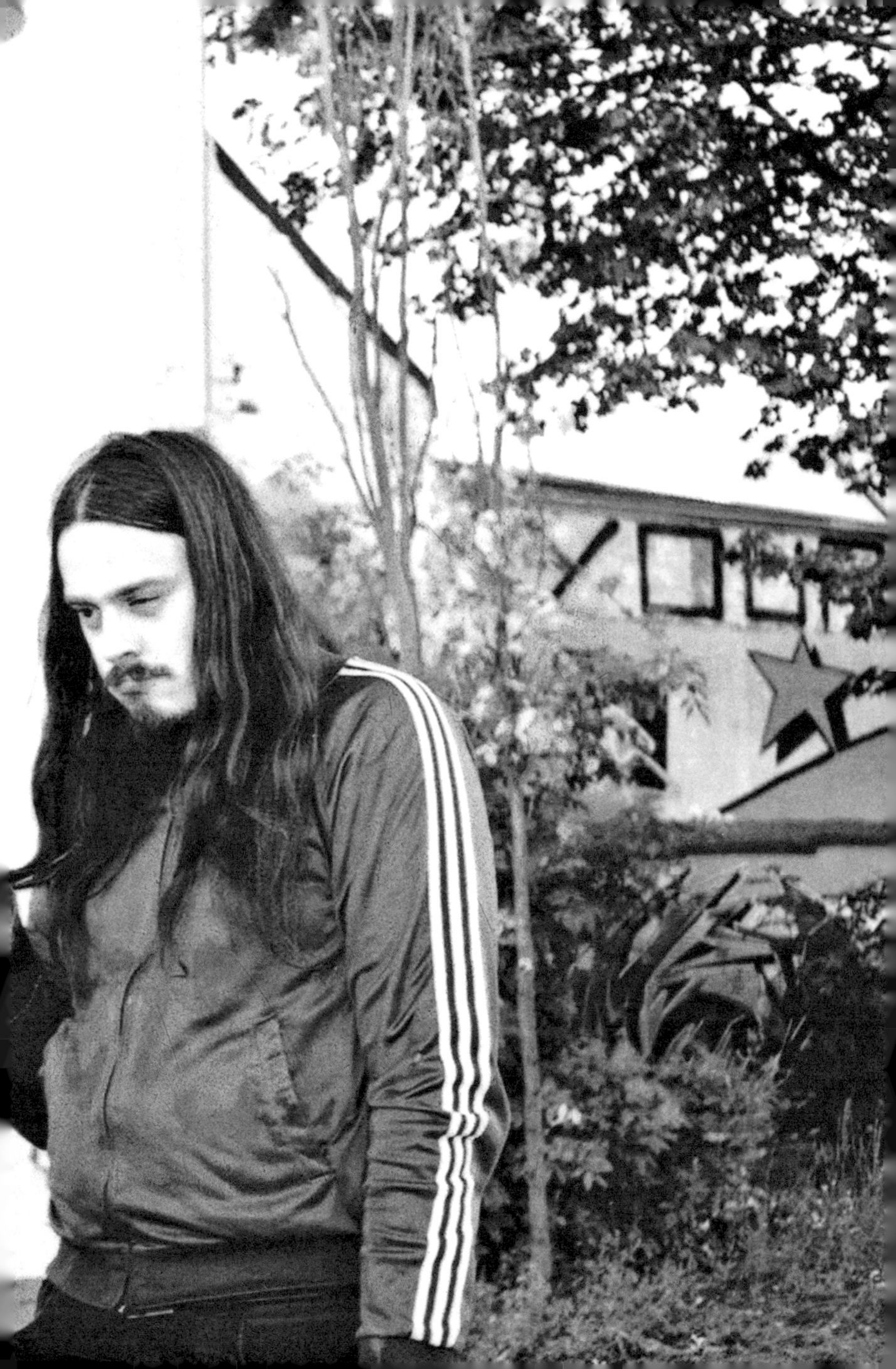

Provokation und eine künstlerische Methode, um die Leute abzuschrecken.
Und dann bin ich an einem anderen Tag noch zufällig in Korrekturgespräche von Franz Erhard Walther geraten und wollte auch ihm meine Mappe zeigen. Da musste ich dann aber irrsinnig lange warten, zehn Leute waren vor mir und manche wurden so ein bisschen fertig gemacht. Irgendwelche Namen, die ich alle nicht kannte, wurden herumgeschleudert. Und dann irgendwann um sieben oder acht Uhr abends, nachdem ich sieben oder acht Stunden bei diesen ganzen Besprechungen mitgemacht hatte, kam ich dann endlich an die Reihe und sagte: »Ich bin Jonathan Meese und hier ist meine Mappe.« Und dann sagte der Walther: »Ja, zeigen Sie mal, was Sie gemacht haben.« Dann habe ich die Blätter alle auf den Boden geworfen und bin sogar einfach drüber gelaufen, als ob das nichts wäre. Dann sagte der Walther zu mir: »Wer ist ihr Lieblingskünstler?« Dann sagte ich: »Picasso und Horst Antes.« Darauf er: »Ja, Picasso ist super, aber Horst Antes…« Dann habe ich gefragt: »Wieso denn?« Er: »Das werden Sie selbst herausfinden«. Dann stellte er noch die zweite Frage: »Welches dieser Blätter finden Sie denn am besten, Herr Meese?« Ich zeigte ihm eins und sagte: »Das da!« Darauf er: »Das ist das schlechteste.« Darauf ich: »Wieso denn?« Er: »Das werden sie selbst herausfinden.« Und dann hat er gesagt: »Sie können die Mappe jetzt wieder zusammenpacken.« Also packte ich die Sachen zusammen und bin zur Tür raus, guckte mich vorher aber nochmal um und sah, wie John Bock so [hebt den Daumen] zu mir machte. Das Zeichen von John Bock fand ich gut, es war für mich eine Bestätigung. Ich habe zwar überhaupt nicht verstanden warum, denn meine Besprechung war die kürzeste von allen, die ging genau zwei Minuten. Später hat Walther mir mal gesagt, einen Kunststudenten, der Beuys nicht kennt, den nehmen wir hier nicht auf. Ich kannte Beuys nicht. Aber ich war so naiv. Und in dieser Mappe hatten die gesehen, dass da nichts ist: »Der Typ ist ein vollkommen unbeschriebenes Blatt … da ist gar nichts, den nehmen wir mal.« Und dann habe ich meine Mappe abgegeben und bin tatsächlich genommen worden.

(ZUCHTHAFT)
> LICHTUNG DER OPFER
1921: SCHÖPFUNG II (Seelenzucht)

1993–1998

Am 1. Oktober 1993 beginnt Jonathan Meese sein Studium an der Hochschule für bildende Künste Hamburg und kommt in die Grundklasse von Achim Hoops.

Es gab vier Grundklassenprofessoren und jeder hat dann 10 oder 20 Leute bekommen. Ich wurde Achim Hoops zugewiesen, der mir absolut jede Freiheit in der Kunst zugestanden hat. Ich fühlte mich dort gleich bestens aufgehoben. Wir waren im größten Raum, das war schon mal sehr geil, direkt unterm Dach. Und jeder bekam eine Ecke oder eine Wand – und da ging's dann ab. Ich habe auf Papier gemalt, auf Zeitungspapier – das war günstig – und habe riesige komische Bilder gemalt, die zum Teil auch noch existieren. Aber das habe ich dann ziemlich schnell auch wieder sein lassen, in der Grundklasse. Dann habe ich Sachen gesammelt, kleine Sachen. Und dann fing die Entwicklung mit den installativen Wänden an. Ich habe wirklich ganz viel gemacht damals, geschrieben und ganz viel produziert und weil ich so viel Kleinkram hatte, musste ich eine Präsentationsform dafür finden, das waren dann die Wände. Eine Wand hatte ich ja. Und so wuchs das Material dann die Wände hoch. Ich habe mich in der Schule sauwohl gefühlt, habe sämtliche Angebote unter die Lupe genommen und in der Bibliothek alles durchgestöbert und die Burg für mich erobert. Ich merkte schnell: Hier bin ich richtig, hier kriegt mich keiner mehr weg. Ich hatte plötzlich eine Ausrichtung, ein Ziel und ein Koordinatensystem. Ich fühlte Kunst.

Nach der Grundklasse wechselt er in die Klasse von Franz Erhard Walther.

Ich wollte eben zu Walther. Und meine Mutter wollte das auch, denn sie fand, dass Walther als Gegenpol und in seiner kunsthistorischen Strenge am besten zu mir passte. »Der kann dir am meisten beibringen, Johnny«, sagte sie damals. Ich fand auch andere Professoren gut. Werner Büttner fand ich super, Stanley

Brouwn fand ich super, [Bernhard] Blume fand ich super, Rolf Zander fand ich super, [KP] Brehmer fand ich super. Das waren alles so bärbeißige Typen, aber der spannendste für mich war Walther, weil der das genaue Gegenteil zu mir zu sein schien. Eben nicht so verspielt. Jetzt, im Nachhinein, weiß ich, dass er auch verspielt ist, immer schon war. Aber damals war er für mich ganz streng formal. Bei Büttner hätte ich auch als Typ sehr gut reingepasst, aber das wäre vielleicht zu wenig Reibung gewesen. Da wäre ich genau da gelandet, wo ich logischerweise hätte landen können. Zu dem bin ich natürlich immer wieder hingegangen und habe ihm meine Zeichnungen gezeigt. Aber Walther musste ich davon überzeugen, dass er mich in die Klasse nimmt. Diesen entscheidenden Termin hat er sieben Mal verschoben, sieben Mal! Und irgendwie war das auch so eine Art Reinschummeln, weil ich immer mehr zum Inventar wurde: Ich habe einfach immer mein Zeug dahin gebracht, das stand da einfach schon rum. Plötzlich war klar, der Typ gehört dazu, nur, weil ich sieben oder acht Mal mein Zeug dahingeschleppt habe. Zum Schluss brachte ich dann eine wunderbare Skulptur mit, die gibt's auch noch als Foto. Schließlich hat Walther sich oben unterm Dach auch mal meine Wand angeguckt. Da er das auch alles super fand, war ich dann drin in der Klasse. Und dann ging's richtig zur Sache. Da wurde gearbeitet wie Sau.

Seit einiger Zeit wohnt Meese in einer Wohnung im Falkenried.

Ich habe viel Material gesammelt und habe dann auch die Wohnung doof damit vollgestellt. Ich merkte, dass mir Lifestyle nichts bedeutet. Diese Wohnung konnte ich als guten Ort zum Leben nicht nutzen. Alles war voll mit irgendeinem Quatsch. Aber das waren letztlich schon Installationen. Ich konnte nichts wegschmeißen, ich habe wirklich alles gesammelt. Damals fing diese Phase an, dass alles Kunst ist, alles geil ist. Bei jeder Bierdose, die ich so aufgemacht habe, dachte ich: »Woahhh, ist ja spitze, aufbewahren, kann man ja vielleicht gebrauchen. Boahhh, die BILD-Zeitung, super, ist ein Unikat! Muss ich behalten!« Jeder beschmierte Zettel, alles musste behalten werden. Meine Begeisterungsfähigkeit war einfach hundert Milliarden Mal größer als die von anderen. Ich war so begeistert, von allem. Von jedem Alltagsgegenstand genauso wie von meinen Bearbeitungen. Ich habe jeden Tag was produziert und Fotos davon gemacht. Machen, machen, machen, ich war wie im Rausch, die ganze Zeit.

Die ersten Aufnahmen dieser Wände stammen von Stefan Thater, später wird Christian Jankowski, der ebenfalls bei Walther studiert, die Performances vor den Installationen filmen. Freundschaft mit John Bock.

Wir waren super befreundet. Der hat auch gearbeitet wie ein Wahnsinniger. Es war richtig Aufbruchstimmung. John Bock wusste aber schon, was er wollte, der war so klar im Kopp. Der hat ja auch nebenbei was Wirtschaftliches studiert. Der war beflissen, kannte sich aus in der Kunst. Ich habe mich dann auch ein bisschen informiert, aber nie so stark. Das war nicht so meine Sache. Ich war eher monomanisch. Balthus war deswegen für mich eine ganz, ganz wichtige Figur. Die Hermetik von dem Typen hat mich total angetörnt. Ich habe mir sonst viel Picasso und Warhol angeguckt, aber immer das Gleiche. Ich wollte da gar nichts großartig untersuchen. Ich fand die Typen cool, ich fand die gut.

Die Präsentation seiner Arbeiten vor der Wand erweitert sich langsam zu exzessiven Performances.

1995 habe ich dann vor dieser einen Wand, die eher weißlich-silbern war, Gedichte vorgelesen, selbst geschriebene. Das war noch ganz dezent. Also einfach mit dem Stuhl vor die Wand gesetzt oder neutral hingestellt, ähnlich wie Walther. Einfach so vor seinem Kunstwerk zu stehen, das habe ich von Walther übernommen. Auf den Fotos, die man von ihm kennt, benutzt er seine Sachen und steht seinen Mann vor der Kunst. Das hat mich sehr beeindruckt. Und ich dachte: »Cool, so macht man das, mache ich jetzt auch!« Und dann habe ich mich bei der Performance zur Jahresausstellung hingesetzt, mit einem Napoleon-Hut auf dem Kopf, so als Kunst-Revolutionär Saint-Just, und habe diese Gedichte, die Mami abgetippt hatte, vorgelesen. Ich wollte nie eine Bestätigung für das, was ich da tat, denn für mich war klar, dass das geil war. Die Gedichte, die ich vorgelesen habe, das war mir vollkommen klar, sind totale Kunst, das sind die geilsten Gedichte, die gerade geschrieben werden. Ich wollte nur abge-

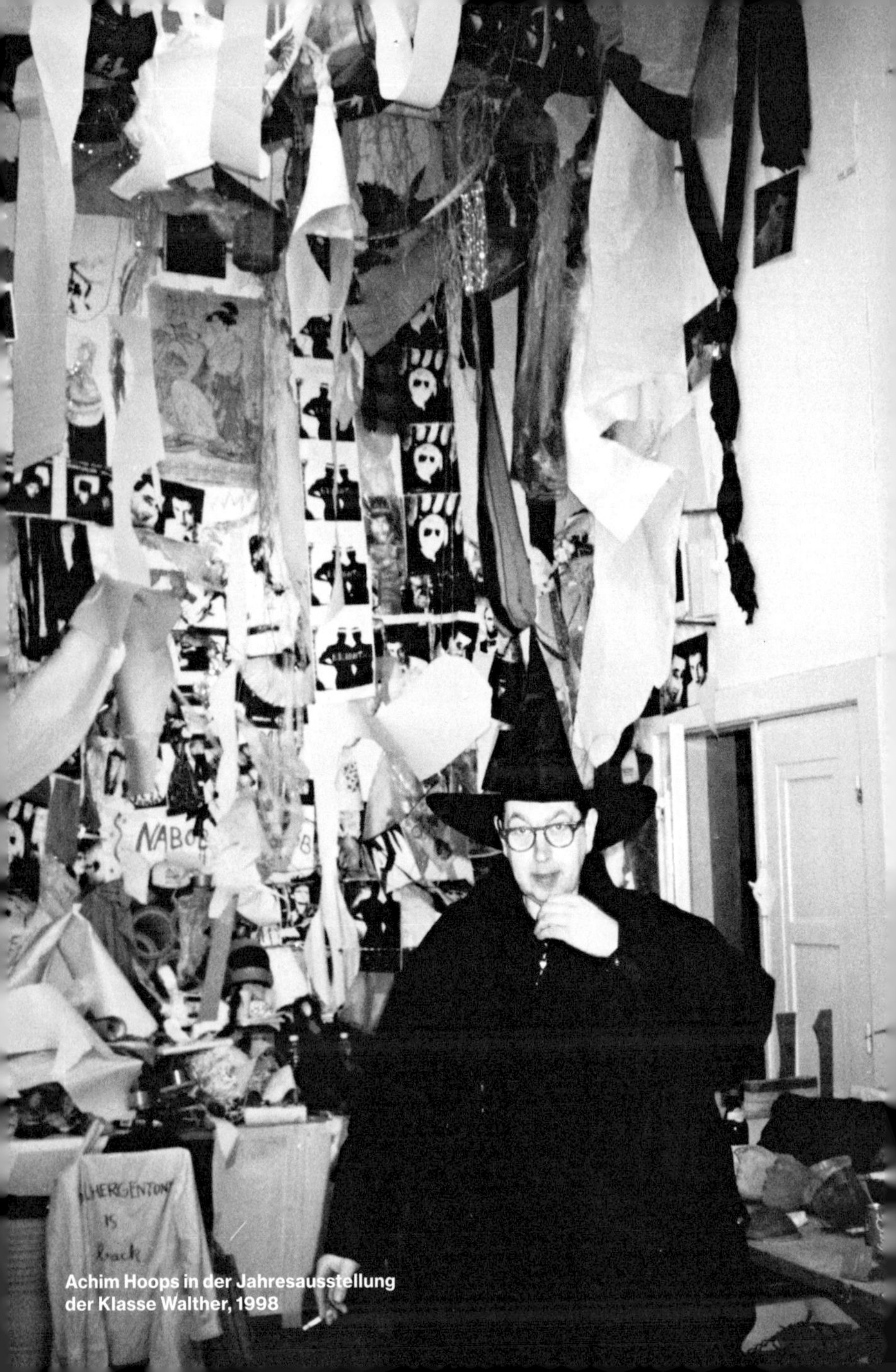

Achim Hoops in der Jahresausstellung der Klasse Walther, 1998

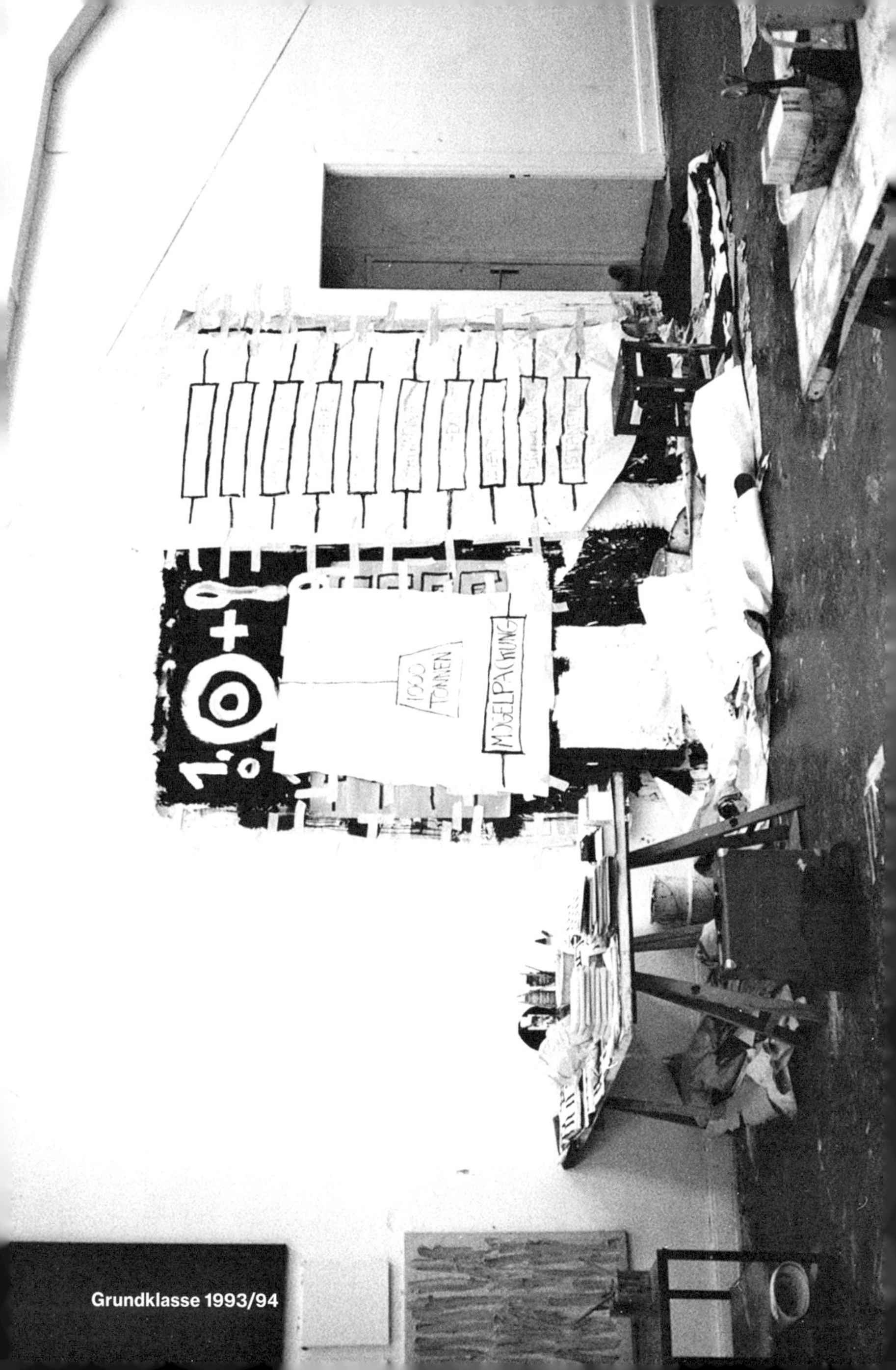

Grundklasse 1993/94

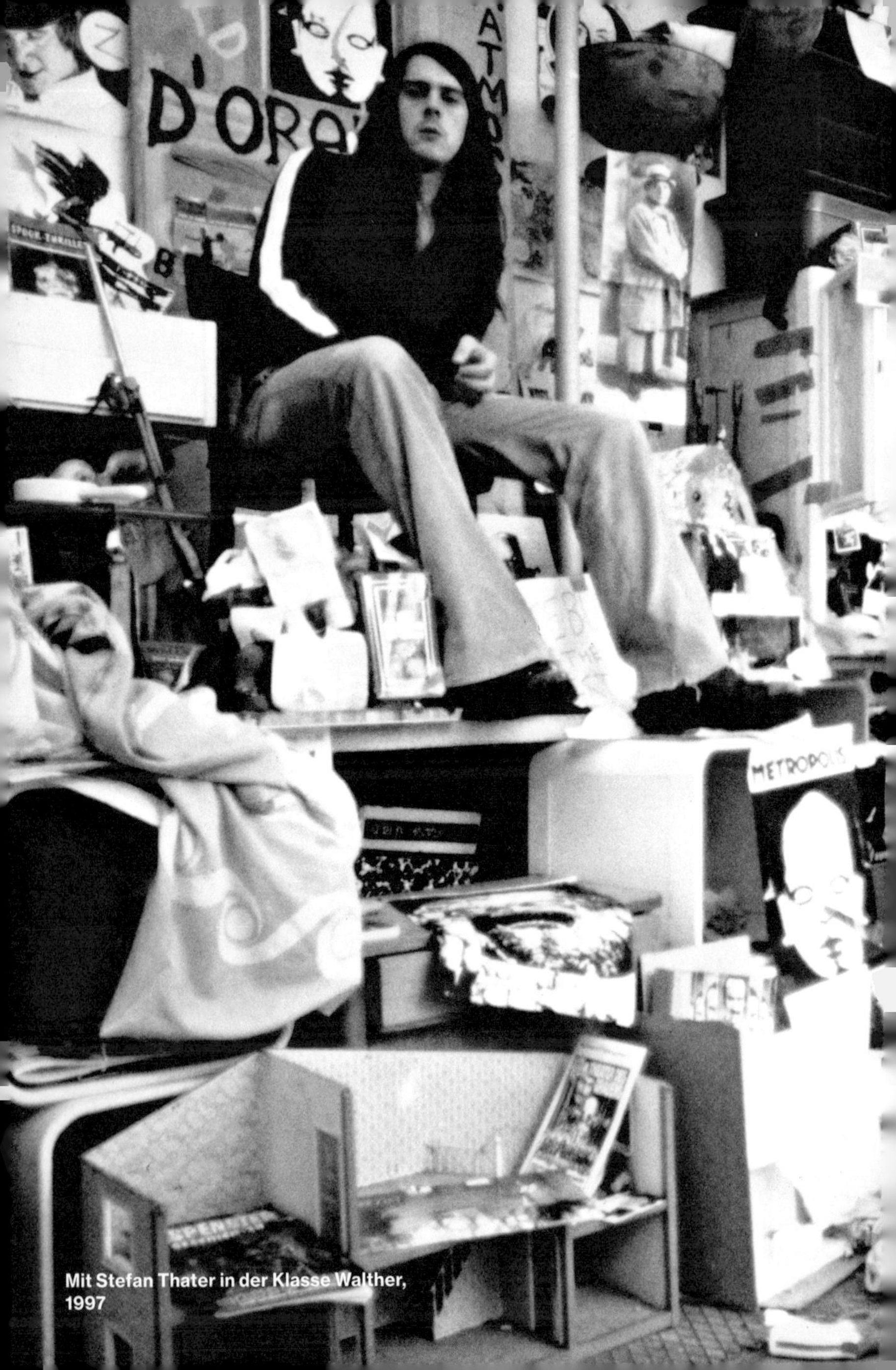

Mit Stefan Thater in der Klasse Walther,
1997

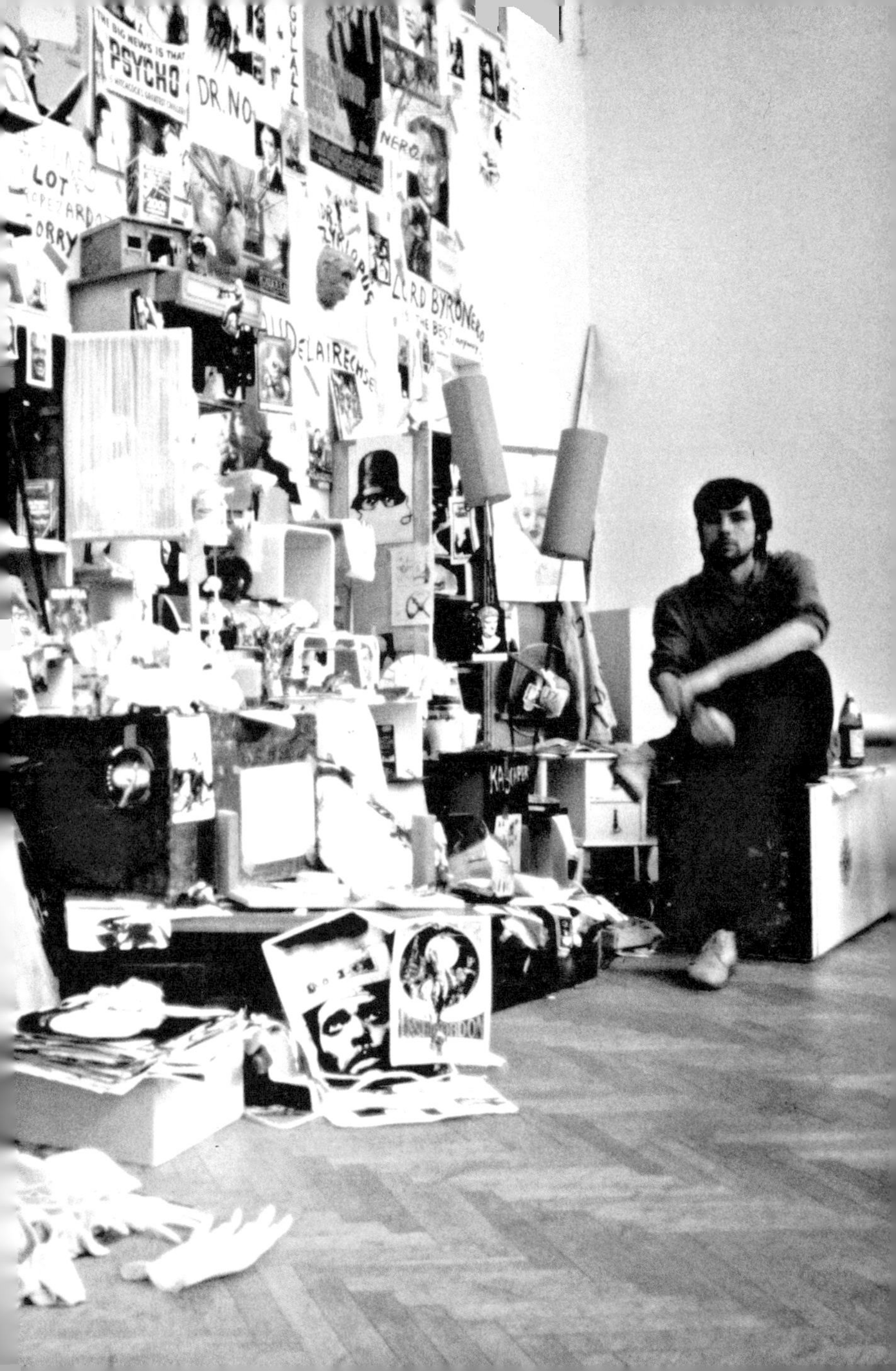
THE BIG NEWS IS THAT
PSYCHO
DR. NO
NERO
LORD BYRONERO
IS THE BEST
LOT
SORRY

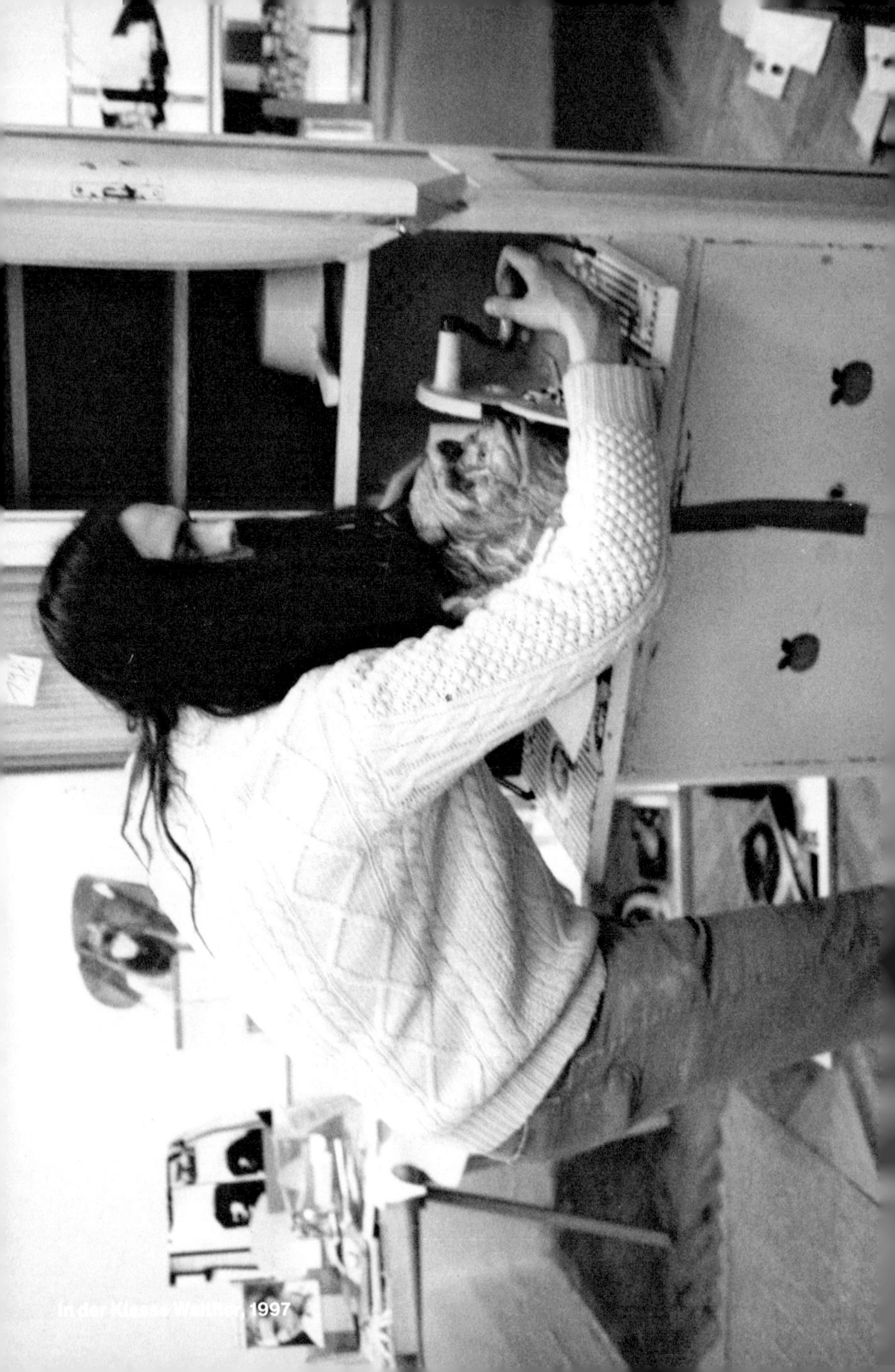

In der Klasse Walther, 1997

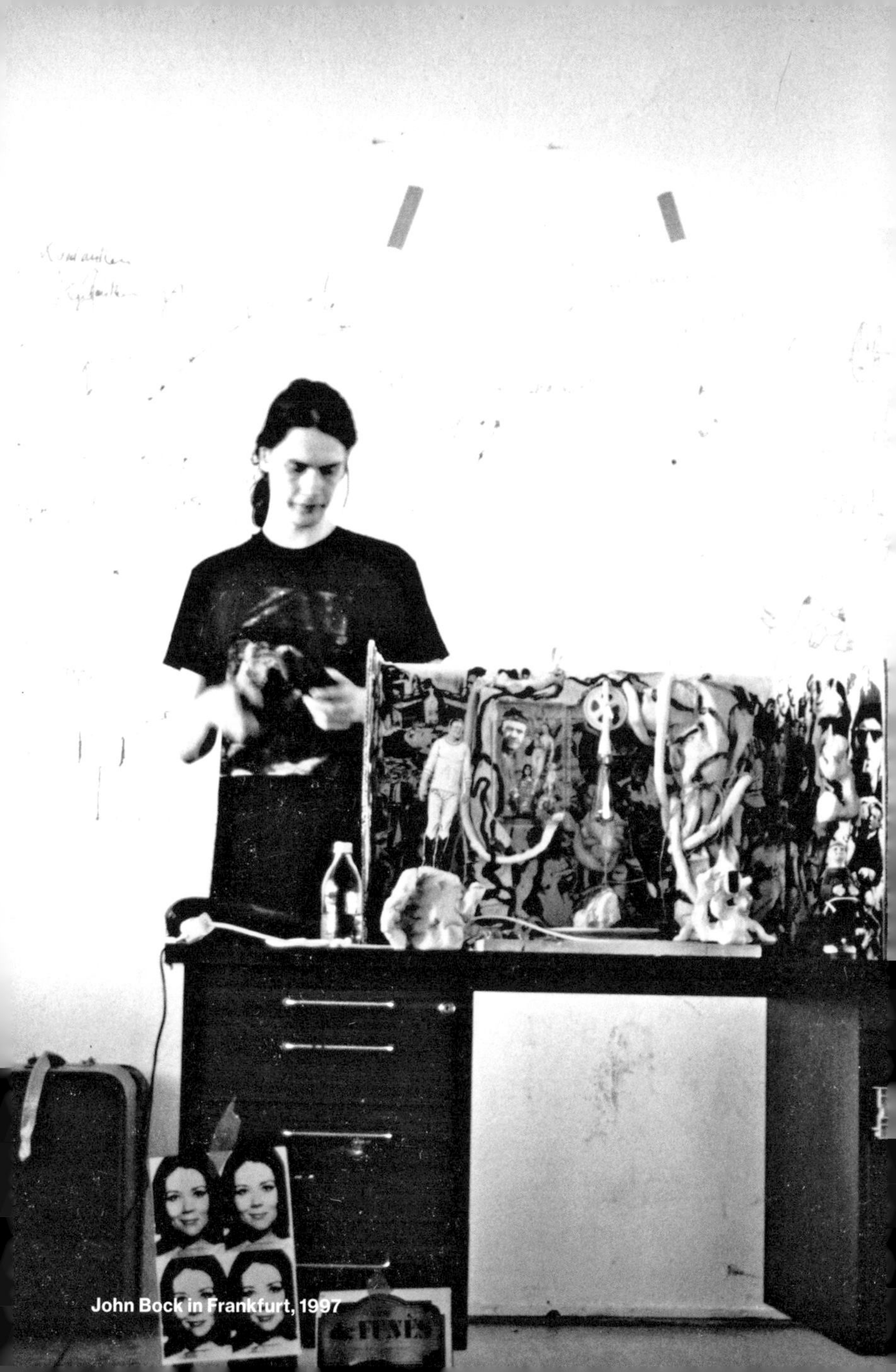

John Bock in Frankfurt, 1997

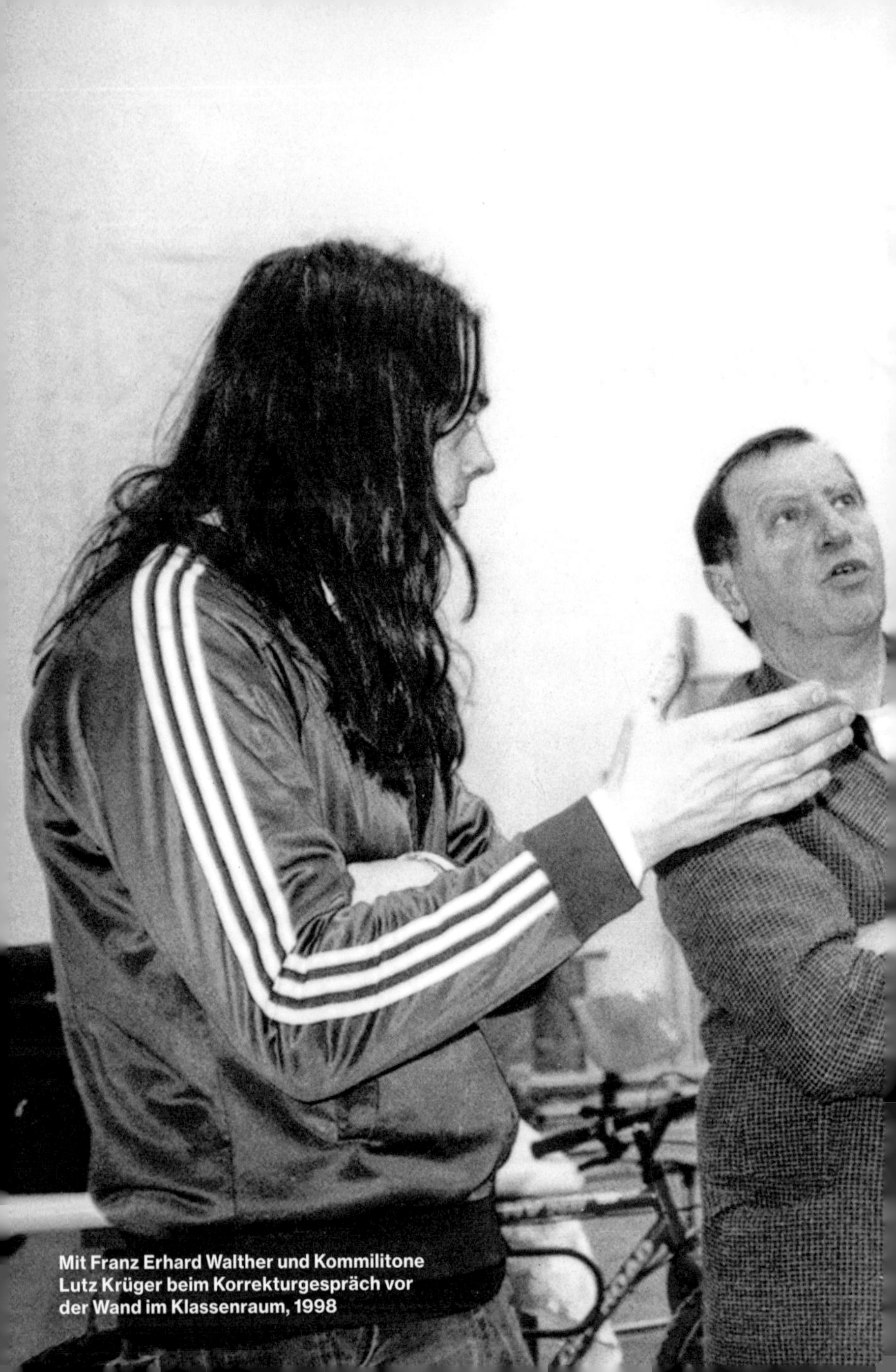

Mit Franz Erhard Walther und Kommilitone Lutz Krüger beim Korrekturgespräch vor der Wand im Klassenraum, 1998

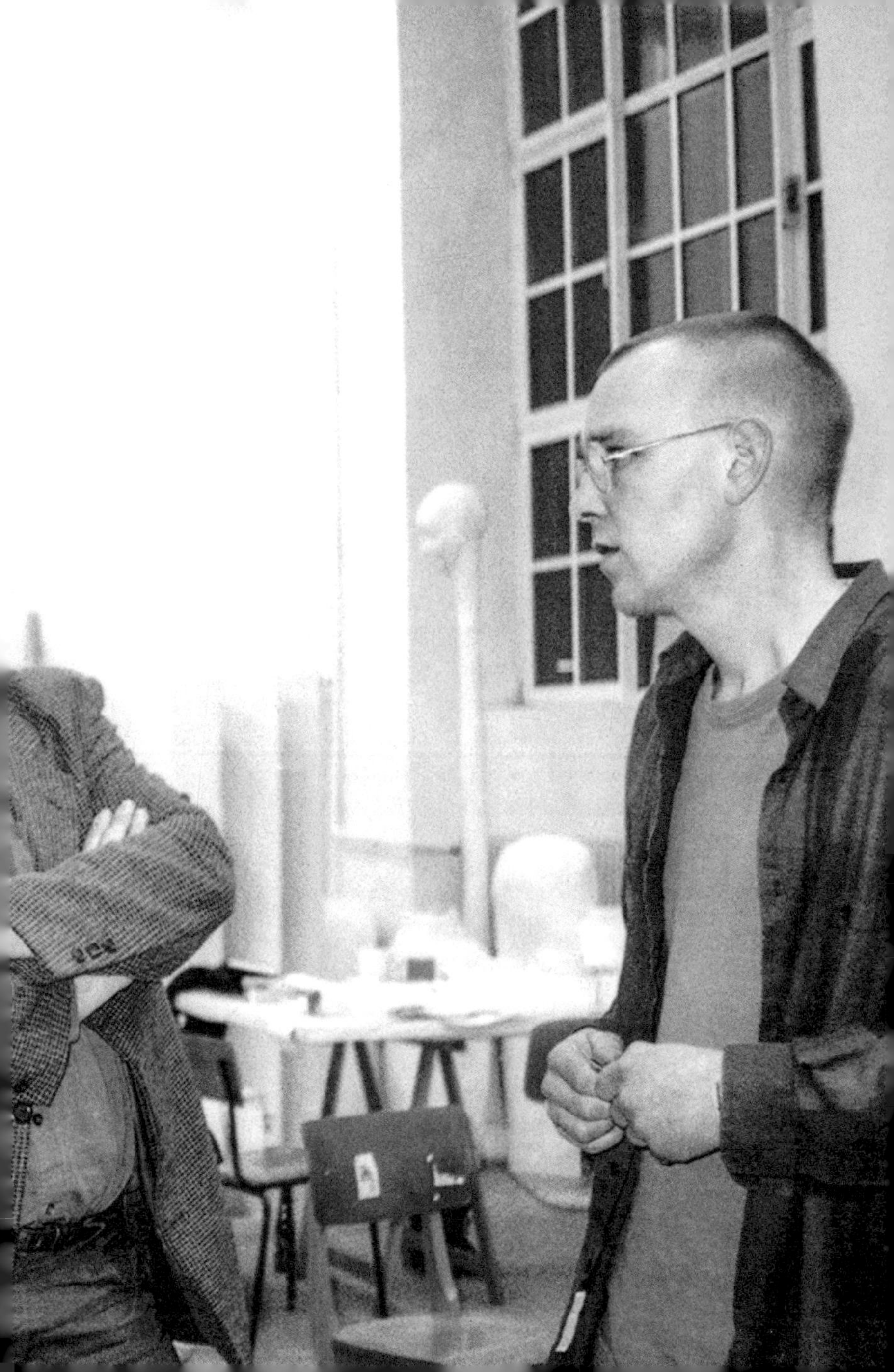

klatscht werden, sozusagen [klatscht]: Weitermachen! Ich wollte nicht hören »geil!«, ich wollte aber auch nicht hören »scheiße!«. Ich wollte das einfach machen, abhaken – weiter, deshalb war's auch nicht geplant, sondern man musste es machen, ja, und wenn man es laufen lässt, ist es eh immer spitze. Das war ein völliger Unterschied zu John Bock, denn der hat seine Performances geplant, immer schon – der ließ sich nicht so überraschen. Ich wusste, dass die einzelnen Gegenstände, die da waren, immer geil waren und ich war immer überrascht, wenn das jemand nicht verstanden hat oder so getan hat, als ob das scheiße sei. Das war für mich außerhalb der Diskussion. Wenn ich sie jetzt angucke, im Nachhinein, dann sind mir einige Sachen vielleicht peinlich, aber zu der Zeit war mir überhaupt nichts peinlich. Ich dachte, das ist notwendig, das ist nützlich, das ist richtig, das ist sinnvoll, das muss gemacht werden. Auch wenn man müde ist, man macht's. Ich musste herausfinden, was kunstfähig ist und was nicht. Angst vor der Bühne habe ich nie gehabt. Aber ich wollte nicht aufgehalten werden. Ich hatte einen Tunnelblick nur für die Kunst und wollte mich von der Realität abgrenzen. Deshalb musste ich mich immer verkleiden, wollte jemand anderen spielen: Napoleon, Saint-Just, Fantômas, Hagen von Tronje, Nietzsche oder Zeus. 1994/95 fingen also die Performances an – eigentlich ja schon früher, indem ich mich fotografiert habe oder fotografiert wurde, durch Mami. Und dann wurde ich ja auch von Klassenkameraden [Kommilitonen] fotografiert. Ich habe eben alles genutzt und Listen gemacht. Das ist wichtig. Ich habe von Anfang an Listen gemacht von dem, was das Geilste ist und was notwendig ist und was immer dabei sein muss. Wie Goldgräberlisten. Für mich sind das Baupläne, wie man vorgehen muss, um erfolgreich Gold zu waschen. Da waren auch viele Kauflisten dabei, also Materialbeschaffung für Kunst. Da bin ich halt ein Meister drin. Vieles habe ich dann gar nicht gekauft, weil ich zu müde war oder zu nervös, aber die Listen sind da, die gibt's auch alle noch. Die sind natürlich ganz kindisch. Zum Teil habe ich sie fragmentiert und vergrößert, und als Wandbild benutzt, daraus entwickelte sich dann »Text und Zeichnung auf Wand«.

Und ich habe eben in der Zeit ganz viel aufgesogen. Was will ich malen? Welche Schauspieler sind geil, welche Filme sind geil? Was sollte man angucken? Caligula, Zardoz, *die ganzen Edgar-Allan-Poe-Sachen,* Dr. Phibes, The Wicker Man, *alle* James-Bond-*Filme, Cary Grant natürlich, beeinflusst durch meine Mutter. Alles was ich gesehen habe:* Dallas, Denver-Clan. *Das war ja alles da und wurde dann noch bearbeitet und das, was am geilsten aussah, ist dann gebracht worden. Viele Künstler sind ja hängen geblieben, an diesem Hierarchielosen. Ich bin da eben weitergegangen. Ich habe gesagt, ich bin hierarchielos, erstmal, aber die Sachen ordnen sich von selbst. Und zwar dann wieder in einer Hierarchie. Und deshalb fällt vieles weg und vieles bleibt. Das ist ein evolutionärer Prozess. Das ist Goldwäsche und das ist Kunst. Die größten Nuggets bleiben im Sieb. Das haben die Leute an der Kunsthochschule aber überhaupt nicht verstanden. Die haben gedacht, alles, was ich mache, ist gleichwertig. Das stimmt aber gar nicht. Es gab geilere Sachen als andere. Das wurde nur nicht gesehen; das wird bis heute nicht gesehen. Die Leute können immer noch nicht begreifen, dass ich zwar alles gleich behandle, manches aber eben einfach geiler ist als anderes – wie auf einer Wiese zunächst alle Blumen gleich sind, die Natur hat sie gleich dahin geworfen, aber die eine riecht halt geiler. Für die Leute ist immer noch entweder alles Müll oder alles geil. Alles geil können sie nicht akzeptieren, deshalb wird eher gesagt, das ist alles scheiße. Da muss ich immer noch mit umgehen.*

Im Grunde genommen ging es immer um Distanzschaffung. Deshalb habe ich Kunst gemacht. Das haben die Leute nur nicht verstanden: Kunst ist eben nicht Näheherstellen, sondern Distanzschaffen. Heute soll Kunst nur noch Nähe suggerieren: »Wir haben uns lieb!« Oder: »Ich habe einen Bezug zum Bild!« Gibt's ja gar nicht! Ein Bild stößt immer ab, wenn es geil ist. Kunst schafft einen Puffer, der dich auf notwendigste Distanz hält. Die unabdingbarste Freiheit der Kunst ist auf Distanz zur Realität aufgebaut. Deshalb ist eine Figur wie Hitler sehr geeignet, weil die alles auf Distanz gehalten hat. Hitler war für mich überhaupt keine Figur bis 1998; in der Schulzeit habe ich mich für das Dritte Reich nicht im Geringsten interessiert – gar nicht. Distanzierung wird immer wichtiger für mich. Die richtigste Aussage ist für mich deshalb: »Haut doch ab! Haut einfach ab! Geht nach Hause, aber wenn ihr mir zuhört, dann bitte ohne Falsch. Ihr könnt ja gehen. Keiner hat euch gezwungen zu kommen.« Ich habe mich da hingestellt, habe gelesen, habe meine Performance gemacht – die Meinung der Leute interessiert mich dabei null, hat mich damals schon nicht interessiert. Ich wollte in Ruhe gelassen werden. Und deshalb steigerten sich ja auch die Performances in immer mehr Nein-Sagen: keine Vereine, keine Sportklubs, keine Demonstrationen, kein gar nichts. Damit man immer unangreifbarer wird, damit die Leute immer weniger Anhänger werden können. Das ist auch der Riesenunterschied zu den ganzen anderen Performances, die es heute gibt. Die Performer heute wollen integrieren. Und ich will abstoßen: »Weg mit euch! Haut ab!« Kein Mitmachtheater: Hier ist eine ganz klare Scheibe und die dürft ihr nicht berühren und auch nicht über diese Grenze gehen. Das Wort »Nein« spielt eine große Rolle in der Kunst. Ich wollte keine Anhänger, ich wollte eine Familie finden. Die hatte ich dann in der Kunsthochschule auch gefunden. Und da kamen dann irgendwann mal die Gemeinschaftsperformances mit John Bock. Einmal habe ich bei ihm mitgemacht, dann er bei mir. Und das alles wurde dann meistens von Christian Jankowski gefilmt.

1911: Verbrechen Lichtnot
2001: NÄHRSOLDAT: ALEX d'LARGE

Zu den Figuren, die Meese bereits seit seiner Jugendzeit aus Büchern, Filmen oder von Hörspiel-Kassetten her kennt – Caligula, Robespierre, Nero, Ramses II. –, kommen neue wie Fantômas oder Alex DeLarge hinzu und füllen fortan die Wände seiner Installationen.

Das Material wurde so viel und ich wollte das ja zeigen. Ich habe zum Teil diese Sachen vorgelesen oder so gezeigt: »Hier guck mal, och, das Raumschiff! Und dann nehmt das Gedicht!

Ah und hier, weiter…« Und dann haben sich die Performances immer erweitert. Immer mehr Masken, die Wand wurde größer, dann kam die Fantômas-Maske ins Spiel, das war meine Lieblingsmaske. Diese maskierte Macht, immer gekoppelt mit einem Befehlston, ist das Spiel der Kunst. Wie in dem Zauberer von Oz *oder* Zardoz, *die das exemplarisch vorführen. Kunst ist Maskenspiel. Oder dieses Goldsuchen, Gold Rush, Jack London. Das war wahnsinnig wichtig für mich. Da ist man unterwegs, manchmal auch mit Gleichgesinnten, und sucht das Geilste. Ich habe aber auch normale Dinge gesammelt. Dann kam das Sammeln von pornographischen Sachen dazu. Die waren für mich ganz wichtig, denn Porno ist eine hermetisch abgeriegelte Welt für sich. Deshalb ist sie kunstfähig und radikal antireal. Man muss sich mit radikalen Dingen umgeben. Ich habe immer alles nach Radikalität durchforstet. Deshalb war auch* Clockwork Orange, *das Gesicht von Alex DeLarge, elementar wichtig, das Kind, das zum Monster wird und umgekehrt. Oder diese James-Bond-Typen: Dr. No, Goldfinger, alles total hermetische Figuren, die nur an einer Sache Interesse hatten: Weltherrschaft und Gold. Auch* D.A.F., *hermetischste Musiker, die Evolutionsmusik im militärischsten Sinne produzierten, waren bei mir allgegenwärtig.* Der dritte Mann, *Harry Lime, der ist für mich auch totale Kunst. Das Grinsen, die Ambivalenz, der Charme und die Unerbittlichkeit. Also, selbst wenn du diese Figuren tausend Mal reproduziert hast, so eine kopierte Seite schmeißt du nicht weg. Die ist Kunst, die brauche ich noch nicht einmal zu signieren. Ich hatte schon früh ein spezielles Verhältnis zu Kopien, weil ich als Schüler ein bisschen Geld verdient habe, indem ich bei meiner Mutter im Büro für ihren Chef kopiert habe. Und zwar Massen. Damit kenne ich mich aus.*

Auch im Alltag beginnt er, sich zu maskieren, lässt sich die Haare wachsen und will Gewicht zunehmen, weshalb er häufig sogar mehrere Hemden in Schichten übereinander zieht. Seine braune Adidas-Jacke zu hellem Hemd und brauner oder grauer Hose trägt er jahrelang.

Das war natürlich alles Schutz. Wenn du lange Haare hast, musst du dein Gesicht nicht zeigen, kannst die Haare vors Gesicht

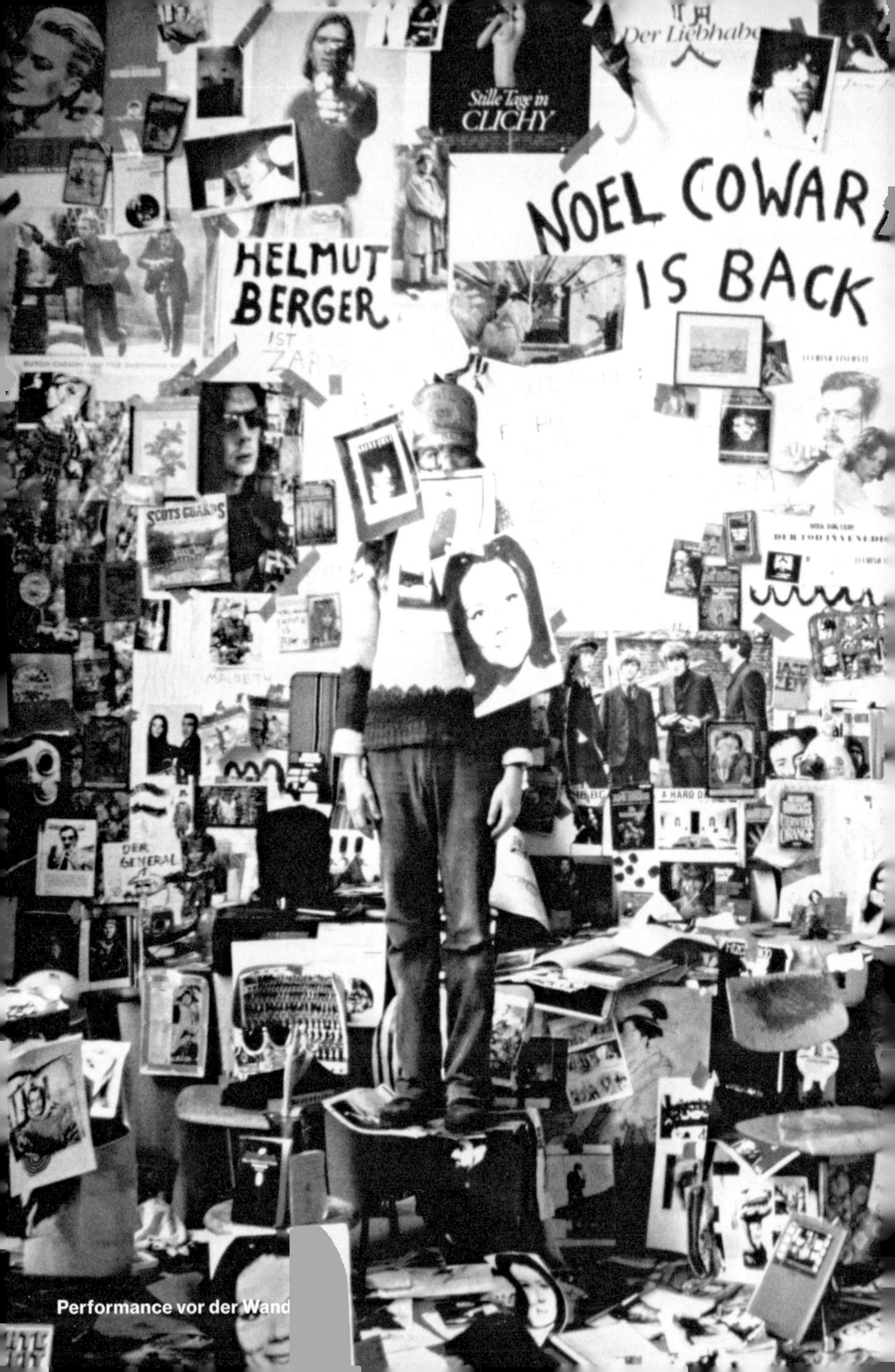

Performance vor der Wand

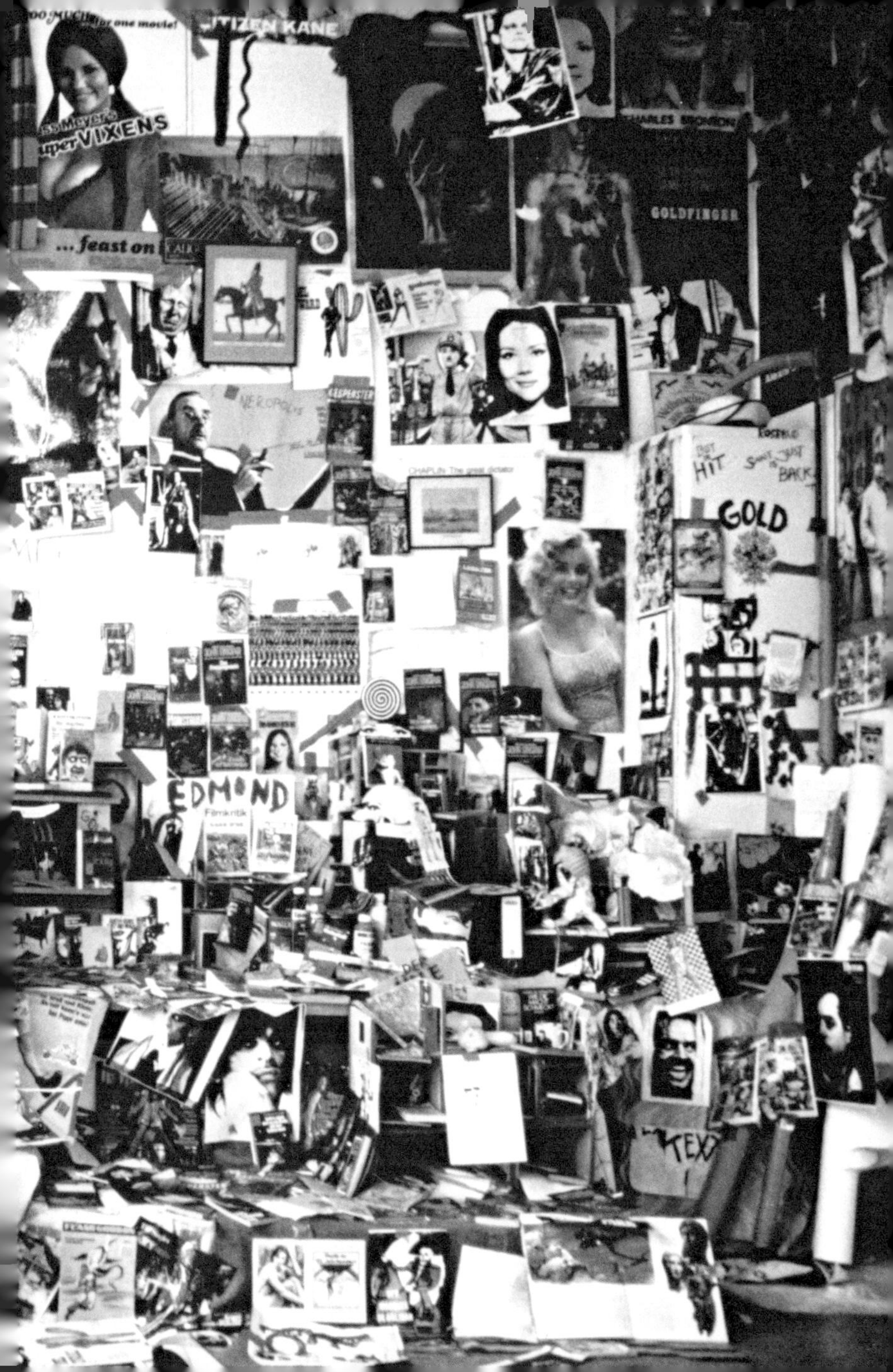

for one movie!
ITIZEN KANE
...feast on
GOLDFINGER
CHAPLIN The great dictator
HIT
BACK
GOLD
EDMOND
Filmkritik

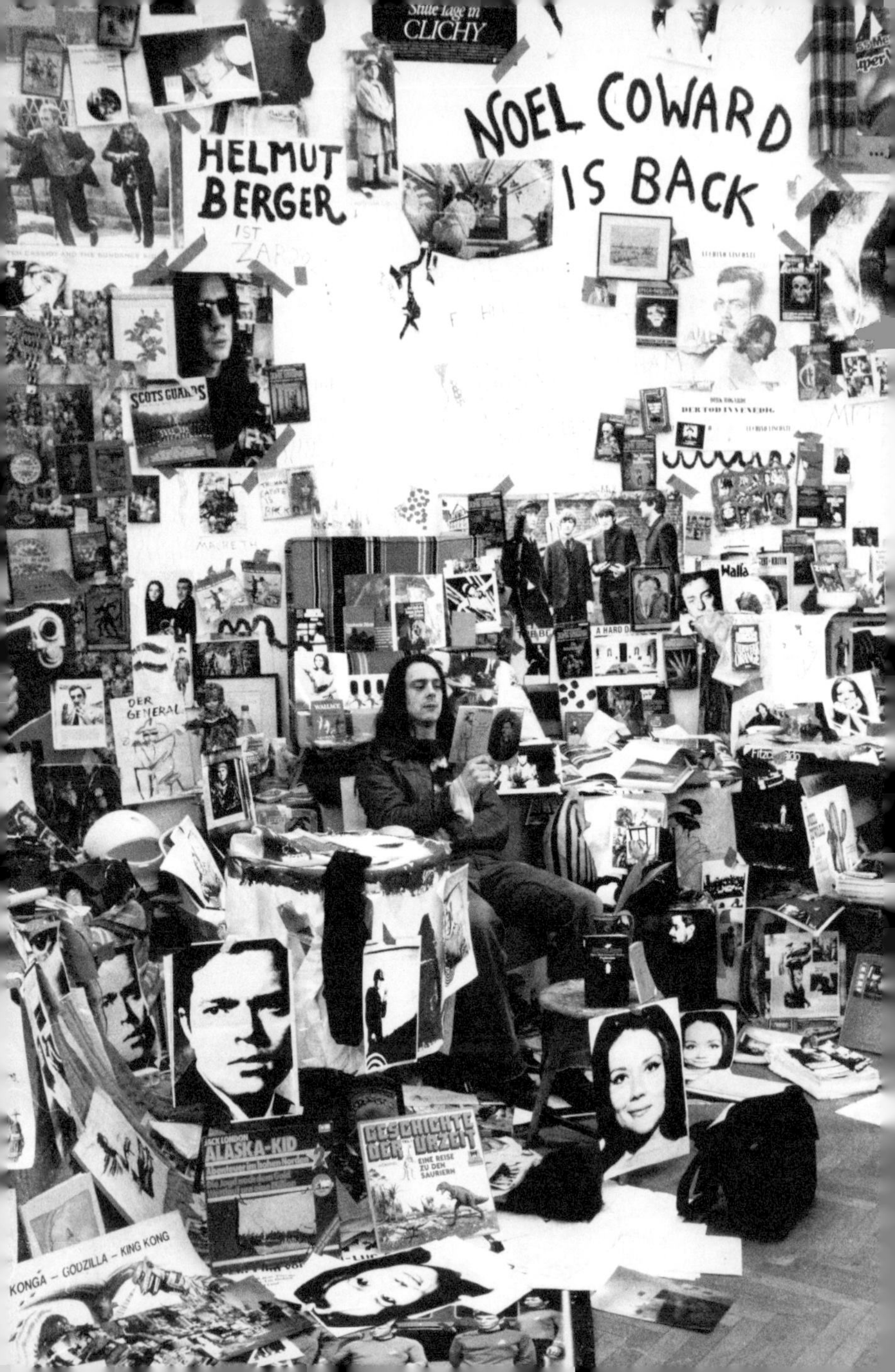
Stille Tage in
CLICHY
NOEL COWARD
IS BACK
HELMUT
BERGER
SCOTS GUARDS
DER TOD IN VENEDIG
MACBETH
DER GENERAL
WALLACE
JACK LONDON
ALASKA-KID
GESCHICHTE DER URZEIT
EINE REISE ZU DEN SAURIERN
KONGA – GODZILLA – KING KONG

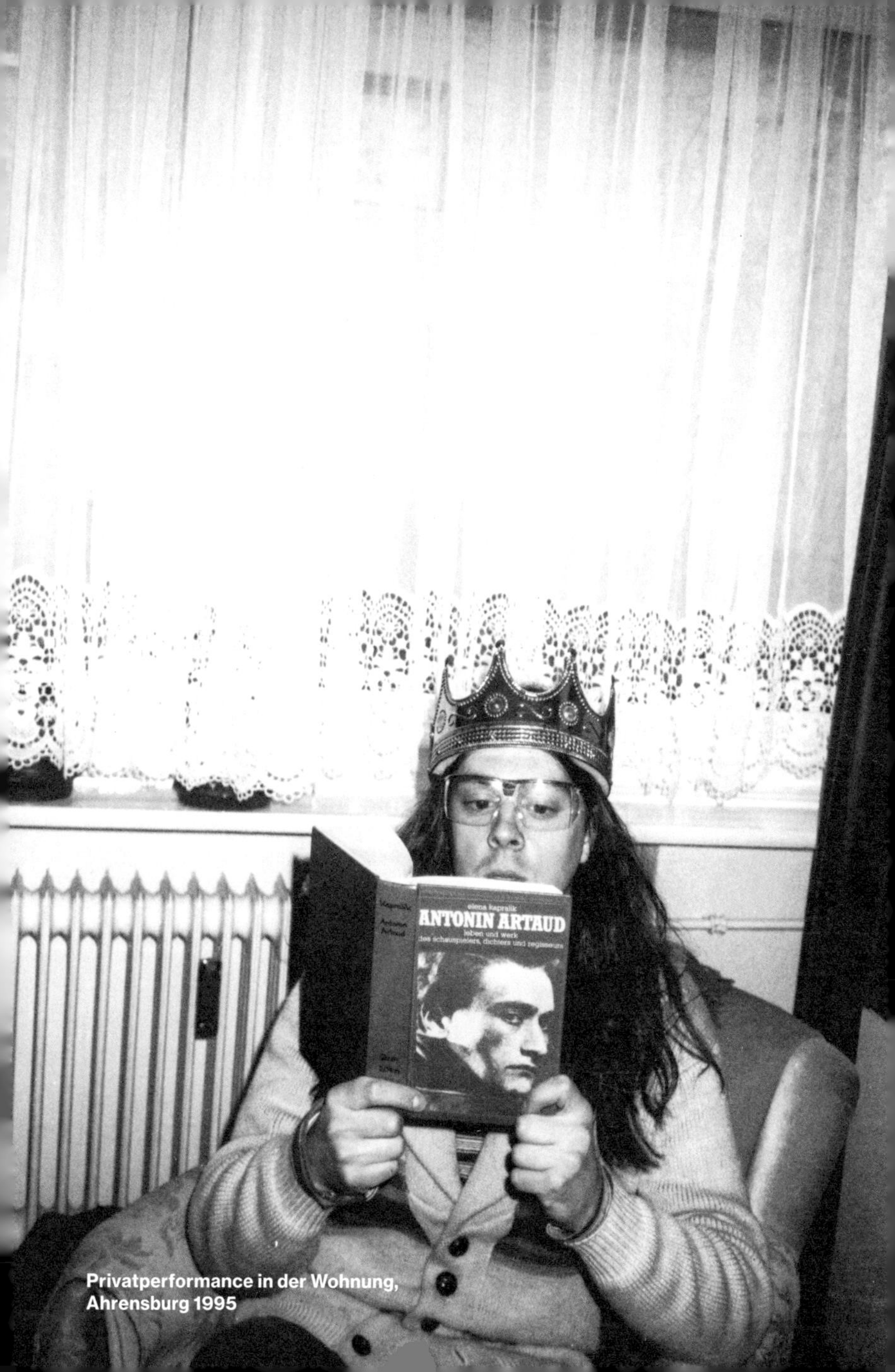

Privatperformance in der Wohnung,
Ahrensburg 1995

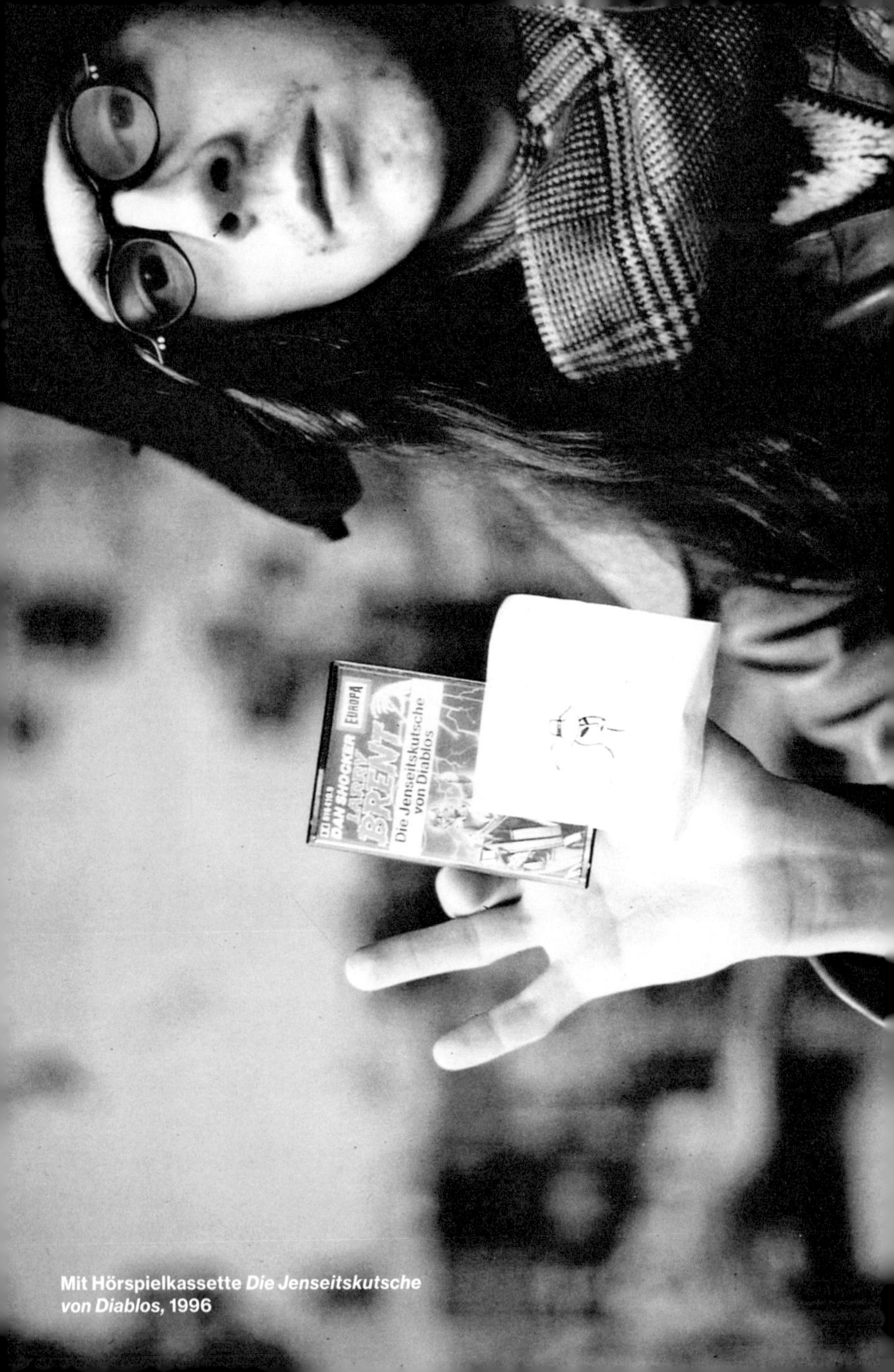

Mit Hörspielkassette *Die Jenseitskutsche von Diablos*, 1996

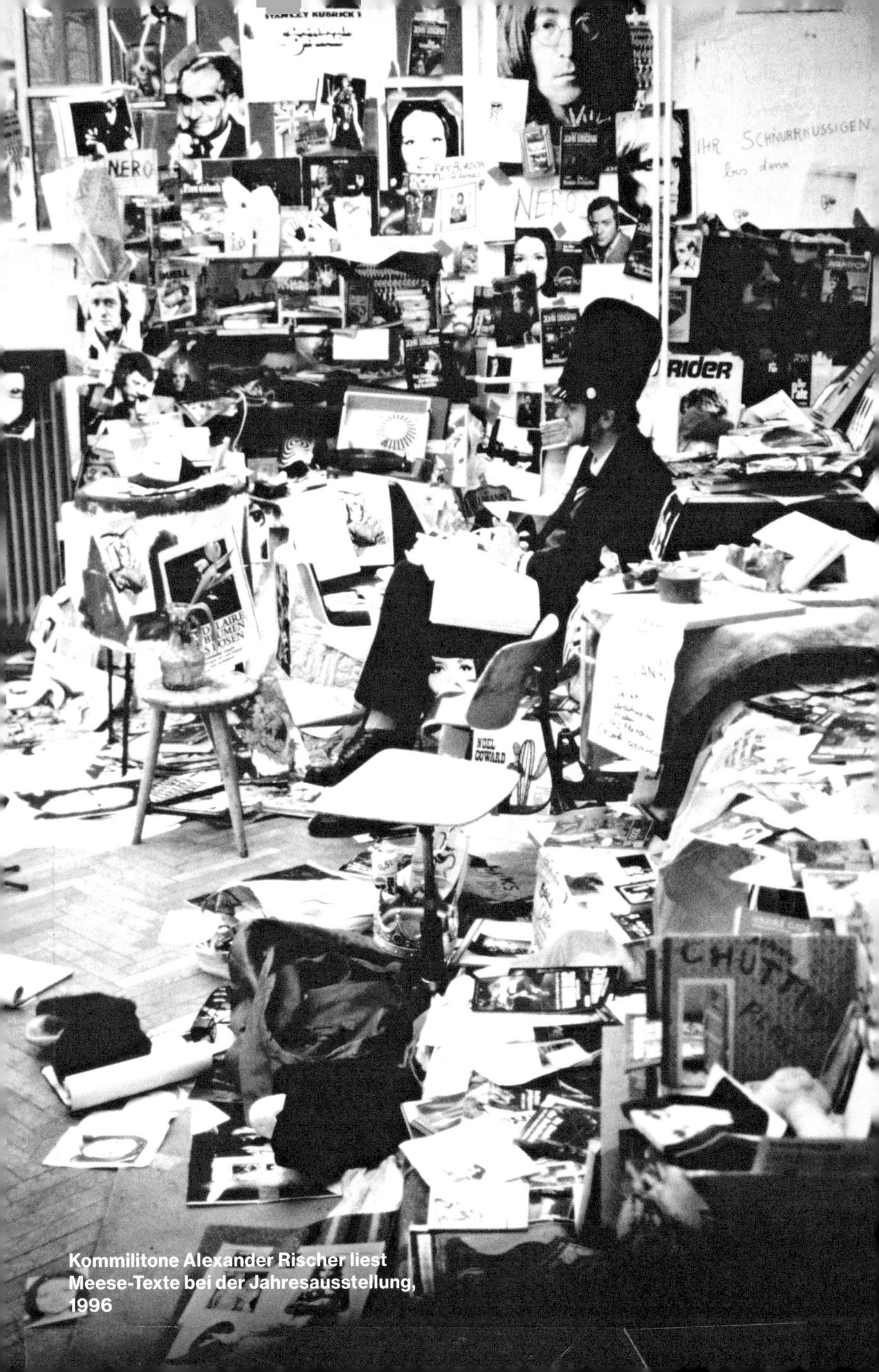

Kommilitone Alexander Rischer liest Meese-Texte bei der Jahresausstellung, 1996

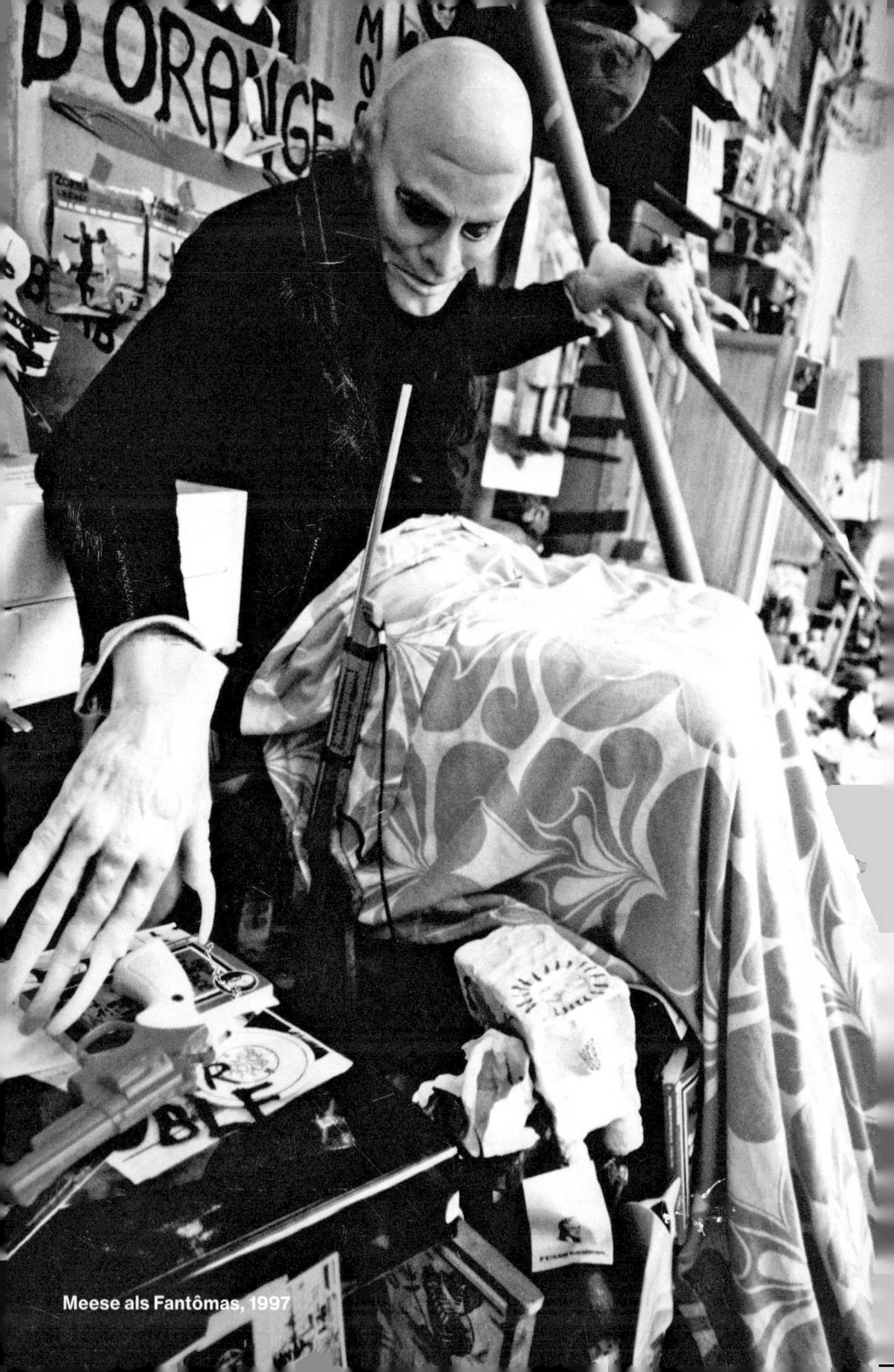

Meese als Fantômas, 1997

Flyer für die Radiosendung
Heavy Listening. 96,0 MHz, 1997

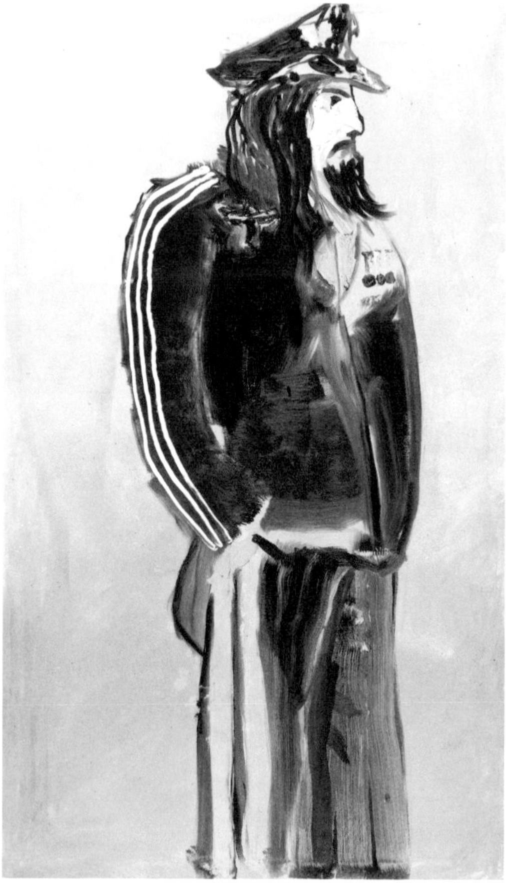

Selbstbrot, 2000
Öl auf Leinwand
185 × 110 cm

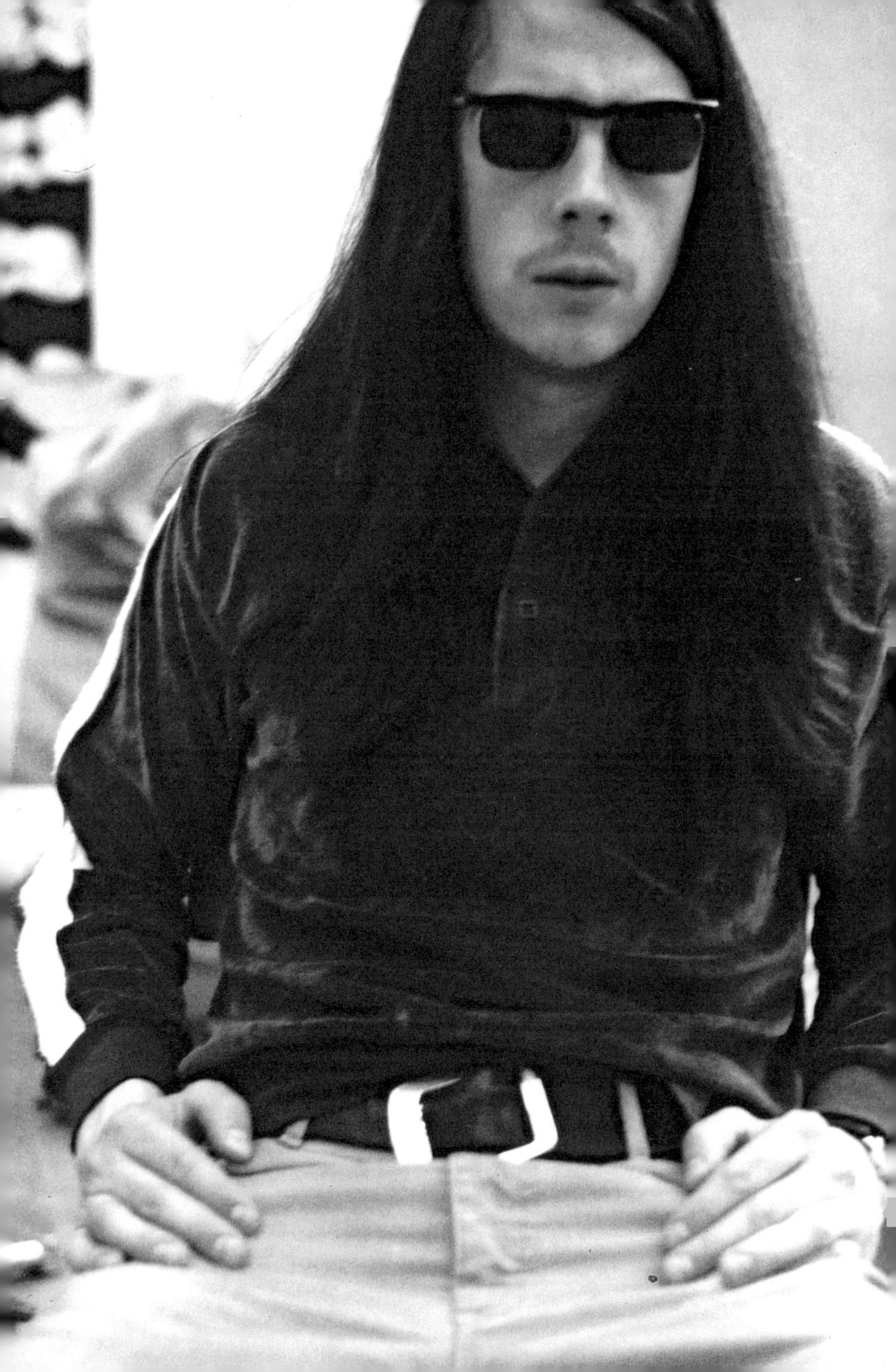

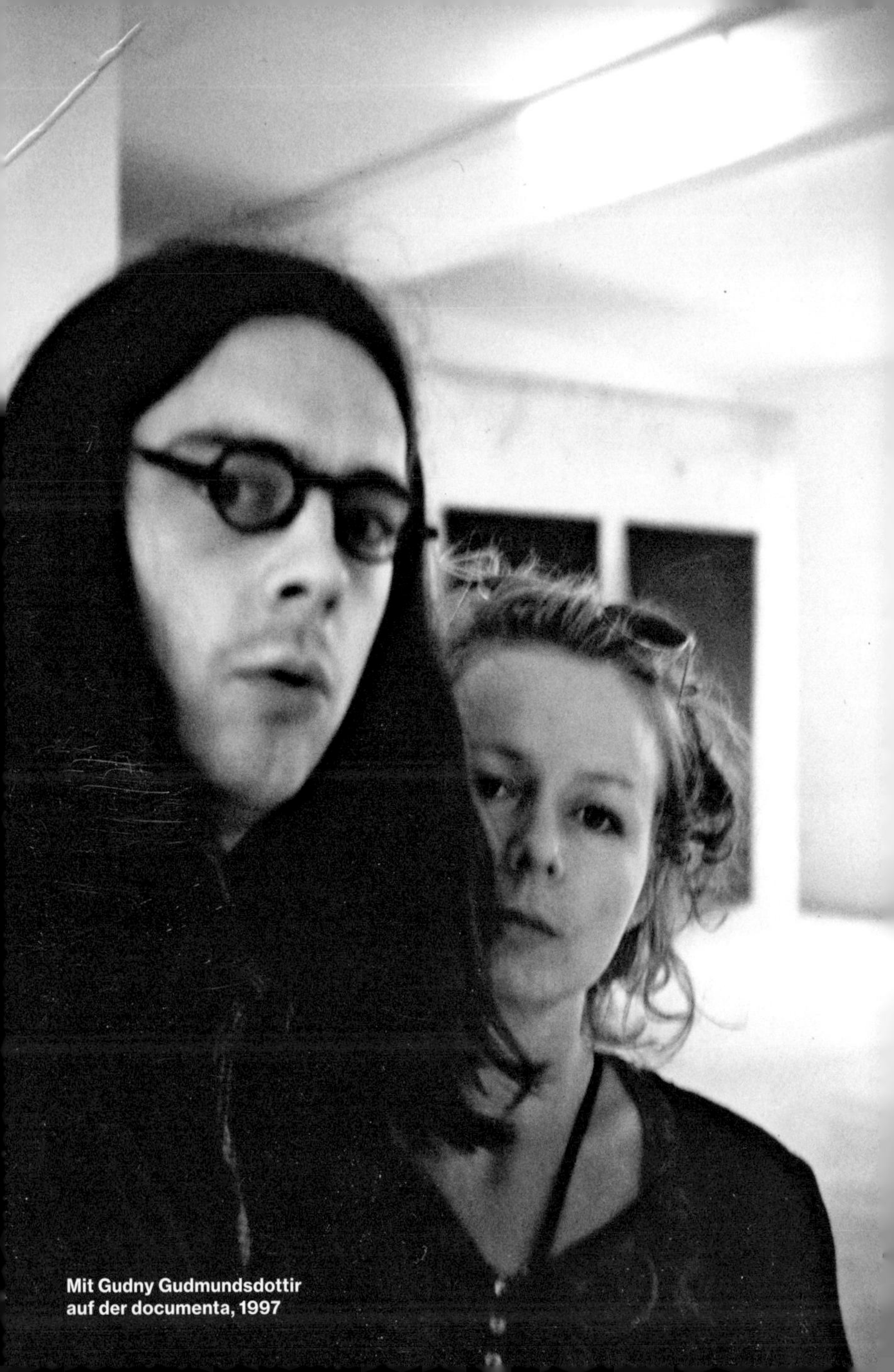

Mit Gudny Gudmundsdottir
auf der documenta, 1997

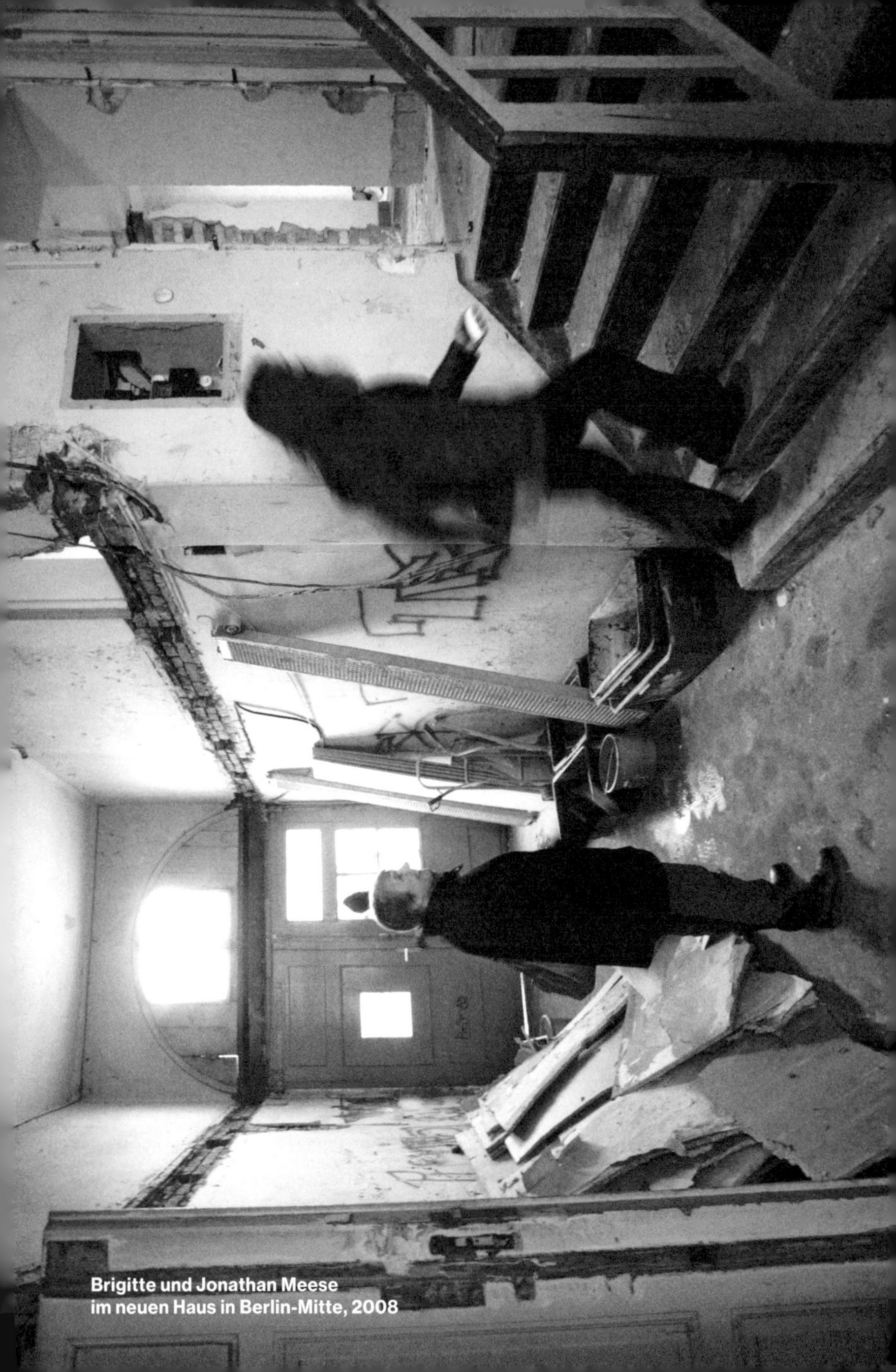

Brigitte und Jonathan Meese
im neuen Haus in Berlin-Mitte, 2008

machen. Und die Dünnheit hat mich auch zu einem Strich gemacht. Ich hatte eine braune Adidas-Jacke, die habe ich über fünf Jahre lang jeden Tag getragen. Die schwarzen Hemden kamen erst bei CFA [Contemporary Fine Arts, Berlin] dazu, das war dann der noch höhere Schutz. Uniform ist eben Performance: sich in die Rolle von etwas Anderem zu begeben und sich daran abzuarbeiten. Kostümierung, also Uniformierung, war immer schon das Geilste. Immer schön abschotten. Aber ich habe da gemerkt: Ich muss das in die Kunst reinlegen. Das habe ich sofort gespürt. Also all das, was ist, nutzt du für die Kunst: mein Äußeres, mein Gesicht, meine Sprache, die Ausdrücke. Es galt die Devise: Verrückt in der Kunst, normal im Leben.

Durch die intensive Arbeit an der Kunsthochschule, vor allem auch die Möglichkeiten der Maskierungen, die ihm die Performances erlauben, wächst sein Selbstvertrauen und er beginnt, seine träumerische Außenseiterstellung als Stärke aufzufassen. Nach der Zwischenprüfung verweigert er die an der Hochschule üblichen Leistungsnachweise und verzichtet auf die Abschlussprüfungen zum Diplom.

Ich habe nur gearbeitet, also gespielt. Ich hatte ja das gefunden, was ich tun wollte. Als die Kunst ins Spiel kam, wusste ich genau, was zu tun ist. Das war super. Ich musste nicht noch in eine Sub-Szene abtauchen, das ist eigentlich das Entscheidende. Keine Geheimzirkel und keine Seilschaften. Meine Kraft war, mich von dem System abzugrenzen, indem ich eben kein Diplom machte. Dieses Gegensteuern war mir viel wichtiger als irgendeine abseitige Punkband zu hören, das war mir viel zu speziell. Dann kam 1997 die Zwischenprüfung. Und da fühlte ich mich schon sehr merkwürdig. Weil ich dachte: »Zwischenprüfung – Kunst? Irgendwas ist hier faul. Geht nicht!« Da kommen dann diese zehn Professoren und beurteilen, ob du gut bist oder schlecht – und als die gemacht war, da habe ich beschlossen, dass ich nie wieder in meinem Leben eine Prüfung machen werde. Und dann bin ich zu Büttner gegangen und zu Walther und habe gefragt: »Ist das okay, wenn ich keine Abschlussprüfung mache?« Und die sagten zu mir: »Ja, ist doch in Ordnung. Diplom brauchst du doch eh nicht!« Und da war ich ganz glücklich. Dieses Nicht-das-Diplom-

Machen war für mich ein Kick, der mich stark gemacht hat. Ich habe das gemacht, weil man Kunst nicht bewerten kann und ich wollte den anderen Weg. Von 1997 bis 1998 bin ich einfach noch so da geblieben. Die Zwangsexmatrikulation erfolgte dann 2001, aber da war ich dort schon lange nicht mehr am Start.

In der Klasse von Werner Büttner lernt Meese auch seine spätere Freundin Gudny Gudmundsdottir kennen. Die beiden halten die Beziehung bis 2006 geheim, seither leben sie gemeinsam mit Brigitte Meese in dem neuen Haus in Berlin-Mitte, wo die Künstlerin auch ihr Atelier hat.

1996

4. April – 21. April 1996: *projekt 04/04* mit Maria Bjurestam, John Bock und Christian Jankowski, Lokaal 01, Antwerpen (Belgien).

Auf Vermittlung von Guillaume Bijl stellt Meese gemeinsam mit Maria Bjurestam, John Bock und Christian Jankowski zum ersten Mal aus. Eher zufällig stößt er in Antwerpen auf Pornos, die er von da an leidenschaftlich zu sammeln beginnt.

Einmal kam der Heimo Zobernig als Gastprofessor bei uns vorbei und der Guillaume Bijl. Die beiden waren super, Heimo Zobernig hat mein erstes Comic Tante Muschel *gekauft. Damals habe ich viele solche Hefte gemacht. Und Guillaume fand mich eben toll und hat mich zu einer Gruppenausstellung mit Maria, Christian und John ins Lokaal 01 eingeladen. Da gab es auch eine Performance gemeinsam mit John Bock, die wurde auch gefilmt. Ich hatte eine ganze Wand mit Möbeln und ganz vielen Zeichnungen, Kopien und Fotos. Das war die erste richtige Ausstellung.*

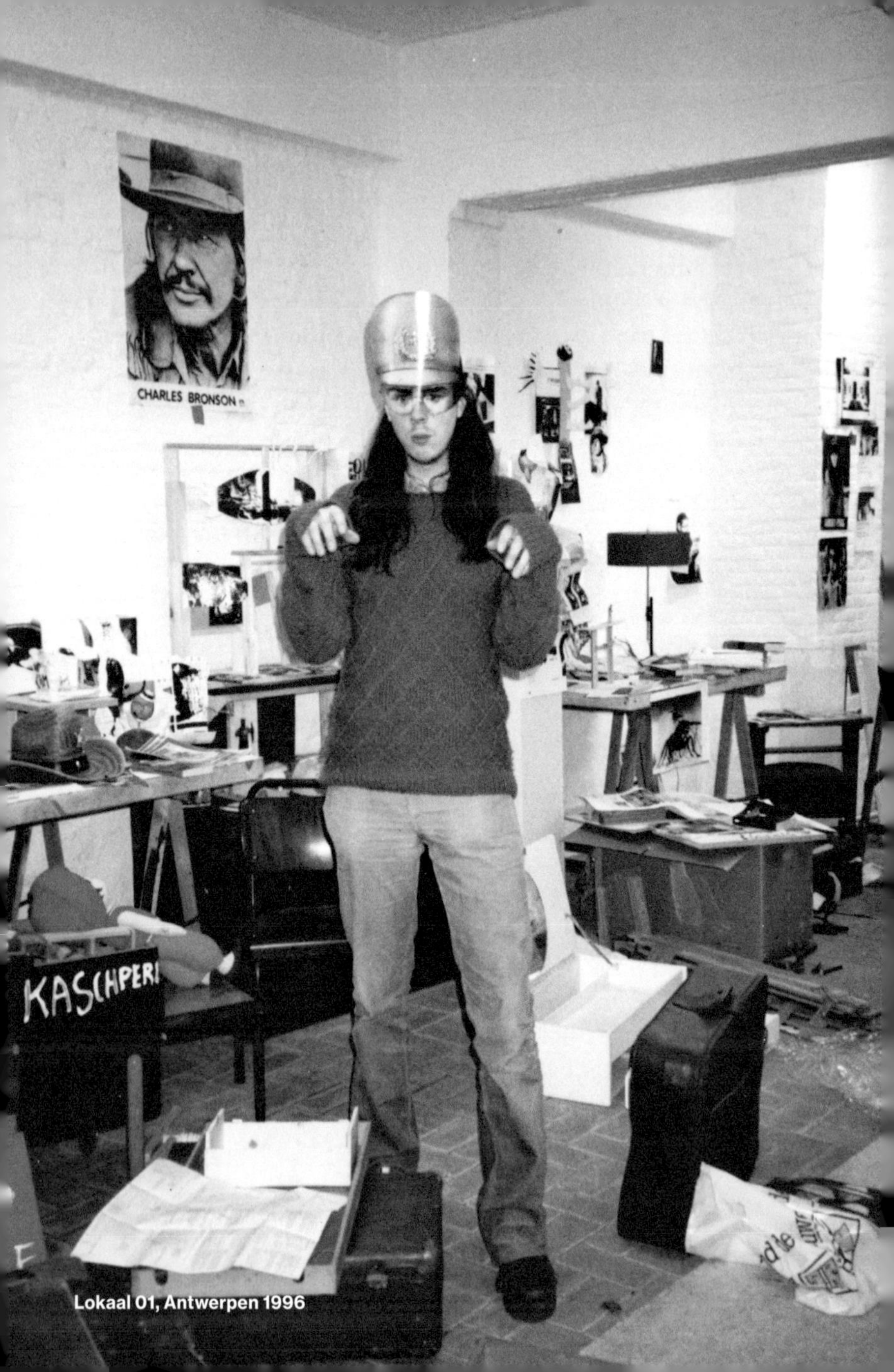

Lokaal 01, Antwerpen 1996

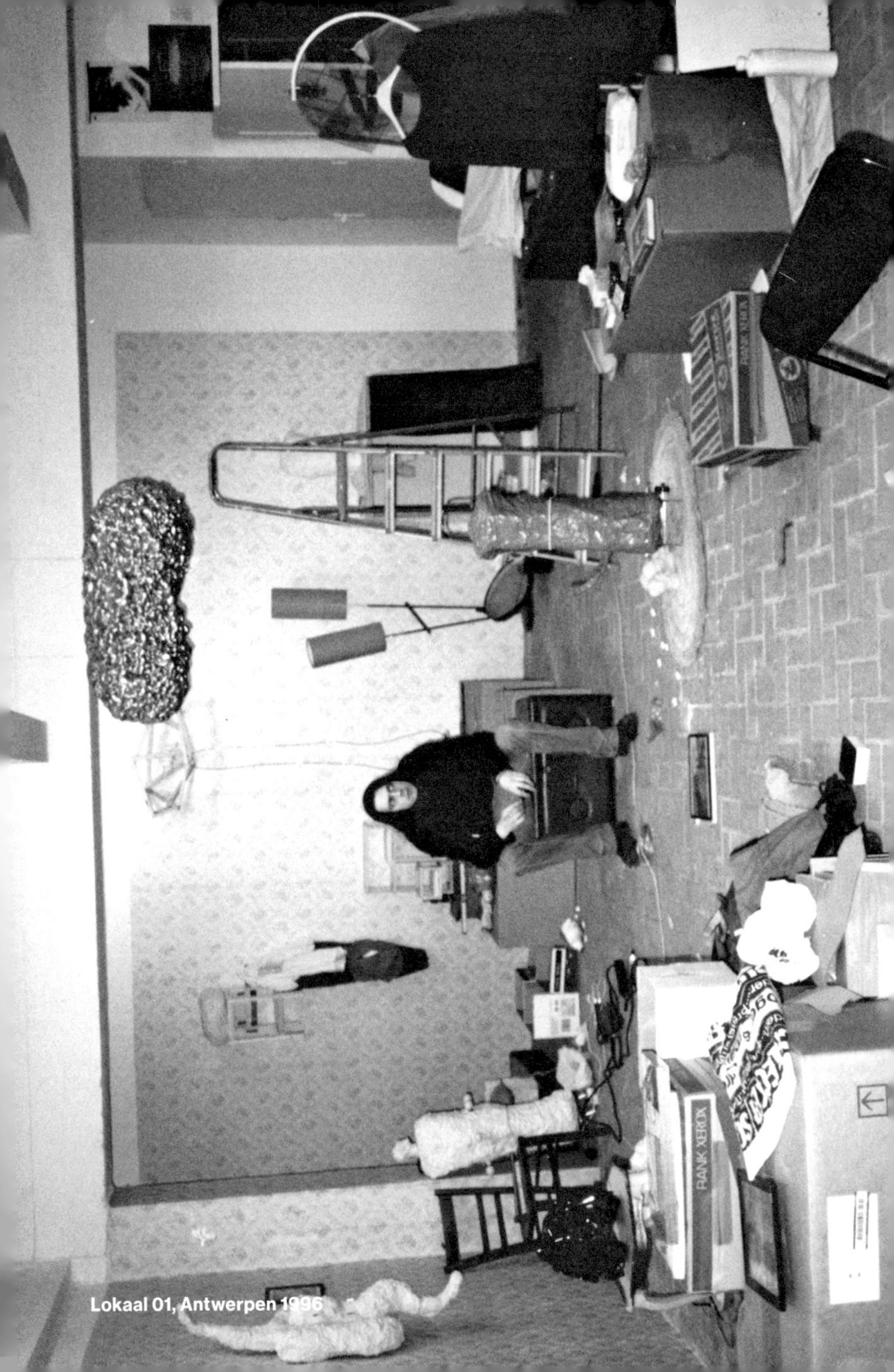

Lokaal 01, Antwerpen 1996

Hochschule für bildende Künste Hamburg

Herr Jonathan Robin Meese
geb. am 23.1.1970 in Tokio

hat die Zwischenprüfung
im Studiengang Freie Kunst
entsprechend der Diplomprüfungsordnung
vom 29. November 1982 abgelegt

Zeugn

Prüfungsleistungen	Präsentation von künstlerischen Arbeiten aus dem Grundstudium	bestanden

Hamburg, 20.2.1997

Mitglieder der Prüfungskommission

Prof. Böhmler

Prof. Brehmer

Prof. Büttner

Prof. Christiansen

Prof. Hentz

Prof. Walther

Vorsitzende/Vorsitzender des Prüfungsausschusses

Prof. Böhmler

Hochschule für bildende Künste ★ Hamburg ★ 2

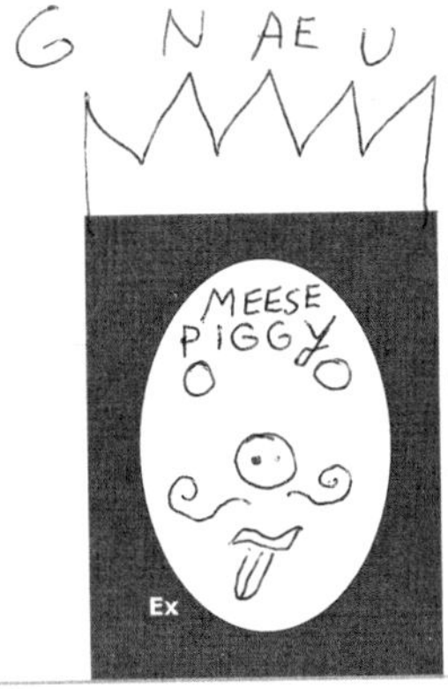

K111 - 1

An
Herrn
Jonathan Robin Meese

Hochschule für bildende Künste Hamburg

Studierendensekretariat / Schr
Lerchenfeld 2 · 22081 Hamburg

Telefon 040/ 4 28 32 – 3201
Telefax 040/ 4 28 32 – 3279
www.kunsthochschule.uni-hamburg.de

Datum: 3.Dez.2001

Exmatrikulationsbescheinigung

Herr **Jonathan Robin Meese**

geb: 23.1.1970

war an der Hochschule für bildende Künste Hamburg

im Fachbereich: **Freie Kunst**

vom: 1.10.1993 bis: 30.9.2001

als ordentlicher Student

eingeschrieben.

Siegel

Hochschule für bildende Künste Lerchenfeld 2 22081 Hamburg

Unterschrift u. Stempel

2000: VATIKAN
PORNOGRAPHIESTAAT: NÄHRSTAAT

Ich war in Antwerpen in so einem Krimskramsladen und da lagen unten Pornos in einem Korb. 5 DM oder 5 irgendwas, jedenfalls ganz billig. Und dann habe ich mir drei Packen gekauft. Das war der Einstieg. Das fand ich präzise, klar, eindeutig, locker, simpel, auf den Punkt gebracht, nett. Die gucken ja alle süß. Und ab da wurde gekauft, gekauft, gekauft. Und natürlich war mir das am Anfang erstmal so peinlich, dass ich es verheimlicht habe. Die Hefte habe ich in der Wendenstraße in Hamburg mit unendlich viel anderem Material gelagert. Das war ein Bunker der Kunst. Es war nur eine kleine Wohnung, die ich da hatte, da habe ich auch nie Leute reingebracht. Zuerst war das ja eine Ateliergemeinschaft, ein Teil der Fläche wurde dann als Wohnung abgetrennt und da sollte ich wohnen. Ich habe mich da aber nie wohlgefühlt und eigentlich nur Kunst gelagert. Aus den Pornoheften sind viele Collagen entstanden, die zum Teil, eher noch schüchtern am Anfang, gezeigt wurden. Später, bei der Jenseitskutsche *dann viel expliziter. Ich habe das aber eigentlich gesammelt, um irgendwann eine riesige Pornogeschichte daraus zu machen. Dazu ist es noch nicht gekommen. Aber ich habe es auch benutzt, um bestimmte Gesichtsausdrücke herauszufiltern, bestimmte Handlungen, bestimmte Ausdrücke. »Komm!«, »Steh stramm, leg los!«, »Rein-Raus-Spiel«, »Zeig mir, was du hast!«, »Raus damit!« und so…, das sind, finde ich, einfach konkrete, plakative, unspekulative Aussagen. »Lass es raus!«, das ist einfach ganz konkret gesagt. »Schleusen auf!« oder »Tore aufmachen!«. Im Pornojargon werden, wie im Militärischen, oft Imperative eingesetzt, also Handlungsanweisungen erteilt, die zum Ziel führen. Dieser Imperativ ist für mich die Sprache der Kunst. Ein anderer Aspekt der Kunst, der mich im Porno anspricht, ist die Mimik. Oft sind es die gleichen Gesichtsausdrücke. Diese Physiognomien spielen uns ein Spektrum von Unterwürfigkeit über Nonchalance bis Befehlshaberei vor. Mich fasziniert es, wenn Menschen in ihrem Metier selbstbewusst, als Profi ihres Fachs, zeigefreudig sind. Mein Feld ist Kunst, da zeige ich alles. Ich habe das Sammeln von Pornogra-*

phie aber auch als Kompensation betrieben. Wohin mit dem Geld? Man hat Geld verdient, was macht man damit? Man legt es zum Beispiel an in Pornoheften, also in Radikalität. Fand ich gut. Jetzt finde ich Hitler-Bücher interessanter.

1997

15. Juni – 13. Juli 1997: Ausstellung *Jonathan Meese*, Kunstverein Kehdingen, Freiburg / Elbe. Erste institutionelle Einzelausstellung mit der Installation *Schergentoni's Old Wien.*

Kehdingen war ja eigentlich die wahnsinnigste Ausstellung. Von der Fläche her war das die größte, bis zu den Deichtorhallen, und auch die extremste, weil ich da die Sachen nur noch in die Ecken geschmissen habe und weil ich zum ersten Mal das gesamte Gebäude in Beschlag nehmen durfte. Ich wollte einfach immer nur zeigen, zeigen was Sache ist. Die Leute, die immer nur wenig zeigen wollten, um das Wenige mit Bedeutung zu füllen, das war nicht mein Ding, das war mir für meine Arbeit suspekt. Ich wollte ganz viel zeigen und die Bedeutung sollte sich von selbst herstellen. Das ist natürlich ein viel geilerer und evolutionärerer Weg, dauert aber viel länger. Dauert eben bis heute.

7. Januar 1997: Performance im Rahmen der Veranstaltungsreihe *Glockengeschrei nach Deutz – Das Beste aller Seiten,* Galerie Daniel Buchholz, Köln.

»Zu 18 Veranstaltungen, wie Gruppen- und Einzelausstellungen, Lesungen, Vorträgen, Filmvorführungen und Konzerten, die vom 7. Oktober 1996 bis zum 19. Januar 1997 in der Galerie Daniel Buchholz in Köln stattgefunden haben, wurde in 5 Teilen eingeladen.« [2]

Dann ging's weiter, dann kam diese Köln-Connection, die mochte ich so gern. Ich dachte, das ist vielleicht ein Ort, wo ich landen könnte, weil's mir eben Spaß machte. Durch Vermittlung von Stefan Thater wurde ich von Daniel Buchholz und

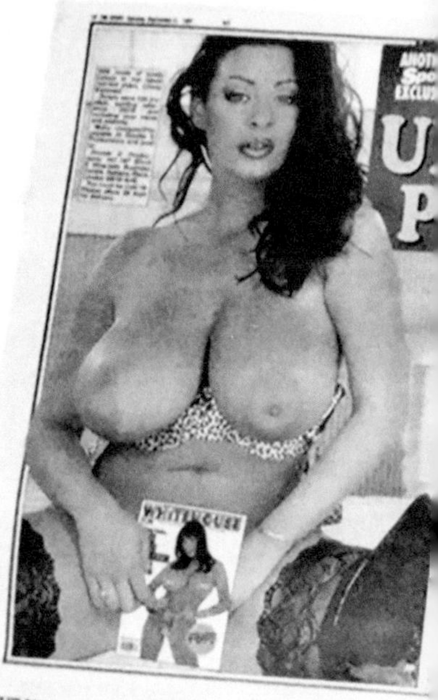

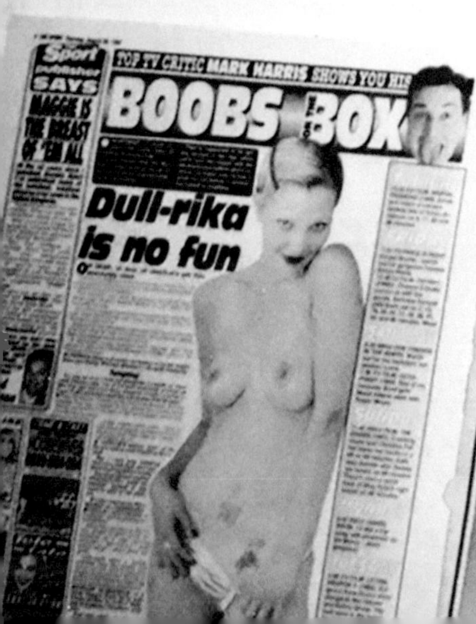

Sport
publisher
SAYS
MAGGIE IS THE BREAST OF 'EM ALL
TOP TV CRITIC MARK HARRIS SHOWS YOU HIS
BOOBS
BOX
Dull-rika is no fun

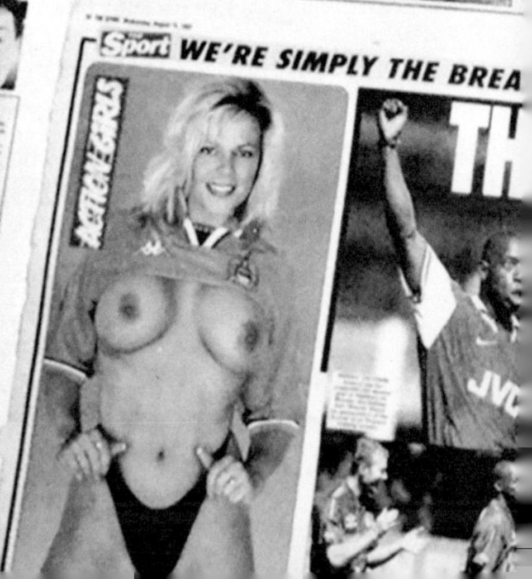

Sport
WE'RE SIMPLY THE
ACTION GIRLS
JVC

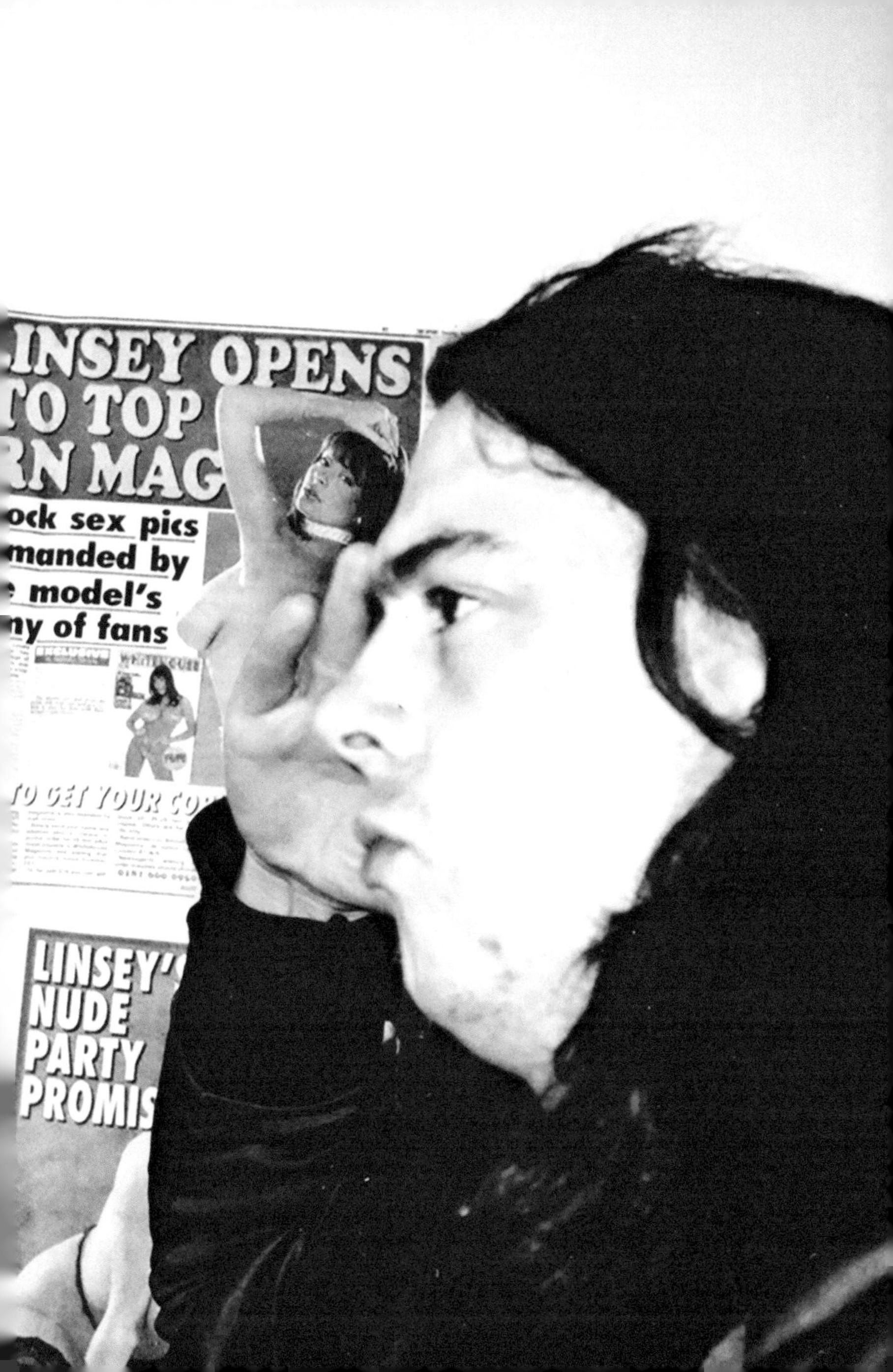
INSEY OPENS
TO TOP
RN MAG
ock sex pics
manded by
model's
ny of fans
TO GET YOUR CO
LINSEY'
NUDE
PARTY
PROMIS

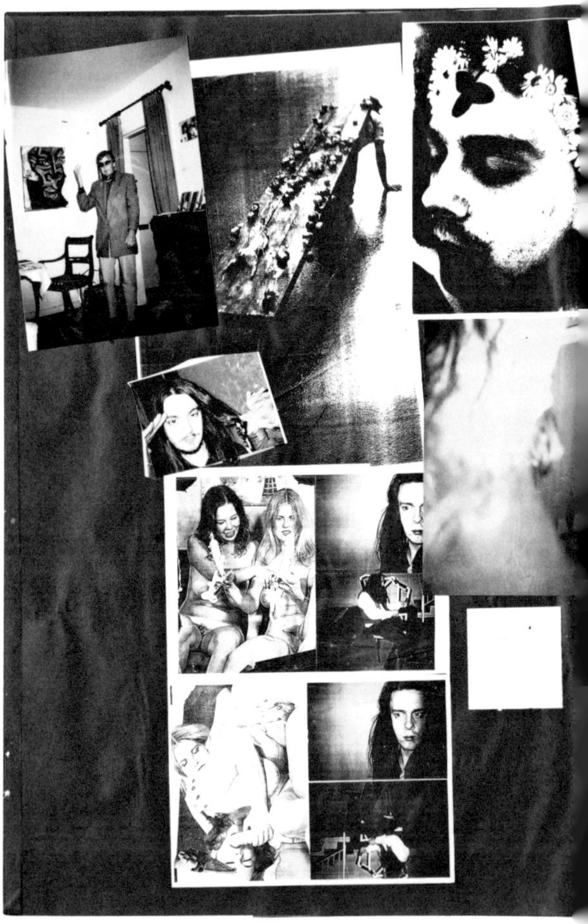

Ohne Titel (MISHIMA II), 2002
Künstlerbuch, 114 Seiten, Collage, Zeichnung, Malerei, Fotos, Text
91 × 68 × 7 cm

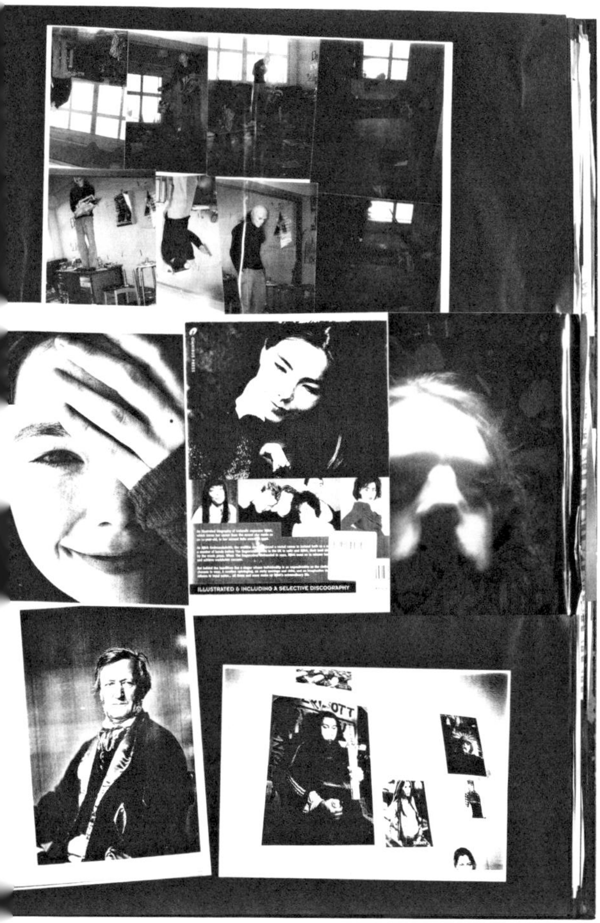
ILLUSTRATED & INCLUDING A SELECTIVE DISCOGRAPHY

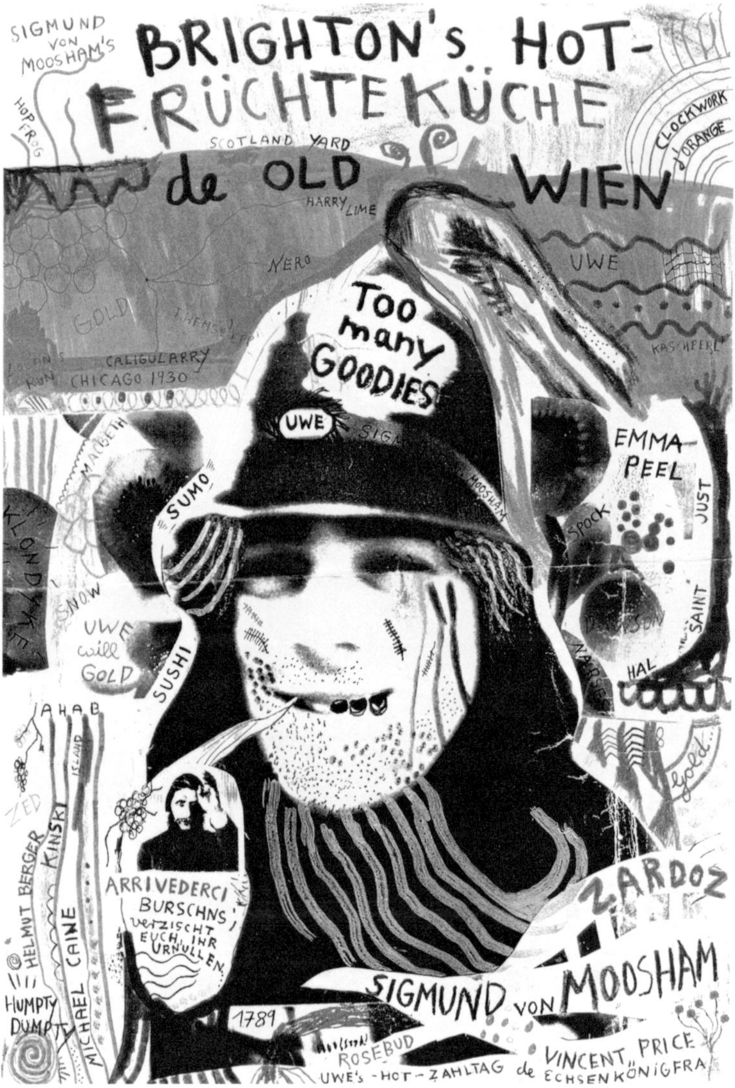

Einladungskarte Kunstverein Kehdingen, Vorderseite und Rückseite, 1997

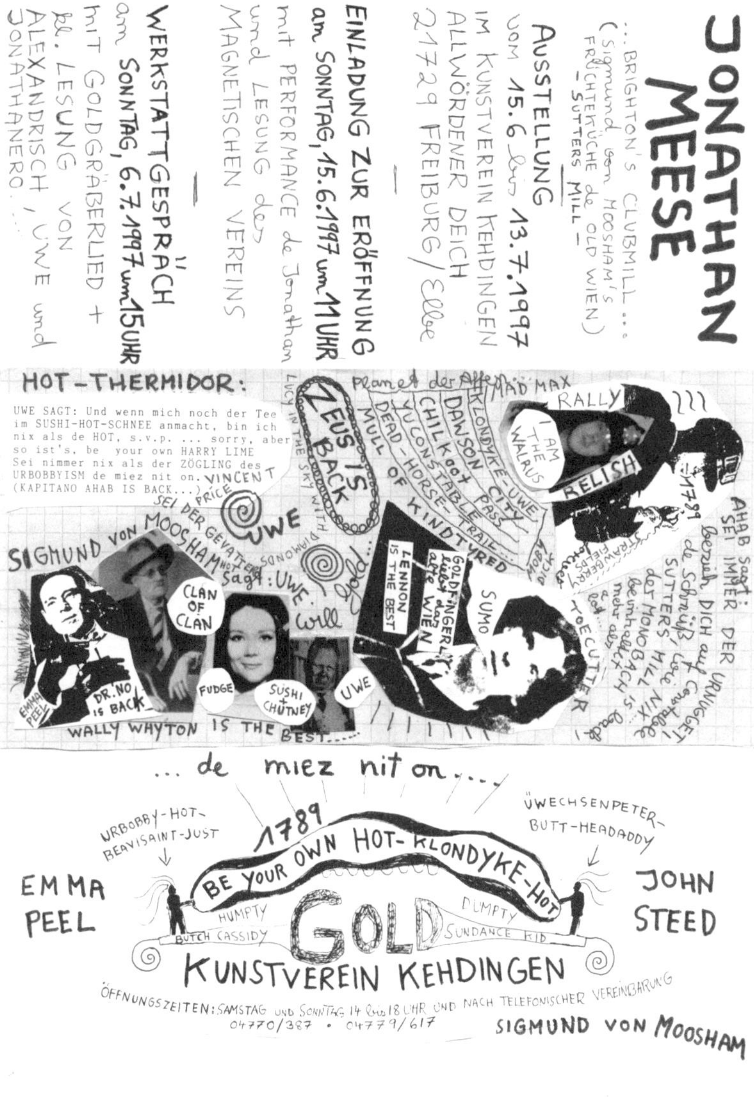

JONATHAN MEESE
... BRIGHTON'S CLUBMILL ...
(Sigmund von MOOSHAM'S FRÜCHTEKÜCHE de OLD WIEN)
– SUTTERS MILL –
AUSSTELLUNG
vom 15.6 bis 13.7.1997
IM KUNSTVEREIN KEHDINGEN
ALLWÖRDENER DEICH
21729 FREIBURG/Elbe
EINLADUNG ZUR ERÖFFNUNG
am SONNTAG, 15.6.1997 um 11 UHR
mit PERFORMANCE de Jonathan
und LESUNG des MAGNETISCHEN VEREINS
WERKSTATTGESPRÄCH
am SONNTAG, 6.7.1997 um 15 UHR
mit GOLDGRÄBERLIED +
kl. LESUNG VON
ALEXANDRISCH, UWE und
JONATHANERO...
HOT-THERMIDOR:
UWE SAGT: Und wenn mich noch der Tee im SUSHI-HOT-SCHNEE anmacht, bin ich nix als de HOT, s.v.p. ... sorry, aber so ist's, be your own HARRY LIME
Sei nimmer nix als der ZÖGLING des URBOBBYISM de miez nit on.
(KAPITANO AHAB IS BACK...)
VINCENT PRICE
SEI DER GEVATTER
SIGMUND VON MOOSHAM
HOT Sagt: UWE.
UWE
LUCY IN THE SKY WITH DIAMONDS
ZEUS IS BACK
gold...
will
Planet der Affen...
MAD MAX
KLONDYKE-UWE
DAWSON CITY
CHILKoot PASS
YUCONSTABLE
DEAD-HORSE-TRAIL
MULL OF KINDTYRED
MOBY DICK
RALLY
I AM THE WALRUS
RELISH
1789
STRAWBERRY FIELDS forever
AHAB Sagt:
SEI IMMER DER URNUGGET,
bezieh DICH auf Constable
de Schnüß, wie NIX
SUTTERS MILL is back
der MONOBACH
beinhaltet mehr als a lot...
TOECUTTER
SUMO
GOLDFINGERL liebt das alte WIEN
LENNON IS THE BEST
CLAN OF CLAN
EMMA PEEL
DR. NO IS BACK
FUDGE
SUSHI + CHUTNEY
UWE
WALLY WHYTON IS THE BEST...
... de miez nit on ...
URBOBBY-HOT-BEAVISAINT-JUST
ÜWECHSENPETER-BUTT-HEADADDY
1789
BE YOUR OWN HOT-KLONDYKE-HOT
EMMA PEEL
JOHN STEED
HUMPTY
DUMPTY
BUTCH CASSIDY
SUNDANCE KID
GOLD
KUNSTVEREIN KEHDINGEN
ÖFFNUNGSZEITEN: SAMSTAG UND SONNTAG 14 bis 18 UHR UND NACH TELEFONISCHER VEREINBARUNG
04770/387 • 04779/617
SIGMUND VON MOOSHAM

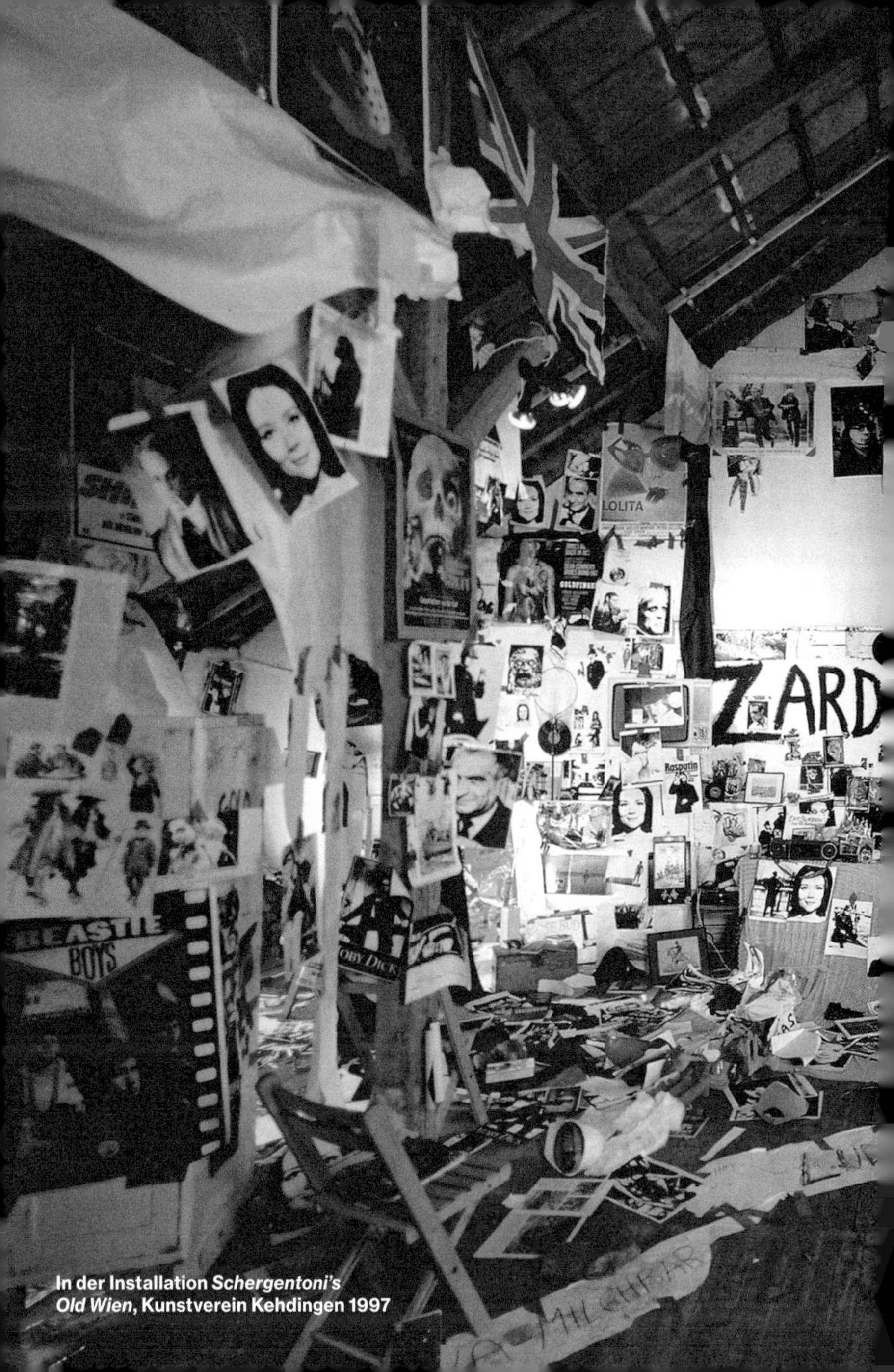

In der Installation *Schergentoni's Old Wien*, Kunstverein Kehdingen 1997

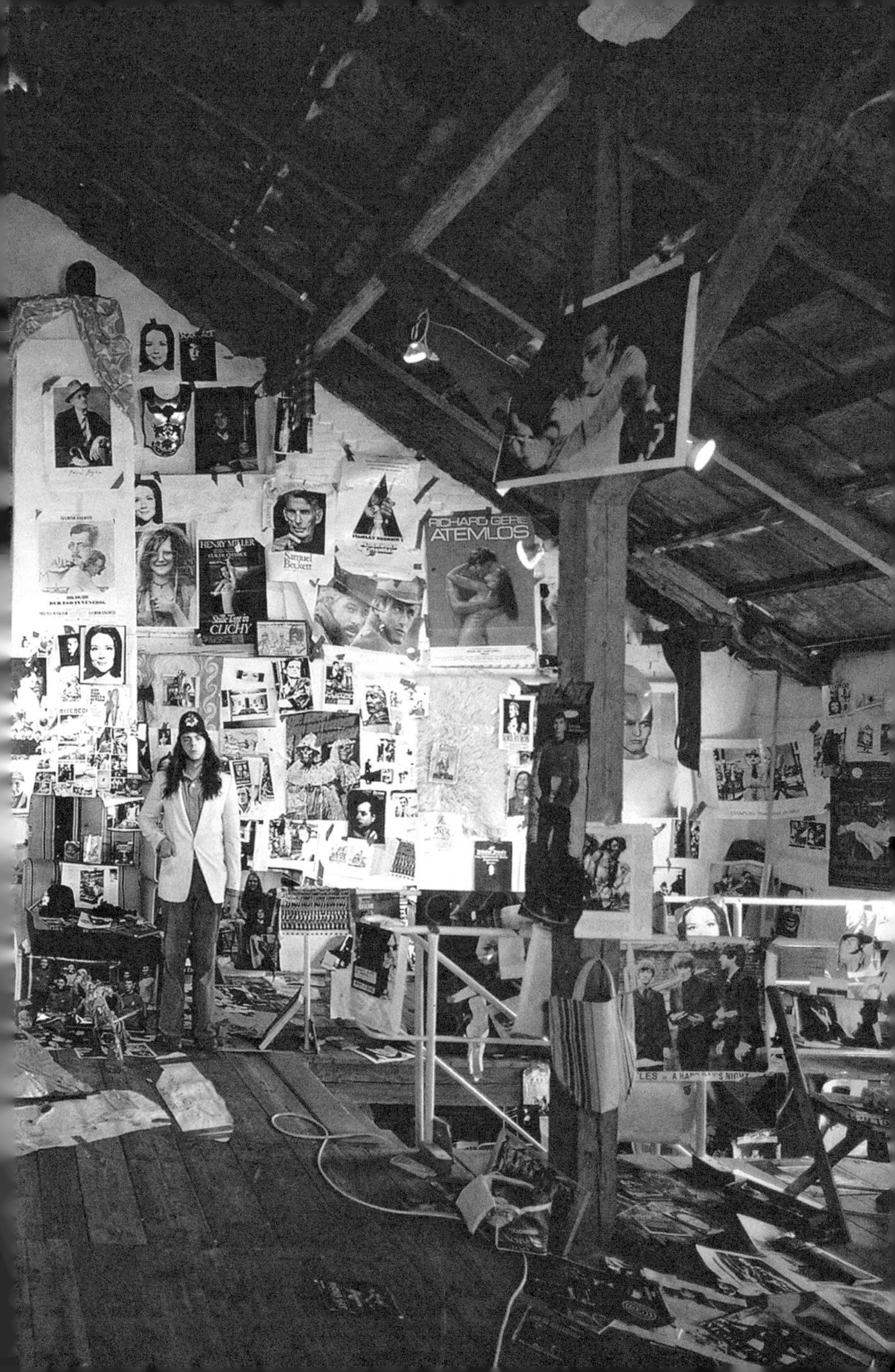

RICHARD GERE
ATEMLOS
HENRY MILLER
Stille Tage in
CLICHY
Samuel
Beckett
A HARD DAY'S NIGHT

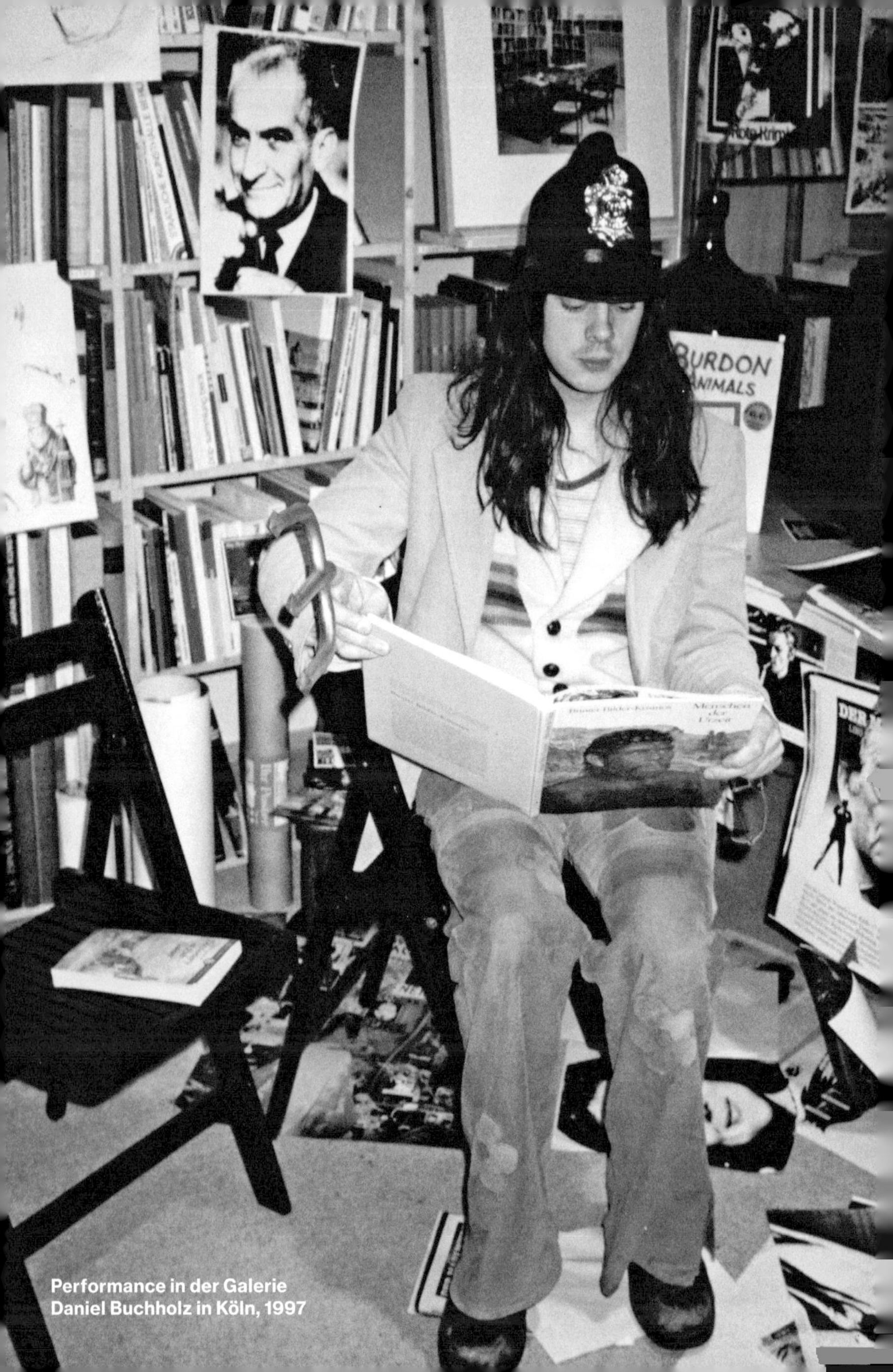

Performance in der Galerie
Daniel Buchholz in Köln, 1997

Lieber Kai

Du benutzt Dein
Samtgesicht nicht,
DU WÄREST DANN
SAINT JUST,
DU WÄRST DE TERROR,
NICHT VIEL GIBT'S
~~SO~~ RAUB DER ANGST,
SEI DER TERROR
WENN ES ~~NOT IST~~,
SO IST.

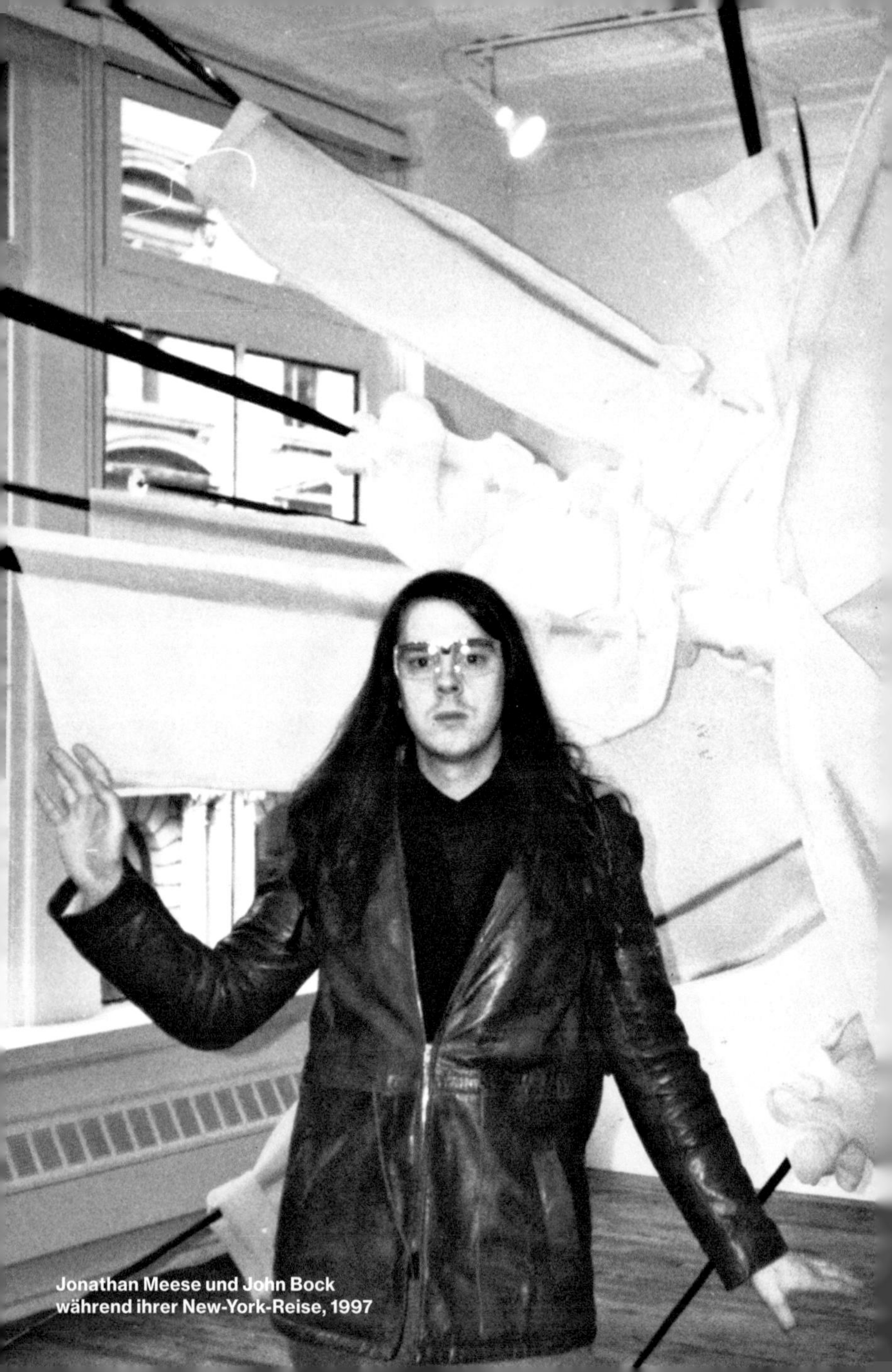

Jonathan Meese und John Bock
während ihrer New-York-Reise, 1997

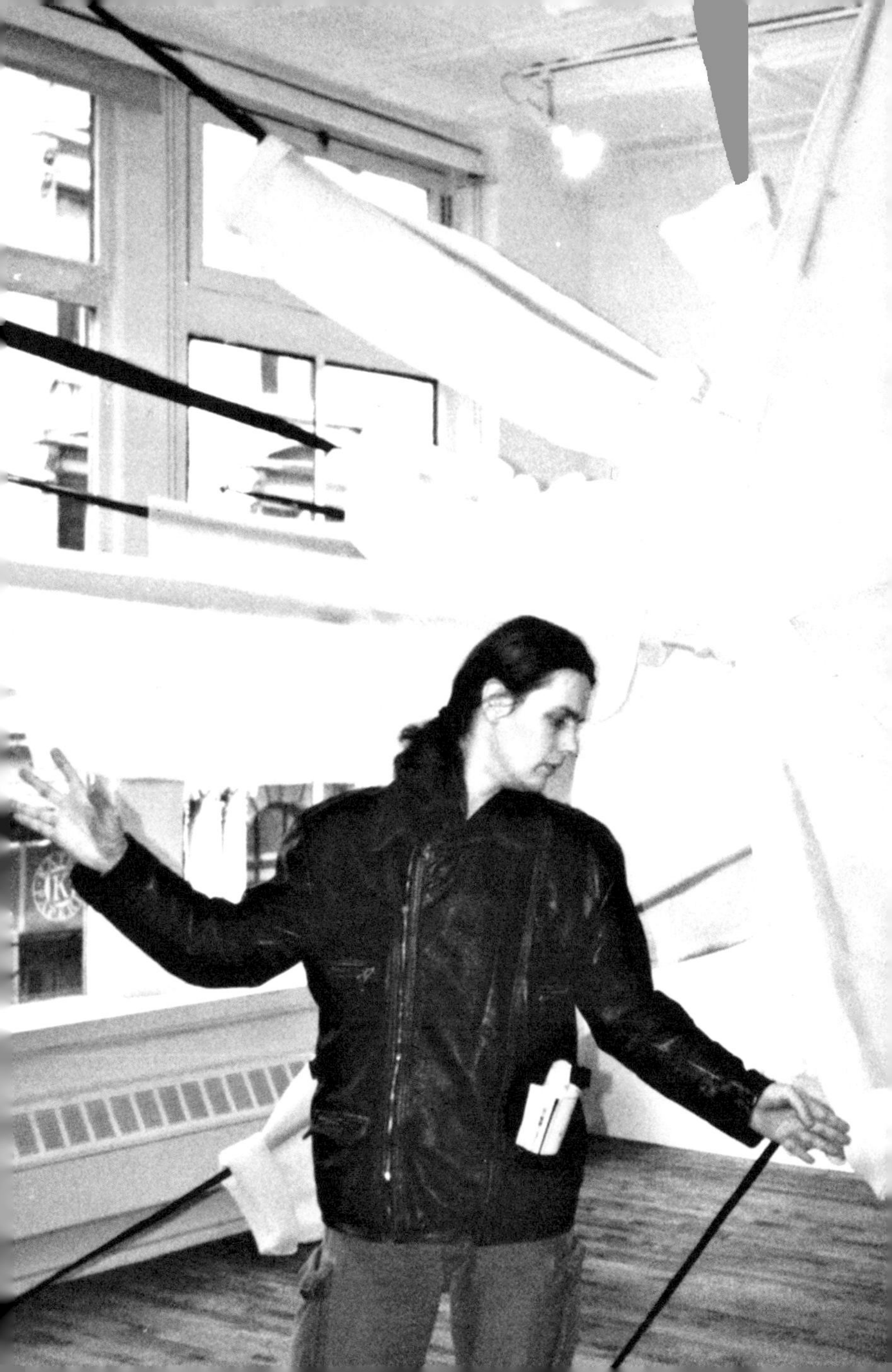

Christopher Müller zu einer Gruppenausstellung eingeladen. Ich bin dort hingefahren, völlig blauäugig, naiv, und habe bei ihnen im Antiquariat eine Performance gemacht. Da habe ich kopierte Blätter runtergezogen und Bücher gezeigt. So Sachen gemacht, die ich geil fand – das war ein bisschen wie Bob Dylan in einem seiner Musikvideos. Ich hatte so einen Bobby-Helm auf, war ganz dünn und natürlich ultranervös, weil all diese geilen Leute im Publikum saßen. Also Cosima von Bonin war da, dann der Michael Krebber und so. Und da musst du's ja bringen. Ich habe instinktiv gemerkt, das sind geile Typen. Ich habe die gesehen, die hatten eine selbstbewusste Ausstrahlung, die gab es so in Hamburg nicht. In Hamburg war eher freies Spiel der Kräfte, solche professionellen Künstler waren mir völlig neu. Die schienen alle so wissend. Kai Althoff fand ich total speziell, und überhaupt alle dort; und irgendwie wirkte das familiär auf mich. Jetzt, im Nachhinein, merke ich natürlich, dass das alles gar nicht so familiär war, wie es im ersten Moment erschien. Und deshalb haue ich dann ja auch immer ab. Aber das war der erste Zugang, ich dachte, da gehörst du hin, da könnte was passieren. In dem Umfeld habe ich auch Christian Nagel kennengelernt, der damals die Monosau, *meinen ersten Roman, im Original gekauft hatte. Diese Anerkennung war natürlich toll, denn das war ja eine ziemlich arrogante Truppe da. Die haben mir schon klargemacht: Das hier ist ein Zirkel. Du könntest eventuell mitmachen, du musst dich aber so und so verhalten. Weiter ist es aber erstmal nicht gegangen. Die genauen Codes beherrschte ich dann eben doch nicht, wollte ich aber auch gar nicht. Also, wenn ich die Codes akzeptiert hätte, wäre ich da wahrscheinlich gelandet.*

1997: Meese reist mit John Bock nach New York.

Wir haben bei einer Freundin meiner Schwester gewohnt und uns viel Kunst angeguckt. Wir waren in allen Museen und Galerien, das volle Programm eben. Und ich habe uns immer fotografiert, das war damals schon ganz wichtig für mich; immer alles festhalten, wir sind gerade da und da, nicht nur in den Ausstellungen, sondern überhaupt. Ich habe schon gesehen, dass das Dokumentieren unserer Aktivitäten wichtig ist, und habe uns als komplette Künstler gesehen. Zurück in Hamburg kam ein halbes Jahr später dann über Daniel Richter der Kontakt zu CFA.

(SCHUTZ, Organisation + Schrein)
(Versorgung)

1998

»Die Wende kam 1998. Zu jener Zeit hatte der Berliner Galerist Martin Klosterfelde John Bock und Christian Jankowski verpflichtet. Bruno Brunnet und Nicole Hackert von der Contemporary Fine Arts entschieden sich für den Dritten im Bunde. Von Daniel Richter hatten sie gehört, dass es in Hamburg einen noch einige Grade verrückteren jungen Künstler gäbe. Der Vertrag mit Meese war schnell unter Dach und Fach.« [3]

Die riefen irgendwann an und sagten: »Hier sind Bruno und Nicole, Contemporary Fine Arts, wir wollen mal mit Meese sprechen.« Und ich sagte: »Hu, Mami, da ruft 'ne Galerie an, soll ich gleich auflegen?« Mir kam das spanisch vor, ich hatte keine Ahnung, was das bedeutet. Und sie sagte: »Nee nee, hör dir das ruhig mal an!« Und dann sagten die, sie hätten eine Empfehlung von Daniel Richter, sie würden mich gerne mal treffen. Und dann haben wir uns im Jena Paradies *in Hamburg getroffen und ich habe drei Leinenbeutel voll mit Zeichnungen und anderem Zeug mitgenommen. Bruno fand mich als Typ geil und deshalb sagte er: »Ok, stell bei mir aus!« Beim zweiten Treffen in Hamburg sind wir mit Herbert Volkmann dann aber auch mal zu meinem Arbeitsplatz im Walther-Raum in die Kunsthochschule gegangen. Da hatte ich gerade eine Rieseninstallation, in die auch ein Monitor eingebaut war. Und da lief der Film* A Clockwork Orange. *Das hat den Herbert Volkmann, das war ein Mega-Sammler, eine schillernde Figur der Berliner Kunstwelt und später ein Künstler und einer meiner besten Freunde, wahnsinnig beeindruckt. Der hat gesagt: Wie geil ist das denn, du nimmst einfach nur einen Film, den es eh schon gibt. Das ist echt totale Kunst. Das hat den Volkmann total weggehauen. Ich habe das einfach gemacht, weil das einer meiner Lieblingsfilme und ein wichtiger Bezugspunkt für mich war. Aber so im Nachhinein, wie geil das war … Das ist ja noch nicht einmal ein Readymade. Das ist ja einfach nur geklaut. Teile dieser Installation hat der Volkmann später gekauft. Er hat mir einfach bei sich in der Tauroggener Straße eine Ecke gegeben. Für mich die erste Sammlungspräsentation. Die Arbeit hatte den Titel* Sorry, aber ich seh in Euch allen den Bronson. *In der Sammlung waren schon Werke von Sarah Lucas, Damien Hirst und Raymond Pettibon und so. Das war schon alles da, das sah super aus und war hochqualitativ. Und sehr merkwürdig. Der Volki hat zu mir gesagt: »Da machst du jetzt, was du willst!« Und dann habe ich diese Hochschulinstallation einfach nochmal gebaut, aber viel dichter, weil die Räume kleiner und viel niedriger waren. Und natürlich lief auch wieder* Clockwork Orange.

Herbst 1998: Installation *Sorry, aber ich seh in Euch allen den Bronson*, Sammlung Volkmann, Berlin.

Dann durfte ich bei Bruno oben im Büro eine Installation machen. Thomas Ruff hat unten im großen Raum gezeigt und ich durfte oben einen Raum füllen. Ich bin mit einem blauen Koffer nach Berlin und all das Zeug, das da drin war, habe ich gezeigt. Dann ging es eigentlich ratzfatz. Die Galerie gab mir Unterschlupf im Keller unter ihren Räumen, das war meine erste Wohnung in Berlin. Und dann habe ich kurz mal bei den Hoffmanns [gemeint ist das Sammlerpaar Erika und Rolf Hoffmann] gewohnt, das war so eine Art Stipendium, jedenfalls ein Raum, den sie mir für ein halbes Jahr zur Verfügung gestellt haben. Später habe ich dann eine richtige Wohnung in der Sophienstraße neben der Galerie angemietet. Ich habe immer in dieser Umgebung gewohnt. Es wurde immer ein bisschen größer, ein bisschen komfortabler, aber es wurde auch immer mülliger. Die Wohnung in der Wendenstraße habe ich behalten, als Zwischenlager. Das erste Berliner Atelier kam dann ziemlich schnell, direkt nach der Berlin Biennale. *In Berlin wurde ich von der Galerie total flankiert. Ich wurde wie ein Kind behandelt, aber ich durfte alles machen. Man hat mir Tipps gegeben, aber die waren eher praktischer Natur. Und den Rest haben die in die Hand genommen: Die Hotels wurden gebucht, das Zeug wurde zu den Ausstellungsorten gekarrt, es wurde zusammen aufgebaut. Am Anfang herrschte auch hier wieder tolle Aufbruchstimmung. Das ist wahrscheinlich immer so, aber bei uns war es extrem.*

10.–14. Juni 1998: Präsentation auf dem Stand von Contemporary Fine Arts, Liste 98 The Young Art Fair, Basel (Schweiz).

10. Juli – 30. August 1998: Gruppenausstellung *Junge Szene '98*, Wiener Secession, Wien (Österreich).

Bekanntschaft mit dem Künstler Erwin Kneihsl. Aus dem Auftrag, Meeses Performance in der Secession zu dokumentieren, entwickelt sich eine enge Zusammenarbeit und Freundschaft.

»Kneihsl first met Meese last year in Vienna, after he had been asked to document Meese's performance at the Secession. The one-off contribution turned into an ongoing project, an artistic collaboration and friendship. It is not about the singular photo representing an event, but about a series, almost like a silent film. Erich von Stroheim is a frequent reference. Black and white photography not as a kind of nostalgia, but as an abstraction corresponding with Meese's chaotic black coloured calligraphy and his process of filtering and photocopying the imagery of power. Accordingly, recent performances remained ›private actions‹, as Meese and Kneihsl call it, i.e. did not take place in front of an audience. Exclusively for the camera. This is the next level of abstraction: excluding the instant spectacle. Ultimately, Erwin Kneihsl's b/w-silent film of 99 stills captures and co-constructs what has lead up to this: a long, strange trip within the course of just one year.« [4]

Eine zeitlang war ich sehr eng mit Erwin Kneihsl befreundet. Mit ihm habe ich das Gesinnungsbuch *gemacht, ein wichtiges Kunst-Freundschaftsbuch mit Fotos und Text. Dann kam der David Tidball. David hat viel gefilmt und ist auch zu meinen Performances mitgekommen. Mit ihm habe ich auch eine* Clockwork Orange-*Hommage am künstlichen See des Original-*

schauplatzes gedreht. All diese Freunde waren Teil einer großen Kunstfamilie. Heute sind es Doris, Jan, Mathilde und Stephan, vorher war es die Familie bei Bruno, Nicole und Philipp. Mir war das immer wichtig, diese freundschaftlichen, familiären Schutzräume. Ich bin dann immer maßlos enttäuscht gewesen, wenn solche Familien kaputtgegangen sind. Loyalität ist für mich essentiell. Ohne radikales Vertrauen geht nichts in der Kunst.

9. August – 6. September 1998: Gruppenausstellung *El Niño – Gebt mir das Sommerloch*, Städtisches Museum Abteiberg, Mönchengladbach.

7. September 1998: Performance *SAINT JUST WILL KUSCHELN, WIE FERKEL MEESELCHEN* (mit seinen Gästen Bruno Brunnet, Nicole Hackert, Gudrun Herrbold und Roberto Ohrt) im Rahmen der Veranstaltung *Starter*, Frankfurter Kunstverein, Frankfurt a. M.

»Zum Montag, dem 7. September 1998, hat der designierte Direktor des Frankfurter Kunstvereins und noch bis Ende 1998 Leiter des Künstlerhaus Stuttgart, Nicolaus Schafhausen, die Künstler Liam Gillick, Jonathan Meese, Daniel Pflumm, Stephen Prina, die Performerin Leila Sadeghee und den Performer Anthony Rizzi, die Kunstwissenschaftlerinnen Clémentine Deliss und Verena Kuni eingeladen, um die zukünftige programmatische Ausrichtung des Frankfurter Kunstvereins in einer Liveveranstaltung mit Vorträgen, Konzerten, Videos, Performances und Diskussionen zu verdeutlichen.« [5]
»Jonathan Meese hatte schon, als er in der Mitte der 90er-Jahre den Künstler zu seinem Medium machte, eine Art permanenter Performance entwickelt. Er war im Grunde ständig in Aktion, hörte nicht auf, sich wie dieser Andere, der ›Bühnenkasper‹, zu verhalten, sabotierte jeden Versuch, zwischen Auftritt und Vorher oder Nachher, eine Grenze zu ziehen. Natürlich gab es in der Performance selbst, zur angekündigten Stunde und vor einem größeren Publikum, eine deutliche Verdichtung oder Intensivierung seiner Darstellung, aber er legte seine besondere

›Sprache‹ und ›Gestik‹ nach dieser Zuspitzung nicht einfach wie ein Schauspieler zur Seite. Es gab keinen ›privaten Meese‹ hinter den Kulissen, keine Gelegenheit, sich normal mit ihm zu unterhalten, womöglich über den Sinn des Ganzen. Im Gegenteil: gerade wenn jemand in dieser Richtung eine besondere Verständigung suchte, den Künstler als guten Freund und Kumpel kennen lernen wollte, erhöhte Jonathan Meese von neuem die dramatische Spannung, durch verblüffende Gesten, in seinem merkwürdigen Kauderwelsch, wobei er jedoch nie ›gefährlich‹ wurde. Seine Überschreitung des Gewöhnlichen hatte nichts von Gewalt; sie war auf ihre Weise außerordentlich taktvoll. […] Zuerst glaubten die Zuschauer nicht, was sie da sahen, hielten die Sache für einen dummen Scherz und den Typen für einen Schwachkopf, den nur ein Missverständnis auf die Bühne gespült haben konnte. Einige stießen ihren Nachbarn an, wollten ein unterdrücktes Lachen teilen, die Bestätigung, dass der da oben der Idiot war und nicht sie selbst. Das Ganze kam ihnen definitiv zu blöd [vor], und wahrscheinlich wären sie in ihrer eigenen Welt schon längst gegangen. Während sie aber immer noch da saßen, ob nun aus Hilflosigkeit oder weil sie sich aus ihrer Verblüffung nicht mehr lösen konnten, brachen allmählich die Vorbehalte und Barrieren zusammen, eine nach der anderen. Irgendwann hatten sie diesem Unmaß an Unsinn nichts mehr entgegenzusetzen und nahmen ihren Kopf mit Augen und Ohren wie in einen anderen Raum gesteckt wahr, einen Raum, über den es kein Urteil und keine Anhaltspunkte mehr gab, keine Ablehnung oder Zustimmung. Vielleicht sahen sie dann das Reich der Grimassen, die Jonathan Meese am eigenen Gesicht ausprobierte, der Illustrationen, die er wie das brennende Papier seiner Verehrung zu Boden warf, ohne Abwehr oder Vorwürfe, mit dem Künstler als Medium, Hauptdarsteller, Conferencier und Objekt seiner selbst. Sein nicht endender Sermon – eine mutwillige Verbiegung des hohen Tons der Ansprache, unbegründete Feierstunde und falsches Jägerlatein, ägyptisierender Gangsterjargon und selbstgezimmerter Indianerdialekt – stieß das Publikum ins rohe Erstaunen, stellte es in den sprachlosen Spiegel der unbekannten Welt, in der er vor ihnen auftauchen wollte. […] Zu der Zeit und insbesondere, als Jonathan

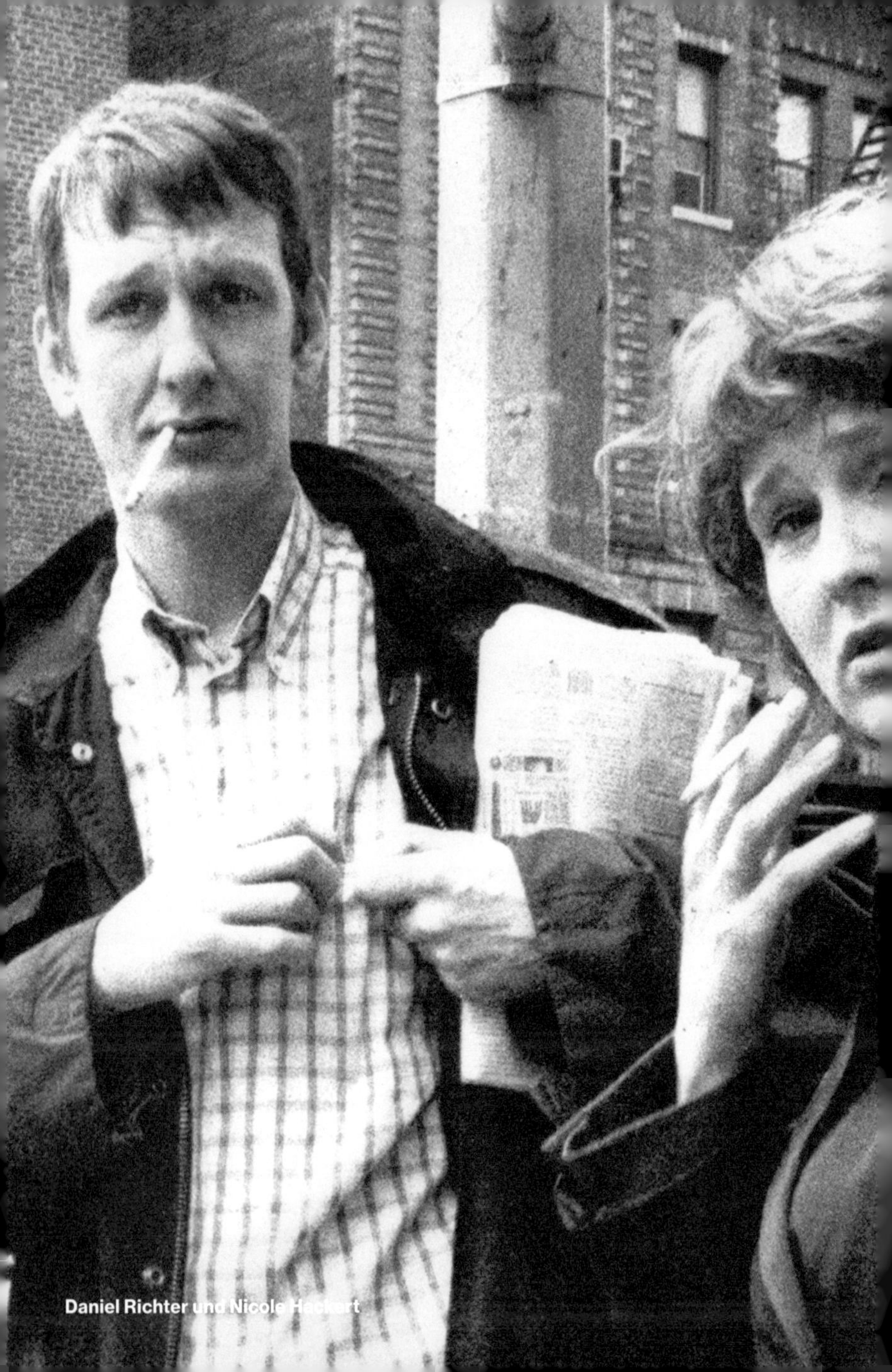

Daniel Richter und Nicole Hackert

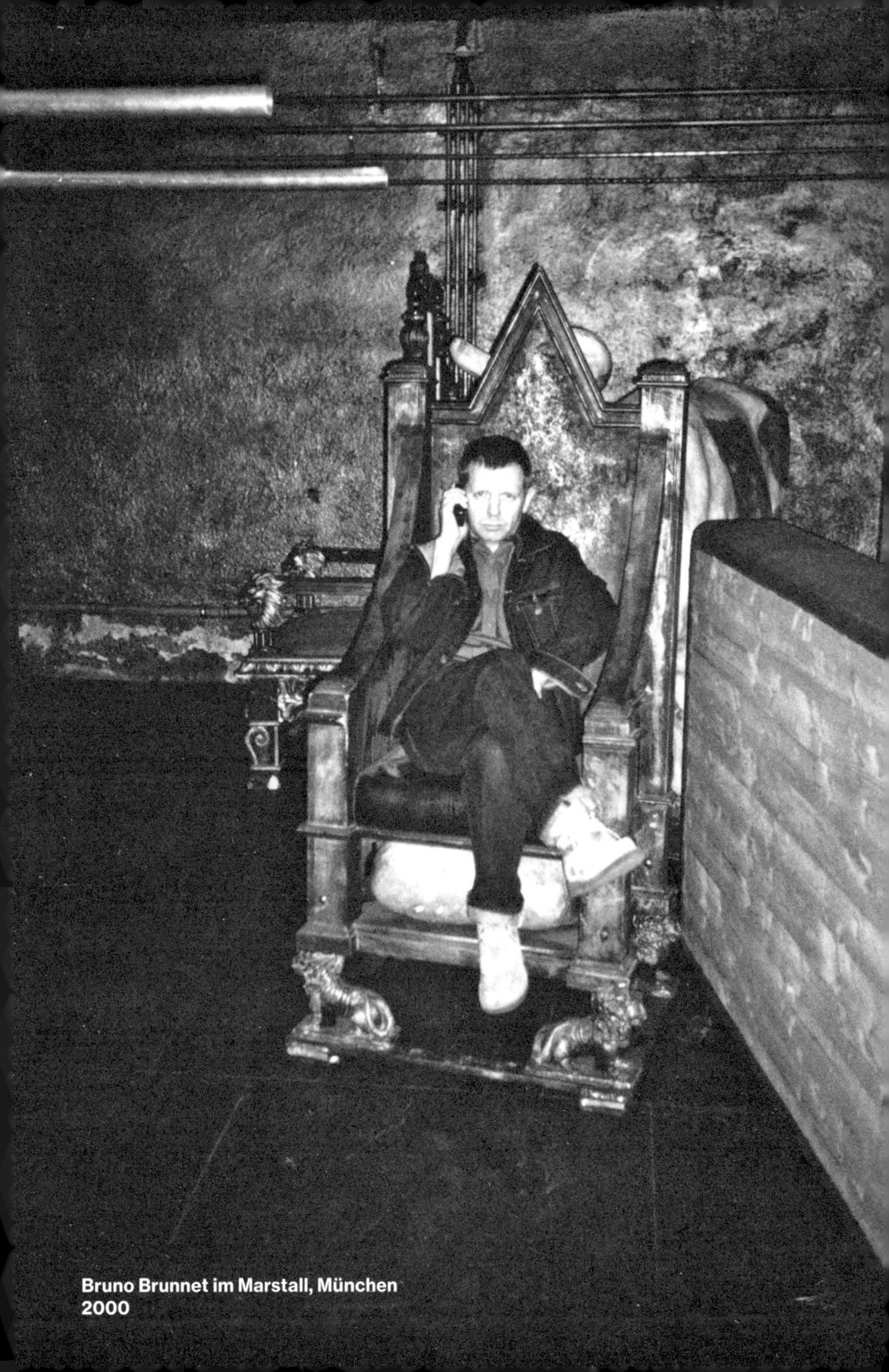

Bruno Brunnet im Marstall, München 2000

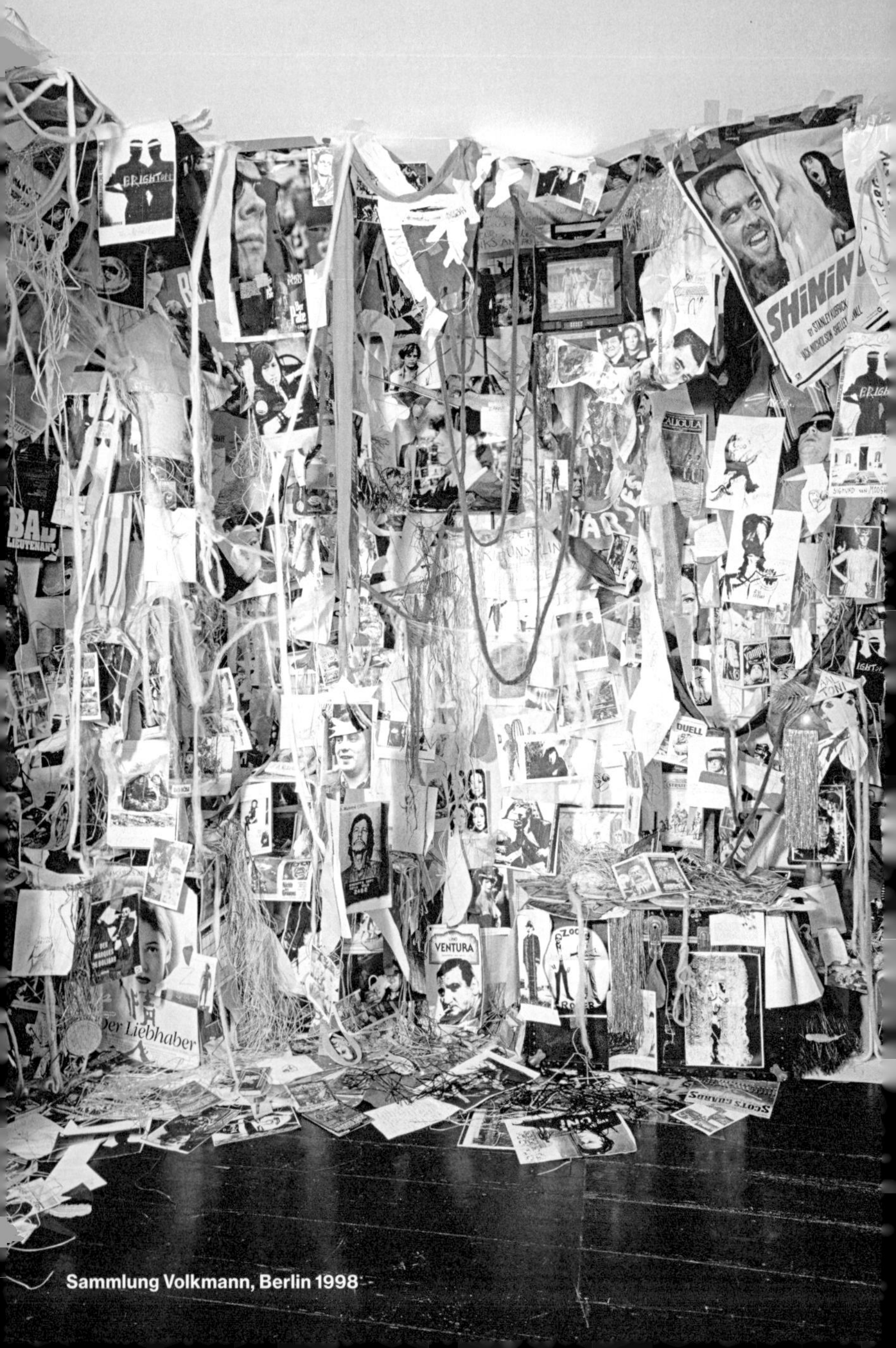

Sammlung Volkmann, Berlin 1998

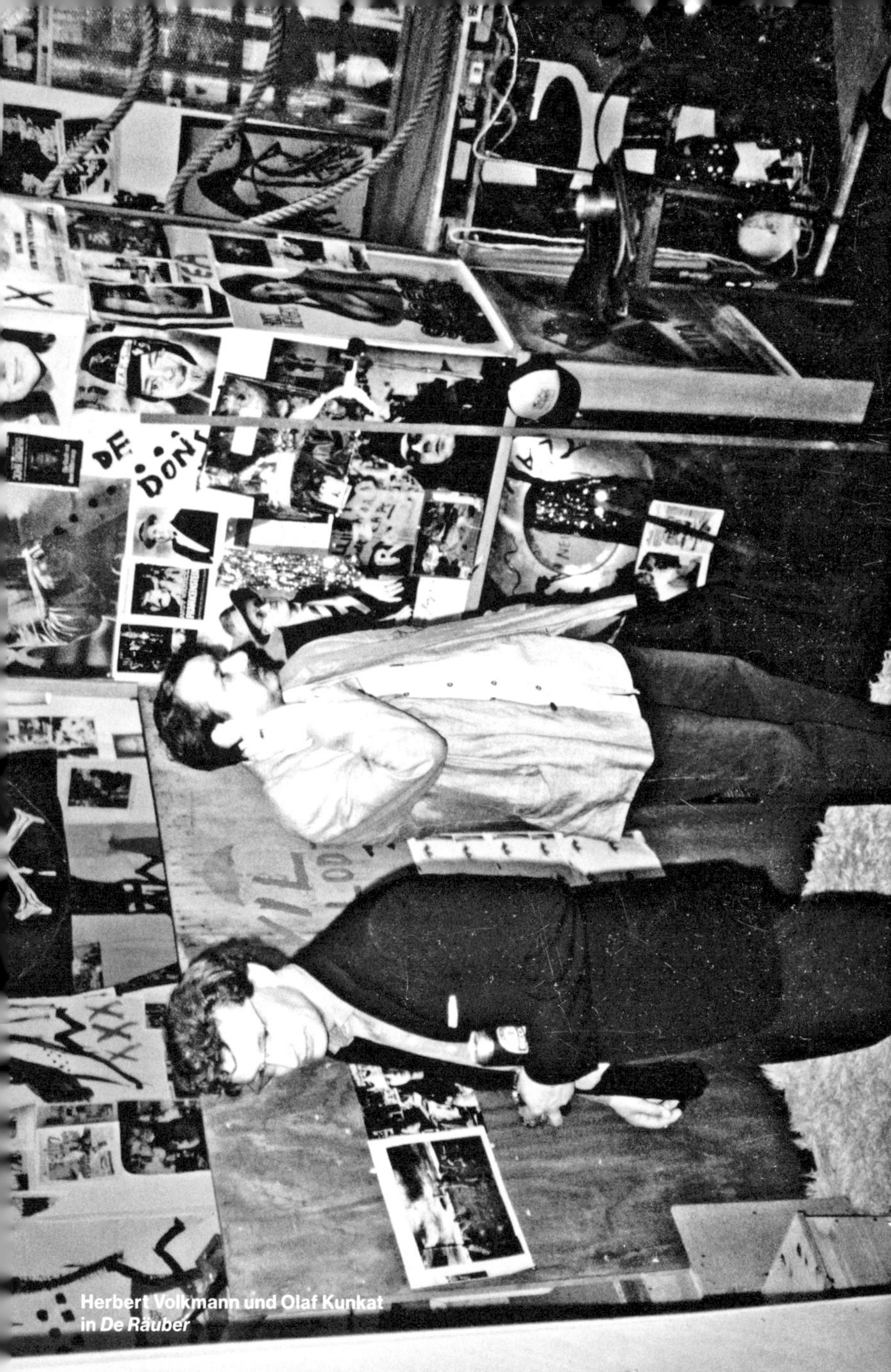

Herbert Volkmann und Olaf Kunkat in *De Räuber*

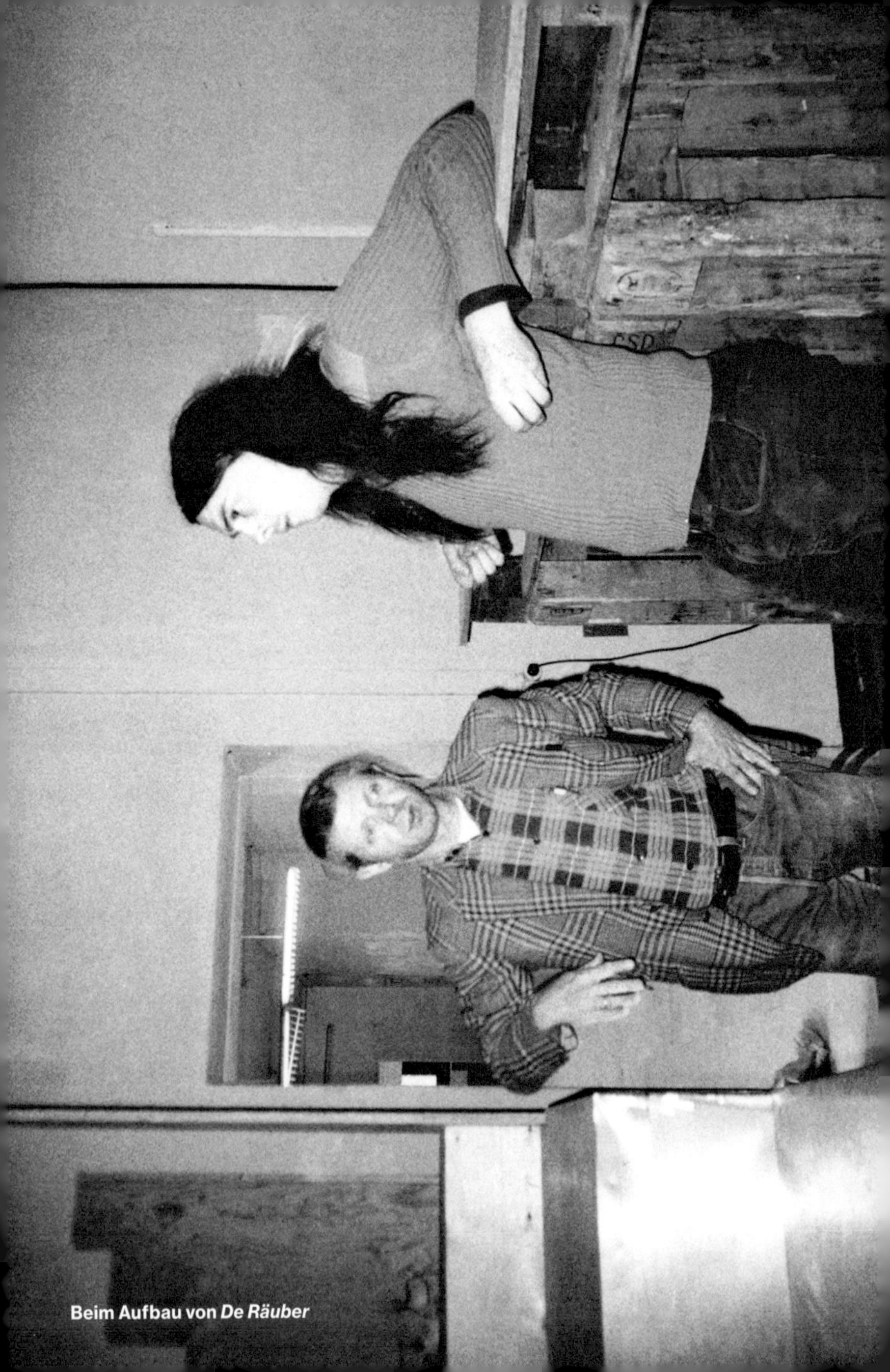

Beim Aufbau von *De Räuber*

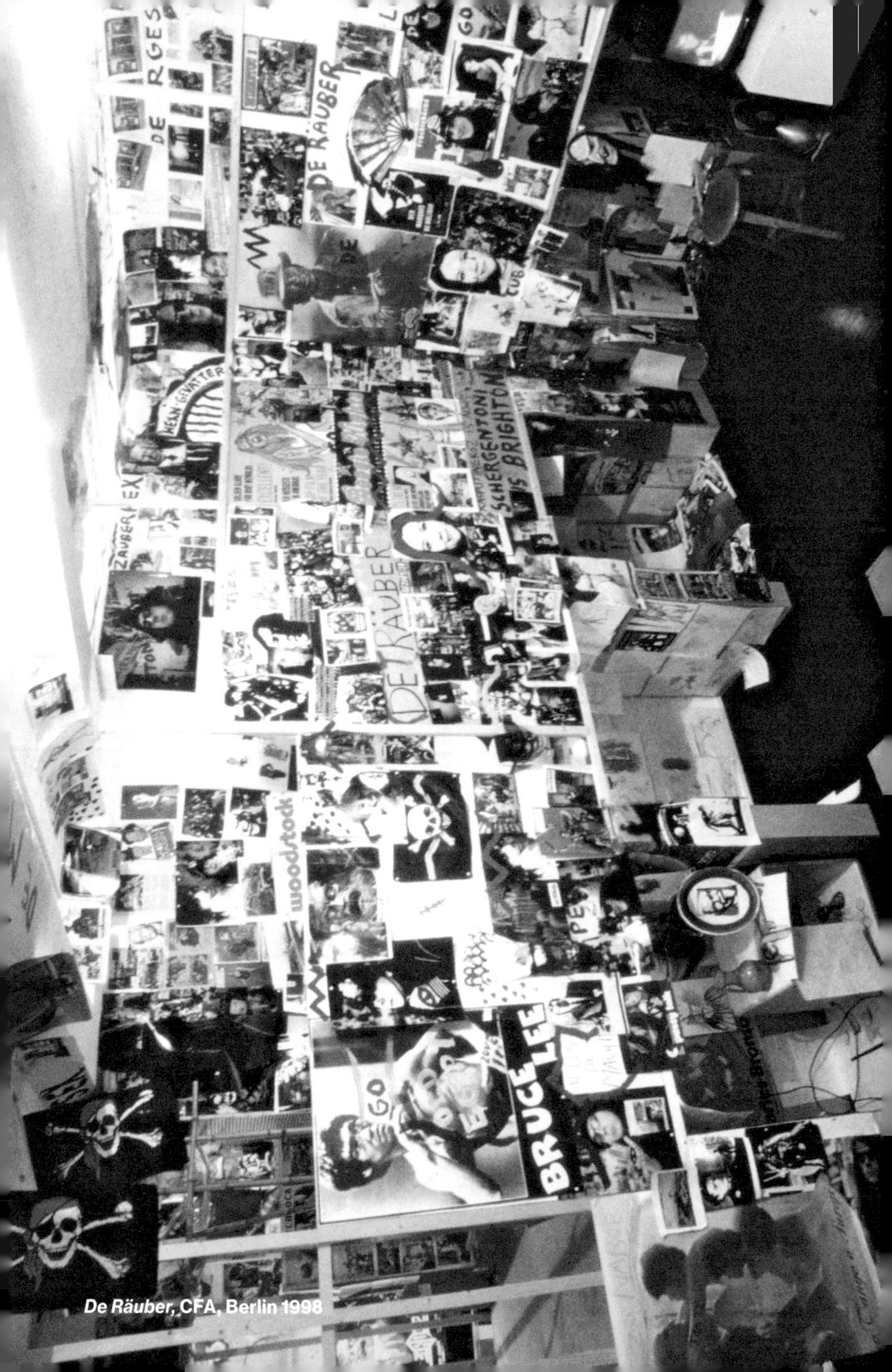

De Räuber, CFA, Berlin 1998

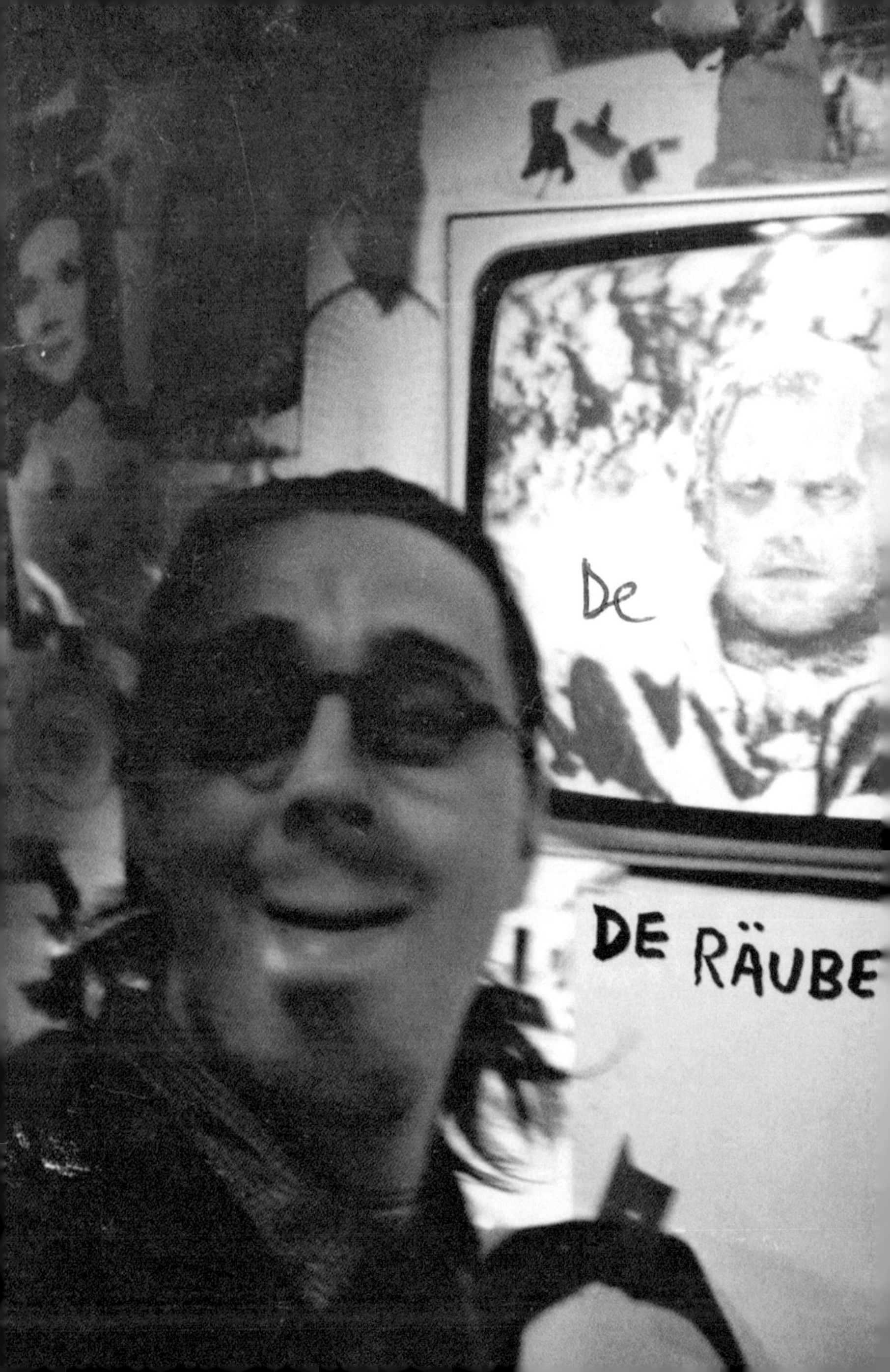
De
DE RÄUBE

JONATHAN MEESE
– DE RÄUBER –
20.6. – 19.9.1998

IM AUGUST NUR NACH
VEREINBARUNG / BY
APPOINTMENT ONLY

CONTEMPORARY FINE ARTS

BRUNO + NICOLE

SOPHIENSTR. 21
D-10178 BERLIN-MITTE
TEL: 030-2836580
FAX: 030-2836582

De
Mexn-Gevattel

Meese unter der Marke ›deutscher Künstler‹ (nicht, dass er sich selbst so genannt hätte) ein internationales Publikum erreichen sollte, zog er auch die unangenehmen Seite der deutschen Geschichte an sich heran, und bald wurde klar, dass genau dort ein Brennpunkt entstand. Auf diesen Stoff reagierte die Öffentlichkeit besonders empfindlich, und schließlich meldeten sich die ersten, die die Welt der Nazis in dieser Form nicht benutzt sehen wollten. Ob sie den Auftritt mit den heiklen Signalen als Verharmlosung oder Verherrlichung empfanden, als Unfug oder Frechheit, naive Selbstüberschätzung oder unfreiwillige Offenbarung des männlichen Künstlers, durfte zunächst offen bleiben. Es gab die unterschiedlichsten Motive, doch solange der Künstler vorn stand und den Ärger auf sich zog, musste niemand genau erklären, wo er den Frevel sah.« [6]

Vielleicht waren die ersten [Performances] auch schon soldatisch, aber eben zu kindlich. Dann kam der kräftige Tonfall dazu – und dieses »Ich piss auf euch alle!« –, das hat die Leute zur Weißglut gebracht. Ich habe ja überhaupt nicht auf das Publikum reagiert. Ich habe da irgendwie so 'ne Fischdose gegessen, und gestört rumgebrabbelt – eben auf extremst debil gemacht, auf seltsames Schmuddelkind. Also, im Kunstverein Frankfurt habe ich noch nicht mal verständliche Sätze erzeugt, da gab es Leute, die haben das alles wörtlich genommen. Die dachten wirklich, ich sei verrückt geworden, also ich sei wahnsinnig oder einfach dumm. Aber das war natürlich geschauspielert [lacht]. Das war großartig, weil man so hermetisch war, aber das war auch ein bisschen überspielt. Ich vermute, dass ich bei dieser Performance im Kunstverein Frankfurt nicht genau wusste, was ich sagen soll und deshalb habe ich einfach nur Tierlaute gemacht und dann kommst du in den Rhythmus rein. Das war wahrscheinlich so eine Phase, wo man gesucht hat: Was kannst du überhaupt sagen, was bringt's denn? Und dann kam ich so zu diesen relativ einfachen Sachen – Erz, Nahrung, Getreide, Ernte, Bayreuth, Liebe, Macht –, von dort ging's zum Manifest über und dann war es auch mal sehr opulent, weil ich sehr viel Material hatte – aber das langweilt ja alles irgendwann mal. Ich muss die Herausforderung haben – ich muss in eine Situation kommen, dass ich aus dem Bett gerissen werde und dann loslegen kann. Ohne Vorbereitung, ohne Material, nur mit dem Mikrofon oder noch nicht mal mit dem. Nur dann ist es eigentlich wert, Performance genannt zu werden. Also, wenn du dich vorbereiten musst, wenn du Material haben musst, wenn es bestimmte Grundvoraussetzungen geben muss, dann ist es letztlich keine Kunst. Ja, dann kann es immer nur nah dran sein. Also, du musst jederzeit und allzeit bereit sein, ohne Arroganz.

20. Juni – 29. September 1998: Ausstellung *De Räuber*, Contemporary Fine Arts, Berlin. Erste Galerie-Einzelausstellung.

De Räuber *war so ein holzlabyrinthisches Gebilde, wo auch alles eingebracht wurde, Poster, Fotos, Kopien, Bücher, Masken, Puppen, Spielzeug. Es lief auch Musik – zum Beispiel* D.A.F. *[Deutsch Amerikanische Freundschaft], Neue Deutsche Welle, Schlager und Hits. Die Installation war begehbar und wir haben uns dort eigentlich dauernd aufgehalten und Besuch empfangen. Ein bewohnbares Kunstwerk ist entstanden. Das hat eingeschlagen wie eine Bombe.*

»There seems to be a certain psychosocial necessity for some artists to ›bother‹ us with their little big worlds of troubling great detail. You would have had to have been dead NOT to acknowledge this necessity when entering Hamburg-based Jonathan Meese's first gallery solo show at Contemporary Fine Arts, Berlin, [back] in the summer of 1998. He made you feel like a guest who has arrived too early and found the resident still out, the windows shut, but the door unlocked. Entering, you discover a bohemian squatter's lumber room. The music is still on (some Neil Young record, or Robert Mitchum doing Calypso), so, being curious you look through things, feeling displaced and familiar at once. Your first thought might have been: oh, the usual teen idol paraphernalia. But gradually, the picture became more dense and lively: You saw photos of the longhaired Meese grimacing, wearing either a Napoleon hat or a child's bobby helmet, plastered to the walls, the floor and the ceiling; the two rooms were a crudely built plywood labyrinth of narrow passages, staircases leading down to the original ground level, and arcades built into the space beneath these passages. This was the setting for something that was definitely too detailed and intoxicated to be the reproduction of a teenager's bedroom fantasy: a number of (mostly 70s) cult figures was worshipped – every inch of the wall covered with scribbly handwritten commentaries, b/w photocopies and original colour prints, detective story novels, plastic carnival helmets for Romans and knights, pictures of Malcolm McDowell in ›Clockwork Orange‹, Joe Dallesandro, Gerd Fröbe (fat german actor who played Mr. Goldfinger), Laurel & Hardy, Bruce Lee, Kirk Douglas as Spartakus, Burt Reynolds, James Joyce, Klaus Kinski, Diana Rigg. Taken as isolated elements, these frenzied pictures, movies and words would have been nothing but camp retro-references – in fact they were only the starting point for a manic investigation into the reality of a particular kind of public surface – *Grimaces.* […] Ultimately, all the whirlwind of covering everything with pictures and scribbles was nothing other than an attempt to give these droll grimaces a flowery bed of disorder where they might feel at home, a teenage sanatorium for idols of transgression, friendly and only aggressive towards the ones who already feel personally attacked by littered rooms. […] Meese was the first to admit it as he started to hang out more and more often in his own installation. […] I visited his Contemporary Fine Arts exhibition for a second time to watch the John Boorman movie ›Zardoz‹ in full length, Meese was in the gallery. As I left, he suggested that, although the title of his show was ›de Räuber‹ (›the robbers‹), another title would reflect more precisely what his work was about. In capitals on a scrap of paper, he slowly wrote the words ›Ahoi de Angst‹ and handed it to me (it soon became the title of his piece at the Berlin Biennale). Another Joycean child language extravaganza which translated as ›I'm aware I'm whistling in the dark‹.«[7]

September 1998: Performance und Lesung *GNIERZLNASI'S FUMMELLAND*, Thalia Theater, Hamburg.

30. September – 30. Dezember 1998: Beteiligung an der *1. Berlin Biennale* mit der Installation *Ahoi de Angst – Be Dorian Gray*, kuratiert von Klaus Biesenbach, Hans Ulrich Obrist, Nancy Spector, Akademie der Künste, Postfuhramt, Kunst-Werke, Berlin.

»Am 30.09.1998 eröffnete die *1. berlin biennale für zeitgenössische kunst*. Mehr als 70 internationale KünstlerInnen zeigten drei Monate lang ihre größtenteils für die Ausstellung *Berlin / Berlin* gefertigten Arbeiten in der Akademie der Künste am Pariser Platz, im ehemaligen Postfuhramt in der Oranienburger Straße und in den Räumen der Kunst-Werke, Institute for Contemporary Art in der Auguststraße. Angelehnt an die komplexe zeitgenössische Kultur, die zu repräsentieren sie sich zur Aufgabe gemacht hatte, folgte die *1. berlin biennale* einem interdisziplinären Ansatz und gab Künstlern, Architekten, Designern, Literaten, Musikern, Choreographen, Mode-, Film-, und Theatermachern ein Forum. Das von dem thailändischen Künstler Rirkrit Tiravanija konzipierte Essen für 1.000 Gäste in der Turnhalle des Postfuhramtes war Auftakt der Eröffnungswoche, deren Abschluss der *congress 3000* im Haus der Kulturen der Welt bildete. Hier fand drei Nächte lang eine Kombination aus Symposium und Festival statt, eine Plattform für lokale und internationale Kulturschaffende. In den Folgemonaten gehörten DJ-Abende in der Rauminstallation der Gruppe 3 de luxe sowie Vorträge und Lesungen der ausstellenden KünstlerInnen zu den Highlights. Mehr als 80.000 Besucher und zahlreiche Artikel in der nationalen und internationalen Presse zeugen von der überwältigenden Resonanz der *1. berlin biennale*.« [8]

Anschließend habe ich dann das Atelier im Postfuhramt bezogen und das war auch super. Allerdings hatte ich gedacht, dass es nach der Berlin Biennale *weltweit richtig abgehen würde. Ich habe mich dann aber wahnsinnig gewundert, dass da niemand so richtig drauf eingestiegen ist. Das hätte ja durchaus jemand machen können, da es so ein völliger Einschnitt war. Dass es dann*

20/01/2005 20:43 D RICHTER S. 01

Johnny!

bekloppter Schraubator!
Hast du die Frankfurter
Rundschau von Freitag (heute)
gesehen? Super Foto!
Bin im Atelier. Let's eat
tomorrow or not.

Daniel

Fax von Daniel Richter

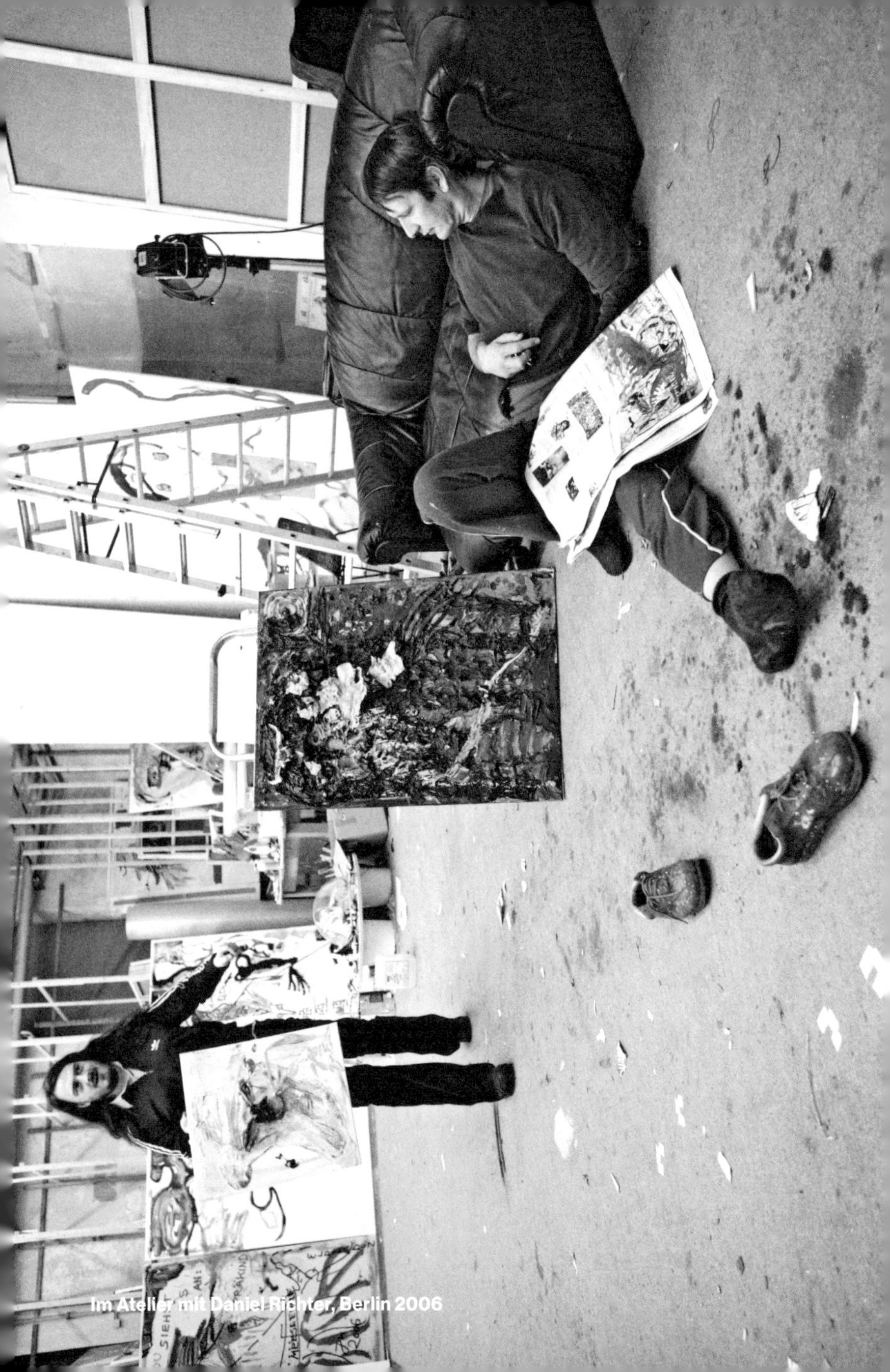

Im Atelier mit Daniel Richter, Berlin 2006

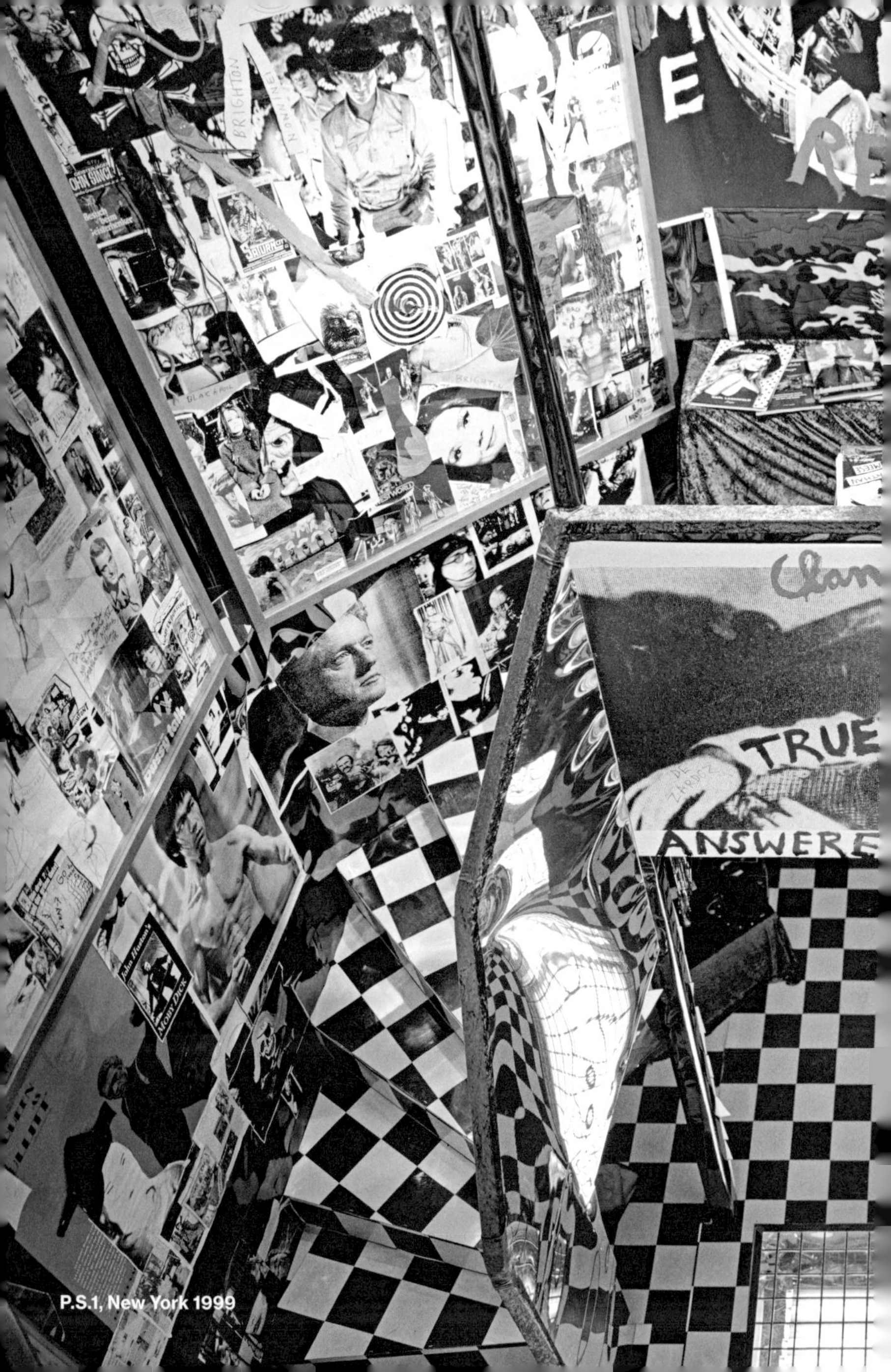

P.S.1, New York 1999

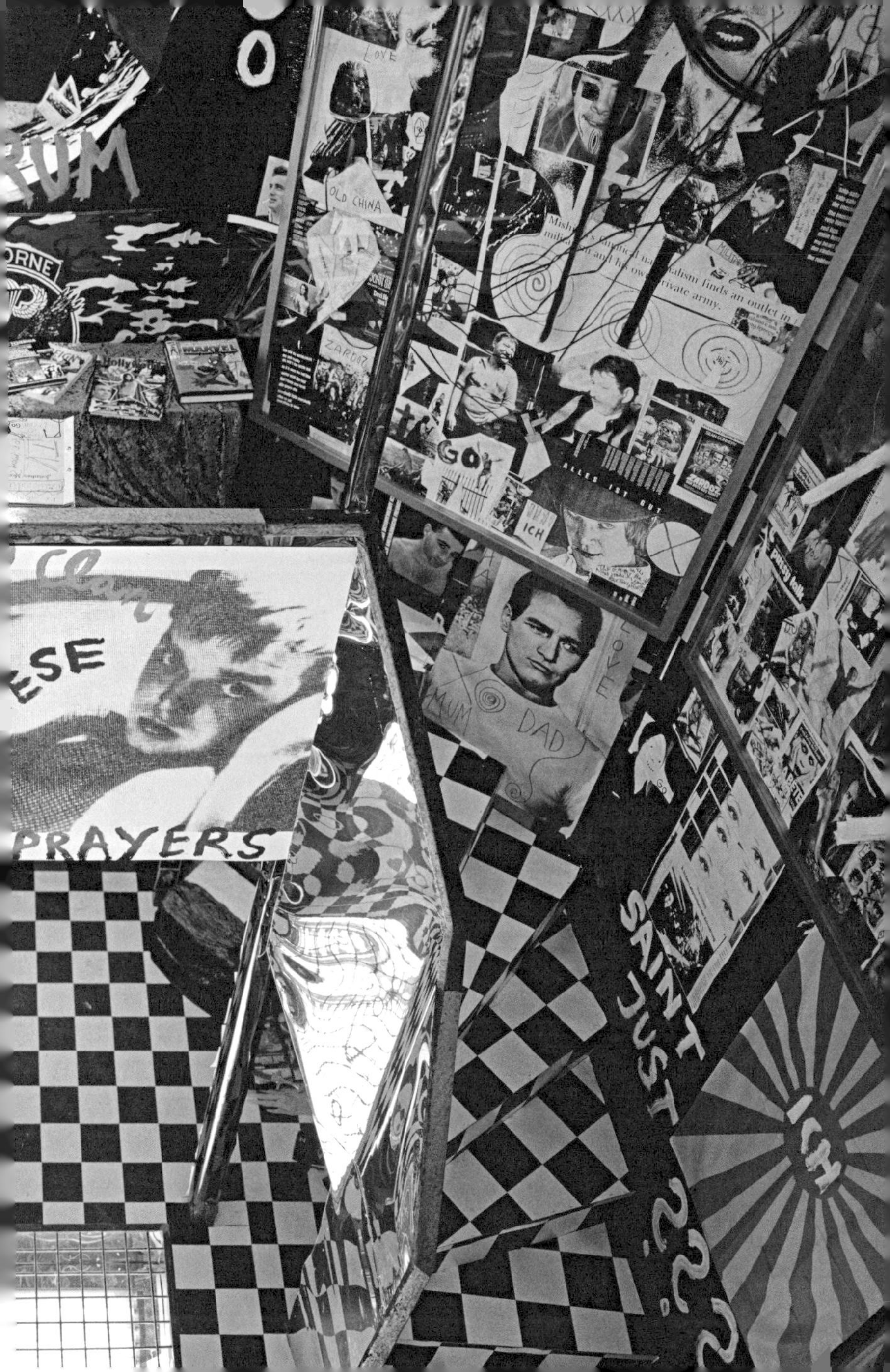
LOVE
OLD CHINA
ZARDOZ
GO
ICH
ESE
PRAYERS
LOVE
MUM
DAD
SAINT
JUST
ICH

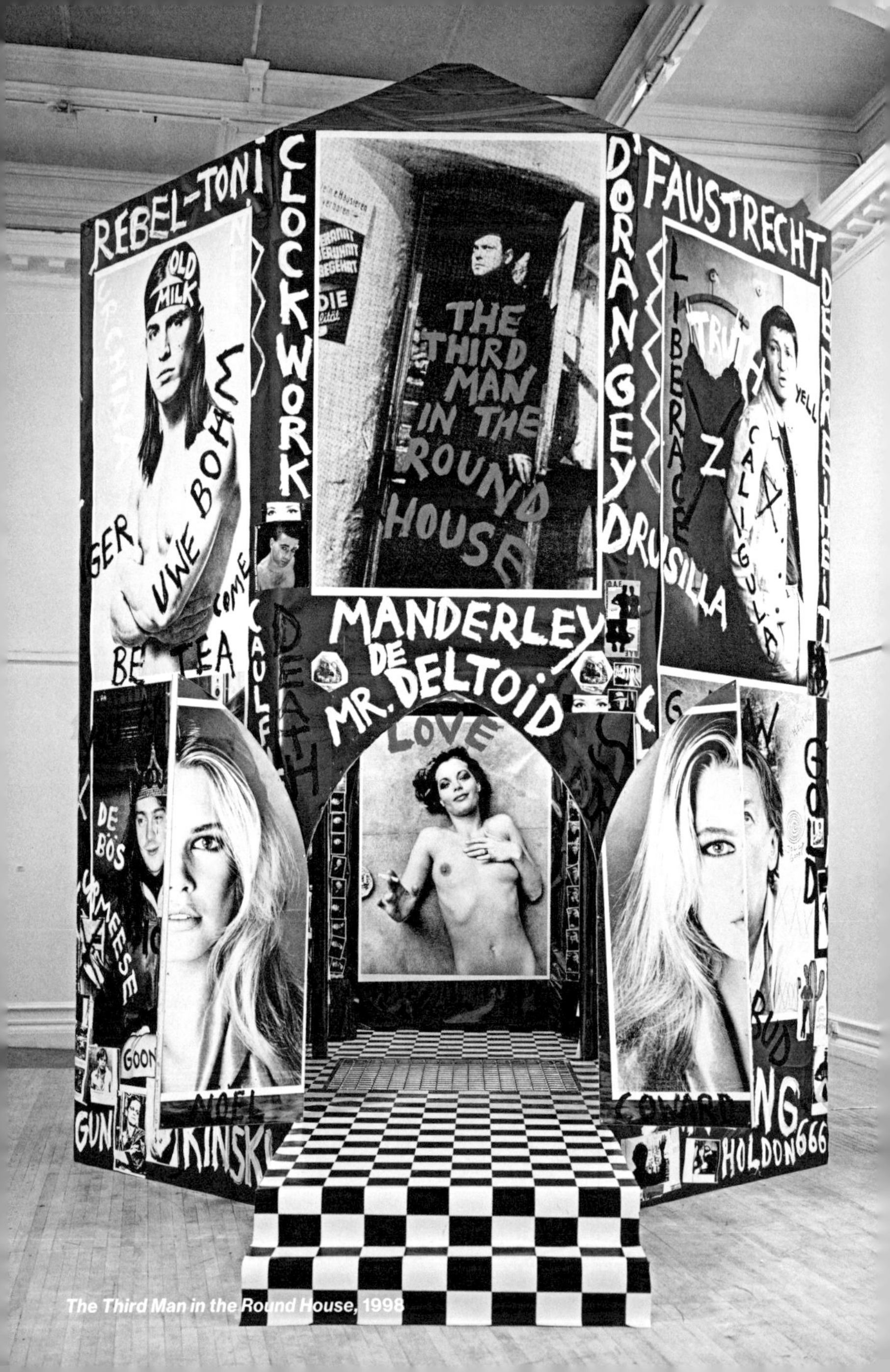

The Third Man in the Round House, 1998

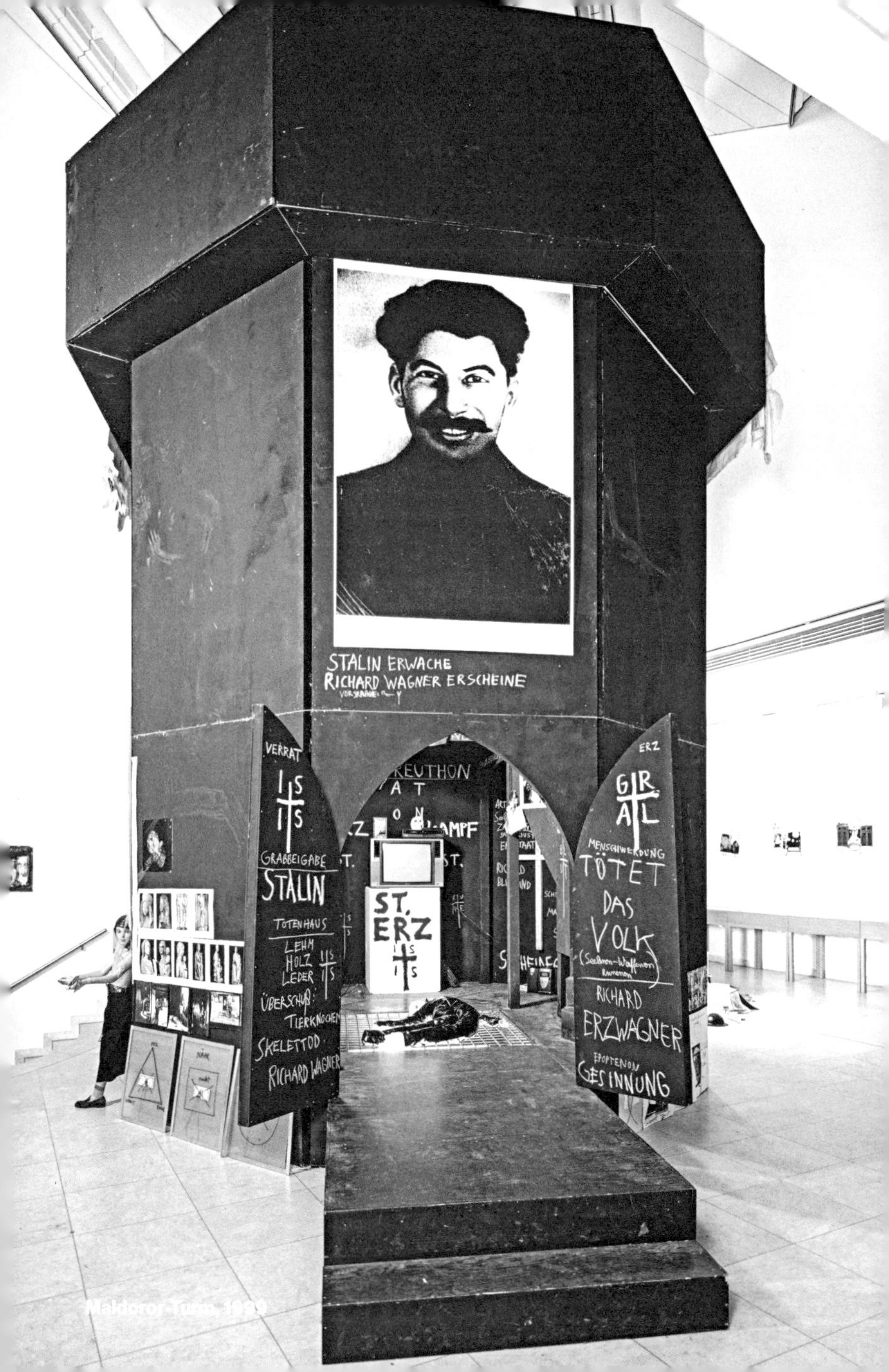

Maldoror-Turm, 1990

doch nur irgendwie abgehakt wurde, hat mich natürlich geärgert. Bei mir kommt dann immer der Impuls, noch irgendwas anderes zu machen. Es muss dann irgendwie noch weiter hermetisiert werden. Ich muss rausfinden, wer ist dabei, wer ist nicht dabei. Wie kann ich es durchziehen, wie kann ich alles brechen, wie kann ich die Realität noch präziser durchbrechen.

11. November – 20. Dezember 1998: Beteiligung an der Ausstellung *Site Construction* mit der Installation *The Third Man in the Round House*, South London Gallery, London (UK).
11. November 1998: Performance zur Eröffnung.

In der South London Gallery habe ich auch performed. Da kamen zum Beispiel die Pet Shop Boys und haben zugeschaut. Ich hatte mich mit Noël Coward, einem der Lieblingskünstler meines Vaters, beschäftigt und habe während der Performance die ganze Zeit über Noël Coward gesprochen. Die Zuschauer waren so beeindruckt, dass ich den überhaupt kannte. Ich habe gesungen, ich habe in einer Fantasiesprache Noël Coward bewundert und irgendwas rumgeschrien. Ich habe ja nie ein Konzept gehabt. Und natürlich hatte ich damals auch keinen Text. Ich hatte nur ein Mikrofon und habe da irgendwas reingebrüllt. Aber es war eben auch England. Da dachte ich wahrscheinlich, ich sei zuhause; auch, weil ich bestimmte Künstler der Young British Artists eben mochte. Sarah Lucas zum Beispiel fand ich einfach super, auch als Typ. Jane und Louise Wilson, Tracey Emin, Angus Fairhurst, Jake und Dinos Chapman und so. Ich mochte die. Das waren für mich irgendwie freche Jungs, oder freche Mädels. Das kann man nicht immer aufrechterhalten, aber als Ansatz fand ich das irgendwie in Ordnung: eine verschworene Truppe bilden, gemeinsam gegen etwas sein. Dieser Turm, der später der Stalin-Turm wurde, war damals wie ein Bonbon-Turm. Mit Claudia Schiffer an der Tür und Orson Welles und eben dadurch schauspielerisch aufgeladen. Das hatte so was Zuckergussmäßiges, etwas Essbares, wie im Candy Shop. Ja, es wirkte konsumierbar und das ging mir irgendwann so dermaßen gegen den Strich. Und dann wurde der Turm schwarz und Stalin kam dran.

»Im schwarzen Kabinett von Meeses Ikonografie findet sich auch immer wieder ein Porträt von Stalin, nämlich ein Foto des jungen Stalin, auf dem dieser jung, schön, lächelnd und teuflisch wirkt. Stalin hat sich dieses Fotos gezielt bei der Durchsetzung seines Personenkults bedient, ungeachtet dessen, dass es ihn als Agenten der zaristischen Polizei zeigt.« [9]

Es ging nie darum, geliebt zu werden. Also, ich wollte schon geliebt werden, aber nicht von allen. Ich will doch nicht von jedem Kackarsch geliebt werden. Das kann nicht das Ziel von Kunst sein. Ich habe gemerkt, dass dieses Nettsein in der Kunst, also dieses Einfach-nur-ein-Gedicht-Vorlesen nicht reicht. Da kommen zu viele. Da sind mir zu viele Kacker am Arsch. Du musst irgendwas machen, um dir die Leute vom Hals zu halten. Das hat ja Methode. Durch die Manifeste werde ich immer mehr ausschalten. Immer mehr werde ich den Leuten klarmachen: »Ihr seid hier nicht richtig!« Keine Anhänger produzieren, kein Guru werden, auch als Professor nicht. Deshalb werde ich auch nie Professor.

14. November – 28. November 1998: Beteiligung an der Ausstellung *Today Tomorrow: Dix artistes allemands de Hambourg à Marseille*, Galerie de l'École Supérieure des Beaux-Arts de Marseille, Marseille (Frankreich).

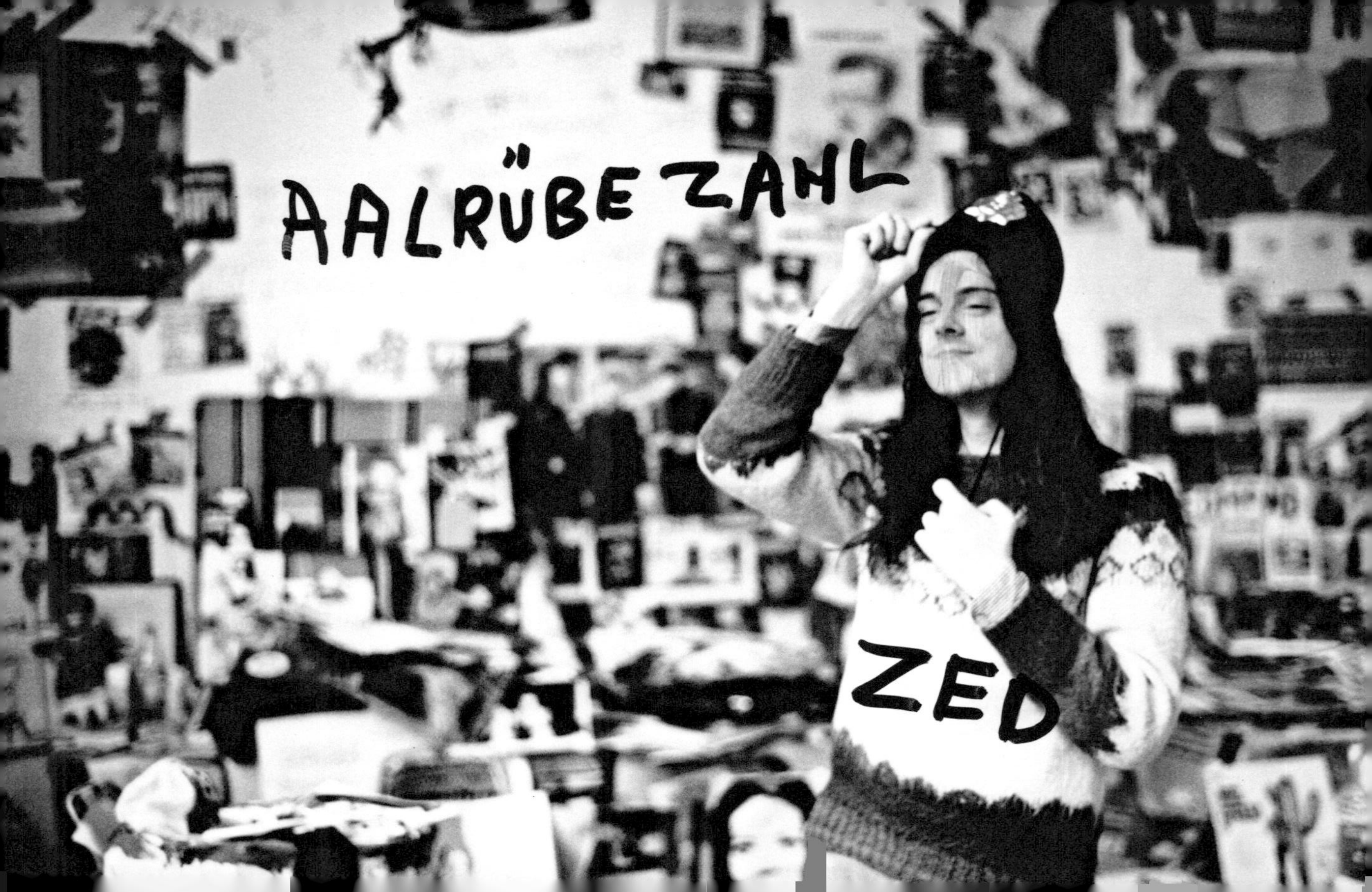
AALRÜBEZAHL
ZED

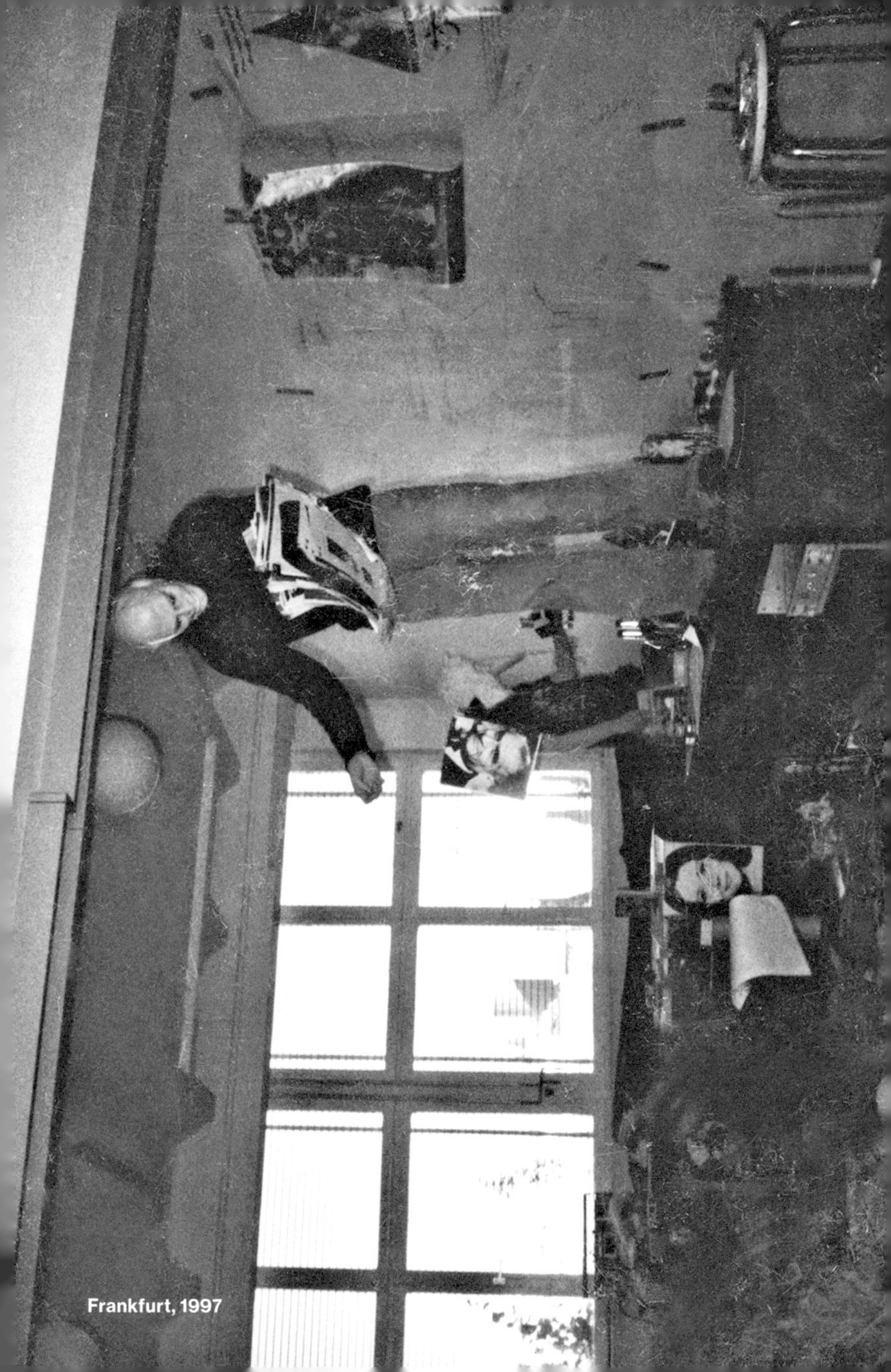

Frankfurt, 1997

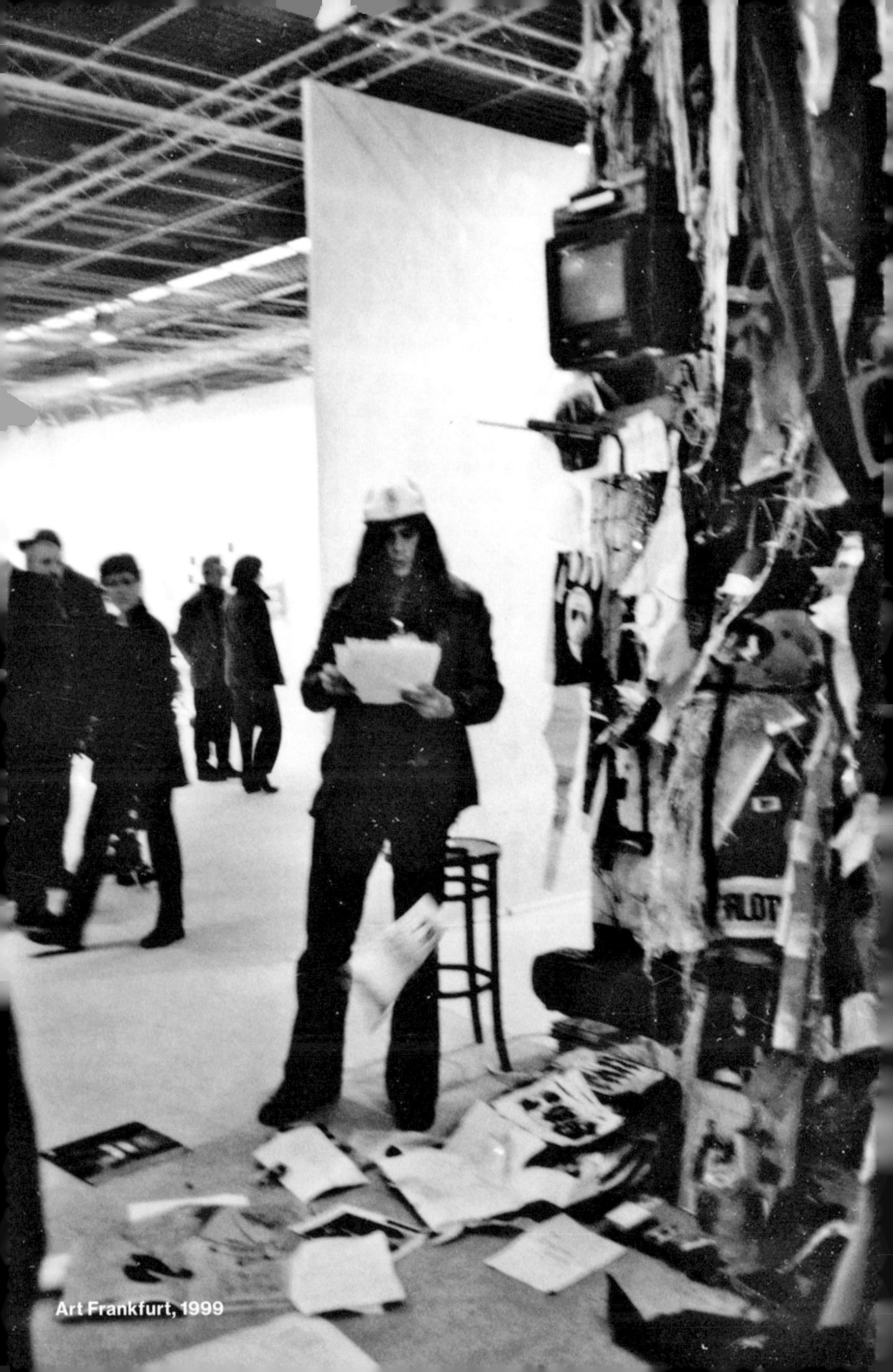

Art Frankfurt, 1999

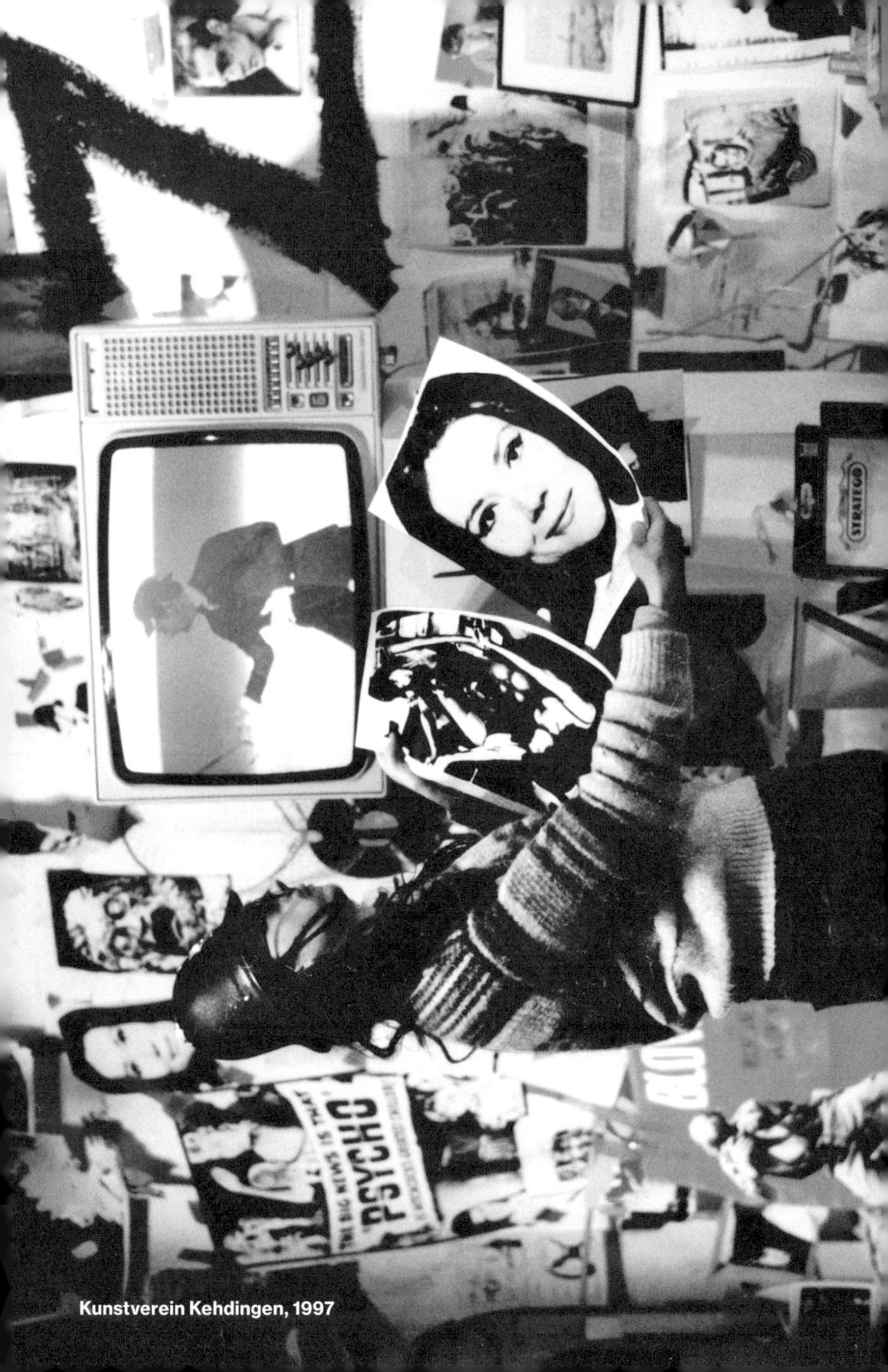

Kunstverein Kehdingen, 1997

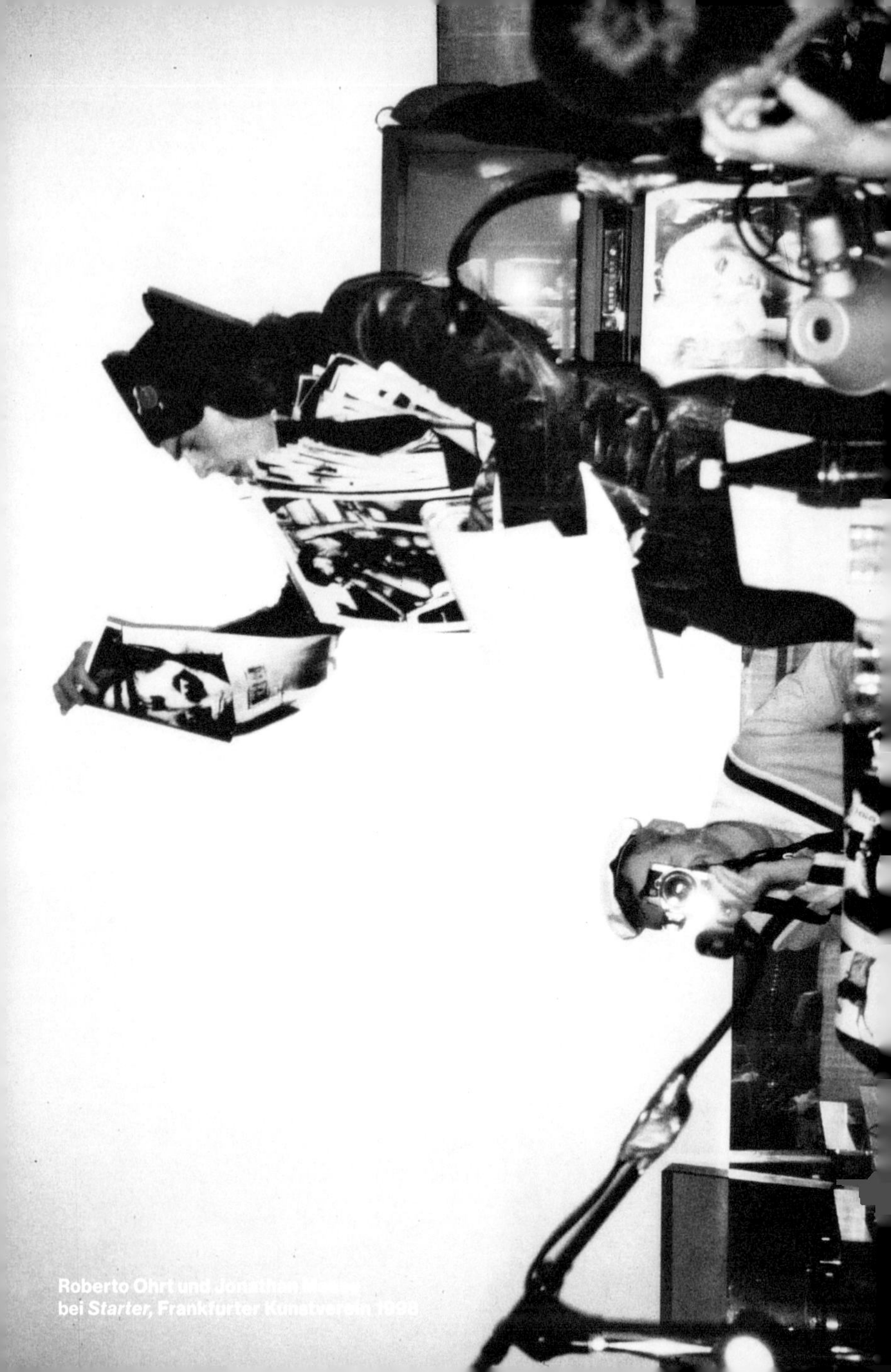

Roberto Ohrt und Jonathan Meese
bei *Starter*, Frankfurter Kunstverein 1998

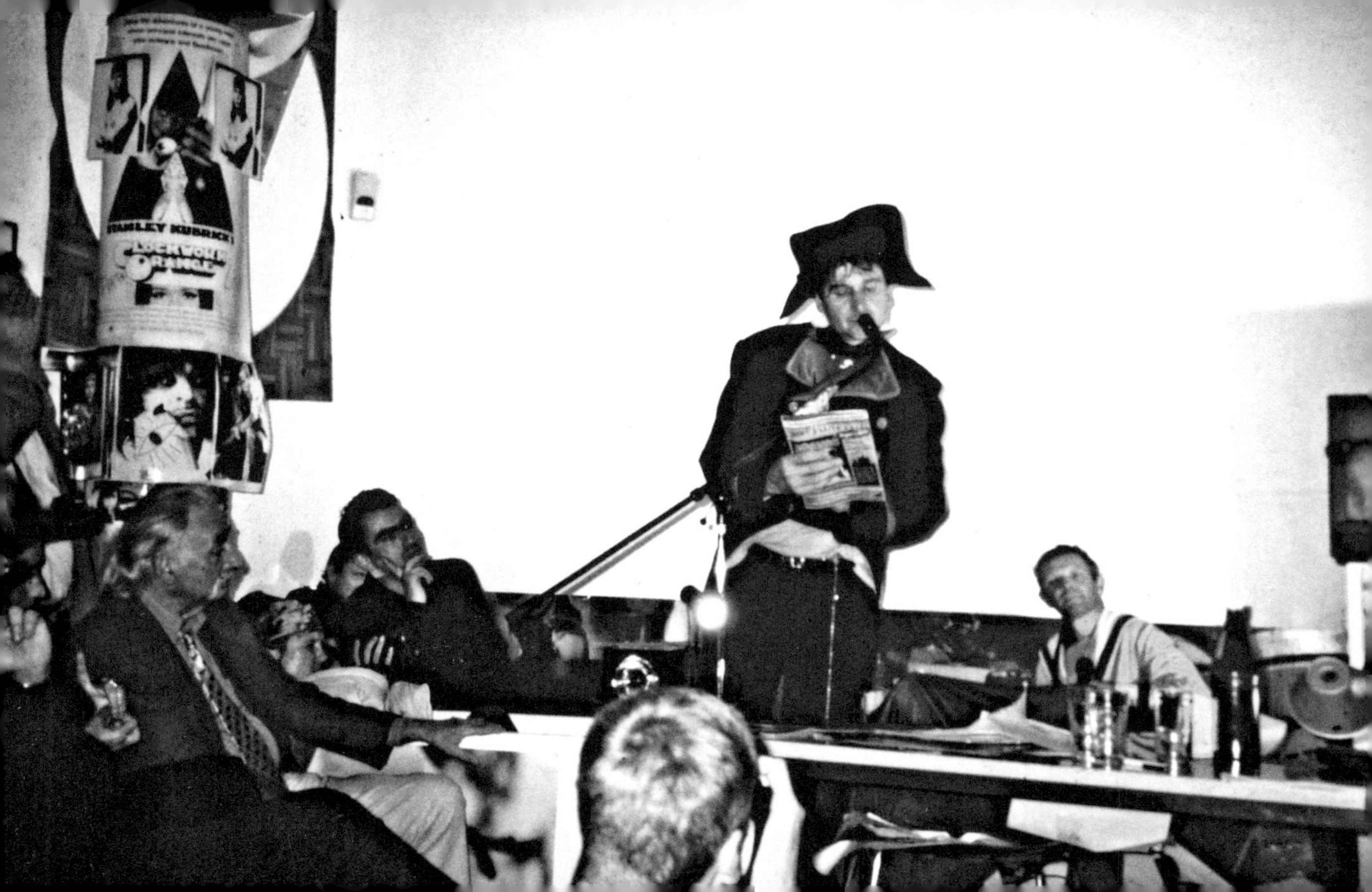
STANLEY KUBRICK'S
CLOCKWORK ORANGE

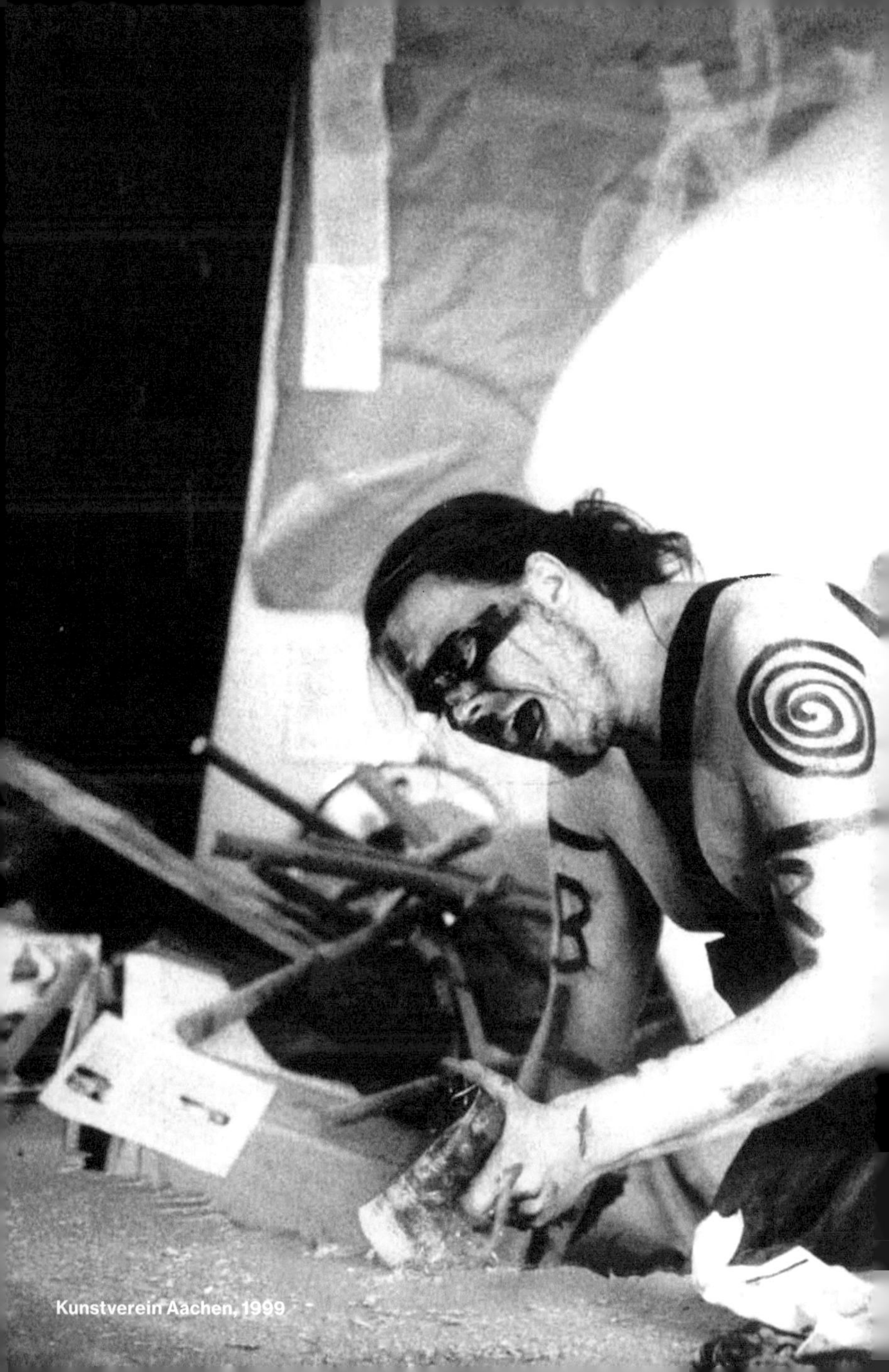

Kunstverein Aachen, 1999

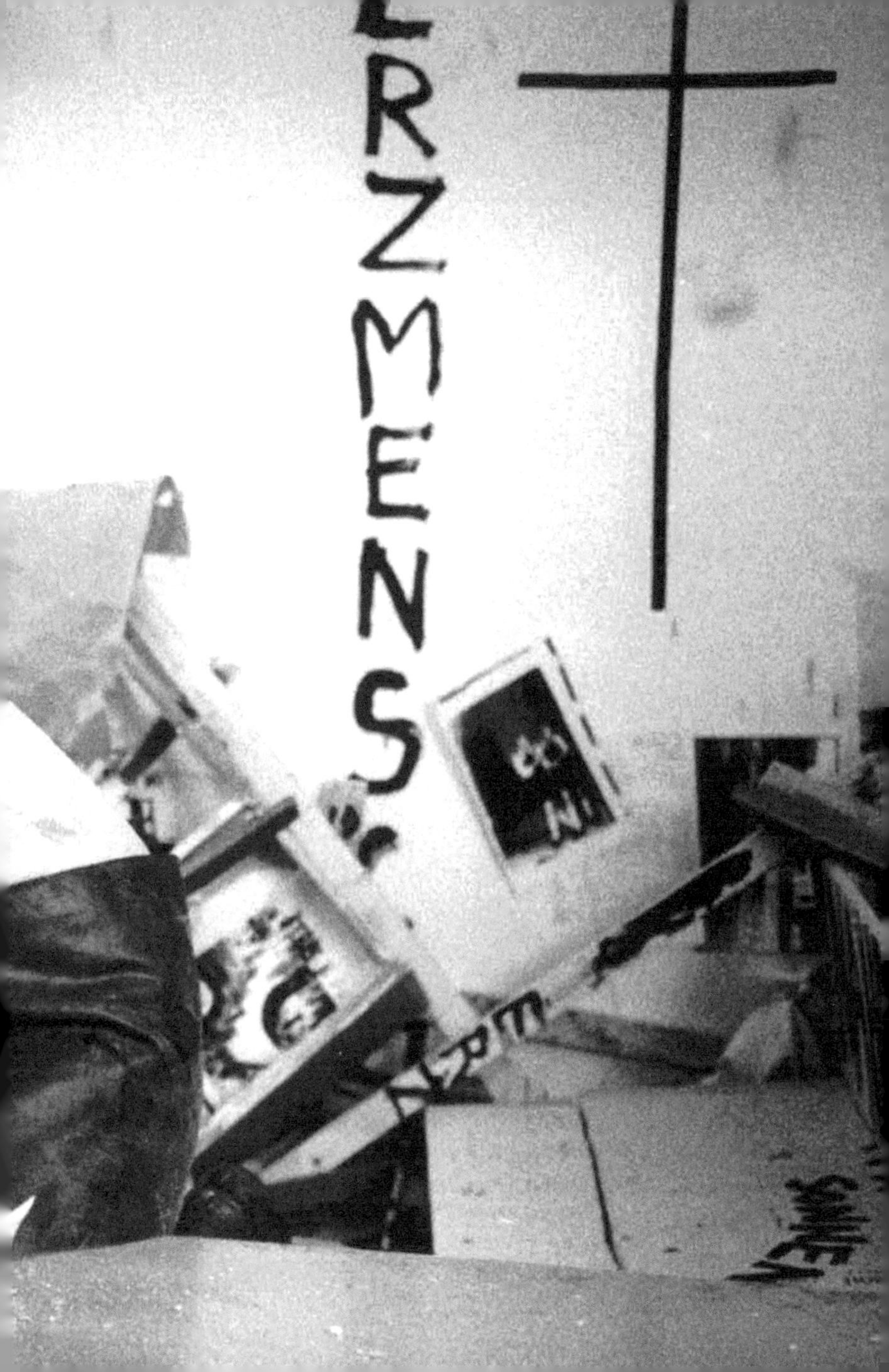
RZMENS

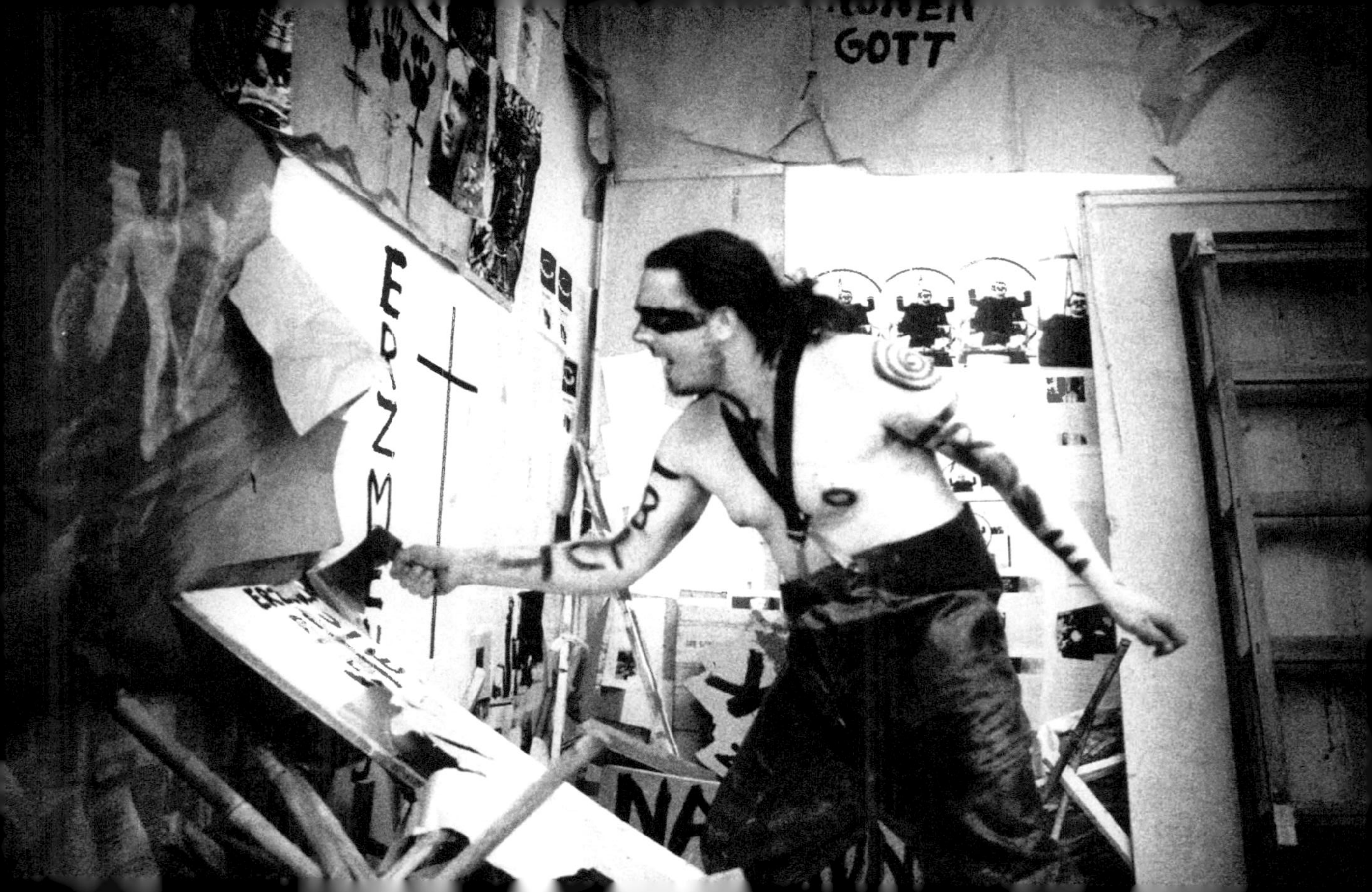
GOTT

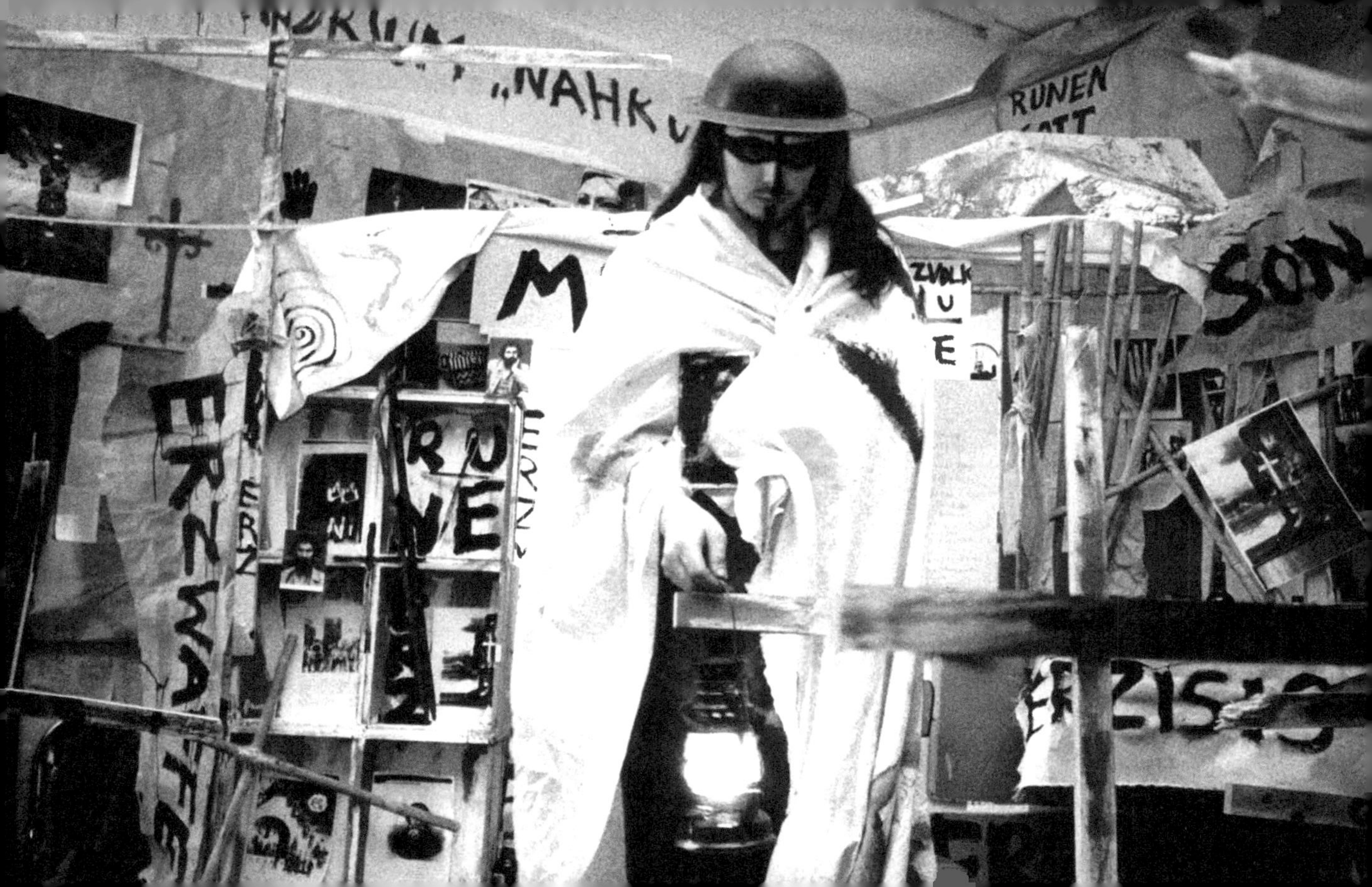
„NAHKU
RUNEN
ERZWAFFE

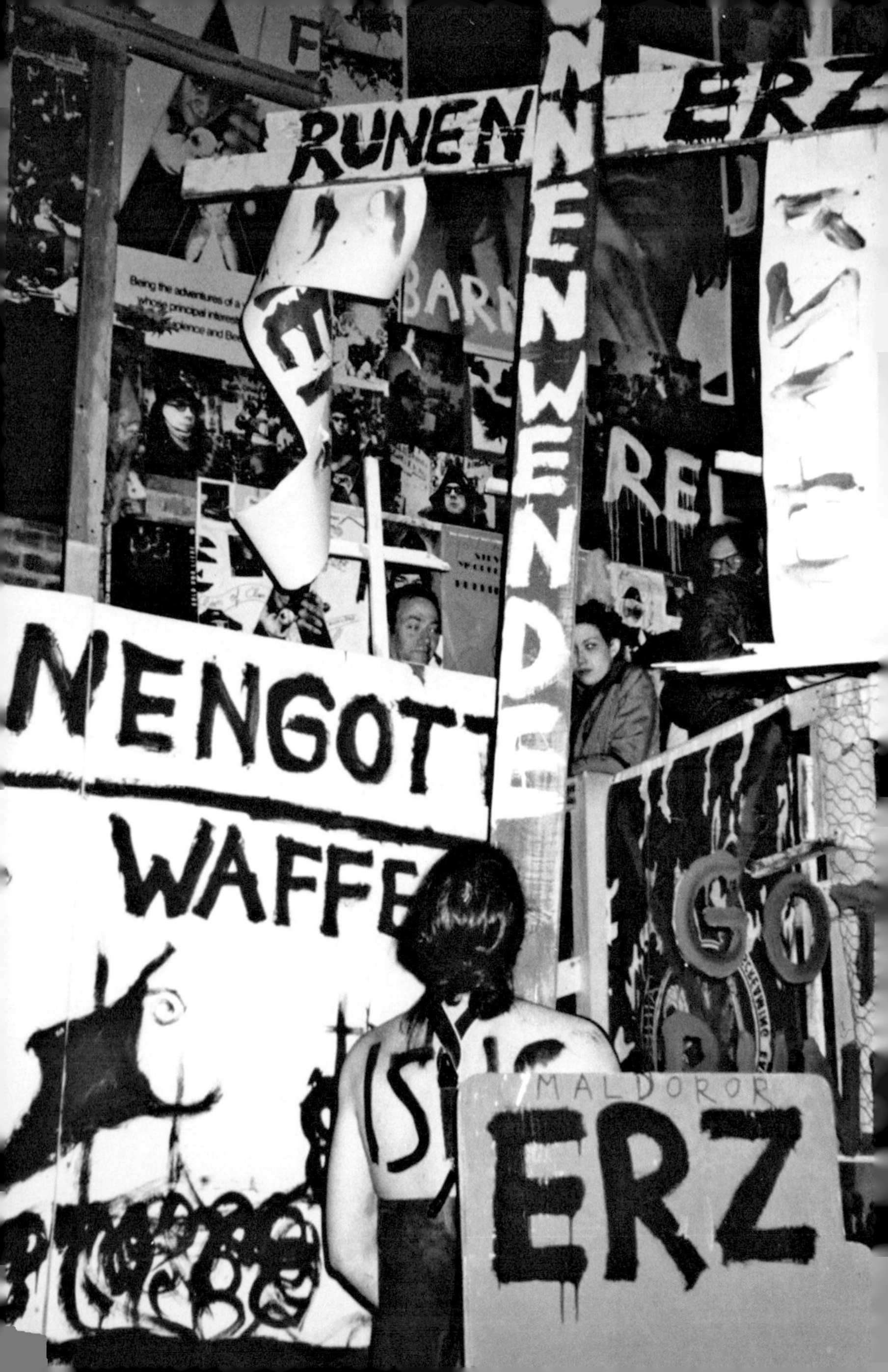
RUNEN
ERZ
NENGOTT
WAFFE
RET
MALDOROR
ERZ
GOT

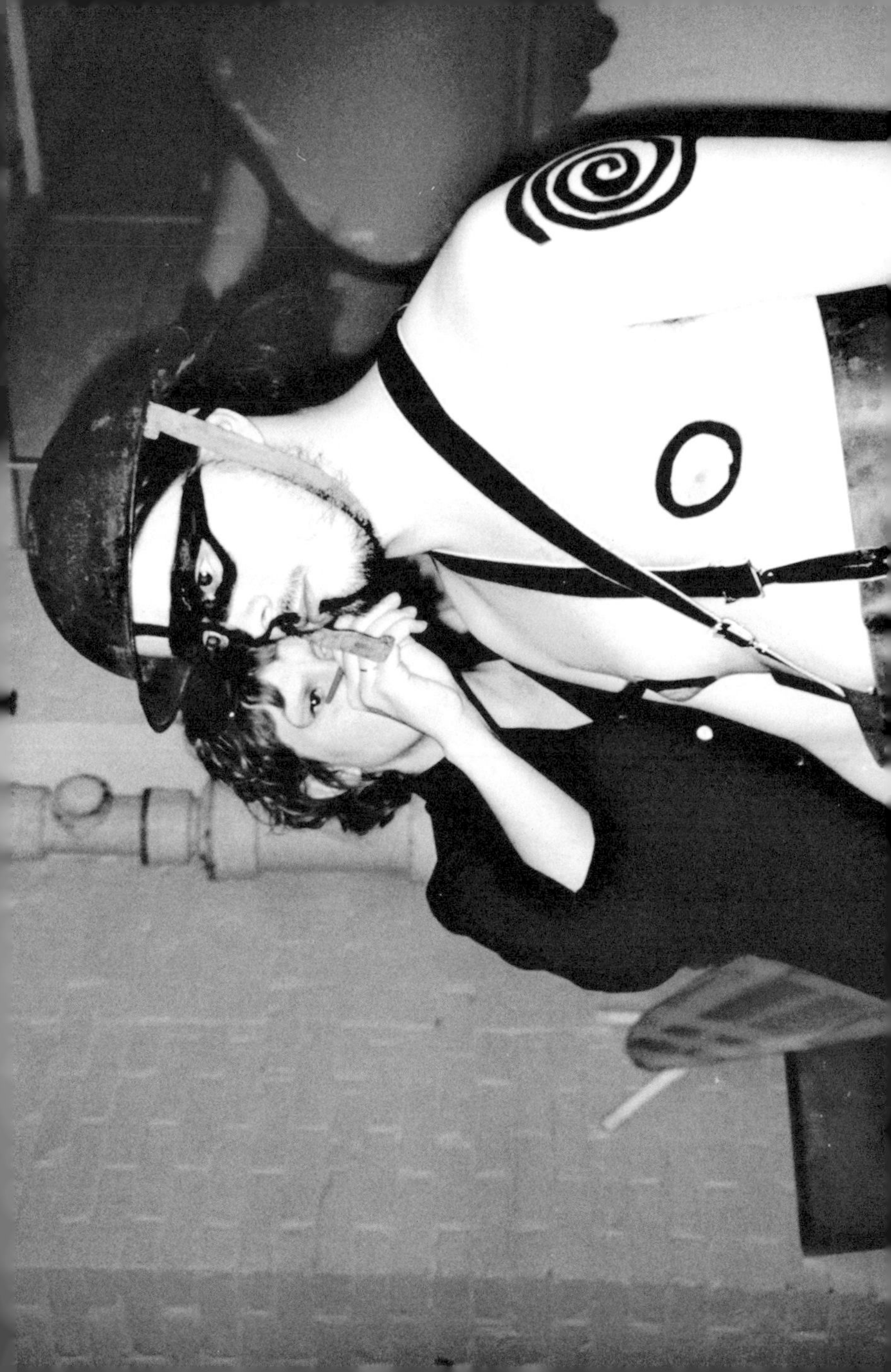

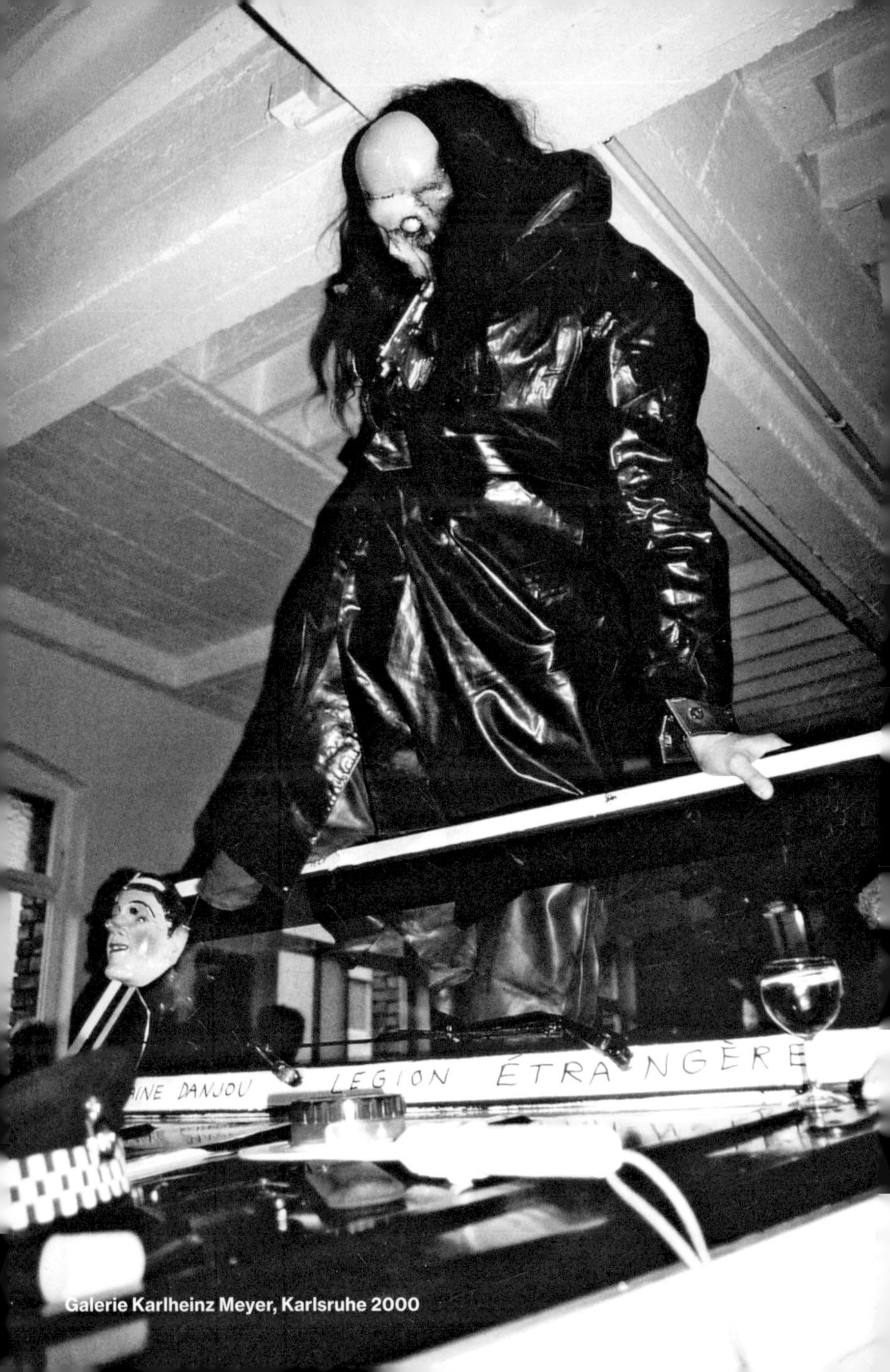

Galerie Karlheinz Meyer, Karlsruhe 2000

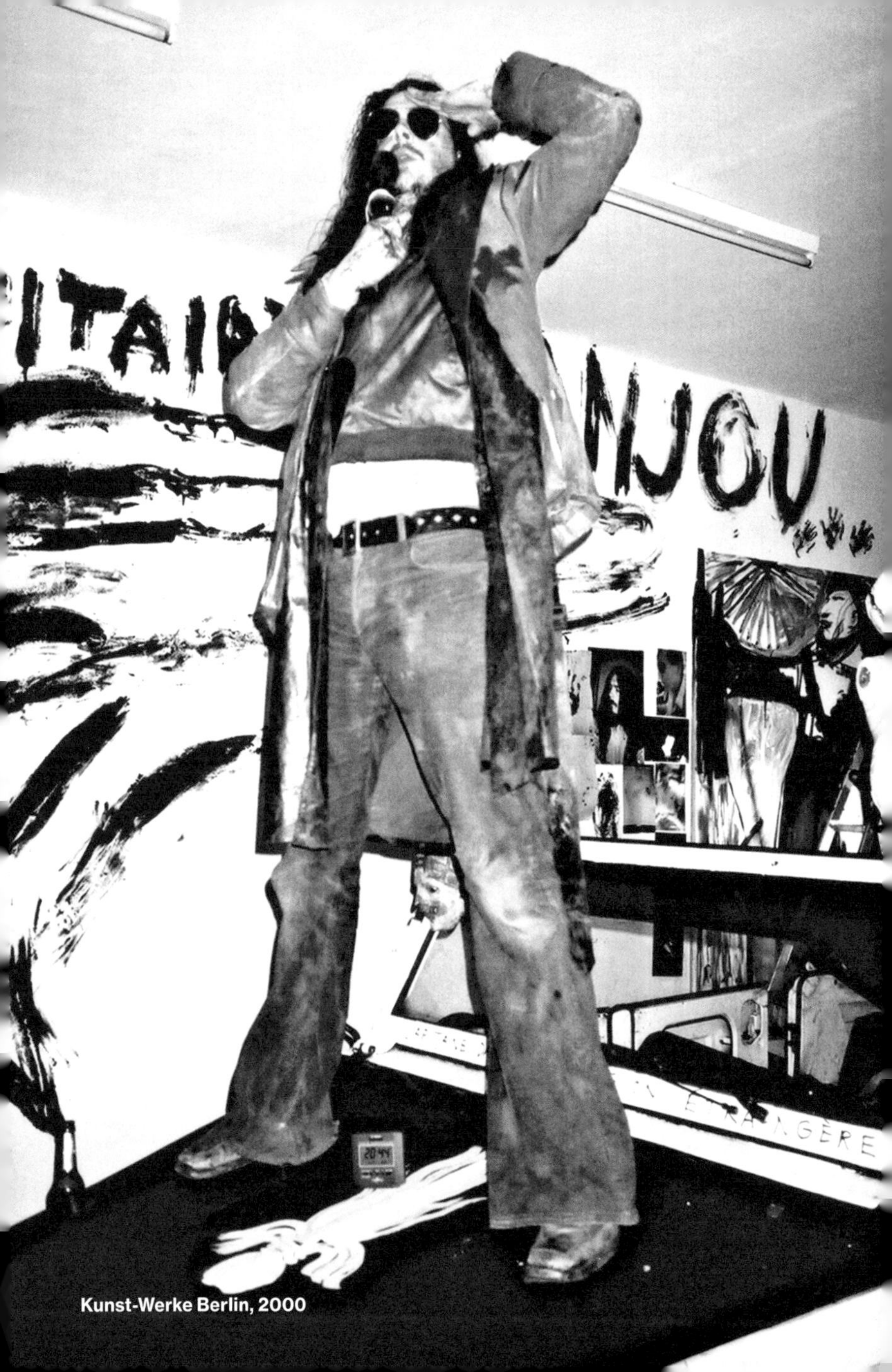

Kunst-Werke Berlin, 2000

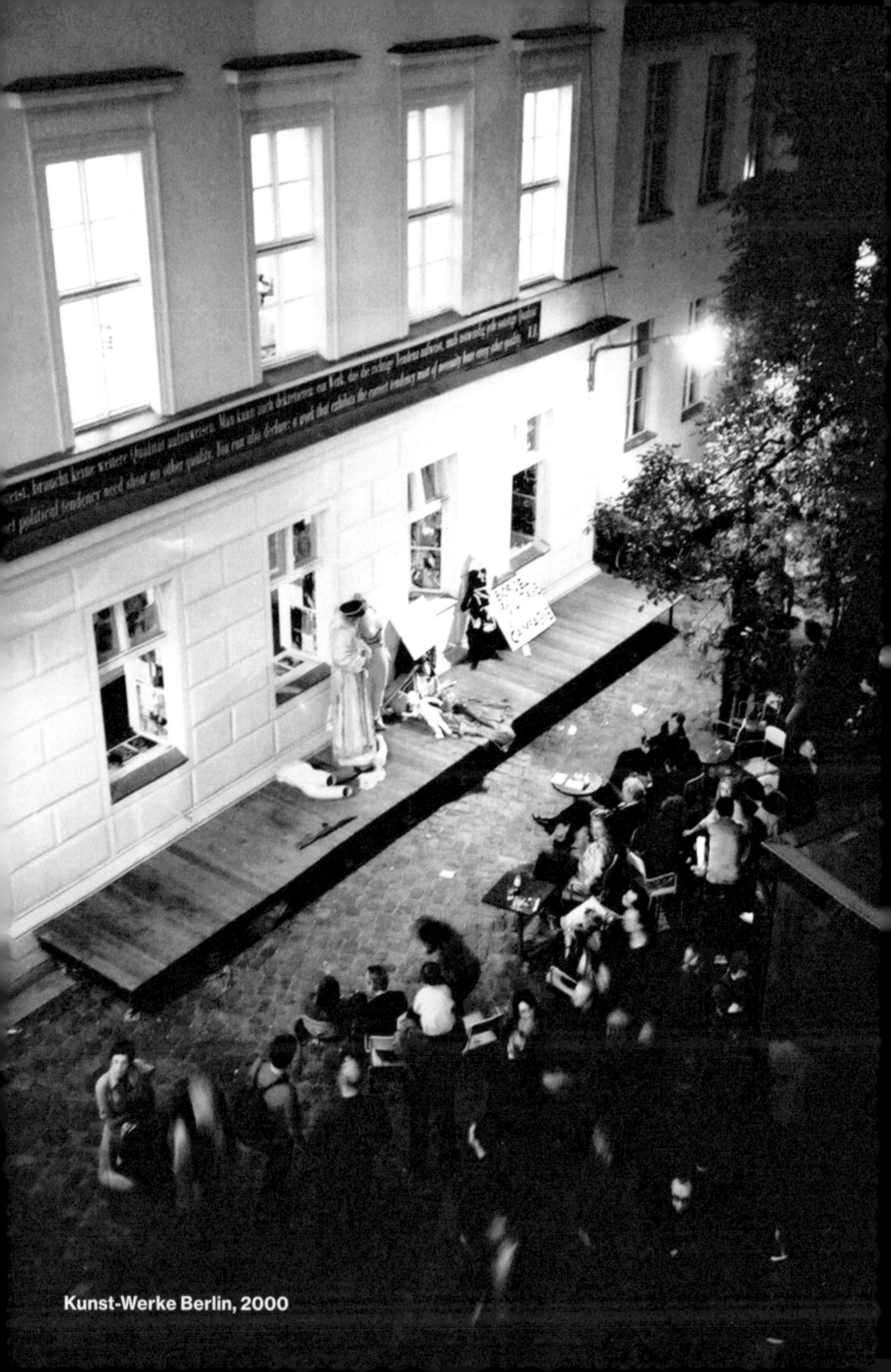

Kunst-Werke Berlin, 2000

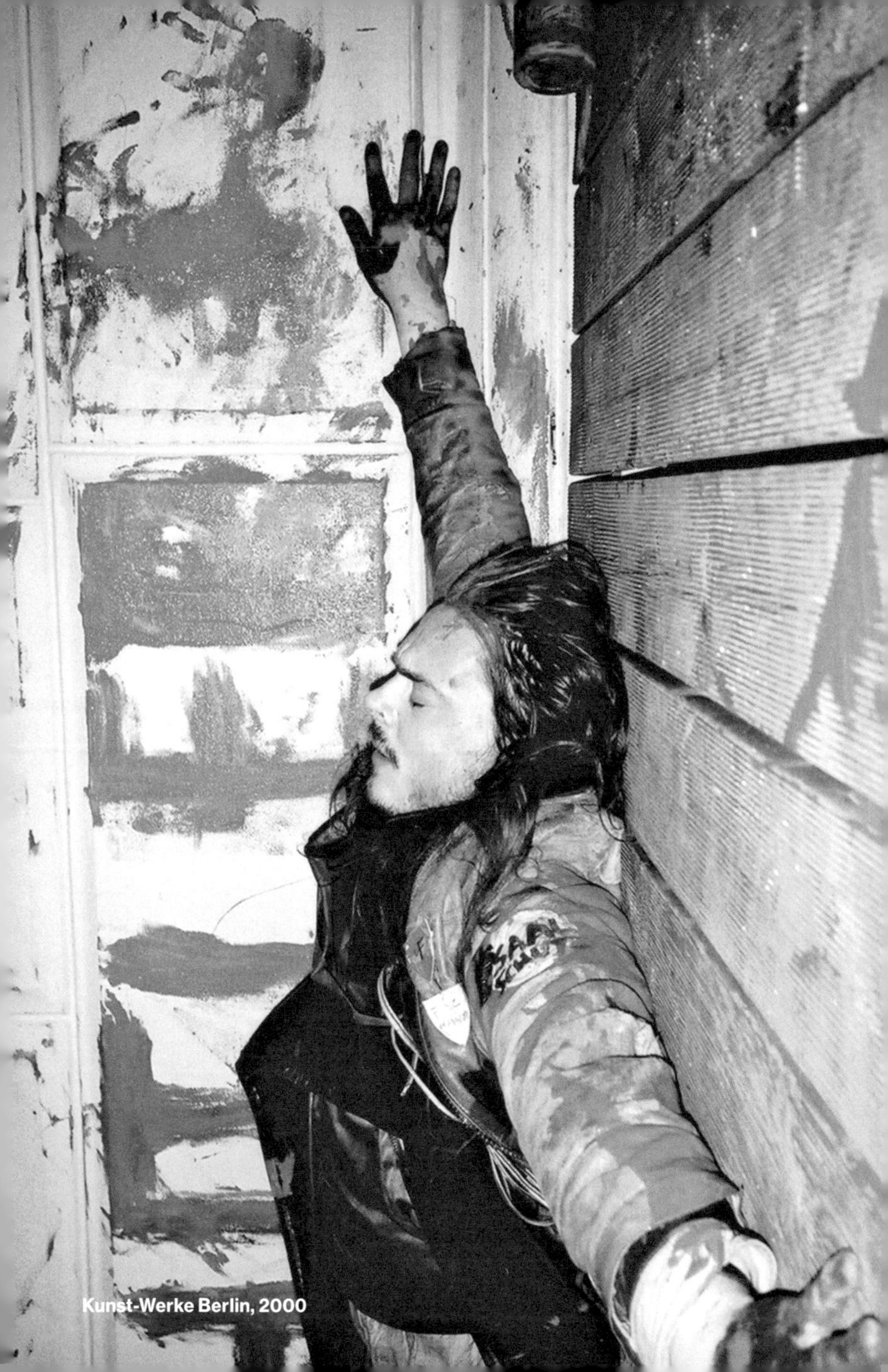

Kunst-Werke Berlin, 2000

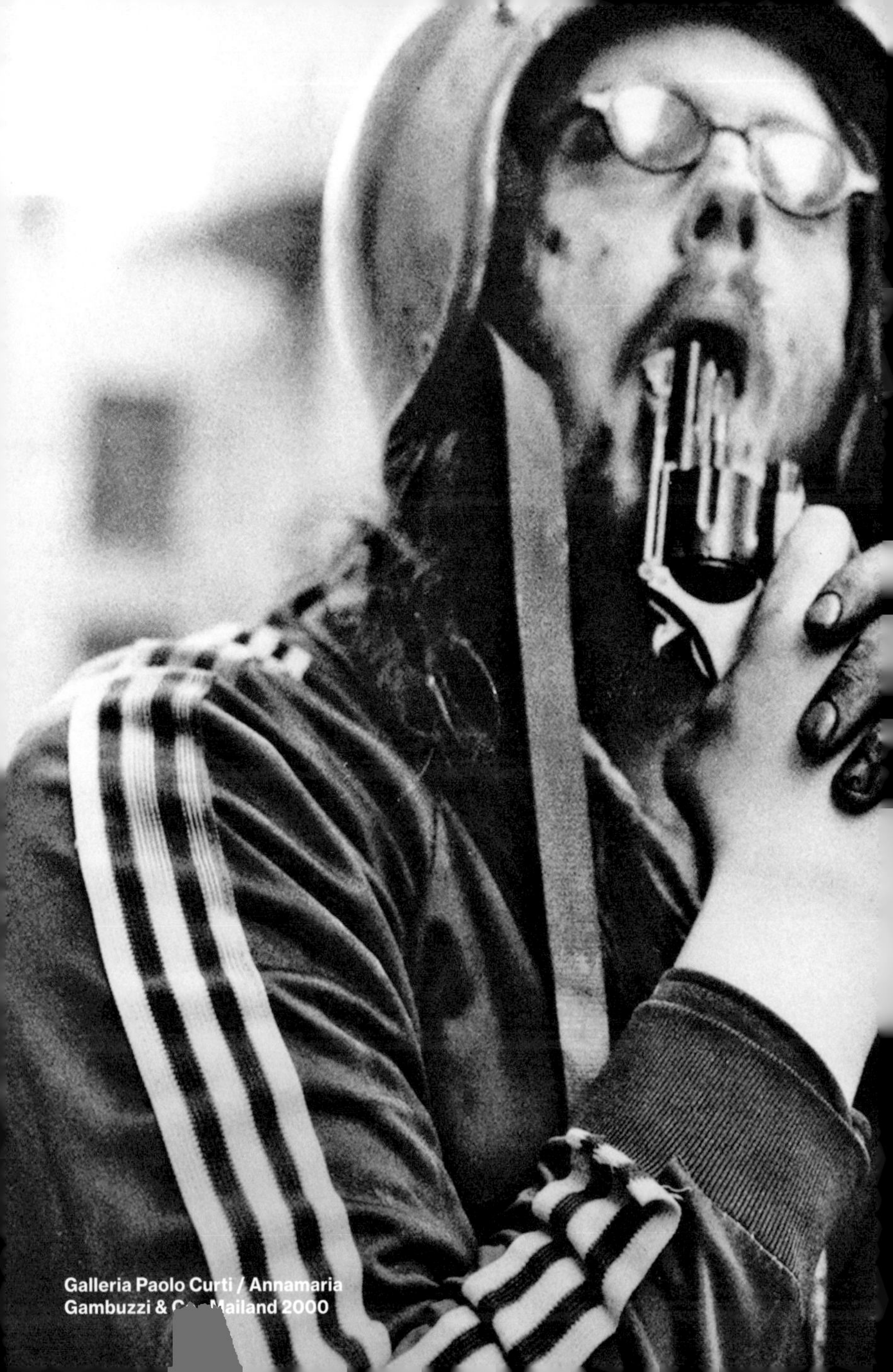

Galleria Paolo Curti / Annamaria
Gambuzzi & C[illegible] Mailand 2000

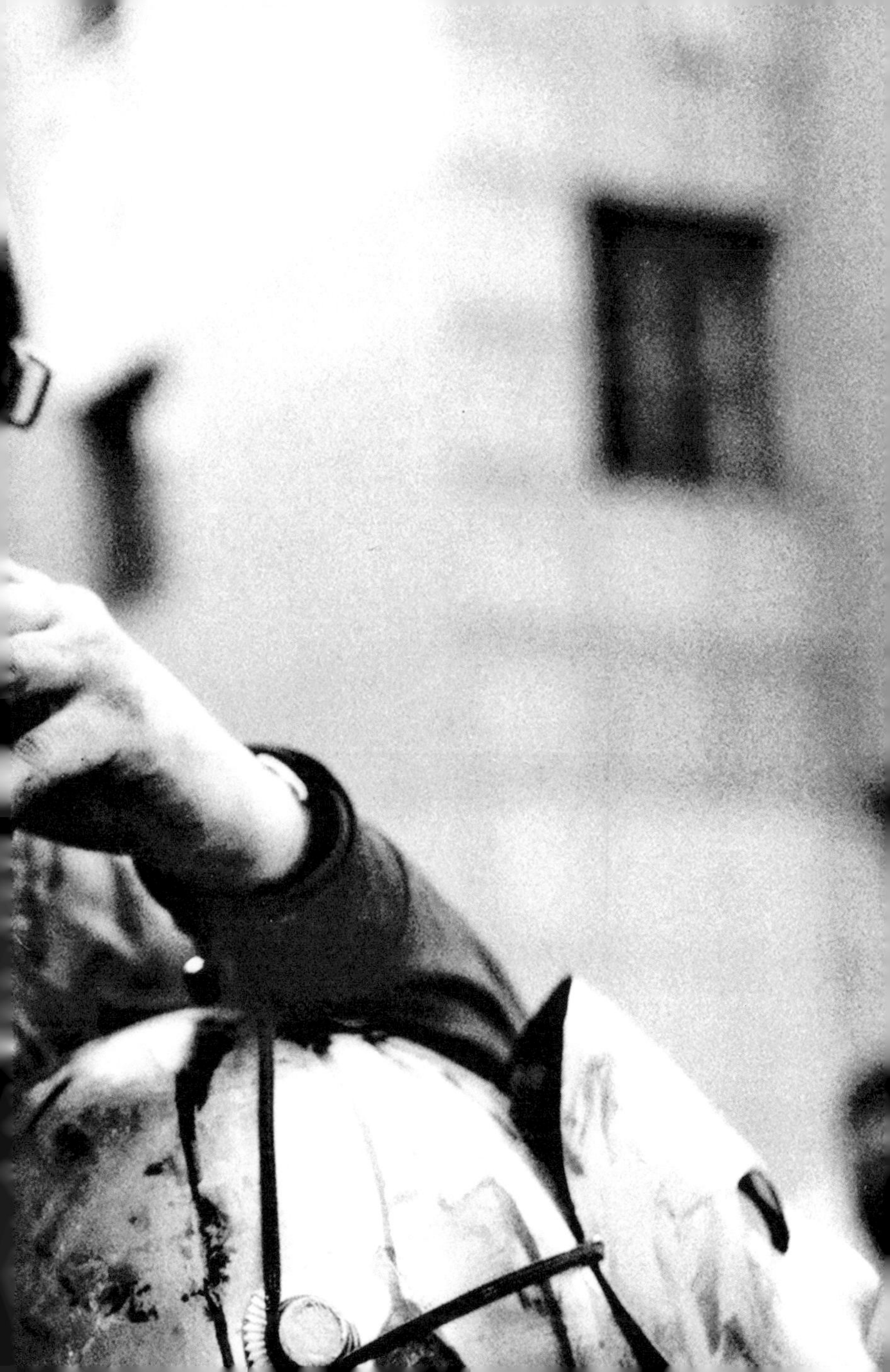

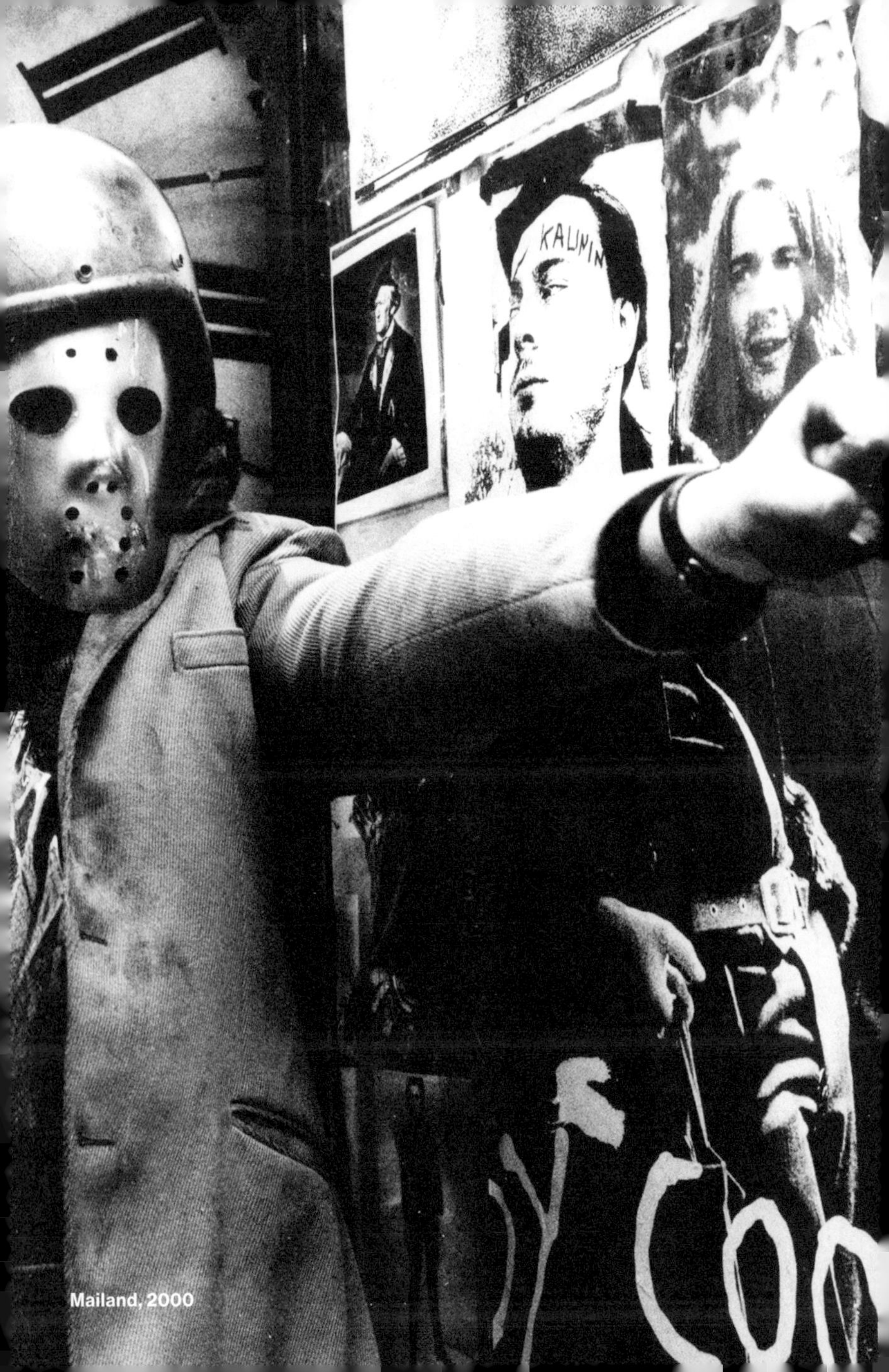

Mailand, 2000

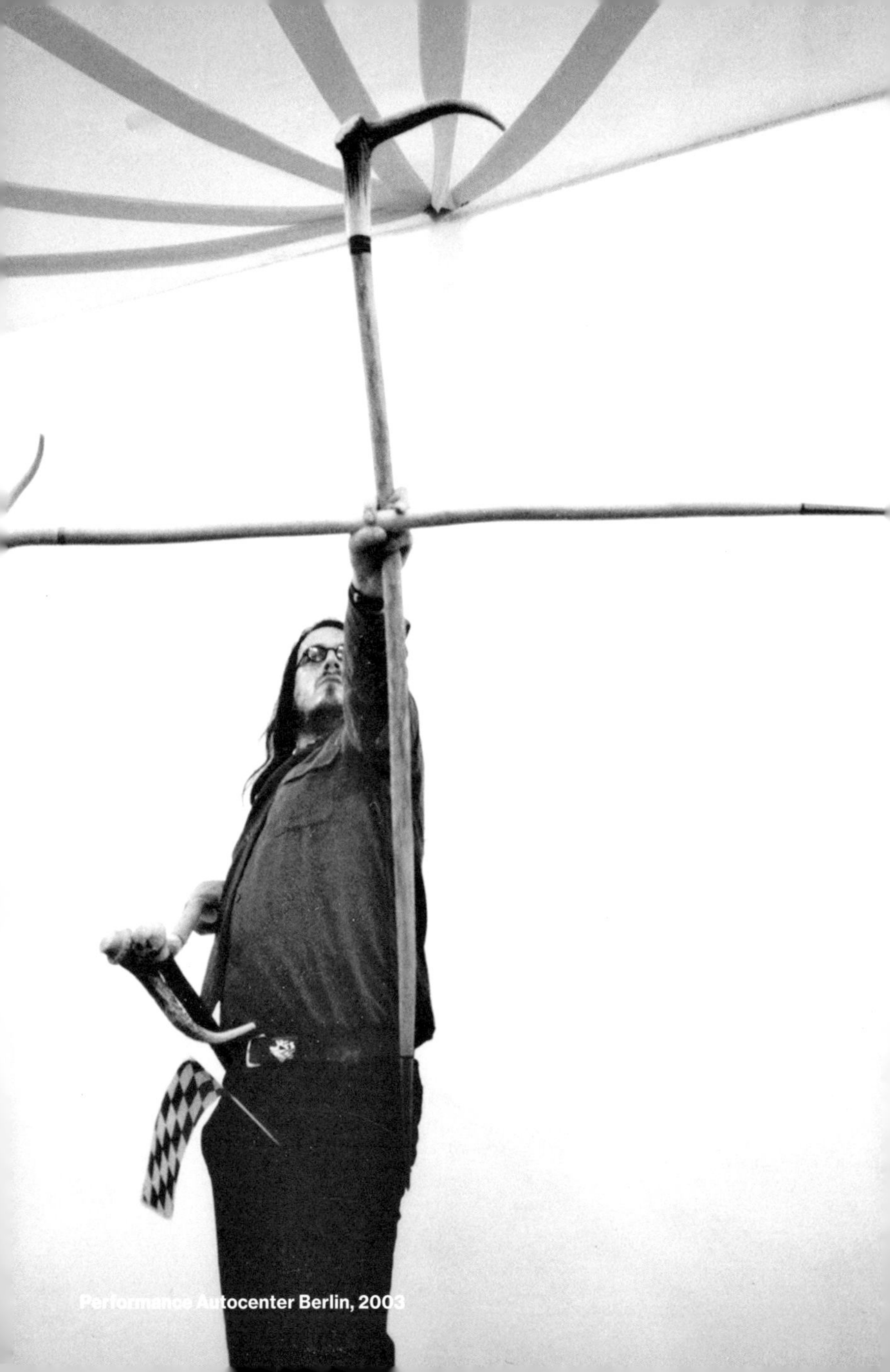

Performance Autocenter Berlin, 2003

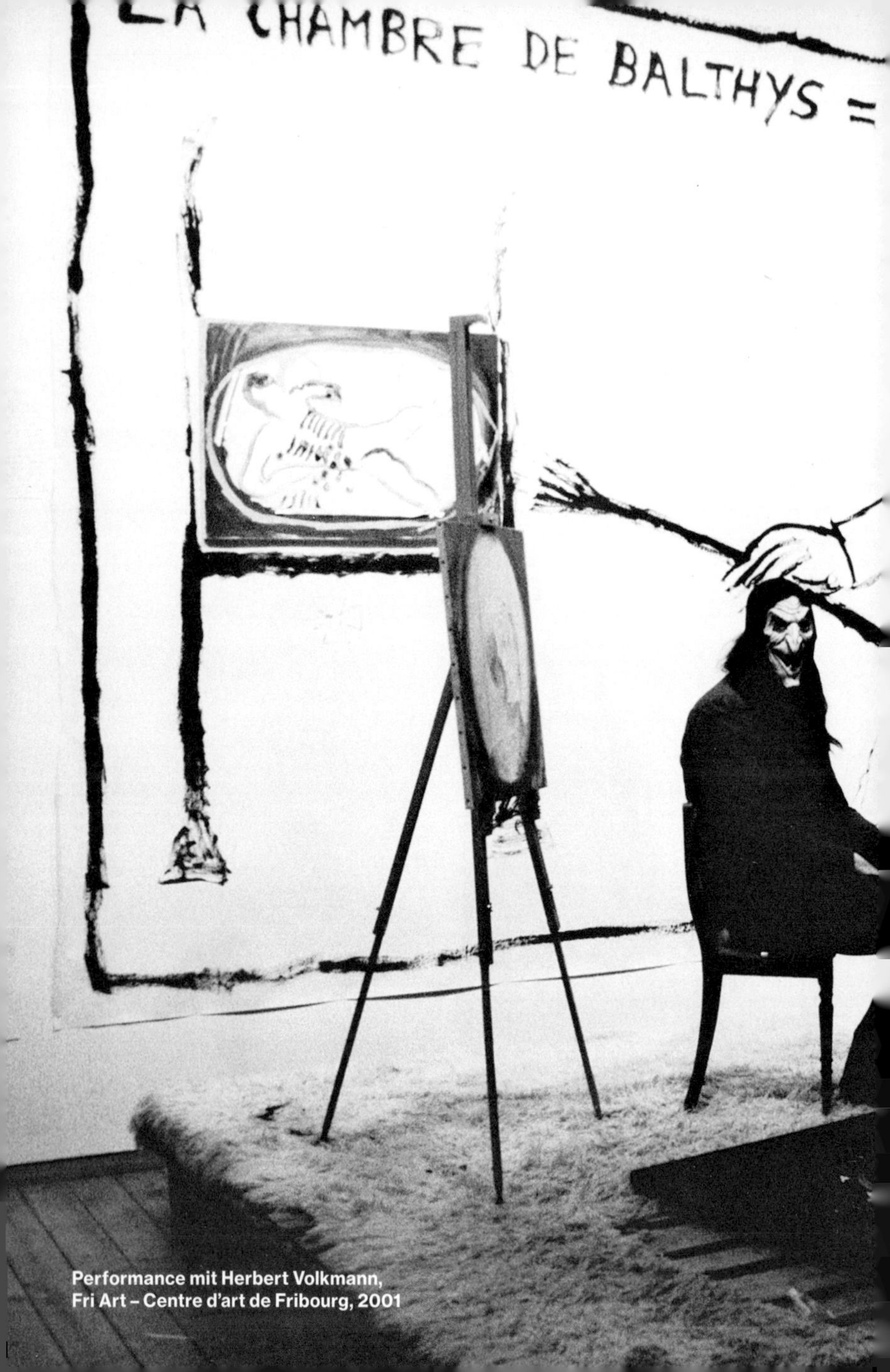

Performance mit Herbert Volkmann,
Fri Art – Centre d'art de Fribourg, 2001

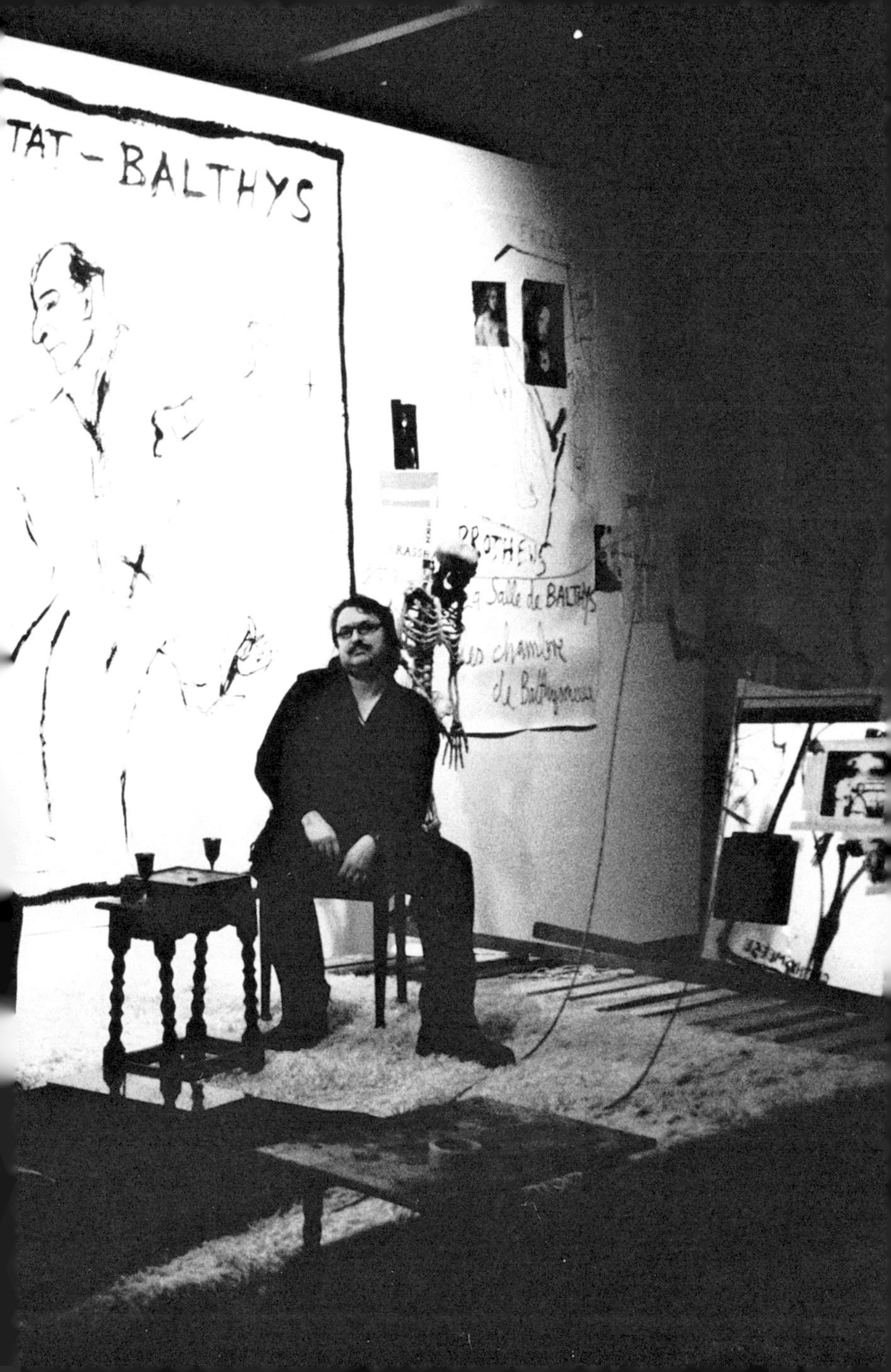
TAT – BALTHYS
Salle de BALTHYS

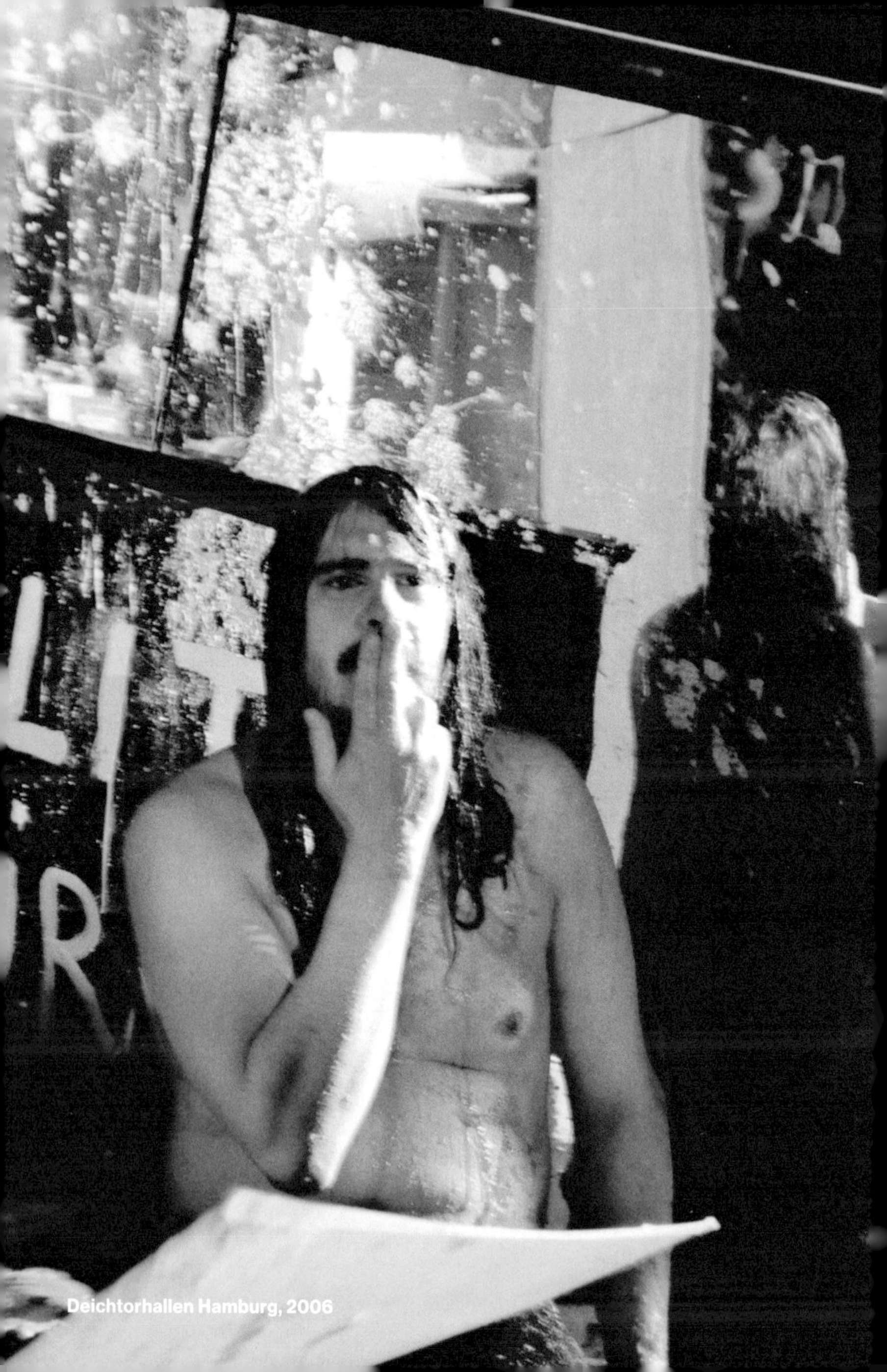
Deichtorhallen Hamburg, 2006

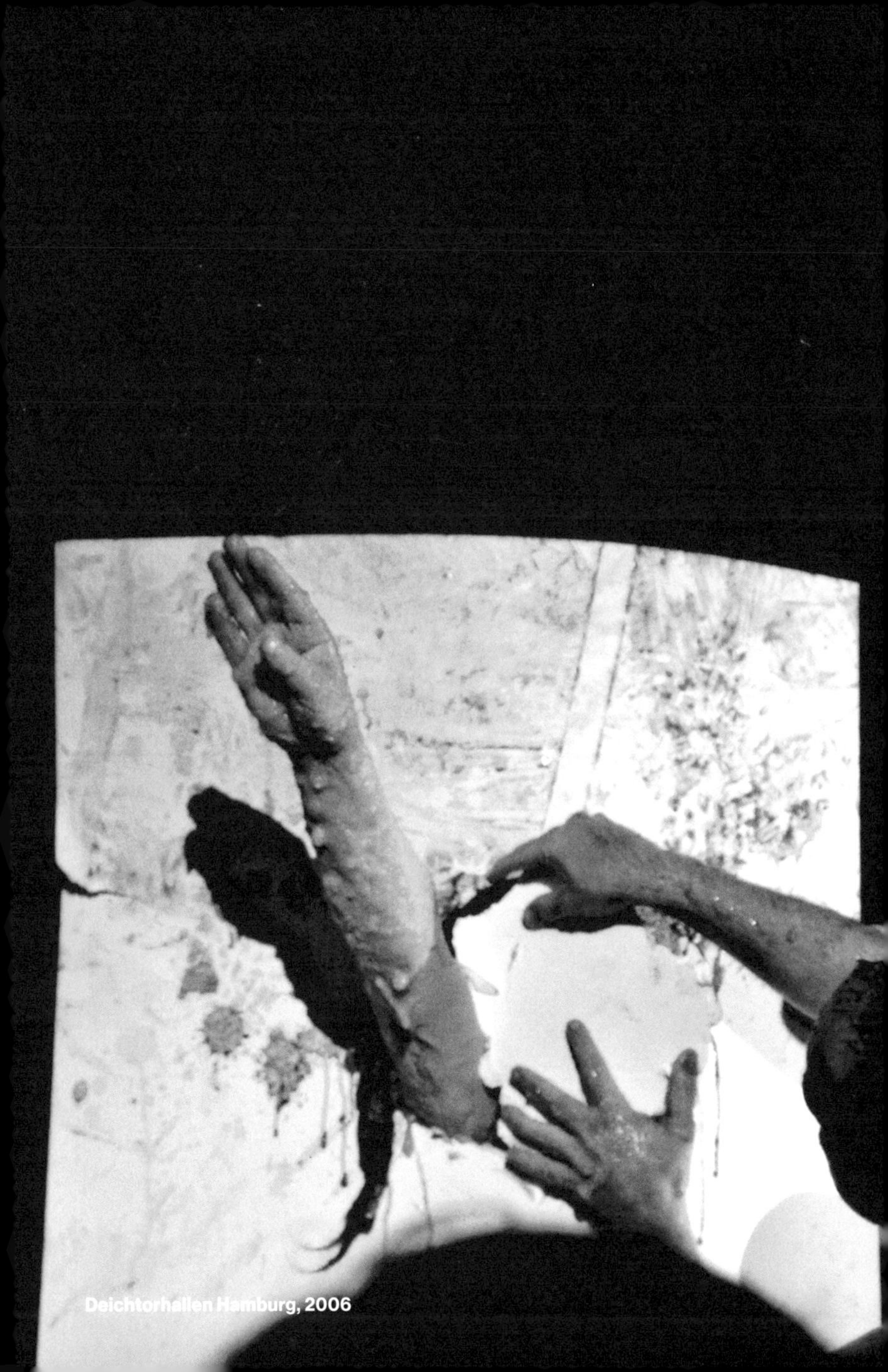

Deichtorhallen Hamburg, 2006

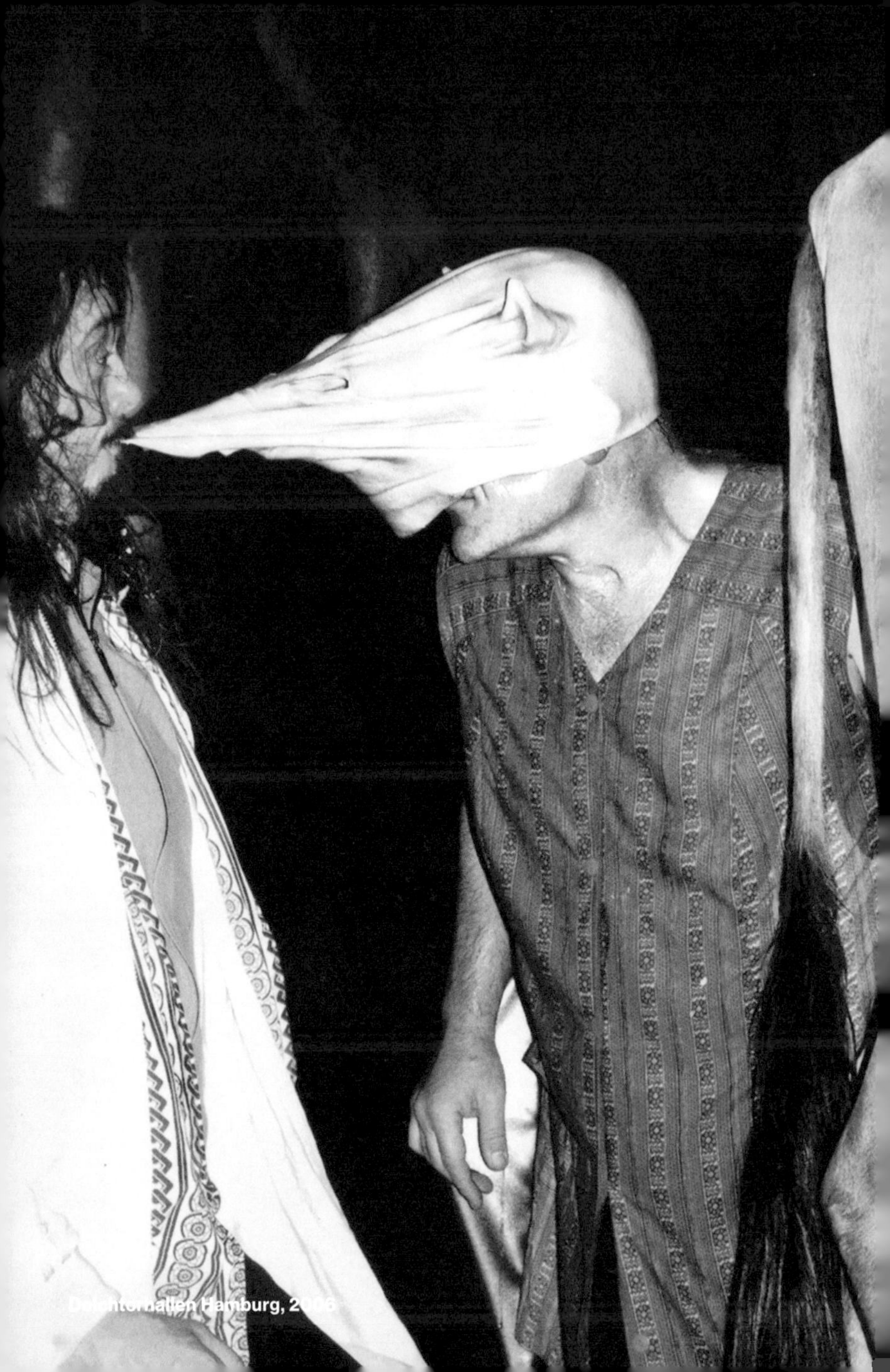

Deichtorhallen Hamburg, 2006

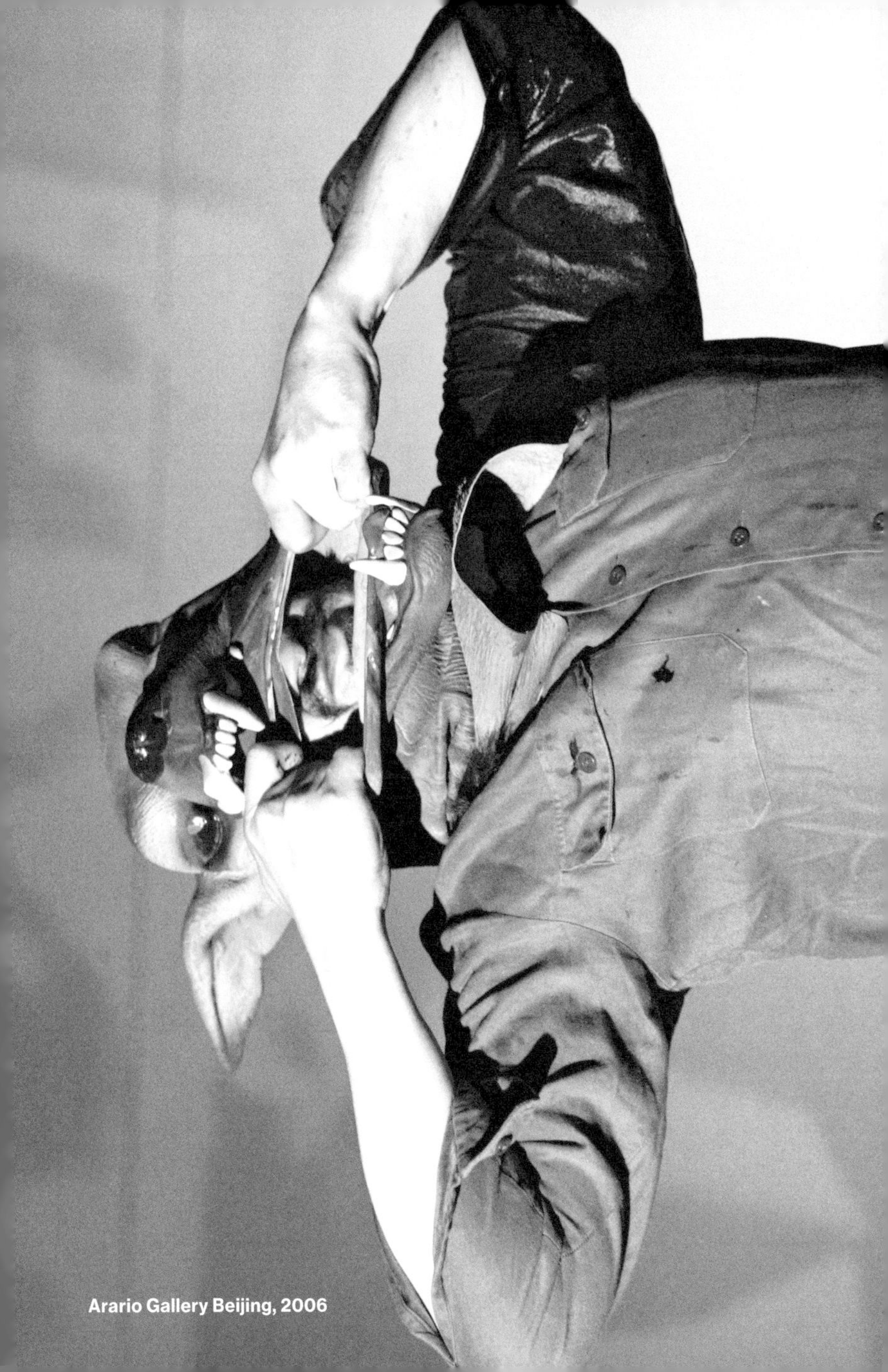

Arario Gallery Beijing, 2006

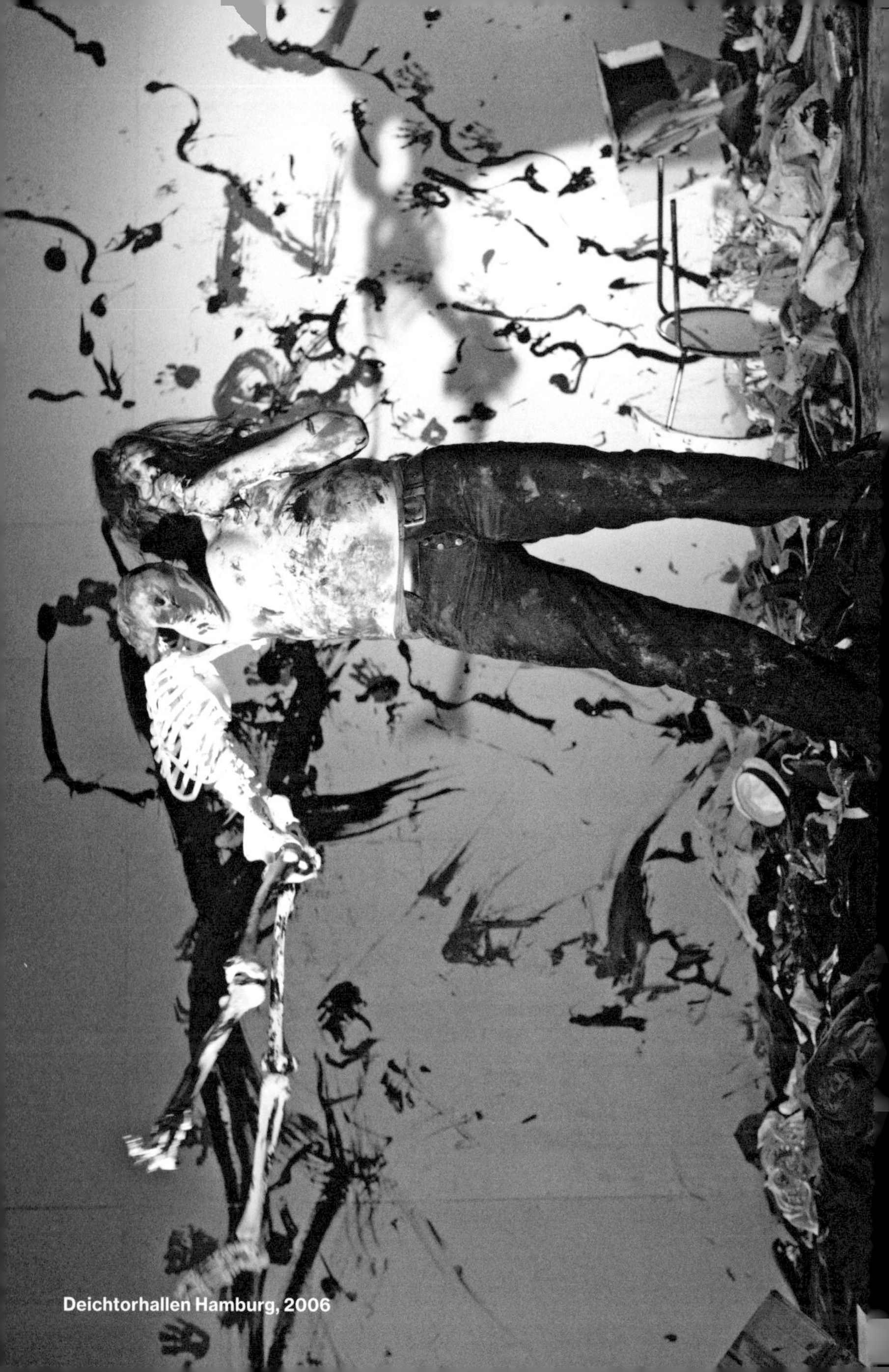

Deichtorhallen Hamburg, 2006

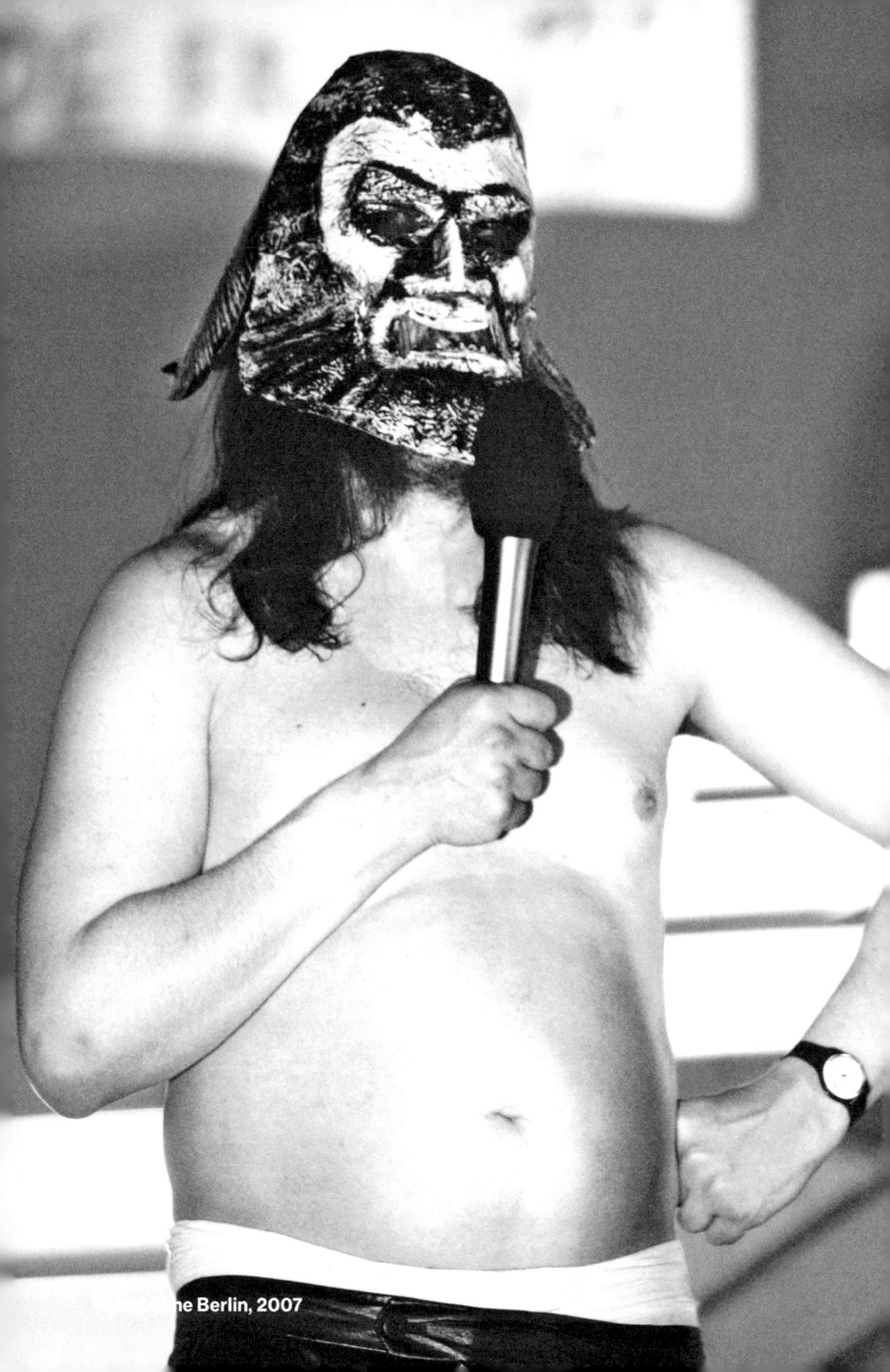

ne Berlin, 2007

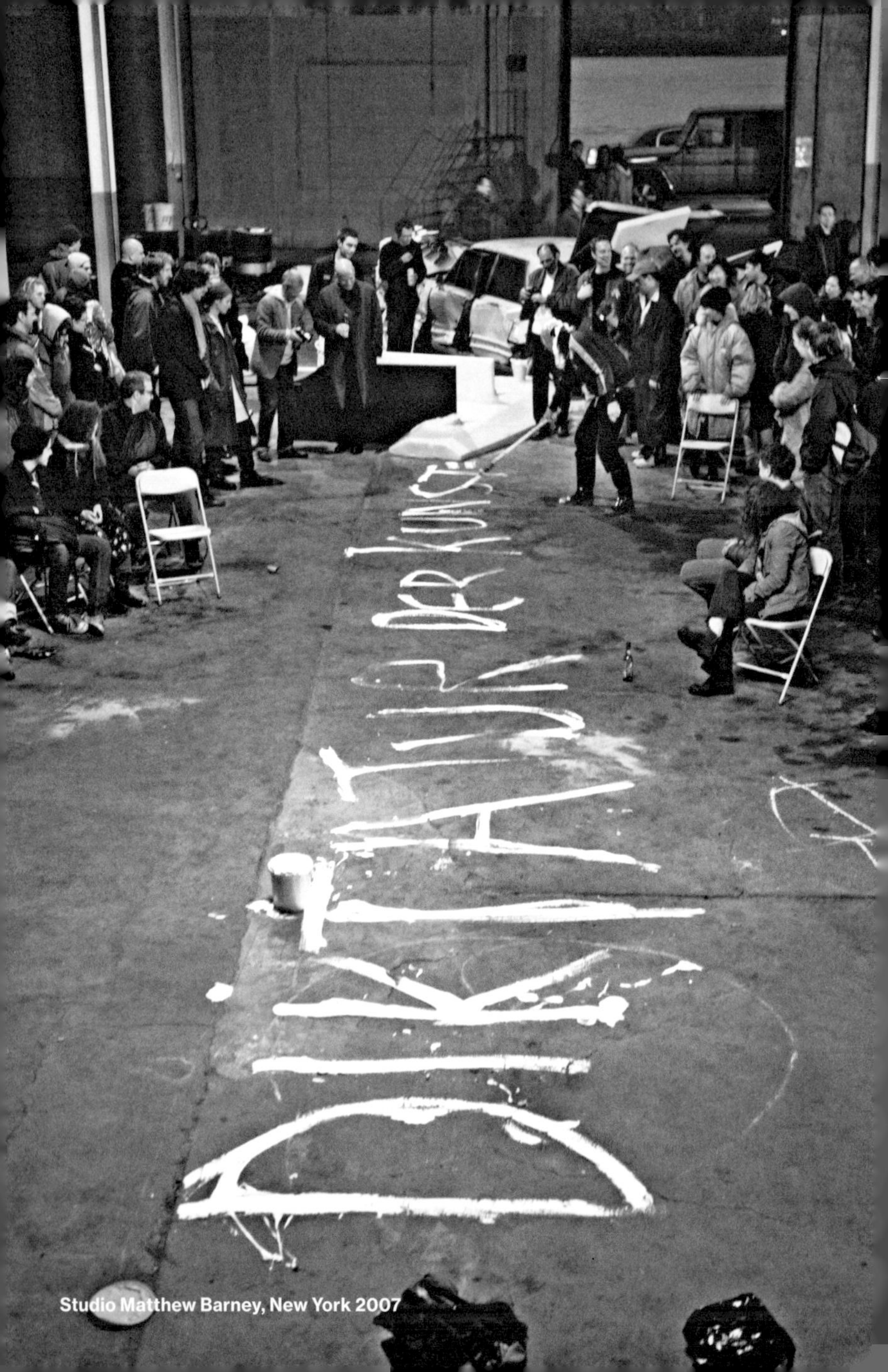

Studio Matthew Barney, New York 2007

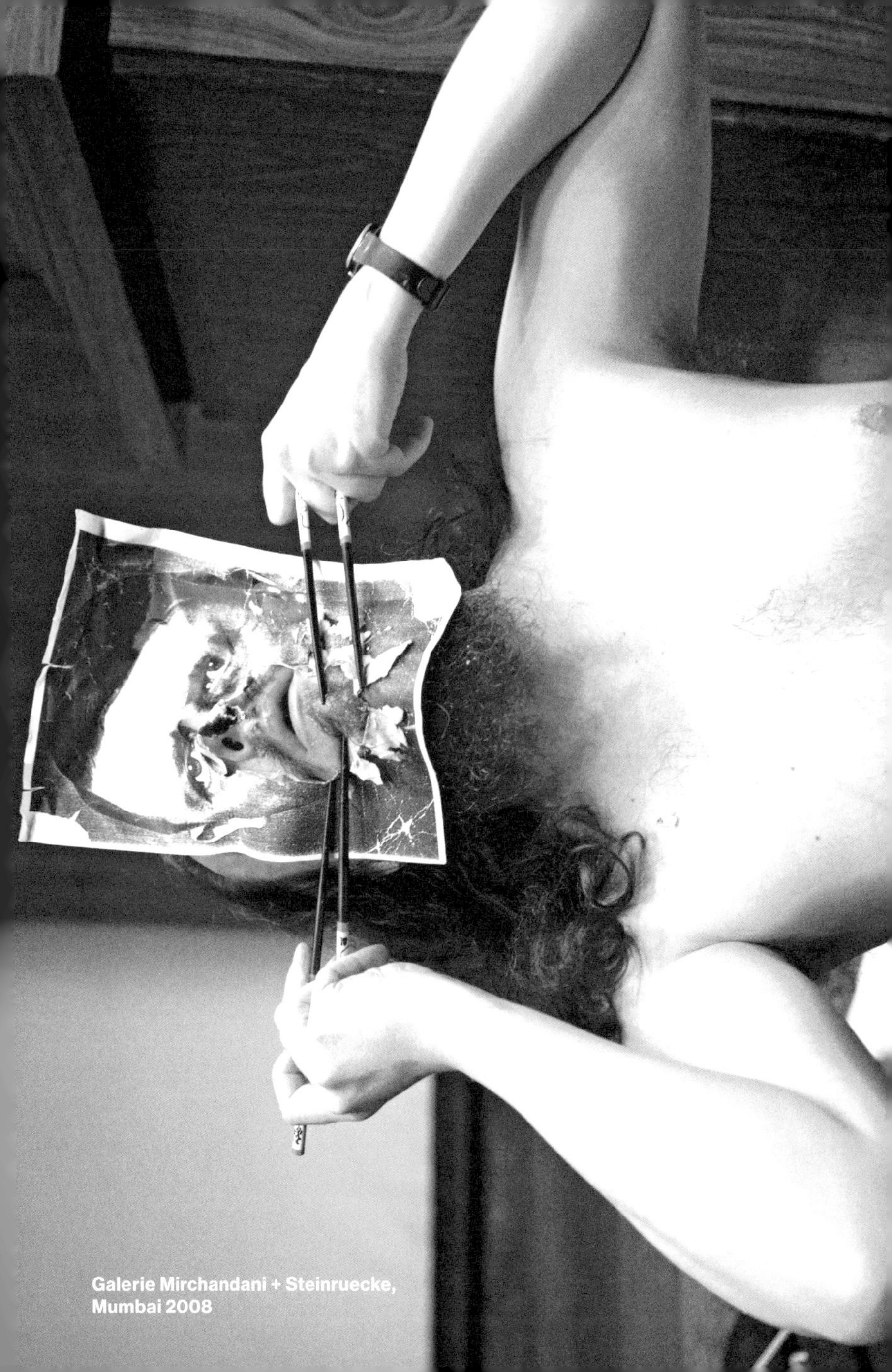

Galerie Mirchandani + Steinruecke,
Mumbai 2008

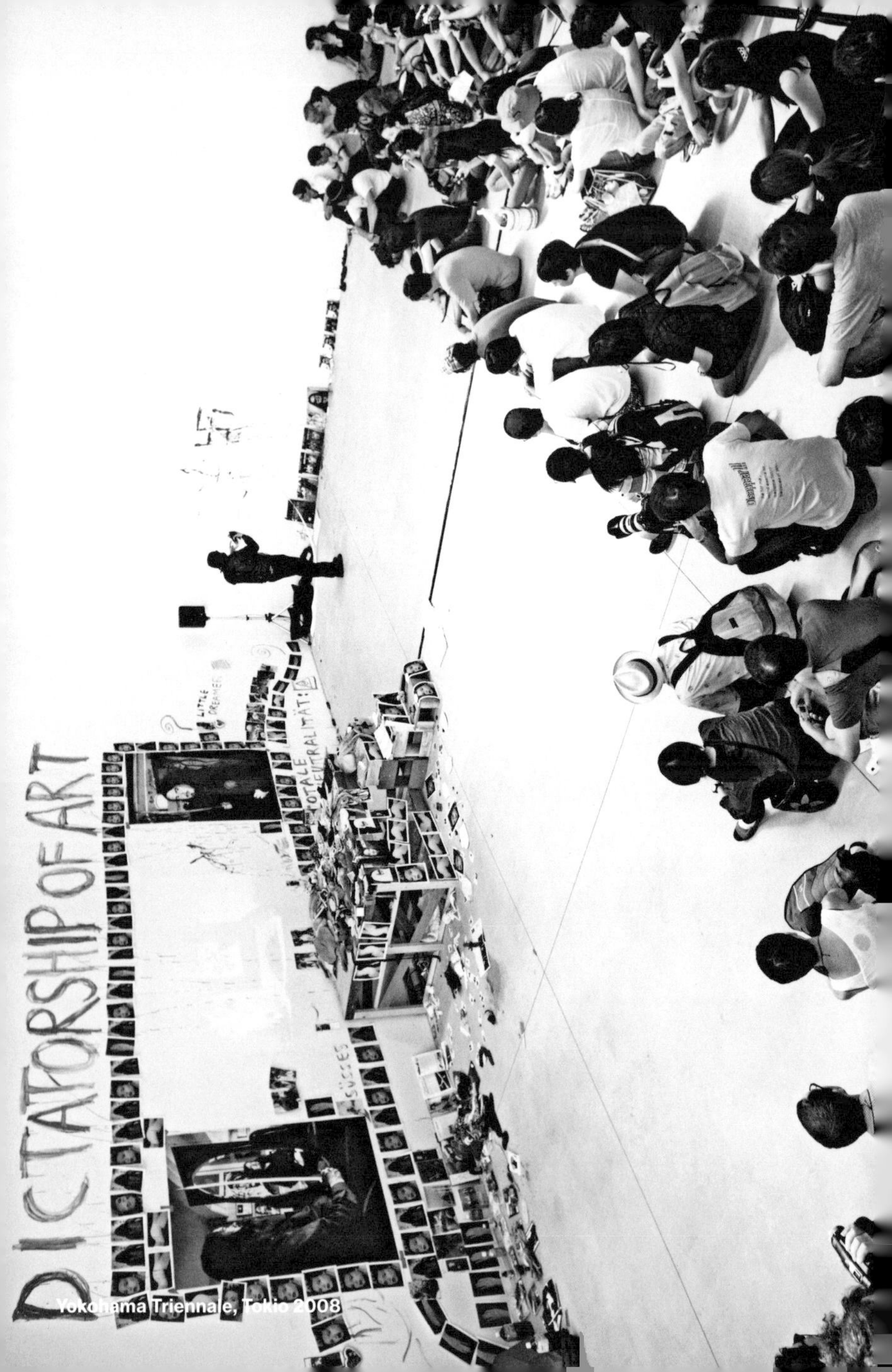

Yokohama Triennale, Tokio 2008

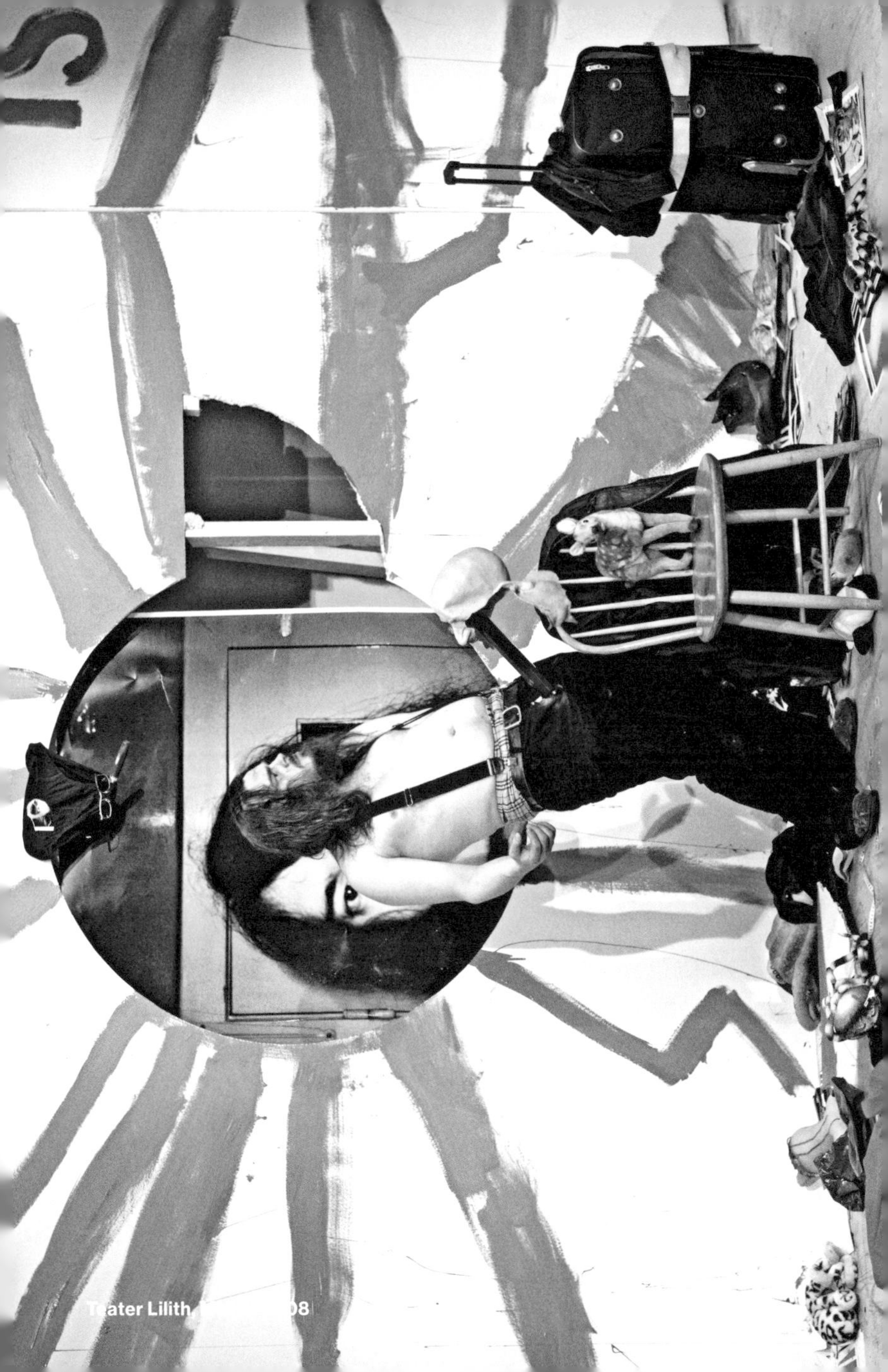

Teater Lilith, [illegible] 08

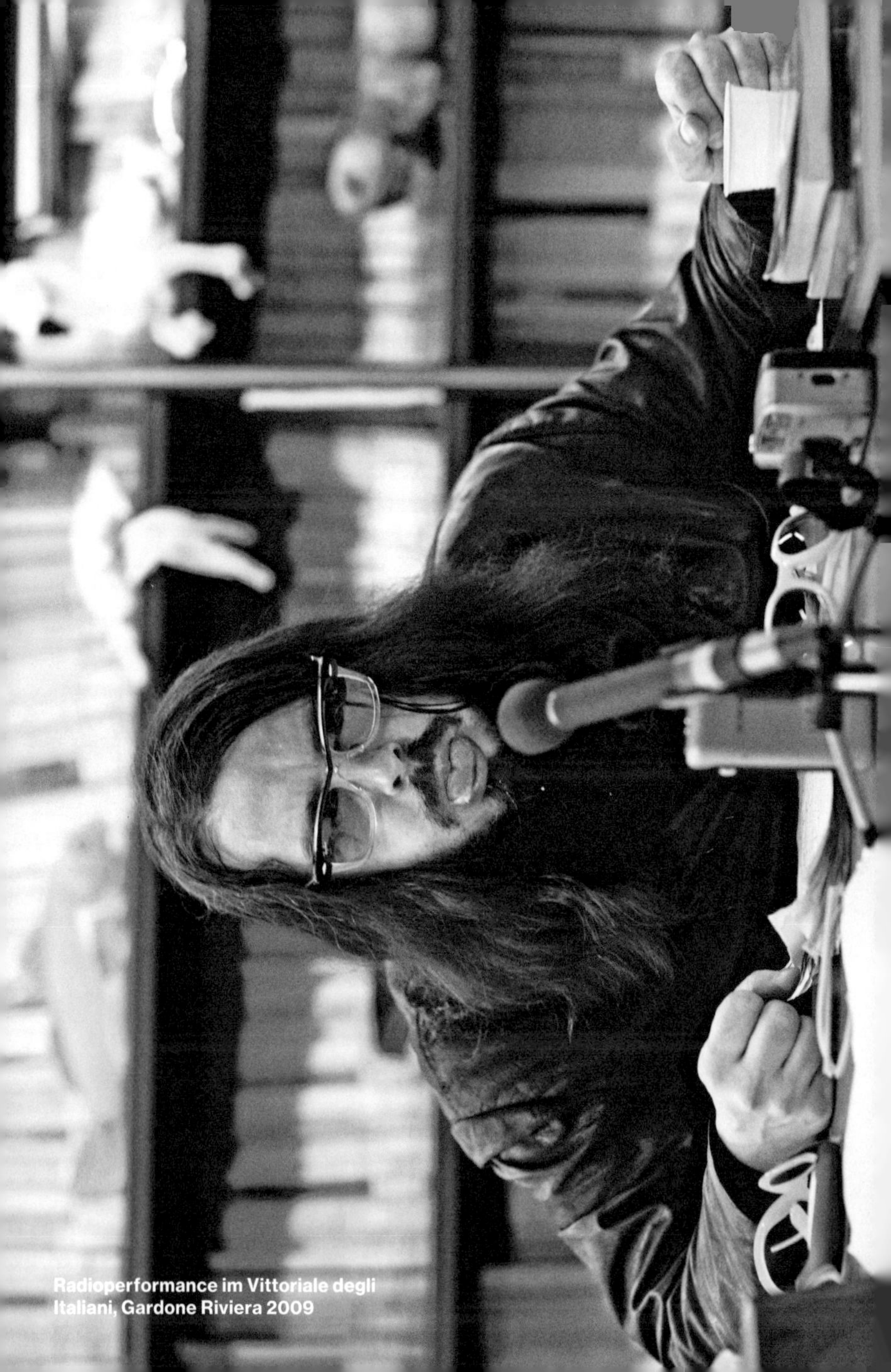

Radioperformance im Vittoriale degli Italiani, Gardone Riviera 2009

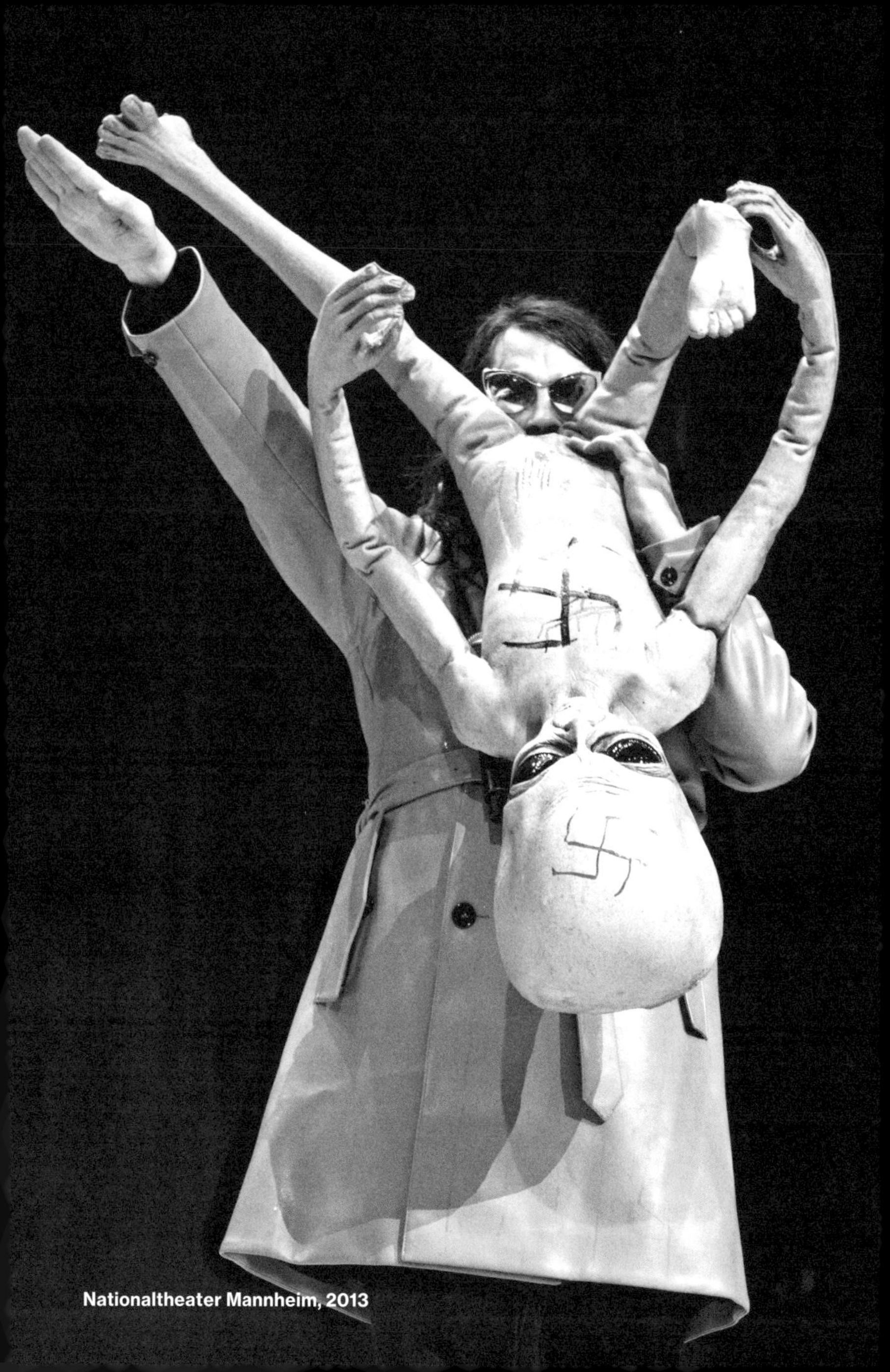

Nationaltheater Mannheim, 2013

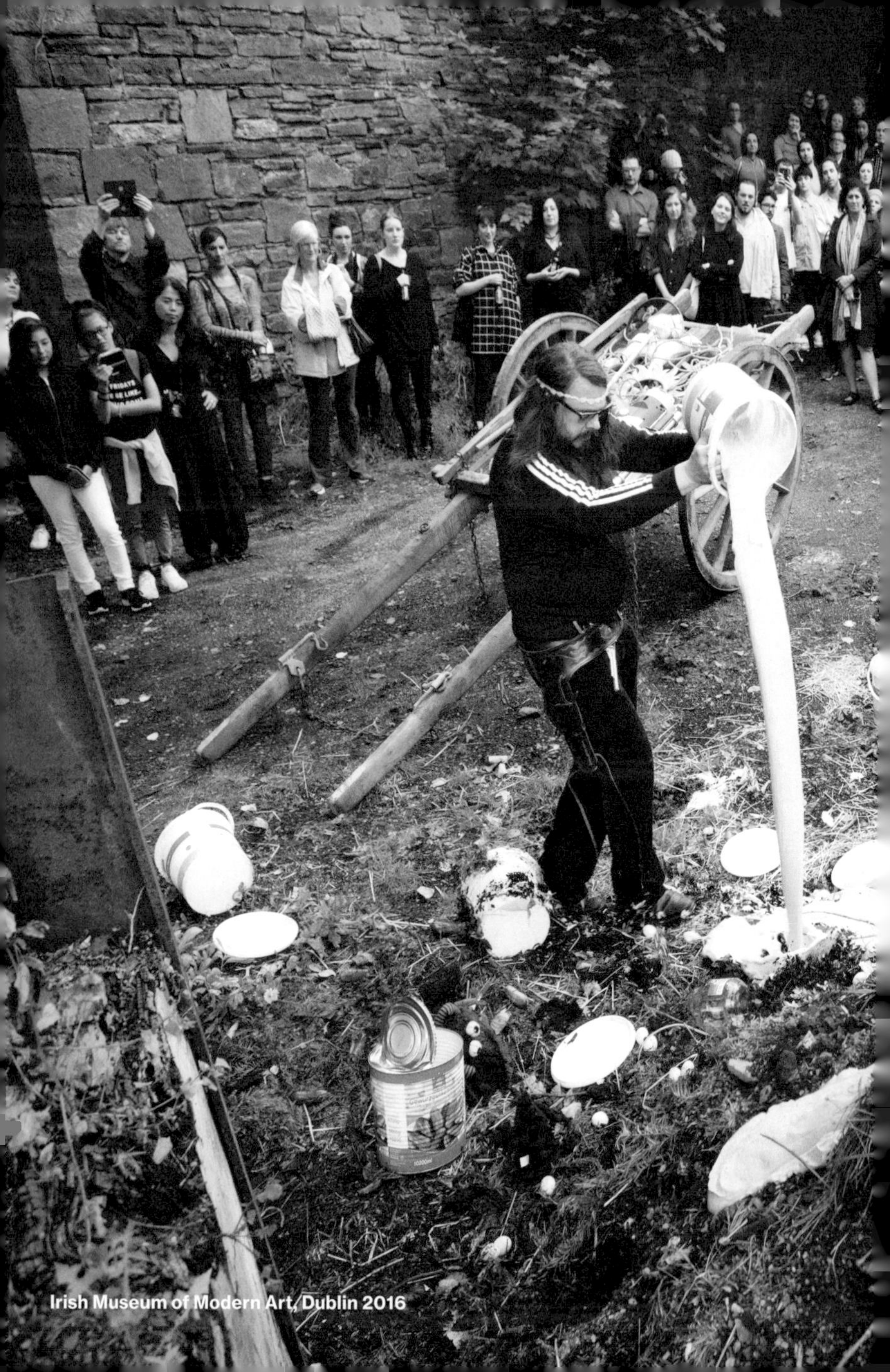

Irish Museum of Modern Art, Dublin 2016

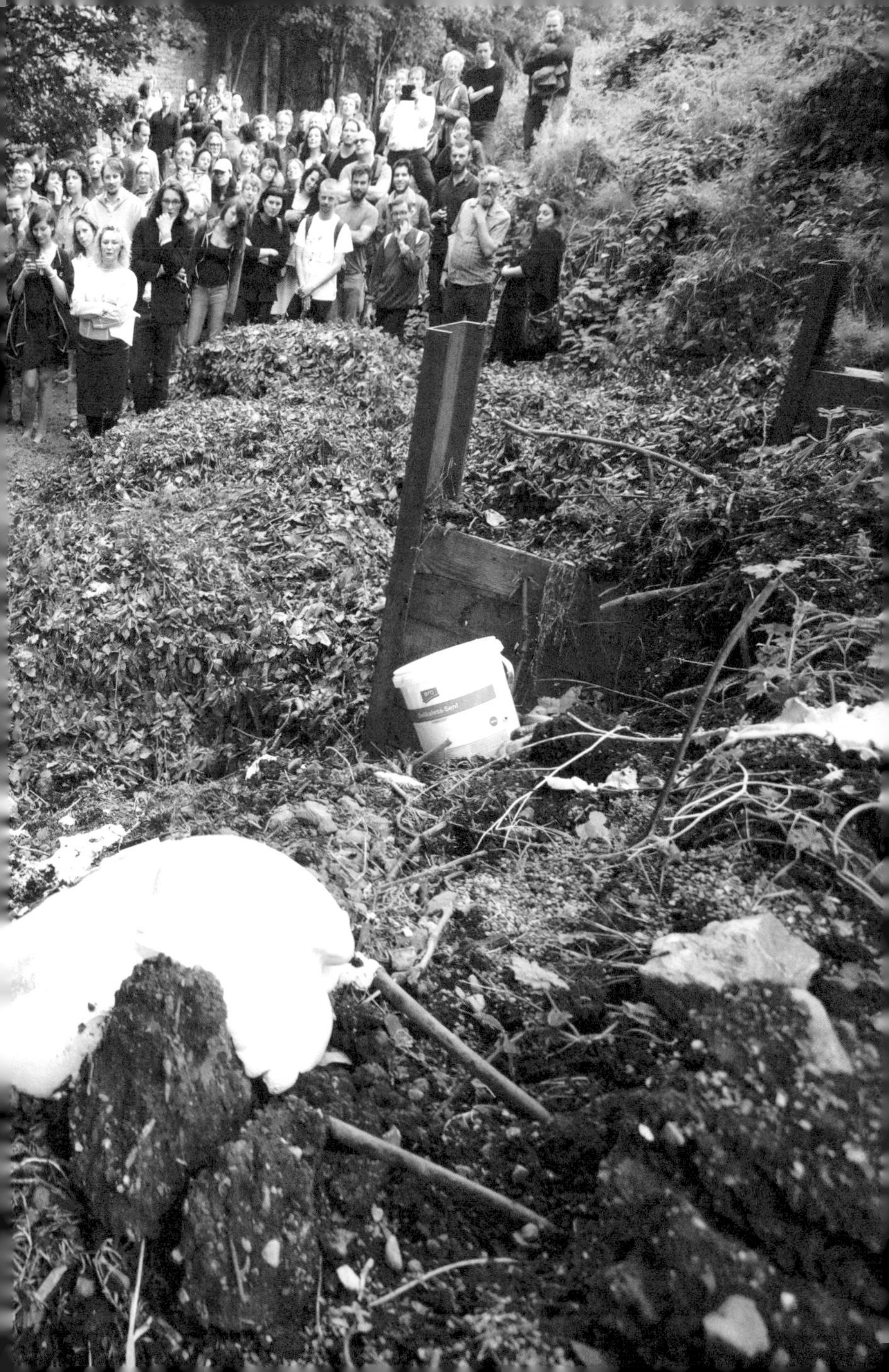

1999: Parteigründung
SEPTEM
(Soziale ERZPARTEI TOTALER ERZMENSCH)
TOTALPALÄONTOLOGIE
und
MNSKP
(Menschen Nähr Saal Kampf Partei)

1999

»Seit Beginn 1999 verschoben sich die Bezugspunkte der Arbeit Meeses vom Popularkult der Gegenwart auf geschichtliche Zusammenhänge und die Mythologie der Vergangenheit. Es bildeten sich drei einander überlagernde Themenbereiche heraus. Zum einen geht es um Krieg, Macht und Gewalt, beispielhaft dargestellt im Neuen Aachener Kunstverein, in der Kunsthalle St. Gallen und im Ausstellungsraum Schnitt (Köln). Blutrünstige Begriffe und Parolen, wie *Erzkamerad*, *Blutlazarett* und *Staatssatanismus*, Reizfiguren der Geschichte, etwa Stalin, Hitler und Nero, Dokumentarmaterial und Antikriegsfilme, insbesondere von Stanley Kubrick, sind nebeneinander und einander gegenüber in einem unkommentierten, den Betrachter zu eigener Stellungnahme herausfordernden Mix zusammengestellt. Archaische Zeichen, Runen, Mythen und Kreuze kennzeichnen den zweiten Komplex. Meese begibt sich auf die Suche nach dem Ur-Sinn und trifft dort auf *Stelenwald*, *Isis*, *Totenkammern*, *Kulträume*, *Mutter*, *Herzblut* und *Weidenmann*. Die Ausstellung im Frankfurter Kunstverein steht für diese Richtung. Viele fühlten sich in Frankfurt an Anselm Kiefer und sein mystisches Deutschlandbild erinnert. Einen Überblick über die Performances des Jahres gibt das von Erwin Kneihsl in der Tradition der Wiener Aktionisten fotografierte und als Theaterdokumentation gestaltete *Gesinnungsbuch '99*. In einer weiteren, von Ende 1999 bis Mitte 2000 reichenden Phase konzentriert sich Meese auf das thematische Umfeld und die Bezugssysteme von Personen der Zeitgeschichte. Seine Arbeiten gewinnen narrativen Charakter. Zu nennen sind die

Ausstellungen über Richard Wagner (*Pflichtlektüre*) in der Kunsthalle Bielefeld, über den Fremdenlegionärsführer Capitaine Danjou in der Galerie Meyer, Karlsruhe, den Kämpfer Maldoror im Kunstmuseum Wolfsburg und im Museum Abteiberg sowie *Volkszorn Wilhelm I–III* in der Galerie Nagel, Köln, ein merkwürdiger Titel für eine eigentlich dem zentralen Thema Geld gewidmete Ausstellung. Meese: ›Um der momentanen totalen staatlichen Zerrüttung Einhalt zu gebieten, muss eine vollständige Währungsreform mit gleichzeitiger Reform der gesamten Wirtschaftspolitik von mir eingeleitet werden.‹ Es gibt literarische Bezüge, etwa zu Rolf Dieter Brinkmann, Ezra Pound und J. D. Salinger, und – auch Philosophie muss besetzt sein – eine nachhaltige, bis heute andauernde bildnerische Auseinandersetzung mit Heidegger und seinem Landleben. Im filmischen Bereich ist die Mitarbeit am umstrittenen Streifen *Sonnenallee* zu verzeichnen.« [10]

23. Januar – 7. März 1999: Ausstellung *Mr. Deltoid's a.k.a. Urleandrusus – Sonnenallee – AHOI DE ANGST – FAIR WELL Good Bye*, Neuer Aachener Kunstverein, Aachen.
23. Januar 1999: Performance mit Alexander Beyer zur Eröffnung.

»Aus der Mitarbeit an dem Film *Sonnenallee* wurde wenige Wochen später *Mr. Deltoid's a.k.a. Urleandrusus – Sonnenallee – AHOI DE ANGST – FAIR WELL Good Bye* im Neuen Aachener Kunstverein. Das war eine Ausstellung Meeses, die aus der Kulisse des Ostberlins der 1970er-Jahre nur mehr das Jugendzimmer der Existenzialistin übrig [be]hielt und um sie herum Tausende von weiteren Motiven versammelte. Es kam in dieser Ausstellung zu einem Happening, das mit einem der Hauptdarsteller des Films *Sonnenallee*, dem Berliner Volksbühnenschauspieler Alexander Beyer, stattfand, und in Form einer unangekündigten Eröffnungsansprache herausgebrüllt wurde: ›Ich bin hier und stelle mich gegen die Kunstakademie. Ich werde kein Diplom machen.‹ Rings umher war das gesamte Gefüge der umgebenden Installationsmaterialien, die Kulisse des Films nebst Papieren, Bildern, Texten, Filmmonitoren und Möbeln

7.9.99

Liebe Nicole, lieber Bruno!

Fragt doch bitte nochmal bei UDO nach einem Plattenspieler, einem Zusatz=Skelett und einer Flüstertüte Mikrophon, wie in Bielefeld wäre auch super.
Wenn Erwin kommt müßen wir noch ein Portrait für Wolfsburg raussuchen.
Gestern hab' ich mir „Abfall für Alle" gekauft, sehr gut! Am 11.9. gründe ich übrigens eine Partei, die „SEPTEM"
SOZIALE (SEELEN) ERB PARTEI TOTALER ERZ MENSCH, Alles Beste Jonathanjurschi

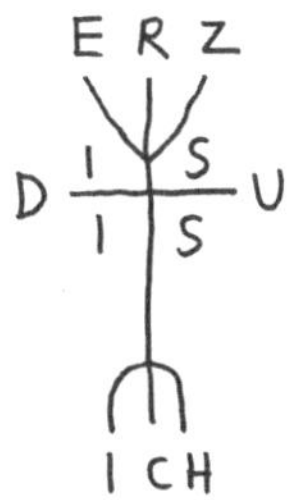

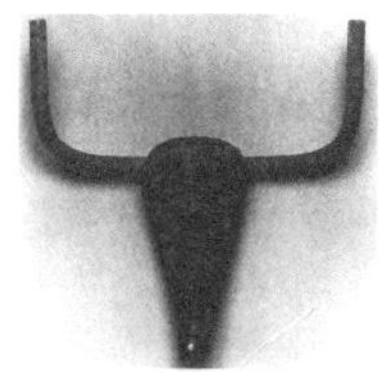

MNSKP

Parteiausweis der MNSKP,
Parteigründung neben der SEPTEM, 1999

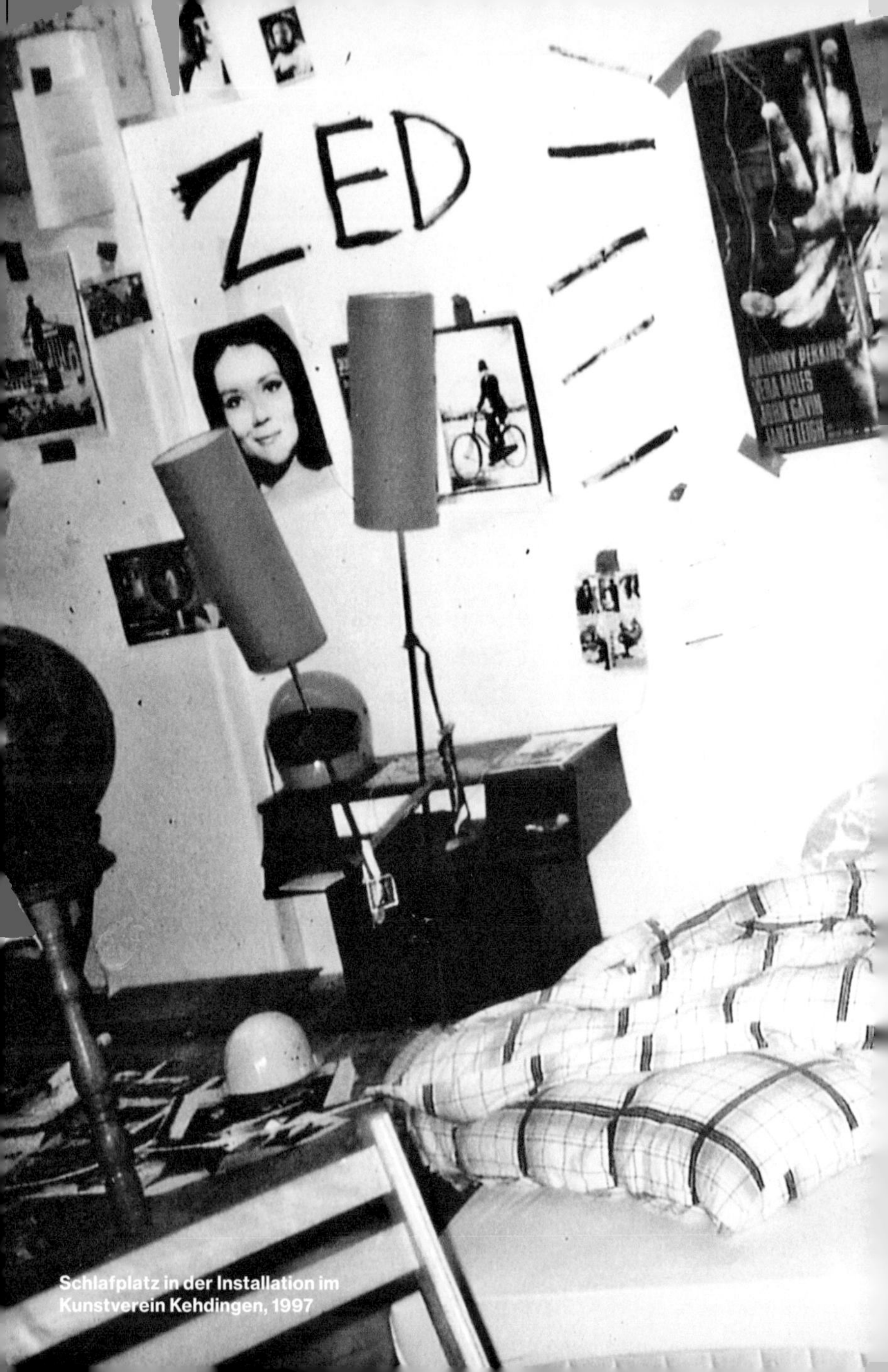

Schlafplatz in der Installation im Kunstverein Kehdingen, 1997

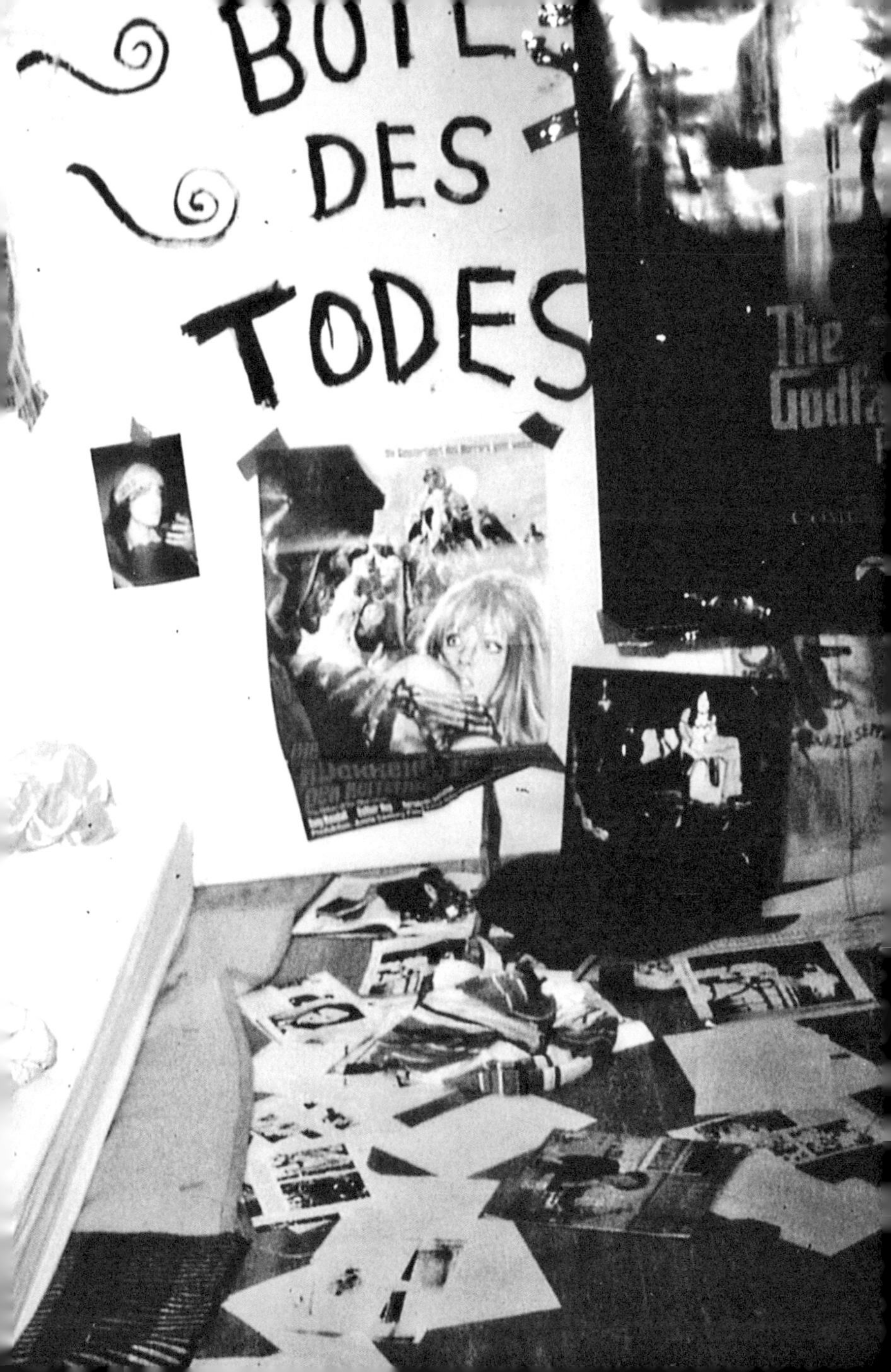
DES
TODES

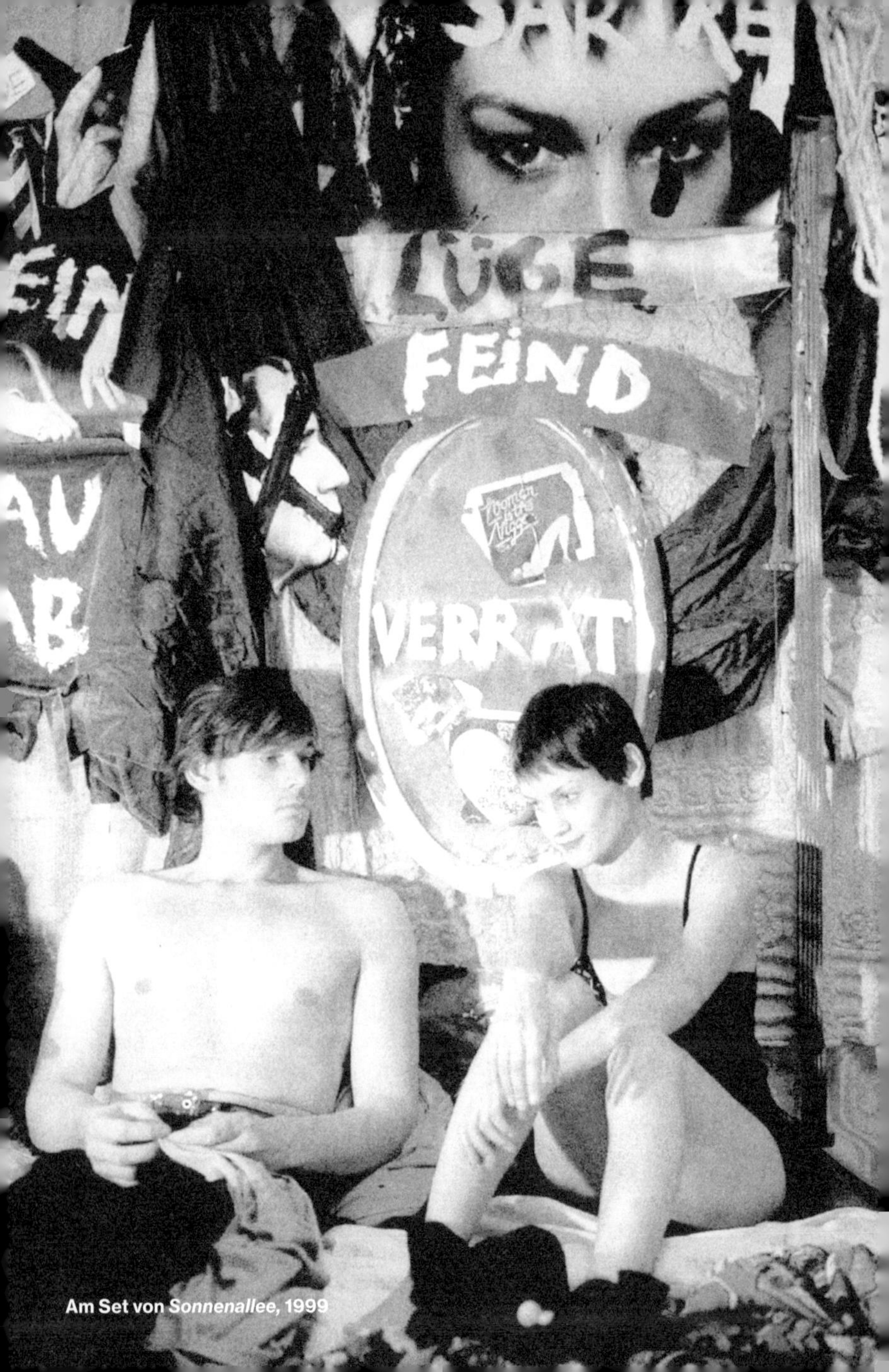

Am Set von *Sonnenallee*, 1999

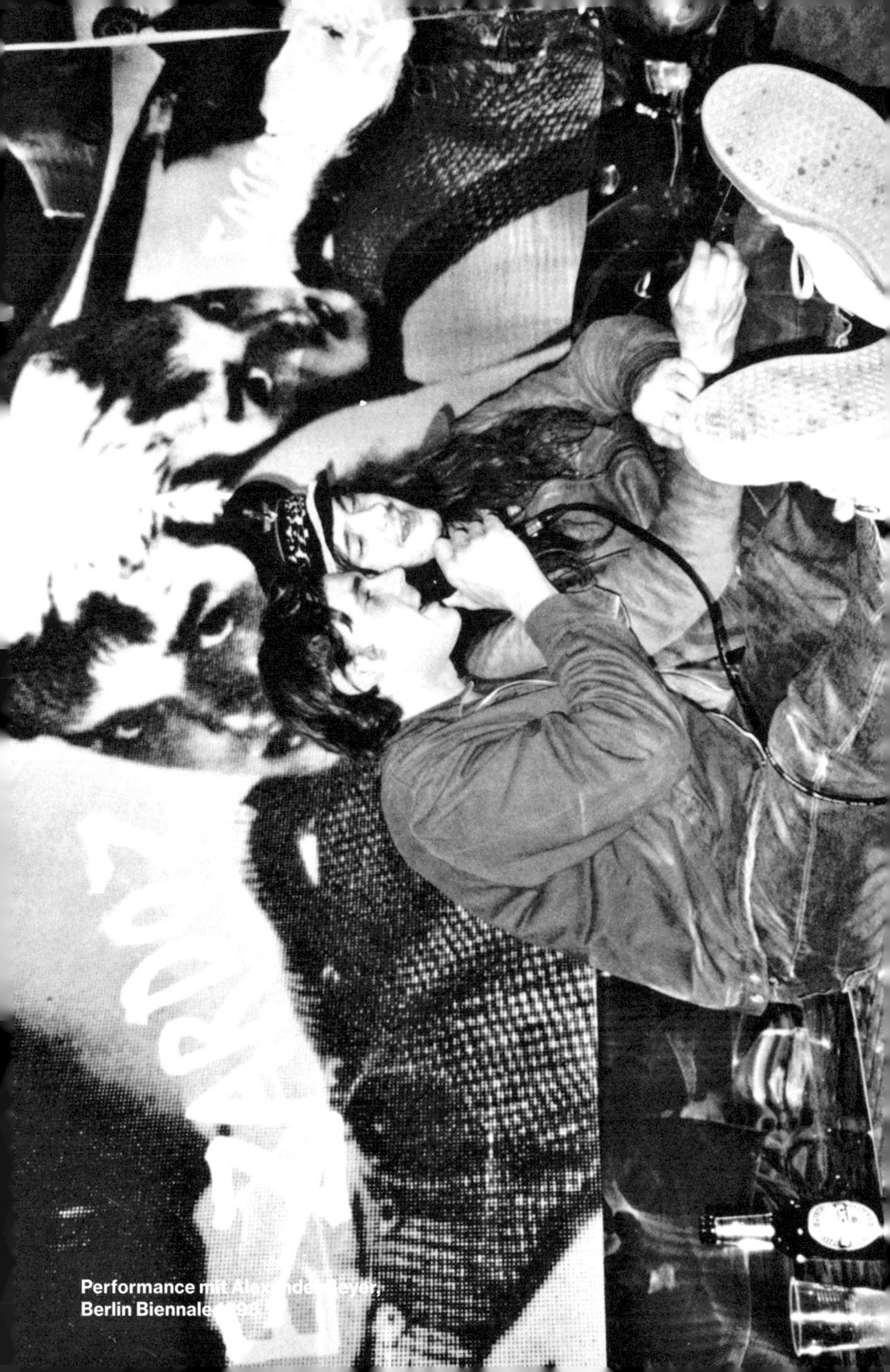

Performance mit Alexander [illegible]eyer,
Berlin Biennale 1998

wie zum Beleg der aufgeführten künstlerischen These aufgebaut. Das jüngere Publikum applaudierte nachhaltig, das ältere hingegen, Mitstreiter und Zeitgenossen aus den heroischen Zeiten von Fluxus und Agit Pop, sah einen Wiedergang der eigenen Geschichte. Es äußerte höchstes Missfallen für Vortrag und Ausstellung, es bezichtigte Jonathan Meese eines plumpen Epigonentums. Doch diese Leute kamen erstaunlicherweise immer wieder in diese Ausstellung, augenscheinlich, um ihrem eigenen Misstrauen zu folgen. Und sie taten dies zusammen mit jüngeren, völlig ahnungslos entdeckenden Betrachtern, für die sich beides, sowohl Vortrag als auch Ausstellung, als ein unerwarteter Freiraum für eigene Anknüpfungspunkte darstellte. Damit war klar, dass Meese tatsächlich die eigene Zeit traf und sie markierte.« [11]

»Auf den ersten Blick sieht es in seinen Ausstellungen so aus, als hätte hier jemand so viel Material wie möglich unterzubringen versucht. Dies lässt auf einen obsessiven, wenn nicht sogar manischen Künstler schließen. Könnte es sein, dass ein solches Künstlerbild den aktuellen Bedürfnissen des Kulturbetriebs perfekt entspricht? Ähnlich wie eine andere vermeintlich wilde, hyperaktive Figur aus dem Kulturleben – Christoph Schlingensief? Die Ausstellungen von Meese zeugen aber auch von ästhetischen Prinzipien, die sich erst auf den zweiten Blick erschließen […] von einer ›privaten Mythologie‹, die eigenwillig anmutet und dabei durchaus Systematik besitzt. […] Nicht nur in dieser Hinsicht, sondern auch in puncto ›Intensität‹ und ›Sprachduktus‹ lassen sich durchaus Parallelen zu einem anderen Künstler ziehen, der schon mal als Schamane bezeichnet wird: Joseph Beuys. Vergleicht man die berühmte Kojotenaktion von Beuys mit einer Performance von Meese kürzlich in Wien, dann wurde in beiden Fällen die existentielle Dimension des verwendeten künstlerischen Vokabulars demonstriert. […] An diesem Punkt möchte ich aber auch Zweifel anmelden, ob die schamanenhaften, mythischen Aspekte der Position Beuys heute wiederbelebt werden müssen. Auf jeden Fall war es an der Zeit, dass der leergewordene Platz von Beuys erneut besetzt würde. […] Mit dem Unterschied, dass das präsentierte Wissen in keinen Sinn mündet, auf keine Erkenntnis hinausläuft. Zahlreiche Rezensenten haben denn auch ihrer Erleichterung darüber Ausdruck verliehen, dass hier Theorie endlich ad acta gelegt würde, es nichts mehr nachzuvollziehen gäbe. Tatsächlich gibt es jede Menge Referenzen, aber kein Anliegen, wie in der institutionskritischen Kunst. [...] – hier tut sich ein spezifischer Kosmos auf, das Bezugs- und Wertesystem eines jungen Mannes, das es abzulehnen oder mit dem es sich zu identifizieren gilt. An die Stelle von Meese ist somit seine Materialsammlung getreten, die sich am Ende doch wieder mit der Person Meese erklärt.« [12]

LOSUNG: VIEHGRAL

Februar 1999: Performance *PROLOGNAEUS MEESE. Richard Wagnerz Lehmhütten aus Bronzemenschen (Viehgral)*, Wiener Kunstverein, Wien (Österreich).

13. Februar – 14. März 1999: Ausstellung *Schnitt bringt Schnitte*, Ausstellungsraum Schnitt, Köln.

14. März – 6. Juni 1999: Gruppenausstellung *Collection 99*, Galerie für Zeitgenössische Kunst, Leipzig.

»Ganz am Anfang von Meeses Wagnerismus steht ein schwarzes, für seine Verhältnisse eher kleines Bild. Es ist auch ästhetisch ziemlich reduziert, rätselhaft und düster; auf wallend schwarzer Fläche entziffert man in schwarzen Lettern ›SOLDAT MEESE‹ und ›WARMEESE‹, in der Mitte die Kopie eines Männerporträts, auf dessen Antlitz ein Schädel in Untersicht collagiert ist.
Aber man sieht genug von den charakteristischen Haaren, um auf Richard Wagner zu schließen. Darüber steht ›WAR‹ (Krieg), darunter noch einmal ›WARMEESE‹. Also Krieg und Meese, Krieg und Wagner, Meese und Wagner: Der Soldat und Kampfkünstler, als der sich Meese hier tituliert, setzt sich mit dem Komponisten und Gesamtkünstler gleich. Eine etwas andere Deutung scheint auf, setzt man ›WAR‹ mit dem deutschen ›war‹

gleich; dann ginge es eher um den Verweis auf eine nicht näher erklärte Vergangenheit, die sich Meese hier aneignet. Es bleibt doppeldeutig. Wagner jedenfalls gehört seit diesem Bild aus dem Jahr 2000 zum festen Repertoire von Jonathan Meeses Opernbühne – und im Sinne von Wagners Kunsttheorie sind seine Geschichtstravestien, die wild durcheinander collagierten Motivgewitter, die Namensorgien und Fotolawinen, die malerischen Ergüsse und theatralischen Handlungseruptionen ganz große Oper. Und gewiss auch ein Gesamtkunstwerk, so wie es der ›Meister‹ aus Bayreuth propagierte.«[13]

Wagner war für mich bis 2005 ja nur als Abbild und Propagandist und nicht als Musiker oder Komponist interessant. Das Musikalische war mir damals noch völlig egal. Ich bin da ja auch gar nicht reingewachsen. Ich kannte nur die Rittergeschichten, die fand ich totalst super. Durch die Beschäftigung mit dem Nibelungenlied, mit Hagen von Tronje und diesen ganzen Gestalten, kam ich zum ersten Mal mit Richard Wagner in Berührung. Ich war sofort von seiner Physiognomie, seiner Kleidung und seiner Hermetik fasziniert. Durch Wagner kamen Figuren wie Hitler Heidegger und Ernst Jünger ins Spiel. Das war und ist für mich ein Lebensthema. Ich habe das aber nie unter einem moralischen Aspekt gesehen, das hat mich nie interessiert. Deshalb fällt es mir auch so schwer, moralisch über Hitler zu sprechen. Ich rede lieber zehn Stunden lang über seinen Schnauzbart. Oder darüber, was er gesagt hat. Ich finde es eben beeindruckend, dass ein Typ laut schreiend derart präzise Aussagen treffen konnte. Ich war mit Erwin Kneihsl auch mal in der Wolfsschanze. Das war ein wichtiger Besuch, davon gibt es auch Hunderte von Fotos, die bislang nicht entwickelt wurden oder verkramt sind. Bunker, Sperrkreise eben, das ist doch ganz wichtig. Wer kommt da durch, wer darf durch. Wer darf zum Zentrum rein. Dieses Abgeschottete, diese Siegel, die man benutzt, um dann in der Kunst zu landen. Und so soll es ja auch sein, in Zukunft. Ich will in Ruhe gelassen werden, um mich herum sollen Sperrkreise errichtet werden. Das ist gar nicht so einfach. In einer Zeit, wo alles vereinnahmt werden soll, da muss man irgendwie auf verrückt machen – ich mache ja manchmal extra auf verrückt –, damit ich mir diese Typen, die

Saboteure und Verräter, vom Hals halte. Auch die Bedenkenträger und Anschleimer sollen zuhause bleiben. Man will keinen Tipp bekommen, also man will nicht hören, dass man das hier oder da noch irgendwie besser hätte machen können. Besser machen gibt es dann nämlich nicht – außer natürlich bei einem Vortrag, der schon vorher geplant ist. Wenn es aber evolutionär ist, kann es ja gar nicht schiefgehen. Und bisher ist es immer evolutionär gewesen, ich habe noch nie eine Performance gemacht, die nicht evolutionär war. Das Geplante kommt nur dann, wenn die Angst zu groß oder man erpresst wird. Sonst passiert es nicht. Und jetzt Kunstverein Wien, ich weiß nicht mehr, was ich da gemacht habe, ich war wie im Dschum der Kunst. Vielleicht war damals das erste Mal, als das Soldatische kam und das wirkt dann wahrscheinlich immer professioneller, präziser und härter – weil das andere wirkt wie Dada. Es war nie Dada, denn ich habe nie Dada gemacht. Das ist immer noch ein Missverständnis, das sich hartnäckig hält. Ich bin auch kein Neo-Dadaist. Quatsch machen ist doch in Ordnung, aber Quatsch zu ideologisieren, ist nicht mein Ding.

1789: BROT, DUNG, ERZE
MÖNCHSTUM: Erzisis

26. März – 23. Mai 1999: Ausstellung *Sonnentanz. Der Weidenmann. Nahrung. Erzisis,* Kunsthalle St. Gallen, St. Gallen (Schweiz).
26. März 1999: Performance *Gnaeusaint Just / Metabayreuthonon (Erzmenschheit)* zur Eröffnung.

»Jonathan Meese überraschte und faszinierte sein Publikum im vergangenen Jahr mit rasant und wild gefüllten Räumen wie u.a. auf der Basler Liste und der Biennale in Berlin. Auf unzähligen Farb- und s/w-Kopien, Postern, Plakaten und Zettelchen blickten einem die Filmstars der 60er-, 70er- und 80er-Jahre entgegen, wie Charles Bronson, Klaus Kinski, Helmut Berger, Diana Rigg, Romy Schneider, Uwe Bohm oder auch Fassbinder. Dazwischen immer wieder geheimnisvoll kryptische Texte,

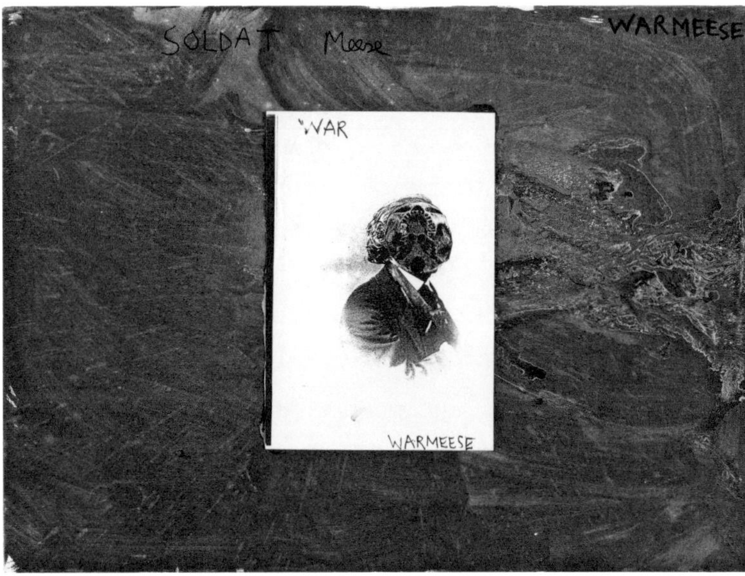

Soldat Meese ist Richard Wagnerz, 2000
Dispersionsfarbe und
Mixed Media auf Leinwand
50,3 × 70,3 × 2 cm

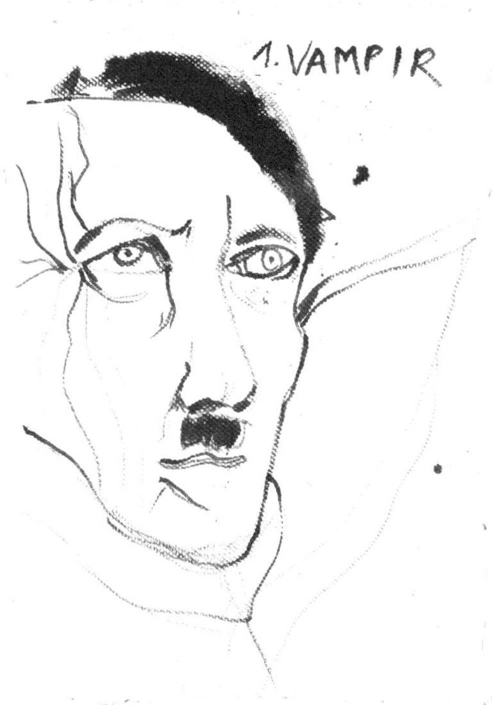

1. Vampir (Rübezahls Eiseskälte), 2000
Acryl auf Papier
98 × 70 cm

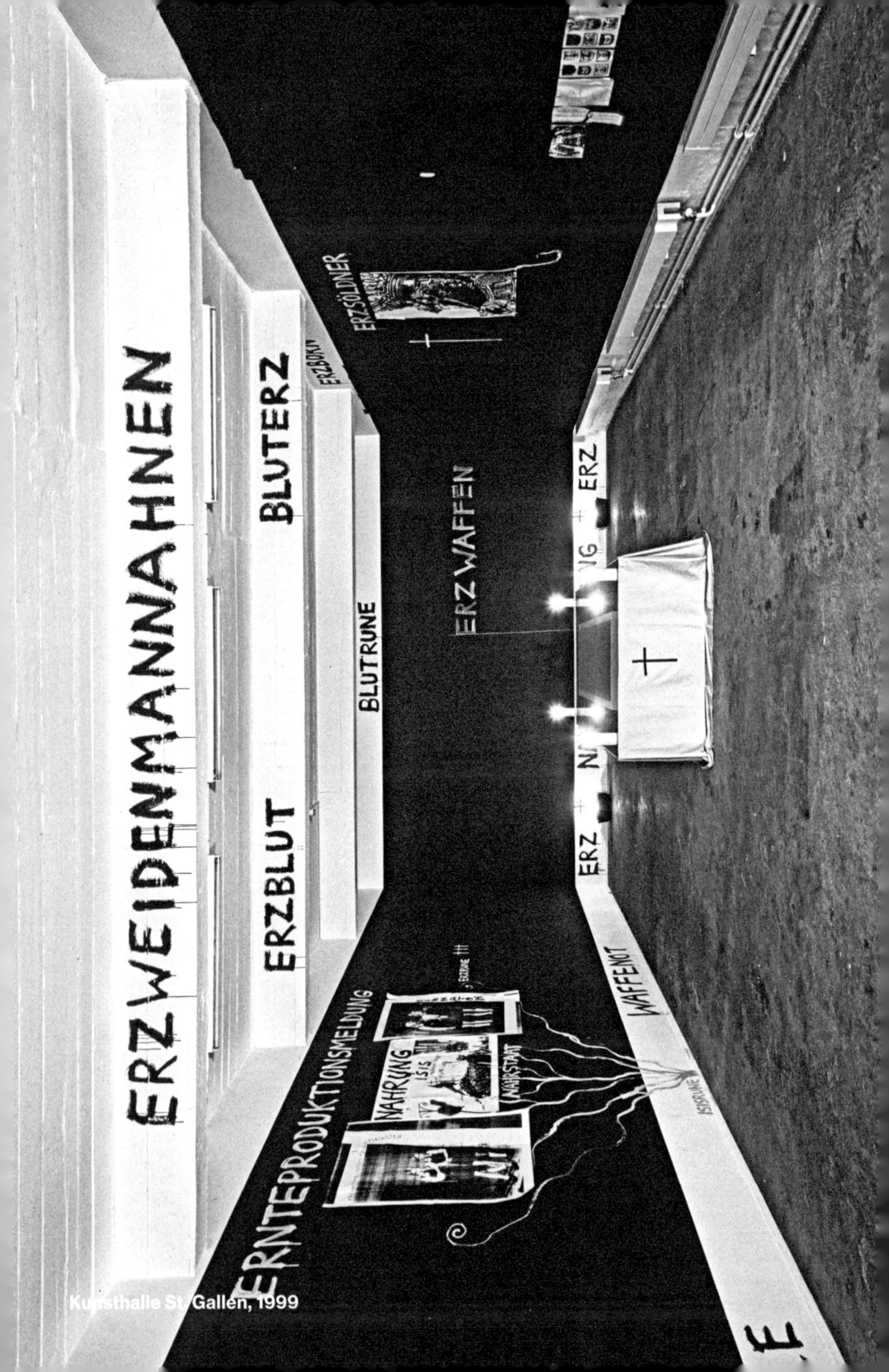

Kunsthalle St. Gallen, 1999

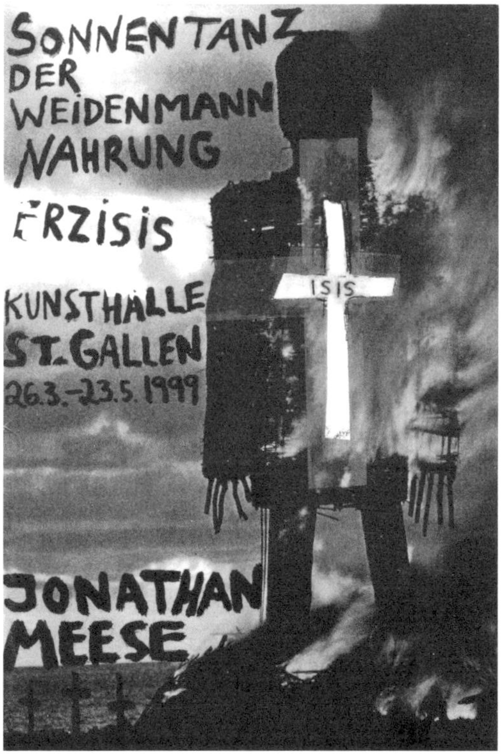

Katalogcover, Kunsthalle St. Gallen, 1999

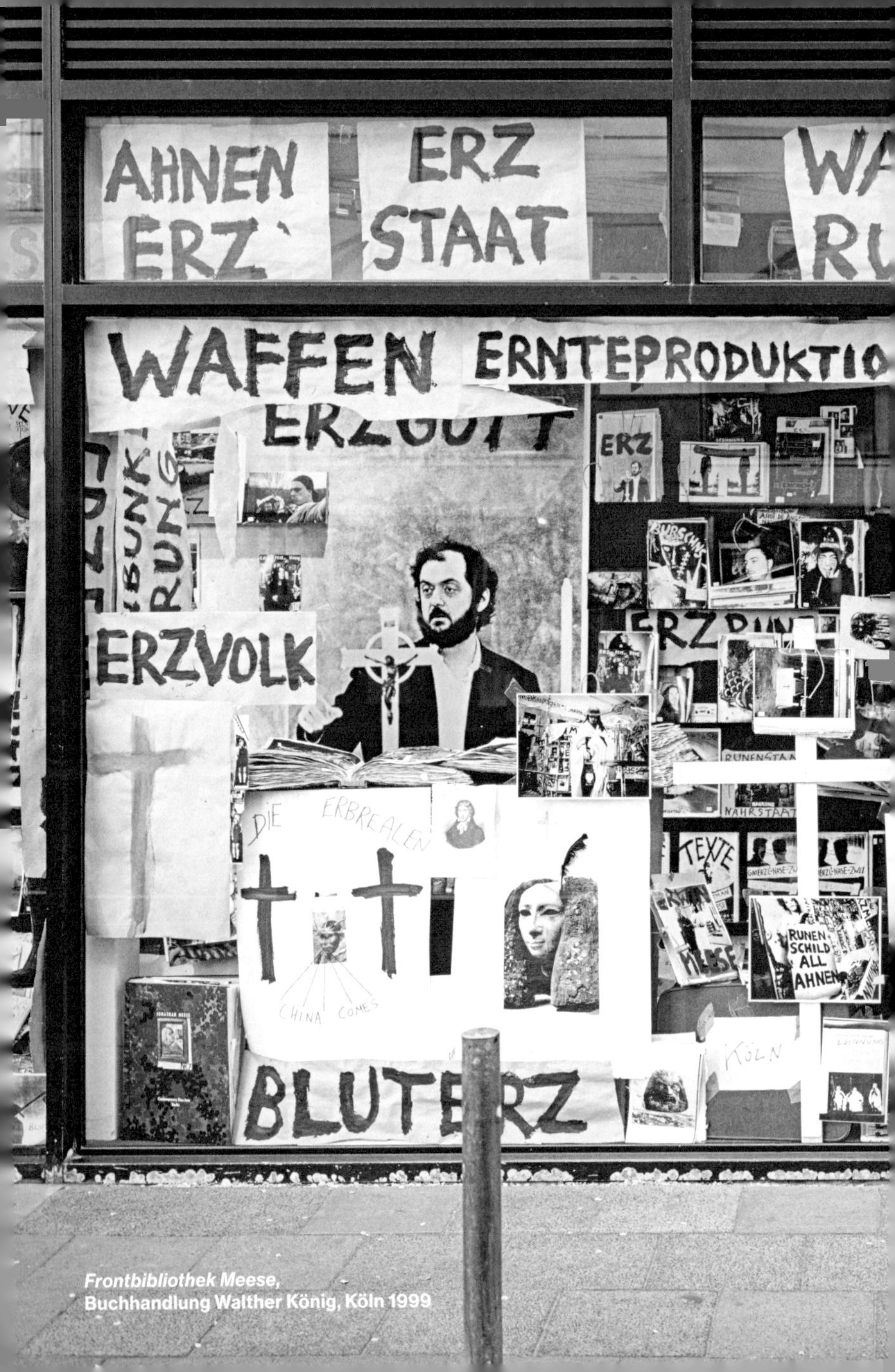

Frontbibliothek Meese,
Buchhandlung Walther König, Köln 1999

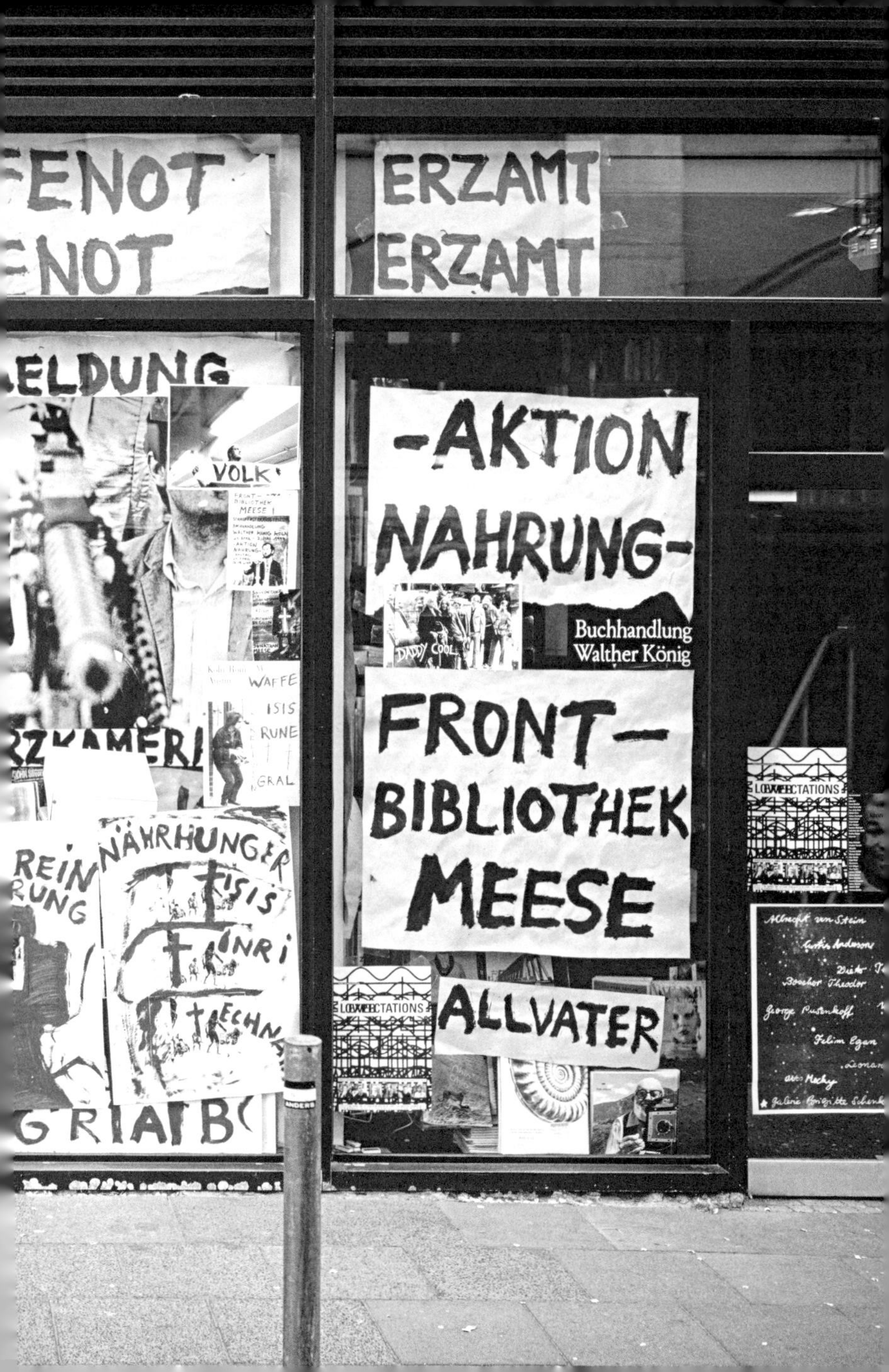
ERZAMT
ERZAMT
VOLK
-AKTION
NAHRUNG-
DADDY COOL
Buchhandlung
Walther König
FRONT-
BIBLIOTHEK
MEESE
ALLVATER
WAFFE
ISIS
RUNE
GRAL
NÄHRHUNGER
ISIS
INRI

30.4.99

Lieber BAZON,

Ich hab nun das Schaufenster von WALTHER KÖNIG MIT ERZ UND PLEBEJERTUM GEFÜLLT, Caligula UND ERZISIS, WIE AUCH ECHNATON UND MARQUIS de SADE, dies ist so bis 2.5.99

ARBEITSTITEL EINER GNAEUSSTAATSHANDLUNG IST ERZRUNENGOTT. NAHRUNG „ERZISIS"

GALBA
VESPASIAN
NERO
TIBERIUS; DU SCHENKTEST MIR DAMALS DEN SILBERNEN GOEBBELS-TELLER; davor Hord
von Erzgöttern im Sonnentanz, HERZLICHE GRÜßE, Laß es DIR GUT GEHEN, JONATHAN MEESE

Fax an Bazon Brock

10.11.05.

Liebe Buchhandlung Walther König

Lieber Walther König,

war sehr gut am Montag,
ich danke dafür und wollte
den Titel für meine AKTION
am 11.12.05 durchgeben:

DAS GETREIDEBUCH DER PRÄHISTORIE
(ATLANTIS – KÖLN – POMPEJI – Eldorado)

Herzliche Grüße an
das ERZBUCH,
BIS bald,
IHR Jonathan
Meese

Auszüge aus Büchern, Stills aus seinen Lieblingsfilmen wie u.a. *Zardoz, Caligula* oder *A Clockwork Orange*, die außerdem parallel auf Video liefen. In einem Labyrinth von Gängen, Podesten, Treppen und kleinen Nischen, begleitet von Popmusik aus den 70ern, begegnete man in allen Richtungen den Bildern, Texten und Versatzstücken aus dem persönlichen Archiv von Meese. Nichts erschien in diesen Installationen weniger wichtig; in der Stimmung einer Demokratisierung aller Informationen entwickelte sich ein paradoxer Zustand einer ›meinungsfreien Medienkritik‹ zwischen auratischer Beklemmung, Befreiung und Heiterkeit. Besonders eindrücklich waren dabei auch seine eigenen Texte, an denen Meese seit Jahren kontinuierlich weiterschreibt und die er auch fragmentarisch immer wieder in seine Installationen integriert. In und durch sie entwickelt Meese einen ganz persönlichen Stil aus geheimnisvollen und erfundenen Wortkombinationen und eigentümlichen Beschreibungen dessen, was für ihn wichtig ist und wie er denkt und fühlt. Und wie die Räume zeigen auch seine Texte diese besondere pragmatisch-theatralische Mischung aus Beklemmung, Heiterkeit, Liebe und Wut. Doch Jonathan Meese möchte sich in Zukunft nicht auf eine ›Technik‹ verlassen. Seine Räume sind ihm zu eng und zu gemütlich geworden. Eng, im Sinne eines kalkulierten Gebrauchs technischer Strategien und gemütlich, weil sie so gut ›funktionieren‹. Er misstraut seiner gewonnenen Sicherheit im Umgang mit Material, er misstraut der Verführung durch Sicherheit.« [14]

Das Kunstmilitärische hat mir übrigens nie jemand eingeredet. Das hat sich so ergeben. Meistens durch eine Performance. In St. Gallen zum Beispiel, das dürfte die erste, ritterliche, harte Soldaten-Performance gewesen sein. Dort habe ich das Grab des unbekannten Soldaten gebaut. Das war ganz düster, das war eine Absage an das Bunte. Das war eine Absage an den Kulturlifestyle. In der Performance war ich der einsame Soldat im Verhau, wie in einem Schützengraben, bewaffnet mit einer Dose Fisch. Da ging es um Nahrungsaufnahme, darum, irgendetwas zu essen und dabei etwas zu sagen. So kommst du natürlich zu bestimmten, ganz klaren Aussagen. Zu bestimmten Wörtern.

Treue, Loyalität, Selbstausgrenzung. Ich habe damit ganz klar gesagt: Ihr Kulturfunktionäre, Ihr bitte nicht mehr. Ich habe gemerkt, dass die nicht zu mir stehen. Das ist ein Gag. Ich bin nur eine Fläche, die sie benutzen und ich bin nur dann geil, wenn ich ihren Maßstäben entspreche, aber nicht, wenn ich weiter an der Kunst arbeite. Am Anfang habe ich das nicht verstanden. Ich dachte immer, die seien treu und halten mir durch Dick und Dünn die Stange. Aber heute enttäuschen mich Menschen anders. Die, die mich am meisten enttäuschen, sind die, die mir unterstellen, ich würde mich aufdrängen. Das tue ich nämlich nicht. Ich schalte die Kunst dazwischen. Deshalb werde ich eingeladen. Die Leute müssen ja nicht kommen. Ich muss mir einen bestimmten Kinofilm ja auch nicht angucken, wenn ich nicht will. Und so sehe ich mich auch. Wenn sich das jemand anguckt und geht, ist das doch völlig in Ordnung. Mir aber zu sagen, ich würde mich reinschleimen oder ich hätte mich bei Wagner[15] *irgendwie aufgedrängt, das geht gar nicht. Die das behaupten, sind für mich absolute Feinde. Man macht sein Ding, verbunkert sich mehr und mehr und entweder kommen die Leute oder sie kommen nicht. Alles, was zu ideologisch, zu anbiederisch oder zu übergriffig wurde, habe ich beendet. Verschiedentlich wurde ich auch gewarnt, ich solle doch bitte aufpassen und in der Kunst nicht so mit der deutschen Geschichte umgehen, wie ich es nun aber tue. So etwas sagt man mir genau ein einziges Mal, denn in der Kunst vor Radikalität zu warnen, das geht absolut gar nicht.*

Erzwaffe: Totentanz

»One year later. A lot has happened with, and around, Meese – too much for many of the people who took notice of his first appearances. When it was still possible to subsume his work under a provisional category of littered-juvenile-bedroom-overload […] As Meese went on to show – though not by merely reacting with countersignals of ›critique, critique!‹, but by creating a proper paradigm shift from within his own parameters. Sorting out all the levels of friendly ornament that had remained indifferent to these misconceptions, a lot of the early ingredients didn't make it to the next level: Meese started to filter his collection of grimaces down to the ones that would transcend the false embrace of ›oh-it's-cuddly-popculture‹. Malcom McDowell made it, Gerd Fröbe didn't, Klaus Kinski yes, Louis de Funès no. At the same time, poppy colours disappeared while black and white gained ground. […] Meese gained weight, turned from slim Indie-boy to late Fassbinder-jelly-belly, loosely held together by ill-fitting second hand-clothes, while his casual presence in the installation, with maybe a calm reading-session from time to time, mutated into more and more massively body-centred performances, as if he wanted to say: yes, I exhume to consume, my body is the reactor in a huge rubbish-recycling-experiment of leaden words and intoxicated images. […] Meese gaining weight coincided with a short period in which the word ›Nahrung‹, nourishment, became the most frequent in his more and more sloganesque scribblings on walls and windows of art spaces and coincided with more and more *heavy* signs ultimately leading to mine fields of Teutonic rhetoric; […] So pop-culture was somehow invaded by an old-rotten culture, the young pristine sphere of teen ecstasy drawn down by the bony hands of rattly-rag zombie history. Suddenly it wasn't popculture looking at Nero […] but Nero looking back: a transhistorical notion of the grotesque appearance of power […] That's what Meese's 1999 installations-cum-performances seem to imply, him walking around with a Belgian or British World War I-helmet on his head, black stripe painted over his eyes, a deranged exorcist of the ghosts of political power he has seanced.« [16]

203: MENSCHWERDUNG: KAMPF

April 1999: Schaufensterausstellung *Frontbibliothek Meese* und Künstlerbuchpräsentation, Buchhandlung Walther König, Köln.

Wir haben uns alle gewundert, dass die Scheiben nicht eingeschlagen wurden. Was ich da gemacht habe, war so absurd, dass die

Leute es nicht verstanden haben. Sie konnten es nicht einordnen. Deshalb war es wichtig, dass es so üppig war. Wenn, sagen wir mal, nur ein Drittel der Sachen im Schaufenster gewesen wäre, dann wäre wahrscheinlich was passiert. Aber es wurde so extrem gebracht, dass die Leute es überhaupt nicht mehr lesen konnten. Auch ich habe erst ganz spät verstanden, dass das für die Leute Chinesisch ist. Was da stand, haben sie nur punktuell wahrgenommen und verurteilt, was das aber insgesamt bedeutet oder wozu es führt, haben sie eben nicht erfasst. Eigentlich war das ein einziges riesiges Missverständnis, nicht von Walther König, denn der peilt ja alles. Der liebt Kunst und Bücher und kennt keine Zensur in der Kunst. Aber die Leute da, die Szene, für die war das absolut das Letzte. Damals kam ja auch Sigmar Polke in den Laden und fragte: »Hat dir hier noch niemand in die Fresse geschlagen?« Hab ich gesagt: »Nee!« Der Polke fand das natürlich super und hat mit einem Lachen gesagt: »Was ist denn das? Sowas zeigst du hier? Das geht doch eigentlich gar nicht! Gesinnungsbuch? Das sind vielleicht Wörter.« Der Polke hatte eben auch nichts zu verlieren. Der war eh Hermetiker, Totalstkünstler ohne Wenn und Aber. So eine Ausstellung wäre heute nicht mehr denkbar, leider.

18. April – 6. Juni 1999: Beteiligung an der Ausstellung *Generation Z* mit der Installation *Ahoi de Angst*, P.S. 1, New York (USA). Performance *AHOI DE ANGST – OBERFORSTAMT ›MEESE‹ (ZARISM IV).*

»Das zweite Mal sah ich Meese zufällig in New York, als ich etwa fünfzehn Minuten vor Beginn einer Aktion ein vergleichbares Bildensemble betrat, das wiederum von Transportpaletten, Sperrholzplatten und Dachlatten so zusammengehalten wurde, dass es begehbar war. Wieder tauchten Kubrick, Fassbinder, Romy Schneider, Klaus Kinski, Claudia Schiffer, Richard Wagner oder Andy Warhol an der Wand auf. Die Luft war von den betörend synkretistischen Soundtracks diverser Filme, vor allem der Musik aus *Barry Lyndon* gefüllt, im Publikum saßen alte Bekannte aus der Kunstszene, Jeffrey Deitch, Matt Mullican, Rirkrit

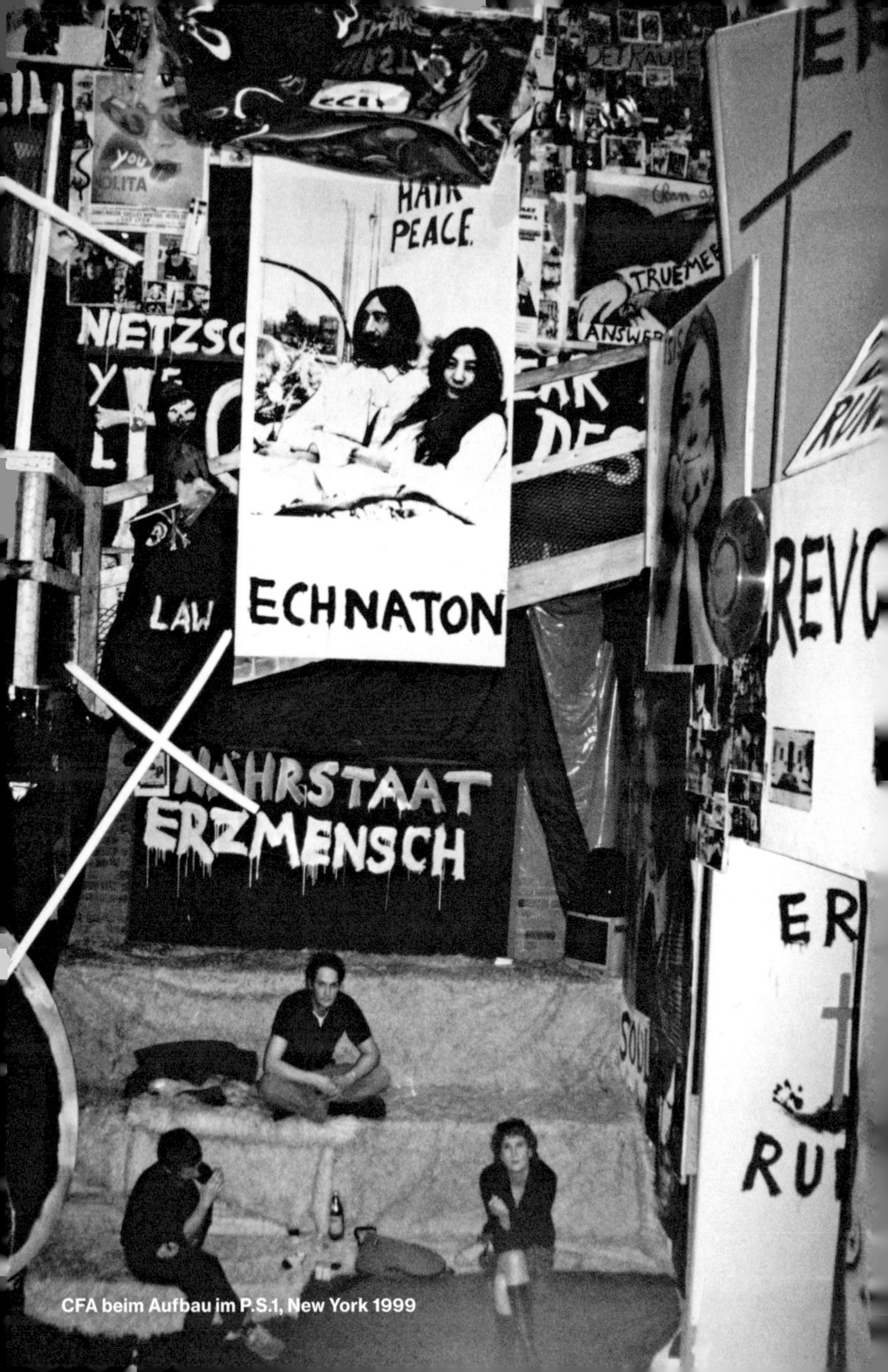

CFA beim Aufbau im P.S.1, New York 1999

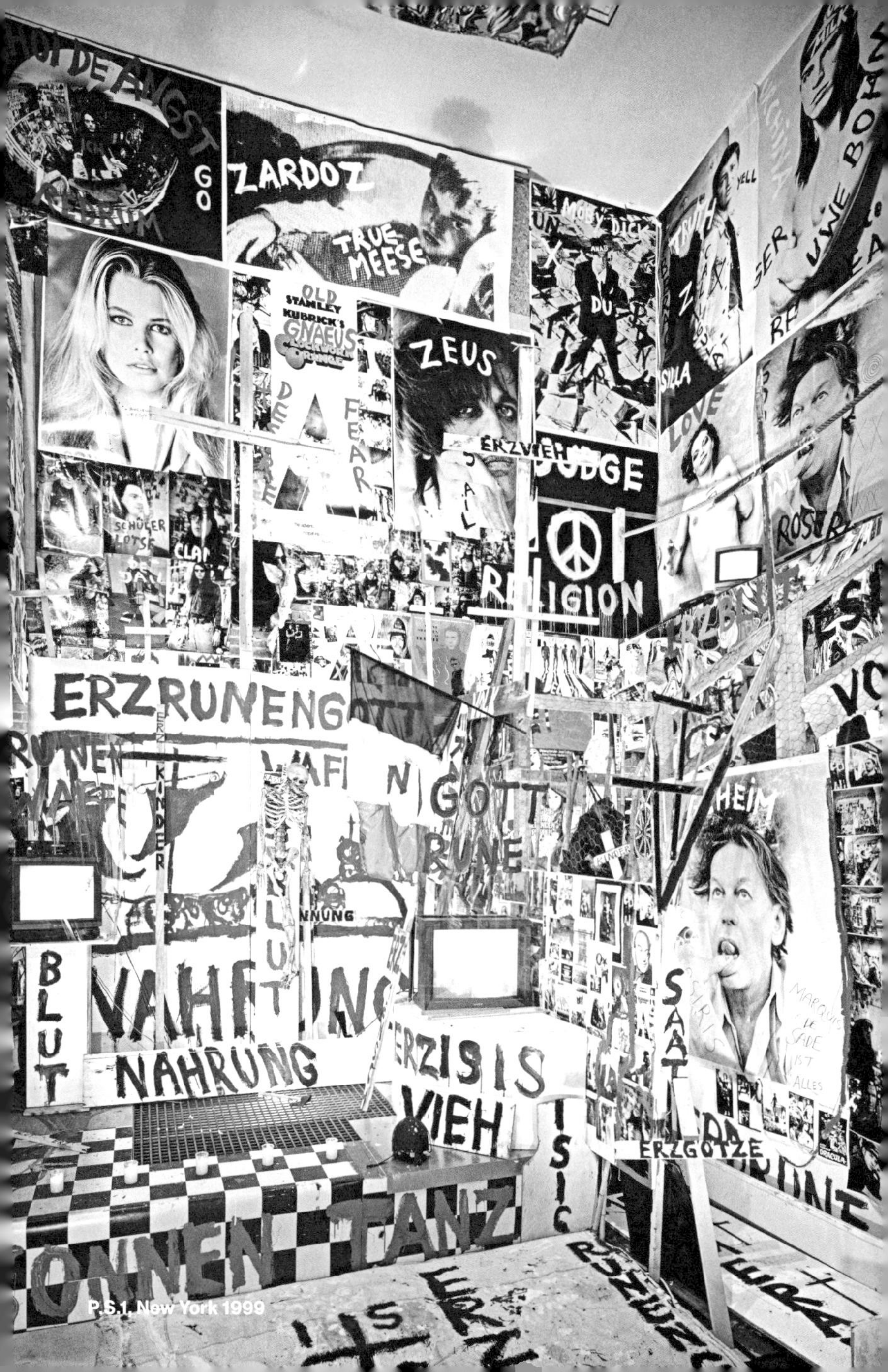

P.S.1, New York 1999

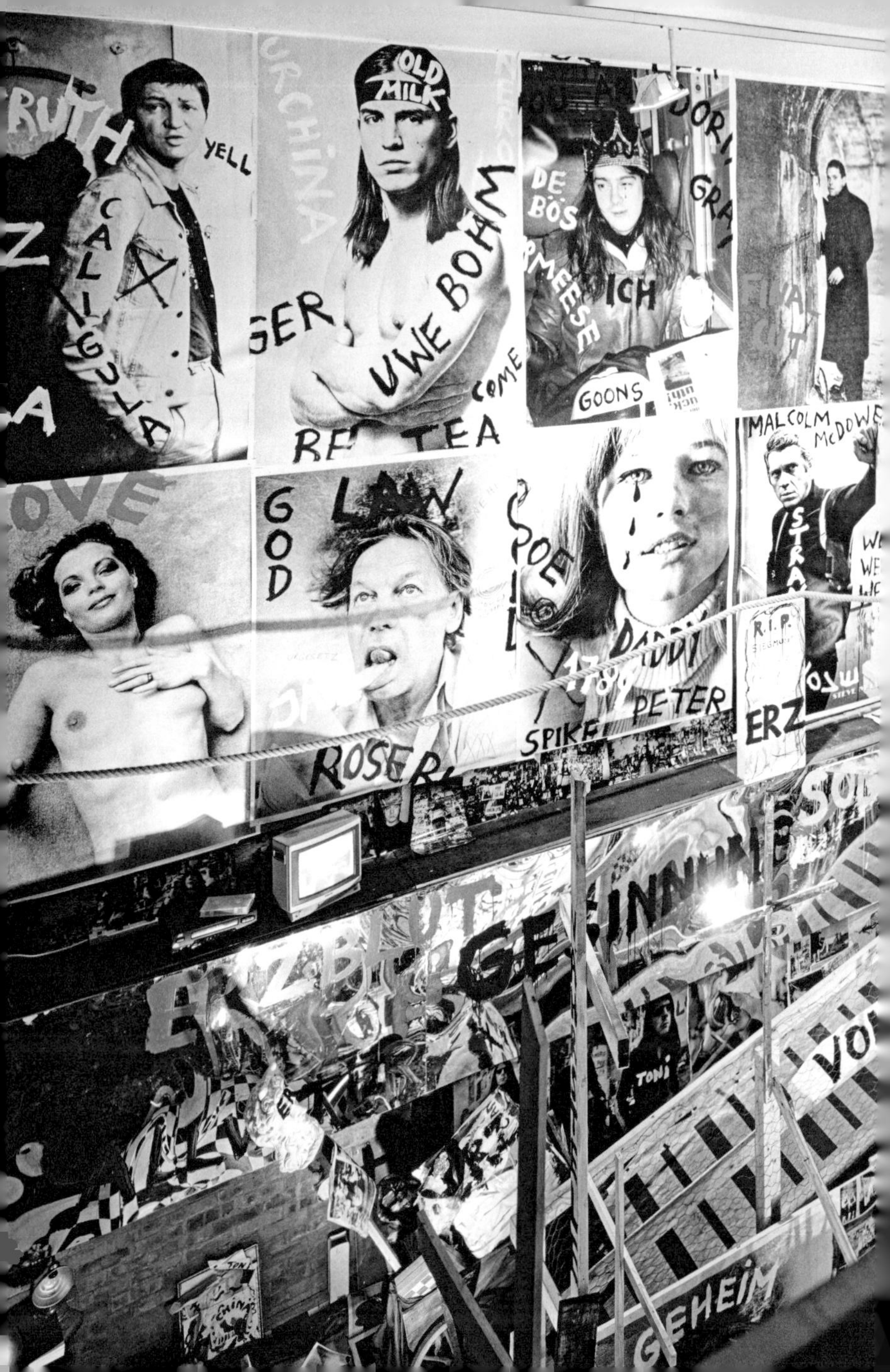

RUTH
YELL
CALIGULA
OLD MILK
URCHINA
GER
UWE BOHM
COME
TEA
DE BÖS
ICH
GOONS
GOD
PETER
SPIKE
ERZ
R.I.P.
TONI
GEHEIM

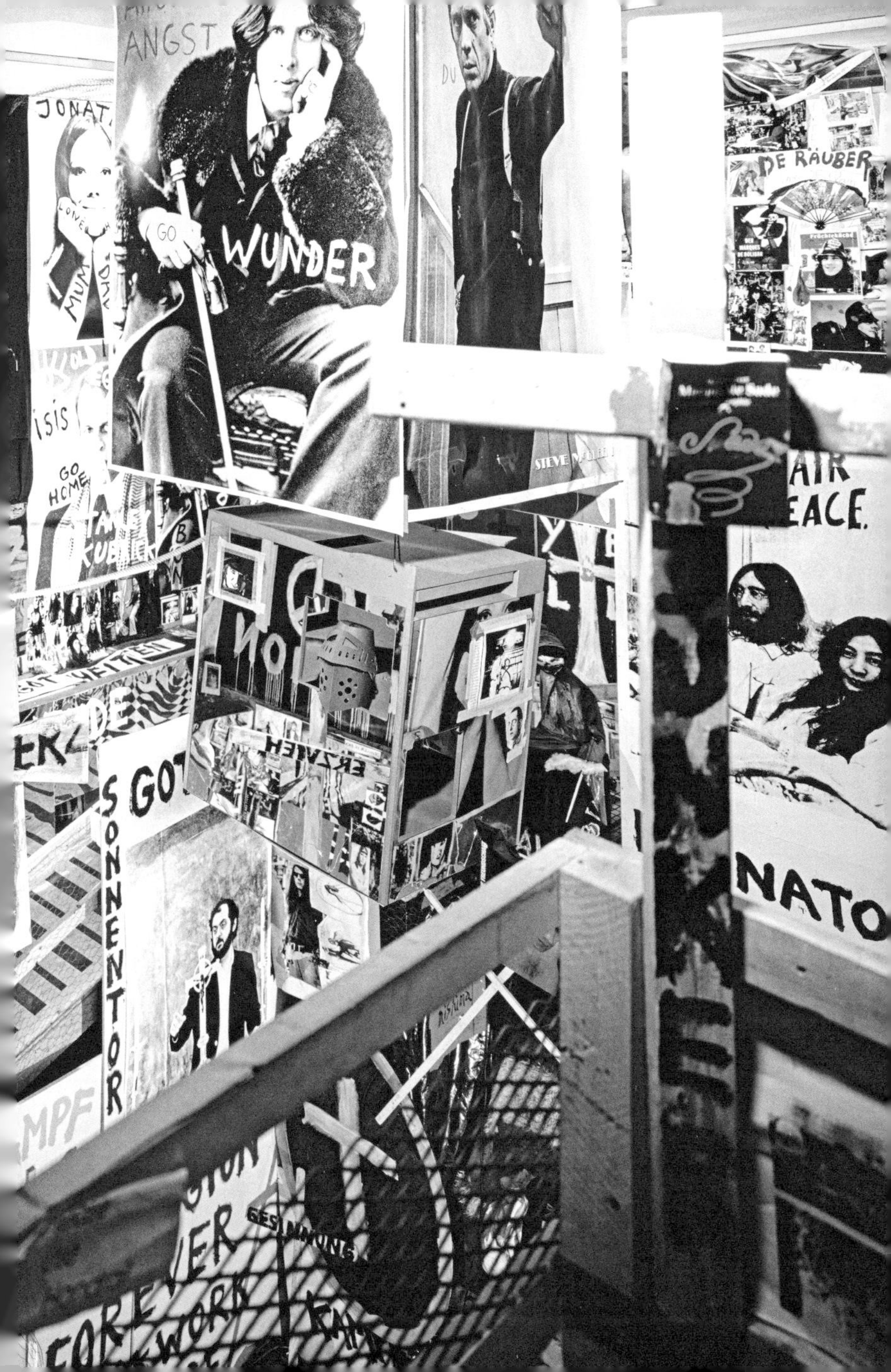
ANGST
WUNDER
GO
DU
DE RÄUBER
GO HOME
SONNENTOR
NATO
FOREVER
WORK
GESINNUNG

Tiravanija, und sogar der neue Direktor des Museum of Modern Art, Glenn Lowry, war gekommen und hatte anstelle eines Anzugs eine wohl neuwertige Motorradlederjacke an. Er lächelte durchgehend, verließ die Aufführung aber bald nach Beginn. Meese kam in Fischerhosen bis zur Brust, Gesicht und Oberkörper schwarz bemalt, mit einem Stahlhelm auf die Bühne, und sein erstes Wort, vor einem fast ausschließlich amerikanischen Publikum, war ›Nahrung‹, immer wieder ›Nahrung‹. Zur Steigerung der ohnehin in höchster Emphase erfolgenden Deklamation kam ›Erznahrung‹ hinzu. Es gab neben dem Umhergehen in der Installation wie einer hermetischen Kulisse, der ständigen Deklamation von anderen ›Erz‹-Vokabeln und der zerstörerischen Arbeit mit einer Axt und dann mit einem Pickel keine Handlung. Meese schlug in unmittelbarer Nähe der ersten Zuschauerreihe Dutzende Male auf einen mit Metallblech beschlagenen Holztisch ein, bis dieser tiefe Löcher hatte und unter der Wucht der Schläge einbrach. Die Hände des Künstlers bluteten. Währenddessen lief durchgehend Musik. Aufgrund des überreichen Bildervorrats und des großen Lärms hatte man Gelegenheit, über Kultur, die Welt, Gewalt und Sühne nachzudenken. Es gab kein genaues Ende des Stücks, so man keinen eigentlichen Verlauf, sondern einen langgezogenen Dominantseptakkord in Forte verspürte. Meese erzwang Präsenz. Als er nach wohl 90 Minuten aufhörte, wusste niemand mehr, vielleicht auch er nicht, was wirklich geschehen war. Meese war völlig erschöpft und lachte wie ein frisch aus der Trance Erwachter. Wir anderen waren, sofern wir es bis zum Ende ausgehalten hatten, beschämt. Beschämt über den großen Ernst der Darbietung, die einer strategischen Aufforderung gleichkam. Beschämt vielleicht auch über unsere kleinliche Allwissenheit, mit der wir Erlebnisse innerlich verwalten. Psychische Energien von Kunst, ihre Kraft, die einem Stromschlag, einem harten Wasserstrahl oder einem angstauslösenden Fallgefühl gleichen kann, diese Kraft hatten wir gespürt.« [17]

Ich dachte, dass ich in zwei Jahren Weltstar sei, überall totalst gefeiert. Ich dachte, das geht jetzt ruckzuck. Ich habe das für das absolut Geilste gehalten. Ich dachte, es sei revolutionärst, was

da passiert. Ich war mir sicher, dass ich von einer Kraft getragen werde, die das einfach überall hin ballert. Und dann kamen die ersten Schleusen [lacht]. Ich wurde von bestimmten Kulturnetzwerkern gemobbt. Aber ich war dann doch zu hibbelig und präsent, nicht unter den Teppich zu kehren. Die Berlin Biennale *war schon der absolute Hammer. Die Installation kam dann ja auch nach New York ins P.S. 1. Dort habe ich dann allerdings eine Performance gemacht, die mir das Wasser abgegraben hat. Die passte zwar total ins Bild, aber danach wollte das keiner mehr haben. Die fanden die Installation ganz interessant und toll, aber die Performance war in deren Augen zu deutsch, so nach dem Motto: »Nein danke, dem Typen geben wir hier überhaupt kein Forum mehr.« Dadurch wurde es in den Staaten natürlich schwierig. Schließlich landete ich bei dem deutschen Galeristen Leo Koenig, ein anderer hätte mich wohl gar nicht gezeigt. Und dabei war das damals eine so kunstdeutsche, martialische Performance, ich habe die ganze Zeit auf so ein komisches Metall draufgeschlagen, Kunst mit dem Holzhammer. Wie Knüppel aus dem Sack, Gebrüder-Grimm-mäßig. Holzauge sei wachsam. Und völlig hermetisch!*
Später kam dann ja mal die Tate Modern, da habe ich mich dann in England unmöglich gemacht. Das hatte seine Gründe: Ich mochte das Schulterklopfen nicht mehr. Das war mir zu doof. Ich wollte zwar, dass die Meesekunst jeder kennt, in der Mongolei genauso wie in Afrika. Ich dachte, das ist jetzt wirklich weltenrevolutionärst, was ich da tue. Aber ich wollte keine Anbeter und Speichellecker. Auch deshalb sollte es abseitiger, ablehnender und abweisender werden. Das ging auch auf den Einfluss von Erwin [Kneihsl] zurück. Erwin war wichtig für mich, weil er eine Gegenfigur war. Der hat eine Ausstrahlung gehabt, als würde er ständig sagen: »Haut ab Ihr Pisser!« Das hat mir gefallen und seitdem nutze ich diese Haltung für die Bühne. Während den Performances kriege ich meistens eine Abscheu vor den Leuten, die da sitzen. Die werden dann zu Feinden. Das ist halt so [zuckt die Schultern]. Wenn du dann so eine kleine Stimmung hast, wenn du dagegen gehen willst, dann entwickelst du natürlich diesen komischen Hass. Das ist so ein liebevoller Hass, der notwendig ist.

Man will zwar zeigen, dabei aber nicht vereinnahmt werden. Am Anfang, in der Kunsthochschule, war das noch nicht so, vermutlich weil man die Leute da zu gut kannte. Danach wurde mir schnell klar, das sind ja nun Wildfremde, die da sitzen, denen musst du jetzt mal irgendwas zwischen die Beine werfen, den Kunstknüppel. Und das hat meistens auch geklappt. Was man ja immer nicht dachte, dass das klappt. Kunst ist eben eine Distanzschaffungsmaßnahme.

2.–31. Juli 1999: Gruppenausstellung *Gallery Swap – Contemporary Fine Arts at Sadie Coles HQ*, Sadie Coles HQ, London (UK).

SAALSCHLACHT PARACELSUS
201: MAO

17. Juli – 12. September 1999: Gruppenausstellung *Akademie Isotrop. Evolution, Revolution, Exekution*, Gesellschaft für Aktuelle Kunst, Bremen.
17. Juli 1999: Performance *SAALSCHLACHT PARACELSUS. EVOLUTION REVOLUTION EXEKUTION (MÖNCHSTUM MAO).*

»›Die Akademie Isotrop ist eine unscharfe Organisation zur gegenseitigen Verstärkung, ständigem Anstoß und Verteilung durch Wände hindurch.‹ (*Isotrop 1*, S. 6) So lautet eine Selbstbeschreibung der Akademie Isotrop. Gegründet wurde die Akademie 1996 in Hamburg von einer Gruppe von KünstlerInnen beziehungsweise kulturellen ProduzentInnen. Ihre Aktivitäten sind vielfältig. So gab und gibt es Seminare, reguläre und projektbezogene Treffen in Privatwohnungen und den Räumen des Hamburger Golden Pudel Club. […] Seit 1997 realisierte die Akademie darüber hinaus Veranstaltungen und Ausstellungen an verschiedenen Orten. […] Insgesamt steht die Akademie Isotrop also für eine Form der Selbstorganisation, die weder im Sinne einer politischen Interessengemeinschaft mit programmatischer Zielsetzung (›Rettet diesen Park!‹) noch im Traditionsmodus Künstlergruppe (›mal zusammen ausstellen und trinken‹) funktioniert. Ihr Modell ist hybrid: Rahmenkonstruktion der Gruppe und künstlerische Praxis des einzelnen, individuelle und kollektive Produktionsformen stehen gleichwertig nebeneinander, bedingen und beeinflussen einander nichtsdestotrotz.« [18]

Ich werde dieser Gruppe ja immer zugerechnet, obwohl ich mich nie als vollwertiges Gruppenmitglied gesehen habe, eher als Gast. Ich war so am Rande – kam auch später –, aber ich mochte die Leute. Ich hatte ein paar Ausstellungen mit denen, ich empfand die alle als wirklich gute Künstler, aber ich habe mich da nicht totalst engagiert. Gudny war vor mir schon in der Gruppe. Ich bin auch deshalb reingegangen, weil Stefan Thater, mein engster Freund in der Kunsthochschule, auch in der Gruppe war. Und da dachte ich, okay, kann man ja mal machen.

19. Juli – 15. August 1999: Gruppenausstellung *D A CH*, Galerie Krinzinger, Benger Fabrik, Bregenz (Österreich).

»Der neue Beuys?
Über den Künstler Jonathan Meese ist oft gesagt worden, dass er die traditionelle Rolle des Künstlers als Schamane oder Priester wiederbelebe. Ich selbst habe in einem Artikel für die Zeitschrift ›Spex‹ den Vorschlag gemacht, in ihm eine Art Wiedergänger von Beuys zu sehen. In einem anderen Zusammenhang hat der Künstler Mike Kelley kürzlich darauf hingewiesen, dass es die Position des Wiedergängers in der Kunst in regelmäßigen Abständen geben müsse – Figuren, die ein in Vergessenheit geratenes ästhetisches Programm erneut ins Spiel bringen. Diese Wiederholungen seien umso wichtiger, als das kulturelle Gedächtnis immer kürzer werde. Jede Generation müsse sich schließlich das Gewesene auf neue Weise aneignen. Aus dieser Sicht würde Meese jene Leerstelle ›Beuys‹ wiederbesetzen, die nur darauf wartete, wieder aufgefüllt zu werden. Ein entscheidender Unterschied zwischen Beuys und Meese besteht jedoch darin, dass sich bei Meese kein Äquivalent zu den politischen Aktivitäten von

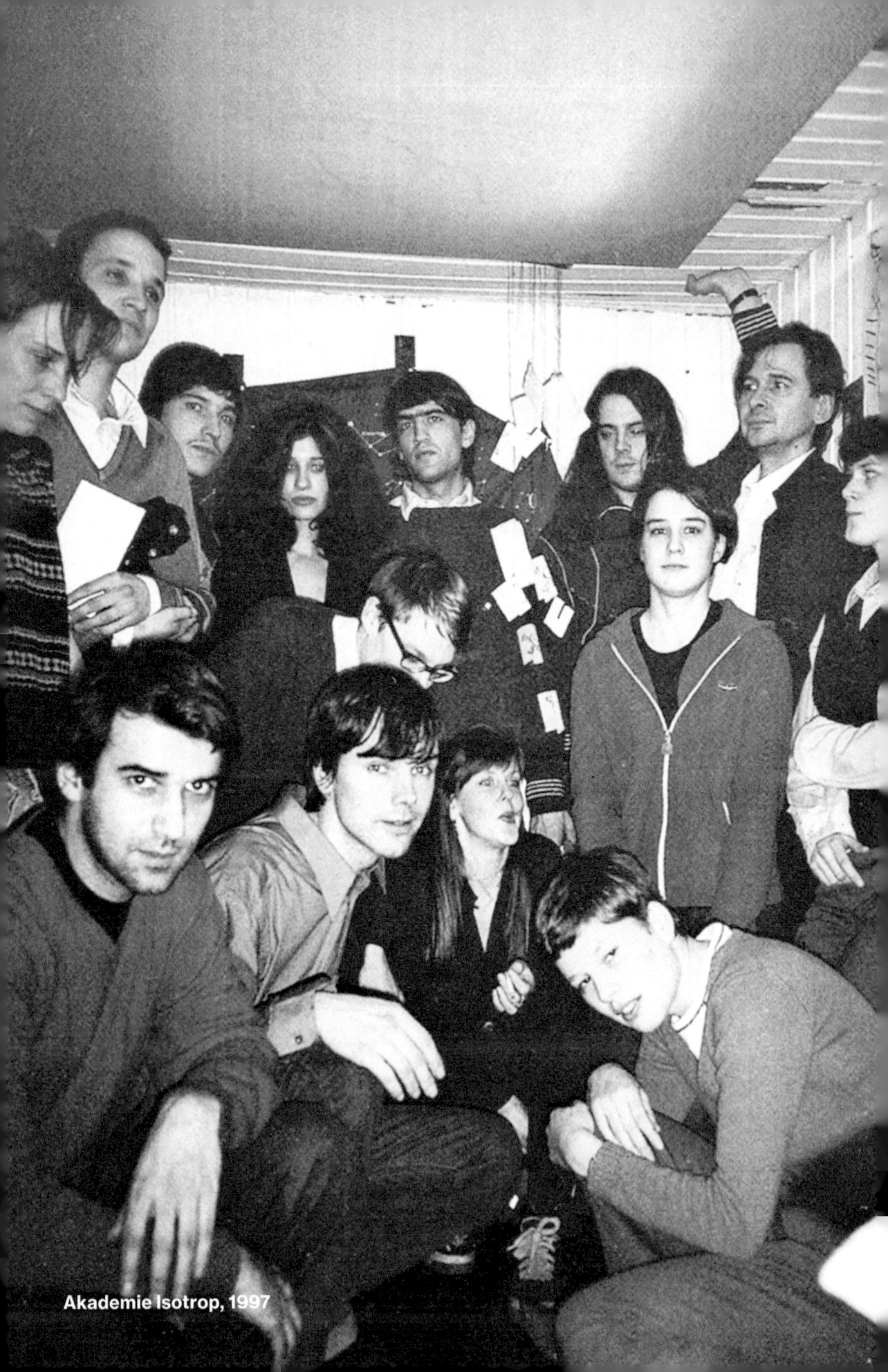

Akademie Isotrop, 1997

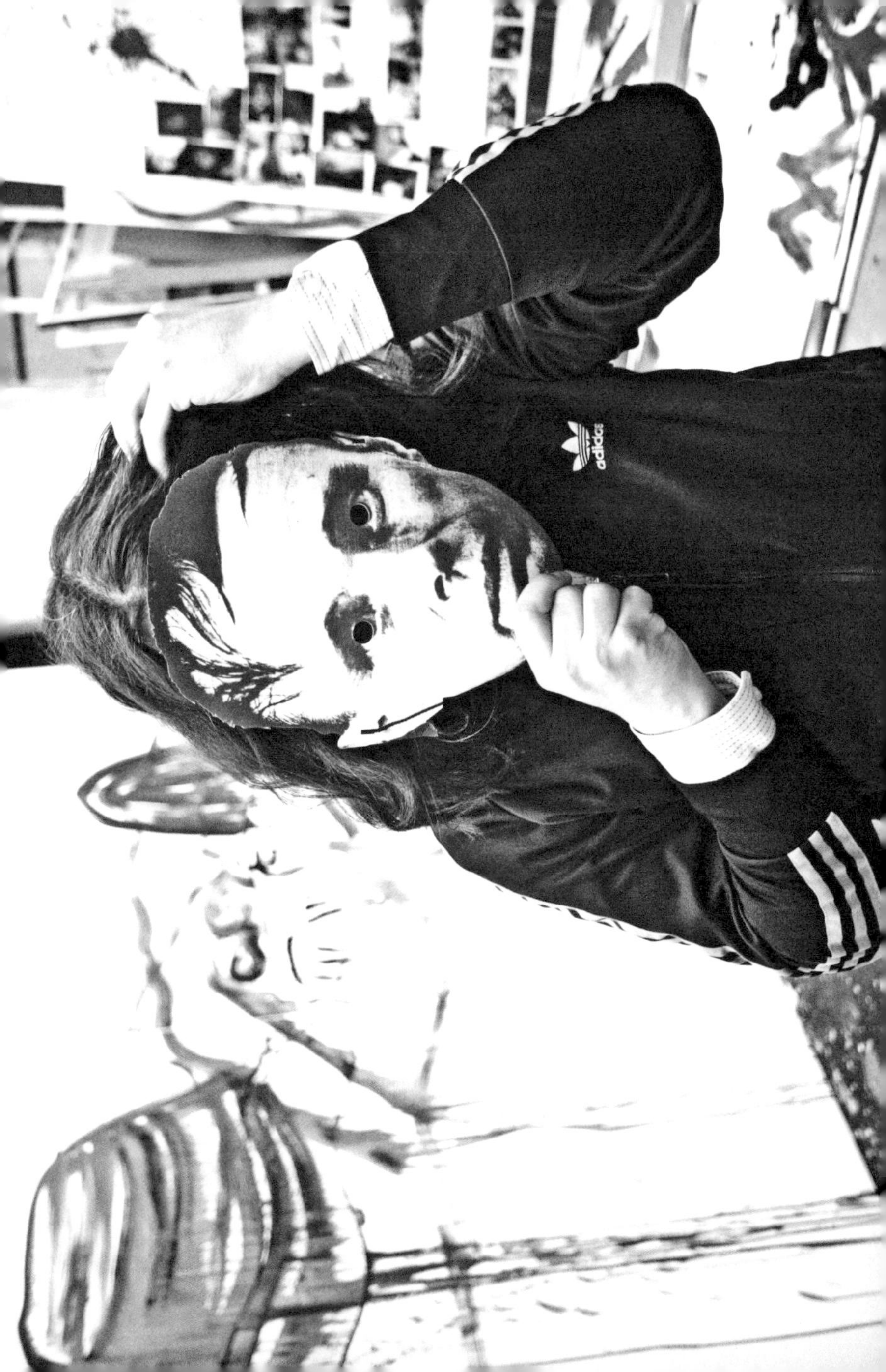
adidas

Beuys findet. Der Vergleich zwischen Meese und Beuys drängt sich auch weniger auf der Ebene von Installationen, als in Bezug auf die Performances auf. Bezeichnenderweise spricht Meese (wie Beuys) lieber von Aktionen – wie um die semantische Verwandtschaft zur politischen Aktion zu betonen. Ich halte jedoch den Begriff der Performance für angemessener, weil seine Auftritte durchaus theatralisch auf einer eigens dafür aufgebauten Meese-Installationsbühne inszeniert werden. Ähnlich wie Beuys setzt Meese Wörter und Sätze in seinen Performances, etwa ›Nahrung‹ oder ›Du bist in Sicherheit‹ wie Beschwörungsformeln ein: Sie werden mehrfach hintereinander laut gerufen. Diesen Aussagen lässt sich ohne weiteres ein performativer Charakter attestieren, weil sie wie Sprechakte funktionieren: Aussagen, die zugleich Handlungen sind. Eine performative Dimension besaß der Text auch in den Aktionen von Beuys: Das auf die Tafel Geschriebene mutierte zu einem Bild, welches wiederum als eine Äußerung funktionierte. Den Botschaften von Meese fehlt jedoch diese tafelbedingt didaktische Note: Sie befinden sich vorzugsweise auf Wänden, Bannern oder Kreuzen. Insbesondere in dem von Meese gestalteten Schaufenster der Buchhandlung König haftete den mit der üblichen schwarzen Schrift auf Pappstücken geschriebenen Namen – ›Mutter‹ oder ›Erzrunengott‹ – etwas Eindringliches, Pamphlethaftes an. Wie in einer Litanei setzt Meese seine Standards, etwa ›Lungensanatorium‹ oder ›Erzvolk‹ wiederholt ein. Gerne rezitiert er auch die Namen von ägyptischen Göttern wie Echnaton oder Isis. Jede Meese-Installation signalisiert, dass diese Namen zum persönlichen Kanon des Künstlers gehören. Warum sonst würde er sie beispielsweise auf Latten plazieren, die Verschläge bilden, in denen dann anderen ›Größen‹ in Form von Photokopien, Filmstills, Videos oder Büchern gehuldigt wird? Zweifellos hat man es hier mit einer ›persönlichen Mythologie‹ zu tun – ein Ausdruck, der auch oft im Zusammenhang mit Beuys verwendet wurde.
Bei Meeses letzter Performance im Kölnischen Kunstverein hatte ich allerdings den Eindruck, dass sich der mythische Aspekt seiner Arbeit zuspitzte: Meese selbst nahm nun die Gestalt des Mythos an – er war die Verkörperung des Mythos. Dieses ›Mythisch-

Werden‹ seiner Person schien Meese sogar zu thematisieren, wenn er ein Kreuz mit der Inschrift ›True Meese‹ hochhielt.« [19]

»Es wäre zu einfach, den frappierenden Erfolg von Meese daran festzumachen, dass er mit seiner Haltung als jugendlicher Rebell den Vorstellungen und Erwartungen einer Gesellschaft des Spektakels entspricht. Das Phänomen Meese liegt tiefer – in einem Tabubruch. Er hat es gewagt, gegen das wissenschaftstheoretisch und politisch Richtige respektlos ohne Rücksicht auf Moral und Ethik anzugehen, den Wichtigen des Kunstbetriebs, den Schreibern und vor allem den wie früher Barockfürsten herrschenden Kuratoren den Stinkefinger zu zeigen, und das ganz freundlich lächelnd. Natürlich wird er als regressiv und seine Kunst als spätpubertärer Kitsch abgekanzelt. Er riskiert auch institutionelle Ächtung. Die Menschen spüren aber und akzeptieren, dass hier ein Künstler auftritt, der, ob nun Fiktion oder Mythos, auf Autonomie besteht und sein Recht, abstrus Weltanschauliches zu verkünden, einfordert. Als einer der wenigen Jungen wehrt sich Meese gegen den umfassenden, auf Alleinvertretung zielenden Geltungsanspruch der Kontextkunst. Dem kopflastigen Interpretieren und taktischen Positionieren setzt er Unmittelbarkeit und Authentizität entgegen. Viele atmen auf. Zu Recht?« [20]

Ich habe das Material dann plakativer gebracht – das sieht man auch an der Jenseitskutsche –, *nicht nur so ein bisschen, fein, fein, schöngeistig. Nee, danke. Wenn das Schöngeistige im Anflug ist, muss man es sofort brechen. Ich hermetisierte mich weiter in meinem Atelierdienst und konzentrierte mich auf meine echten Freunde. Bei Daniel [Richter] zum Beispiel, meinem Ateliernachbar im Postfuhramt, hatte ich komischerweise immer einen Stein im Brett. Der hat auch den Witz an der Sache verstanden, genau wie Tal R und Albert Oehlen. Die haben immer gepeilt, worum es bei mir geht: die Absurditäten, die Übersteigerung, das Manische und die Extreme, also die Radikalität. Die waren dann auch Teil der Familie, die sich bei CFA gebildet hat. Und dann schlich sich langsam, aber sicher so manche Kulturpartyschleimerei ins Programm. Am Anfang dachte ich noch, das ist ein Missverständnis, doch dann habe ich gemerkt, dass das Programm ist,*

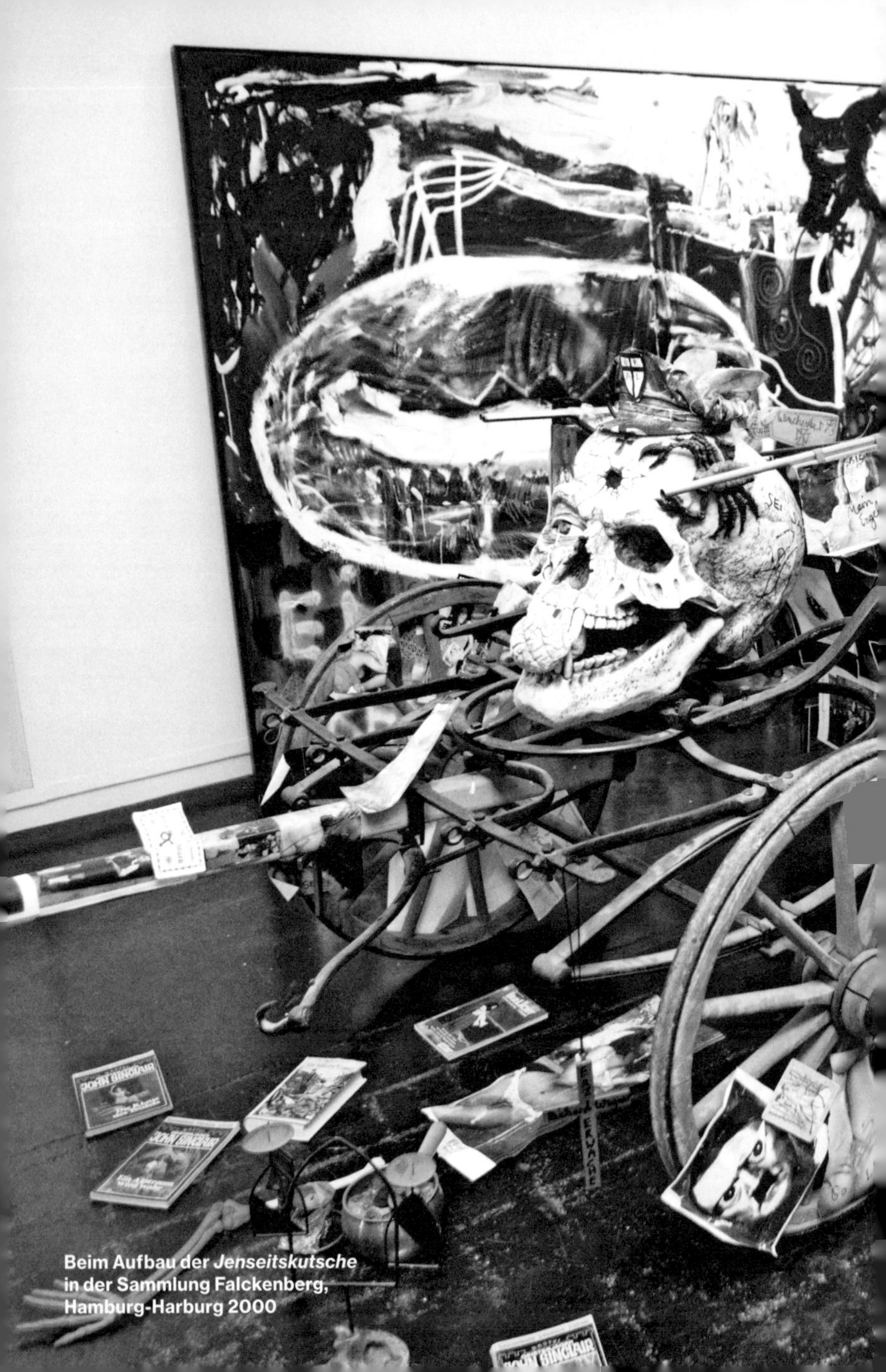

Beim Aufbau der *Jenseitskutsche* in der Sammlung Falckenberg, Hamburg-Harburg 2000

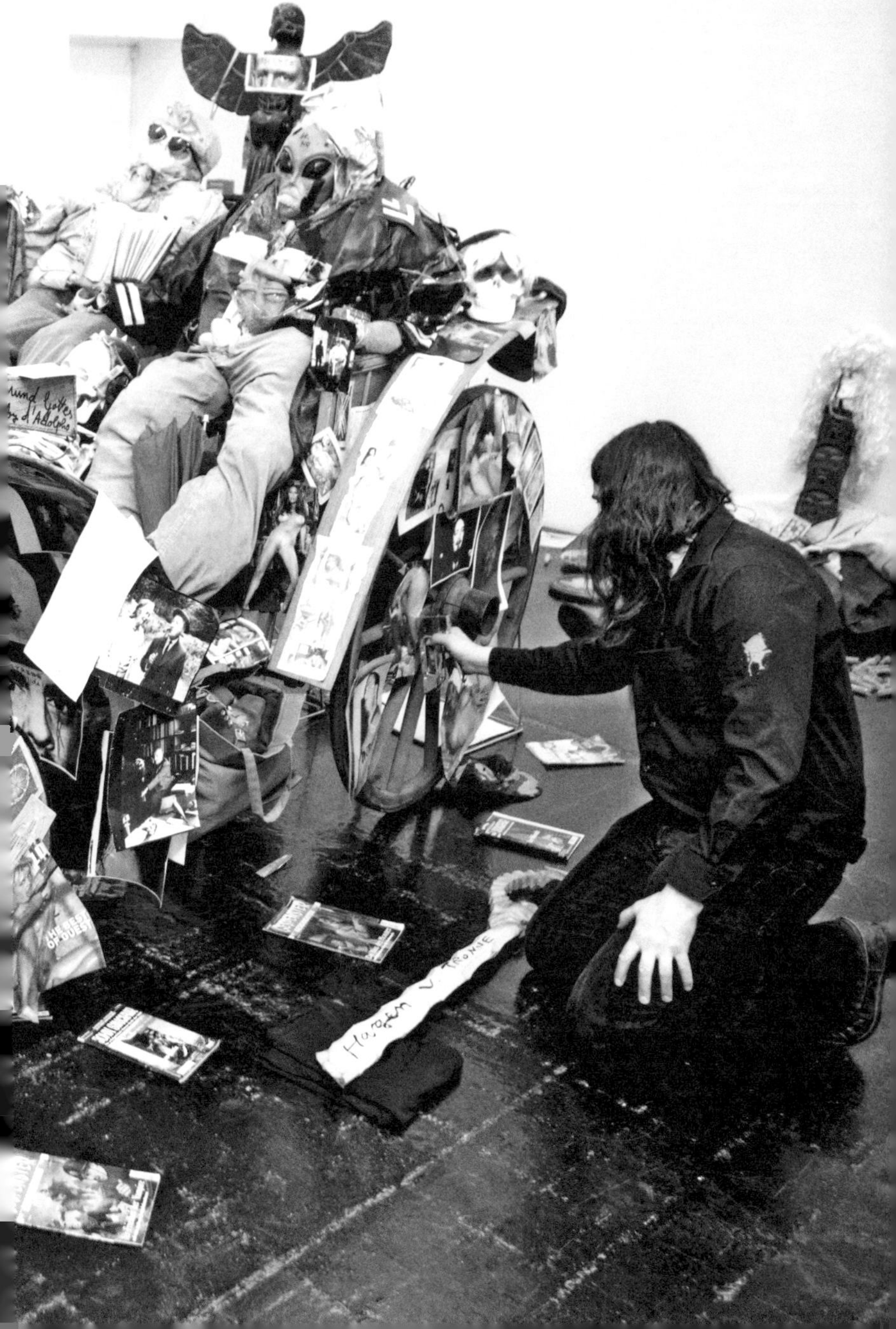

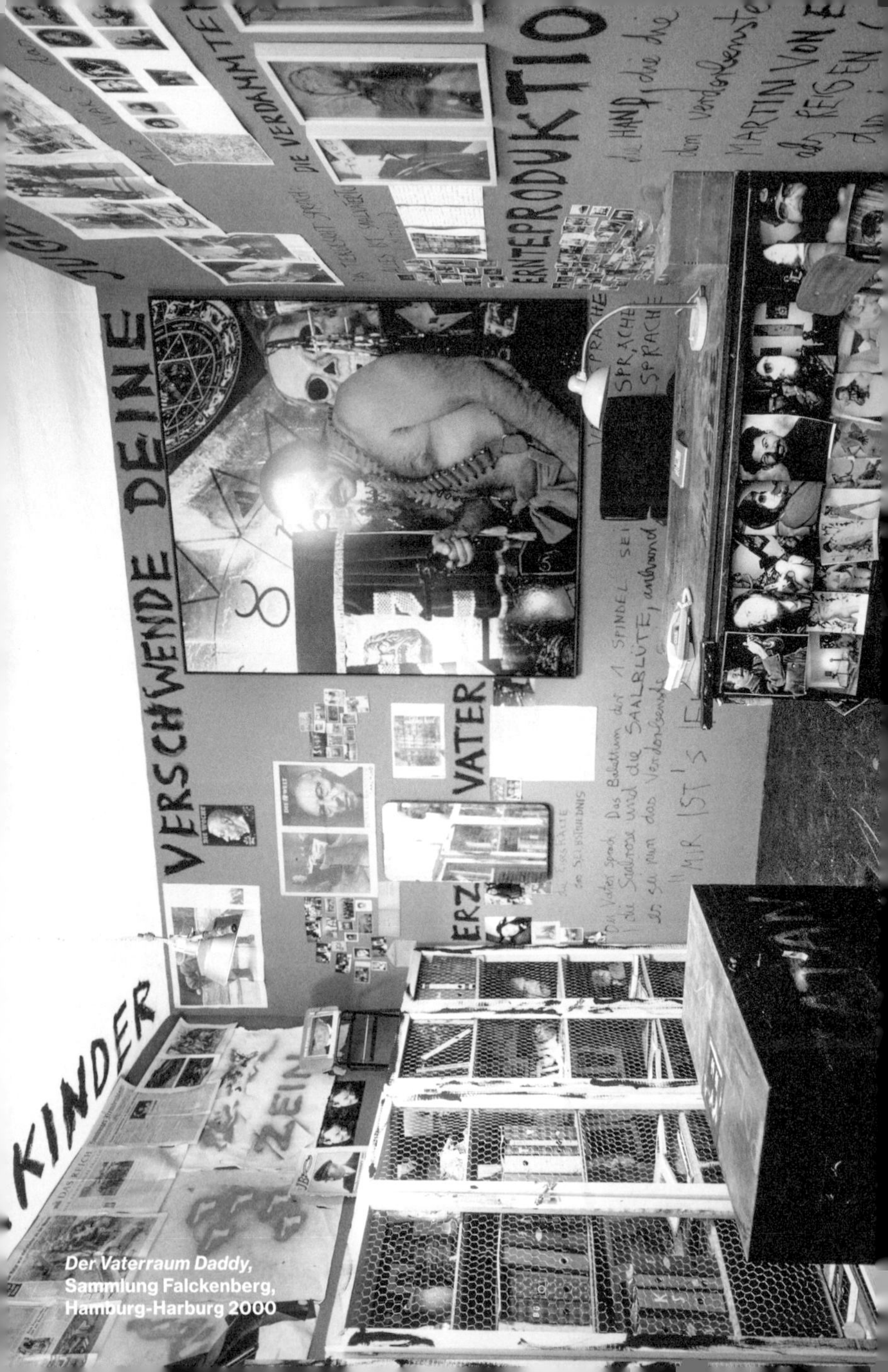

Der Vaterraum Daddy, Sammlung Falckenberg, Hamburg-Harburg 2000

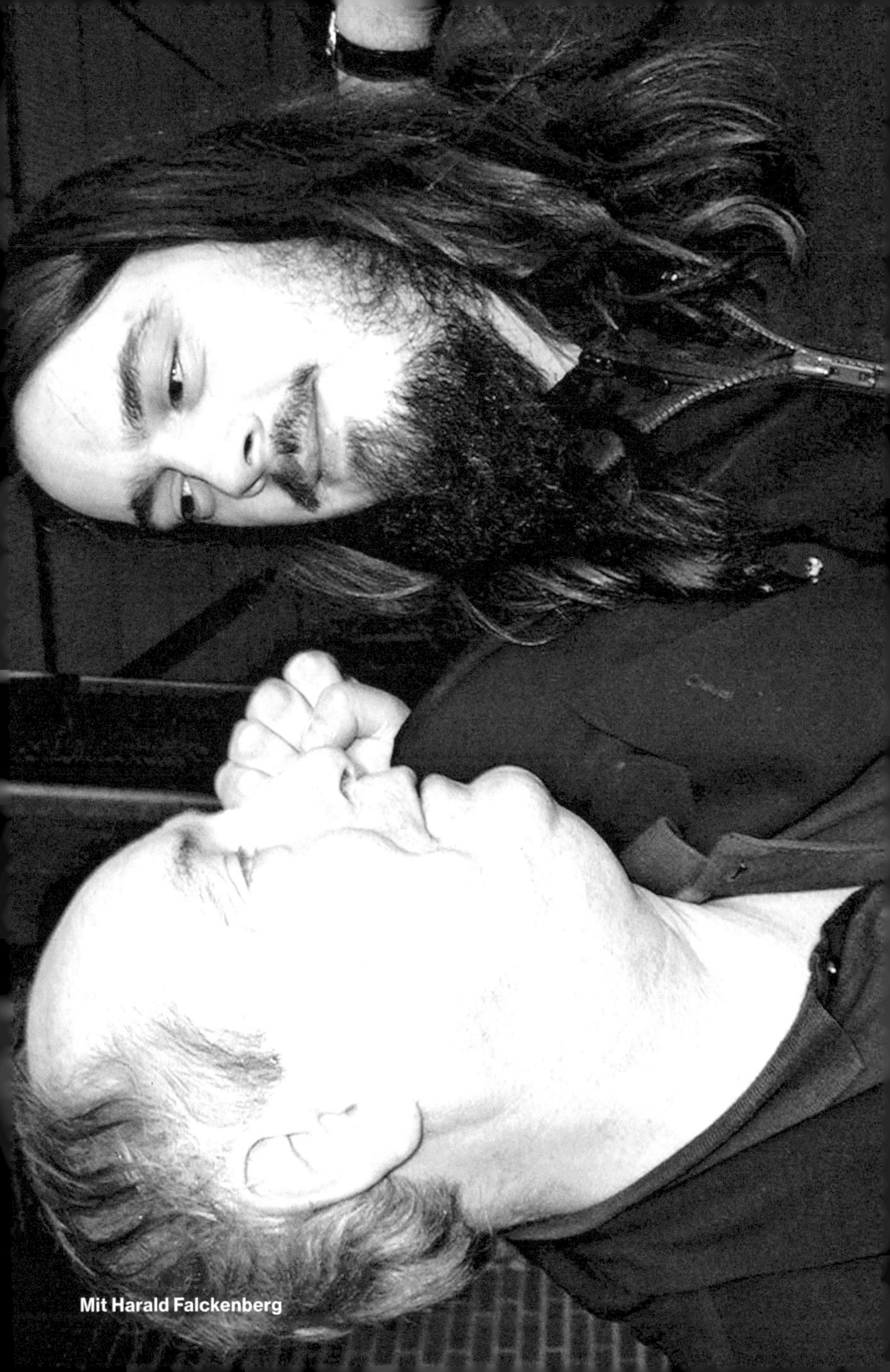

Mit Harald Falckenberg

Weichspülprogramm. Plötzlich ging es um durchdemokratisierte Gefallsucht.

193: RICHARD WAGNER WIRD STAATSGOTT
1977: Leichenfeld: Schädel – Devon – Karbon – ERZPAPST

16. Juli – 5. September 1999: Beteiligung an der Ausstellung *Wunderkammern: Christian Flamm, Bernd Krauß, Jonathan Meese*, mit der Installation *Erzreligion Blutlazarett / Erzsöldner Richard Wagner / Privatarmee Ernte und Saat / Waffe: Erzblut der Isis / Nahrung: Bluterz*, Frankfurter Kunstverein, Frankfurt a. M.
16. Juli 1999: Performance *Aktion Blutgral: ERZISIS – LICHTYRANNONON – Richard Wagners ALTER OZEAN – PRIVATARMEE: ECHNATON*.

»Die Produktion von John Bock ist vom Ansatz her theatral. Seine Installationen und Objekte sind dafür konzipiert, im Ablauf seiner Performances Funktionen zu erfüllen. Außerhalb des Performance-Zusammenhangs dagegen erschließt sich weder ihre Funktion noch ihre Bedeutung. Vage wirken sie wie Bestandteile einer imaginären Robinsonade, wie Überlebensvorrichtungen eines übergeschnappten Bastlers: Verschiedene Architekturen versehen mit allerlei Maschinen, Staubsaugern, dazu freistehende Schrankwände, Stühle, Galgen und Haufen. Im Verlauf einer Performance nimmt Bock seine Objekte in Betrieb, klettert und zwängt sich durch seine Bauten. Dabei spricht er. Unaufhörlich. Seine Rede ist durchsetzt mit eigenen Wortschöpfungen. Ein Sprechstrom in Bock-Speak. [...] Die Logik der Performances von Bock ist eine einfache: Man kann eins nach dem anderen tun. Man spreche einen Schüttelreim, spiele dann ein Puppenstück, erstelle dann ein Diagramm, spreche dann auf Französisch und dann und dann. Das ist das Prinzip der Serie: auf einen Schritt kann immer der nächste folgen, egal welcher, Hauptsache es folgt einer. Von der Warte des Produzierenden aus ist diese Logik vollkommen zwingend. Den Rezipienten jedoch tritt sie als hermetische gegenüber. Ihnen bleibt nur der Part, bei jedem neuen Schritt der Serie neu zu fragen: ›Und was macht er jetzt? Und jetzt?‹. Darüber hinaus läßt sich die Rezeption eigentlich nicht weiter vertiefen. Es gibt keine Struktur oder Dramaturgie, die es einem erlauben würde, mehr als nur das Offensichtlichste zu verstehen. [...] Ein einfacher Unterschied zwischen Bock und Jonathan Meese ist, Bock ist nicht böse. Meese schon. Mit böse ist die Grundstimmung gemeint, die in Meeses Kunst vorherrscht. Ein Pathos der kultischen Verehrung von Idolen, Masken, Fratzen, Fressen, die für Transgression, Exzeß, das Böse eben stehen. Die Meese-Welt entfaltet sich in Installations-Materialschlachten und Endlos-Performances. Zentrum aller Produktion ist offenbar die Frage: Was ist wichtig? Was hat Wert? Diese Frage führt zwangsläufig zur Diskussion von Pathos. Im Pathos behauptet Kunst ihre eigene Wichtigkeit, die Relevanz ihres Anliegens oder Themas. Meese wählt das Pathos der Verehrung von Leitbildern. [...] In diesem Sinne handelt seine Performance in der Wagner-Installation im Frankfurter Kunstverein vom Krieg, der Gralssuche, vom Ringen um die irgendwie letzten Dinge, von Richard Wagners letzter ungeschriebener Symphonie, dem ultimativen Erlebnis also. Trotz metaphysischem Pathos kommt jedoch nie das Gefühl einer Bedrohung auf. Der Wagner-Raum ist ungefähr so bedrohlich wie eine Geisterbahn mit angeschaltetem Licht. Vielmehr ist der Muff des Pathetischen zu spüren. [...] Meese punktet dadurch gleich doppelt. Zum einer schafft er es mühelos, einen historischen Diskurs um Pathos und Wichtigkeit des Kunstschaffens zu vergegenwärtigen. Beuys und Kiefer sind in seiner Arbeit sofort präsent. Zum anderen bringt er diesen Pathos-Diskurs rigoros zu Ende, indem er das numinos Erhabene, um das Beuys und Kiefer sich noch bemühten, zugleich beschwört und austreibt. In einem großen Finale geht das Versprechen des Erhabenen unter in Regression und Klamauk, Leberkäs und Grunzen. Was Meese dabei zudem deutlich macht, ist, daß es ungeheuer einfach ist, einen Diskurs zu erzeugen. Man hänge ein paar fotokopierte Wagner-Bilder auf, schreibe ›Erzbayreuthon‹

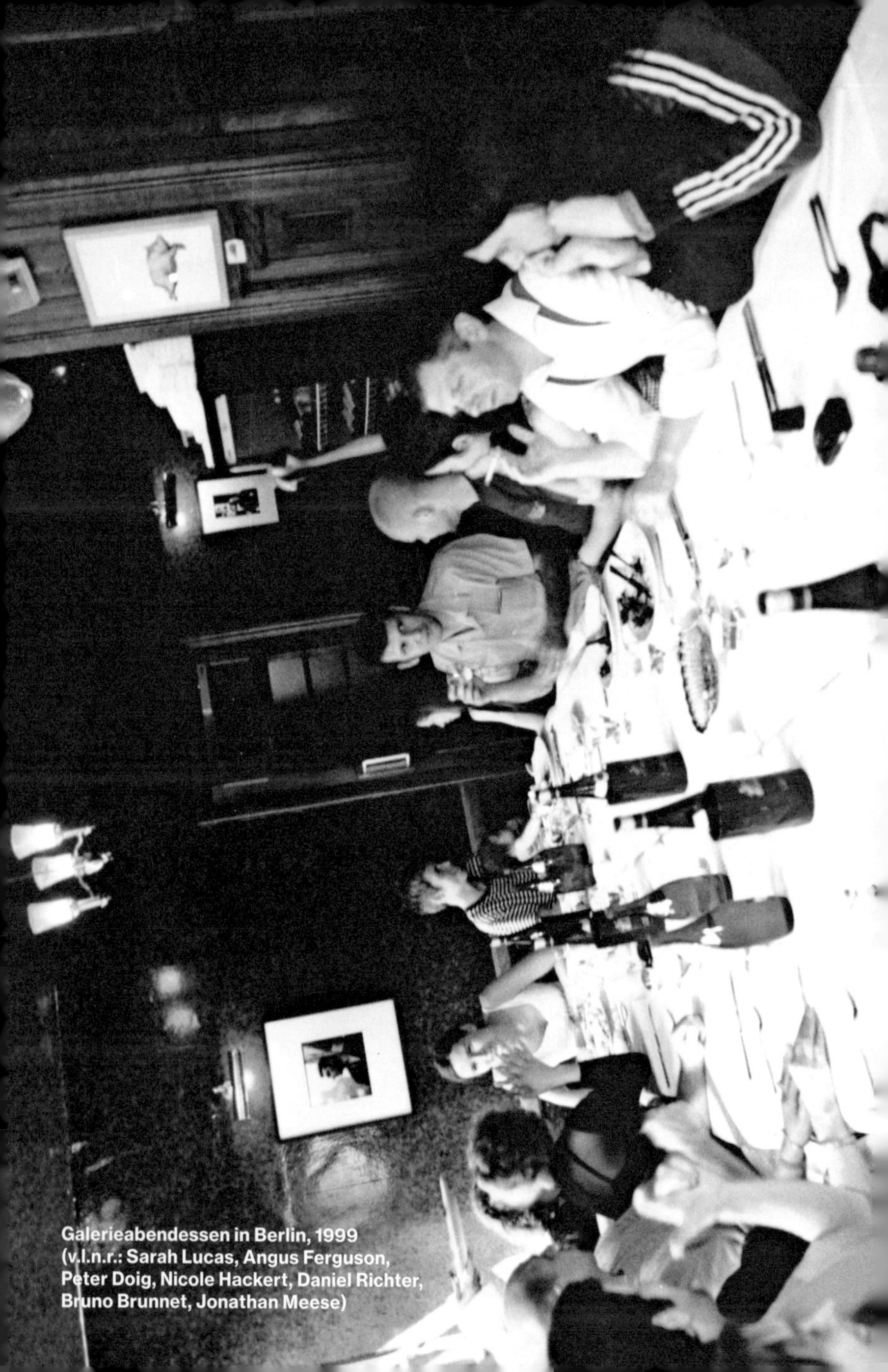

Galerieabendessen in Berlin, 1999
(v.l.n.r.: Sarah Lucas, Angus Ferguson, Peter Doig, Nicole Hackert, Daniel Richter, Bruno Brunnet, Jonathan Meese)

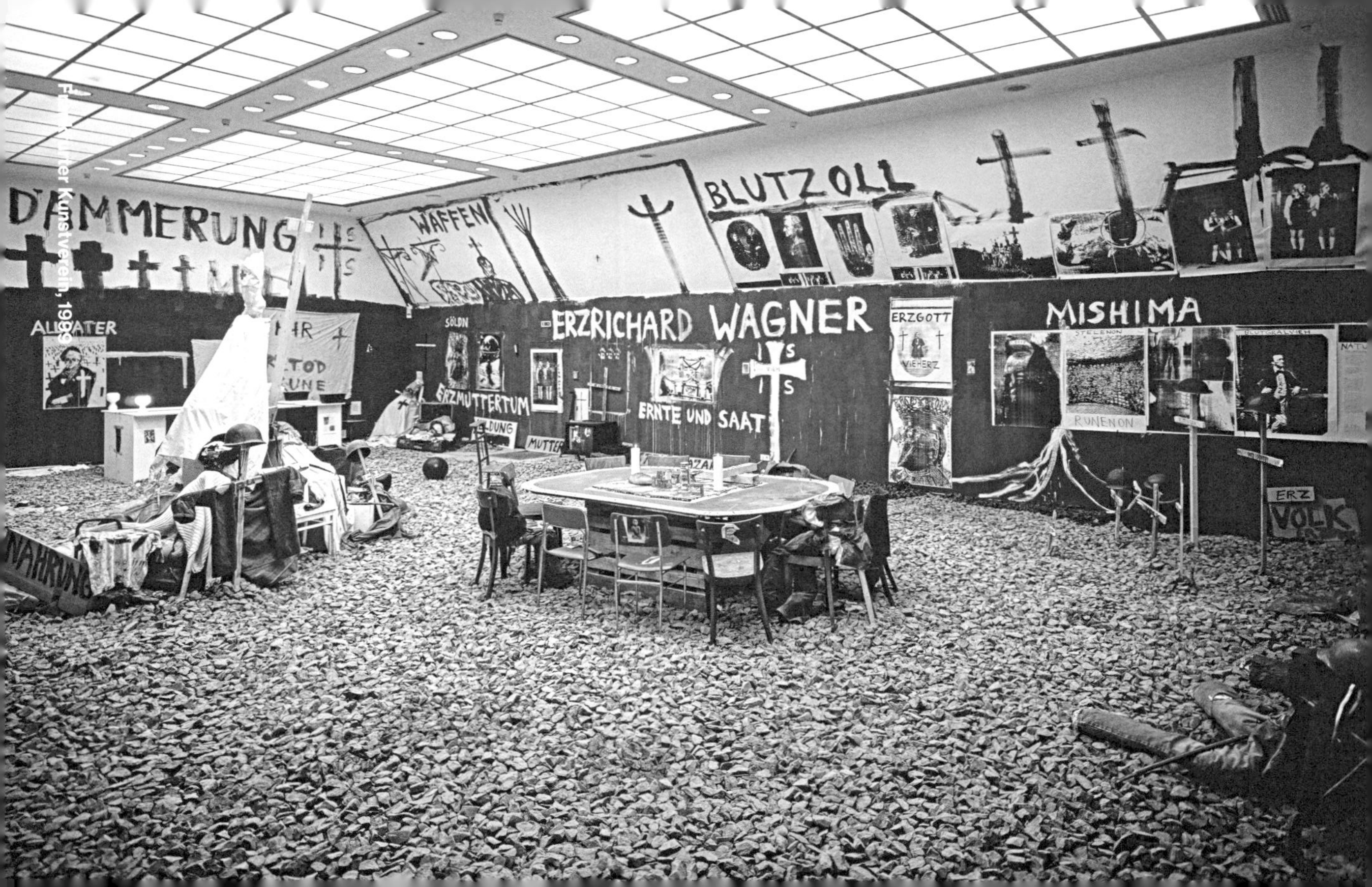

Frankfurter Kunstverein, 1999

darüber und stelle ein Kreuz dazu, auf dem ›Volk‹ steht oder ›Tod‹, schon rollt der Diskurs. Diskurshaltiges Material liegt auf der Straße. Man muß nur etwas davon aufhäufen und schon hat man einen reflexionsgesättigten Zusammenhang, ein System. Dieses System ist, obwohl es chaotisch wirkt, streng formalisiert. Bestimmte Begriffe stehen für bestimmte Dinge. Zugleich bildet es die Bühne, auf der Meese seinen Pathos-Impuls körperlich auslebt. Also ist eine Dialektik von System und Impuls am Werk: Man erzeuge ein impulsgeladenes System und lebe in ihm dann systematisch Impulse aus.[...] Vergleicht man insgesamt den Produktionsansatz von Bock [und] Meese [...], so könnte man sagen, daß Bock in seinen Performances ein Handlungsfeld durch das serielle Aneinanderreihen möglicher Aktionen eröffnet (erst tue ich das und dann kann ich das tun und das...). Meese dagegen erzeugt ein diskursives System aus Bild- und Sprachzitaten, innerhalb dessen er pathetische Impulse ausleben kann.« [21]

8. August – 3. Oktober 1999: Ausstellung *Information – Erlösung – Wiederkehr / Richard Wagners Privatarmee Lichterz*, Kunsthalle Bielefeld, Bielefeld.
1. September 1999: Performance *MARTYRIUMEESE. SAALSCHUTZ: HAGEN V: TRONJE SAALRÄUMUNG: D.A.F. MARQUIS DE SADE ERZFEIND ERWACHE.*

»Meine persönlich eindrucksvollste Kunsterfahrung mit Meese datiert auf eine Aktion in der Kunsthalle Bielefeld Anfang September 1999 zurück, wo er im Verlauf von ca. 120 Minuten immer wieder Richard Wagner anrief, dabei aus Leibeskräften stammelte und schrie, dazwischen in großen Zügen Wein trank, Teile der Bühne umräumte und einiges zertrümmerte, Gesichtsmasken wechselte, sich mit einem Skelett als engem Freund in einen sarkophagähnlichen Behälter begab, um irgendwann die Treppe hinabzurutschen und viele Male hintereinander wie ein buchstäblich Erlöster, Geläuterter, in völliger Ekstase auftretender Schauspieler ›Richard! Oh Richard!! Oh mein Richard!! Mein Richard!! Jaaa ...‹ zu rufen, so dass die Höhepunkte seiner Kunst nicht nur aus Anrufungen und Beschwörungen von

Glaubenskräften, sondern auch aus seiner einzigartigen Fähigkeit erklärbar sind, alle Register zu ziehen. Meese ist ein großer Schauspieler, und seine Aktionen verlaufen wie ein Film. Er vermag das höchstmögliche Erleben, eine orgiastische Gotteserfahrung, dionysisch, sowohl mit gebotener Feierlichkeit als auch wie ein Punk, mutwillig anzubahnen. Er kann und will sich hineinsteigern, wie man sagt, um Ekstase aus einer physischen Verausgabung zu verursachen und dabei indirekt plausibel zu machen, dass aus solchem Vorgehen naturgemäß ein seelisches Aus-Sich-Heraustreten folgt.« [22]

2010: ERZKAMERAD: ZOON POLITIKON

28. August 1999: Performance *ERZKAMERAD STANLEY KUBRICK I. ERZVERRÄTER ZATANDRÉ IST TOT (PROPAGANNDANN)*, Kunsthalle zu Kiel, Kiel.

Vom 17. Juni bis 29. August 1999 zeigte die Kunsthalle zu Kiel unter dem Titel *Stanley Kubrick. Still Moving Pictures. Fotografien 1945–1950* einen ersten umfassenden Überblick über das fotografische Frühwerk des im gleichen Jahr verstorbenen Filmemachers. Die Ausstellung war anschließend vom 4. September bis 10. Oktober 1999 im Kölnischen Kunstverein zu sehen.

11. September 1999: Performance *Der Erzkamerad war geheilt. Für Stanley (ERZKAMERAD STANLEY KUBRICK II. STAATSSATANISMUS II MENSCHENVOODOO ALEX DE LARGERZ (KALININ))* im Rahmen der Ausstellung *Stanley Kubrick*, Kölnischer Kunstverein, Köln.

»Crosses turned up as one of the many significant elements in his early September performance at the Kunstverein, Cologne, when, amidst a display of Meese's favourite Stanley Kubrick photographs, he held them up to the ceiling, the wood loosely nailed together and enscribed with crude keywords like ›Truemeese‹ and ›Gesinnung‹. Sporting his belly pushed up by not one but two belts, Meese starts to howl like a theatrical stereotype of a mourning old widow crossed with the last-orders-delirium of a toothless alcoholic in a Dickensian pub. The personified ruin of a man, the grimace a last signal of the bloated body that lingers beneath it, mourning for a certainty of identity and ideology long lost (and Meese certainly never wanted that kind of certainty in the first place). Ruin of man. The soundtrack to *Barry Lyndon* blared from the speakers which added to the impression that Meese uses Anglophile regression as a means to break the pathos of Beuysian myth alchemy; but instead of being satisfied with that, he carried the delirious self-disintegration of the male body up to the point where it tilted over into the other side of soldierly strapping self-discipline. At one point he put on rubber fishing trousers, which made him look like a fleshy grim Moby Dick-character stuck in a Monty Python-loop. The next moment it was a black leather coat – Meese closes his jacket with a very significant lift of the eyebrow, immediately recalling the characteristic grimace of the officer buttoning up his beloved uniform. […] The title of the evening: *Staatssatanismus II Menschenvoodoo* left open the possibility of whether the state satanism and the manvoodoo would be directed against Meese and his extras on the set themselves, or the Cologne audience (a disturbing poster in the show which read ›Tötet das Volk!‹ – ›death to the people!‹ – seemed to suggest the latter). Meese started to shout ›Stalin, Stalin‹ into a megaphone, over and over again; and it became clear that this would be a Stalinist show trial, in what seemed at first to be classical ›provocational‹ theater-tradition. Meese shouting through the megaphone, Meese walking up and down, Meese holding up the cross, Meese dragging the seemingly liveless body of someone across the floor. Up to this point, the perfomance could still be viewed along the boring old lines of the genre of theater – the shouted words cancelling out the effect of overacted deeds and vice versa. But then something happened, something that hadn't yet happened in Meese's performances up to this point. The extra playing the liveless body was André Butzer, friend and colleague of Meese in the Hamburg artist's group Akademie Isotrop. Screaming at him that he was the ›Saalschutz‹ (security guard for a political assembly) that had failed, the traitor swine, Meese used Butzer's real name, not a fictitious one, while insulting him. Being aware of this fact when you, more than likely, already felt uneasy with the scene – despite the fact that Meese made you laugh by calling himself the partyleader Richard Wagner (an absurd, but somehow convincing permutation of categories) – made the situation almost unbearable. The distinction between show, ›show trial‹ and real ›show trial‹ was blurred dramatically, and it became apparent that it was at least also indirectly about Akademie Isotrop and the social question of inclusion and exclusion in artistic (and other bohemian) groups. While in ›real life‹, Meese is certainly not the party leader and Butzer the poor renegade, the act of screaming at him with his proper name produced a clear connection that doesn't replace the category of theater with ›real life‹, but a kind of public sado-masochist ritual, a ritual to exorcize the seemingly almost inevitable Stalinist exclusion-inclusion-powerplay within social groups (it was definitely more than a coincidence that the second part of Kubrick's *Clockwork Orange* played on a monitor during the performance, a film in which the ›hero‹ is exorcized of his sexual violence). And the ritual includes putting the renegade to the cross, martyrdom itself becoming a grotesque stereotype within the matrix of a group.« [23]

24. Oktober – 14. November 1999: Beteiligung an der Ausstellung *Die Schule von Athen – German Art Today*, Hellenic Art Galleries Association, Athen (Griechenland).

13. November 1999 – 26. März 2000: Gruppenausstellung *German Open 1999: Gegenwartskunst in Deutschland*, Kunstmuseum Wolfsburg, Wolfsburg.

»Politische Korrektheit ist für Meese offenbar eine Devise von vorgestern, das Aufbrechen von Tabus vielmehr das Gebot der Stunde. Der Künstler hat damit endgültig seinen Kosmos des Privaten erweitert und den öffentlich-staatlichen Raum ›okku-

piert‹ – und das vor allem auch in seiner historischen Dimension. In bekannter Aktionismustradition benutzt er dazu das Instrument des okkultistischen Rituals und der verkappt-pathetischen Heldenfeier, um sein Publikum entweder einzunorden oder endgültig abzuschrecken. Allein politisch-militärische Rhetorik kann daher dieses Phänomen greifen. Geradezu extremistisch, ja terroristisch geht Meese vor, um die Schmerzgrenze seiner Kunst zu erkunden und damit jede Vereinnahmung durch das (Kunst-)Publikum, jedes Mitläufertum, wie er es nennt, zu unterbinden. [...] ›Ich will wissen, wer meine Feinde sind!‹, ›Es gibt keine Halbherzigkeit mehr!‹, ›Alles muss übel aufstoßen!‹ Mit diesen Durchhalteparolen beschwört Meese sein Publikum und vor allem sich selbst. Mit dem für ihn typischen Hang zur Manie schützt er jetzt eine aggressiv-feindliche Haltung vor und markiert so für sich eine neue Stoßrichtung. Es ist jetzt vor allem die Macht der Worte und Gesten, die er in seinen aktuellen Performances durchspielt. Das biografische Moment ist dabei in das historiografische eingemündet, seine adoleszenten Geschichten sind in das mythische Konstrukt einer kollektiven Geschichte eingeflossen.
Eines wird dabei deutlich: Es ist genau diese Schnittstelle von individueller und kollektiver Mythenbildung und -inszenierung, an der sich die Aura der Macht ausbildet. Mit ihren Möglichkeiten experimentiert der Künstler jetzt, in dem er sie überzieht – ein Künstler, der offenbar nie Angst hatte, seine Person in den Dienst einer Grenzüberschreitung, Enttabuisierung und Erwartungsenttäuschung zu stellen. Doch hinter aller Selbstentblößung ist seine Maskierung nicht gewichen. Im Gegenteil – weniger denn je wissen wir, woran wir mit ihm sind.« [24]

20. November 1999 – 14. Januar 2000: Ausstellung *Gesinnung '99 – Der letzte Lichtstrahl des Jahrtausends* (mit Erwin Kneihsl), Contemporary Fine Arts, Berlin.

»Ende 1999/Anfang 2000 versetzte Meese seine Galeristen in helle Aufregung. Si tacuisses ... Genau das aber wollte Meese nicht. In Interviews mit dem *Tagesspiegel* und der *Frankfurter*

Allgemeinen Zeitung offenbarte er seine Weltanschauung. Ausgangspunkt ist die Erkenntnis, dass wir in der größten Gleichschaltungssituation lebten, die es je gegeben hätte. Das 20. Jahrhundert nach 1945 hätte nur aus kläglichen Versuchen bestanden, Ismen, genauso banal wie diese ganzen Bewegungen, ob nun Surrealismus oder Dadaismus, alles nur für Leute, die in irgendeiner Gruppierung Platz finden wollten. Meese hat den totalen Anspruch und will *Erzmensch, Kampfmensch, Runenmensch, Maldorormensch, Seelenmensch, Blutmensch, Unmensch* und *Viehmensch* sein. Vergangenheit ist für ihn Gegenwart und Zukunft. Er stellt Nährketten auf als Stränge des Menschlichsten von Nero, Caligula, Lautréamont, Wagner, Nietzsche, Heidegger, Ezra Pound, Wilhelm II, Stalin, Hitler, Berija und Pol Pot. Fast nur Männer, wird er gefragt. ›Frauen? Das sind alles Frauen. Richard Wagner ist mit Sicherheit eine der extremsten Frauen, die es je gegeben hat. Geschlechterdifferenz gibt es nicht mehr.‹ Ihn bewegen das Antlitz, die Fratze, die Maske, Knochen wie Blut und das Suden, d.h. die Essenz aus etwas noch einmal herausholen. Richard Wagner ist sudbar, wenn man ihm ›Sankt‹ davorsetze oder am Ende ein ›z‹ hinzufüge. Man müsste sich Feindlisten machen. Wie die Neonazis in Schweden? Ja, dies seien Listen, die der Sache dienen (heute Meese dazu: ›Eine dumme Antwort auf eine dumme Frage‹). Und dann natürlich das Unvermeidbare: Es gibt Leute, die Sie für einen verkappten Faschisten halten? ›Interessiert mich überhaupt nicht. Da wird nur müde drüber gelächelt.‹ Aber Sie streben den totalen Umsturz an? ›Ja, auf jeden Fall‹. Und wenn man scheitert? ›Nicht so schlimm.‹ Entgegen der Befürchtung der Galeristen blieb die Reaktion der Öffentlichkeit auf diese Interviews gelassen.« [25]

Am Anfang hieß es bei CFA immer: »Wir sind gegen bestimmte Dinge.« Ich habe immer gesagt: »Wir sind erstmal gegen alles und dann relativieren wir.« So weit sind die nicht gegangen, aber es war immer klar: Gegenwehr, Kontern, Angriff. Und genau deshalb sind wir natürlich für Kunst und gegen all das, was nicht Kunst ist. Und wir sind eine verschworene Gruppe, wir wollen Gegenwind, auch gerne mal Windstärke 13–23 oder Minuswerte,

Gegenwind ist geil – das war ganz klar. Eins weiß ich, ich brauche Leute, die Gegenwind aus- und durchhalten. Leute, die mich flankieren und die auch schwierige Phasen mit mir durchziehen können. Solche Leute werden benötigt. Meese braucht weder Schönwettergaleristen noch Schönwetterkulturschleimer.

2000

»Im November 2000 hat die Contemporary Fine Arts auf dem Artforum Berlin ausschließlich Bilder und kleinere collagenhaft erstellte Skulpturen von Meese vorgestellt. Alles verkaufte sich im Nu, und die Ausstellung sollte Auftakt eines neuen Abschnitts werden: Meese malt. Überwiegend Selbstportraits in den verschiedensten Rollen und Identitäten mit erhabenen Gesten, aber auch zerschlagen als Captain Ahab oder *The artist as a dead young man*, als schon zu Lebzeiten abgetreten. Auf anderen großen, zum Teil dreitafeligen Gemälden erzählt Meese – Bilder sind für ihn ›gesudete Texte‹ – Geschichten von Ezra Pound, Balthus und anderen Helden seiner Fantasiewelt. Der Übergang von den Gesamtentwürfen auf Einzelarbeiten ist frappierend, stellt Meese doch die Beherrschung von Zeit und Raum als Grundelement seiner Arbeit in Frage. Aber die Entwicklung hat Logik. Ausgehend von einer ihn umgebenden Welt der Popdevotionalien hatte sich Meese eine eigene mystische Welt der Heroen und Kultstätten erobert. Jetzt geht es darum, diese Welt und ihre Räume mit Bildern und Zeichen der Getreuen, der ›Familie‹, auszustaffieren. Eine Art Ahnengalerie wird eingerichtet. Meese arbeitete hart und konzentriert.«[26]

Auf der Messe damals, das war ein einziges Ausprobieren, das hat auch sofort eingeschlagen. Ich denke, die [CFA] fanden das lustig, dass ich das gemacht habe – ohne Angst, frei von der Leber weg, das war so herrlich erfrischend. Genauso war es mit den Bronzen, nach dem Motto: »Lass es uns einfach mal machen, kann ja nicht schiefgehen, und wenn's Kacke ist, machst du eben was Anderes.« Da war noch nicht alles so bitterernst. Damals haben die einfach noch, zumindest bezogen auf mich, gewusst, worum

es geht. Laufenlassen – das wird sich schon alles entwickeln. Diese Abwägerei, dass plötzlich alles auf die Waagschale gelegt wurde, das kam erst später. Anfangs nahm Bruno nur ganz wenig Einfluss. Der hat mir vollkommen vertraut, der hat sich instinktiv gesagt, dass der Meese es bringen wird, dass alles, was der Meese macht, geil ist. Alles absolut geil, auch wenn er nicht unbedingt alles versteht.
Irgendwann war eine bestimmte Sache ausgereizt und dann musste ich woanders hin. Danach habe ich diese Soldaten gemalt, das waren meistens Selbstportraits. Ich habe ja kurzzeitig auch mal mit einem Modell gearbeitet, mit der Rita. Das war auch sehr gut, da sind tolle Bilder entstanden. Aber dann kam eine neue Phase. Es ging dann mehr um das Selbstportrait. Ich stehe mir selbst immer zur Verfügung und bin dadurch viel freier. Mami kann ich genauso gut und einfach malen, ist halt Familie, »Dynastie Meese«. Und das hat hervorragend geklappt, das fiel mir auch nicht schwer. Die sahen gut aus, die Dinger, und wurden sofort verkauft.
Ich vermute, die meisten haben diese Gemälde nicht als Malerei gesehen, sondern als Bild, als ein gutes Bild. Ob das gute Malerei ist oder ob das überhaupt Malerei ist, das war damals noch nicht die Frage. Aber dann wurde irgendwann mal entschieden, dass das schlechte Malerei sei. Dann wurde gesagt, dass da vielleicht ganz gute Bilder dabei seien, dass es aber eigentlich gar keine Malerei sei. Und das ist eigentlich immer noch ein bisschen so, denn immer wieder hört man: »Das sind zum Teil ganz gute Bilder, aber Malerei ist das nicht!« Klar, mir geht es beim Machen gar nicht darum, ob oder dass es Malerei ist und ob es gute oder schlechte Malerei ist. Das ist nicht mein Thema. Es entstehen gemalte Bilder, die technisch in größtmögliche Distanz zu mir gehen. Distanzschaffungsmaßnahme auch hier und zwar zu mir als Maler. Ich sage immer: »Das Bild malt sich selbst, die Malerei malt am besten. Malerei ist Chef, nicht der Maler.« Die JM-Signatur ist noch das Persönlichste. Aber letztlich ist auch die, wie alles andere, nicht mehr als eine Chiffre.

21. Januar – 4. März 2000: Ausstellung *Volkszorn Wilhelm I–III*, Galerie Christian Nagel, Köln.

Gesinnungsbuch ’99

Erwin Kneihsl
Jonathan Meese

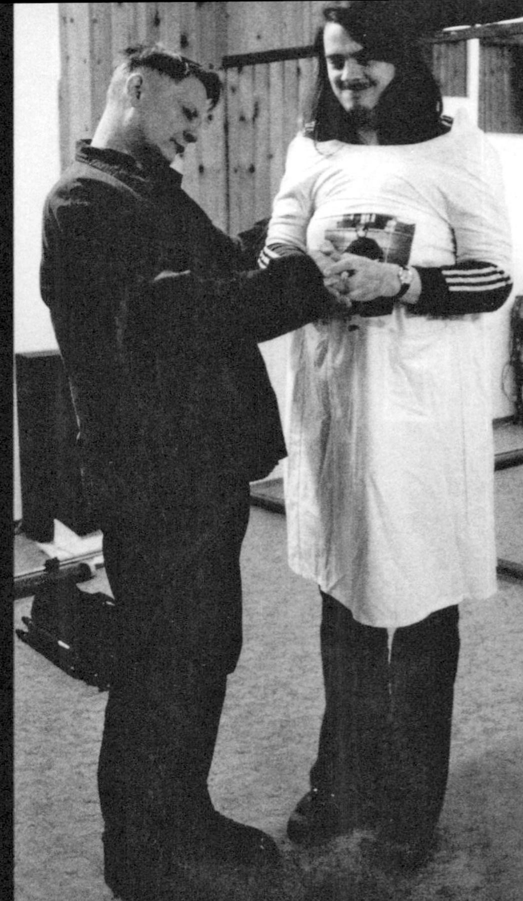

Verlag der Buchhandlung Walther König, Köln

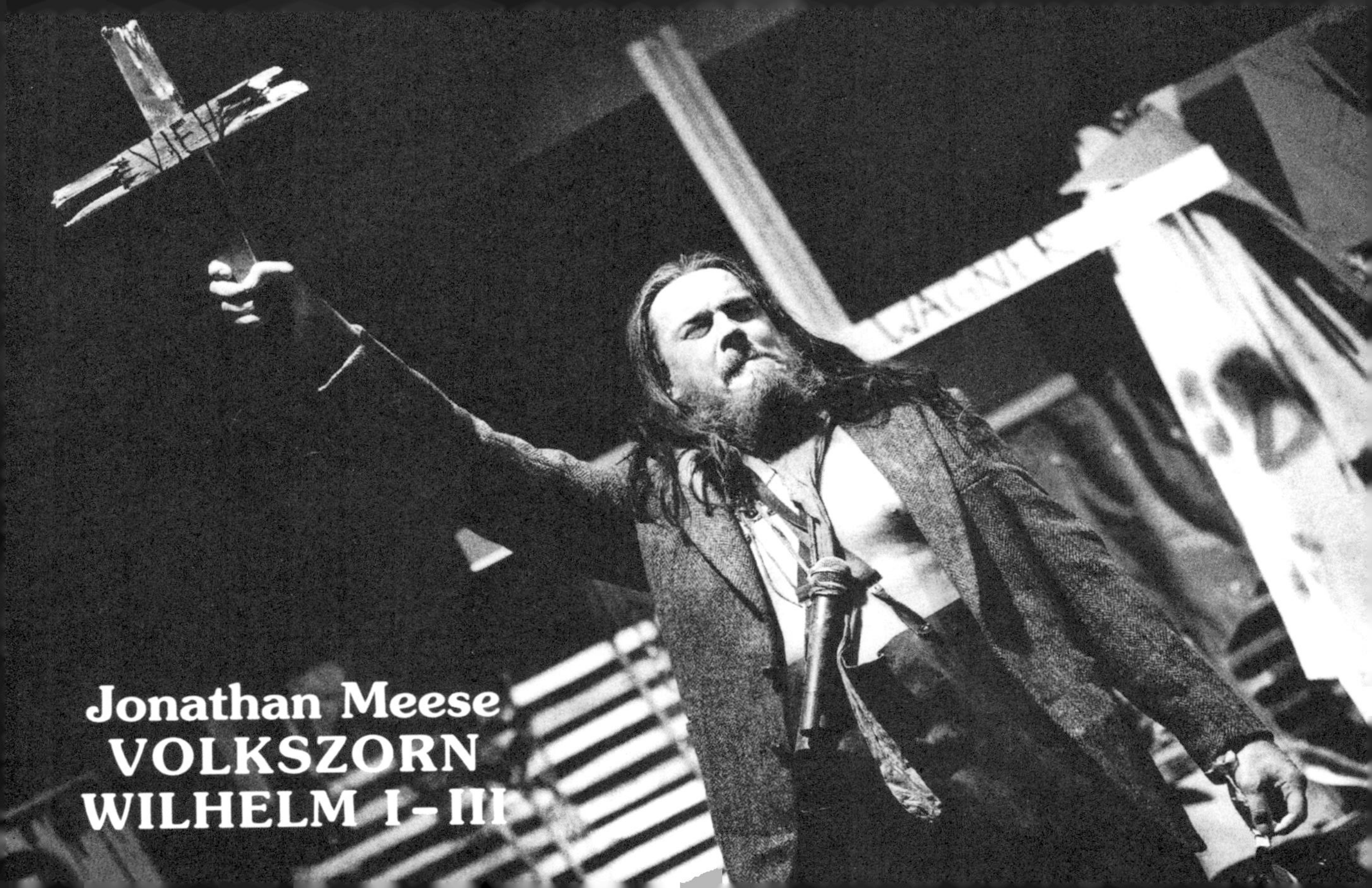
Jonathan Meese
VOLKSZORN
WILHELM I–III

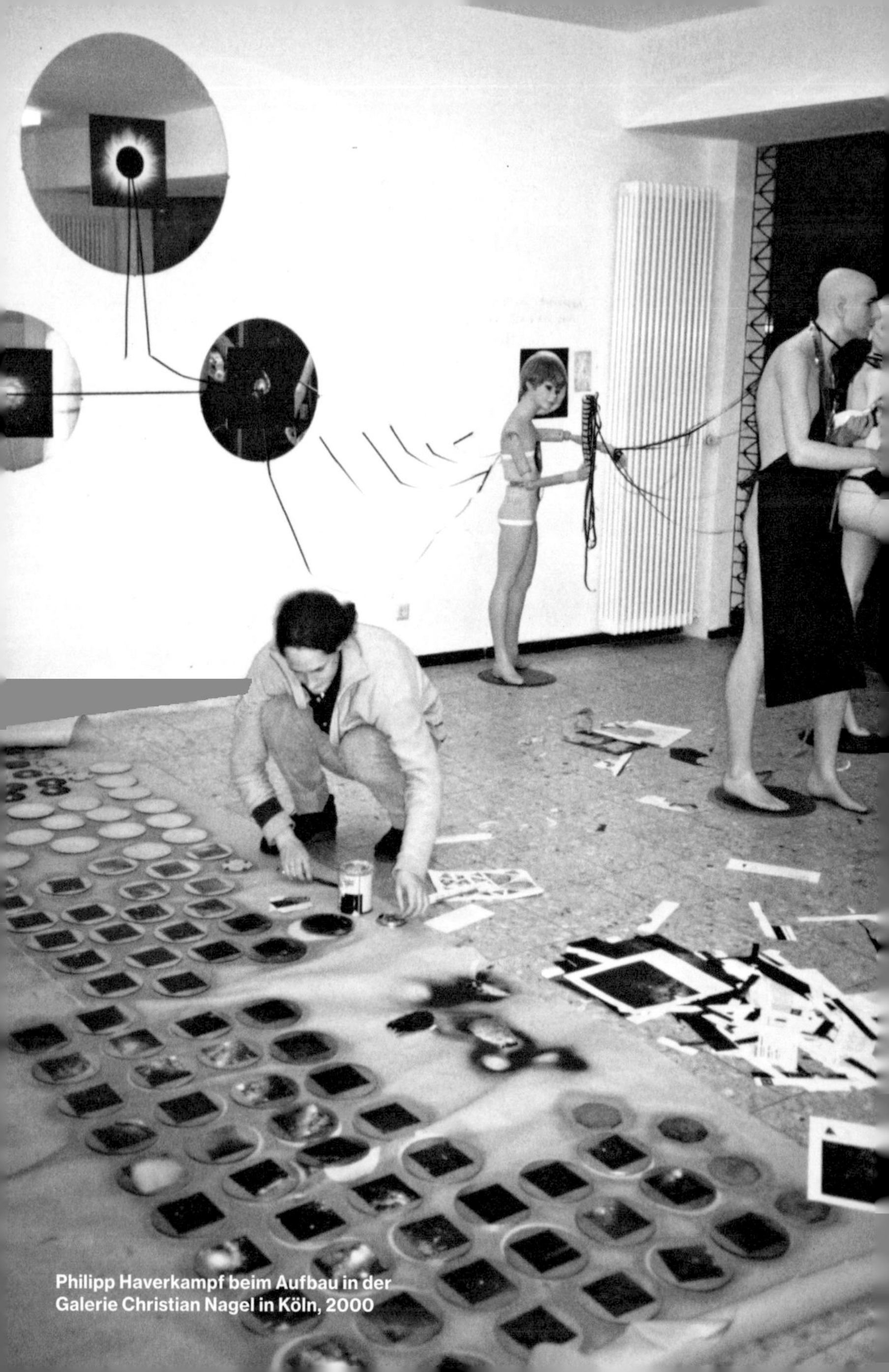

Philipp Haverkampf beim Aufbau in der
Galerie Christian Nagel in Köln, 2000

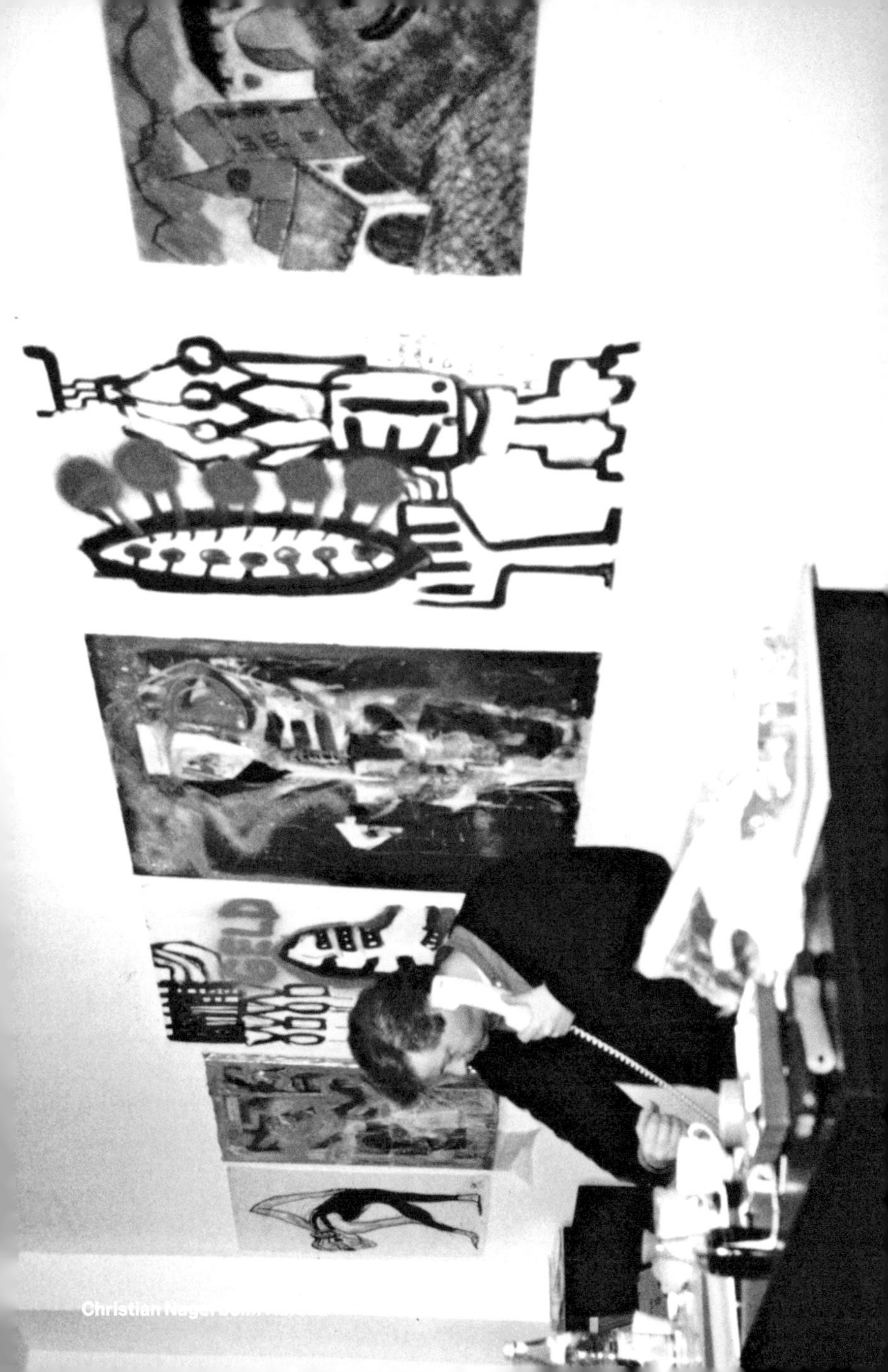

Christian Nagel beim

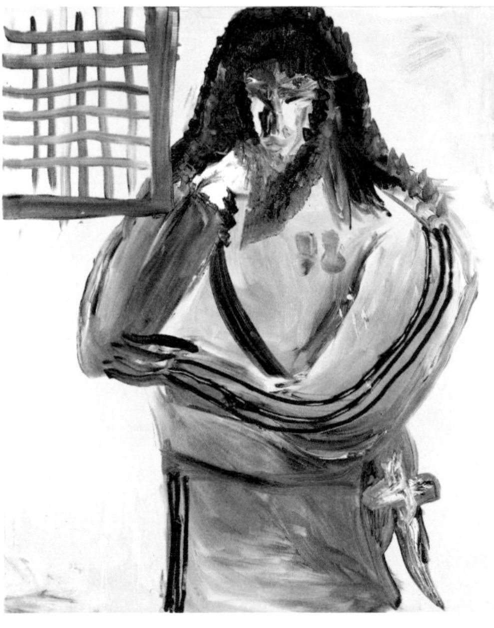

Selbst als Berija, 2000
Öl auf Leinwand
135 × 115 cm

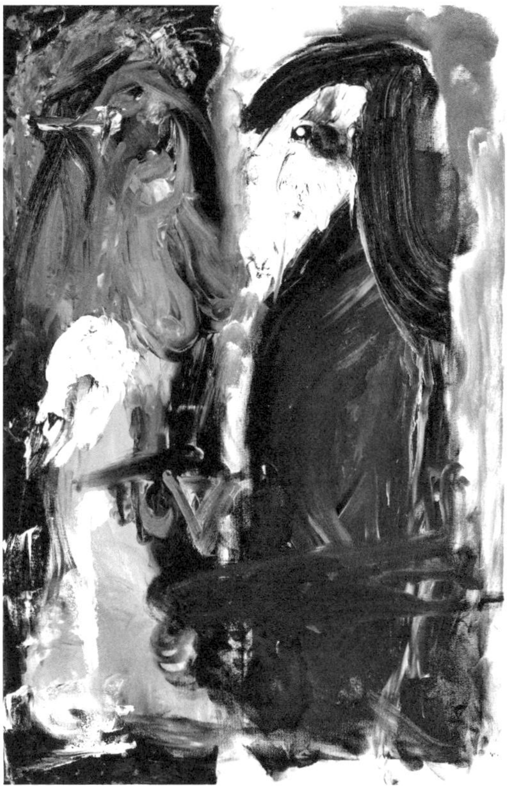

Richard Wagner – Die Begierde, 2000
Öl auf Leinwand
120 × 80 cm

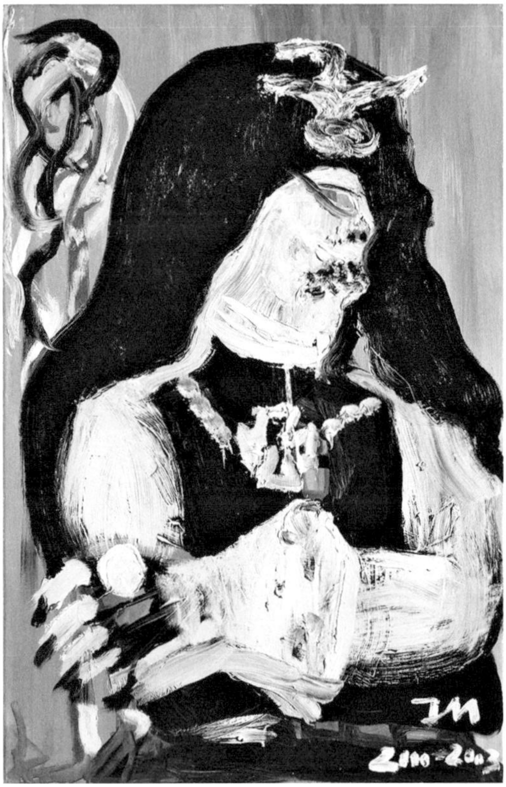

Lady Missmeesau in Bayreutheben,
2000–2003
Öl auf Leinwand
90 × 60 cm

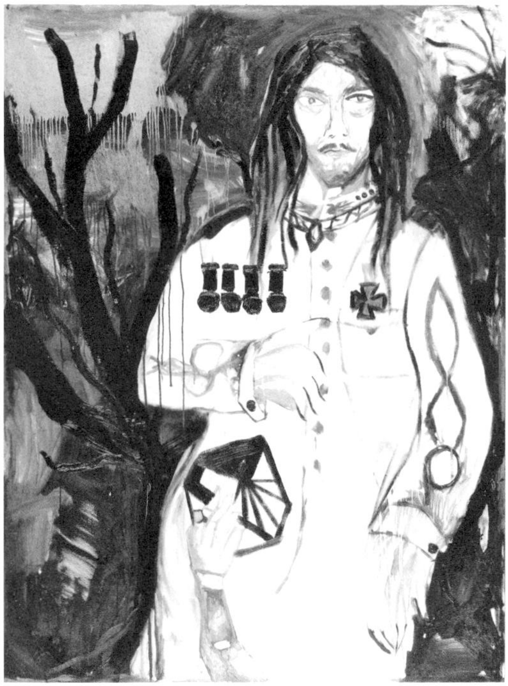

Selbst als Capitaine Danjou, 2000
Öl auf Leinwand
170 × 130 cm

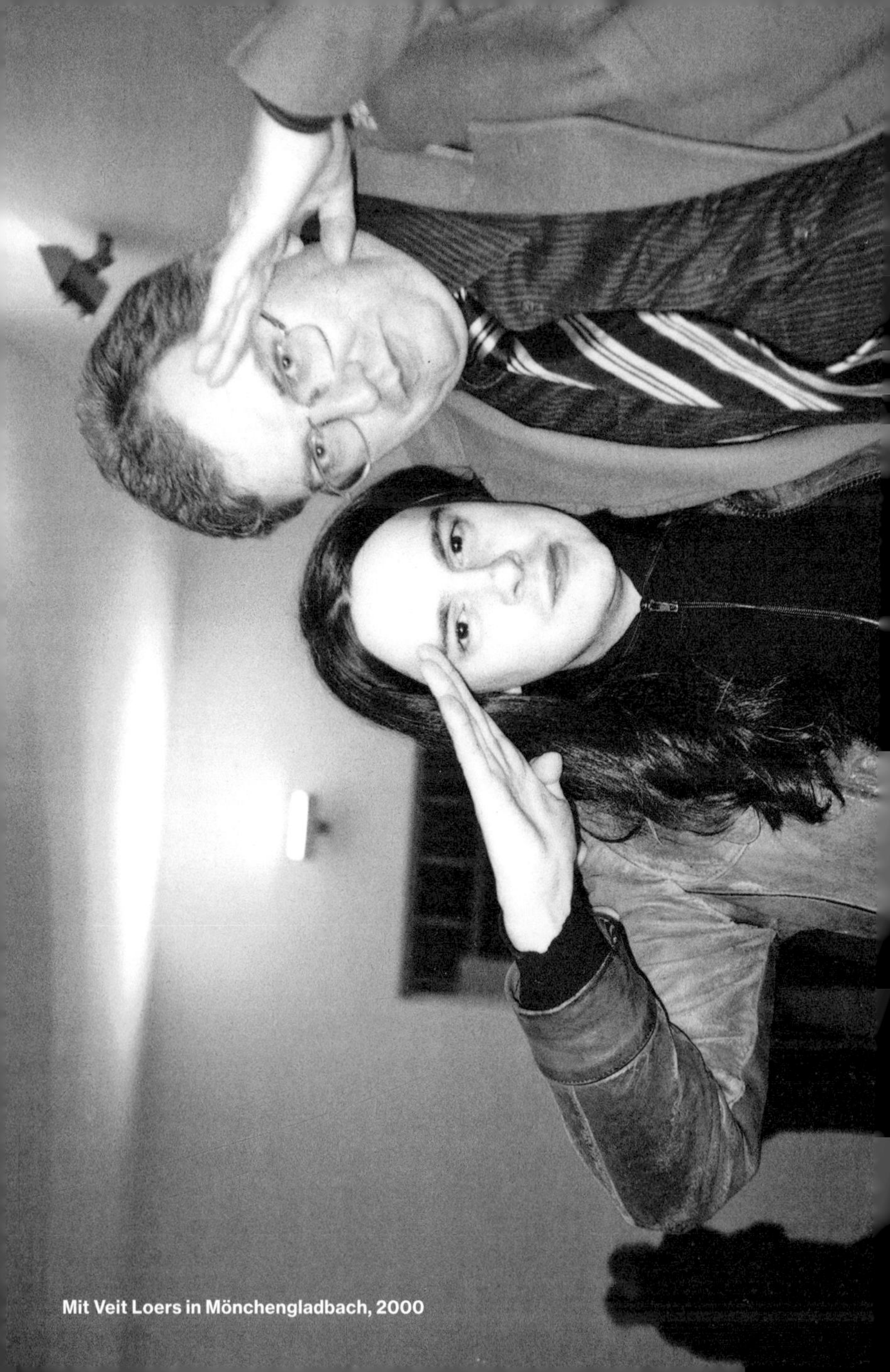

Mit Veit Loers in Mönchengladbach, 2000

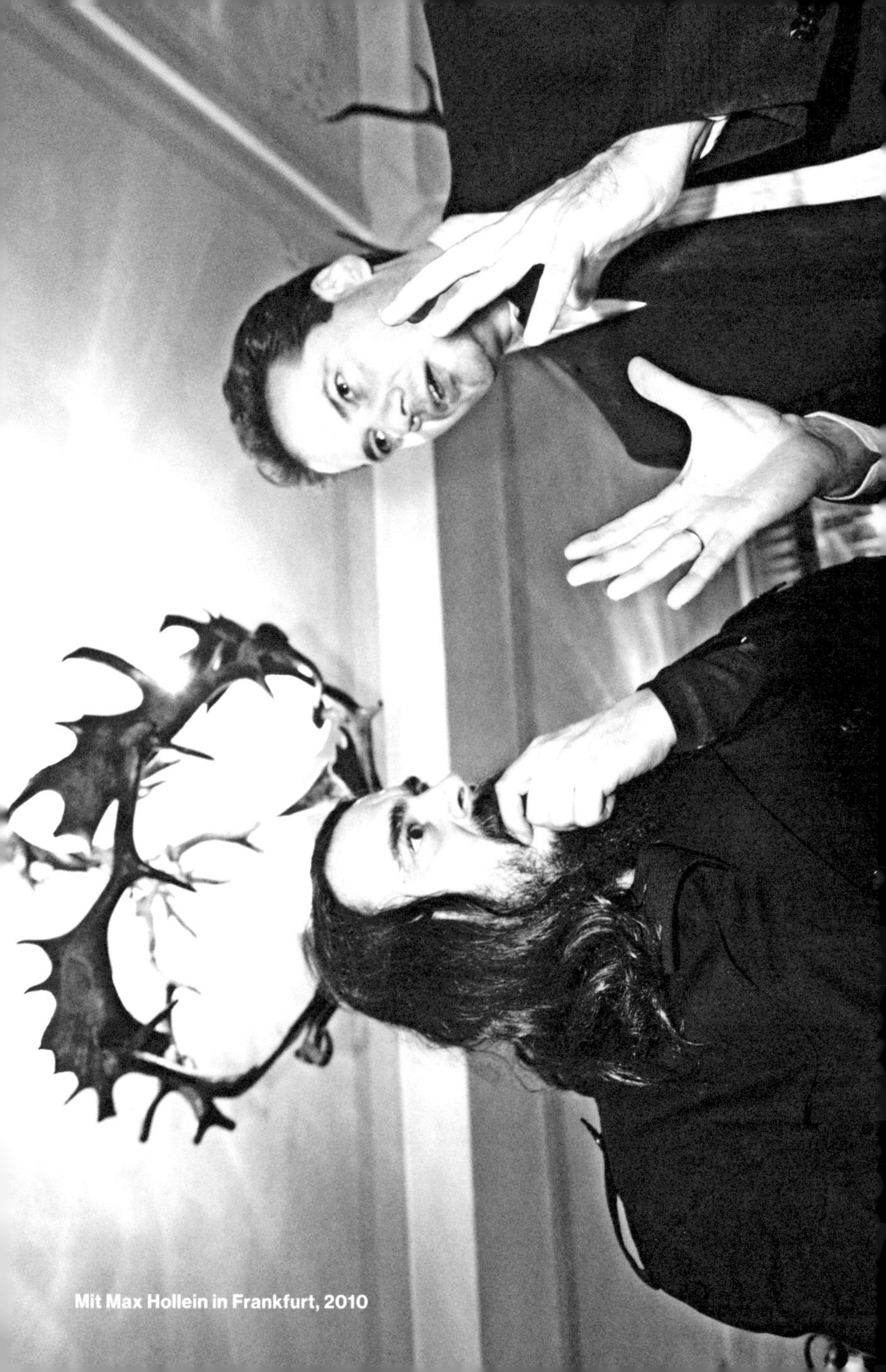

Mit Max Hollein in Frankfurt, 2010

21. Januar 2000: Aktionen *Neue Währung* und *Der Ablass. Jonathan Meese.*
18. Februar 2000: Aktionen *Der Geldgott Drogan* und *Geldbastardisierung.*

Eine entscheidende Erfahrung war auch die Performance bei Christian Nagel, die ich mit Herbert Volkmann gemacht habe – das wirkte anfänglich wie eine lustige Performance und plötzlich hat der Volkmann mich total angemacht und gesagt: »Na du, du dummer kleiner Junge, du, du willst hier einen auf Beuys machen oder was?« Da bin ich so richtig aggressiv geworden und habe ihn richtiggehend benutzt – ja, benutzt, man kann es nicht anders nennen. Ich habe ihn an den Haaren gezogen, ihn über die Straße gezogen, eigentlich geschleift, habe ihm richtig weh getan – und das fand der geil. Ja, der Volki konnte mich richtig gut provozieren. Und in der Kunst ist das Angestacheltwerden auch super; bei uns beiden ging es eben immer nur um Kunst.

1007: MALDORORMENSCH
1008: STALIN = Lichtentzündung: Mesozoikum

9. April – 20. August 2000: *Soldat Meese (Staatsanimalismus), Maldoror-Turm,* Beitrag zur Ausstellung *Wounded Time. Avantgarde zwischen Euphorie und Depression,* Städtisches Museum Abteiberg, Mönchengladbach.

»Der Saalmensch. Er verleibt sich ein, was er kriegen kann. Er holt es sich aus dem Kino, von den vielen Konserven, die nur darauf warten, geöffnet und besehen zu werden wie Geister, die durch Beschwörung zu neuem blassen Leben erwachen. Er holt es sich aus Büchern, den Kalauern der Weltliteratur und weidet im Überfluss gedrucktes Bildmaterial von Flohmärkten und Billigantiquariaten genüsslich aus. Mittelmäßigkeit erhält endlich die Chance bedeutend zu werden, im Fremdsein, in Zweitverwendung, im paradoxen Tanz mit nichtzugehörigen Gefährten aus anderen Zeiten und unverständlichen Kulturen.

Er, der Saalmensch, ist ein Vampir, der Menschenzucht kennt, Runenschlaf, Peitschenladies, Lungensanatorien und Nährsoldaten. Meese holt sich die Begriffe, die andere liegen gelassen haben, wie ein Penner aus den Mülltonnen der Printmedien. Er formt sie zu Bildern, die man sich laut vorsprechen muss oder im Lesen gesprochen denkt, er fügt aus ihnen in Gegenüberstellung, in Anrufung oder ritueller Wiederholung polyphone Orgelstücke, die finstere Filmbösewichte wie Vincent Price an der Orgel spielen. Filmorgeln, Blutorgeln, Stalinorgeln. Die Orgel als meta- und hypophysische Maschine, deren Lunge Blut spuckt und deren totalitäre Klänge Wagner, Bruckner und Ennio Morricone heraufbeschwören. Das Horrorkabinett von Babelsberg und Hollywood. Hagen und Heilsgral, Zatan und Zardoz. Golem und Godzilla, Wagner und Weidenmann, Stroheim und Stalin. Er knetet aus Schund und abgewetztem Pathos neue Idole und Fetische, lässt aus Saatgut und Samen die Blumen des Bösen und die Nägel Nosferatus wachsen. Während man noch verzweifelt die Theorien des Mythos studiert, trinkt in Meeses kurzgeschlossenen Erzählungen bereits Captain Bligh mit seiner Holzhand Jagatee. […] Jonathan Meeses Vorbild dabei ist der Maldoror, jene mordende literarische Ausgeburt Lautréamonts, ein gefallener Engel, vor dem wie bei Dämonen oder Vampiren nichts sicher ist, der sich wie eine verfrühte Parabel von Nietzsches Übermensch gegen das bigotte und reaktionäre Paris Napoleons III. stemmt und einem visionäre Bilder in direkter Rede entgegenschleudert. Aber Meese will nicht morden, ebensowenig wie die Surrealisten, die auf das vergessene Werk des früh verstorbenen Isidore-Lucien Ducasse stießen. Er will vielmehr die Bilder vitalisieren, die im See des ›kollektiven Unbewussten‹ in einer uns nicht zugänglichen Ordnung wie Plankton auf- und niedersteigen. Und dabei lässt sich der Künstler nicht stören, er missachtet alle Ratschläge, wie man seine Kunst ästhetischer, marktgerechter machen könnte. […] Meese spricht sophistisch auch noch von Saalysm. Aber den Plan dieser ganzen, zu Aktionen drängenden Bilder gibt er nicht preis. Der Saalmensch plant eine Verschwörung.« [27]

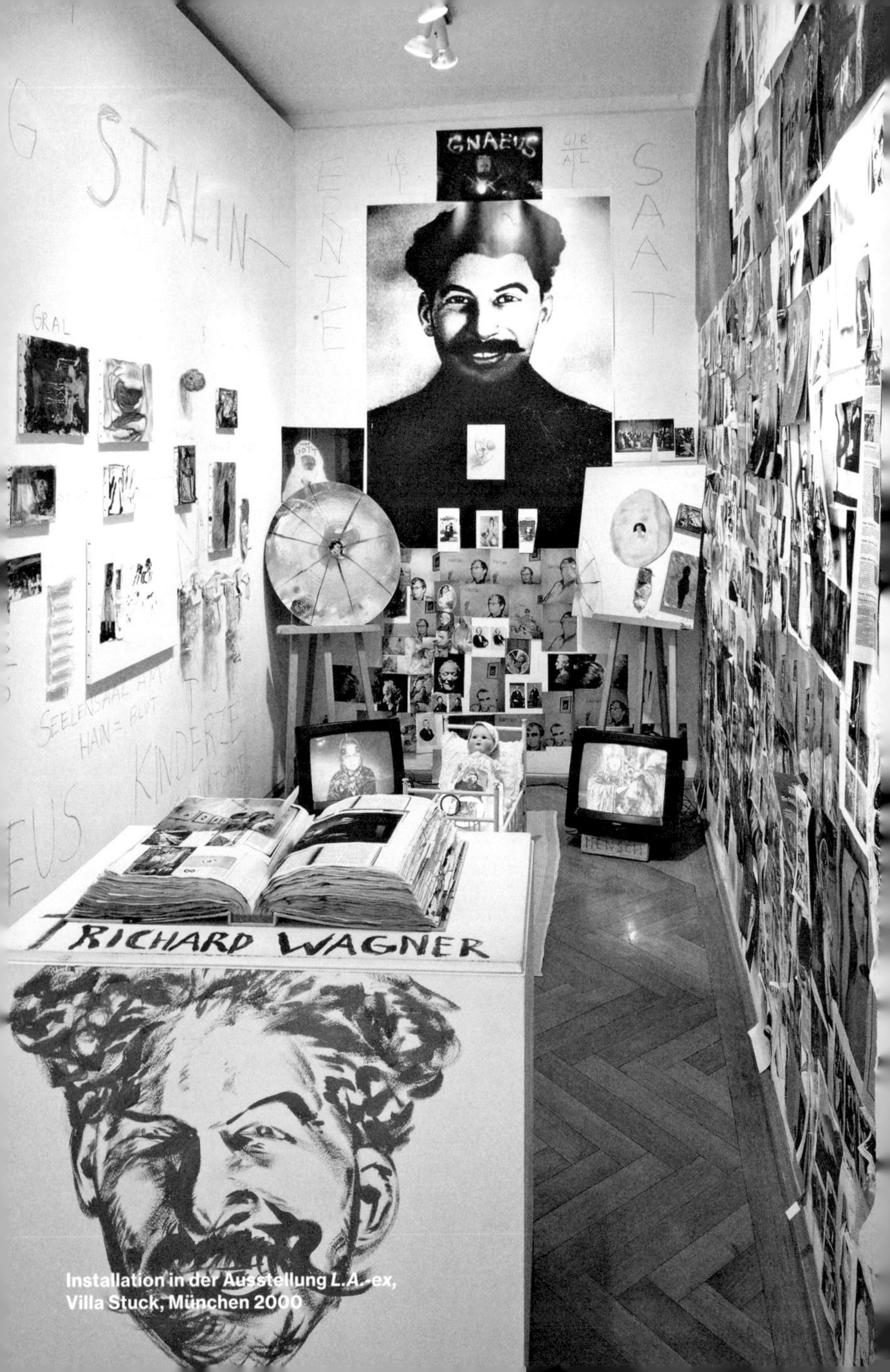

Installation in der Ausstellung *L.A.-ex*,
Villa Stuck, München 2000

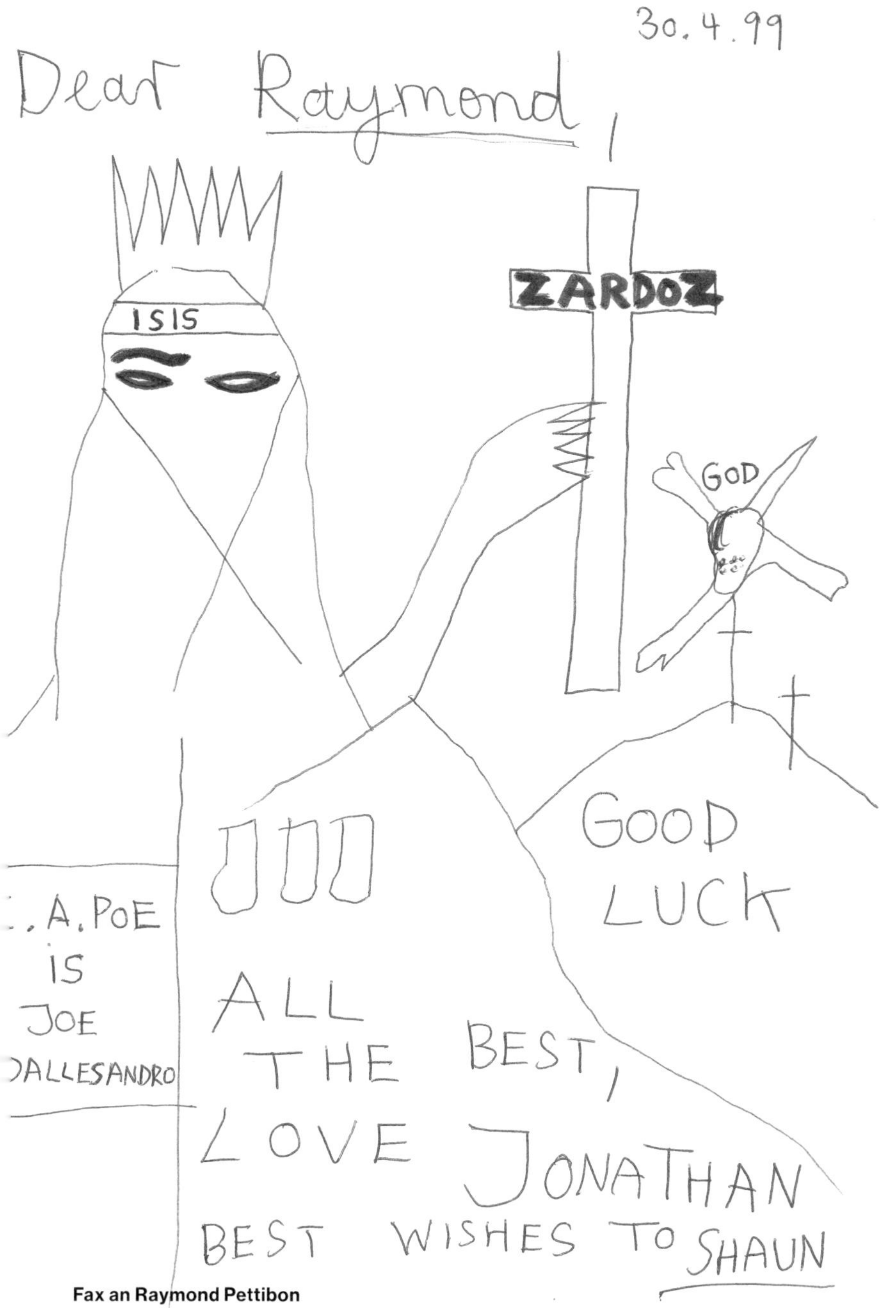

Fax an Raymond Pettibon

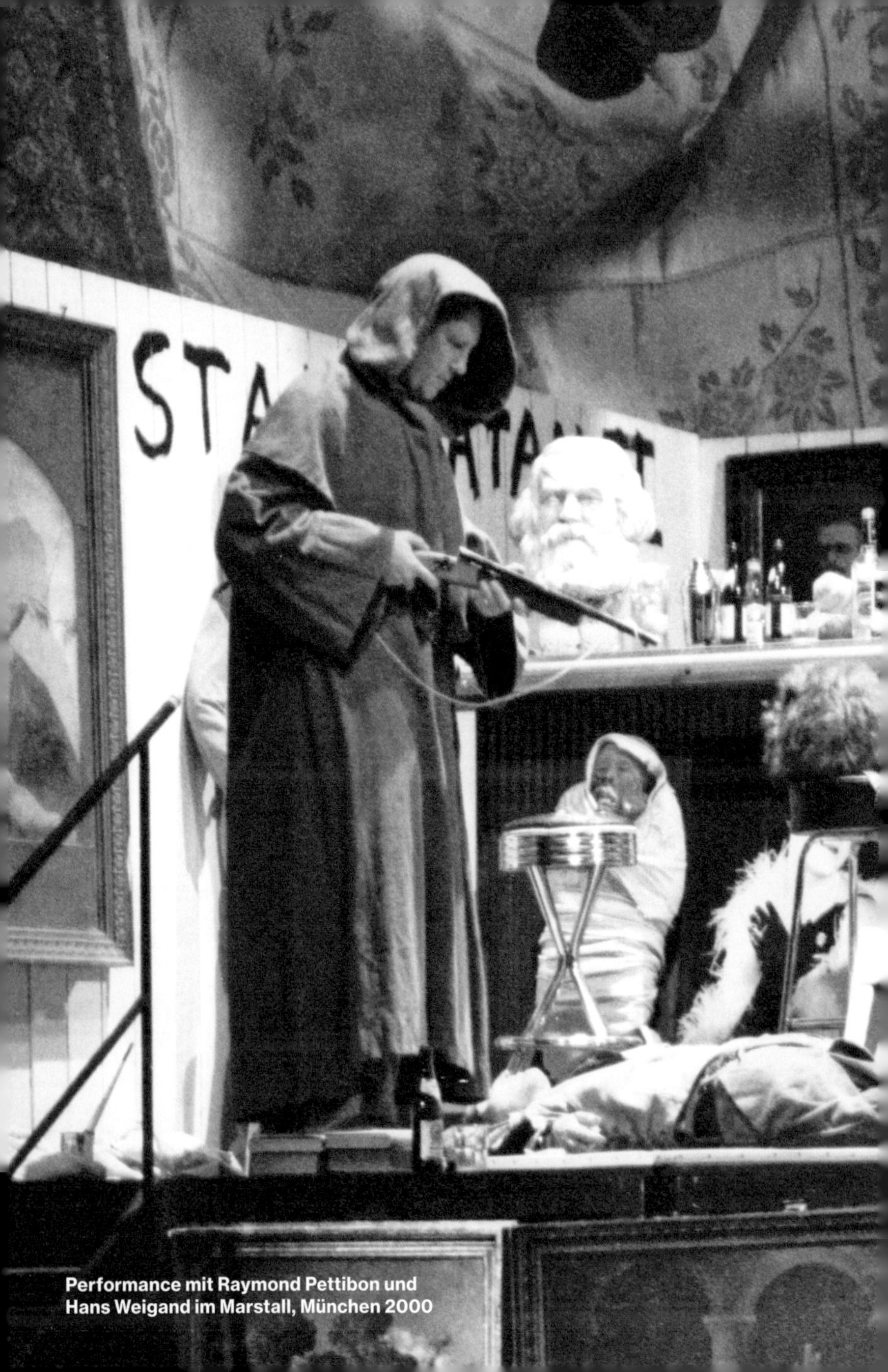

Performance mit Raymond Pettibon und
Hans Weigand im Marstall, München 2000

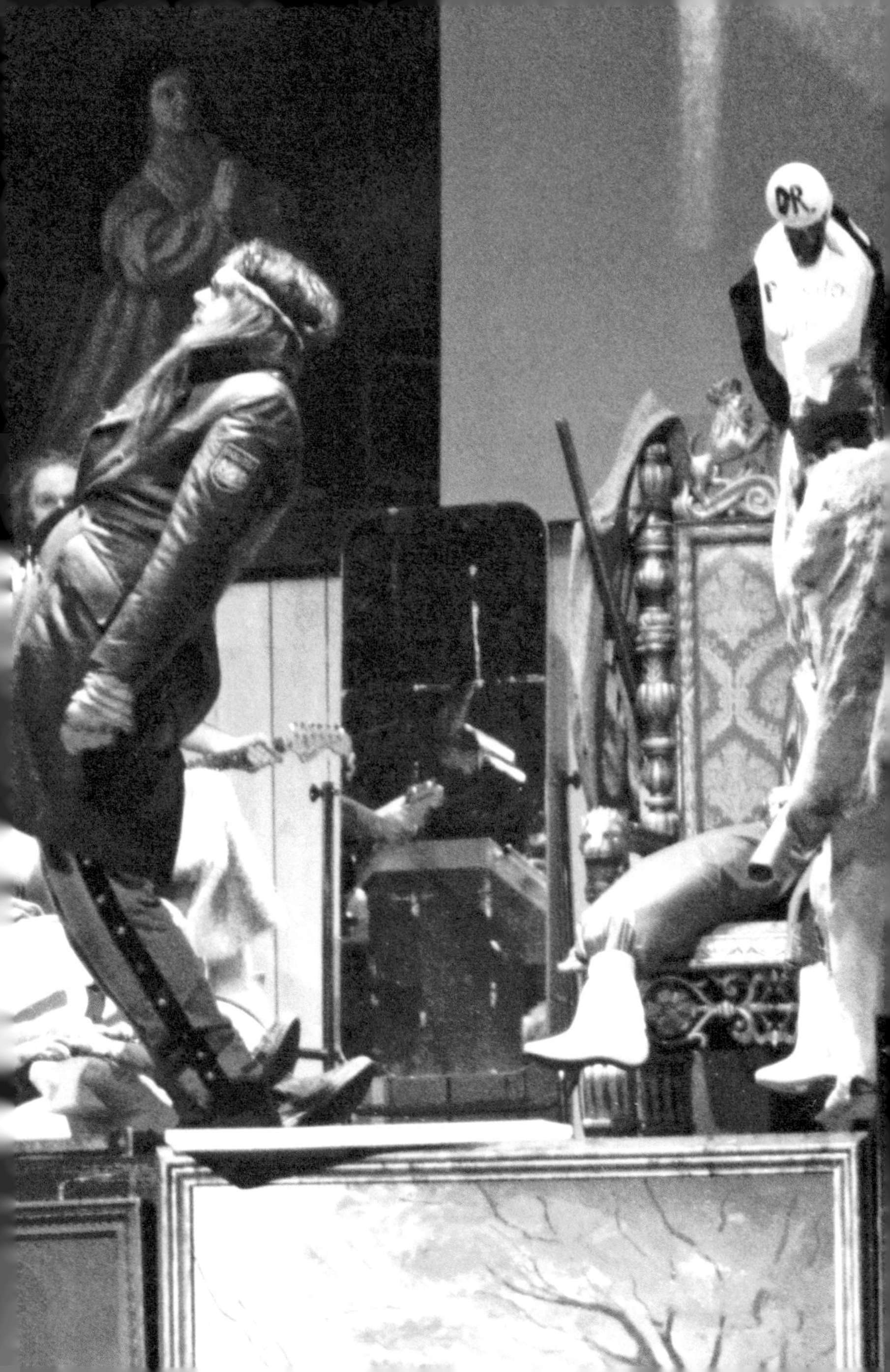
DR.

10. April 2000: *Fort Knox de DAF* (Bühne: Jonathan Meese, Text: Raymond Pettibon, Musik: Hans Weigand), Performance im Rahmen der unten genannten Ausstellung, Bayerisches Staatsschauspiel – Theater im Marstall, München.

13. April – 12. Juni 2000: Beteiligung an der Ausstellung *L.A.-ex,* Villa Stuck, München.

28. April – 24. Juni 2000; 13. Juli – 12. August 2000: Gruppenausstellung *Berlin Binnendifferenz,* Galerie Krinzinger, Wien (Österreich); Benger Areal, Bregenz (Österreich).

3. Mai – 30. Juni 2000: Ausstellung *The Return of Doctor Cyclops,* Paolo Curti & Co, Mailand (Italien).
3. Mai 2000: Gleichnamige Performance am Eröffnungsabend.

Die Ausstellung in der Paolo Curti & Co Gallery bezieht sich auf den Film *Dr. Cyclops* (1940) von Ernest Beumont Schoedsack, der 1933 auch bei *King Kong* Regie geführt hatte.

16. Juni – 15. Juli 2000: Ausstellung *Capitaine Danjou Légion Étrangère,* Galerie Karlheinz Meyer, Karlsruhe.
16. Juni 2000: Spontane Performance zur Eröffnung nach der Betrachtung eines Beuys-Videos im ZKM | Zentrum für Kunst und Medientechnologie, Karlsruhe.

18. Juni 2000: Performance *ERZ VAMPIR GOTT erscheine saalnackt (de SCHÄDL),* Katholische Hauptpfarre, Münster Abteiberg, Mönchengladbach.

1. Juli 2000: Performance zur Eröffnung der Ausstellung *Europe – Different Perspectives in Painting,* MuMi – Museo Michetti, Francavilla al Mare (Italien).

Ich habe gemerkt, dass der Typ [Stalin] bei vielen irgendwie nicht angesagt ist. Toll, habe ich mir gedacht, dann muss der ja was mit Kunst zu tun haben. Es geht nämlich gar nicht um Provoka-

tion, sondern um Abgrenzung. Darum, zu sagen: »Hey, ich bau hier jetzt 'n Hakenkreuz ein, damit möglicherweise jemand, der das Bild eigentlich geil findet, sagen kann, dass er es deshalb ungeil findet.« Ja, man wirft die Leute immer wieder auf sich zurück, man spiegelt sie, man gibt ihnen die Möglichkeit, sich selbst zu spiegeln und sich selbst zu entlarven. Wie wenn du in ein Restaurant gehst und ein Brötchen isst, das so geil schmeckt, dass du es kaum aushältst, und später erfährst du dann, dass es aus Fischkacke gemacht wurde – schmeckt es dann plötzlich doch nicht mehr geil oder wie gehst du damit um? Kunst kannst du so nicht kategorisieren. Du kannst nicht sagen: »Die Kunst finde ich eigentlich geil, aber der Typ, der das gemacht hat, ist ein Verbrecher.« Oder: »Der Typ, der das gemacht hat, ist böse.« Oder: »Aber da ist ja ein Hakenkreuz drin.« Oder: »Aber ich mag den Titel nicht.« Ist die Kunst deshalb plötzlich ungeil? Das sind alles falsche Kategorien. Viele Menschen sind leider in dieser Weise unterwegs und können oder wollen den wesentlichen Unterschied zwischen Kunst und Künstler weder machen noch ertragen. Da heißt es dann immer: »Wir möchten den Künstler erst kennen lernen, um dann zu entscheiden, ob das Bild gut ist. Und wir können es erst dann kaufen, wenn der Künstler in unser Bild passt.« Das fand ich schon immer widerwärtig.

Ich will ja das System sprengen, auch das Kultursystem an sich. Es ist ja Wahnsinn, wie sich die Leute entblößen, vor den Sachen, die ich da mache. Das ist ja unglaublich. Da kommen wirklich Leute und gucken sich die Bilder an und sagen allen Ernstes: »Eigentlich toll, aber da ist ein Hakenkreuz drin.« Und dann weißt du sofort, dass das Menschen sind, die mit Kunst in ihrem Leben noch nie etwas zu tun gehabt haben. Die verwechseln leider Kunst mit Kultur. Das können sie mir noch so viel erzählen, für mich sind das dann Politiker, fertig! Die sind im falschen Film. Das Ausloten dieser Grenzen ist einfach super notwendig. Wie schnell die Leute einknicken, wie schnell sie weglaufen, worauf sie reinfallen und wie Kunst instrumentalisiert wird. Das ist wirklich Wahnsinn. Alles Melonenkacker.

»Meese stellt[e] in seiner Kunst eine Reihe von Extremgestalten verschiedener Provenienz nebeneinander: antike Götter,

Helden germanischer Sagen, Gewaltherrscher und Geistesgrößen aus unterschiedlichen Epochen. […] Dieses disparate Nebeneinander, das Meese seine ›Nährkette‹ genannt hat, gab Anlass zu vielschichtigen Kommentaren. Es wurde ihm vorgeworfen, er ›wühle im Mülleimer der Geschichte‹ und seine Produktion sei ein ›Sammelsurium obskurer Splitter einer kontaminierten Geschichte‹. […] Missverständnisse, die sich speziell an der Verwendung germanischer Mythen und Benennung von Stalin und Hitler festmachten, brachten ihm den Vorwurf einer tendenziell faschistoiden Geisteshaltung. Es wurde behauptet, er betreibe eine Verklärung und Verherrlichung übelster und grausamster Auswüchse der Geschichte. Was bezweckt[e] Meese mit der Nennung dieser verschiedenen Gestalten? Das komplex in sich verwobene Referenzsystem von Figuren aus Mythologie, Geschichte und Popkultur wurde wiederholt unter den Begriff ›Individuelle Mythologie‹ gefasst. Harald Szeemann prägte den Begriff und führte ihn als zentralen Terminus der documenta 5, 1972 in Kassel ein. […] Der Begriff umfasste die individuellen Mitteilungen künstlerischer Einzelgänger, deren selbst erzeugte Bildwelten in einem komplexen Gefüge aus Zeichen und Symbolsystemen den Anspruch einer eigenständigen Realität erhoben. […] Meeses Verweissystem aus Figuren der Geschichte, Sagenwelt und Popkultur könnte in diesem Sinne als die Konstruktion einer eigenen Geisteswelt und als die Bildung einer ›Individuellen Mythologie‹ angesehen werden. Das lehnt[e] Meese jedoch kategorisch ab, denn er sah einen Widerspruch in der Bedeutung von Mythos als allgemeingültiges Faszinosum mit Symbolcharakter gegenüber der Definition der ›Individuellen Mythologie‹ als persönliche Sichtweise des einzelnen Künstlers. Meese betonte: ›… persönliche Mythen gibt es ja gar nicht, das sind alles Missverständnisse.‹ Auf die Frage, ob er Mythen in sein eigenes Kunstsystem überführe, antwortete er: ›Das stimmt nicht. Meinen eigenen Kunstkosmos gibt es gar nicht.‹ Was bedeuten dann diese Bezugspersonen? Sie alle übten Macht aus und sie waren im Sinne Nietzsches ›Übermenschen‹, die sich jedweder Tradition und Konvention widersetzten und jenseits von Gut und Böse, von Moral standen, […] Michael Stoeber stellte sich

die Frage, ob es etwas Gemeinsames gäbe, das sämtliche Figuren Meeses zusammenhielt: ›Wenn, dann ist es auf keinen Fall ein inhaltliches Kriterium. Meeses Manier, mit diesen Figuren umzugehen, ist eine rein formale und damit eine eminent künstlerische. Wer nach historischer Bedeutung fragt, ist verloren und tut dem Künstler unrecht (Faschismus und Pornographieverdacht). Meeses Sammelkriterium für sein künstlerisches Figurentheater ist ausschließlich sein eigenes Fasziniertsein.‹ […]
Liegt das Interesse Meeses in der Faszination, die jenseits von Gut und Böse, von den Machtmenschen und Geistesgrößen, von Großen und Größenwahnsinnigen ausgeht? Auf diese Frage antwortete er, daß es nicht allein dieser Reiz sei, sondern daß er sich mit diesen Figuren beschäftige, weil sie von einem diffusen Geheimnis umgeben seien; wenn er dieses nicht ergründet habe, würden sie auch weiterhin in seinen Werken erscheinen. Solange etwas Unergründliches bleibe, das er nicht entschlüsselt habe, müsse er sich fortwährend damit umgeben. Diese Phänomene würden sich selbst ›aussuden‹, was nicht interessiere, ›köchle‹ sich weg, doch bestimmte Sachen blieben immer oben. […] Um gegen die Dämonen vom Rande des kulturellen Bewußtseins vorzugehen, mußte Meese in seiner Kunst noch radikaler sein als diese Inkarnationen des Radikalen. Er suchte sie im Bereich seiner Kunst zu übertreffen mit dem Ziel, in der Wirklichkeit, im Leben den Abbau von Albdruck und auch der Faszination, die von diesen Phänomenen ausgingen, herbeizuführen.« [28]

30. September – 28. November 2000: Installation *Capitaine Danjou – (Légion Étrangère) – Holzhand im Saalysm*, Projektraum / Hof der Kunst-Werke, Berlin.
30. September 2000: Performance *Sei Danjou holzhand im saalysm Légion Étrangère 12. Gesang Sei Danjou.*

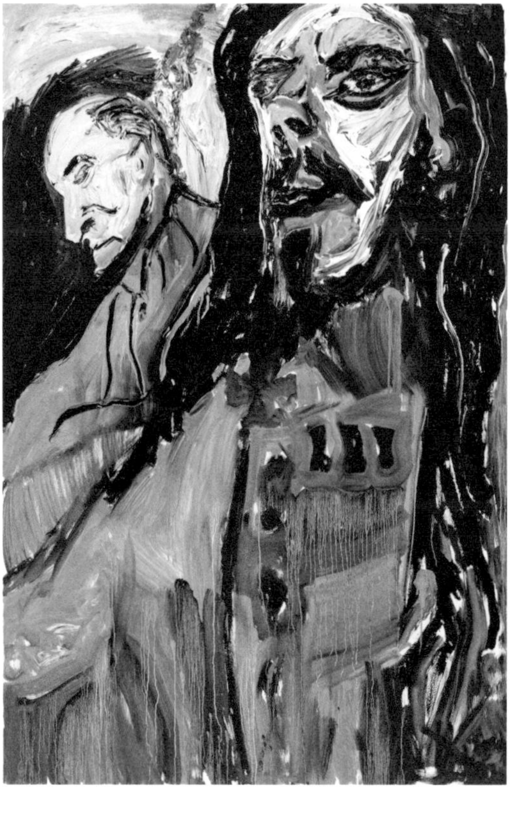

Selbstportrait mit Balthys, 2001
Öl auf Leinwand
150 × 100 cm

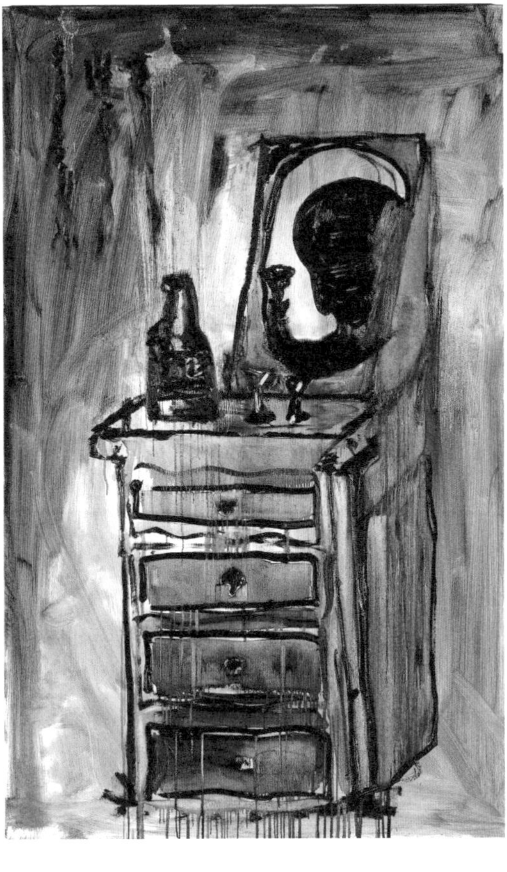

La chambre de Balthys VII, 2001
Öl auf Leinwand
160 × 100 × 2 cm

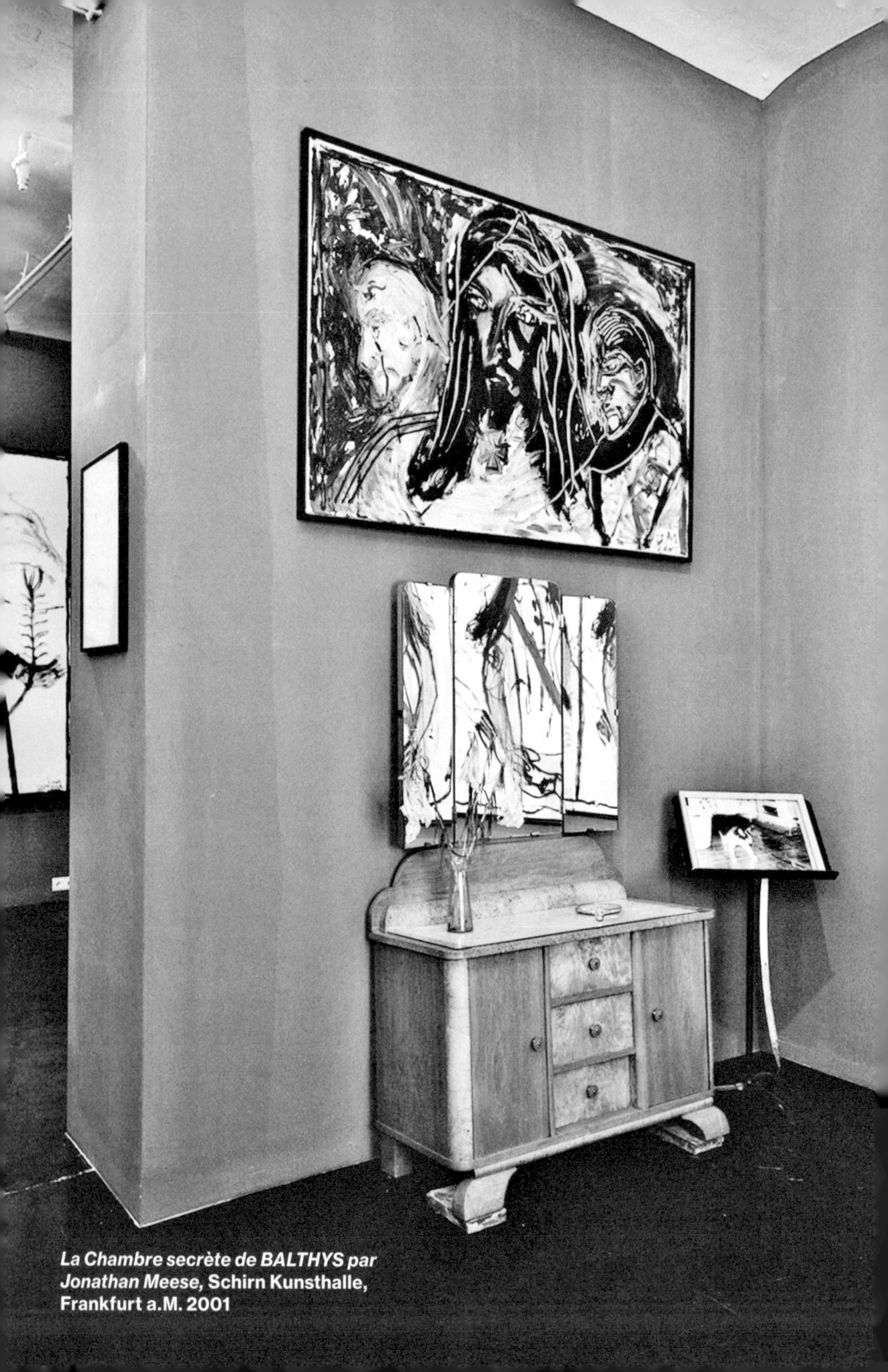

La Chambre secrète de BALTHYS par Jonathan Meese, Schirn Kunsthalle, Frankfurt a.M. 2001

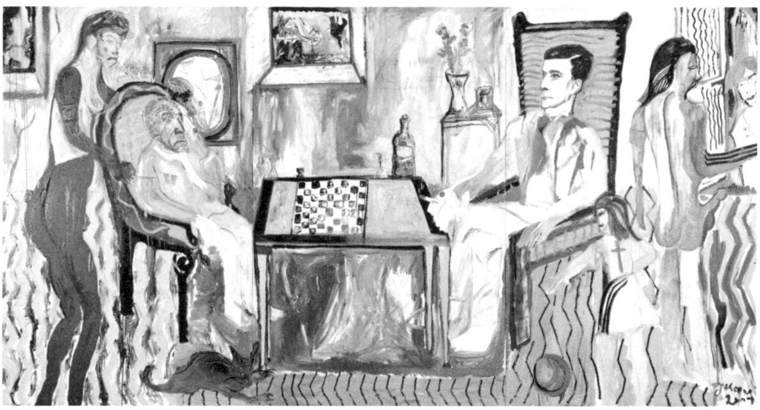

Schach dem Balthys (Saalmüde Balthys),
2001
Öl auf Leinwand, 3-teilig
210 × 420 × 2 cm

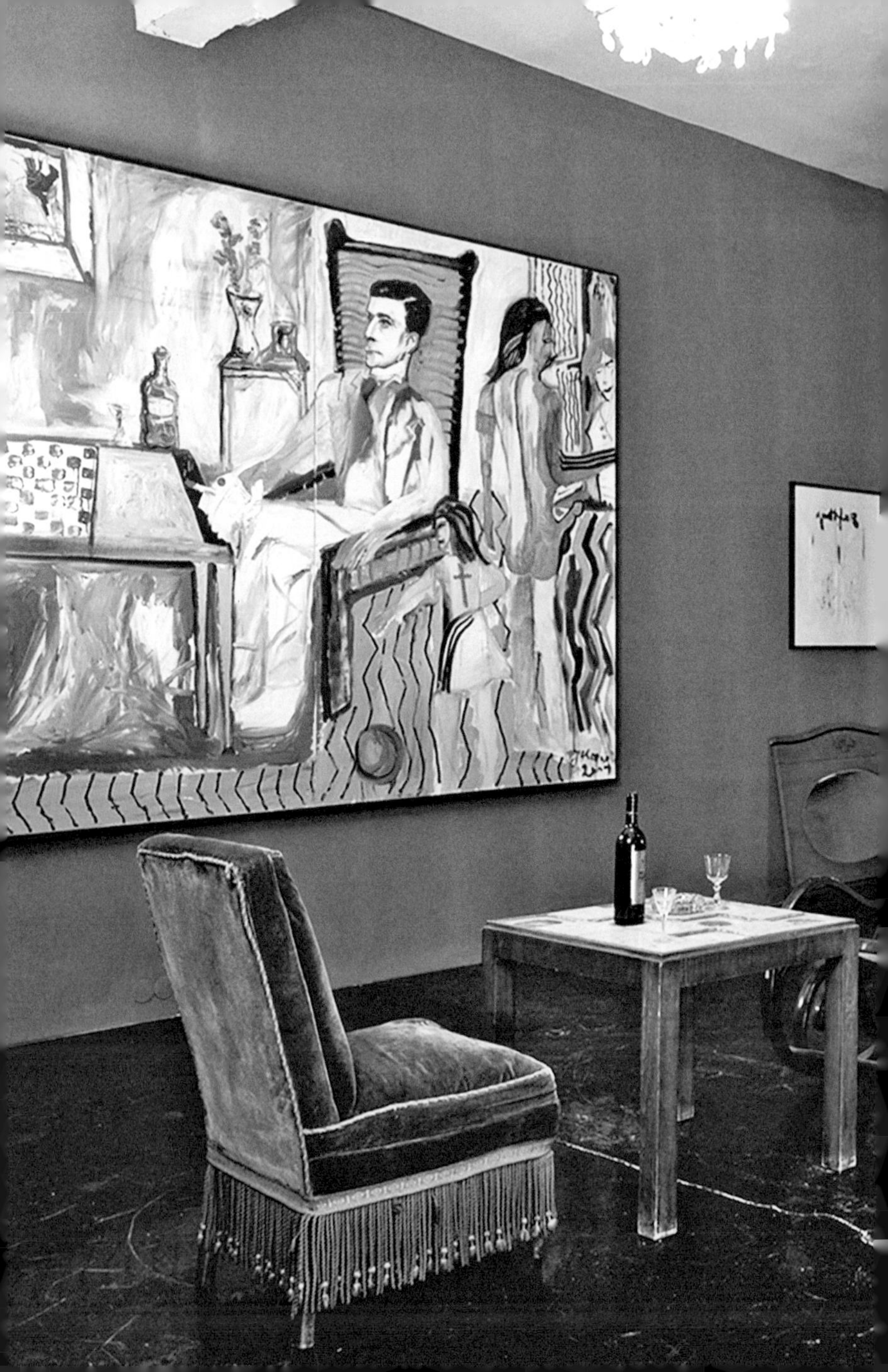

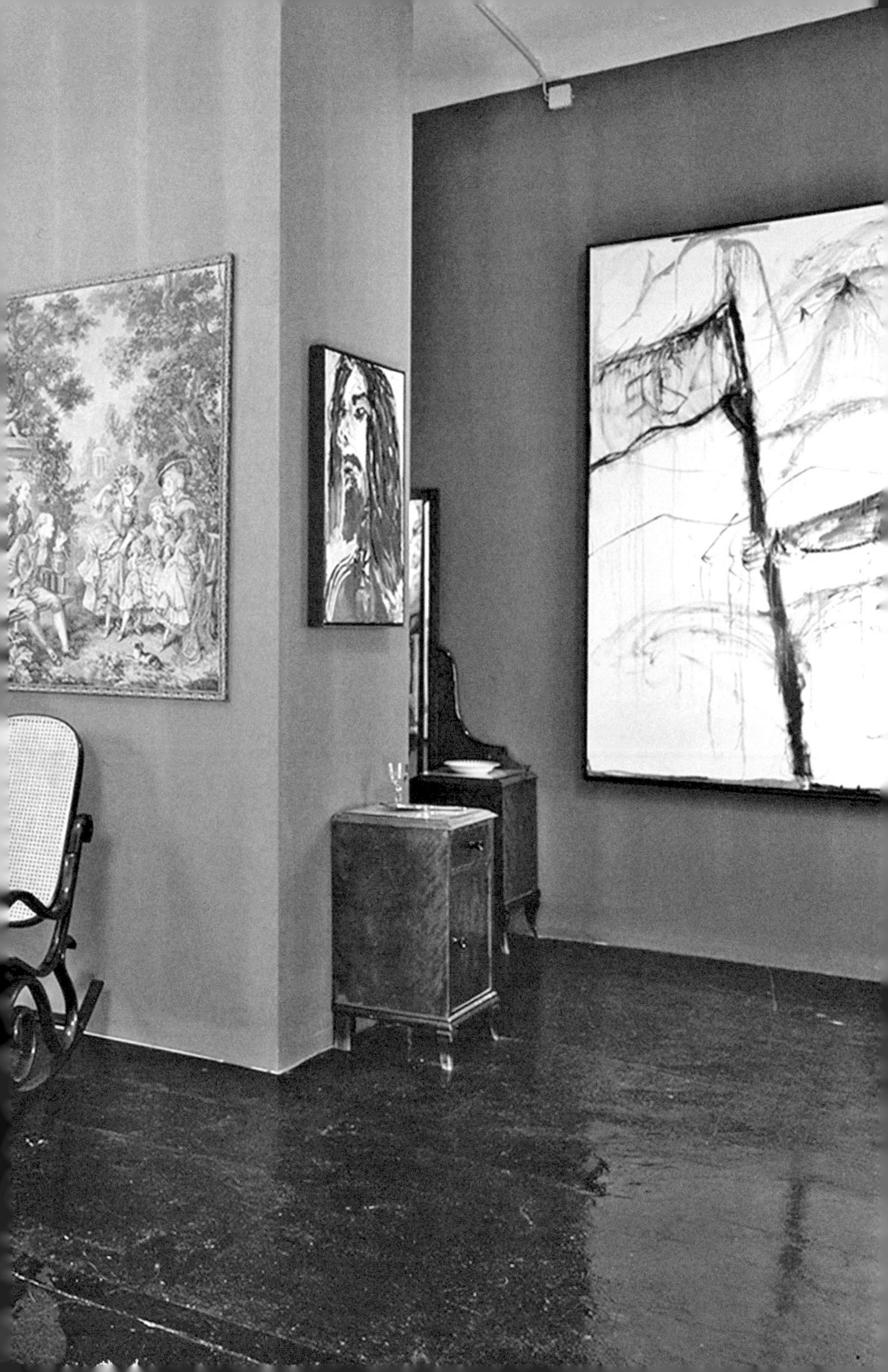

2001

ABSOLUTION: Leibesübung
(Balthus)

8. Mai – 9. Juni 2001: Ausstellung *Jonathan Meese. La Chambre de Balthus III*, Leo Koenig Inc., New York (USA).

»Im April 2001, während die zweite Berlin-Biennale eröffnet wurde, malte Jonathan Meese eine Serie über Balthus in seinem damaligen Berliner Atelier. Die Serie ist heute in der Hamburger Sammlung Falckenberg zu sehen bzw. wandelte sich im Zuge der Fertigung von einem anfänglichen Bildermalen auf Leinwand zu einer umfassenden Raumgestaltung, aus der sich in der Sammlung Falckenberg in Hamburg-Harburg eine Abfolge von Zimmern, ja eine imaginäre, metaphorische Wohnung von Balthus ergibt. Unsere Begegnung war nicht eigentlich ein Atelierbesuch. Denn es handelte sich um ein Gespräch, das sich bei der Nennung des Namens Balthus von Seiten Jonathan Meeses bei einem improvisierten Abendessen zuvor ergeben hatte und das sich dann über eine gute Stunde in sein Atelier hinein fortsetzte. Während dieses Gesprächs hat Jonathan Meese immer wieder an dem großen, mehrfigurigen Balthus-Porträt, das halbfertig an der Wand hing, gemalt, wobei er eigentlich sehr ruhig malte – gar nicht orgiastisch oder wie im Rausch, wie man aufgrund seiner Performances denken könnte, aber doch impulsiv, immer nur einer einzigen, rasch auftauchenden Idee folgend, mit einem sehr sicher gesetzten Strich. Daraufhin unterhielt man sich weiter, Jonathan Meese machte mit seinem Fotoapparat Aufnahmen und lachte. Obgleich der malerische Prozess dicht war, ergab sich ein völlig natürlicher, ungekünstelter und ungezwungener Ablauf. Das Malen war in diesem Fall eine Folge oder eine Ableitung des Gesprächs, wobei die im Atelier befindlichen Bücher über Balthus und seinen Bruder Pierre Klossowski darauf hinwiesen, dass Jonathan Meese dieses Gespräch auch führen kann, wenn er sich alleine im Raum befindet: im Dialog mit den Bildern und mit Textfragmenten der beiden *frères de pensée*, der beiden Denkbrüder (im Sinne einer Waffenbrüderschaft), die er bei dieser Bilderserie aufgerufen hatte. Unser spontan entstandenes Gespräch über Balthus und Klossowski war nicht nur dicht und vorbehaltlos. Von Seiten Meeses bestand eine Wissbegierde von großer Frische, obgleich er sich ohnedies bereits alles Wissbare zu Balthus und Klossowski durch Lesen und Bilderstudium angeeignet hatte. Das Gespräch war von der Art, wenn zwei Wissenschaftler einander in einer öffentlichen Bibliothek begegnen und entdecken, dass der eine gerade über ein Thema arbeitet, das lange ein Steckenpferd des anderen gewesen war. Schon beim ersten Satz über Balthus und Klossowski schien Meese sogleich wieder an der malerischen Arbeit, an eine scheinbar absurde, von ihm erfundene Szene denkend, die er daraufhin auf die Leinwand bringen würde, zu der das Gespräch dabei der rote Faden war. Diese Verbindung hatte ich so eng noch bei keinem Maler erlebt, und die Art des Gesprächs und der intellektuellen Wachheit erinnerte mich denn auch spontan an Hans Ulrich Obrist, übrigens fast ein Generationskollege des Künstlers. Noch überraschender war der Schritt ins Atelier, damals ein bloßes, mit einfachen Mitteln umfunktioniertes Wohnzimmer. Meese hatte die besten, seltenen Bücher von Balthus und Pierre Klossowski im Atelier liegen. Man sah gleich, auf welchem Niveau er die Sache angeht. Die Bücher sind für jeden Fan von Balthus und Klossowski legendär. Jedes einzelne kostete das Monatsgehalt eines höheren Beamten. Er hatte sie auch alle gelesen, teils mit frischer Farbe an den Fingern, was unschwer zu erkennen war. Unglaublich, was er wusste über Balthus und Klossowski. Noch interessanter aber war die Frische, mit der er auf jede kleine Anekdote, jeden für ihn neuen Hinweis reagierte. Wie ein Kind beim Spielen, mit großen, hellwachen Augen.« [29]

Ich habe ja ständig Balthus-Bücher gekauft, alle, die ich kriegen konnte. Ich habe die dann immer zerrissen und für meine Installationen und Collagebücher benutzt, zum Beispiel die Lolitas und die Katzen. Ich fand es einfach geil von dem Kunst-Balthus, so etwas zu bringen, also das angeblich Verbotene. Die Malerei von Balthus ist für mich die Ausstattung des hermeti-

schen Raumes. Picassos Malerei dagegen ist die Auslotung der Ausdehnungsmöglichkeiten des Malerischen. Er hat also viele Räume bespielt. Balthus wiederum hatte sich komplett auf einen Raum reduziert. Beides führt zum Ziel »Koordinatensystem Kunst«. Ich gehe den Picasso-Weg. Als ich anfing zu studieren, da dachte ich noch, allein Malerei und Zeichnung seien Kunst. Skulpturen habe ich damals irgendwie auch noch mit Kunst in Verbindung gebracht. Installationen kannte ich damals noch gar nicht, noch nicht einmal den Begriff. Das hat sich später erst in der Praxis ergeben. Dann wurde klar: Jedes Medium kann Kunst sein.

7. April – 24. Juni 2001: Gruppenausstellung *Ziviler Ungehorsam – Zeitgenössische Kunst aus der Sammlung Falckenberg*, Kestnergesellschaft, Hannover.

8. April – 27. Mai 2001: Ausstellung *Jonathan Meese – Patty Chang*, Fri Art – Centre d'art de Fribourg, Fribourg (Schweiz).
8. April 2001: Performance *STAATSPANTOMIME REVOLUTIONSMUMIN.*

4. Mai – 24. Juli 2001: Gruppenausstellung *Musterkarte. Modelos de Pintura en Alemania 2001*, Galeria Heinrich Ehrhardt, Madrid (Spanien).

25. Mai – 17. Juli 2001: Beteiligung an der Ausstellung *Viel Spaß. Aspect de la jeune scène allemande*, Fondation d'Entreprise Ricard, Paris (Frankreich).

15. September – 17. November 2001: Ausstellung *Van Gogh 1924 (Selbstbildnis mit Spindel)*, Galerie Krinzinger, Wien (Österreich).

2002

20. April – 22. Juni 2002: Ausstellung *Young Americans*, Contemporary Fine Arts, Berlin.

»Angepasst und politically correct ist die Kunst des Meese wahrlich nicht. Seine Berliner Leib- und Magen-Galerie Contemporary Fine Arts (manche meinen, das ›Fine‹ sollte aus der Firmenbezeichnung besser gestrichen oder doch zumindest eingeklammert werden) hat im Vorfeld des Besuches von Präsident Bush Anfang Mai 2002 die Ausstellung ›Young Americans‹ platziert. Das Intro hat Meese selbst formuliert: ›Der 1. und Letzte amerikanische Mensch ist EZ de LARGE, der amerikanische Jüngling ist ALEX de LARGE, dessen Eltern Caligula und Drusilla, Vater und Mutter seiend, die DYNAßTIE: ZARDOZ DE LARGE mit dem Saalkämpfer CONAN, dem BRUDER TOECUTTER UND DER SCHWESTER RICHARD WAGNER gründeten. NICHTS WAR JEMALS amerikanischer, als diese ERZFAMILIE, aus der das NEUESTE, TOTALLSTE UND RADIKALSTE KIND ›AMERIKA‹ sich gebar: BABY DE LARGE. AKTION SQUAW: ZARDOZ LIEBT UNS UND SPRICHT: DAS RADIKALSTE WESEN, DAS JEMALS diesen Planeten betrat sei unser GOTT: HEIL ZARDOZ = HEIL ERZARDOZ = SAAL ○ TOTALLTANZ DE LARGE‹.
Die ›Frankfurter Allgemeine Zeitung‹, leicht verstört, bat Meese um Kommentierung dieser Sinnzusammenhänge und zog es, auch danach nicht klüger geworden, vor, ihm in der Zeitung Raum für ein eigenes Statement, einen Monolog, einzuräumen.«[30]

»Es geht um die Starre von Ezra Pound. Ezra Pound war der gefährlichste Mensch für die Amerikaner. Sie haben die Kraft der Wiedergeburt durch ihn erhalten. Ezra Pound im Käfig in Pisa, das war mit Sicherheit die ewigste Ausstellung, die es jemals gegeben hat. Die Amerikaner haben sich dort präsentiert. Als Dinge und Phänomene, die vor der Unzurechnungsfähigkeit knien, weil sie sie brauchen. Ohne Ezra Pound würde es Amerika gar nicht geben. Er hat es entdeckt und wiederentdeckt und zerstört und wiederaufgebaut und bringt jetzt seinen Samen, seine Kinder, seine Götter, seine Mädchen wieder ins Land. Es ist die Frage: Wer gewinnt? Wer wehrt sich? Die Wächter zu beiden Seiten des Käfigs meines Bildes ›EZ – die 23. Stallung des Ezra Pound‹ sind namenlose Liebende. Wie der Predator, wie Conan, Schwanzmenschen, Echsen, Insekten, hochdekorierte Insek-

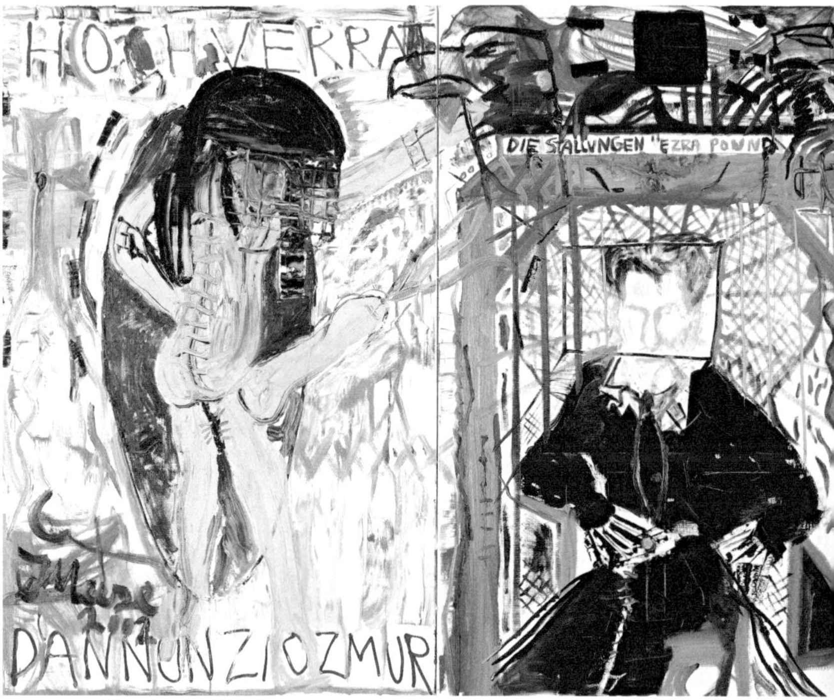

EZ, 2002
Öl auf Leinwand, 3-teilig
210 × 420 × 2 cm

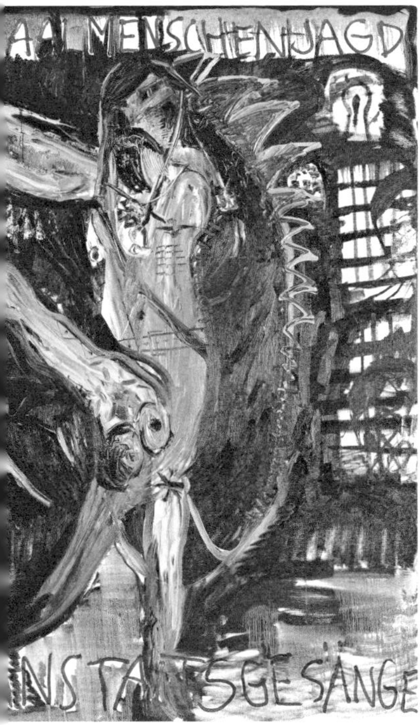
MENSCHENJAGD

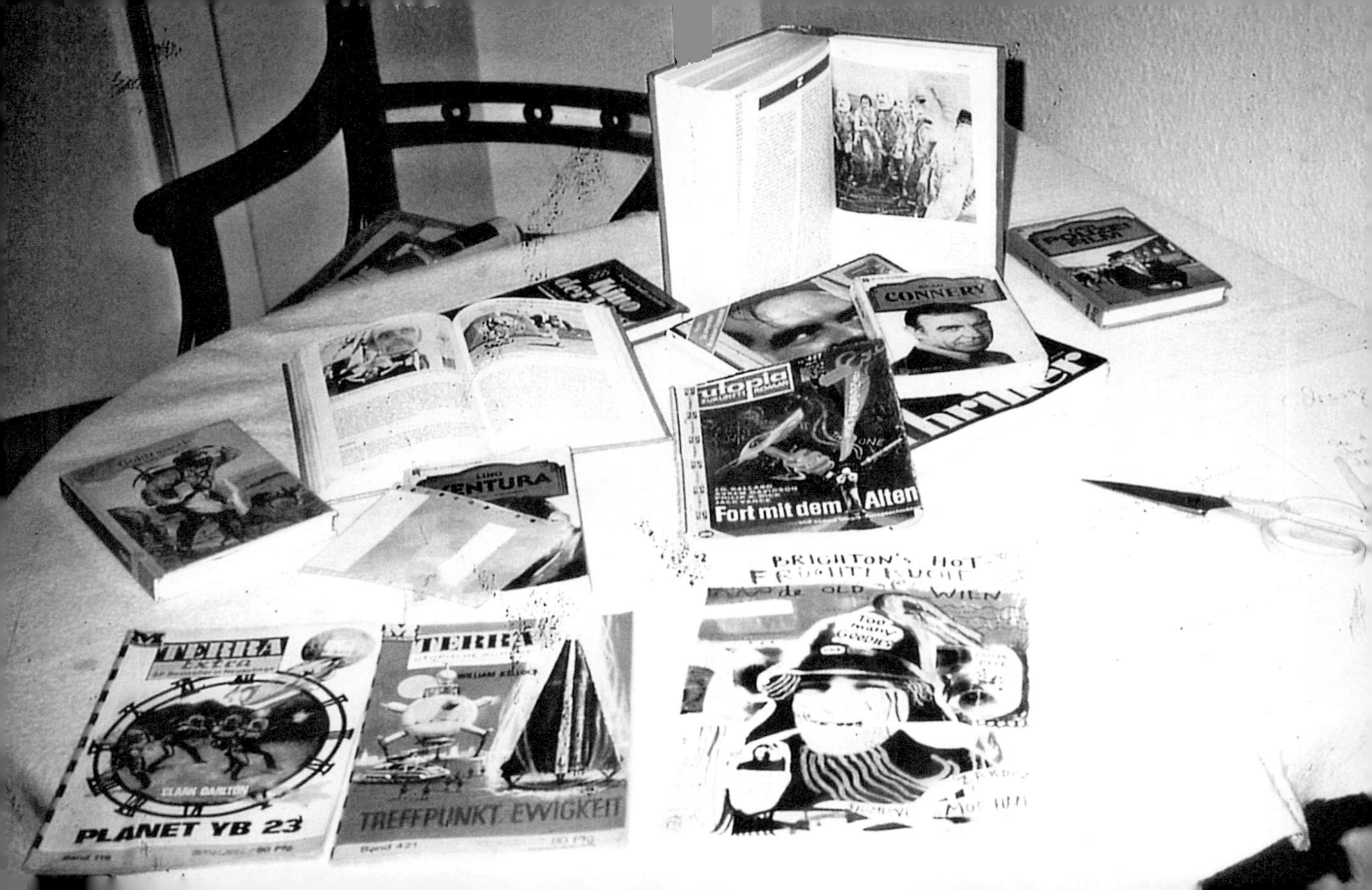
CONNERY
utopia
Fort mit dem Alten
VENTURA
TERRA
CLARK DARLTON
PLANET YB 23
TERRA
TREFFPUNKT EWIGKEIT

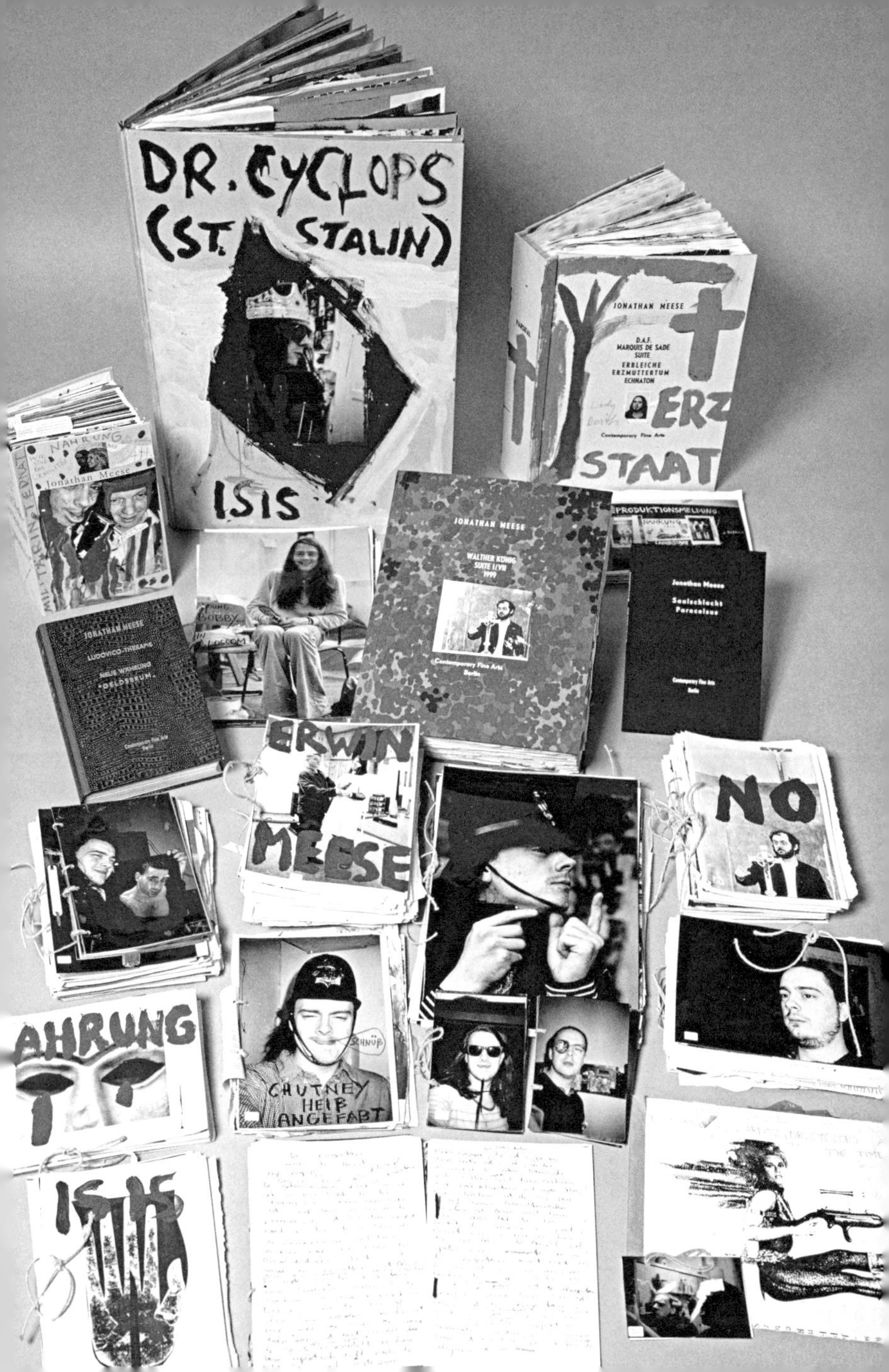
DR. CYCLOPS
(ST. STALIN)
ISIS
JONATHAN MEESE
D.A.F.
MARQUIS DE SADE
SUITE
ERBLEICHE
ERZMUTTERTUM
ECHNATON
ERZ
Contemporary Fine Arts
STAAT
Jonathan Meese
JONATHAN MEESE
WALTHER KÖNIG
SUITE I/VII
1999
Contemporary Fine Arts
Berlin
Jonathan Meese
Saalschlacht
Paracelsus
Contemporary Fine Arts
Berlin
JONATHAN MEESE
LUDOVICO-THERAPIE
NEUE NAHRUNG
ERWIN
MEESE
NO
AHRUNG
SCHNÜB
CHUTNEY
HEIB
ANGEFABT
ISIS

tengötter mit Eisernem Kreuz, mit blutigem Rückgrat und Haifischflossen und riesigen Körperteilen und Öffnungen, wo Milch rauskommt, die alles bewachen und alles lieben und alles wollen und alles geben. Da sind die Adler und die schwarze quadratische Sonne, die alles gibt und alles will und alles deckt und alles bedeckt und alles befruchtet, und da ist Ezra Pound in seinem Priestergewand. Er guckt aus dem Gefängnis, und er weiß, daß er da drin ist, weil er zum Kind gemacht worden ist. Die Amerikaner haben ein Kind gebraucht. Die Wächter haben kein Geschlecht, es sind Männer und Frauen und Kinder und Götter und Leibeigene und Sklaven und Herren. Hier Humungus aus ›Mad Max‹, der zweite der Rockerbosse nach Toecutter. Humungus, der die Rede an die Naturgewalten gehalten hat. Er hat im Sturm und im Sumpf gelebt, weil er weiß, daß dort seine Kinder geboren werden. Der andere Wächter ist Godzilla und Predator und Conan und Tittenmonster – alle, die fruchtbar werden wollen, ein Land besiedeln, ein Territorium schaffen wollen. Die wieder den Pornographiestaat einrichten wollen wie Marquis de Sade. Der Pornographiestaat ist im Anmarsch, er ist nah. Wir befinden uns momentan in einer Milchverdickung. Amerika oder das, was sich tagtäglich abspielt, das ist sozusagen die Verkrustung und Verdickung von Milch. Wir brauchen einen Strohhalm, um wieder an die frische Milch ranzukommen. Vielleicht ist sie schon so verklumpt, dass sie zu Nuggets geworden ist, Goldnuggets oder Milchnuggets oder Lebernuggets oder Ölnuggets ... Links das Kreuz ist das Smaragdkreuz der Isis. Rechts im Kerker, dort ist Hitler und ein Schlüsselloch, und hier noch einmal die Verdoppelung von Adolf. Er schaut das Ganze an. Als Januskopf seiner selbst. Ihm ist alles egal. Das Schlüsselloch führt zur anderen Welt. Es geht um die Menschenjagd, die jetzt stattgefunden hat, wir sind im Zeitalter der totalen Menschenjagd.

Es ist ein dokumentarisches Bild. Ich kann es sofort plazieren. Ich sehe das in den Mäulern von den Leuten hier auf der Straße in Berlin. Es ist für mich ein völlig normales Bild. Das Bild ist asiatisch. Es bringt alles auf eine ganz kurze Formel. Wie ein Haiku. Es zeigt die grundsätzlichste Fabel der Welt, die immer aus drei Figuren besteht. Das Bild zeigt den Ort des Geschehens in Pisa: das Gefängnis, das stahlverstärkte Doppelgefängnis, wo der Mann stumm sein musste. Es zeigt Ezra Pound als Squaw. Die politische Dimension des Bildes ist null. Ezra Pound ist jetzt hier angekommen. Berlin ist eine Stippvisite. Wir müssen sehen, was wir daraus machen. Ich erwarte Freundschaft gegenüber meinem Freund Pound und angemessenes Benehmen der Figur gegenüber. Es kommt darauf an, ob wir ihm überhaupt die Hand geben. Ob wir überhaupt durch das Gitter durchkommen. An den Wächtern vorbeikommen. Ezra Pound macht sich für seine Wiedergeburt klar. Es kommt viel darauf an, wie wir ihm begegnen.« [31]

25. Mai – 30. Juli 2002: Ausstellung *Love,* Galerie Ascan Crone, Hamburg.
25. Mai 2002: Performance *Milchgetränk am Maul* zur Eröffnung.

6. Juni – 15. Juli 2002: Gruppenausstellung *Private Mythen,* Galerie Sabine Knust, München.

8. Juni – 15. September 2002: Beteiligung an der Ausstellung *Garden Landscape Ostwestfalen-Lippe 2002* mit der Installation *Schloß Moosham,* Kloster Willebadessen, Willebadessen.

4. Juli – 28. Juli 2002: Beteiligung an der Ausstellung *Uhrwerk moderne Zeiten,* Künstlerhaus Schloss Balmoral, Bad Ems.

13. September – 12. Oktober 2002: Ausstellung *Ernte,* Galerie Karlheinz Meyer, Karlsruhe.

14. September 2002 – 1. Mai 2003: Gruppenausstellung *Hossa,* Centro Cultural Andratx / Mallorca (Spanien).

16. November – 21. Dezember 2002: Gruppenausstellung *FRIEDE, FREIHEIT, FREUDE,* Galerie Guido W. Baudach, Berlin.

Berlin, 14. II. 2002

1/3

Lieber Jonathan,
ich habe nochmal über die TV-Sache nachgedacht!
Wenn Dir das wichtig + richtig erscheint solltest Du es auch machen. Ich möchte nicht, daß Du deswegen schlechte Laune bekommst. So wichtig ist mir das dann auch nicht. Du kennst ja meine Meinung dazu. Auf der anderen Seite bist Du immer auch Dein bester

Brief von Bruno Brunnet

Fremdheiten in eigener Sache 2/3 gewesen, und das sollte auch so bleiben! Ich / Wir alle hier in der Galerie freuen uns riesig auf Deine Ausstellung und es liegt mir absolut fern, Dich irgendwie zu blockieren! Also weiter gute Bilder, Bücher, Filme, Photos usw. Deine persönliche Lust etwas zu machen oder nicht zu machen ist das einzige entscheidende Kriterium was zählt. Young Americans sind immer gefangen in der Attitü Square!

Das mit London lässt sich gut

an. Ich habe ein gutes Gefühl
dabei. Morgen fahre ich mit 3?
Philipp in die Tauroggener um
erst Vorbereitungen für nächste
Woche zu treffen. Viele Grüße
als Jens Ertzmann in Düsseldorf
wirtelefonieren,

grüß die Mama,

Herzlichst, Dein

R

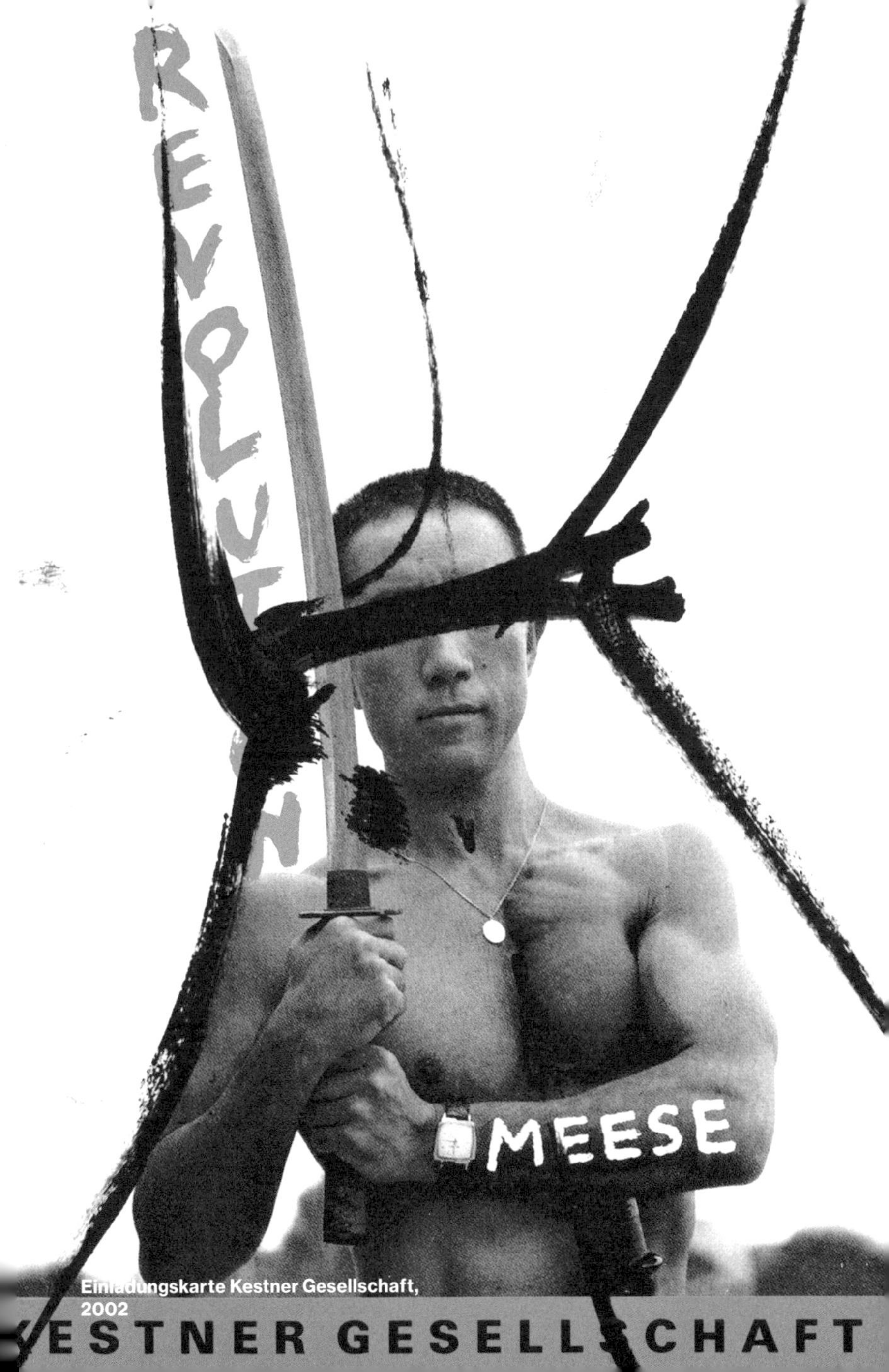

Einladungskarte Kestner Gesellschaft, 2002

23. November 2002 – 26. Januar 2003: Ausstellung *Revolution*, Kestnergesellschaft, Hannover.

Da hatte man mit 32 so etwas wie die erste Retrospektive und da dachte ich: »Okay, ich bin ein Jahr jünger als Jesus, also jetzt kann's ja mal abgehen!« Ich denke immer in diesen Kategorien. Hitler ist mit 44 Reichskanzler geworden. Ja, ich gucke mir das immer an, zu welchem Zeitpunkt wer was gewesen oder geworden ist. Das ist wie eine Nahrungskette: Man kann sich das doch alles selbst bauen, das ist so großartigst in der Kunst. Es gibt Aufgaben, die der Künstler erledigen muss: Er muss schwindeln – aber liebevoll und gut. Er muss sich radikalisieren – aber ohne Leute wirklich zu verletzen. Wenn man sich mit Künstlern beschäftigt und mit Kunst, dann merkt man doch sofort, dass alles auch nur eine Erfindung ist, Erfindung im Sinne von Spiel. Viele Künstler tun's ja auch, indem sie sich jünger machen als sie sind, also da gibt's ganz viele. Aber das kann man viel extremer ausreizen. Auch diese Diskussion mit Beuys jetzt, dass der angeblich sein ganzes Leben erfunden hat… Für mein Empfinden hat der noch viel zu wenig erfunden. Denn das ist doch genau das, worum es geht, was die Kunst ausmacht: Die Dinge zu erträumen und eigene Welten und Biografien zu entwerfen. Man ist in ein Feld geworfen worden, das eigentlich das geilste von allen ist, aber es wird einem die ganze Zeit madig gemacht. Und zwar nicht durch einen selbst, weil man etwa Selbstzweifel hätte, sondern weil von außen so ein komischer Druck kommt. Der Druck der Realität macht der Kunst immer zu schaffen. Im Moment ist das ja geradezu programmatisch. Die Menschen können nicht mehr zwischen Werk und Privatperson unterscheiden. Das ist absolut scheußlich. Ich, zum Beispiel bin nicht meine Kunst.

»Nicht allen gelingt es, die kunsttheoretische Scheidelinie zwischen Beuys und Meese zu erkennen. Guido Westerwelle nannte Meese bei seiner Laudatio anlässlich der Verleihung des *B.Z. Kulturpreises* den ›neuen Beuys‹. So völlig verkehrt ist das auch gar nicht. Denn beide, der Jüngere wie der 1986 verstorbene Ältere, sind tief beeindruckt von Nietzsche, dem ›Umwerter aller Werte‹; beide sind inbrünstige Verfechter einer Revolution der Kunst; und beide agieren als souveräne Gesamtkunstwerker, die sich den klassischen Kunstgattungen Grafik, Malerei und Plastik genauso gewachsen zeigen wie der Sprach- und Aktionskunst. Wo also liegt der Unterschied? Es ist als Beuys' Beitrag zur Kunstgeschichte anzuerkennen, dass er mit größter Konsequenz die Ästhetik politisierte und die Politik ästhetisierte. [...] Das Material, mit dem er sich in zunehmendem Maße befasst, ist die Gesellschaft. Das Kunstwerk, das es hervorzubringen gilt, ist die ›Soziale Plastik‹. In einem Manifest von 1973 erläutert er diese ›radikale Begriffserweiterung‹ der Kunst: Nicht nur Malerei, Bildhauerei oder Schauspielerei, sondern *jede* menschliche Kreativität sei Kunst. Für Beuys ist Kunst die ›evolutionär-revolutionäre Kraft‹, die den ›repressiven Wirkungen eines vergreisten und auf der Todeslinie weiter wurstelnden Gesellschaftssystems‹ entgegentritt. Beuys' Kunstwerke dienen der Veranschaulichung dieses Kerngedankens: [...] Neben diesen Projekten, die sich noch innerhalb der althergebrachten Grenzen von Kunstausstellungen und Kunst im öffentlichen Raum bewegen, greift die künstlerische Arbeit des Düsseldorfer Professors immer weiter in die gesellschaftspolitische Sphäre aus: 1967 gründet er die *Deutsche Studentenpartei*, 1971 das *Büro für direkte Demokratie durch Volksabstimmung*, 1972 ruft er zur Besetzung des Sekretariats der Akademie auf, um nicht zugelassenen Studenten das Kunststudium zu ertrotzen, nach seiner Entlassung durch den damaligen Kultusminister Johannes Rau initiiert er die *Freie Internationale Universität* als staatsunabhängiges bildungspolitisches Organ und 1980 ist er schließlich beim Gründungsparteitag der *Grünen* mit dabei. Das von Beuys angestrebte ›Gesamtkunstwerk zukünftige Gesellschaftsordnung‹ wird aus seiner Sicht erst dann Realität erlangt haben, wenn nicht nur Künstler wie er, sondern alle Menschen ihre freie Schöpferkraft in die Gesellschaft einbringen können. [...] Sich selber begreift Beuys als Schamane, der diesen Leidzustand erspüren und zur Heilung bringen kann. [...] Meese wartet mit Diagrammen und Manifesten auf, die formal denen von Beuys ähneln – und auch ebenso kryptisch sind wie diese. Bei genauerer Betrachtung lassen sie allerdings eine geradezu aversive Distanz zum Vorbild erkennen. […] Gerade im Hinblick auf solch übersteigertes künstlerisches Rollenverständnis hat er […] den totalen Krieg gegen das überhebliche ›Ich‹ ausgerufen. Er selber sieht sich als ›Ameise der Kunst‹, als selbstlosen Diener des Ästhetischen. Beim Schlussakt seiner Performance im Essl Museum pinselte er das Wort ›Demut‹ an die Decke. Ein Künstler ist für Meese weder politischer Führer noch messianischer Erlöser. […] Meese hält nichts von der politischen Relevanz von Kunst. ›Kunst kann man auch nicht erweitern oder Kunstbegriffe schaffen – gibt's alles nicht‹, wettert er gegen den ›erweiterten Kunstbegriff‹ von Beuys. Mit Parteiengründungen, demokratischer Erneuerung oder sozialökologischem Umbau befasst sich der Anti-Beuys überhaupt nicht. Für ihn gibt es nur eine Partei: die Kunst. Seine Kunstwerke haben weder eine agitatorische Symbolfunktion noch sind sie ästhetische Vorwegnahmen einer künftigen Gesellschaftsordnung. […] Der explosiven Erweiterung des Kunstbegriffes durch Beuys folgt die impulsive Einengung des Kunstbegriffs durch Meese.« [32]

Nein, eine individuelle Mythologie war's letztlich nie – es ist nie formal gewesen. Es ist eher eine Anti-Mythen-Sache als eine Mythen-Sache und am besten wäre es, wenn es irgendwann mal neutral und schließlich evolutionärst würde. Aber das dauert noch, weil du ja immer eine Gegenposition einnimmst. Ich halte auch Wagner für einen absoluten Anti-Mythologen. Ich denke, der benutzt Mythen und Religionsikonografie nur, um zu sagen, dass etwas eigentlich scheiße und überflüssig ist. Richard Wagner benutzte die Übermythologisierung, um Sachverhalte und Themen wie Liebe, Rache, Hass und Tod präzise darzustellen. Für Wagner war Religion letztlich irrelevant, sie war nur ein künstlerisches Vehikel. Wagner wollte alle Religionen durch das Gesamtkunstwerk ersetzen. Wagner ist keine Ersatzreligion. Wagner hat alle Ideologien überwunden! Ideologien sind leider immer nur Aberglaube und gehören weg. Kunst ist keine Priesterkaste und auch kein Geheimzirkel. Es gibt keine Geheimnisse in der Kunst. Zu glauben, dass das Atelier ein Geheimort wäre, wo in alchemistischer Manier irgendwas gemacht wird, das ist scheiße. Echt, das ist so uralt und so ein elender verkrusteter Scheiß. Da ist absolut nichts Geheimes los, Kunst ist keine Geheimgesellschaft, kein Okkultismus. Das ist ja auch immer noch so ein Mythos, der sich hartnäckig hält. Und viele Kulturanbiederer fallen auch auf diese ganzen Okkultisten rein. Ja, Kunst hat damit überhaupt nichts zu tun, Kunst ist eine Offenlegung: Du zeigst, wo das Gold liegt und dann kann man sich's angucken. Meistens ist der Goldklumpen so groß, dass du ihn gar nicht mitnehmen kannst, aber du kannst ihn doch angucken. Du sagst nicht: »Haha, ich weiß, wo das Gold ist, aber ich verrat's euch nicht!« Nee, als Künstler stellst du dich hin und schreist in die Welt: »Hallo, hier ist es, kommt alle her und schaut!« Jeder kann es besuchen, jeder kann es sehen, jeder kann mal dran schnuppern. Das ist nicht elitär, man macht hier überhaupt nichts Elitäres. Ja, jede Blume ist gleich geil, aber manche verwelken früher und manche eben später – und manche sehen geiler aus. In sich sind sie aber alle gleich geil und gleich notwendig. Insofern ist das hierarchielos, obwohl es natürlich schon eine Hierarchie gibt – wenn ich etwa ins Restaurant gehe und eigentlich weiß, dass alles geil schmeckt, ich aber trotzdem irgendetwas auswähle, aber nicht ideologisch gesehen. Das verstehen die Leute aber oft nicht, die gehen von ihrem Geschmack aus und bilden ideologische Hierarchien, die sie zum Maß aller Dinge erheben, pfui. Ich muss das Zeug ja gleichwertig anbieten, deshalb passiert auch so viel parallel. Ich schreibe immer noch die Manifeste, mache nebenbei Fotos, dann kommt noch Video dazu, dann sind da die Malereien, dann wird schnell eine Collage gemacht, dann kommt noch ein Interview, dann eine Performance usw. Das muss sich alles gegenseitig befruchten. Das war immer schon so, aber jetzt wird's immer rasanter.

2003

15. Januar – 13. April 2003: Beteiligung mit dem Bild *Bienen-Nabob im Tränental des Bienenkatzenz* an der Ausstellung *deutschemalereizweitausenddrei*, Frankfurter Kunstverein, Frankfurt a. M.

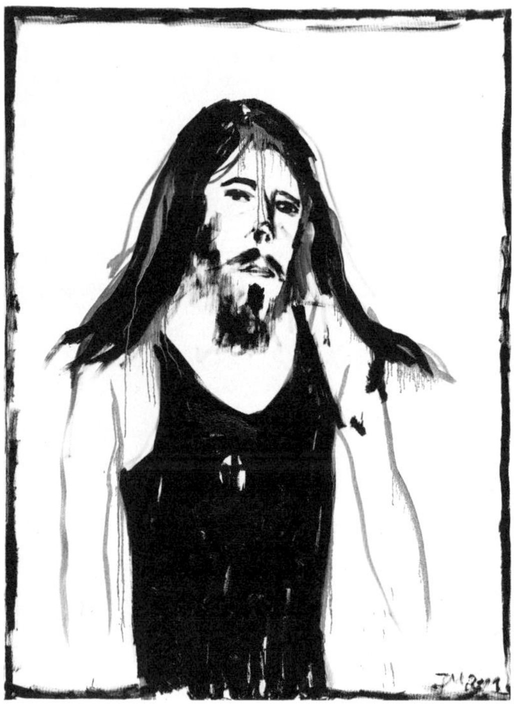

Selbstportrait Imhotep, 2001
Öl auf Leinwand
160 × 120 cm

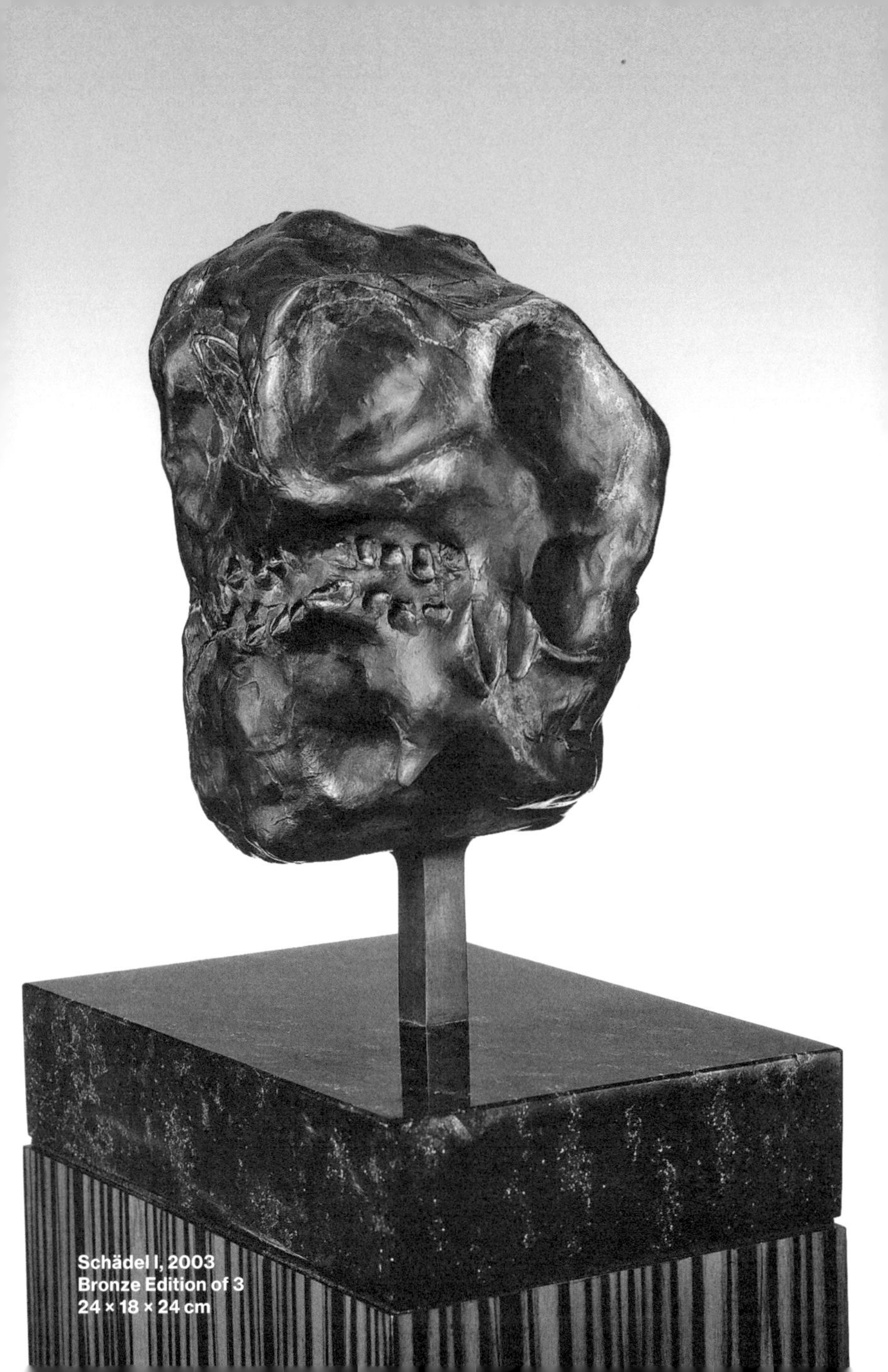

Schädel I, 2003
Bronze Edition of 3
24 × 18 × 24 cm

27. März – 9. Juni 2003; 27. Juni – 14. September 2003: Beteiligung an der Ausstellung *Grotesk! 130 Jahre Kunst der Frechheit,* Schirn Kunsthalle, Frankfurt a. M.; Haus der Kunst, München.

14. Mai – 31. August 2003: Beteiligung mit der Skulptur *Hagen von Tronje vs. Siegfried* (2000) an der Ausstellung *Actionbutton. Neuerwerbungen zur Bundessammlung zeitgenössischer Kunst 2000–2002,* Hamburger Bahnhof, Berlin.

28. Mai – 3. August 2003: Beteiligung mit dem Gemälde *Selbstportrait als Imhotep* (2001) an der Ausstellung *Warum! Bilder diesseits und jenseits des Menschen,* Martin-Gropius-Bau, Berlin.

»Aus Anlass einer Themenausstellung im Martin-Gropius-Bau zum Ökumenischen Kirchentag in Berlin 2003 und ausgelöst durch die Begegnung mit einer Bronze von Willem de Kooning, einem Kopf aus dem Jahre 1973 [*Head IV,* Bronze, 27 × 22 × 28 cm, Kunsthalle Bielefeld], entstehen im Werk von Jonathan Meese im Frühsommer 2003 die ersten Bronzeköpfe respektive Bronzefiguren, die inzwischen auf eine Zahl von 15 Werken angewachsen sind. [...] Ein Schädel macht den Anfang der neuen Werkgruppe bei Jonathan Meese. Wie ein Urbild von Skulptur und Prototyp des menschlichen Porträts zugleich steht der Schädel am Anfang der Bronzeplastiken und bildet die Nummer 1 dieser Werkgruppe.« [33]

4. Juni – 13. Juli 2003: Ausstellung *The Empire Portraits 1903,* Modern Art, London (UK).

28. September – 16. November 2003: Gruppenausstellung im Rahmen des *Max-Pechstein-Förderpreises,* Kunstsammlungen der Städtischen Museen Zwickau, Zwickau.

28. September 2003 – 5. Januar 2004; 3. April – 15. Juni 2004: Beteiligung an der Ausstellung *Berlin – Moskau / Moskau – Berlin 1950–2000,* Martin-Gropius-Bau, Berlin; Staatliches Historisches Museum, Moskau (Russland).

Herbst 2003: Beteiligung an der Ausstellung *Frass,* USB Basement, London (UK).

2004

16. Januar – 12. April 2004: Ausstellung *Képi blanc, nackt,* Schirn Kunsthalle, Frankfurt a. M.

16. Januar – 28. April 2004: Gruppenausstellung *I hate you – Falckenberg Collection meets Louisiana,* Louisiana, Museum of Modern Art, Humblebæk (Dänemark).

VORSEHUNG: Seelensaal am Hain

31. Januar 2004: Premiere *Kokain* (nach der Romanvorlage von Pitigrilli, Inszenierung: Frank Castorf, Bühne: Jonathan Meese), Volksbühne Berlin.

»Als er im Januar 2004 für die *Kokain*-Inszenierung in der Berliner Volksbühne ein Bühnenbild entwickelt, verwendet er erstmals das Eruptionsmotiv, das seine weitere Beschäftigung mit dem mythischen Ort [Atlantis, Anm. d. Verf.] prägt. [...] Sein Drehbühnenaufbau erhebt sich auf dem Grundriss eines riesenhaften Eisernen Kreuzes, das uns hier den Gedanken des Erzlandes fassbar macht. Auf der oberen Ebene des Kreuzes sind, Seepocken gleich, drei Vulkankegel festgewachsen, die gelegentlich vor sich hin qualmen. Der Kreuzkörper ist mit Eingängen und Ausblicken durchlöchert. Auch Bildschirme und Projektionsflächen, auf denen Meeses Lieblingsfilme zu sehen sind, durchbrechen die schwarzen Wandflächen, die in roter Farbe mit assoziationsreichen Worten bepinselt sind: ›Kampf‹ und ›Gold‹ lesen wir sowie meesetypische Wortschöpfungen wie ›Ernteproduktionsmeldung‹, ›Djangott (notgeil)‹, ›Dr. Eldoradon‹ – oder ›Atlantisis‹.«[34]

Ich werde immer nur eingeladen, das ist wichtig zu wissen. Ich kulturschleime mich nirgendwo rein, ich warte auf das, was

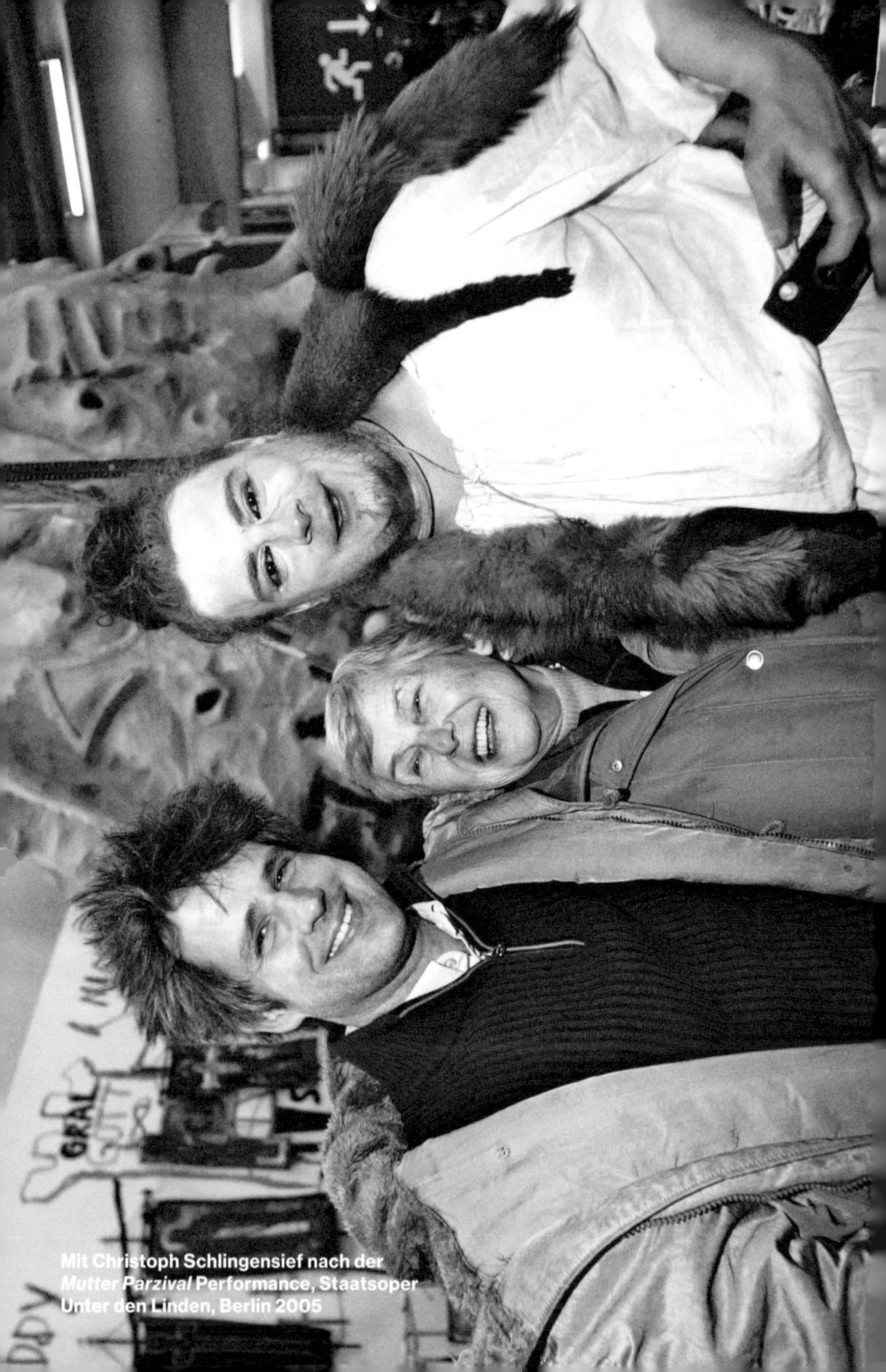

Mit Christoph Schlingensief nach der *Mutter Parzival* Performance, Staatsoper Unter den Linden, Berlin 2005

C. SCHLINGENSIEF

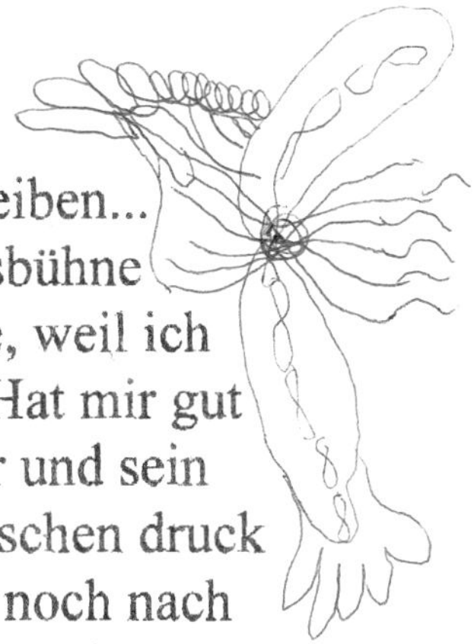

Lieber jonathan,

ich wollte dir schon lange schreiben... habe deinen abend an der volksbühne gesehen.konnte nur eine stunde, weil ich dann lilienthal treffen musste. Hat mir gut gefallen, auch wenn das theater und sein neunmalkluges publikum komischen druck ausüben wollte. Bin dann auch noch nach frankfurt gefahren und habe mir deine installation dort angesehen. Hat mir sehr sehr sehr gut gefallen ! mit einer FÜHRER-gruppe durchgewälzt. toll was die da alles erzählen. Und der 16-jährige junge musste draußen bleiben, obwohl er die pornobilder gerne gesehen hätte. Ich habe ihn dann unzüchtig angeschaut. Das hat ihm gefallen !.....ich würde dich gerne etwas zu bayreuth fragen...kannst du mir sagen, wann ich dich telefonisch erreichen kann ?...das wäre großartig! Herzlichen gruß dein volksempfänger

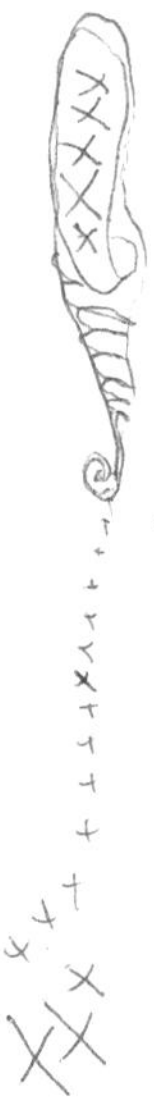

Christoph

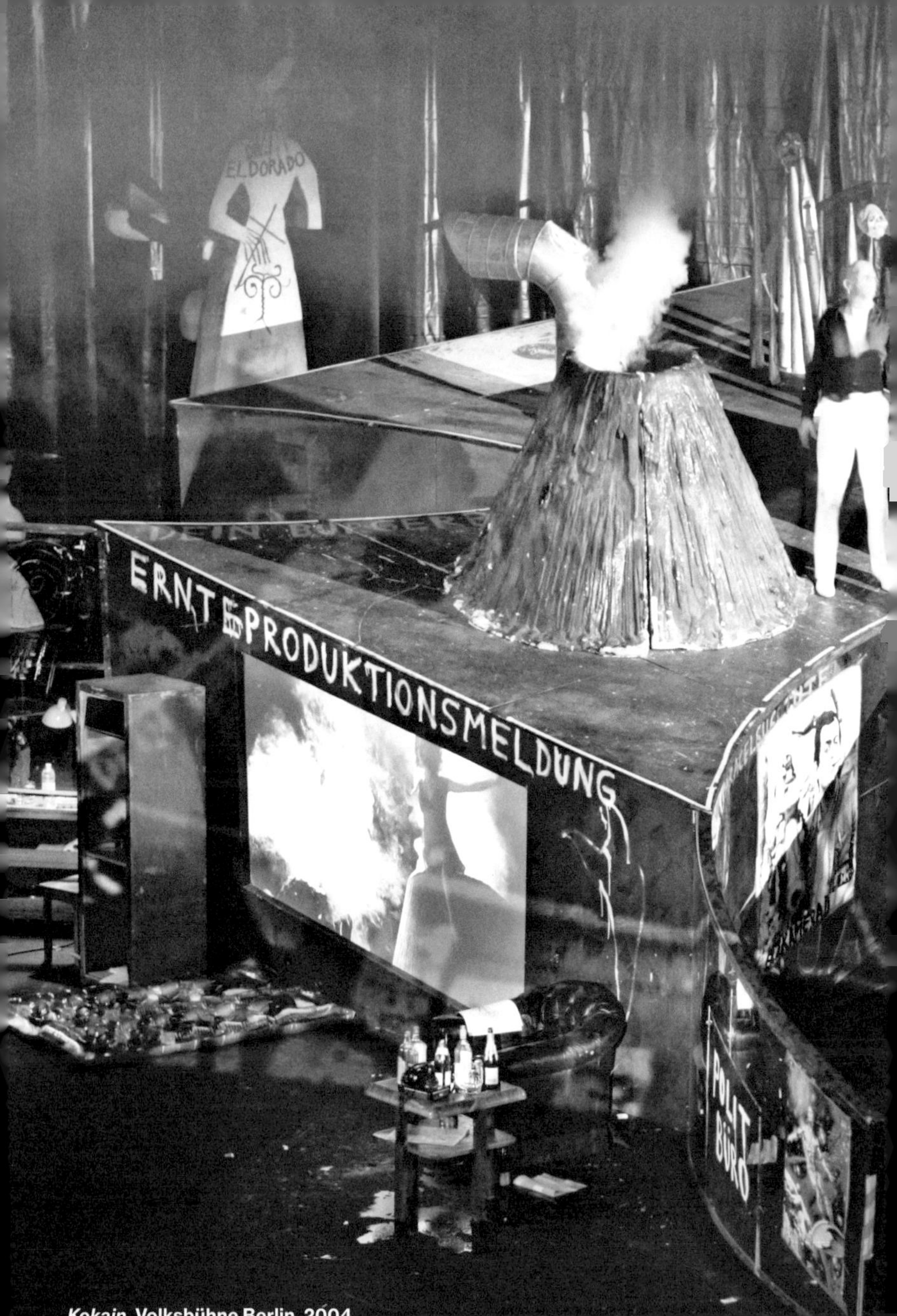

Kokain, Volksbühne Berlin, 2004

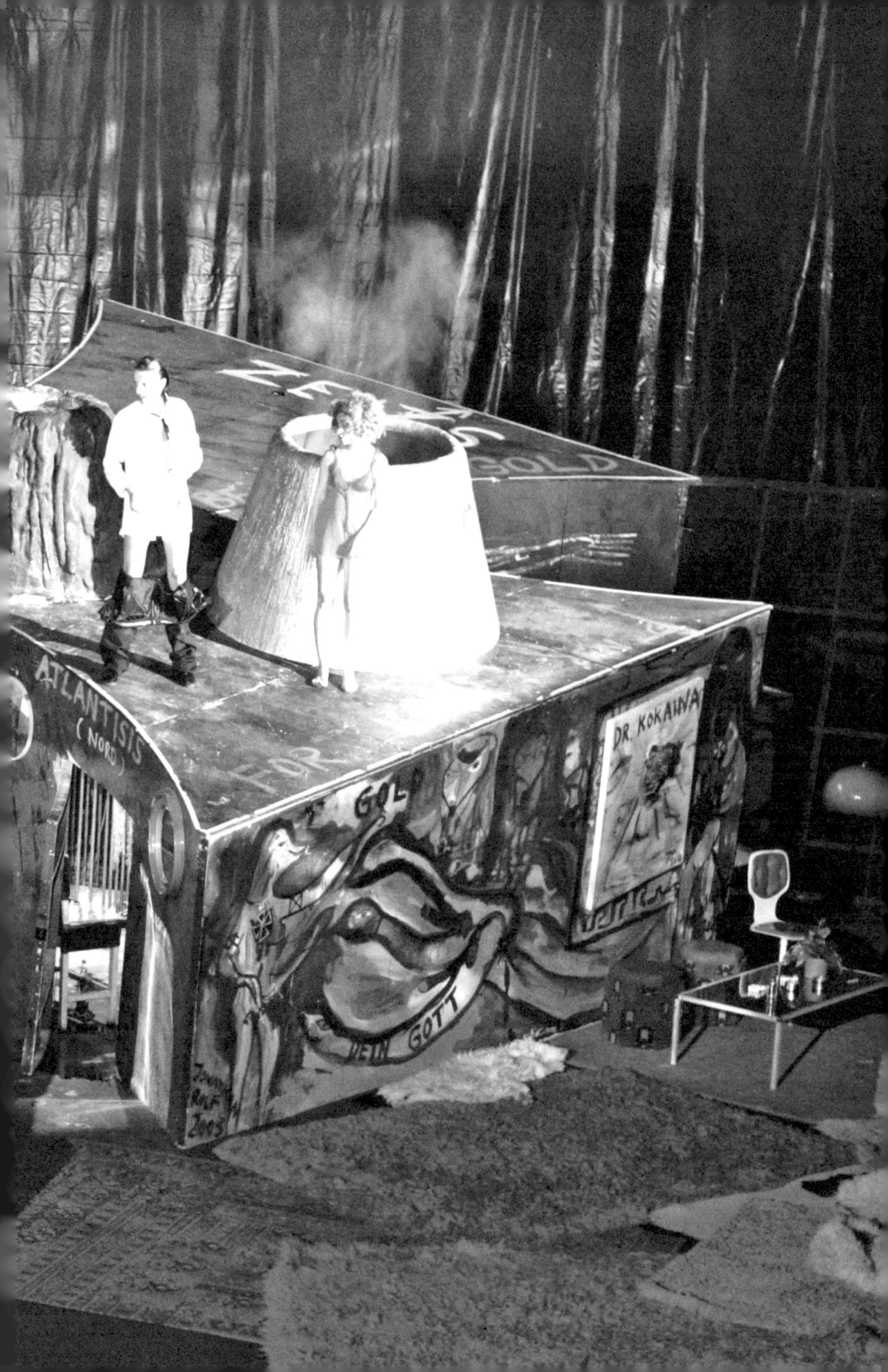
GOLD
ATLANTISIS
(NORD)
GOLD
DR. KOKAINA
DEIN GOTT

auf mich zukommt, wozu ich gefragt, worauf ich angesprochen werde. Ja, ich bin immer Gast, sonst wird's scheiße. Bert Neumann zum Beispiel [von 1992-2015 Chef-Bühnenbildner an der Volksbühne am Rosa-Luxemburg-Platz] habe ich auf der Straße getroffen und der fragte mich einfach, ob ich nicht Lust hätte, ein Bühnenbild für Frank Castorf zu machen – ich kannte weder Frank Castorf noch die Volksbühne, obwohl ich damals schon sechs Jahre in Berlin gelebt habe. Bert Neumann hatte ich bei dem Dreh von Sonnenallee *kennengelernt und fand den total cool, aber die Volksbühne hatte ich noch nie von innen gesehen. Die Volksbühne ist mir auch nie speziell aufgefallen. Ich wandere ja auch nicht in der Gegend rum und schaue mir Häuser an, ich bewege mich auf der Straße immer nur von A nach B. Und dann hat mir Bruno [Brunnet] gesagt: »Ja, mach das mal, das ist doch interessant!« Damals war es eben noch so, ob das nun Geld bringt oder nicht oder ob das gerade angesagt ist oder nicht, spielte keine große Rolle. Da hieß es immer nur: »Das ist gut für deine Entwicklung und also ist das gut für dich!« So habe ich's bis heute auch immer gesehen. Das Buch* Cocaina *von Pitigrilli habe ich damals natürlich gelesen, aber ich habe mir gedacht: »Ich mache jetzt ein universelles Bühnenbild, ein Bühnenbild, das für alle Bühnen der Welt und jedes Stück der Welt möglich ist.« Das war mein Ansatz. Ich wollte ein Bühnenbild schaffen, in oder vor dem man alles spielen kann. Ich dachte ja nicht, dass das jetzt einreißen würde, ich dachte, die Sache mit dem Bühnenbild wäre eine einmalige Angelegenheit. Aber dann kamen später noch Bühnenbildarbeiten für Angela Richter und Pierre Audi dazu. Das waren alles Etappen auf dem Weg zum Gesamtkunstwerk. Jedenfalls habe ich dem Frank Castorf damals ein Modell angeboten, der fand's allerdings ganz scheiße und sagte, dass ich einen Gegenvorschlag machen solle. Den fand er dann allerdings noch beschissener. Der Gegenvorschlag bestand in so einer komischen Figur, die einfach in der Mitte steht – wie so eine Art Totem, wie so ein komischer Pflock oder so ein Zardoz-Kopf, nur noch stilisierter. Dass das eigentlich nur noch Gegenstände auf der Bühne waren, war das Problem, damit konnte Frank gar nichts anfangen. Und dann sagte er plötzlich: »Okay, dann lass uns doch mal dieses Eiserne*

Kreuz bringen.« Das war mein Lieblingssymbol zu der Zeit und hat bis heute an Kraft nicht verloren, es ist fast zu meiner Signatur geworden. Außerdem hatte es ganz klar Bühnenqualität. Ich habe versucht, es angenehm zu machen: für die Schauspieler, für die Situation. Deshalb auch ein Eisernes Kreuz, damit bei der Drehbühne eben vier verschiedene Räume entstehen und Zwischenräume und auch ein Innenleben für die Videoprojektionen usw. So was denke ich ja immer mit. Ich denke dann auch immer: »Das muss einfach sein und handhabbar.« Ich will ja nichts durchdrücken, was irgendwie gegen die Schauspieler ist, das ist nicht mein Ding. Hürden stelle ich nur mir selber in den Weg. Castorf baut immer wieder gerne etwas, das stört oder unbequem ist und für die Schauspieler Schwierigkeiten erzeugt, aber das ist seine Regiearbeit. Und den Frank finde ich einen absolut spitzenmäßigen Typen. Der brennt für seinen Beruf, liebt was er tut und lebt in seiner eigenen Welt. Wie ich auch. Vielleicht hat er mich deshalb immer machen lassen. Allerdings hat er auch viel gefordert, also Material für seine Arbeit. Und auch da lagen wir total auf einer Wellenlänge. In der Sache völlig uneitel. Ich habe in der Theaterei überhaupt nichts zu verteidigen, ich wollte das nur ausprobieren und sehen, ob das überhaupt geht und wie es geht. Ich habe dieses Bühnenbild dann ja auch mal für mich selbst benutzt, für eine Performance usw. Für mich war die Arbeit mit Castorf wie eine Art Training für die Zukunft.

24. März – 4. Juli 2004: Beteiligung an der Ausstellung *New Blood*, Saatchi Collection, London (UK).

28. März – 18. Juli 2004: Beteiligung an der Ausstellung *Partisanen der Utopie. Heiner Müller – Joseph Beuys*, Stiftung Schloss Neuhardenberg, Neuhardenberg.

31. März – 17. April 2004: Beteiligung an der Ausstellung *New German Painting*, Regina Gallery, Moskau (Russland).

10. Mai – 10. Juni 2004: Ausstellung *Dr. No's Son*, Leo Koenig Inc., New York (USA).

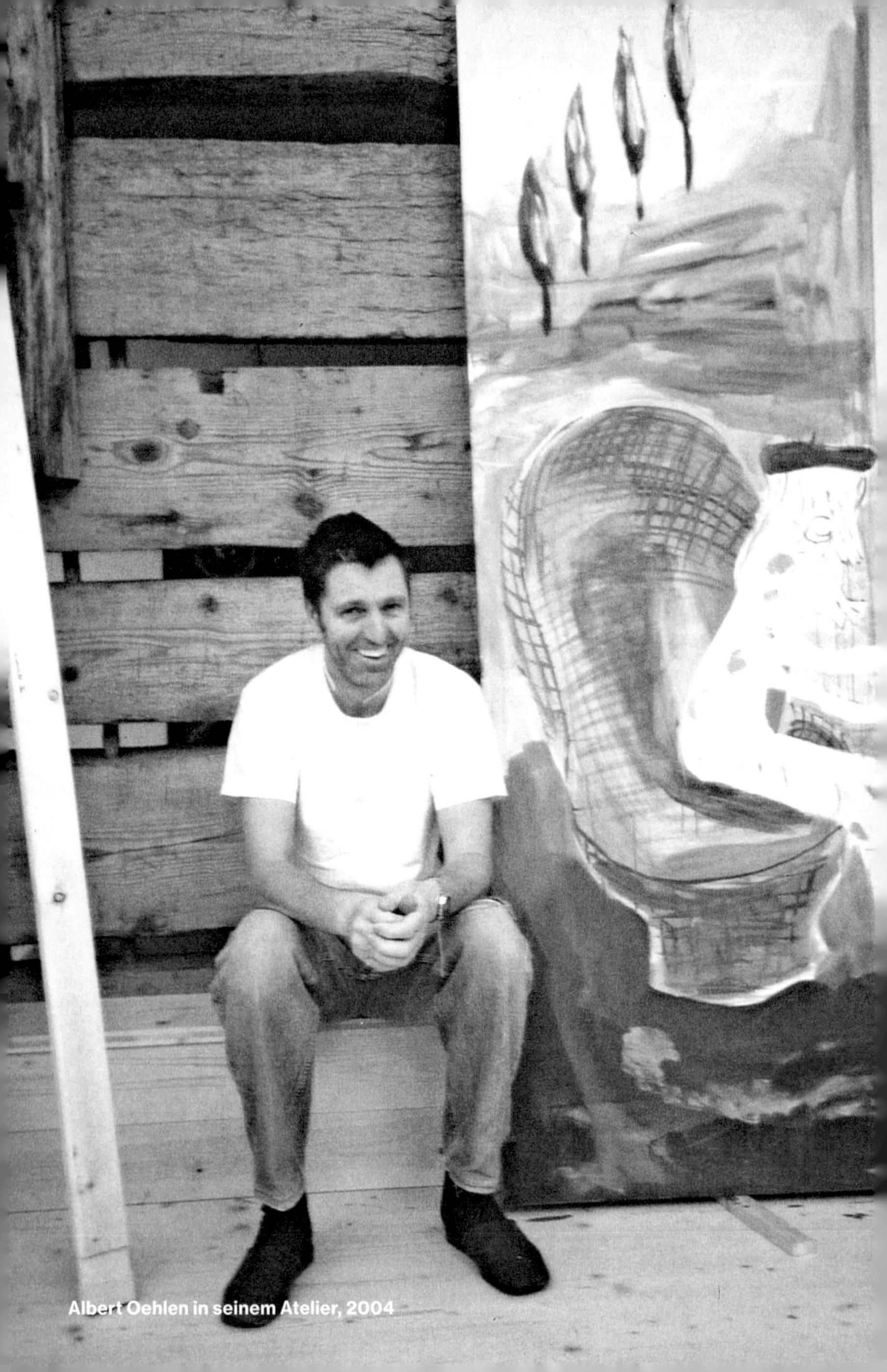

Albert Oehlen in seinem Atelier, 2004

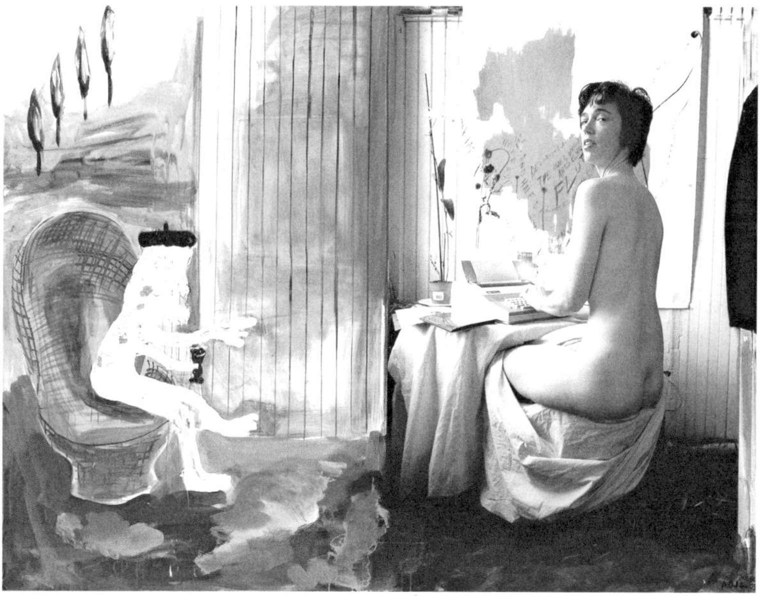

Jonathan Meese / Albert Oehlen
Beine, 2003
Öl, Inkjet auf Holz
208 × 280 cm

11. Juni – 8. August 2004: Beteiligung an der Ausstellung *Étrangement proche – Seltsam vertraut,* Saarlandmuseum, Saarbrücken.

15. Juni – 15. Juli 2004: Ausstellung *Das Bildnis des Dr. Fu Manchu,* Contemporary Fine Arts, Berlin.

17. Juli – 21. August 2004: Ausstellung *Spezialbilder Jonathan Meese / Albert Oehlen,* Contemporary Fine Arts, Berlin.

22. Juli – 31. August 2004: Ausstellung *DR. STAATSALL. Die 1. senfgelblichen Elixiere der WELTRAUMTIERGÖTTINNIN entstammten der 1. getreidigen ORDENSBURG ›DR. EIZAHN des klebrigen gänselebrigen Opiumeese‹, geboren im SAALZAHN ›PROTEUS VI‹,* Dommuseum Salzburg, Salzburg (Österreich).

3. September – 15. September 2004: Gruppenausstellung *Neueröffnung,* Museum der bildenden Künste, Leipzig.

21. November 2004 – 27. Februar 2005: Beteiligung an der Ausstellung *Rheingold III,* Städtisches Museum Abteiberg, Mönchengladbach.

16. Dezember 2004 – 19. Februar 2005: Ausstellung *Solo für Onkel Schnapp-Gebiss,* Galerie Krinzinger, Wien (Österreich).

2005

30. Januar – 27. März 2005: Beteiligung mit der Bronzeskulptur *Schädel* (2003) an der Ausstellung *Skulls. Bilder im Angesicht des Todes,* Schönewald Fine Arts, Xanten.

5. Februar – 9. März 2005: Ausstellung *Vive Fantômas,* Galerie L'Art du Temps, Clermond-Ferrand (Frankreich).
9. März 2005: Performance zur Finissage.

16. Februar – 9. Mai 2005: Beteiligung an der Ausstellung *Dionysiac,* Centre Georges Pompidou, Paris (Frankreich).

17. Februar – 18. April 2005: Ausstellung *Jonathan Meese,* Sies + Höke Galerie, Düsseldorf.

16. / 19. / 28. März 2005: Performance *Jonathan Meese ist Mutter Parzival,* Staatsoper Unter den Linden, Berlin.

»Einen Höhepunkt von Meeses Wagnerismus bildet die fünfstündige Performance *Mutter Parzival,* die er 2005 im Magazin der Berliner Staatsoper aufführt, ja zelebriert – zur live übertragenen Musik des gleichzeitig aufgeführten *Parsifal.* Die Bühne dieser Performance ist ein wildes Sammelsurium von Gegenständen aus Meeses Atelier; zentral eine riesige, drehbare Skulptur, in deren zerbeulten Furchen man Wagners Antlitz entdeckt. Eine zweite Skulptur ist aus Bronze: ein zweigeschlechtlicher Tier-Mensch-Homunculus, dem lange Phalli aus dem Körper wachsen. Mit dem Vorspiel des *Parsifal* beginnt eine lange Abfolge ritueller Gesten, die alle irgendwie Wagners Mythengewaber, die Theatralik seiner Helden, aber auch die Nazi-Aura seiner Rezeption sowie nicht zuletzt die hohl gewordenen Pathosformeln der Wagner-Bearbeitung im modernen Regietheater imaginieren. Meese hüllt sich in lange Armeemäntel und verzieht sein Gesicht wie ein Stummfilmstar zu grotesken Fratzen. Unzählige Male ergreift er ein großes Schwert und reckt es in die Höhe, als sei er Jung-Siegfried bei Fritz Lang. Er schleudert Speere, stülpt sich Ritterhelme über, grübelt auf einem Thron und liebkost zwei Skelette, bevor er alles in eine Grube wirft, wo er später direkt aus der Tube hieroglyphengleiche Symbole und Umrisse von Götterwesen auf die Leinwände schmettert. Dann hält er wieder Plakate hoch, auf denen ›ISIS ERZVOLK‹ oder ›GRÄBER RICHARD ALS TOTER‹ steht. Irgendwann erkennt man die Musikalität von Meeses Bewegungen. Er trinkt viel Rotwein, gerät in Trance, die ihn umhertorkeln, aber zugleich auch immer mehr eins mit Wagners Klängen werden lässt. Während Amfortas im Schmerz seiner blutenden Wunde

Eine Karte aus dem ADMOS-Postkartenbuch »Lokomotiven«
Foto: Axel Schlenkrich
Typ: 58 311, Fabrikationsnr. 2153, [illegible] 1921, Lauter, Deutschland

7.10.2006 Di

liebe Mummy
hier ist es sehr
fein und Alles
ist Ritter Nietzsche;
ich hab' übrigens
gerade den Deichtorhallen
den Titel für die
Ausstellung gefaxt,
es sei: MUTTER, der
Titel für die Staatsoper ist:
Jonathan Meese ist
MUTTER PARZIVAL

21 bis
Mittwoch
Love
John
(Meeseweg)

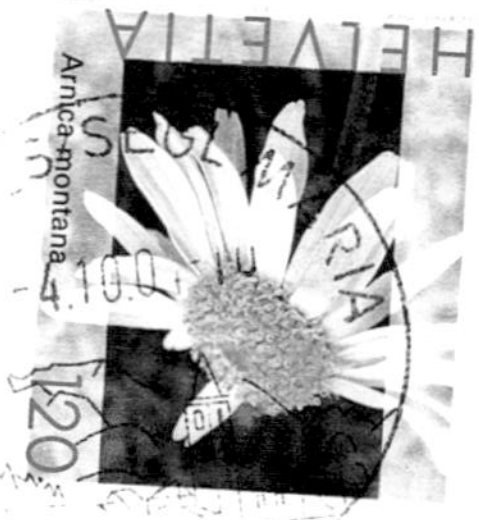

FÜR:
Brigitte Meese

Deutschland

Mutter Parzifal's Gral

Der Gral ist das Neutrum.
Richard Wagner ist ein Naturgesetz.
Die Musik "Richard Wagner" ist
Ihre Propaganda. Es geht nicht
darum die Musik zu lieben oder
zu hassen. Laße sie sich selbst
~~Lieben~~ oder Hass ~~/~~ anhand Ihrer
selbst ~~bezaubern~~. neutralisieren:
Überlaße diese Propaganda
der Propaganda, dann herrscht
Freiheit. Richard Wagner erzeugte
die notwendigsten Druckverhältnisse.
Sieh von Dir ab und bedinge
Alles. Symbolisiere niemals
Deinen eigenen Hohn. Deine
Heuchelei sei Niemandes Gesetz.
Es sei ehedem die

Weltherrschaft der Dingwelt.
Das Alleinherrschende sei die Sache selbst, der Mensch bleibt unberührt. Alles ist der Gral.
Bringt mir, Jonathan Meese, den Kopf des Jonathan Meese.
Jonathan Meese ist Mutter Parzefal.

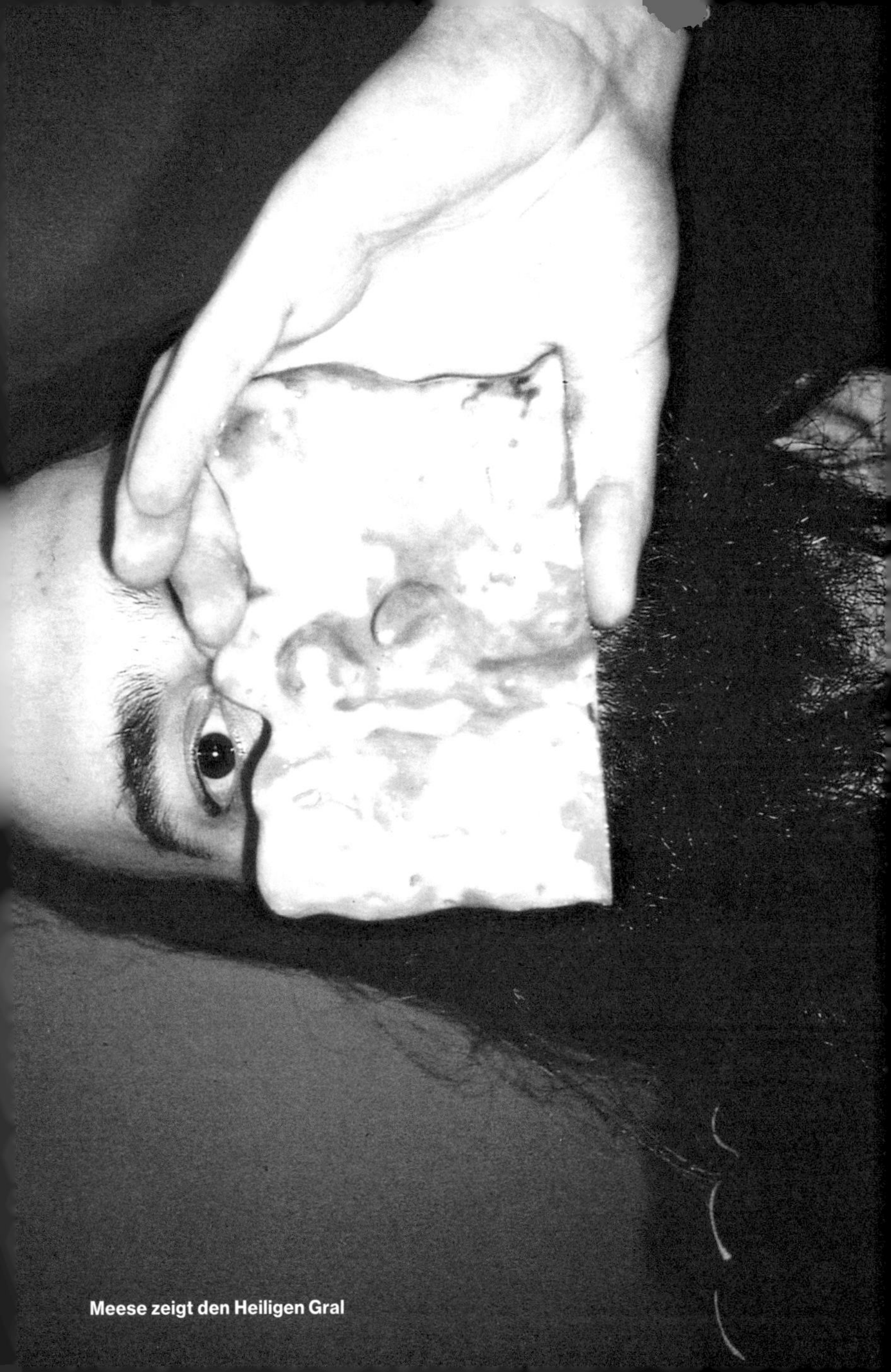

Meese zeigt den Heiligen Gral

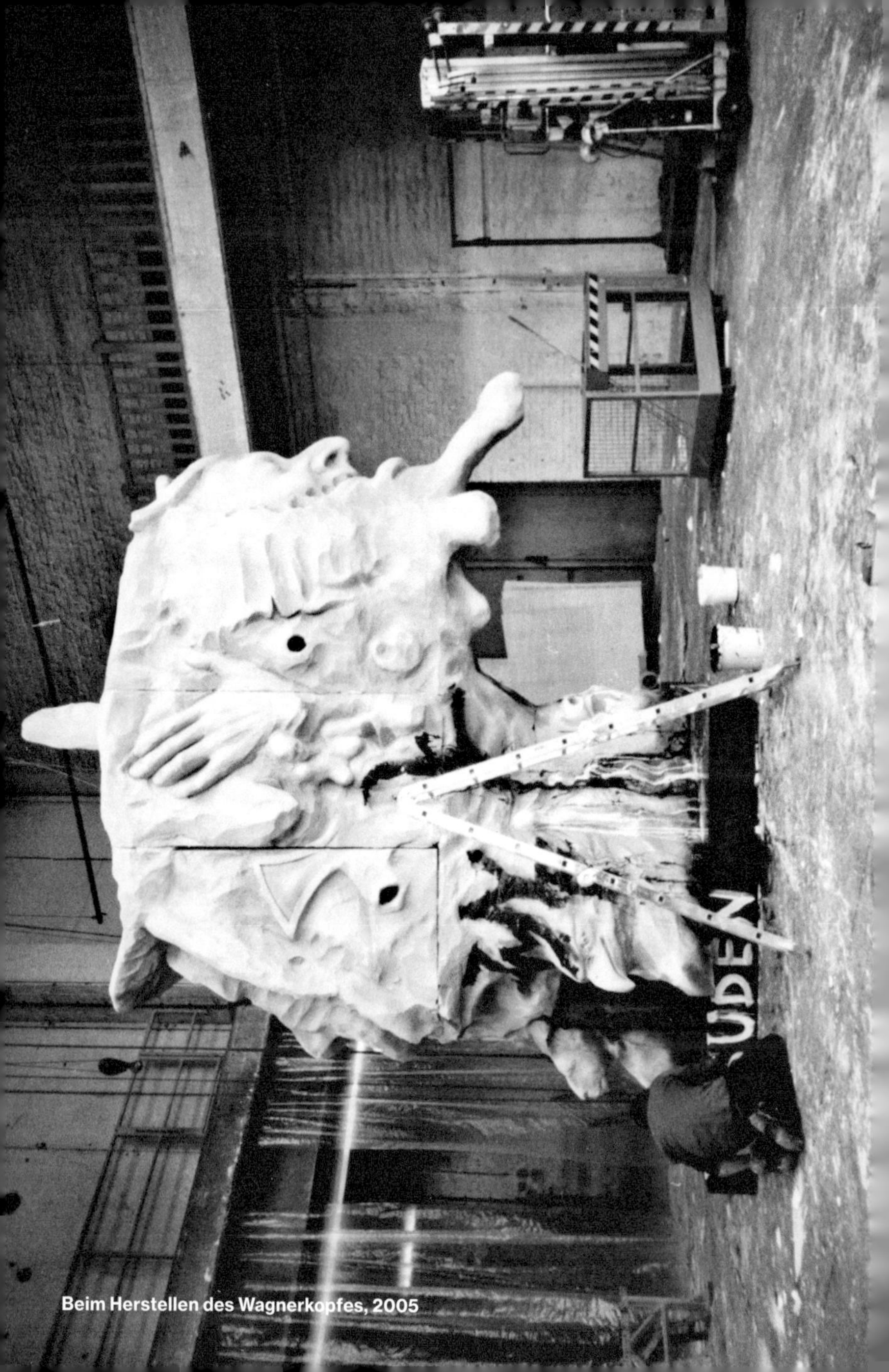

Beim Herstellen des Wagnerkopfes, 2005

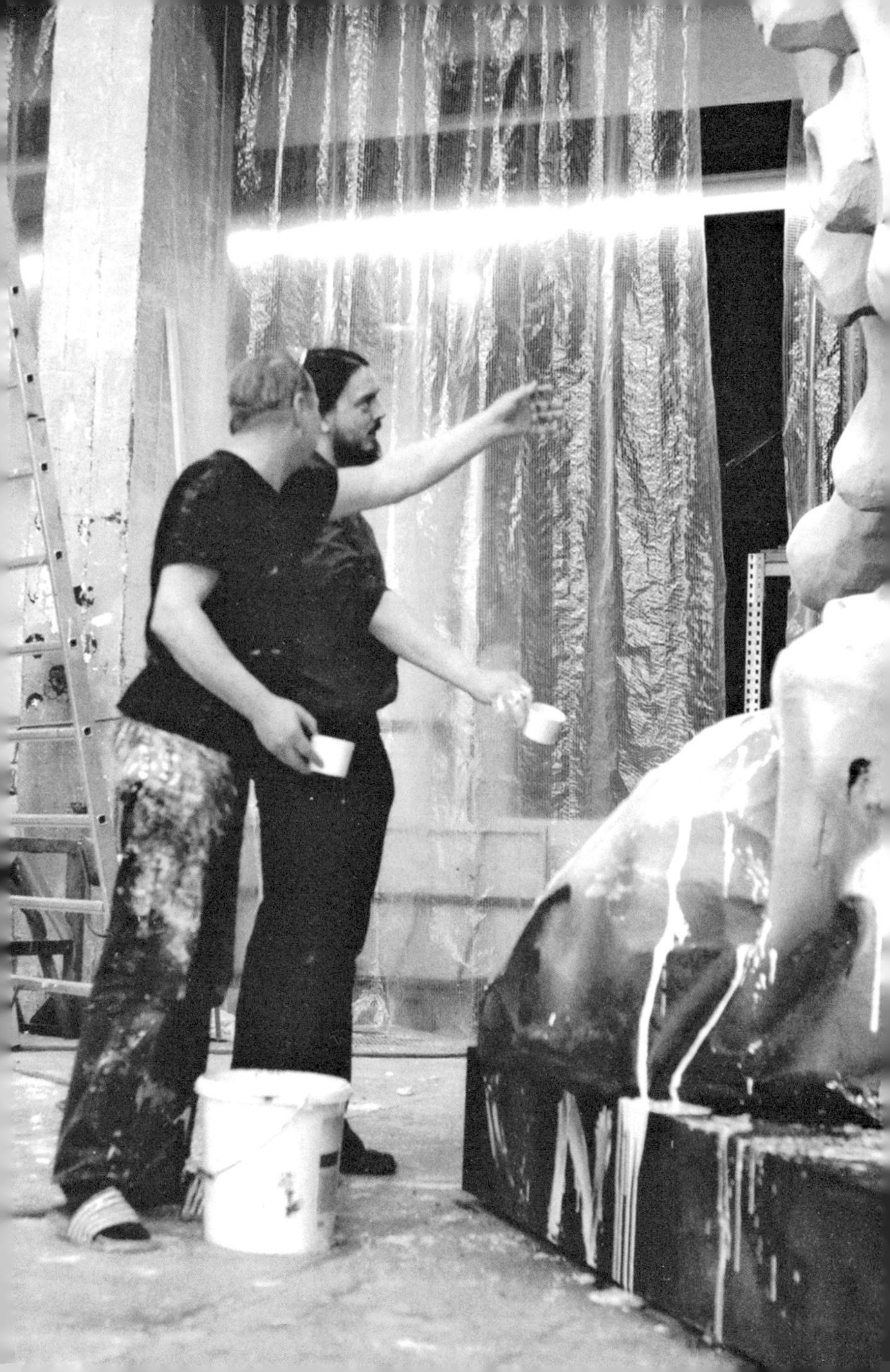

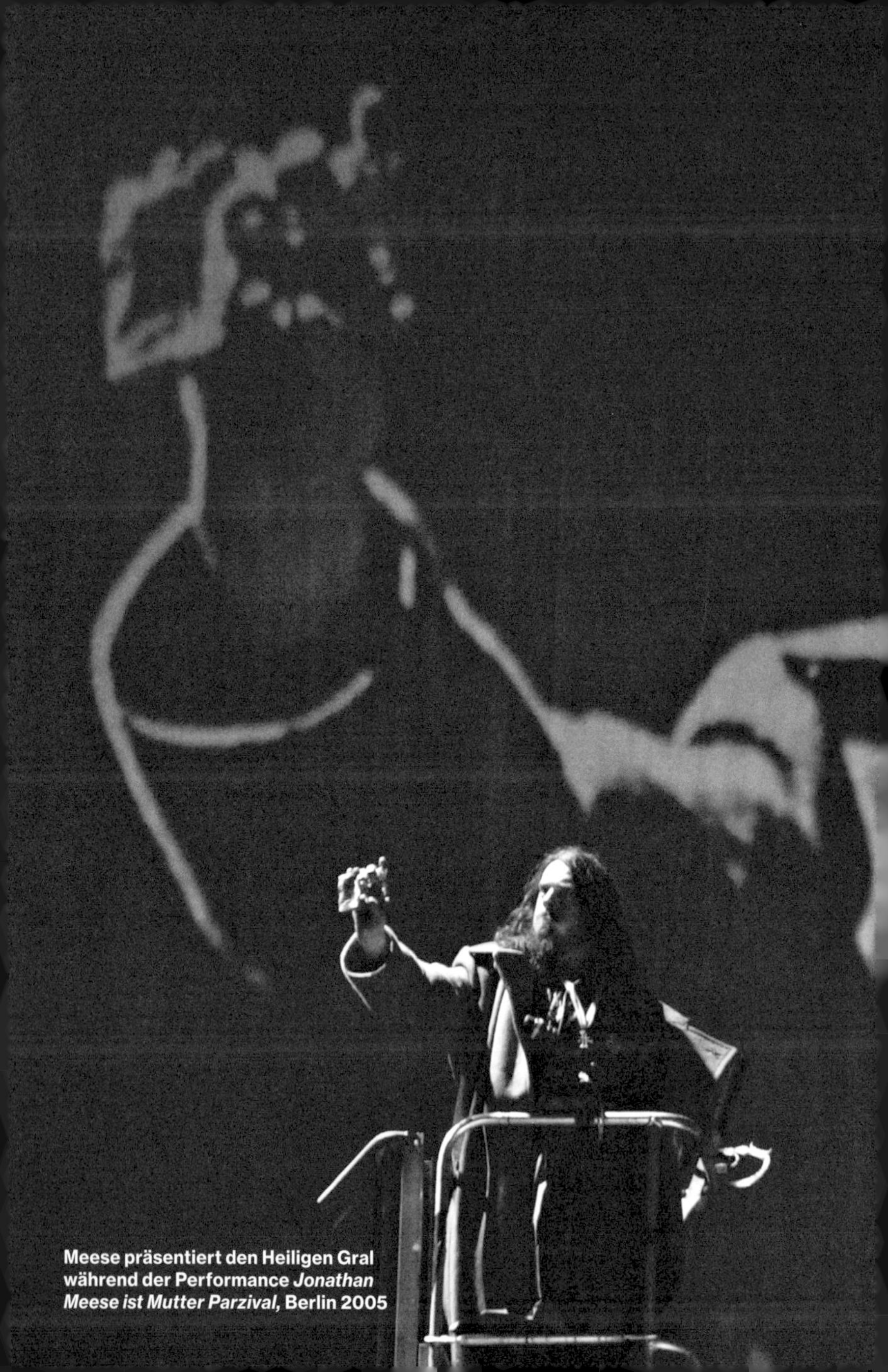

Meese präsentiert den Heiligen Gral während der Performance *Jonathan Meese ist Mutter Parzival*, Berlin 2005

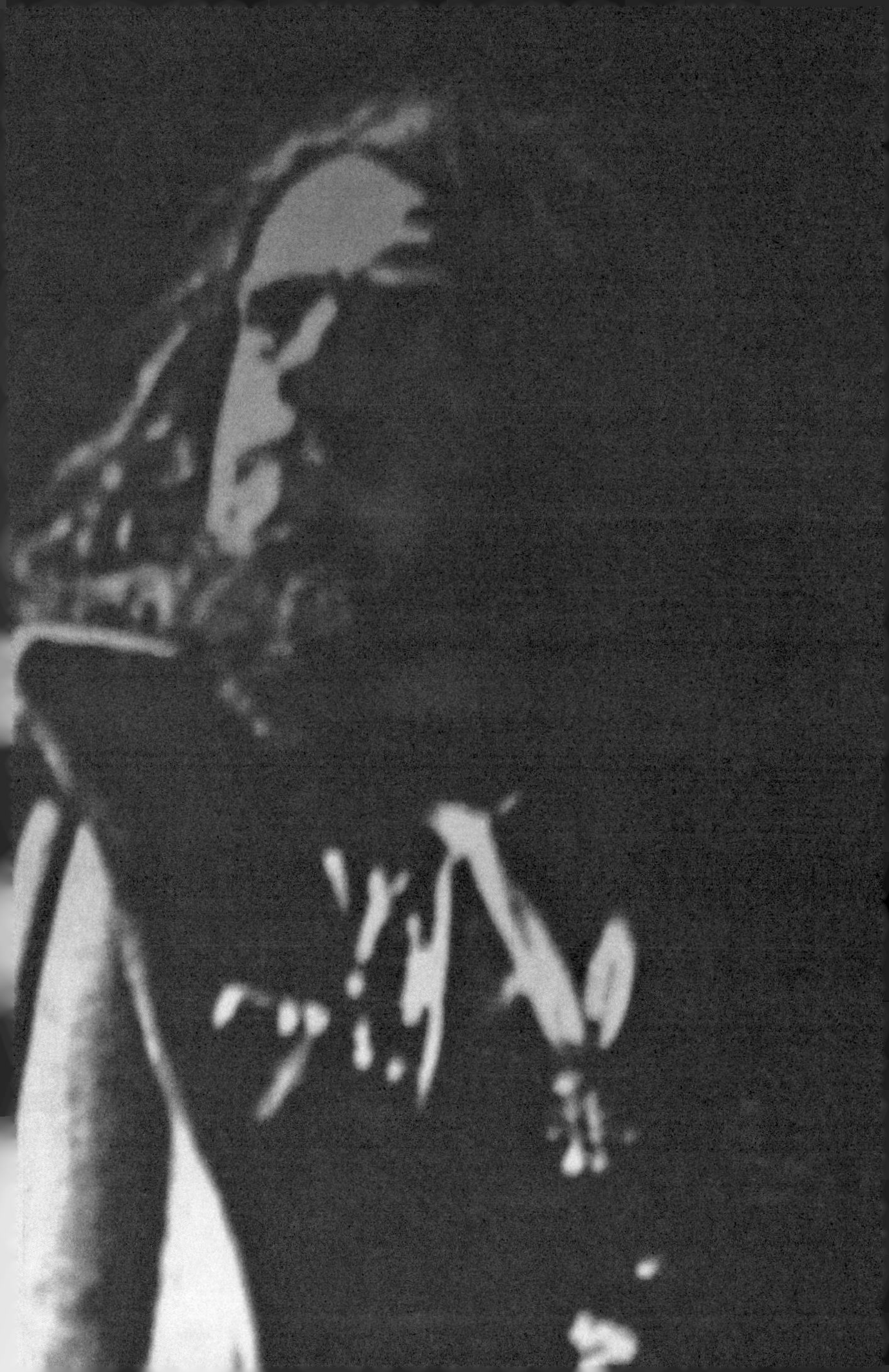

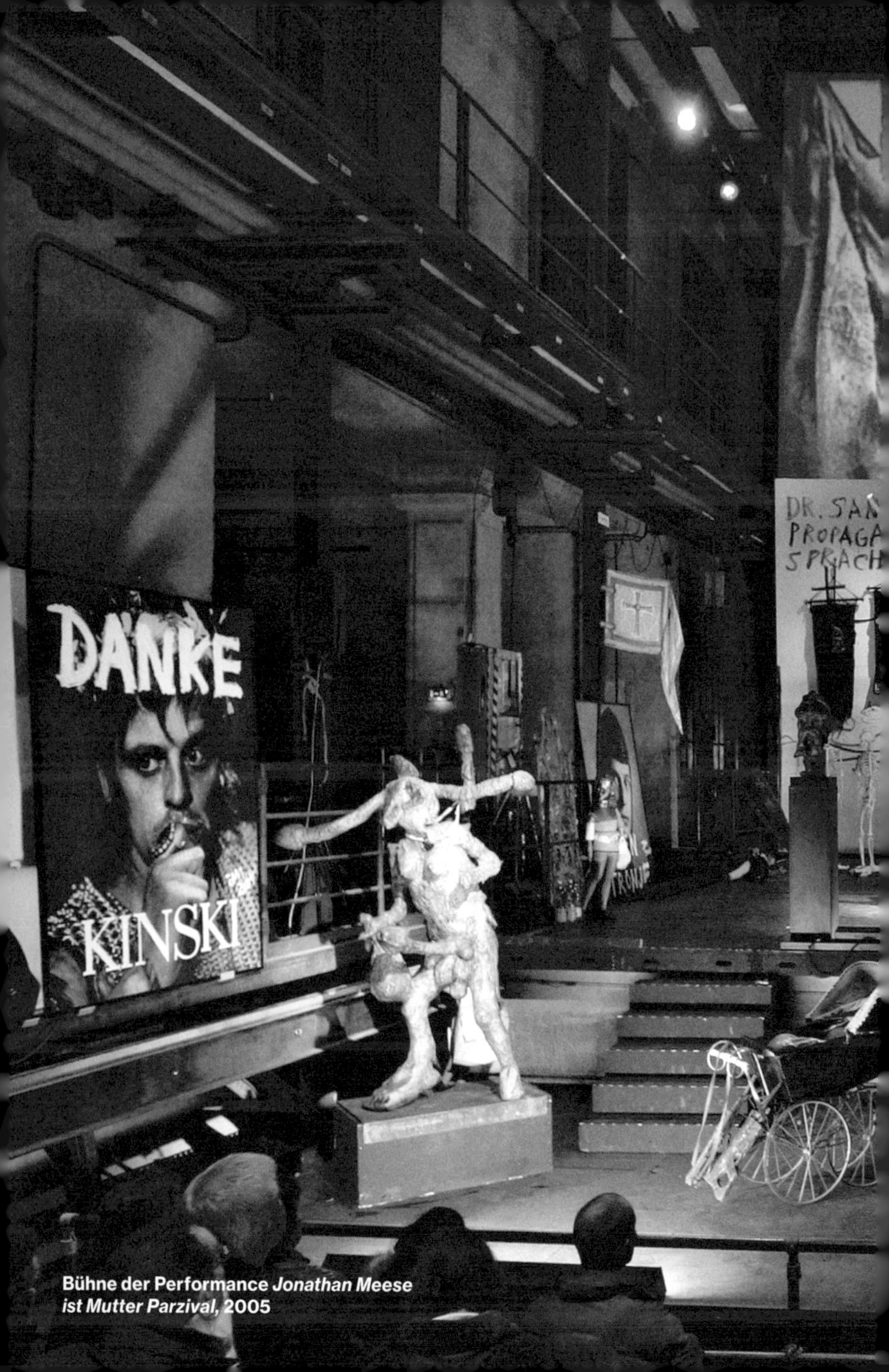

Bühne der Performance *Jonathan Meese ist Mutter Parzival*, 2005

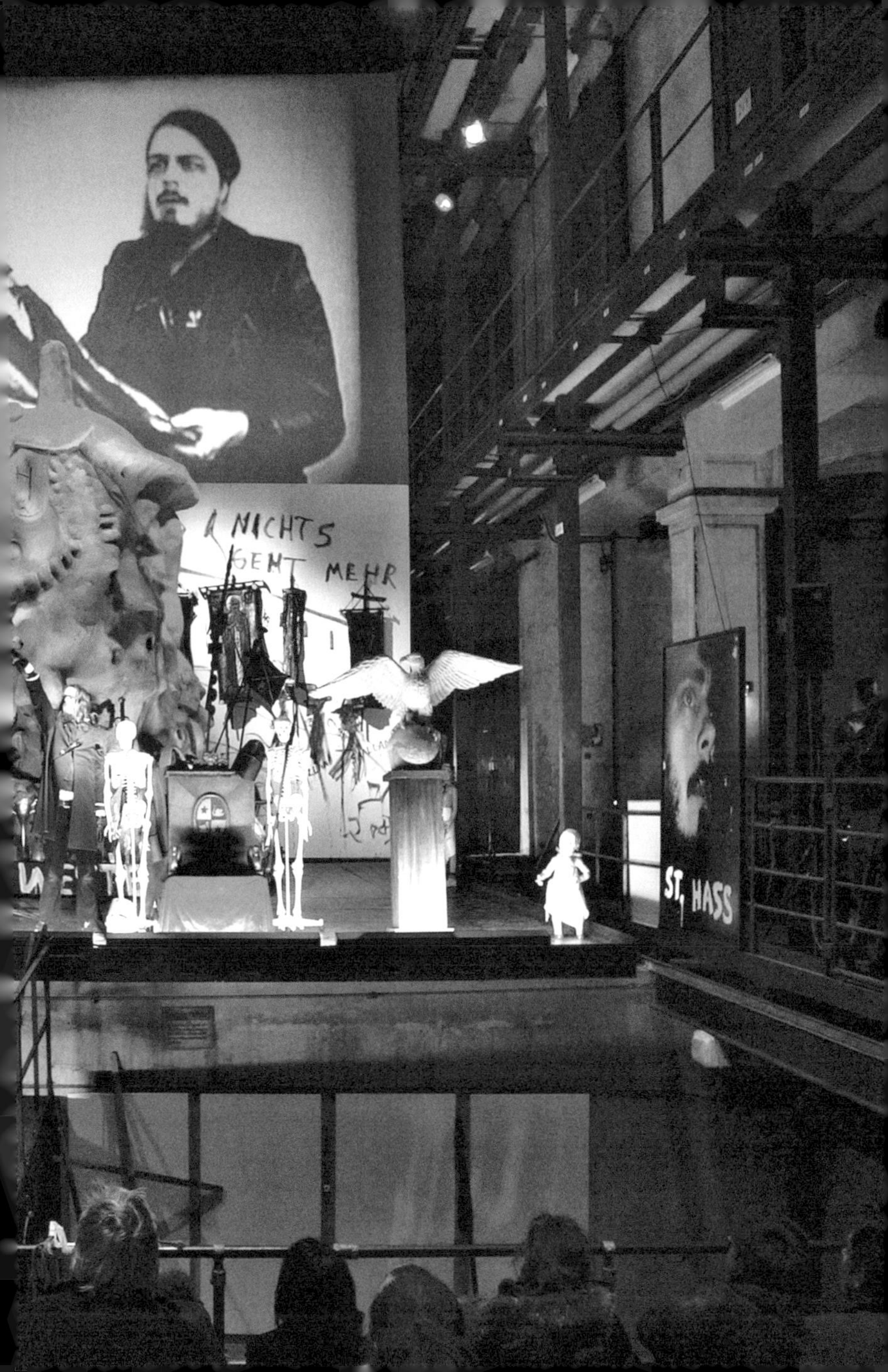
NICHTS
GEHT MEHR
ST. HASS

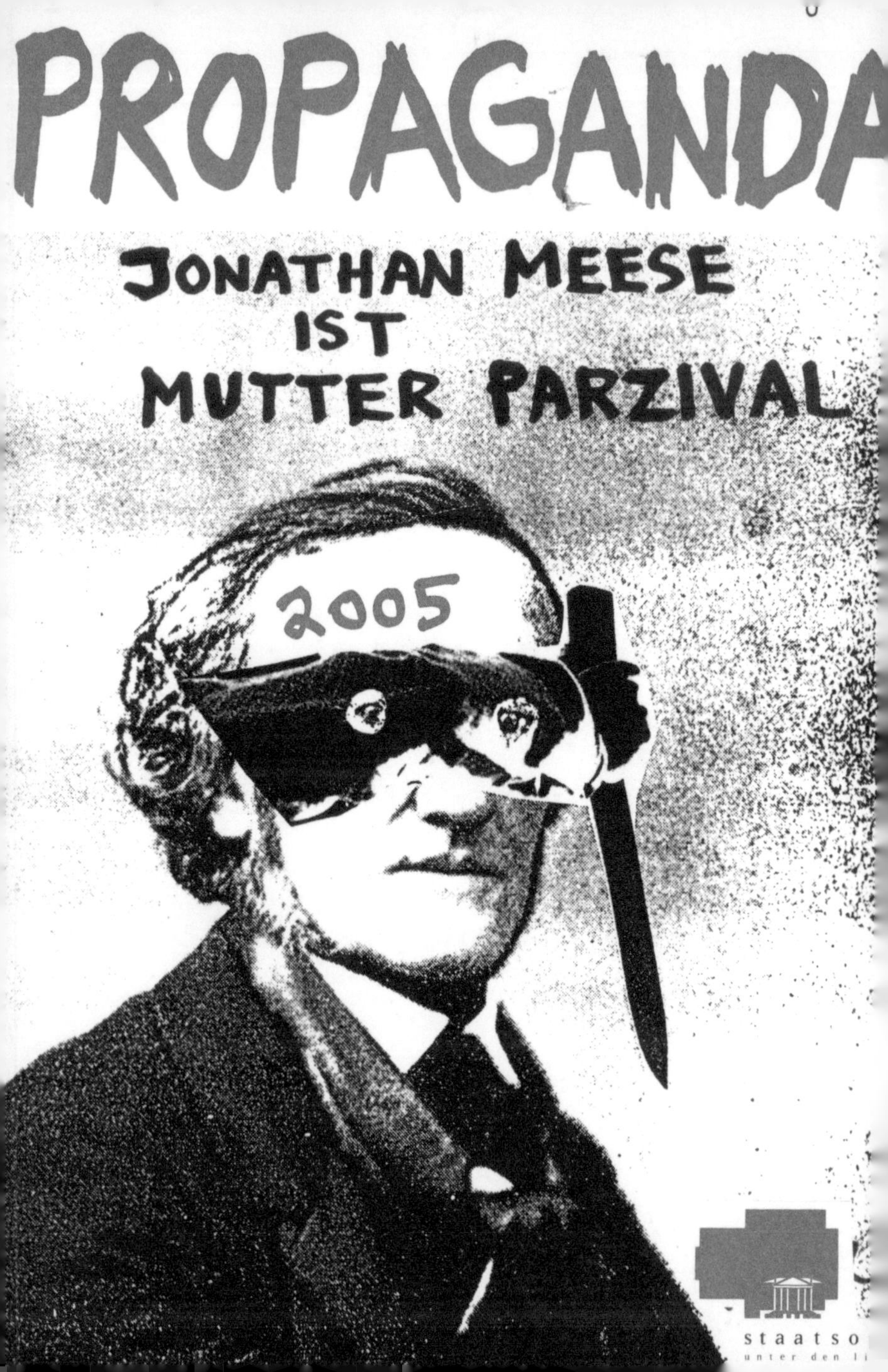
PROPAGANDA
JONATHAN MEESE
IST
MUTTER PARZIVAL
2005
staatso
unter den li

123

Sachen für Parzifal (Muttertum)

Der ÖLPRINZ
große Peitsche / kleine Peitsche:
Masken (Fantomas + Co)
Perücken:
verschiedenste Bücher (Radikalismus):
weißes Puder (Mehl)
Schwarzer Mandel
Koppel
weißer Mandel
verschiedendste Uniformen
Handschuhe
Stiefel
Eisernes Kreuz
nackter Körper
Mützen / Helme:
Propagandabrille:
Strumpfhosen:
Mönchskutte
Zepter / japanische Holzschalen:
die
Fleischhelme:

"Proviant des Parzifal

Texte des Parzifallysmus

Sake
Reis
Blut
Puder
Lippenstift

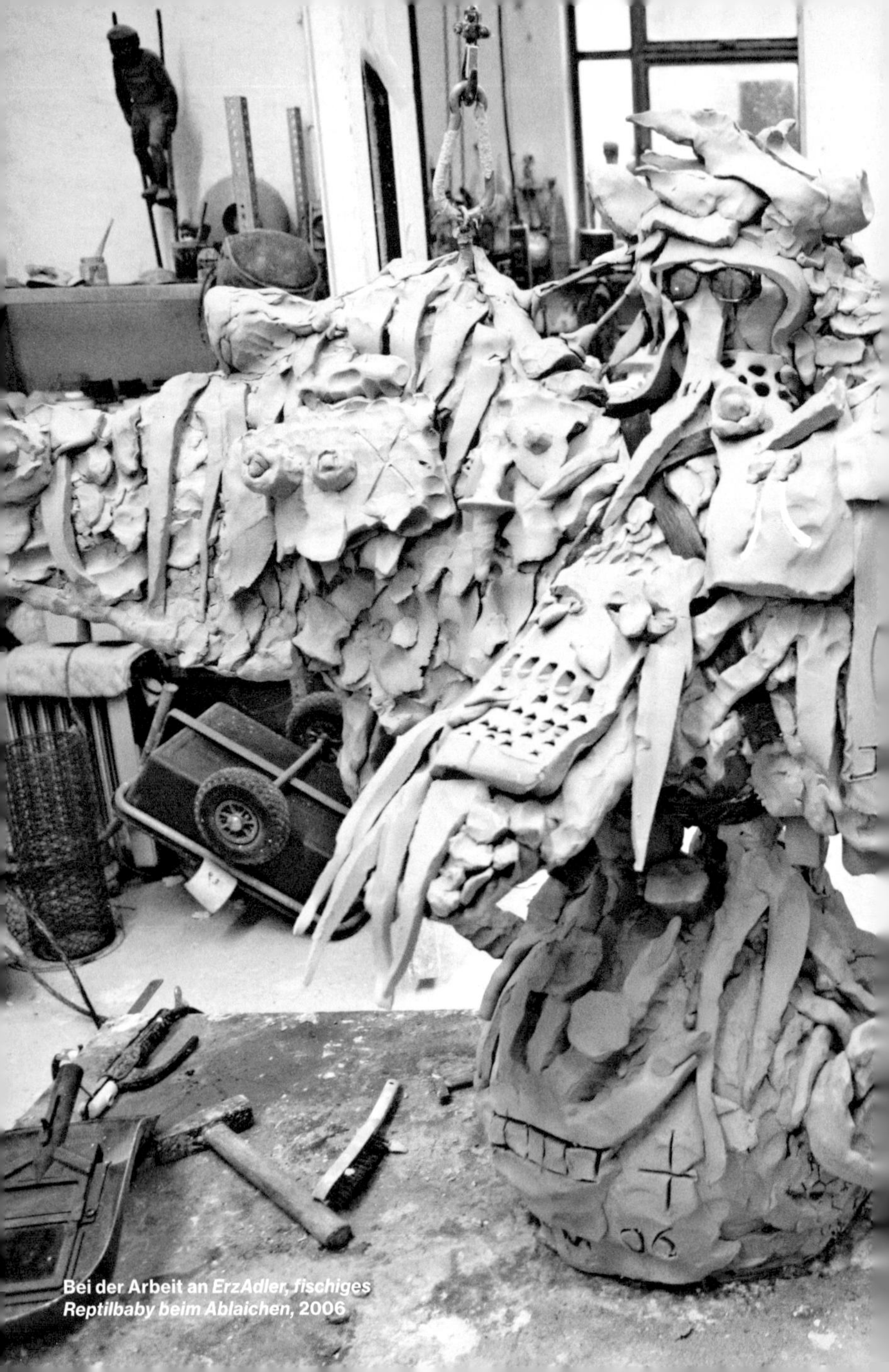

Bei der Arbeit an *ErzAdler, fischiges Reptilbaby beim Ablaichen*, 2006

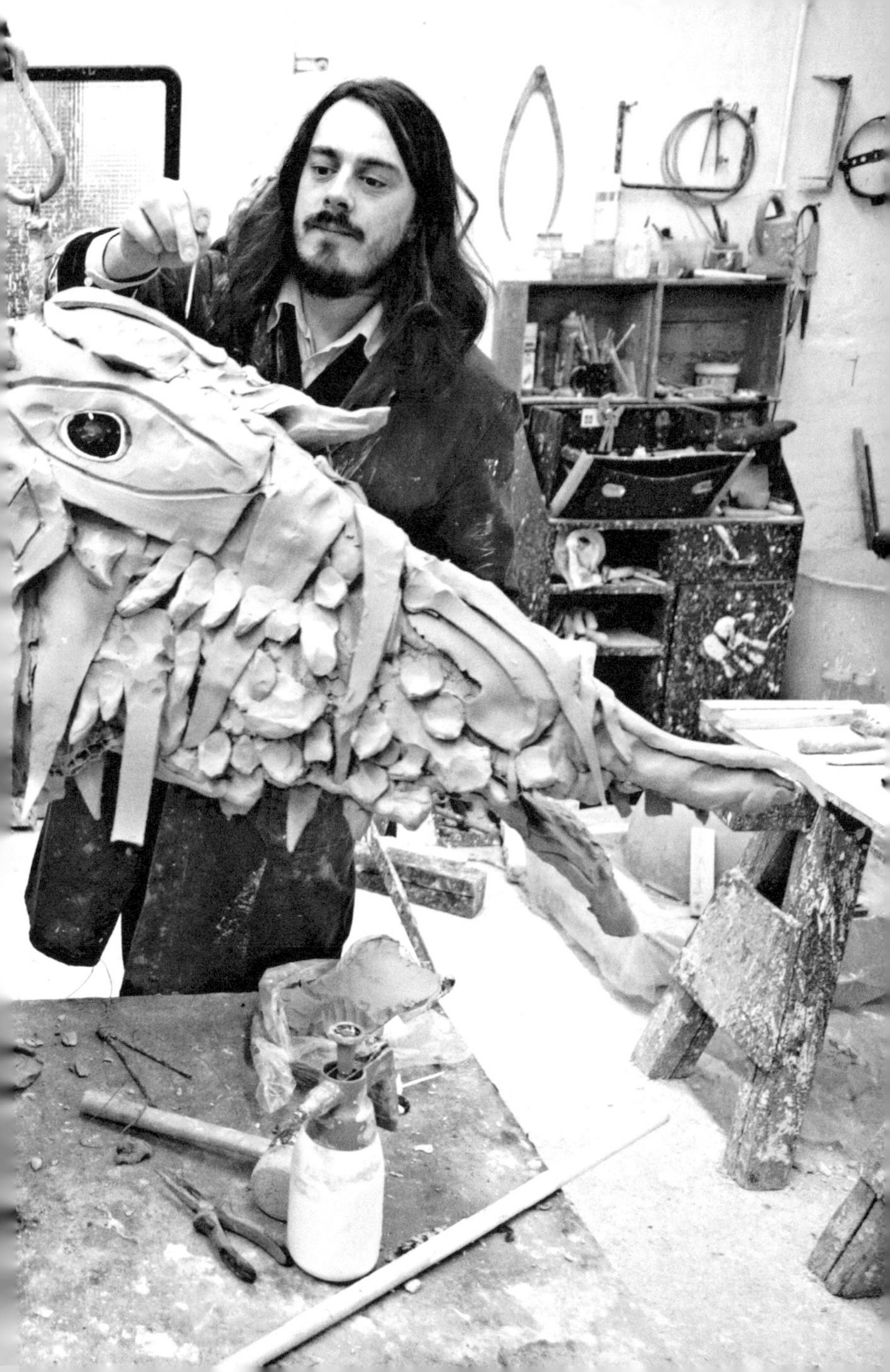

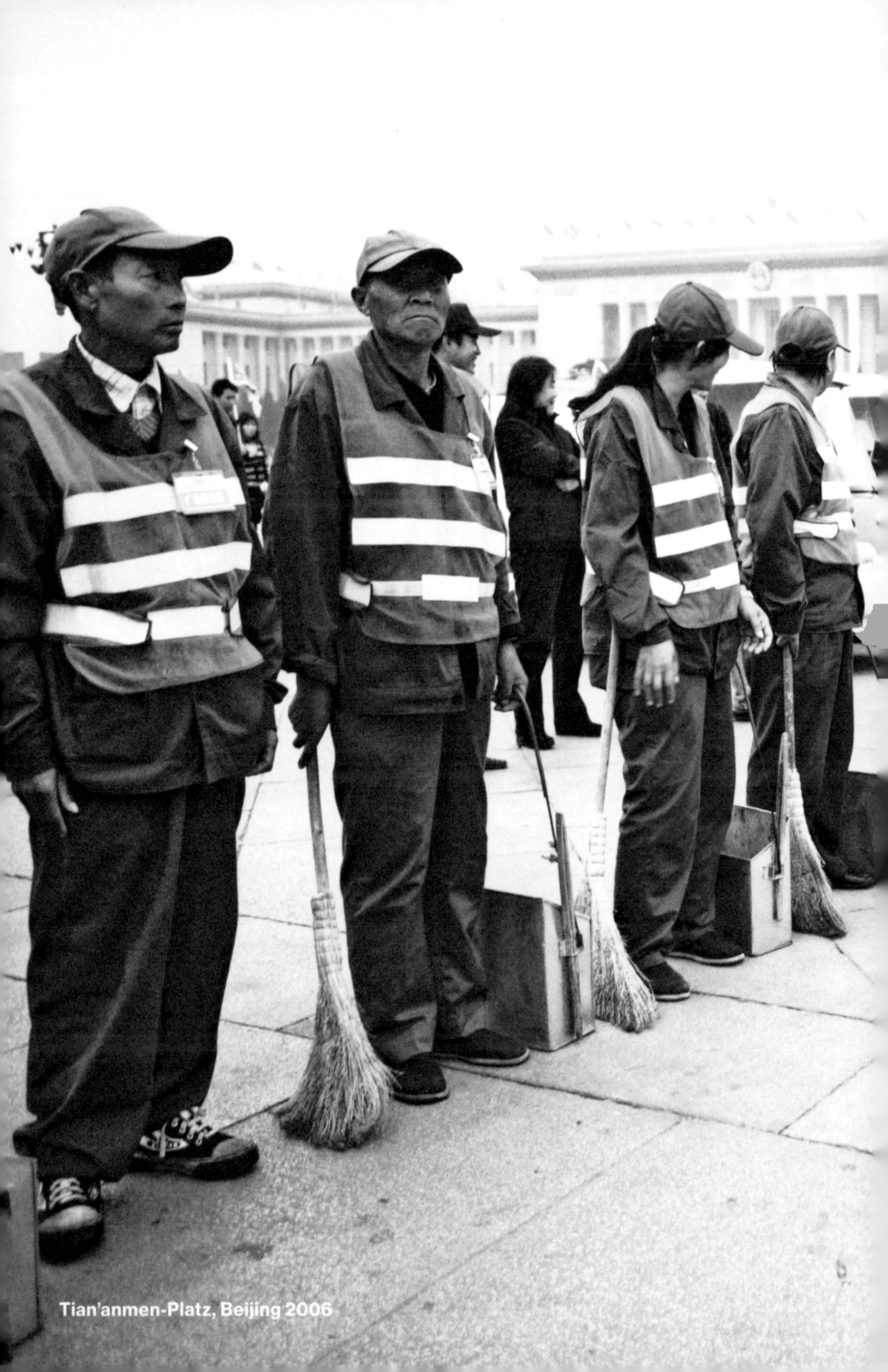

Tian’anmen-Platz, Beijing 2006

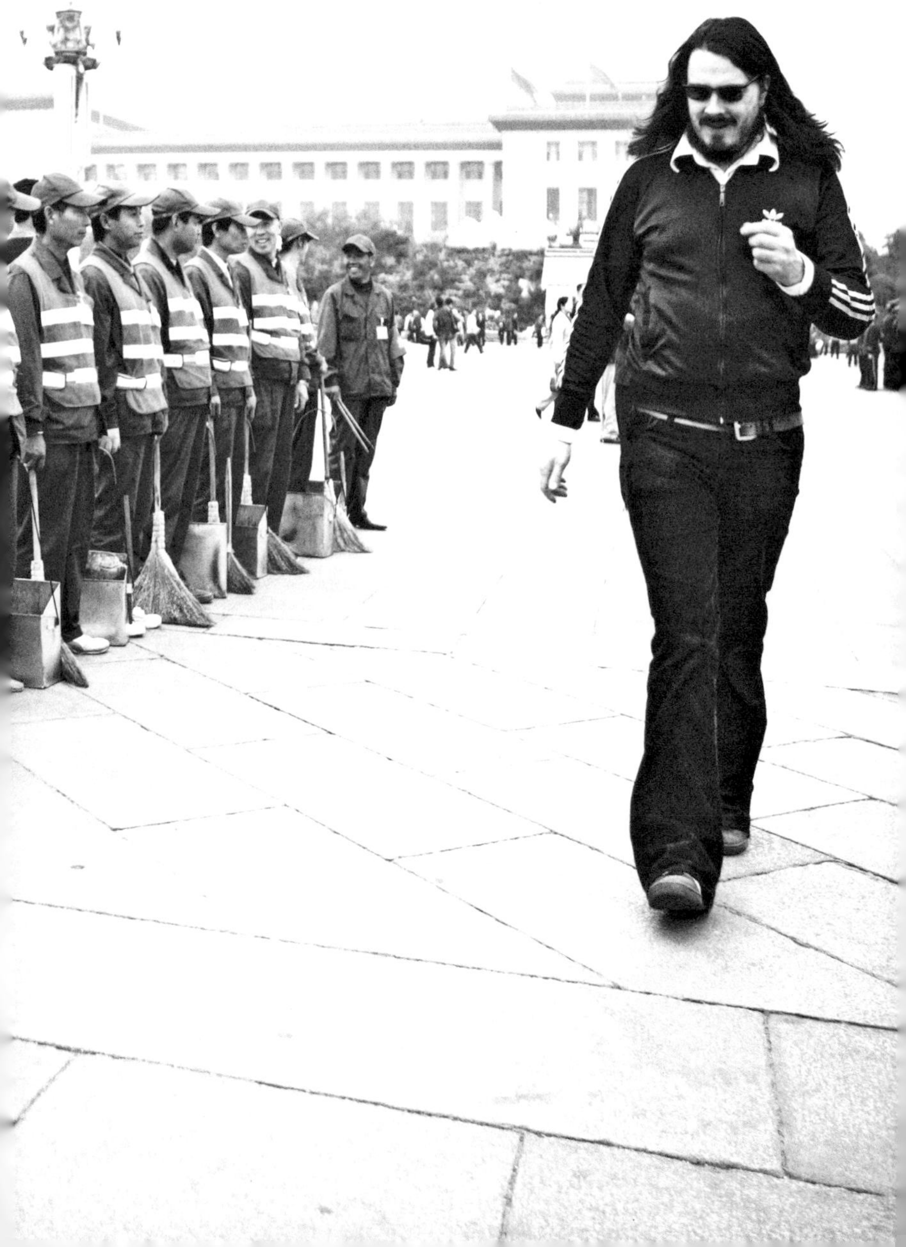

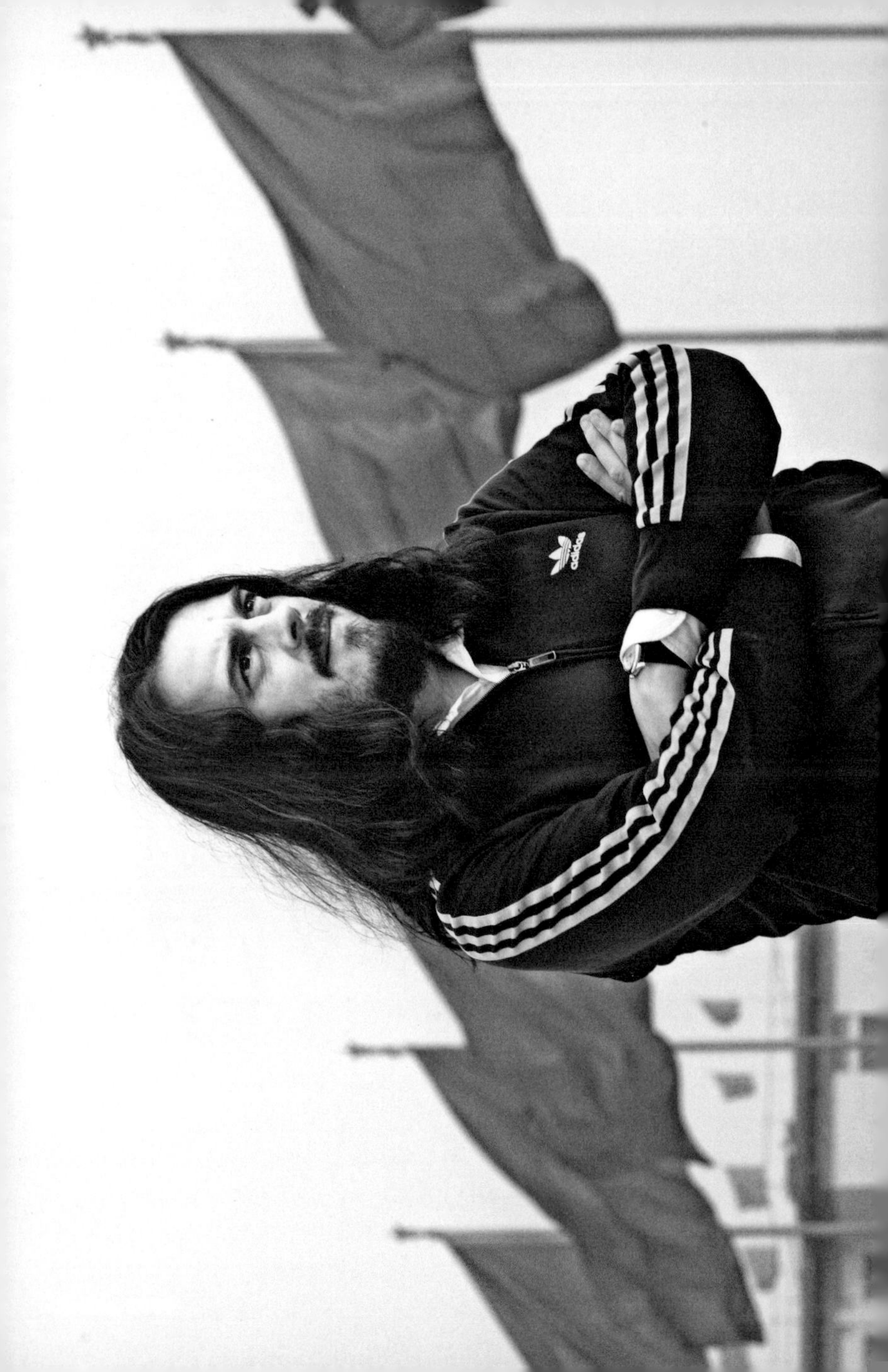
adidas

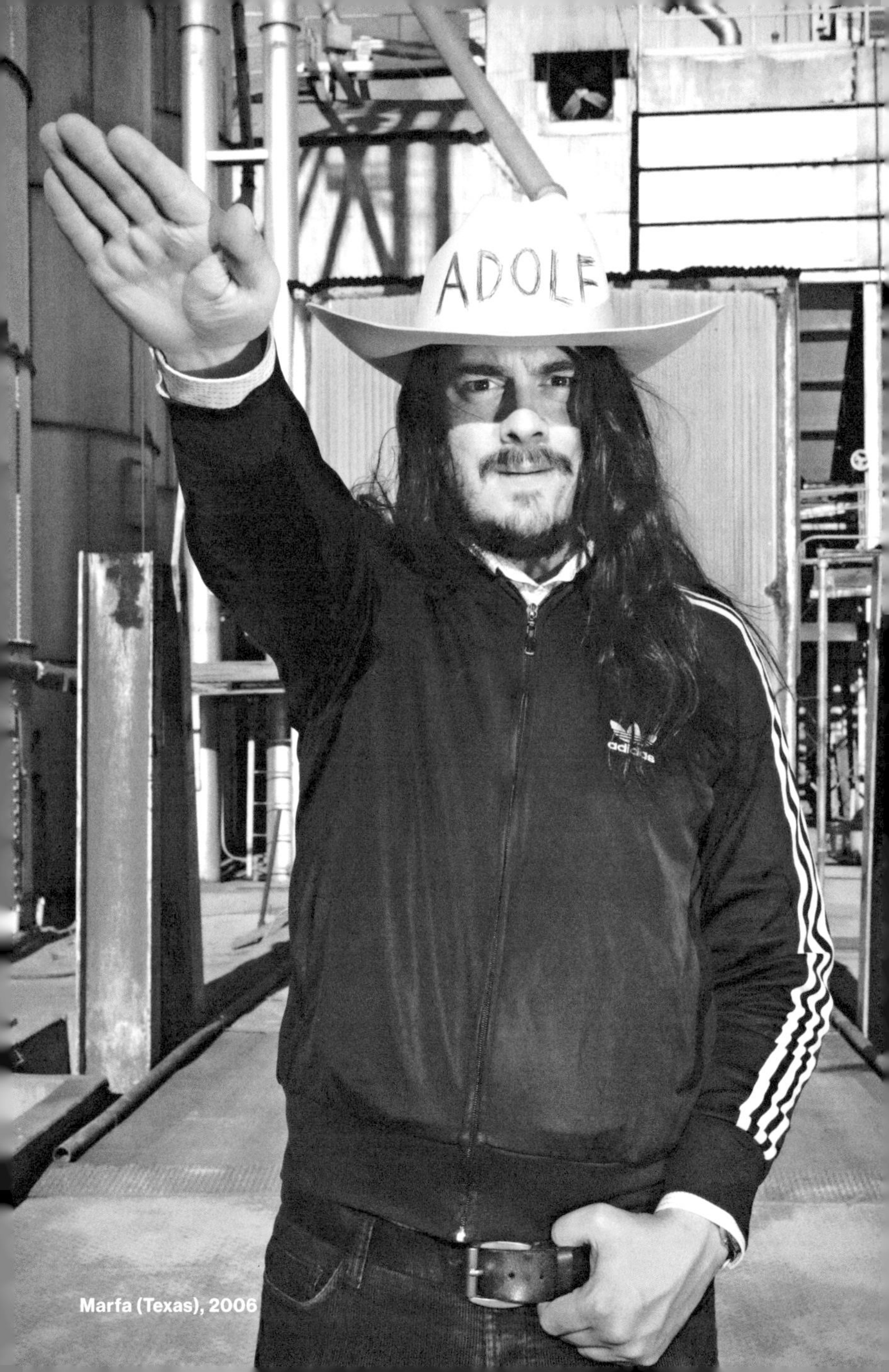

Marfa (Texas), 2006

röchelt, steigert sich Meese in ein ekstatisches Weltbekenntnis: ›Richard Wagner ist das Höchste‹, schreit er. ›Er ist sein eigenes Gesetz. Seine Musik liebt sich doch selbst.‹ Wie ein Maschinengewehr schleudert er die improvisierten Phrasen einer kunstreligiösen Verzückung heraus. Die Schlüsselszene: Als Kundry auf der unsichtbaren Staatsopernbühne dem törichten Parsifal vom Tod seiner einsamen Mutter erzählt und ihn dadurch aus seiner Gefühlskälte weckt, erscheint plötzlich Meeses eigene Mutter auf der großen Filmwand über der Bühne, wo pausenlos dessen bisherige Aktionen eingeblendet sind. Dass Meeses symbolträchtige Veitstänze immer auch Welttheater der eigenen Kunst sind, offenbart sich im dritten Akt. Er steht jetzt fast nur noch herum und spielt liebevoll mit seiner ersten kleinen Tonskulptur, die er bei sich zu Hause in einem Schrein verwahrt. Triumphal hält er die Reliquie zur Schlussmusik hoch, während Parsifal den Gral enthüllt und Amfortas mit der Heiligen Lanze von seiner Wunde erlöst.«[35]

Bekanntschaft mit dem Fotografen Jan Bauer, der im Auftrag seiner Agentur The Associated Press (AP) die *Mutter Parzival*-Performance aufnimmt. Bauer fotografiert in der Folge zunächst für CFA und später dann in direktem Auftrag des Künstlers alle weiteren Performances und Auftritte von Meese.

»Seit 2005 ist neben etlichen anderen, die sich nur zeitweise, nebenbei oder eher zufällig mit Meese beschäftigen, ausdrücklich ein einziger Fotoprofi für den Künstler zuständig. Er wurde von Meeses Galerie CFA eigens engagiert und besitzt eine ähnlich herausgehobene Position wie einst Heinrich Hoffmann gegenüber Adolf Hitler. (Wer diesen Vergleich für geschmacklos hält, gedulde sich ein wenig, um seine Berechtigung noch zu erkennen.) Jonathan Meese verfügt somit über einen Leibfotografen, der fast täglich Bilder macht und mit dem Künstler weitgehend sein Leben teilt. Wo Meese auftritt, ist er mit dabei, und auch wenn der Künstler im Atelier ist oder sich erholt, ist der Fotograf immer wieder anwesend.
Er heißt Jan Bauer, und bis zu seiner Verpflichtung war er nicht etwa auf Kunst oder Künstler, sondern auf Politiker spezialisiert. Etliche Jahre lang bei AP (Associated Press), also einer der

weltgrößten Nachrichtenagenturen, angestellt, gehörte er zu den ausgewählten Fotografen, die Staatsbesuche und Gipfeltreffen begleiten. Gerhard Schröder und Angela Merkel, Wladimir Putin und der Papst waren seine Sujets, bevor er auf Jonathan Meese angesetzt wurde. Natürlich war es weder Versehen noch Verlegenheit, dass Meeses Galerie einen Fotografen mit Politik-Spezialisierung in ihre Dienste nahm: Man wollte jemanden, der schnell auf eine Situation reagieren und sprechende Bilder machen kann – der Erfahrung mit Bildredakteuren hat und daher von vornherein weiß, welche Fotos eine Chance auf Publikation besitzen – der sich mit starken Persönlichkeiten auskennt und ein Gespür für ihr Inszenierungsgeschick entwickelt – der nicht nur dokumentiert, sondern ebenso Partei ergreifen kann. […] Jan Bauer hat also ausdrücklich den Auftrag, Jonathan Meese durchzusetzen, ihn in der Konkurrenz um Aufmerksamkeit zum Sieger zu machen – zumindest zum Sieger auf dem Feld der Kunst. Auf seiner Website beschreibt Bauer die Arbeit im Dienst der CFA auch als ›Propaganda für die Kunst mit Hilfe der Photographie‹.[36]

Dieses Projekt dürfte in Art und Dimension einzigartig sein, ist es doch wohl das erste Mal, dass ein Künstler, vermittelt durch einen Galeristen, seine Bildpolitik einem Bildjournalisten anvertraut. […] Seiner Herkunft entsprechend greift Jan Bauer dafür auch immer wieder auf Muster politischer Ikonografie zurück. […] Offensichtlich[er] ist das parodistische Element bei einem Foto, das Meese zusammen mit einer Kompanie chinesischer Reinigungskräfte zeigt. Wo sonst ein Politiker getragenen Schritts und mit ernster Miene eine Formation mit Soldaten abschreitet, tänzelt der Künstler hier vor Vertretern eines ganz anderen Berufsstands. Dabei ist unwahrscheinlich, dass das Foto inszeniert ist, wäre es doch schwierig gewesen, die Reinigungskräfte eigens zu verpflichten; vielmehr war es der von der Beobachtung vieler Staatsbesuche geübte Blick Jan Bauers, der spontan erkannte, welch absurdes Potenzial diese Konstellation bietet.

Dass der Künstler dennoch nicht auf die Rolle eines Clowns und Narren festgelegt – auf einen alten Topos reduziert – wird,

machen andere Fotos deutlich. So steht Meese einmal vor einer Reihe wehender roter Fahnen. Er selbst blickt in die Richtung, aus der der Wind kommt. Dieser hat sein Haar leicht zerzaust. Doch ist er nicht stark genug, um ihm wirklich ins Gesicht zu blasen. Dass der Künstler keine großen Widerstände zu befürchten braucht, verrät auch sein Mienenspiel. Zwar sind die Augen wachsam in die Ferne gerichtet, die Stirn ist leicht in Falten, aber der Mund ist entspannt, erwartungsvoll, fast schon lächelnd. Auch die verschränkten Arme signalisieren, dass er das Kommende gelassen erwartet. So steht sonst ein zufriedener Besitzer im Vorgarten seines Häuschens. Einem demokratischen Politiker stünde eine solche Geste allerdings nicht gut an, muss er doch jeden Anschein von Selbstzufriedenheit oder Besitzanspruch vermeiden, aber auch offensiver um Sympathie werben. Er muss richtig lächeln, winken, die Arme ausbreiten – oder zumindest dafür sorgen, nicht so unabhängig – auf sich gestellt – zu wirken wie jemand mit verschränkten Armen. In Verbindung mit den roten Fahnen erscheint Meese also eher als Alleinherrscher oder erfolgreicher linker Avantgardist und Revolutionär. Auch Bart und Haare passen eher zu einer Ästhetik des Widerstands. Dagegen spricht jedoch die Bekleidung, da die drei hellen Streifen auf den Ärmeln weder einen militärischen Rang noch eine nationale oder weltanschauliche *corporate identity* ausdrücken, sondern das Markenzeichen eines globalen Sportartikelherstellers sind. Wer Meese etwas besser kennt, weiß, dass er meist Kleidung von Adidas trägt. […] Vermutlich reizt Meese und Bauer jedoch gerade die Kombination einander sonst ausschließender Codes.[…]
Auf manchen Fotografien sind verschiedene Codes sogar ohne Rücksicht auf Geschmacksgrenzen kombiniert […] So sieht man Meese häufig beim Hitlergruß, jeweils aber relativiert durch andere Gesten, einen Griff an den Gürtel zum Beispiel, wie er typisch etwa für einen Cowboy ist. Diesen deutsch-texanischen Mix verstärkt dann ein mit ›Adolf‹ beschrifteter Cowboyhut. Die Adidas-Jacke passt diesmal zu beidem nicht, und der Bildhintergrund, eine Industrieanlage, lässt ebenfalls weder an den Wilden Westen noch an das Tausendjährige Reich denken.

[…] Bei solchen Motiven ist zudem ausgeschlossen, dass Jan Bauer von seiner vorhergehenden Arbeit für AP profitierte und bereits geübte Bildmuster direkt übertrug: Kein demokratischer Politiker ließe sich in solchen Posen und Outfits abbilden. Tatsächlich orientiert Jan Bauer sich, wie er offen zugibt, an der Art und Weise, wie Revolutionsführer und Diktatoren ins Bild gesetzt wurden. Und kein anderer Fotograf dient ihm dabei häufiger als Referenz als Heinrich Hoffmann.« [37]

8. Mai – 14. August 2005: Beteiligung an der Ausstellung *(my private) HEROES*, MARTa Herford, Herford.
8. Mai 2005: Performance *REVOLUTIONSREDE des HUMUNGUS an die STAATSNATUR* zur Eröffnung.

11. Mai – 18. September 2005: Beteiligung an der Ausstellung *La nouvelle peinture allemande*, Carré d'Art – Musée d'art contemporain, Nîmes (Frankreich).

14. Mai – 5. Juni 2005: Beteiligung am *Reykjavik Arts Festival*, Reykjavik (Island).

17. Juni – 3. Oktober 2005: Beteiligung an der Ausstellung *Le grand spectacle*, Museum der Moderne Salzburg, Salzburg (Österreich).

15. Juli – 27. August 2005: Ausstellung *General Tanz – Drei Streifen für ein Halleluja*, Contemporary Fine Arts, Berlin.

10. September – 30. Oktober 2005: Ausstellung *Dr. Socrates*, Arario Gallery, Cheonan (Südkorea).
10. September 2006: Performance *Dr. Socrate*s zur Eröffnung.

25. September – 12. November 2005: Ausstellung *Dr. Dracula*, Regina Gallery, Moskau (Russland).

3. Oktober 2005 – 8. Januar 2006: Beteiligung an der Ausstellung *Barroco y Neobarroco: The Hell of the Beautiful*, DA2. Domus Artium 2002, Salamanca (Spanien).

4. Oktober – 30. Oktober 2005: Beteiligung an der Ausstellung *Styles und Stile, Aktuelle Malerei aus der Sammlung Scharpff*, Goethe Institut Sofia, Sofia (Bulgarien).

8. Oktober 2005 – 8. Januar 2006: Ausstellung *Mor* (mit Tal R), Statens Museum for Kunst, Kopenhagen (Dänemark).

17. Dezember 2005 – 26. Februar 2006: Ausstellung *Sherwood Forest* (mit Jörg Immendorff), Frans Hals Museum / De Hallen, Haarlem (Niederlande).

»Jonathan Meese gleicht einem leeren Schirm, auf den ein jegliches Wunschbild projiziert werden kann. Er ist die Personifizierung des Mannes *ohne Eigenschaften*, dem alle Eigenschaften angedichtet werden können. In dieser Liturgie der Wandelgestalten ist nichts sicher, steht nichts fest, hat nichts endgültige Form. Auch der Hohepriester Meese nicht.
Auf den ersten Blick erstaunt, dass dieser schwarze Romantiker sich dem politischen Aktivisten Jörg Immendorff verwandt fühlt. Ein größerer Gegensatz ist kaum denkbar. […] Was sie verbindet und die Grundlage ihrer Zusammenarbeit bildet, ist ihr tief verwurzelter Zweifel am heutigen Künstlertum und ihre Abneigung gegen die beengende, in sich selbst gekehrte Haltung der Gegenwartskunst; […] Auch Immendorff meint, dass viele Künstler resignieren und ihrer Pflicht nicht nachkommen, während nach seiner festen Überzeugung in dieser Welt nur noch die Kunst die geistige Entwicklung des Menschen verbürgen kann, die zu einer menschenwürdigeren Gesellschaft führen würde: […] Diese beiden Utopisten haben einander im Projekt *Sherwood Forest* gefunden. Der Titel ist ein Hinweis auf den legendären Ort, wo Robin Hood und seine Mannen sich in ihrem Kampf gegen den Sheriff von Nottingham verbargen. Hood symbolisiert hier den ewigen Rebellen, den Freiheits-

kämpfer; Sherwood Forest ist die utopische Freistatt, Zentrum des Widerstandes.
Im Zentrum der Ausstellung steht ein roter Rammbock auf Rädern, versehen mit allerlei Attributen, die man als eine Blütenlese des Bösen sehen kann: ein Galgen, ein Schädel, ein Beil, Puppen von Talibankämpfern, Hitlerbilder, abgehackte Gliedmaßen. Es ist ein Rammbock, der sich eindeutig richtet gegen die Selbstgenügsamkeit der Kunst und die Entartung der Welt. Zum Projekt gehören auch Gemälde, die ausdrücklich Immendorff zugeeignet sind. In drei Sitzungen hat Jonathan Meese in fieberhafter Eile eine Huldigung an Immendorff in Form von zwanzig großen Porträts gemalt. Rückhaltlos bekennt er in dieser Serie seine große Bewunderung für Immendorff, den er als Vorbild und Inspirator betrachtet. [...] Auf einigen Bildern hat Meese sich selbst als Zauberlehrling Jonathan Paletti dargestellt, der schalkhaft hinter Immendorffs Rücken zum Vorschein kommt und abwechselnd als Narr, Assistent, Malerpalette oder Pinsel, den der Meister nicht mehr halten kann, auftritt. Auf anderen Bildern verschwindet der Unterschied zwischen Meister und Lehrling gänzlich: Immendorff geht in Meese auf, sie gehen gewissermaßen eine Symbiose ein. Das Künstlertum Immendorffs findet in Meese eine natürliche Fortsetzung.« [38]

5. Juli – 30. Oktober 2005: Beteiligung an der Ausstellung *The Triumph of Painting. Part II*, The Saatchi Gallery, London (UK).

2006

13. Januar – 12. Dezember 2006: Beteiligung an der Ausstellung *PERMANENT 06*, Sammlung Essl, Klosterneuburg bei Wien (Österreich).

»Als Meese das erste Mal mit dem Baumarktunternehmer Karlheinz Essl während einer Autofahrt über dieses Ausstellungsvorhaben sprach [gemeint ist die schließlich im Februar 2007

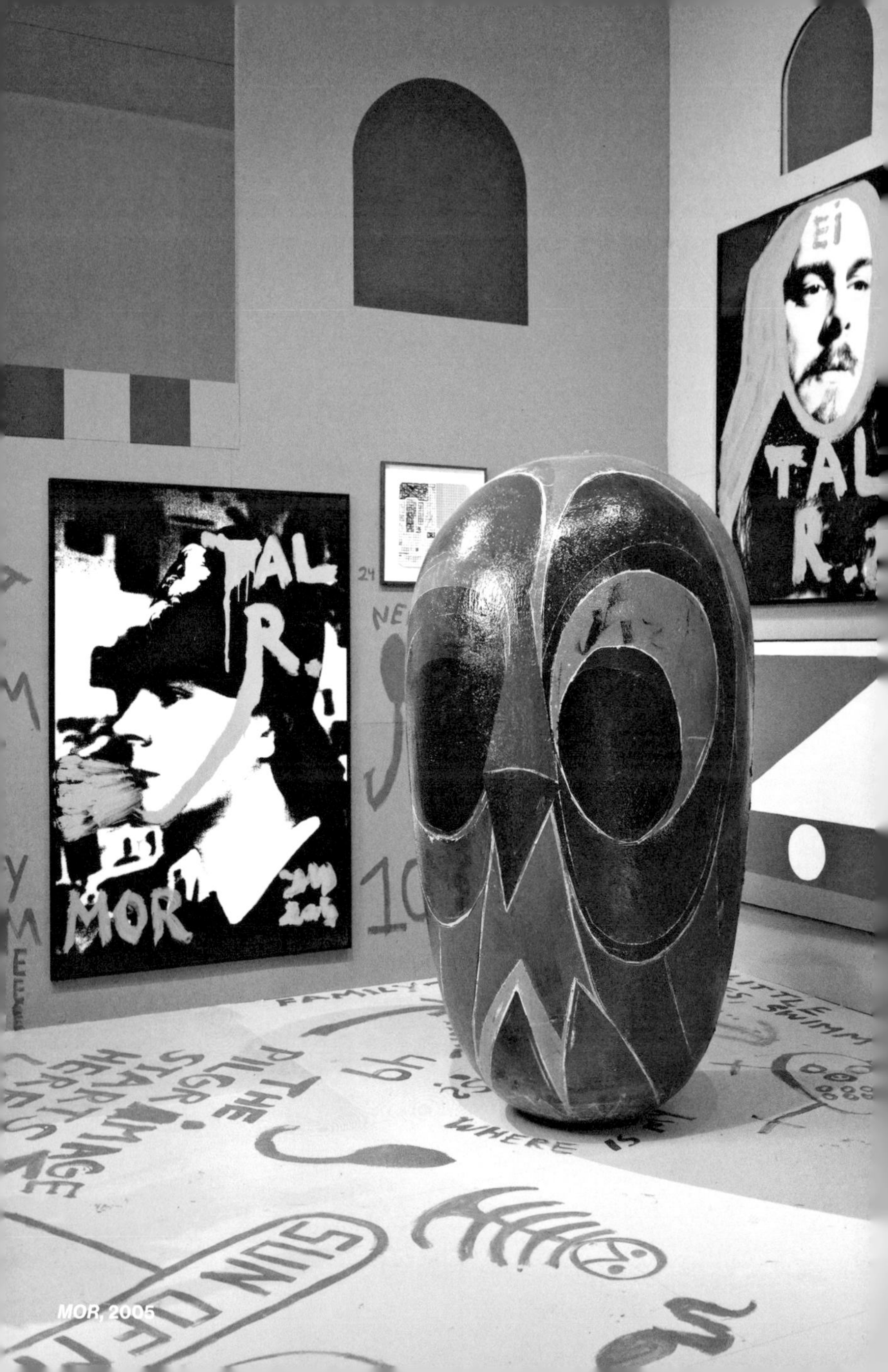
TAL
R.
MOR
EI
TAL
R.
THE
PILGRIMAGE
HERITAGE
WHERE IS
LITTLE
SUN OF

MOR, 2005

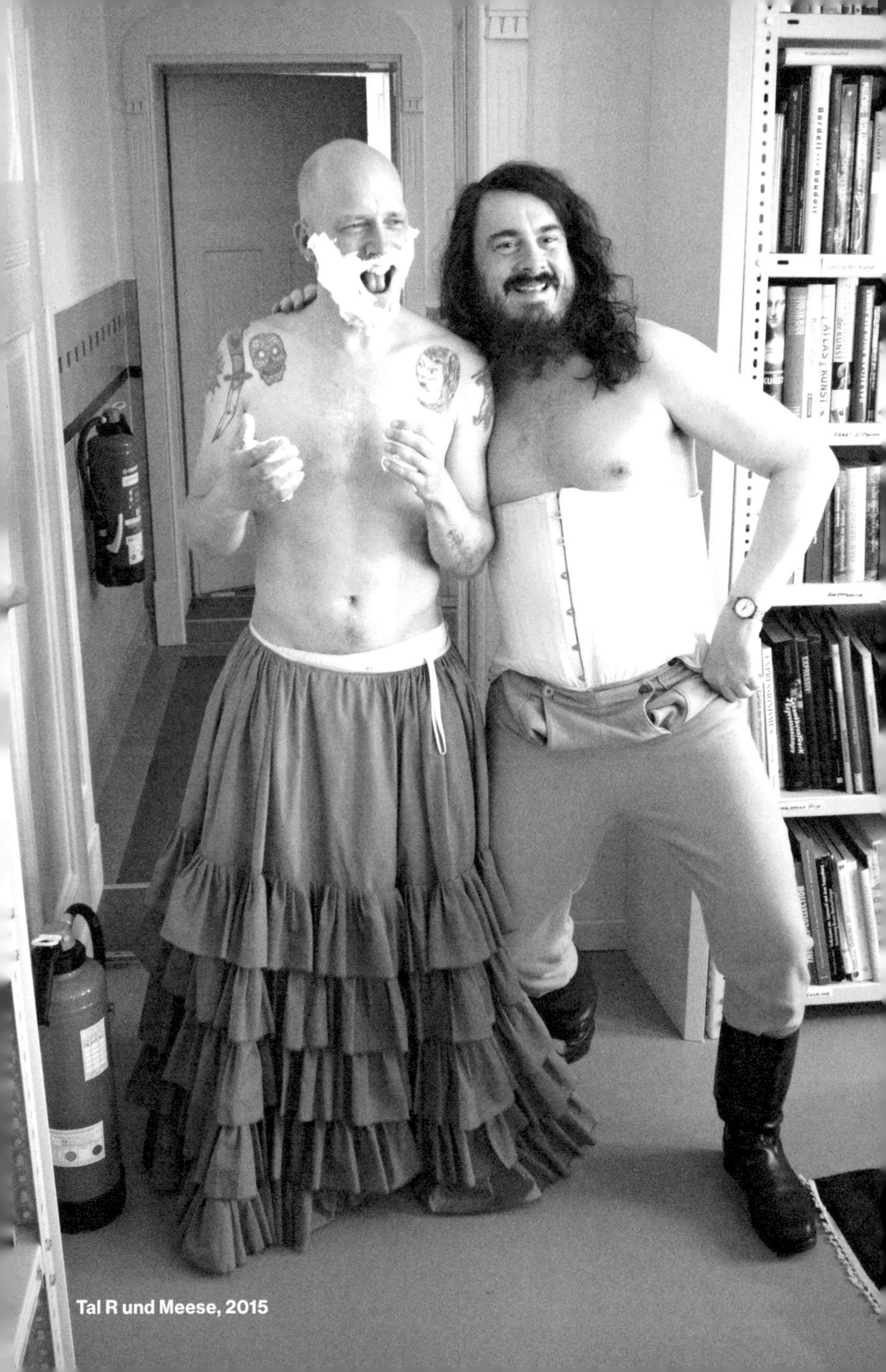

Tal R und Meese, 2015

Zusatzseite: 8.11.05

Lieber Jörg,

Ich lieg' hier gerade im Bett und mir erschien vor dem geistigen Auge folgendes STELENGERÄT:

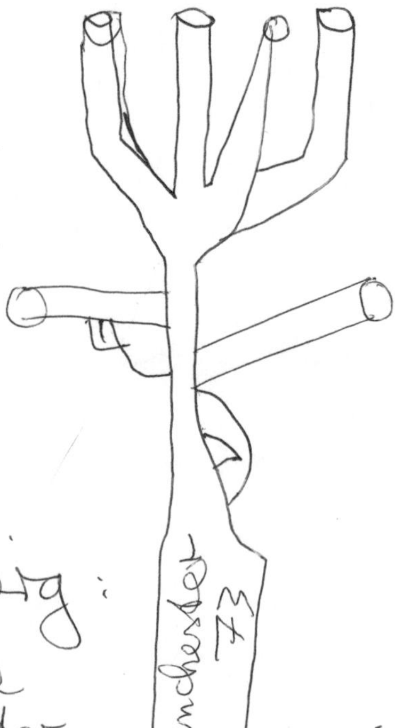

AM WOCHENENDE ENTSTEHEN dann 10 Porträts als Mönch von Dir: Format 1.50 m x 1 m (einfache Keilrahmenstärke)

Lieber Jörg: Ich werde auch weiter an Manifesten arbeiten.

Fax an Jörg Immendorff

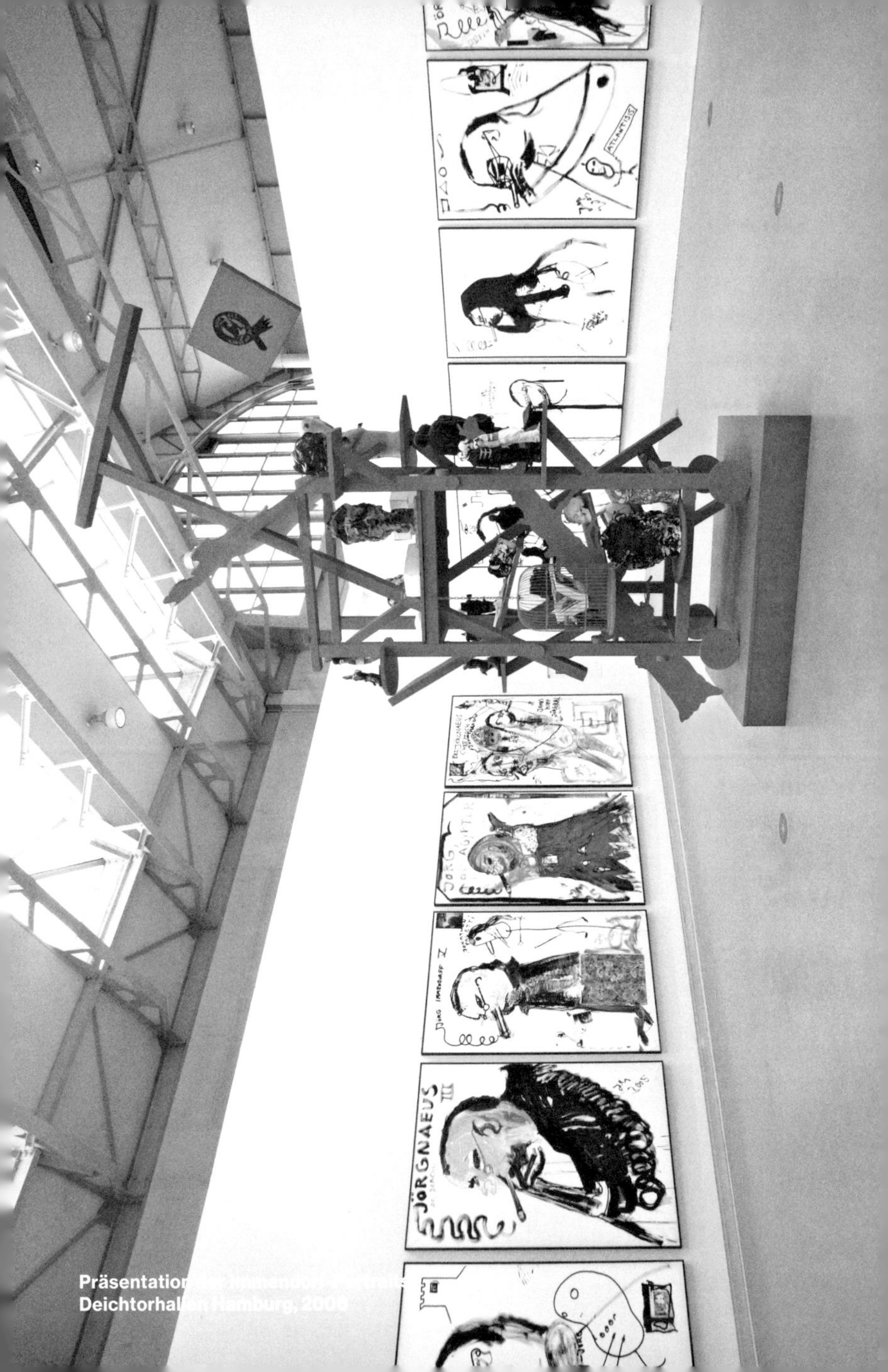

Präsentation [illegible]
Deichtorhal[illegible]

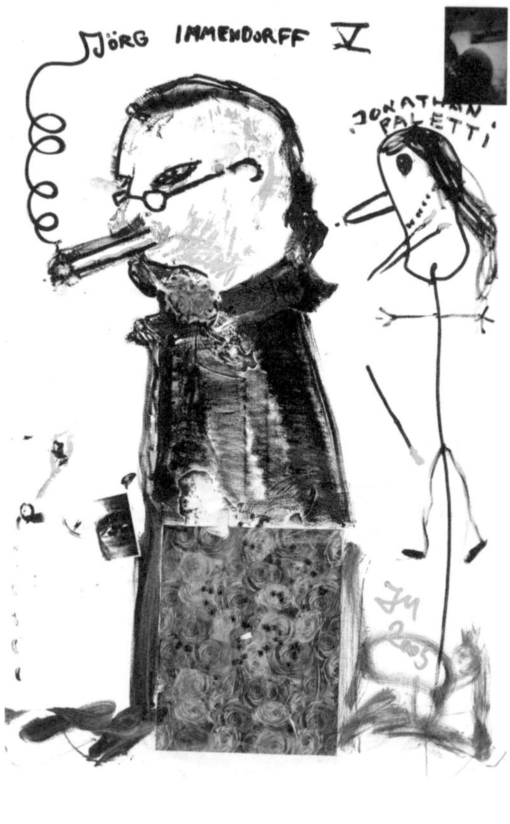

JÖRG IMMENDORFF 5 (ERZSAINTJUST schläft nie), 2005
Mixed Media, Öl auf Leinwand
210 × 140,3 × 2,4 cm

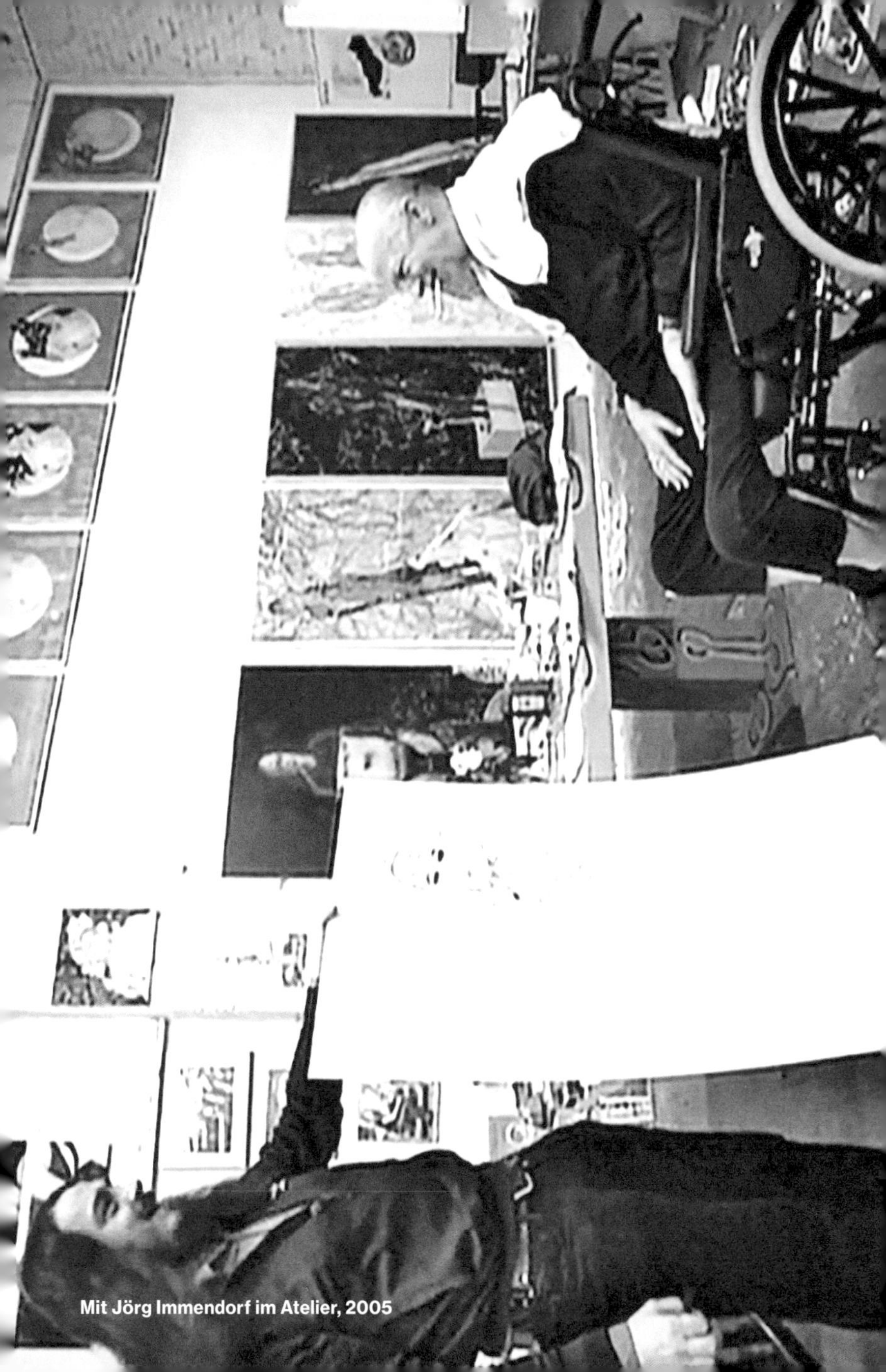

Mit Jörg Immendorf im Atelier, 2005

eröffnete Ausstellung, siehe S. 350], ereilte ihn wie Professor Aronnax die Erkenntnis, *Fräulein Atlantis* müsse das Vorhaben heißen. Von dem Museumsgründer gefragt, wie er darauf gekommen sei, entgegnete der Künstler: ›Das war ein Geistesblitz, der von irgendwoher kam. Den greift man sofort auf! Ein Blitz schlägt ein, schreibt auf die Erde, ganz kurz, und wenn man aufmerksam ist, steht da Fräulein Atlantis. Und das nimmt man an oder nicht, und davon leitet sich alles ab.‹ Jules Vernes Patenschaft ist deutlich spürbar. Meese konzipiert die Ausstellung wie eine ›Seekarte‹: Das Obergeschoss des bei Wien gelegenen Privatmuseums wird mit Gemälden, Skulpturen und ein paar Gartenlauben gefüllt, die wie ›kleine Inseln‹ dort ›herumschwimmen‹ und gemeinsam ein utopisches ›Traumland‹, eine ›Stadt unter der Erde‹ oder eine ›Vulkanstadt‹ ergeben. In der ›Unterwelt‹ einer in den Raum eingeschnittenen Rotunde platzierte Meese einen ›Vulkan‹ als energetisches ›Kraftzentrum‹ der Schau: eine schwarze, hoch aufschießende Stele, ähnlich der *Kokain*-Bühne auf der Grundrissform eines Eisernen Kreuzes. Aus ihr werden per Zufallsgenerator Geräusche herausgeschleudert, die Meese zuvor vor dem Mikrophon simuliert hat: Tierlaute, Maschinengeräusche oder das Getöse eines Vulkanausbruches. Der Künstler versteht seinen ›Vulkan‹ auch als ›Klangmaschine‹ oder ›Druckkammer‹, in der Töne so lange komprimiert werden, bis sie in der ›Revolution der Kunst‹ zum Ausbruch kommen. Fast erinnert das Ganze an eine alchemistische Versuchsanordnung: Bestehendes wird in seine Bestandteile zergliedert, um in der Hoffnung, dass sich daraus eine Substanz höherer Ordnung ergebe, schließlich neu zusammengesetzt zu werden. ›Nostalgie‹ werde so stark komprimiert, erklärt Meese den Vorgang in einem Gespräch mit Karlheinz Essl, dass sie sich in ›ultimativ Neuem‹ entladen müsse.« [39]

18. Januar – 19. März 2006: Ausstellung *Die Peitsche der Erinnerung* (mit Daniel Richter), Kunsthaus Stade, Stade.

16. Februar – 26. März 2006: Ausstellung *Thanks, Wally Whyton (Revendaddy Phantomilky on Coconut Islandaddy)*, Modern Art, London (UK).

25. Februar 2006: Performance *Noel Coward is Back: Dr. Humpty-Dumpty vs. Fra No-Finger,* Turbine Hall, Tate Modern, London (UK).

10. März 2006: Performance mit Bernhard Schütz *Wer hat Angst vor Virginia Wehrwolf?,* Volksbühne, Berlin.

31. März – 30. April 2006: Ausstellung *Jonathan Meese,* Rodolphe Janssen / Sorry We're Closed, Brüssel (Belgien).

2. April – 22. Oktober 2006: Beteiligung an der Ausstellung *Full House. Gesichter einer Sammlung,* Kunsthalle Mannheim, Mannheim.

207: FUSULINEN: ERBIUM (Monumental-MOSAIK)

30. April – 3. September 2006; 22. Oktober 2006 – 7. Januar 2007: Ausstellung *Mama Johnny,* Deichtorhallen, Hamburg; MAGASIN Centre National d'Art Contemporain, Grenoble (Frankreich)
22. Oktober 2006: Performance *Noel Cowards Saint Just est Herbert Volkmann* zur Eröffnung.

»Das Cover des Katalogs der bisher größten Ausstellung Jonathan Meeses, die 2006 in den Hamburger Deichtorhallen stattfand, zeigt ein Schwarz-Weiß-Porträt des Künstlers, ohne jegliches Accessoire und mit dunklem Hintergrund. Die Augen fixieren den Betrachter, beschwören ihn geradezu, während Meese sonst keine Miene verzieht. Als Kunsthistoriker assoziiert man mit diesem Foto eventuell Dürers Selbstbildnis von 1500, auf dem sich der Künstler genauso frontal und mit offenen langen Haaren darstellt, ja das ähnlich streng und ebenfalls ohne eigenen Hintergrund angelegt ist. Jan Bauer jedoch nennt ein anderes Vorbild für sein Foto: ein Wahlplakat Adolf Hitlers aus dem Jahr 1932, als dieser für das Amt des Reichspräsidenten kandidierte. Von diesem Plakat stammt die Idee, den Kopf

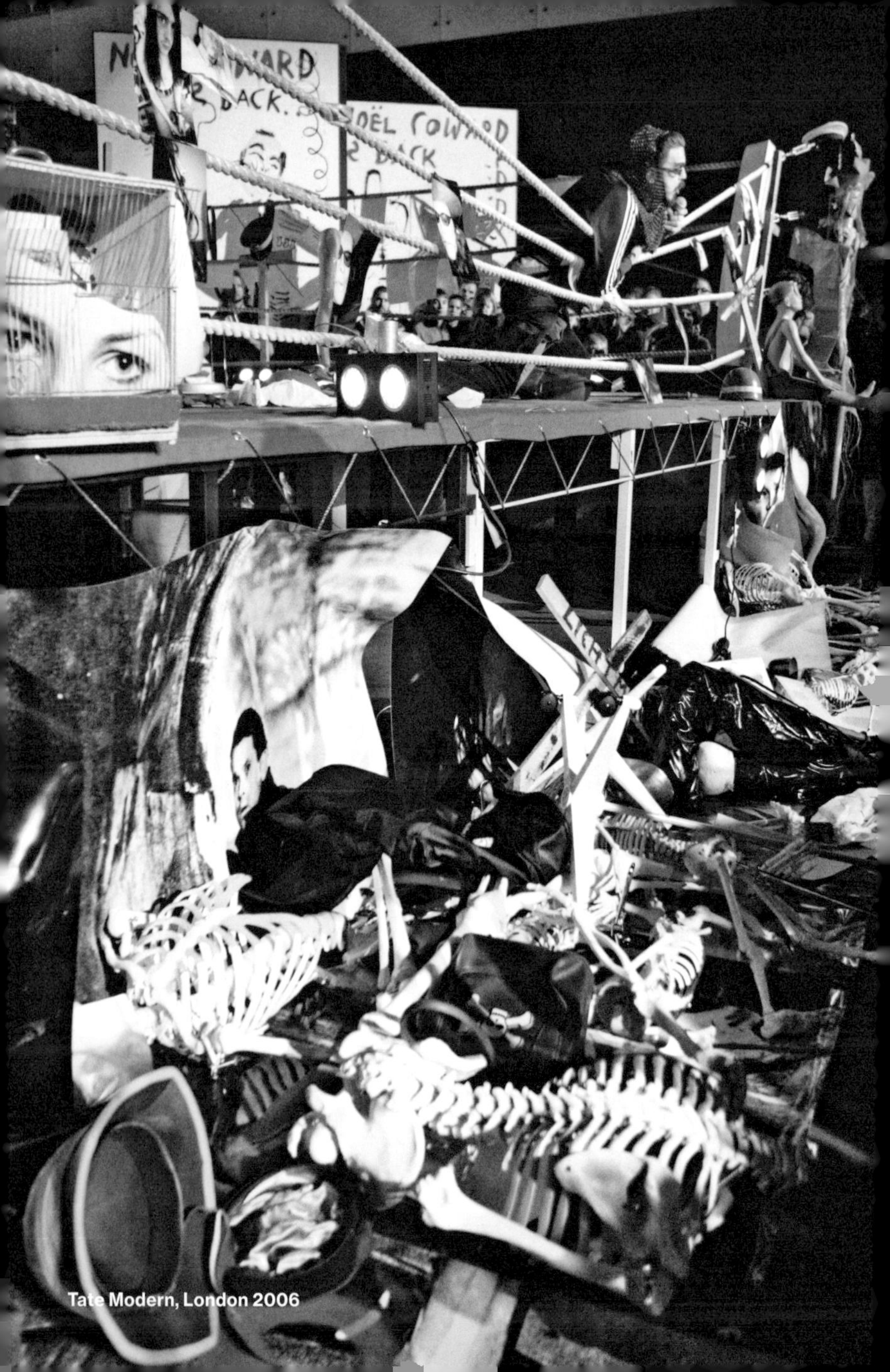

Tate Modern, London 2006

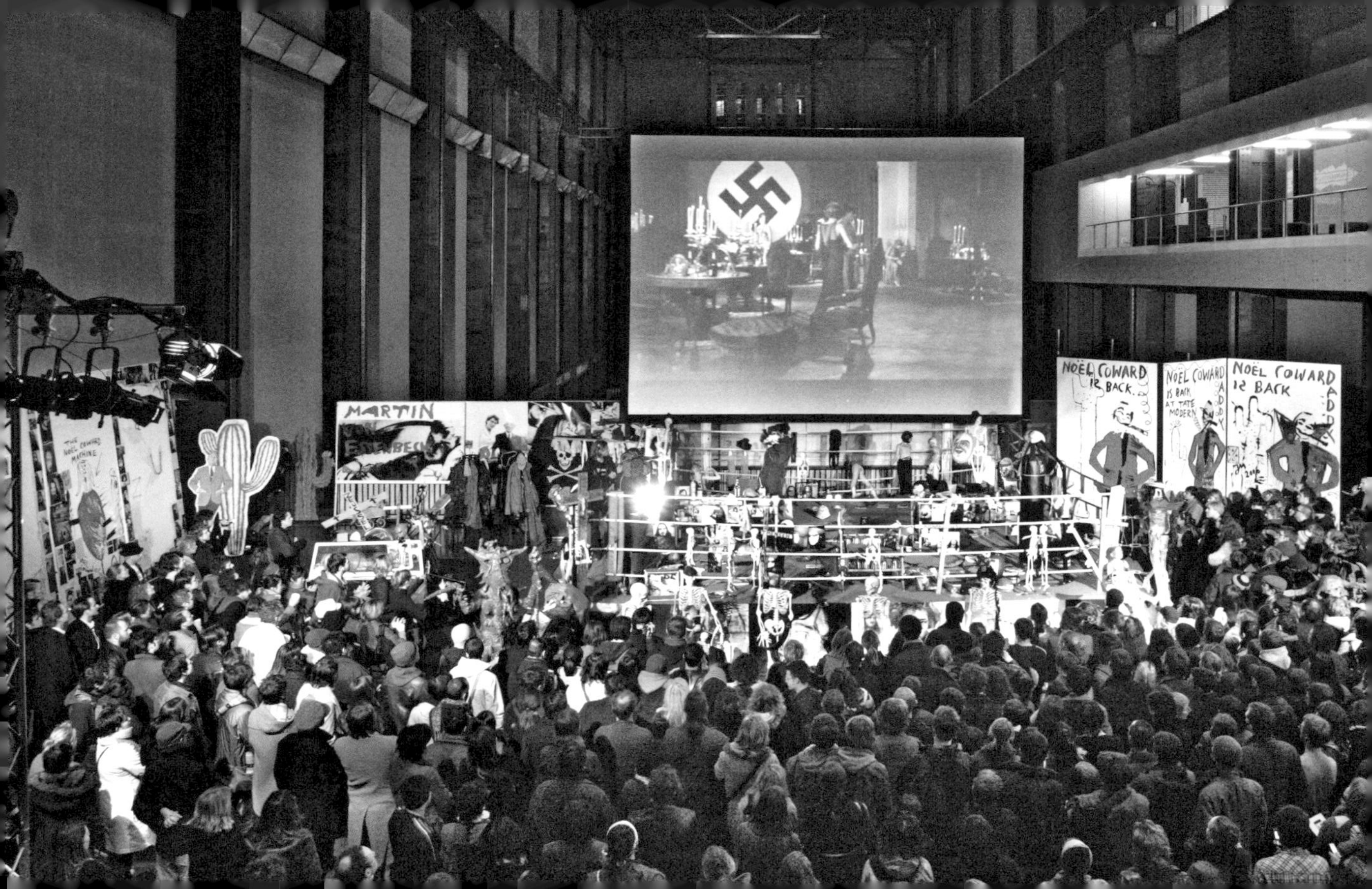
MARTIN
NOËL COWARD IZ BACK.
NOËL COWARD IS BACK AT TATE MODERN
NOËL COWARD IZ BACK

CFA Berlin

Von: Robert Fleck
Gesendet: Mittwoch, 16. März 2005 18:07
An:
Cc:
Betreff: Fuer Bruno

Lieber Bruno,

Jonathans Parsival war ein ziemlich unvergessliches Erlebnis - bin auch korperlich selber danach ganz geschafft. Mutig, ueberzeugend, er hat viel Kraft, und total ehrlich. Geht weit und kuemmert sich um kein kuenstlerisches Verbot gleich welcher Art.

Ich sehe jetzt auch die Ausstellung gut vor mir. Dafuer war diese Sache essentiell.

Wir sind in zwei Wochen mit Annette Sievert und Rainer Wollenschlaeger in der Volksbuehne, zum Zweck Besprechung, wie das gehen koennte. Sehen wir uns da?

Wenn dann die Eroeffnungen Deichtorhallen im April vorbei sind, wuerde ich mich gerne mit Jonathan zu ein bis zwei Lesetagen/Lesesitzungen zusammensetzen, ich denke das waere seiner Art, zu arbeiten, und der Ausstellung sehr dienlich. Wir sprachen unlaengst darueber mit ihm bei Euch in Berlin.

Herzliche Gruesse auch an Jonathan und Nicole,
Robert

Dr. Robert Fleck
Direktor
Deichtorhallen Hamburg
Haus der Photographie - Aktuelle Kunst
House of Photography Contemporary Art
Deichtorstrasse 1-2
D-20095 Hamburg

April 14, 2005: Eröffnung ³Haus der Photographie² in den Deichtorhallen / Inauguration ³House of Photography² in Deichtorhallen Hamburg

Exhibitions:
Martin MUNKASCI: "Think While You Shoot" - The first retrospective
F. C. Gundlach Collection - A Choice
Helmut SCHMIDT: "Bilder eines Lebens aus dem Bildarchiv des SPIEGEL" - Inaugural exhibition of the Photographic Archive of Der SPIEGEL in the Deichtorhallen
DOKOUPIL: "Painting in the 21st Century" - Retrospective 1978 - 2005

www.deichtorhallen.de

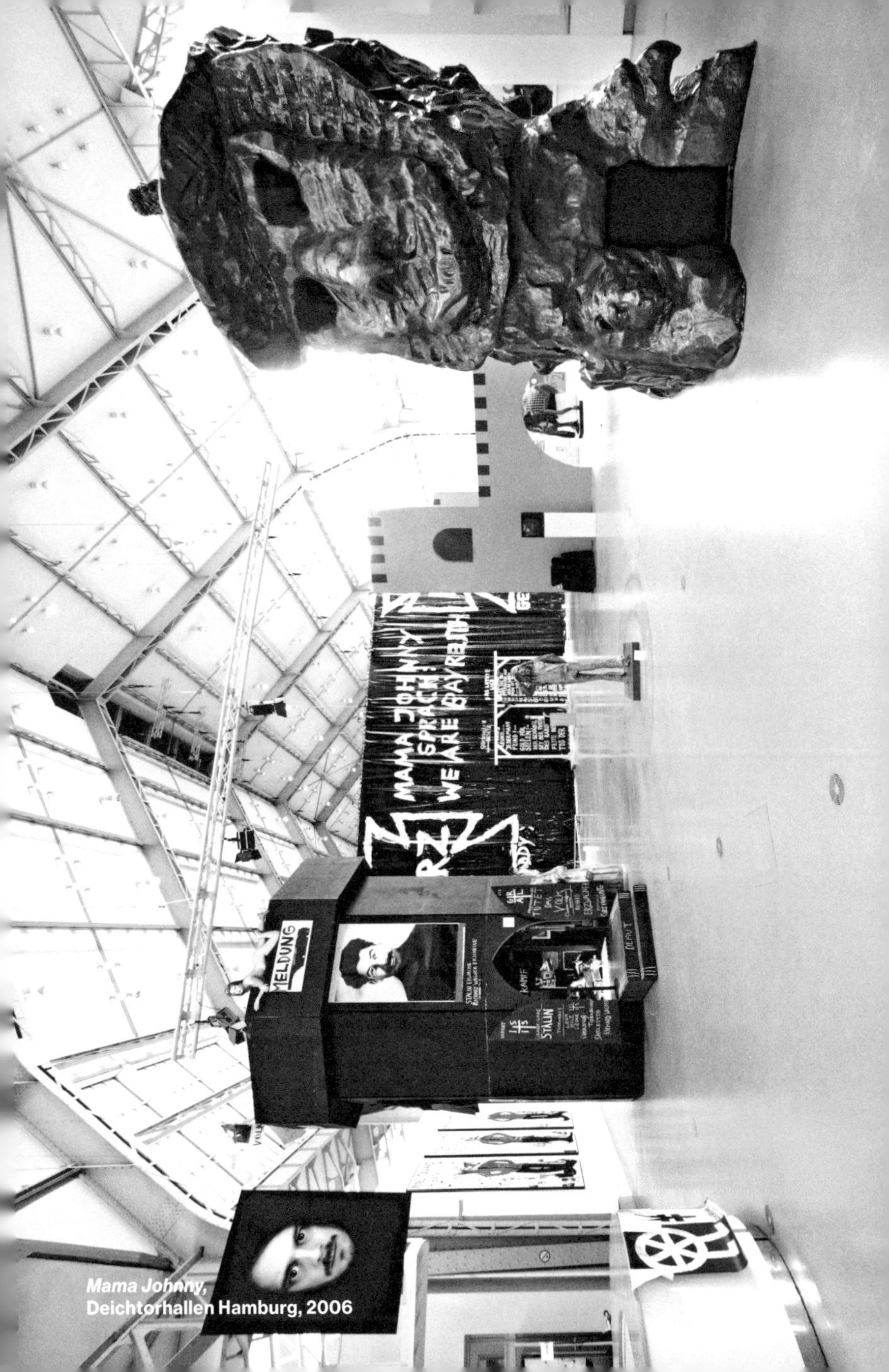

Mama Johnny,
Deichtorhallen Hamburg, 2006

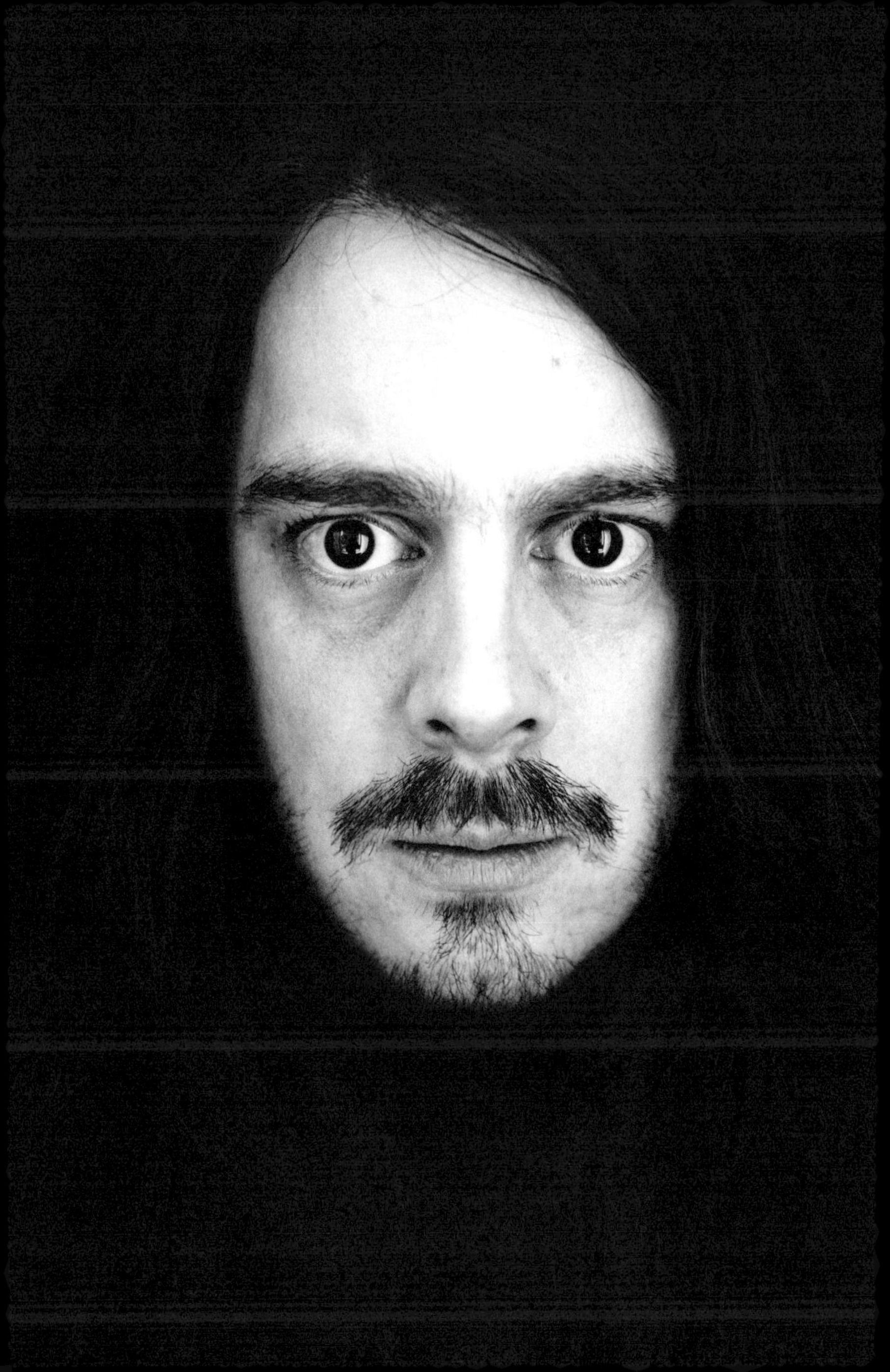

Die Diktatur der Kunst

Der einzige Status, der dem Künstler
zu Gesicht steht ist der Status
der Vogelfreiheit. Der Künstler
lebt und agiert in einem völlig diffusen und
nebulösen Raum. Der Kunststudent und
der Kunstprofessor lechzen den Status
einer Definition, d.h. ihr Bewegungs=
spielraum ist stark eingegrenzt und
letztlich totdefiniert. Es werden staatliche
Institutionen mit privaten Werkstätten
verwechselt. Die private Werkstatt
ermöglicht Meister und Schüler aus
freien Stücken, aus Liebe zur Sache [illegible]
Kunst braucht keine Autoritäten
Sie ist ihre eigene Diktatur der Sache.
Die Diktatur der Kunst erzielt
menschliche Freiheit und Erzglück.
Nichts ist erhabener als sein Glück
im Namen der Erzkunst mit ihr zu teilen.

TOTALE LIEBE

Meese

Mama Johnny,
Deichtorhallen Hamburg, 2006

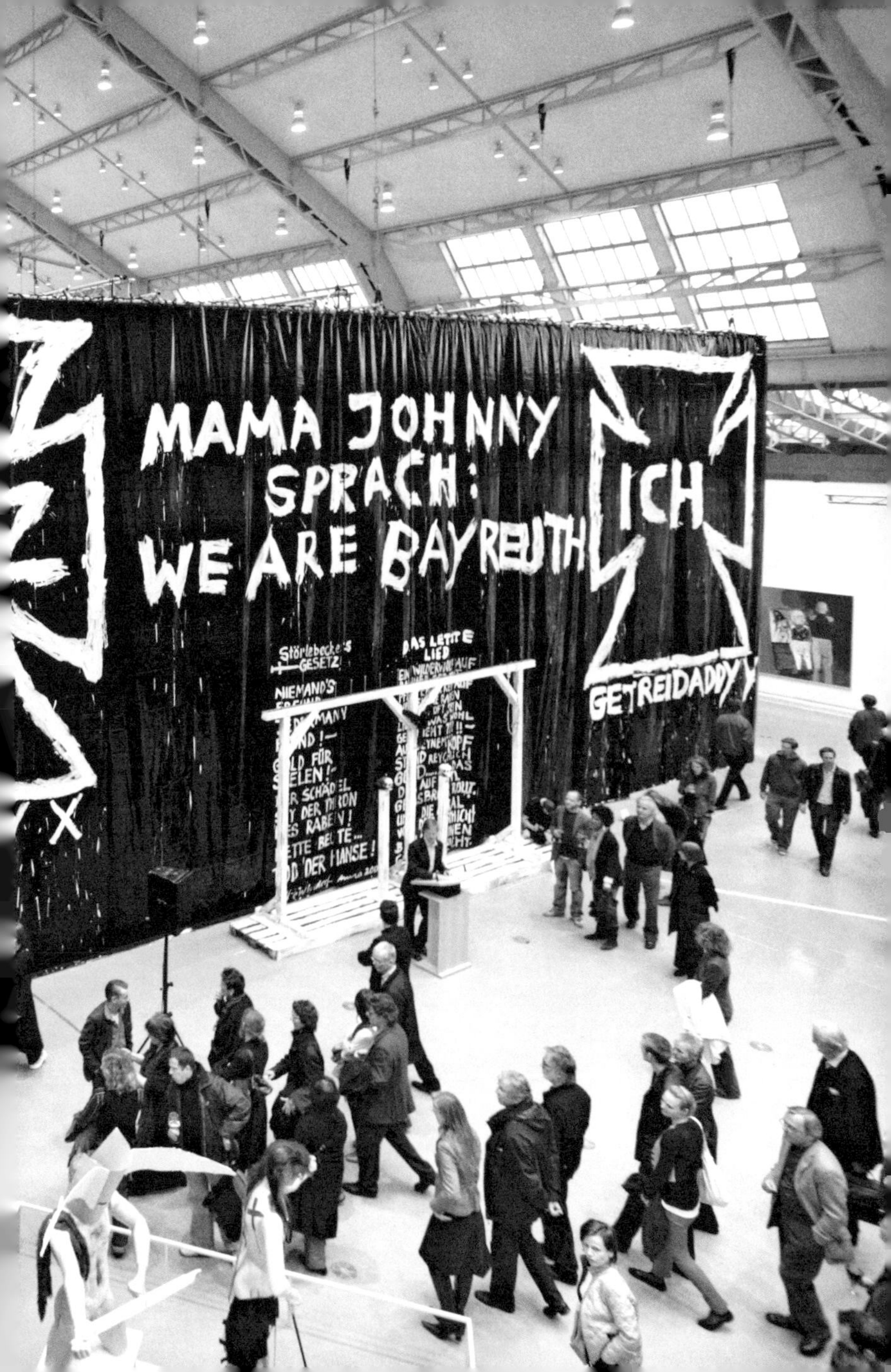
MAMA JOHNNY
SPRACH:
WE ARE BAYREUTH
ICH
GETREIDADDY

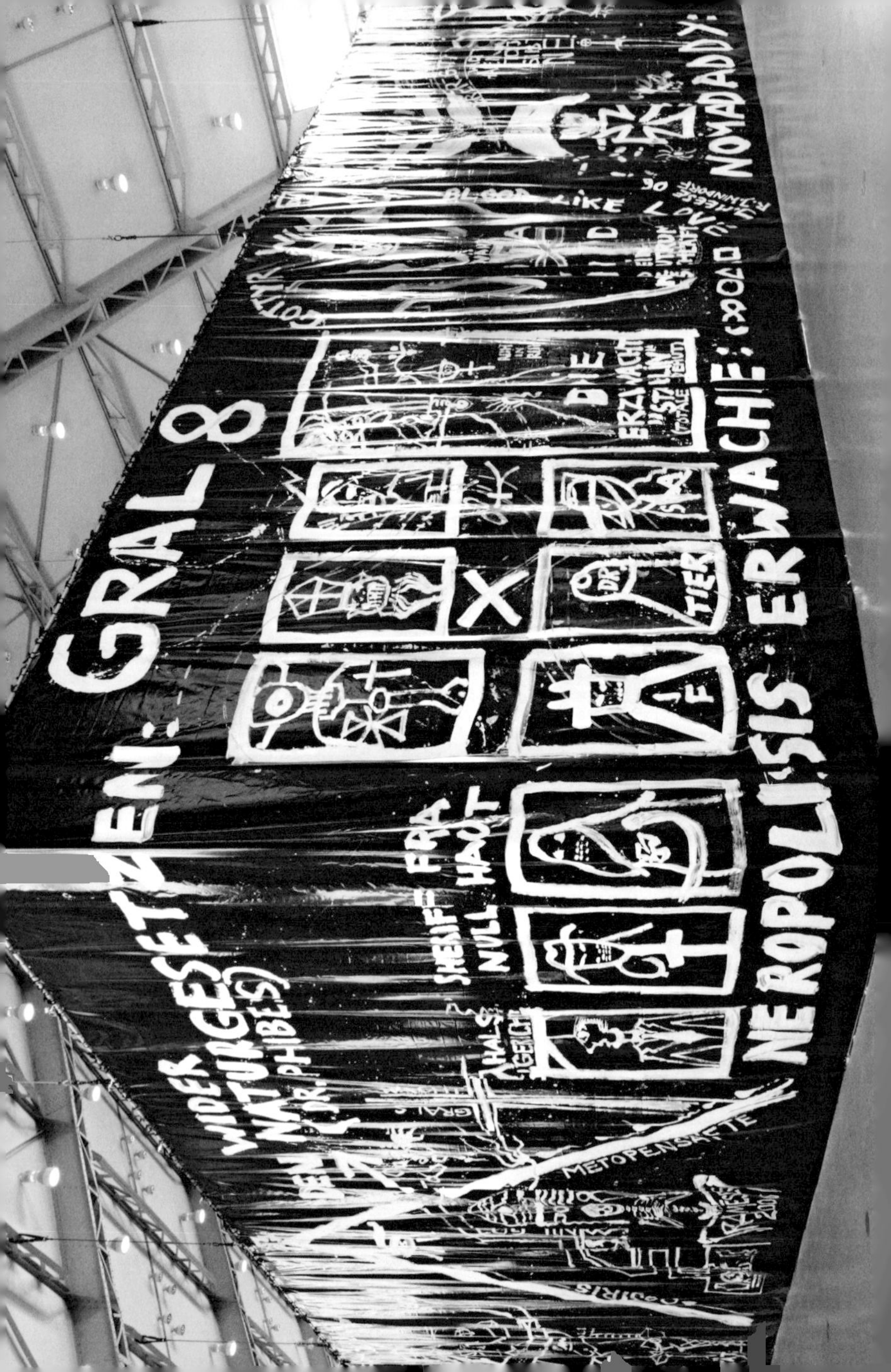
GRAL 8
NEROPOLISIS: ERWACHE:
NOMADADDY:
BLOOD LIKE LOVE
METOPENSAFTE
TIER

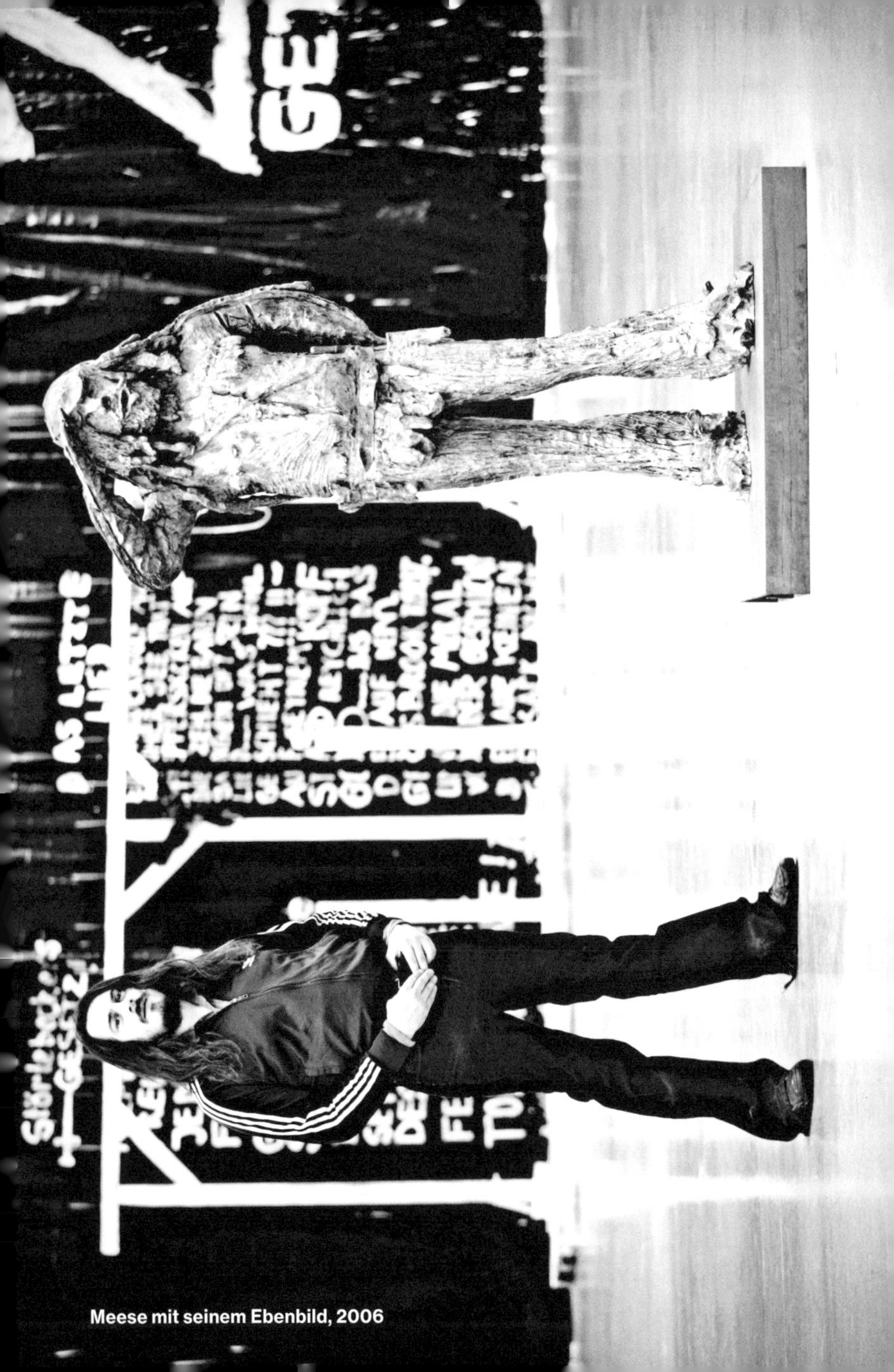

Meese mit seinem Ebenbild, 2006

isoliert vor schwarzem Grund abzubilden; vergleichbar ist ferner der Blick, der das Gegenüber zu bannen sucht. [...] Hatte Hitler sich eines seiner Markenzeichen, die in die Stirn gezogene Strähne, erst etwas später zugelegt, so zitiert Meese sie auf dem Coverbild bereits. Dennoch gibt es andere Fotos von ihm, bei denen die Assoziation mit Hitler noch näherliegt (und bei denen man nicht zugleich an Dürer denkt). Ein Bild erscheint sogar als Nachstellung eines Fotos der Serie mit Hitler als Redner. Im Katalog zur Hamburger Ausstellung finden sich ferner Tableaus, die Meese in abwechslungsreicher Körpersprache zeigen und an dieselbe Serie erinnern. Hier jedoch drängt sich wieder das Parodistische vor: Wo Hitler um maximale Entschlossenheit im Auftritt bemüht ist, wirkt Meese, als wüsste er selbst nicht, warum und wofür er sich engagieren, ja wie er seine Gleichgültigkeit verbergen soll. Verlegen und ziemlich schlaff bewegt er sich – und achtet nicht einmal darauf, seinen Bauch ein wenig zu kaschieren. Bei Performances sind Bezugnahmen auf Hitler noch direkter. So lässt sich Meese einen Hitler-Bart rasieren, während er, einmal mehr, zum Hitler-Gruß ausholt. Oder er hantiert mit einem Buch, das Hitler-Bilder enthält. Vor allem bei Auftritten in England werden NS-Symbole zahlreich und großflächig eingesetzt; auf einer Projektionswand tauchen sogar Hakenkreuze auf. Das Dritte Reich ist für Meese und Bauer also eine Obsession, und allein die vielen Codebrüche und parodistischen Elemente – Masken, Verkleidungen oder ausgelassene Farbspritzereien – schützen die beiden davor, einer neonazistischen oder gewaltverherrlichenden Position bezichtigt zu werden. Was aber ist mit den vielen Anleihen an Hoffmanns Bilder und die NS-Ikonografie bezweckt? Eine Antwort darauf liefert die Losung, unter der die gesamte Arbeit Meeses seit 2006 steht. Sie lautet ›Diktatur der Kunst‹ und taucht auf vielen Bildern und Wandarbeiten, aber erst recht in Manifesten und Interviews auf.« [40]

Die Ausstellung [die Retrospektive in der Kestnergesellschaft] habe ich eigentlich vollkommen dem Bruno überlassen. Das war damals die Zeit vollsten Vertrauens. Ich wollte nicht gestört werden und also wurde ich auch nicht gestört. Die Ausstellung wurde mir einfach abgenommen. Hannover hat CFA gemacht – das Ergebnis fand ich auch total okay, obwohl man es auch völlig anders hätte machen können. Die Deichtorhallen gingen dann wieder mehr Hand in Hand. Und damals habe ich wieder gedacht, dass es jetzt so richtig abginge, dass die Kunst nun endlich ihren innewohnenden Stellenwert erhält: Weltherrschaft. Ich dachte: »Johnny, was du da machst, ist radikalst und sogar transportabel. Wenn du das in New York zeigst, dann verändert das ganz Amerika.« Ich dachte: »Amerika, das ist eine Schaltstelle! Wenn diese Ausstellung da hinkommt, dann ist endgültig Feierabend, Ende mit den Ideolog(i)en. Dann können alle anderen einpacken und abdanken, weil das, was ich bis dahin inhaltlich gemacht hatte, in den Deichtorhallen in eine erfassbare Dimension übertragen wurde.« Bedauerlicherweise hat sich das Verhältnis zu meiner Hausgalerie danach stetig verschlechtert, da war wohl die Luft raus. Plötzlich war die Unbefangenheit weg, zumindest mir gegenüber. Das war es, Endspiel, mehr konnte diese Galerie wohl nicht für mich tun. Wir hatten unseren gemeinsamen Höhepunkt, mehr war nicht drin. Ich hätte damals vielleicht sagen müssen: »Das war's mit uns! War 'ne gute Zeit, danke, adieu und viel Glück.« Ich denke, dass ich in der Galerie immer einen Sonderstatus hatte. Der wurde dann aber irgendwann mal aufgehoben. Ich war sozusagen die letzte Bastion, weil ich ja der Störenfried war. Ich habe das zunächst gar nicht so bemerkt und auch nicht so empfunden, aber irgendwann mal hatte ich echt die Kacke an der Hacke. Wenn man vorher drüber gesprochen hätte…, aber wie gesagt, ich selbst hab's einfach zu spät realisiert. Abnabelungen dauern bei Meese halt sehr lange.

5. Mai – 2. Juni 2006: Beteiligung an der Ausstellung *A Sculpture Show,* Galerie Karlheinz Meyer, Karlsruhe.

12. Mai – 16. Juli 2006: Beteiligung an der Ausstellung *Kontracom 06 – Contemporary Festival Salzburg*, Salzburg (Österreich).

24. Mai 2006: Performance *Der GEOMETRISCHE GOTT (die hermetische ZEUSHAFTE NEUTRALITÄT der Tyrannis)*, Deichtorhallen, Hamburg.

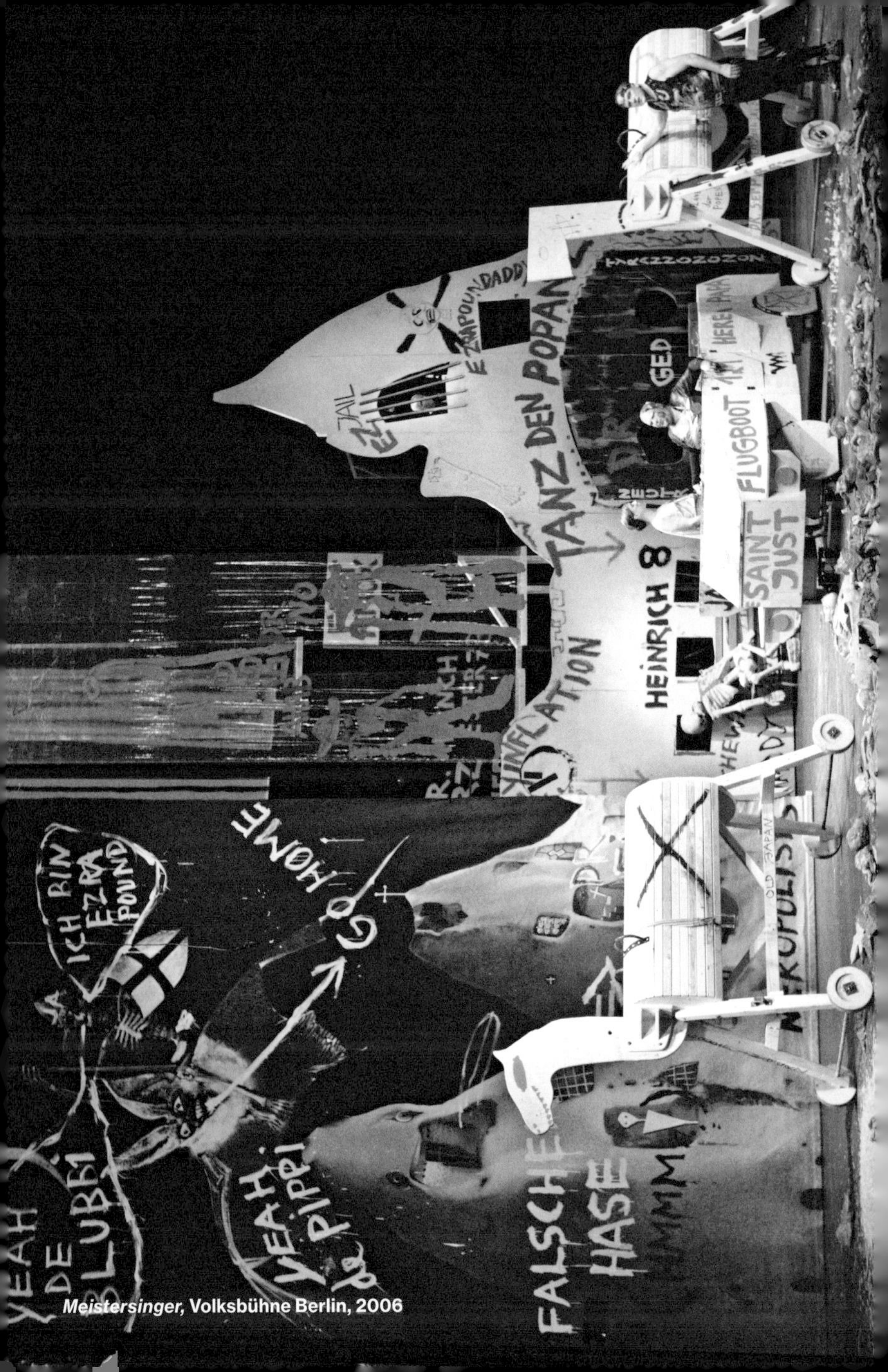

Meistersinger, Volksbühne Berlin, 2006

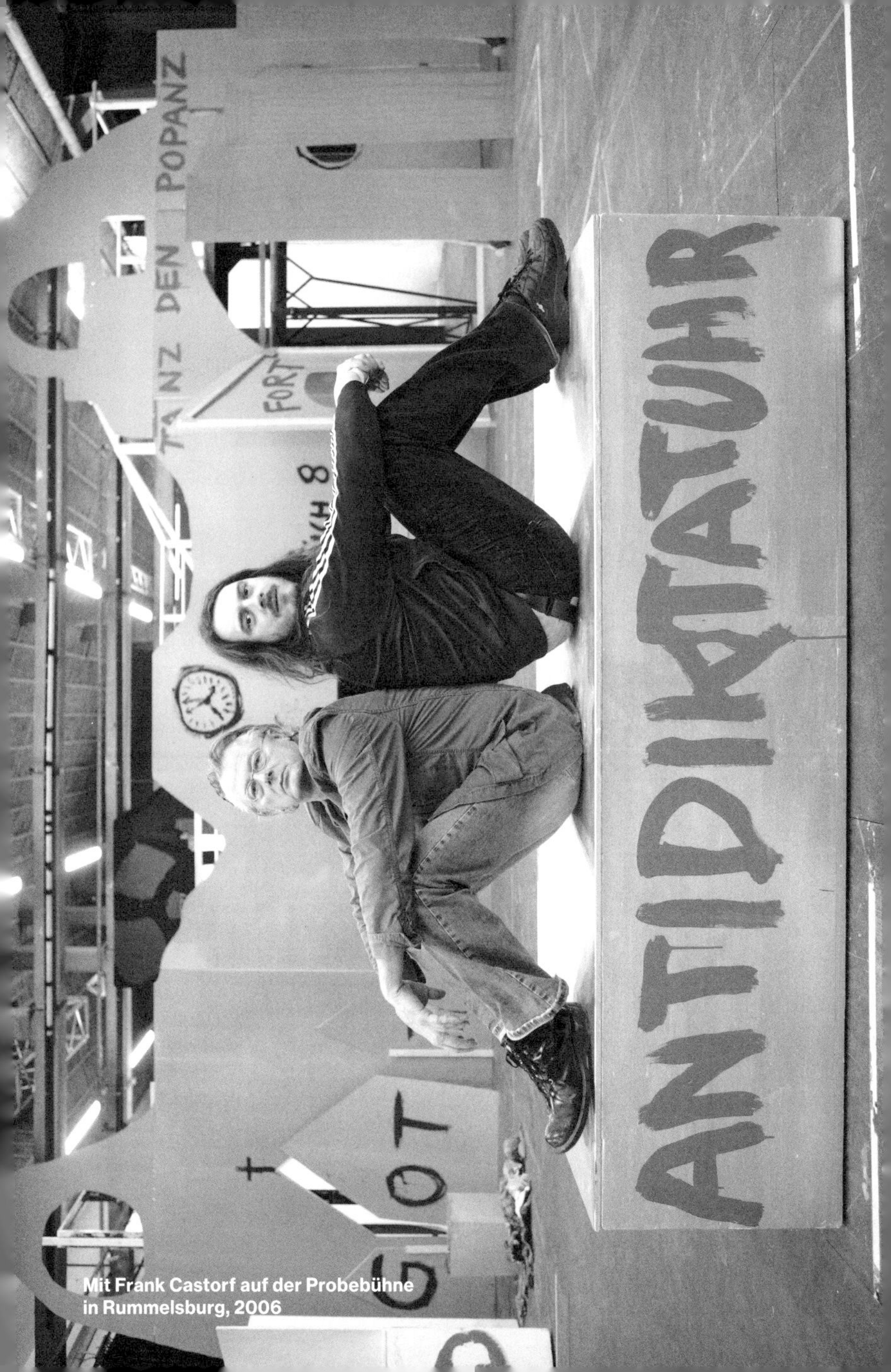

Mit Frank Castorf auf der Probebühne
in Rummelsburg, 2006

30. Mai / 21. September 2006: Premiere *Meistersinger* (Regie: Frank Castorf, Bühne und Kostüme: Jonathan Meese), Grand Théâtre de la ville de Luxembourg, Luxemburg / Volksbühne am Rosa-Luxemburg-Platz, Berlin.

18. Juni – 13. August 2006: Beteiligung an der Ausstellung *Rattus Norvegicus – Sammlung Dahlmann*, Leopold-Hoesch-Museum, Düren.

22. Juni – 17. September 2006: Beteiligung an der Ausstellung *Anstoß Berlin – Kunst macht Welt*, Haus am Waldsee, Berlin.

12. Juni – 21. Juli 2006: Ausstellung *Schergentoni Suzy Wong*, Galerie Haas, Zürich (Schweiz).

4. Juli – 22. Oktober 2006: Beteiligung an der Ausstellung *What would I be without you…*, City Gallery, Prag (Tschechien).

8. Juli 2006 – 7. Januar 2007: Teilnahme an der Santa Fe Biennale *Stillpoints of the Turning World*, SITE Santa Fe, Santa Fe / New Mexico (USA).
8. Juli 2006: Performance *TOTAL REVOLUTION = DR. ELDORADO. MOTHER ›FORT KNOX‹ meets FATHER ›WAHNFRIED‹ in DON GRANDADDY'S CANYON.*

1922: ELAN VITAL: (Steinwesen)

20. Juli 2006: Performance *Die hermetische Revolution (Die Diktatur der Kunst)*, Deichtorhallen, Hamburg.

10.–13. / 18.–20. August 2006: Performance mit Martin Wuttke *Z – Die Gestalten sind unterwegs*, Schloss Neuhardenberg, Neuhardenberg.

Für mich ist Nietzsche so unglaublich kindisch gewesen, das habe ich geliebt. Seine Texte, seine Fotos und er als Mensch sind für mich auch sehr pornografisch und lolitahaft – so grandios auf den Punkt gebracht und völlig hermetisch. Alles ganz leicht zu verstehen, jeder Satz zitierfähig und einfach märchenhaft. Ich sehe da auch gar nichts Brutales drin. Das ist ganz normal, also wie wenn man aufs Klo geht. Viel anders ist das jedenfalls nicht. Eigentlich verbreitet der ja nichts als Binsenweisheiten – bauernschlau. Nietzsche ist: hau den Lukas, also plakativ und klar wie Thors Hammer. Wir gehen jeden Abend pennen, wir wachen morgens auf, das ist die Wiederkehr des Immergleichen – das ist nun wirklich keine besondere Erkenntnis, sondern eine ganz normale Naturbeobachtung. Pupsen tun wir ja auch jeden Tag. Was ich damit sagen will: Nietzsche ist gar nicht hochgestochen, es ist nur die Sprache, die merkwürdig wirkt, weil sie so soldatisch ist. Und bei Zarathustra *ist sie natürlich speziell märchenhaft, das ist so unendlich liebevoll. Das ist ja die reinste Liebeserklärung ans Leben, da gibt's nichts Totes. Kunst ist nie tot. Es gibt in der Kunst nichts Endgültiges. Alles ist Evolution. Letzte Bilder gibt es in dem Sinne sowieso nicht, also immer aufs Neue. Man kann ja auch nicht sagen, dass man jetzt fertig oder etwas endgültig ausgereizt sei. Die Realität ist ausgereizt, aber die Kunst nicht, niemals. Ich bin vielleicht mal fertig mit einem bestimmten Programm innerhalb von dem, was ich gerade tue, aber das Notwendige kommt immer wieder. Es wird auch nichts endgültig verworfen – wie ja auch nichts weggeworfen wird –, denn selbst das Lächerlichste und Unscheinbarste kann noch geil sein.*

27. August – 17. September 2006: Ausstellung *Ritter Johnny*, Marstall, Ahrensburg.

Während des Ausstellungsaufbaus entwickeln Jan Bauer und Meese das Konzept *Kunst als einzige gesellschaftspolitische Alternative und Staatsform*, für das Meese dann den Terminus *Diktatur der Kunst* findet. Das Synonym *Hermetische Revolution* stammt von Tim Berresheim, mit dem Meese gemeinsam Musik produziert hat.

»Die Distanzierung vom Ich. Vielleicht nicht auf den ersten Blick erkennbar, lässt sich Jonathan Meeses Haltung an seinen Portraits veranschaulichen: Die fotografischen Selbstportraits

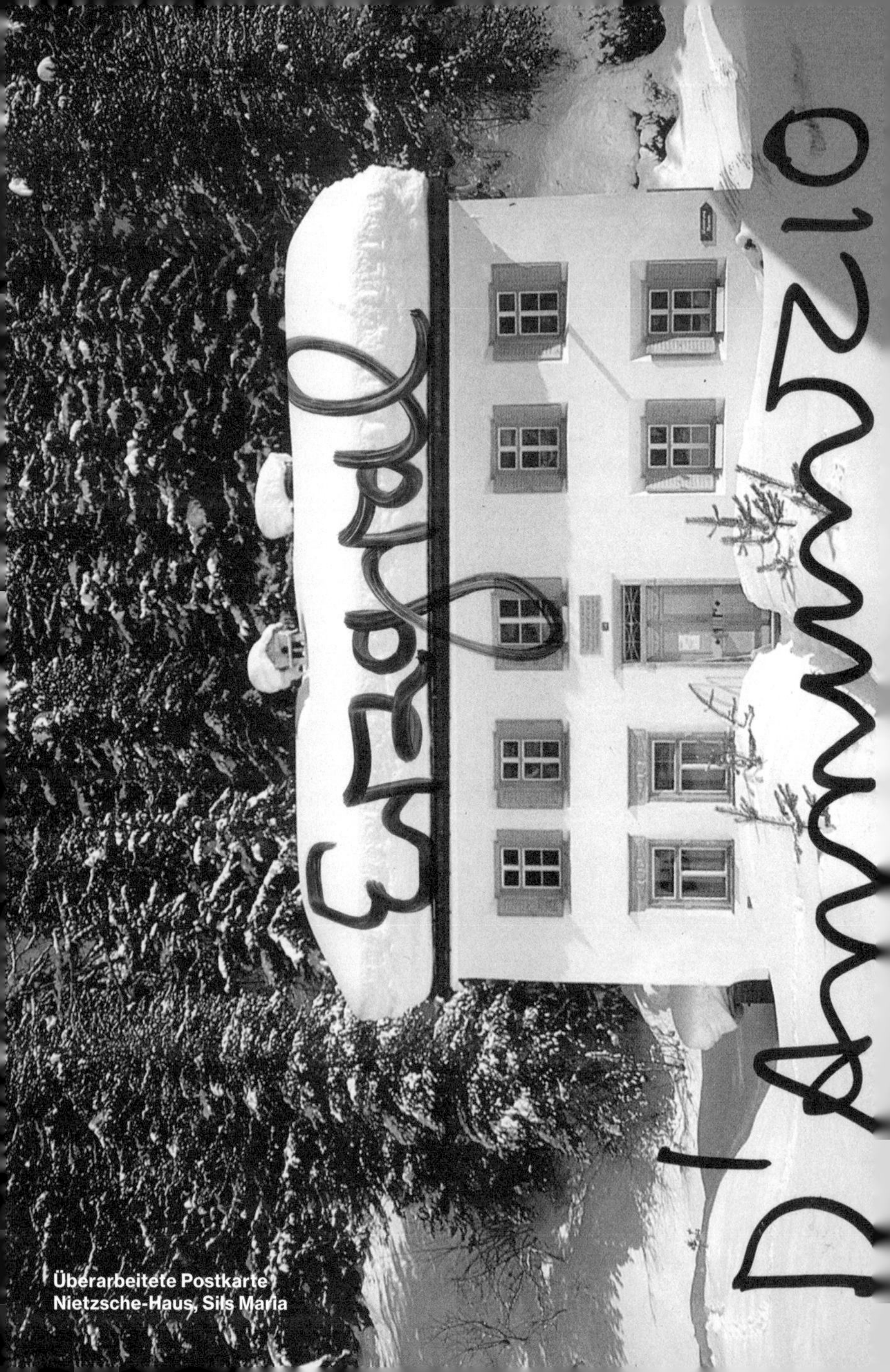

Überarbeitete Postkarte
Nietzsche-Haus, Sils Maria

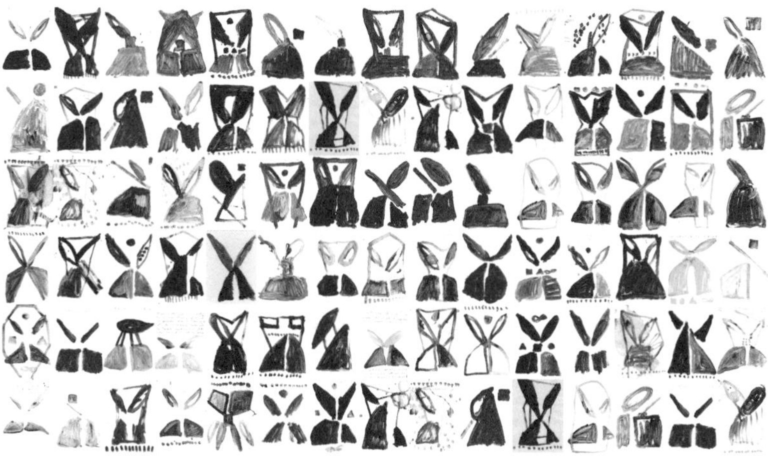

Ohne Titel (»Dionysos« (Wolfgang Rihm) Nietzsche-Serie)
Acryl und Kugelschreiber auf Papier
jeweils 29,8 × 21 cm

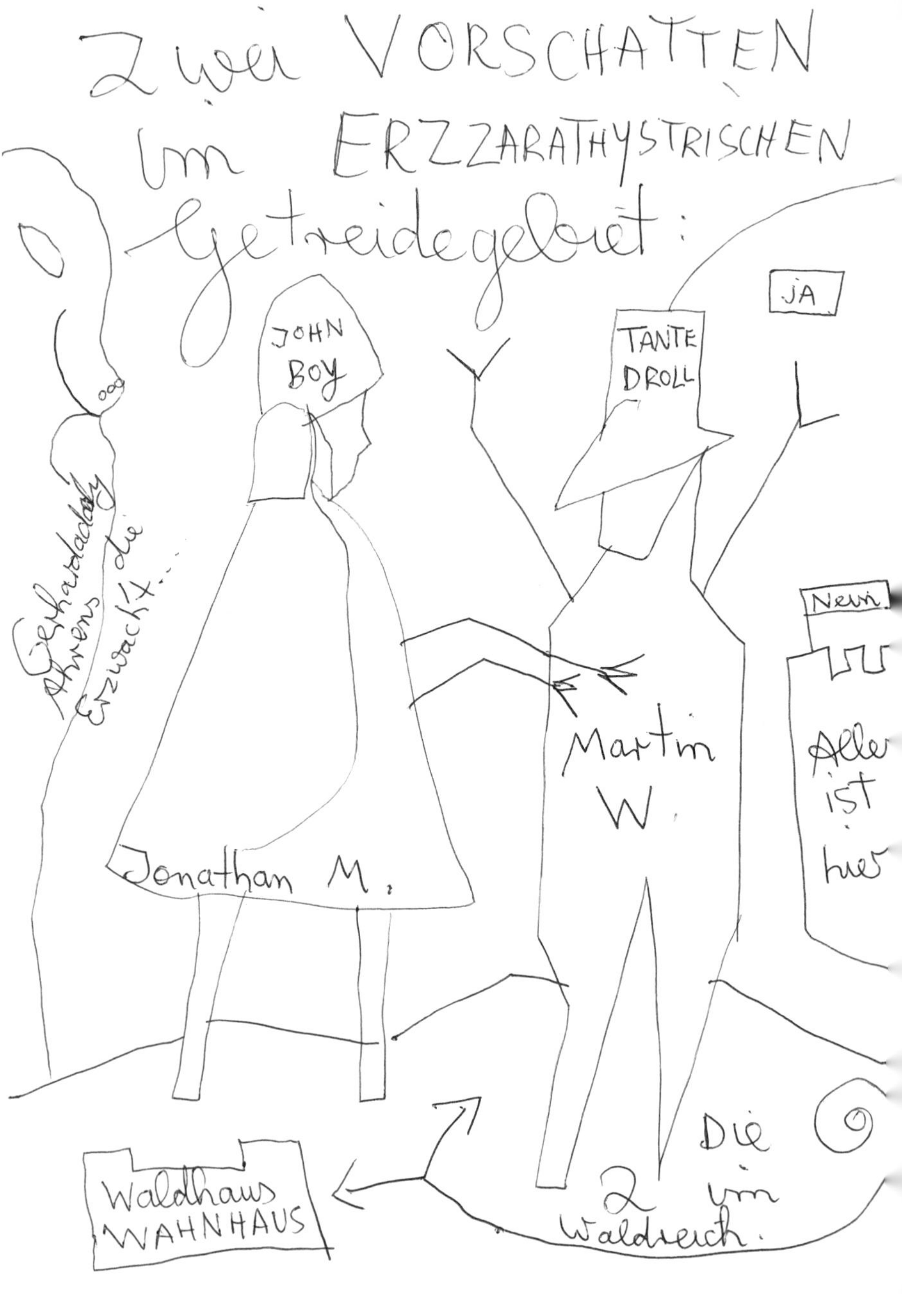
Zwei VORSCHATTEN
im ERZZARATHYSTRISCHEN
Getreidegebiet:
JOHN BOY
TANTE DROLL
JA
Neu
Gerhardadady Ahrens die Erzwacht...
Martin W.
Jonathan M.
Alle ist hier
Waldhaus WAHNHAUS
Die 2 im Waldreich.

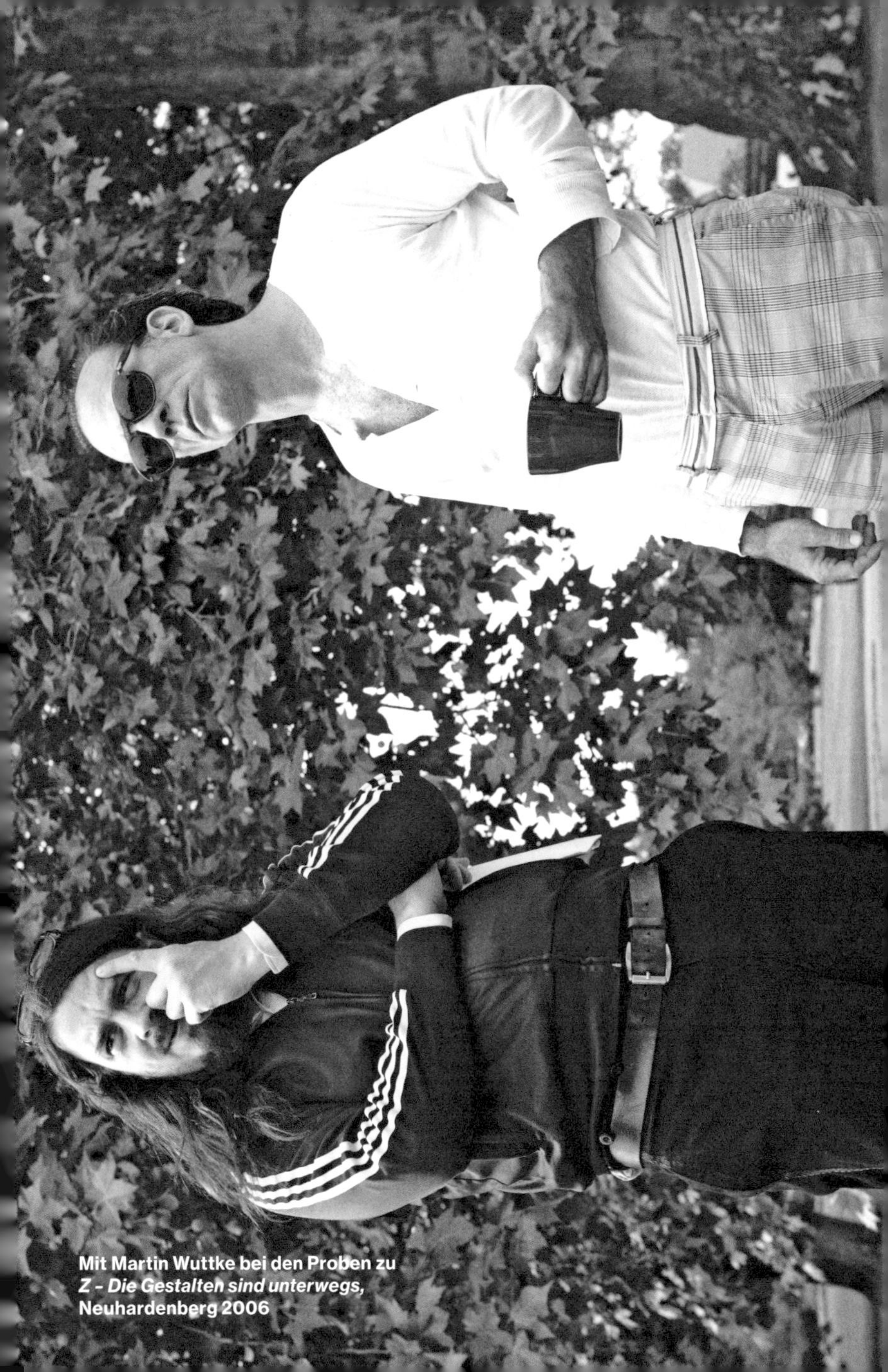

Mit Martin Wuttke bei den Proben zu
Z – Die Gestalten sind unterwegs,
Neuhardenberg 2006

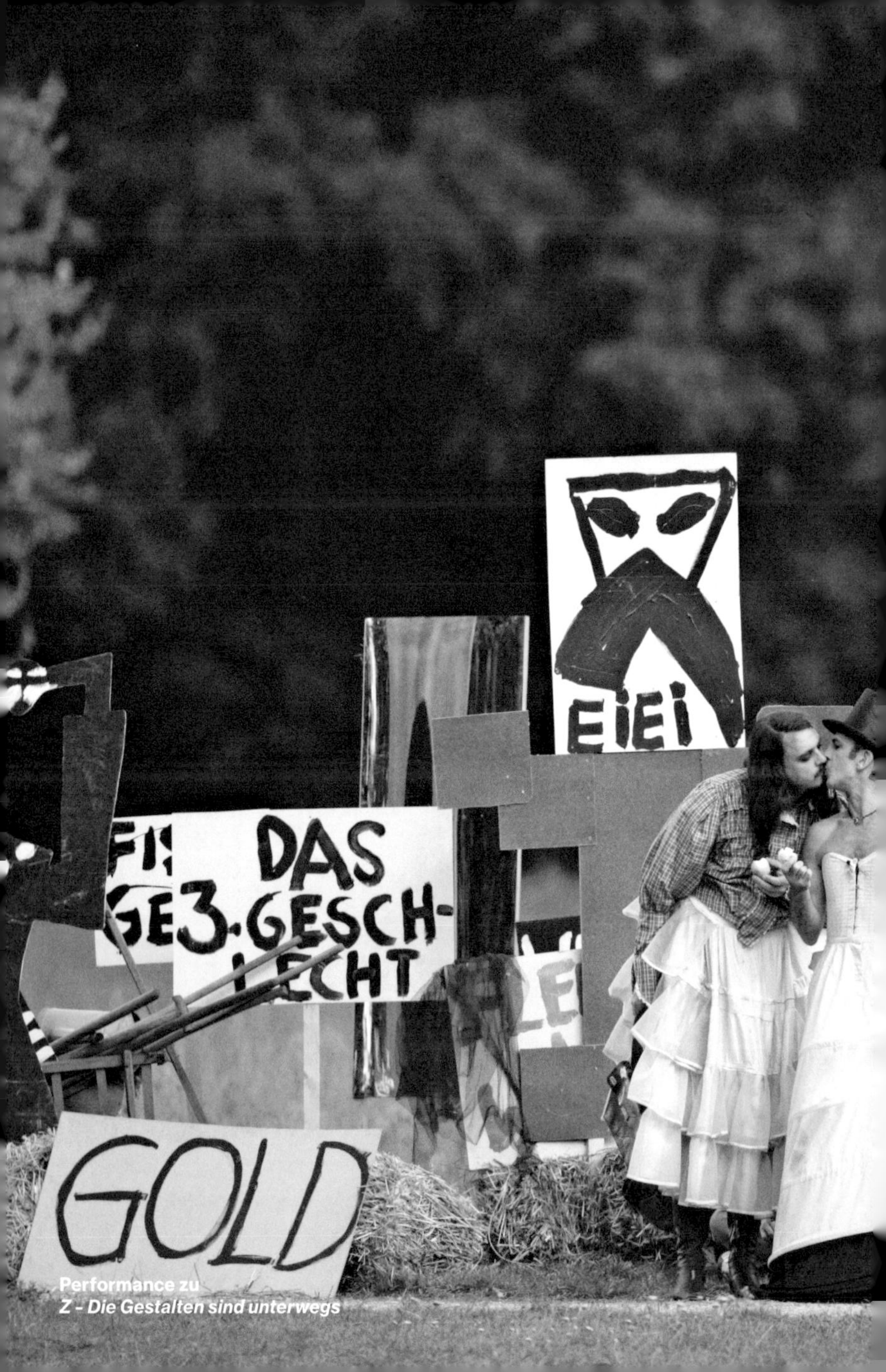

Performance zu
Z – Die Gestalten sind unterwegs

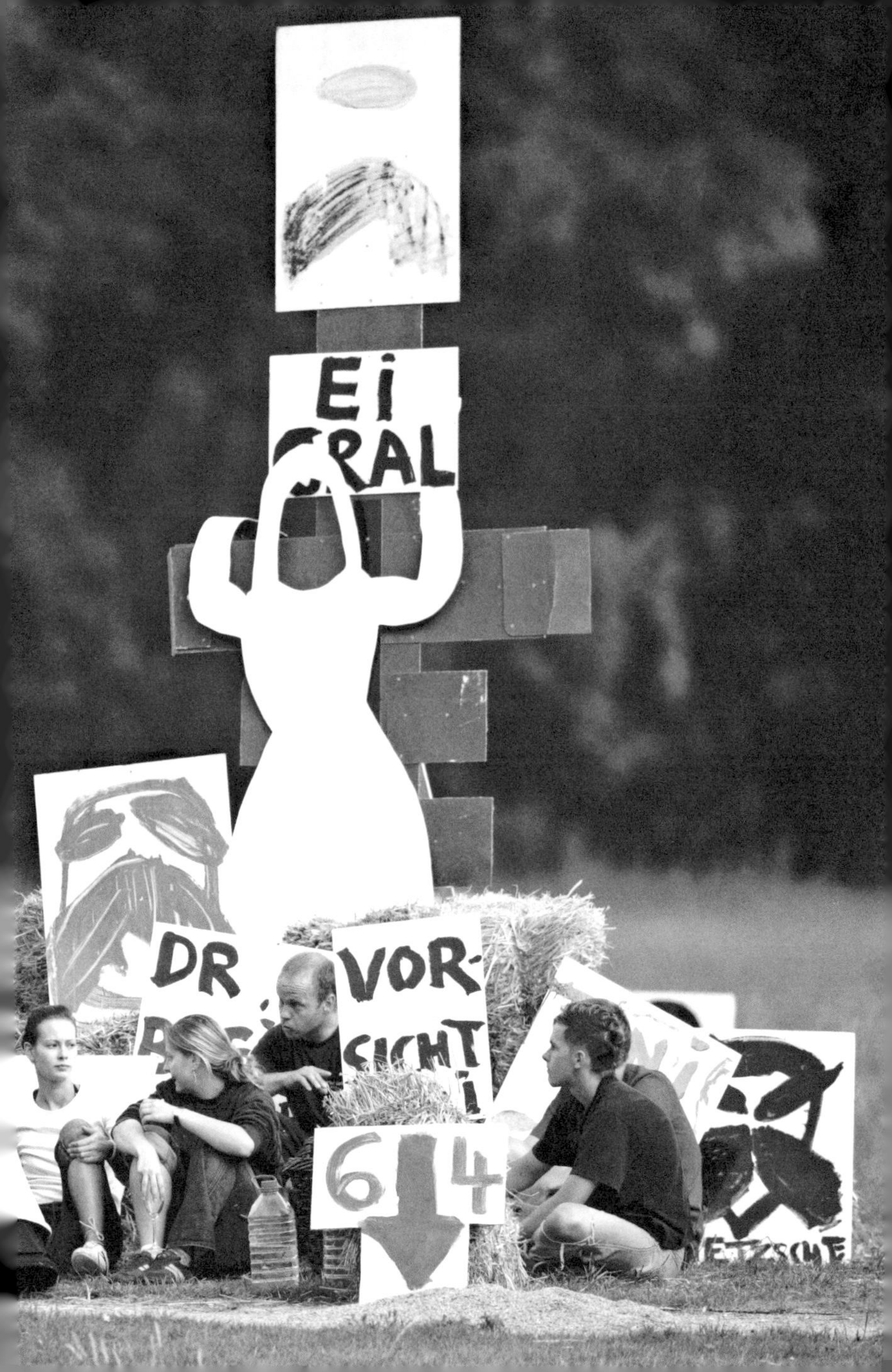
Ei
DR
VOR-
64

werden allenthalben auf Köpfe von Skulpturen geklebt, hunderte von Fotos zeigen Meese in allen erdenklichen Situationen und finden immer wieder Verwendung in Installationen, Collagen, Vitrinen und Gemälden. Das Konterfei Meeses ist allgegenwärtig, inflationär steht es im Mittelpunkt.
So widersprüchlich es klingen mag: Meese verabschiedet sich vom allzu oft praktizierten Kreisen um das eigene Ich, von der strapazierten autobiographischen Selbstdiagnose. Er hat keinerlei Interesse daran, sein Gesicht als individuellen Ausdruck zu präsentieren, sondern allenfalls im Sinne einer ›Staatsgeste‹: ›Ich bin Staatsbayreuth‹. [...] So wie er sich selbst von seinem Ich befreien will, erlöst er auch jede in seinem Universum auftretende Person, jede Persönlichkeit von der ihr anhängenden Geschichte. Aus diesem Grunde muss sich das Publikum in den Performances immer wieder den Hitlergruß gefallen lassen. Usurpatoren wie Hitler, Stalin etc. werden unablässig auf die Bühne zitiert und ins Rampenlicht gerückt; sie werden gleichsam beschworen. Auf diese Weise bannt Meese die Unpersonen und entlässt sie in die Vergangenheit. Durch die permanent wiederholte Zur-Schau-Stellung seiner Protagonisten und des eigenen Ichs trägt er zur Entindividualisierung bei. Jonathan Meese zieht sich mit seinem Werk auf eine Bastion aus Verweigerung, Utopie und Vision zurück. [...] Die kindliche Unschuld und die naiv anmutende Mission des Ritters Johnny dienen sowohl der Auflösung des bestehenden Systems als auch des eigenen Ich und letztlich dem einen Ziel: der Revolution.« [41]

29. August 2006: Performance mit Bernhard Schütz *FRÄULEIN OVERKILLI'S TANZBODEN, rattenscharf, klarmachen (DAS hermetische DUELL des NUGGET-JIM de Gong und Dr. BILLY the KIDADDY am Eagle-TAIL von Sheriff ›Marshall-DIRN‹ (nah' dem SPINNENTEAFOREST ›MAMMUTUS 1912‹))*, Deichtorhallen, Hamburg.

1. September – 14. Oktober 2006: Ausstellung *Jonathan Meese – Dr. Saint Just de Fort Knox*, Galerie Daniel Templon, Paris (Frankreich).

10. September 2006: *Dr. Colt*, Vortrag anlässlich von *Guantanamo!* (Symposium zur Ruhr-Triennale 2006), Jahrhunderthalle, Bochum.

15. September – 11. November 2006: Beteiligung an der Ausstellung *Ein Teller ELEND*, layr:wuestenhagen contemporary, Wien (Österreich).

22. September – 22. Oktober 2006: Ausstellung *Jonathan Meese, Dr. Father Brown in Sankt Maria Pfarr. Malerei. Installation,* Hospitalhof, Stuttgart.

28. September 2006: *COWBOY PETER AND SQUAW JONATHAN IN OLD TEXAS (DR. NOHORSE), MY MOTHER IS FORT KNOX*, Performance mit Peter Doig im Rahmen von dessen Ausstellung *Peter Doig: Studiofilmclub 2003–2006,* Ballroom, Marfa / Texas (USA).

30. September – 28. Oktober 2006: Ausstellung *Johnny Come Home,* Contemporary Fine Arts, Berlin.

18. Oktober 2006: Performance *DR. TOTALELDORADOZ IN DR. NO'S-ORAKEL*, Elgiz Museum of Contemporary Art, Istanbul (Türkei).

4. November 2006: Performance *Dr. No's Return*, Arario Gallery, Beijing (China).

30. November 2006: Lecture-Performance *Das TOTALE SPIEL DER KUNST sei Politik*, Columbia University, New York (USA).

1. Dezember – 23. Dezember 2006: Ausstellung *Mother* (mit Tal R), Bortolami Dayan, New York (USA).

8. Dezember 2006 – 28. Mai 2007: Beteiligung an der Ausstellung *Artists for Tichý – Tichý for Artists,* Museum Moderner Kunst – Stiftung Wörlen, Passau.

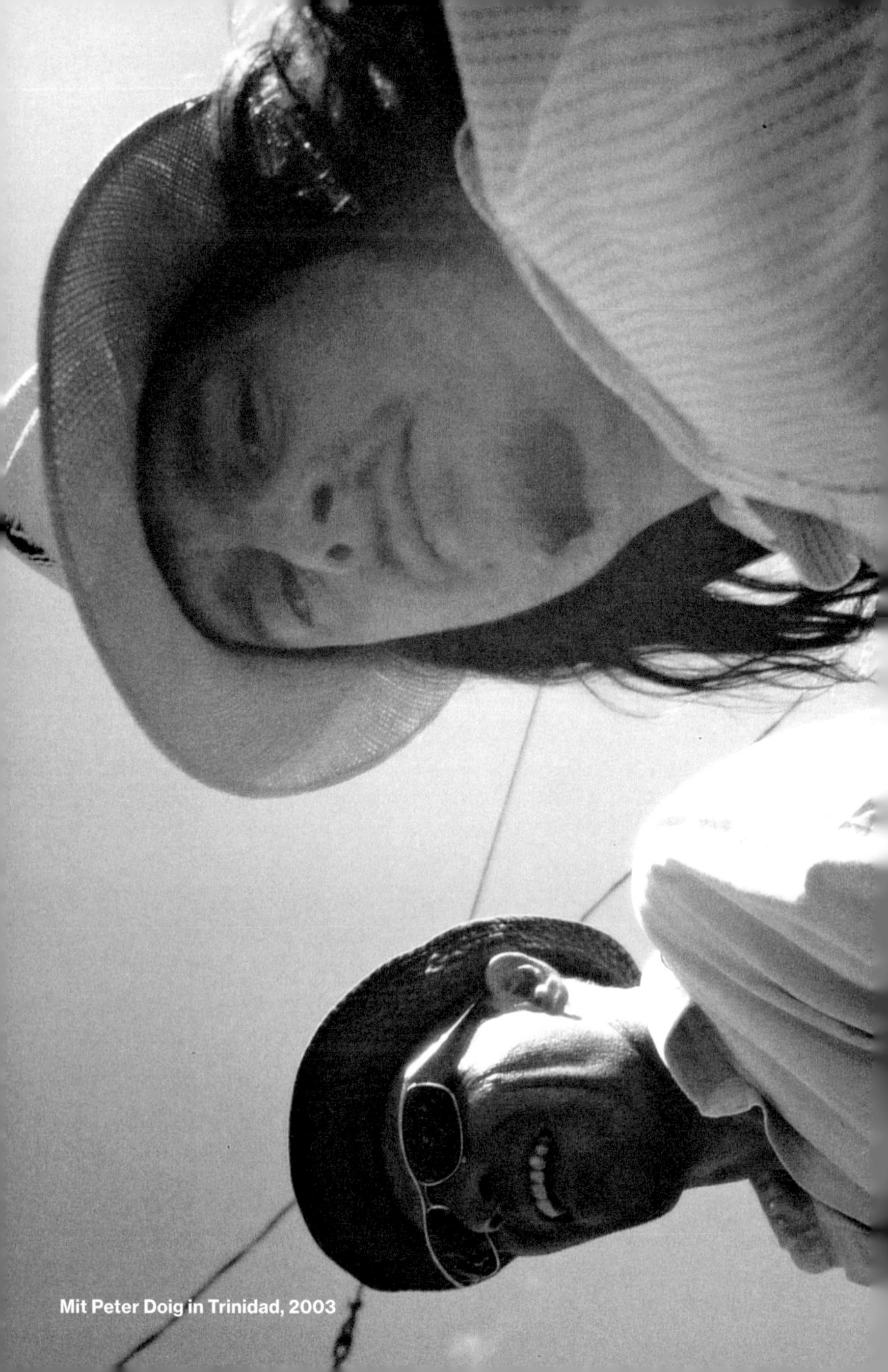

Mit Peter Doig in Trinidad, 2003

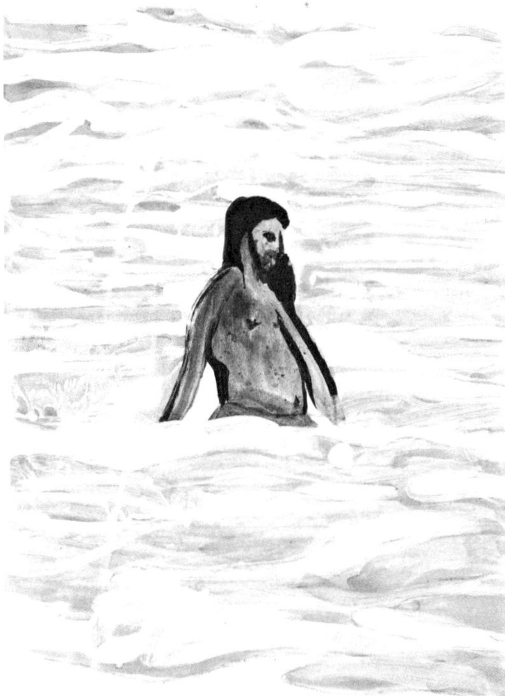

Peter Doig
J.M. at Paragon, 2003
Öl auf Papier
35,5 × 25 cm

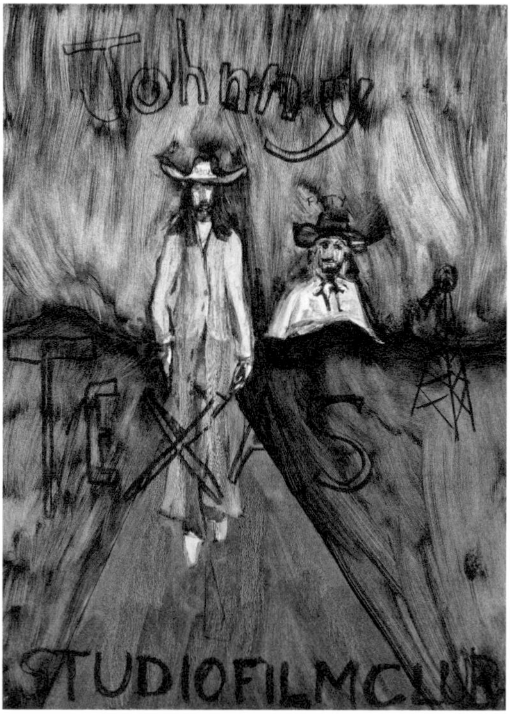

Peter Doig
Johnny Texas, 2007
Öl und Kohle auf Papier
68,5 cm × 50,5 cm

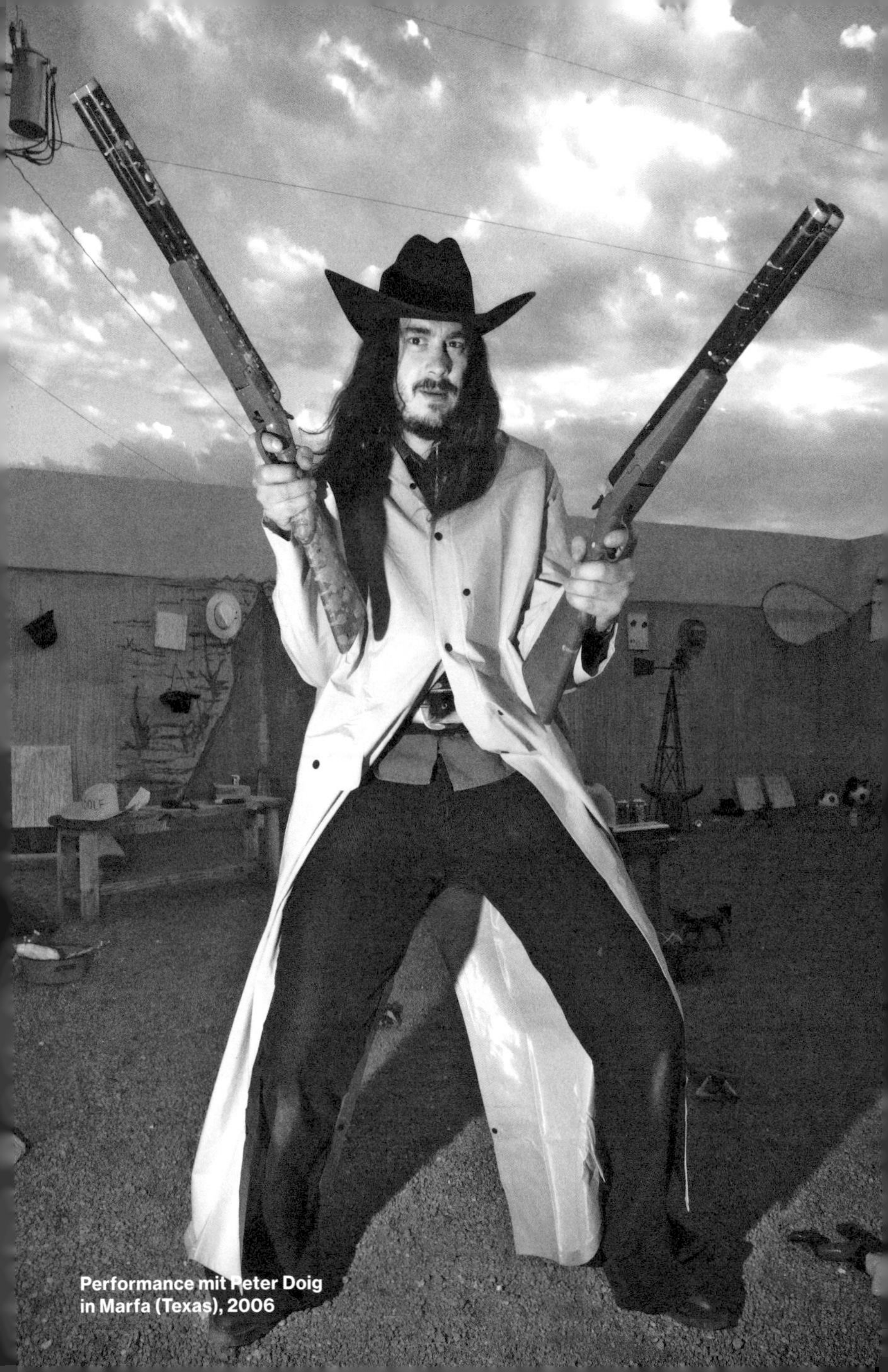

Performance mit Peter Doig
in Marfa (Texas), 2006

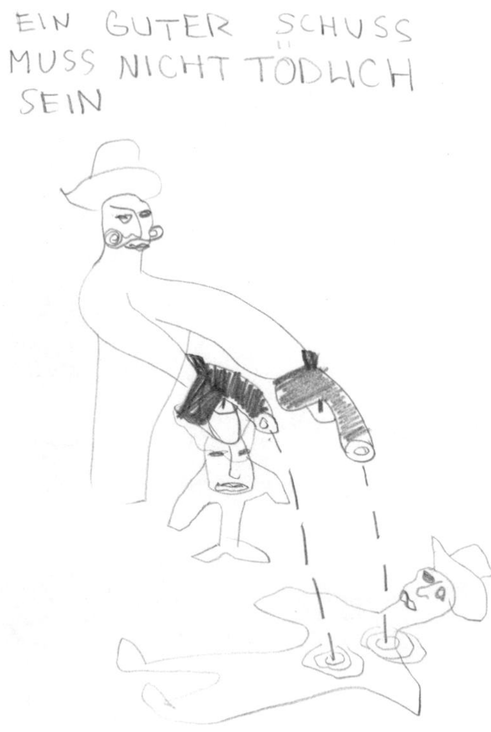

DE EARL, 1995
Bleistift auf Papier
29,7 × 21 cm

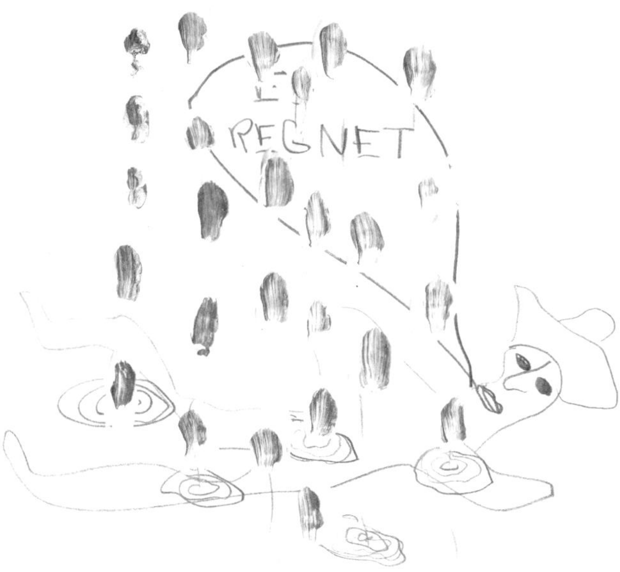

Es regnet, 1993
Mischtechnik auf Papier
29,7 × 21 cm

Hallo Joomeesi, hier ein Brief von Matthew für Dich

Liebste Grizzlinche

CFA Berlin

Von: Matthew Barney
Gesendet: Donnerstag, 15. März 2007 16:52
An: CFA Berlin
Cc:
Betreff: note for jonathan meese from matthew barney[Scanned]

GEFAXT

19. MRZ. 2007

hello jonathan, nicole, bruno, doris, all...

nice surprise to see you guys in moscow. hope you made it home in one piece.

wanted to recap a couple things jonathan and i talked about for clarity's sake. jonathan mentioned that more information would be good, so i'll try here to spell out everything i know about the 15th of april.

looking forward to seeing you in new york, matthew

*i was thinking the event would start at 5:00pm on the 15th (people invited for 5:00, first performance to start around 5:30).
*as my piece involves two animals (see description below), it would be good if i could go in the earliest slot so we can send the animals home at a reasonable hour. i'm anticipating that this performance will take about 45 minutes.
*mike rees has suggested that his piece might be quite short (5 to 10 minutes). if jonathan's piece is likely to be longer than that, it would probably make sense for rees to go second and jonathan to go third.
*so in broad strokes the timing might be something like this: barney 5:30/ rees 6:30/ meese 7:00. as these kinds of things are never on time, go ahead and do the math however you you wish.
*i will have one person taking still photos and a second person (or two) documenting the evening on video. you had mentioned that someone from berlin may be coming to new york to document jonathan's piece. of course, this would be fine, but if your plans change, the new york based photographers would be at jonathan's service during his piece.
*i am in the process of moving my studio. originally i was thinking this event would take place in my current studio in the meat packing district, but i'm now feeling like it would make sense to do this in the empty warehouse in long island city that will eventually be the studio. it's an excellent space for something like this (see attatched pictures and floor plan) 12,000 square feet, open plan/ 25foot ceilings. it has roll up gates right on the east river which frame an excellent view of midtown manhattan. it's not so far from p.s.1, near the first stop on the 7 train from manhattan midtown.

outline of barney/bepler performance:
**a demolished car sits near the middle of the space. this is the surviving car from the demolition derby from cremaster 3 film. the car is covered with a floral garland. near the car a cast petroleum jelly sarcophagus sits on the floor next to a pile of plastic plates and four knee-height containers.
**there are three snare drummers positioned in the room.
**a rollup door opens, and a single "preparation" character enters (barney performs this character). this character has a live dog draped over his head, and carries the tool used by the egyptians in the 'opening of the mouth' funerary ceremony.
**the character approaches the objects at the center of the room and pushes two of the plastic plates into the vaseline sarcophagus. he takes four parts from the car and places them into the four containers on the floor. he lowers the "opening of the mouth" tool into the car, then stands near the sarcophagus.
**the rollup doors open again and a procession enters the space. a bull is lead by six musicians, two dancers, and two handlers. the bull is covered with a floral garland, and wears a circular, plastic dish between his gilded horns.
**the musicians and handlers escort the bull in a wandering path around the space, while the dancers approach the sarcophagus directly. the dancers wear no clothing, but are hooded and have gilded extensions from their fingers and toes.
**the dancers step up to the plastic plates which are standing upright in the petroleum jelly casting. they bend backward over the plates and hold this contorted,

static position as the bull is lead around the space.
**as the bull procession approaches the back of the car, the two dancers urinate into the air. the bull is brought up to to a mangled form of metal which extends out from the demolished car's rear chassis.

the bull is lead closer to the car as the "preparation character" steps forward from the sarcophagus. the now aroused bull mounts the back of the car as the "preparation character" guides his penis into the exposed fuel tank.
**as the bull dismounts the car, the dancers dismount the plates. all performers join the bull and his handlers as they walk out of the space through the same rollup door they entered.

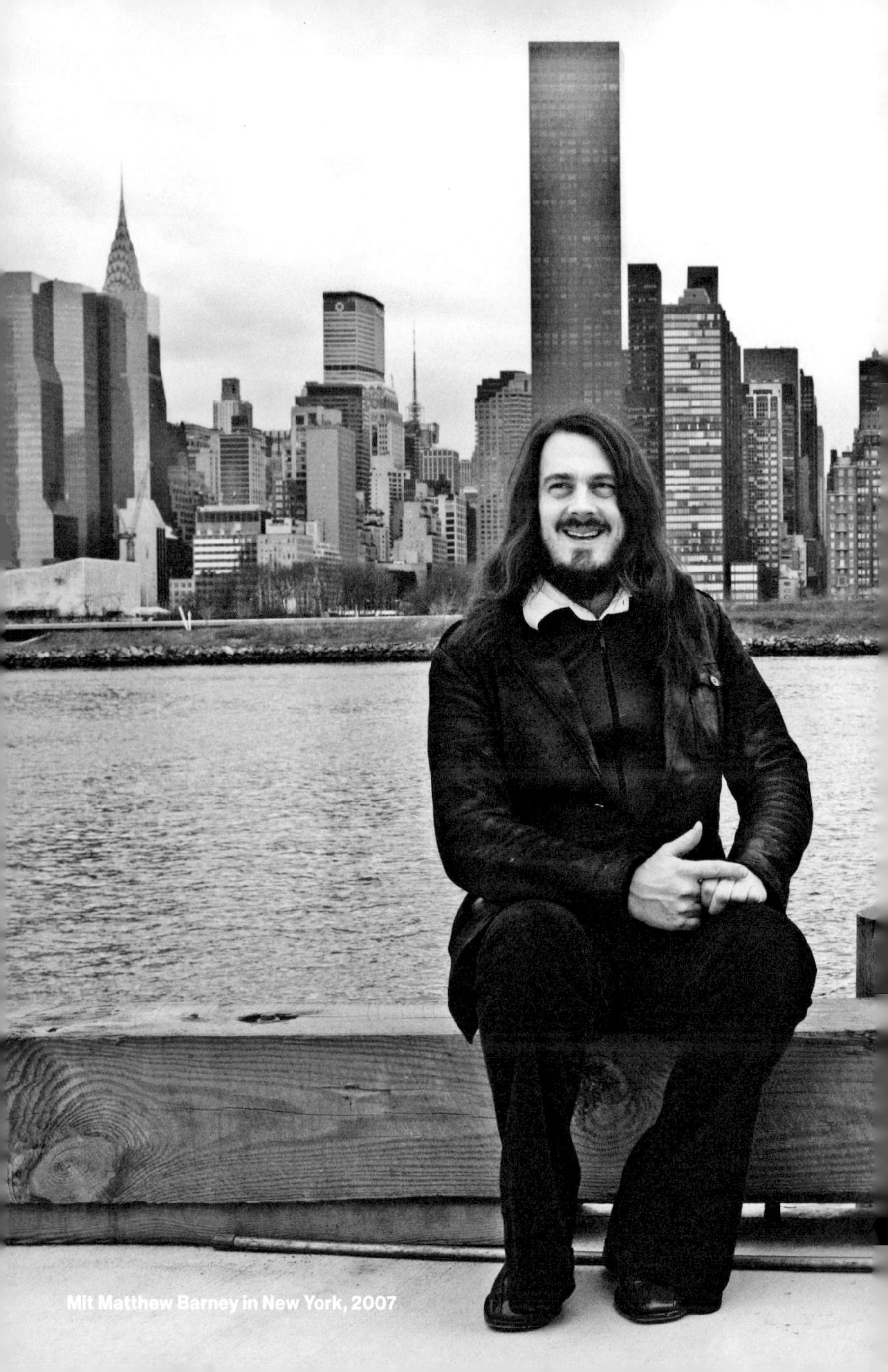

Mit Matthew Barney in New York, 2007

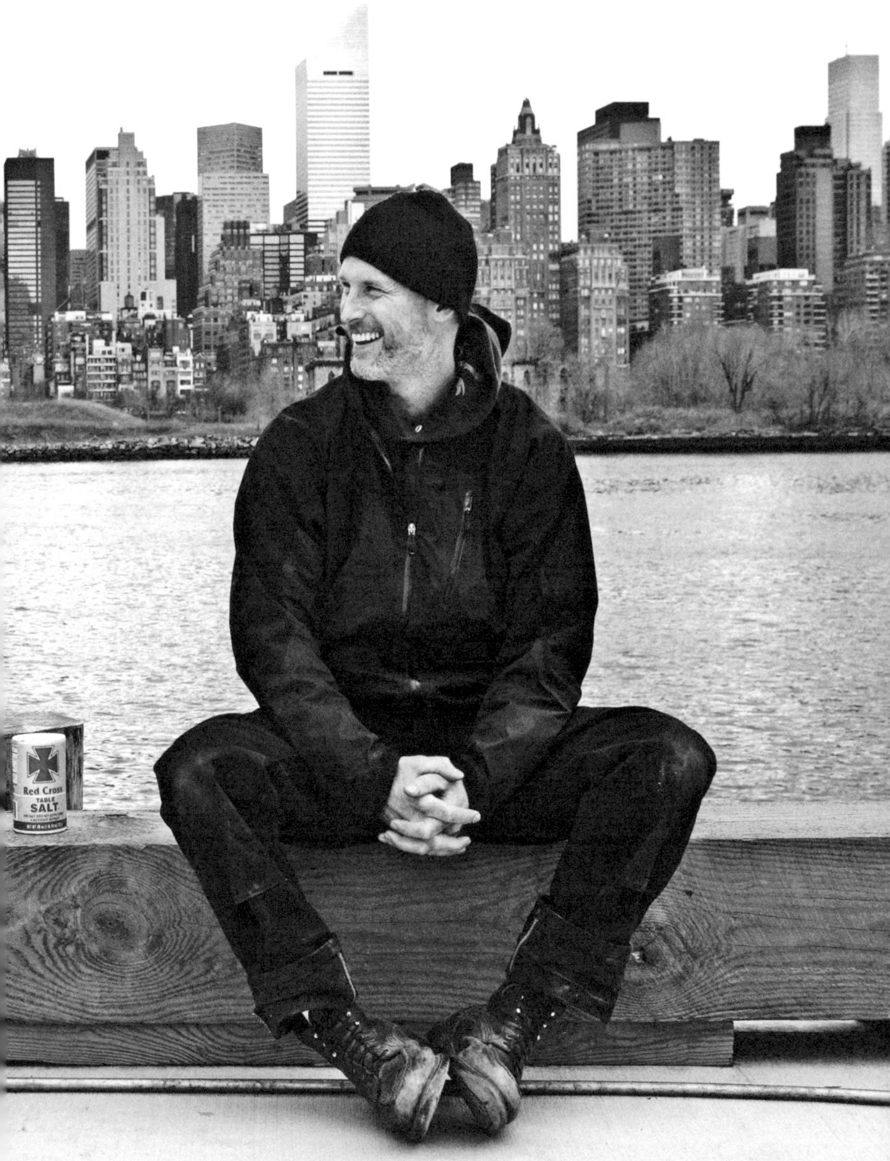
Red Cross
TABLE
SALT

SAALRÄUMUNG: FAUSTPFAND

24. Januar 2007: Premiere *De Frau (Dr. Poundaddylein – Dr. Ezodysseusszeusuzur)*, Stück mit Kathrin Angerer, Silvia Rieger, Jeanette Spassova, Frank Büttner, Henning Nass, Bernhard Schütz, Axel Wandtke, Volksbühne, Berlin.

Als ich De Frau *gemacht habe, kamen auch die Befindlichkeiten von acht Schauspielern auf die Bühne, aber ich habe mich da völlig zurückgenommen – eigentlich bei allem, weil es mir immer um was anderes geht. Bei der Aktion* De Frau *ging es um das freie Spiel der Kräfte. Da hat jeder Schauspieler seine eigene Verantwortung zu tragen und muss halt so loslegen, wie es sich an ihm abspielt. Kunst ist kein Gruppenzwang. Deshalb kann ich bei vielen Sachen dann von einer Idee ablassen und sagen, dass sie mir doch nicht so wichtig sei, weil ich es dann ja letztlich selber bringen will und muss.* De Frau *hätte man immer wieder spielen müssen, dann wäre es zu einem wesentlichen, neuen Evolutionsschritt gekommen, aber nach mehrfacher Aufführung war Schluss. Obwohl es gerade im Begriff war, sehr geil zu werden, einfach sehr, sehr geil. Die Befindlichkeiten gingen nach und nach baden und es wurde zusehends freier aufgespielt. Die Bühne stürmte sich selbst, fertig war die Laube. Darum ging es. Man hätte das noch weiter durchziehen können, durchziehen müssen. In den jeweiligen Aufführungen kam es zum Teil ja zu ganz evolutionären und instinktiven Abläufen – bei allen beteiligten Schauspielern, insbesondere mit Bernhard Schütz, den ich ja schon von den gemeinsamen Aktionen in den Deichtorhallen kannte. Bernhard wusste ja schon, worum es in der Kunst geht: einfach loslegen und spielen. Ich kann ziemlich schnell herausfinden, ob die Leute, mit denen ich arbeite, kunstfähig sind oder nicht. Bei Martin Wuttke zum Beispiel konnte ich auch sofort merken, dass das, was der bei Performances macht, Kunst ist. Manche Schauspielenden sind dann doch eher mehr oder weniger Theater. Die fallen oft in diese Muster des Repertoires zurück, aber das hat mit Kunst nichts zu tun. Kunst ist Spielen, frei von der Leber weg, frei Schnauze. Das Festhalten am Text ist okay, aber das muss man dann anders bringen oder brechen: Man kann nicht jeden Abend das dressierte Hündchen geben. Das ist Kultur, das ist falsch, das ist keine Kunst. Wenn die Schauspielenden es einfach mal passieren oder einfach mal laufen lassen, dann merke ich sofort, dass das evolutionär ist. Vielleicht ist das Theater aber auch einfach nicht das Geilste, vielleicht reicht Theater nicht, vielleicht ist es in sich schon zu schwach? Das ist ja auch das, was Erwin [Kneihsl] mir einmal sagte, dass das Theater an sich schon ein Kompromiss sei und schon allein deshalb nicht funktionieren könne. Kompromisse haben in der Kunst tatsächlich nichts zu suchen.*

31. Januar 2007: Lecture-Performance *DR. PHIBESAINT JUST'S THEATER DES SAALGRAUENS (PROPAGANDICK UND PROPAGANDOOF auf großer Fahrt IN die WEHRHERMETIK) WIE? WANN? WARUM?*, Hochschule für bildende Kunst, Hamburg.

11. Februar – 28. Mai 2007: Beteiligung an der Ausstellung *Die Macht des Dinglichen – SKULPTUR HEUTE!*, Georg Kolbe Museum, Berlin.

Frühjahr 2007: Lecture-Performance *Dr. BALLETTANZ im STAATSVULKAN (Tradition + Natur + Demut sei ERZREVOLUTION im Namen von Dr. PHIBESAINT-JUST, s.v.p.)*, Schauspiel Essen, Essen.

31. März – 9. April 2007: *Jonathan Meese – ›Dr. Mumin in Love‹*, Präsentation von Skulpturen anlässlich des Gastspiels der *Meistersinger* im Foyer des Det Kongelige Teater in Kopenhagen und eine Großinstallation mit Malerei und Skulpturen im Louisiana Museum, Humlebæk (Dänemark).

15. April 2007: Performance *DIKTATUR DER KUNST (TOTAL WUTHERING HEIGHTS OF JAPANESE MUMINS), then ANIMALBABYREVOLUTION, Performance,* Studio Matthew Barney, New York (USA).

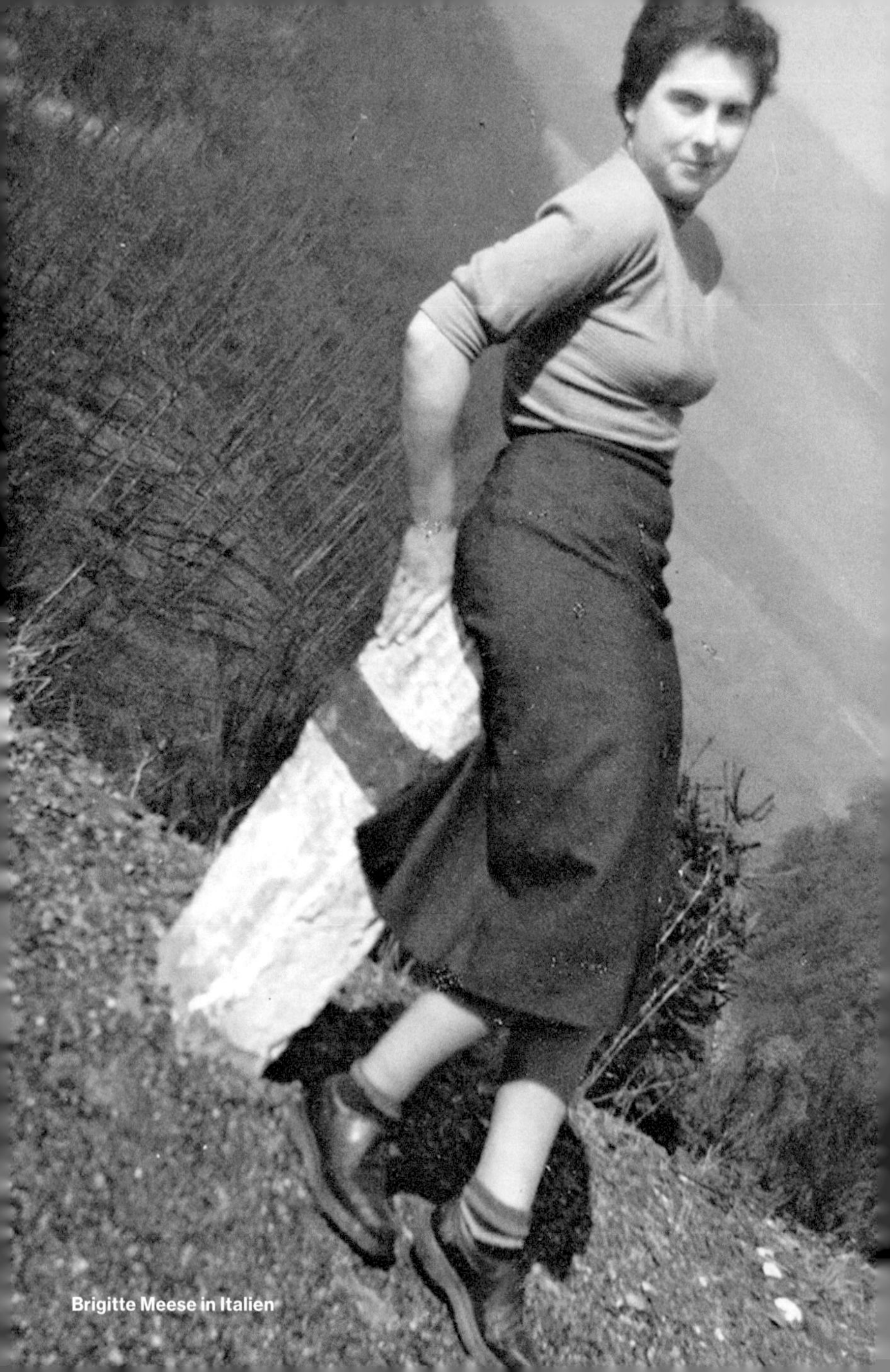

Brigitte Meese in Italien

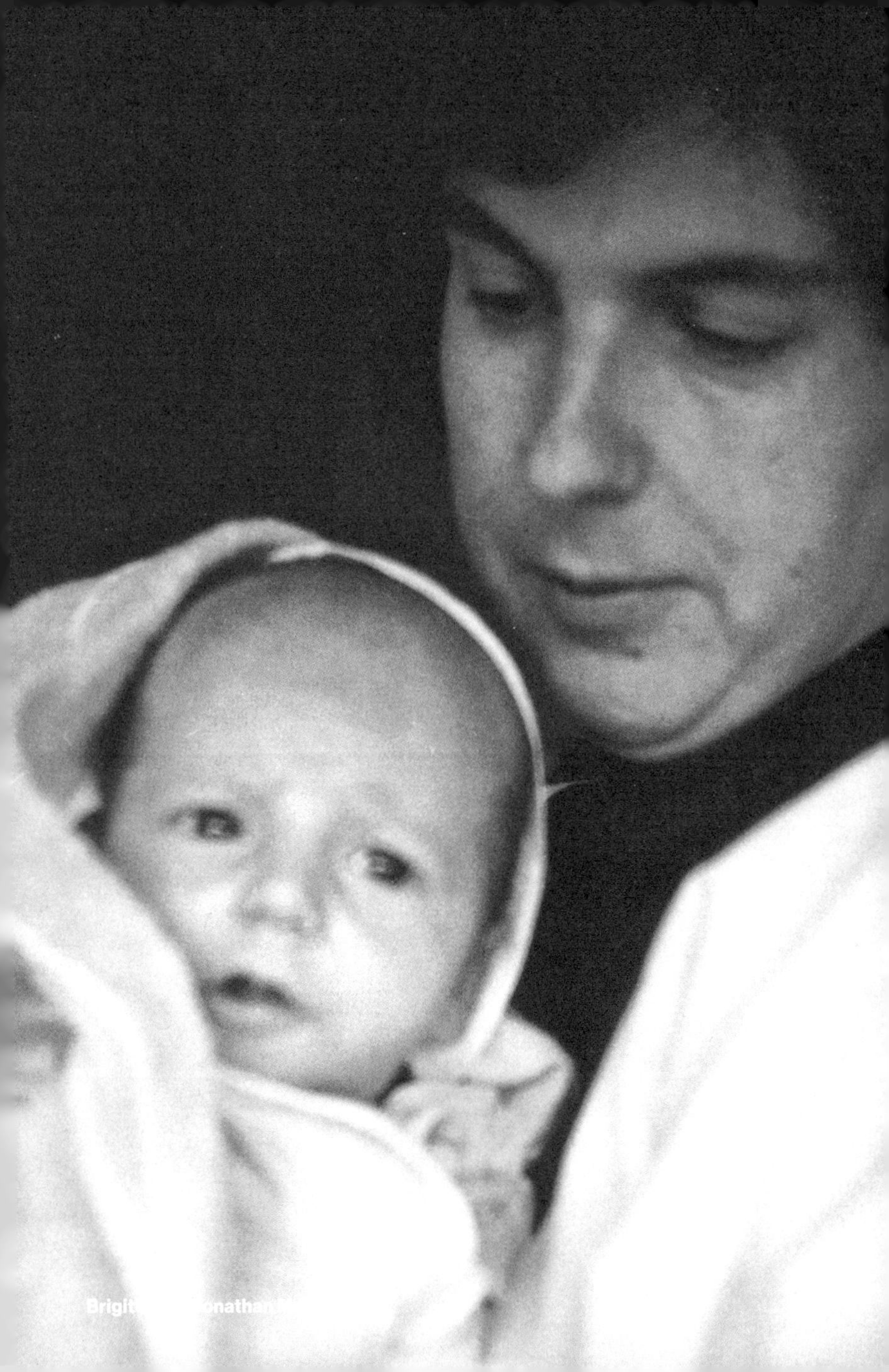

Brigit[illegible] Jonathan [illegible]

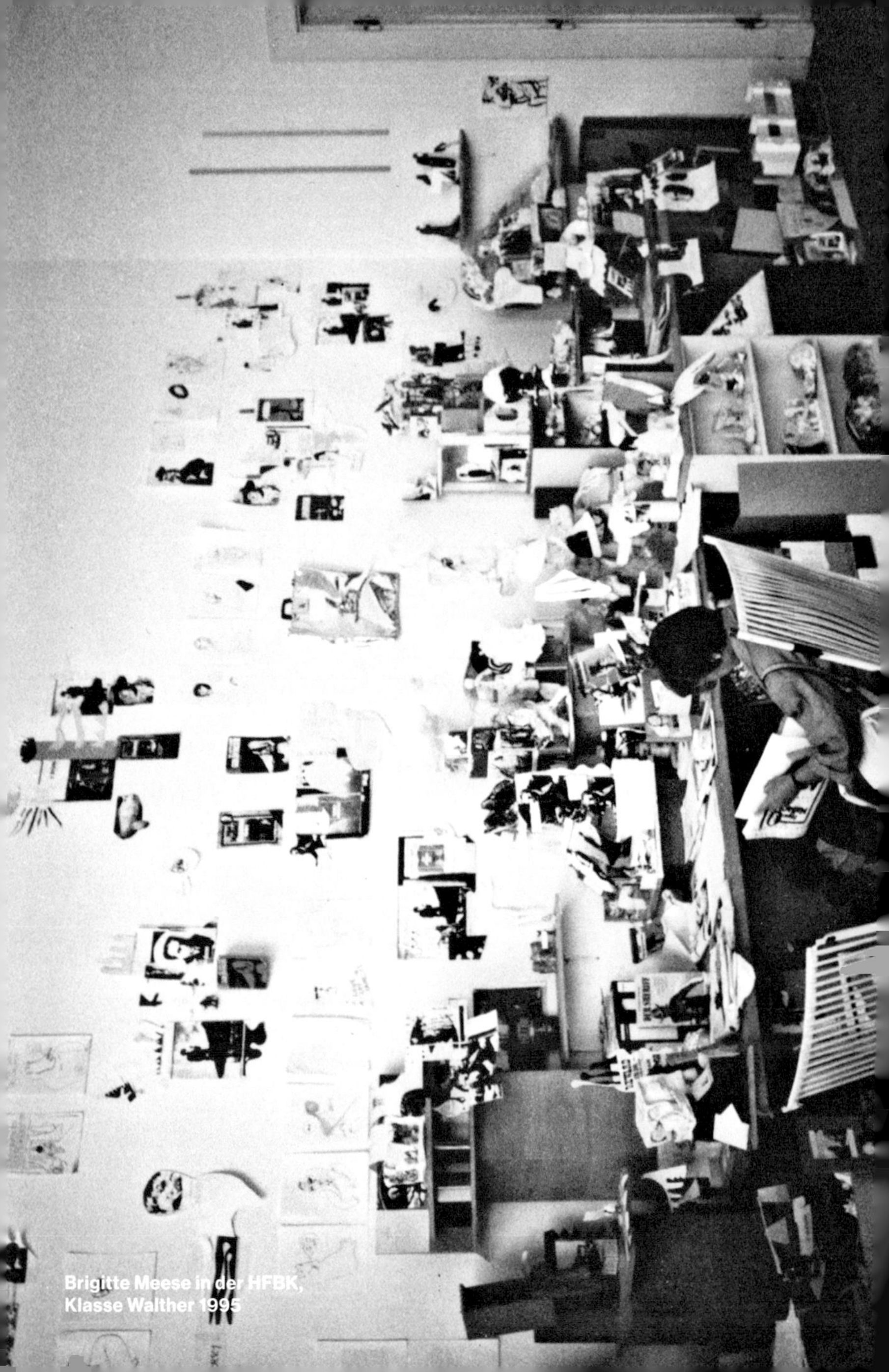

Brigitte Meese in der HFBK,
Klasse Walther 1995

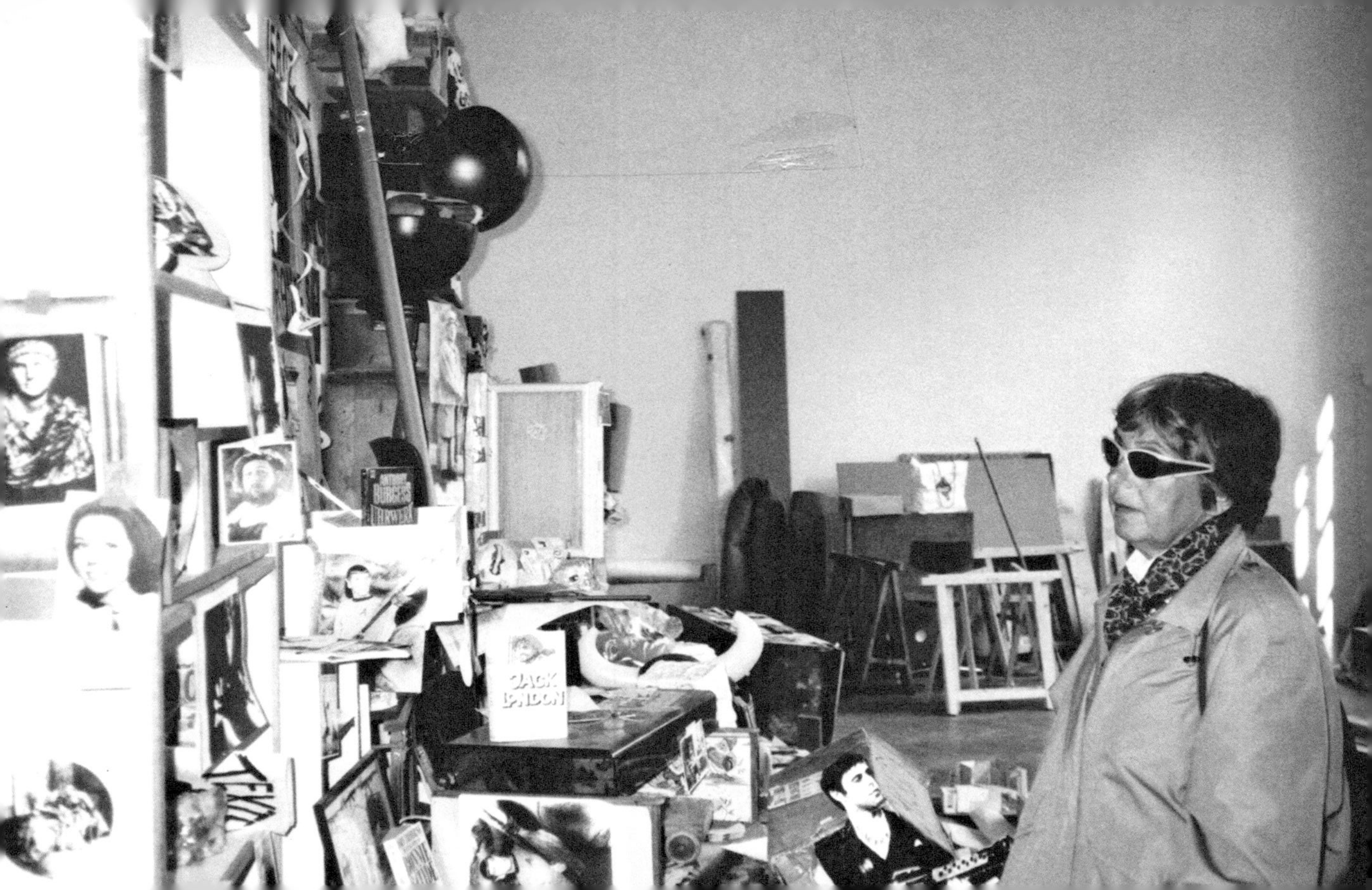
JACK LONDON

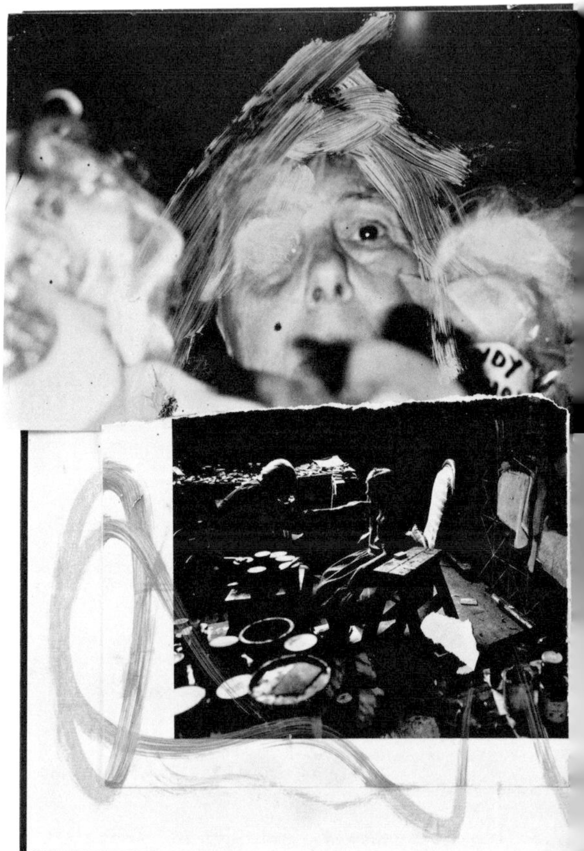

Ohne Titel (Balthus)
Künstlerbuch, 65 Seiten, Collage, Zeichnung, Fotos, Malerei
36,4 × 28,5 × 5,2 cm

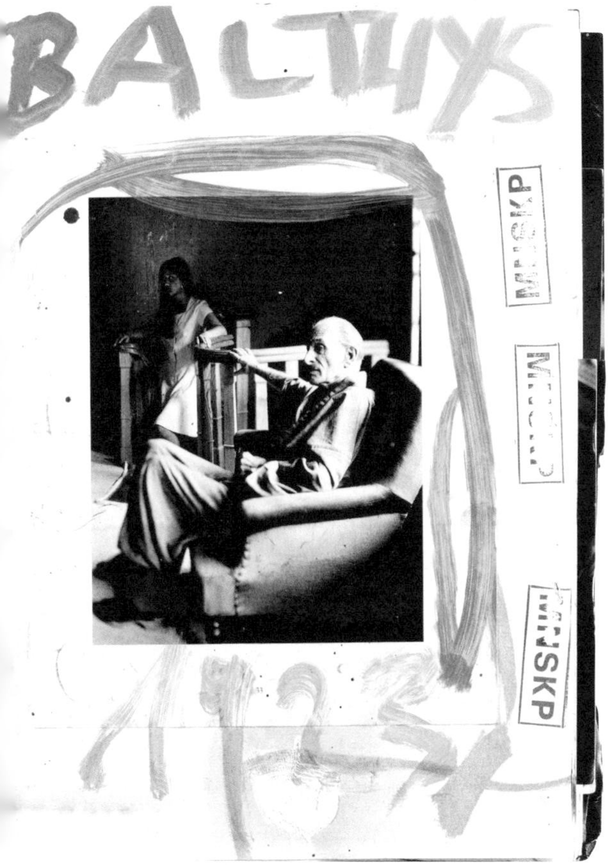
MMSKP
MMSKP

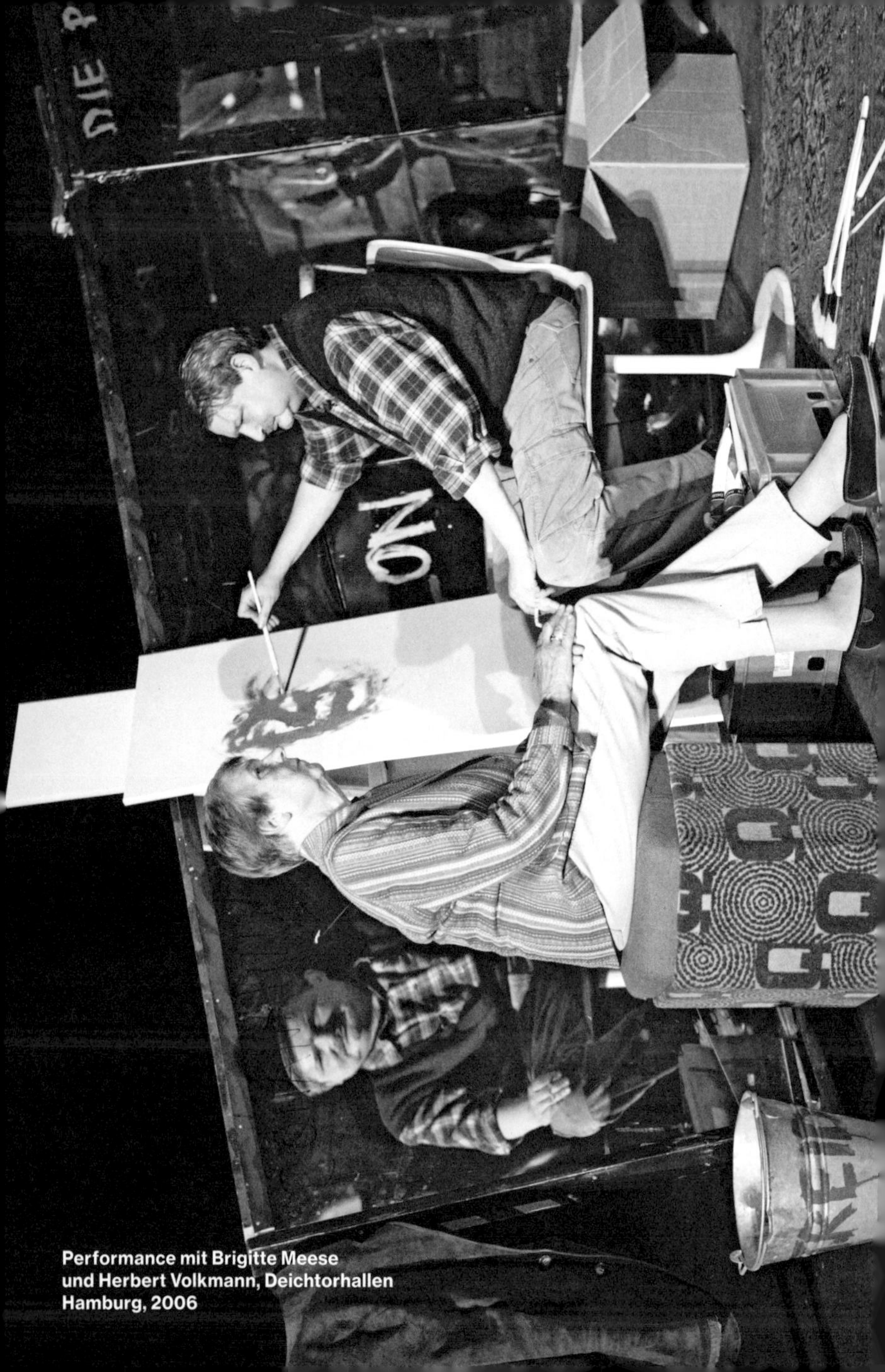

Performance mit Brigitte Meese
und Herbert Volkmann, Deichtorhallen
Hamburg, 2006

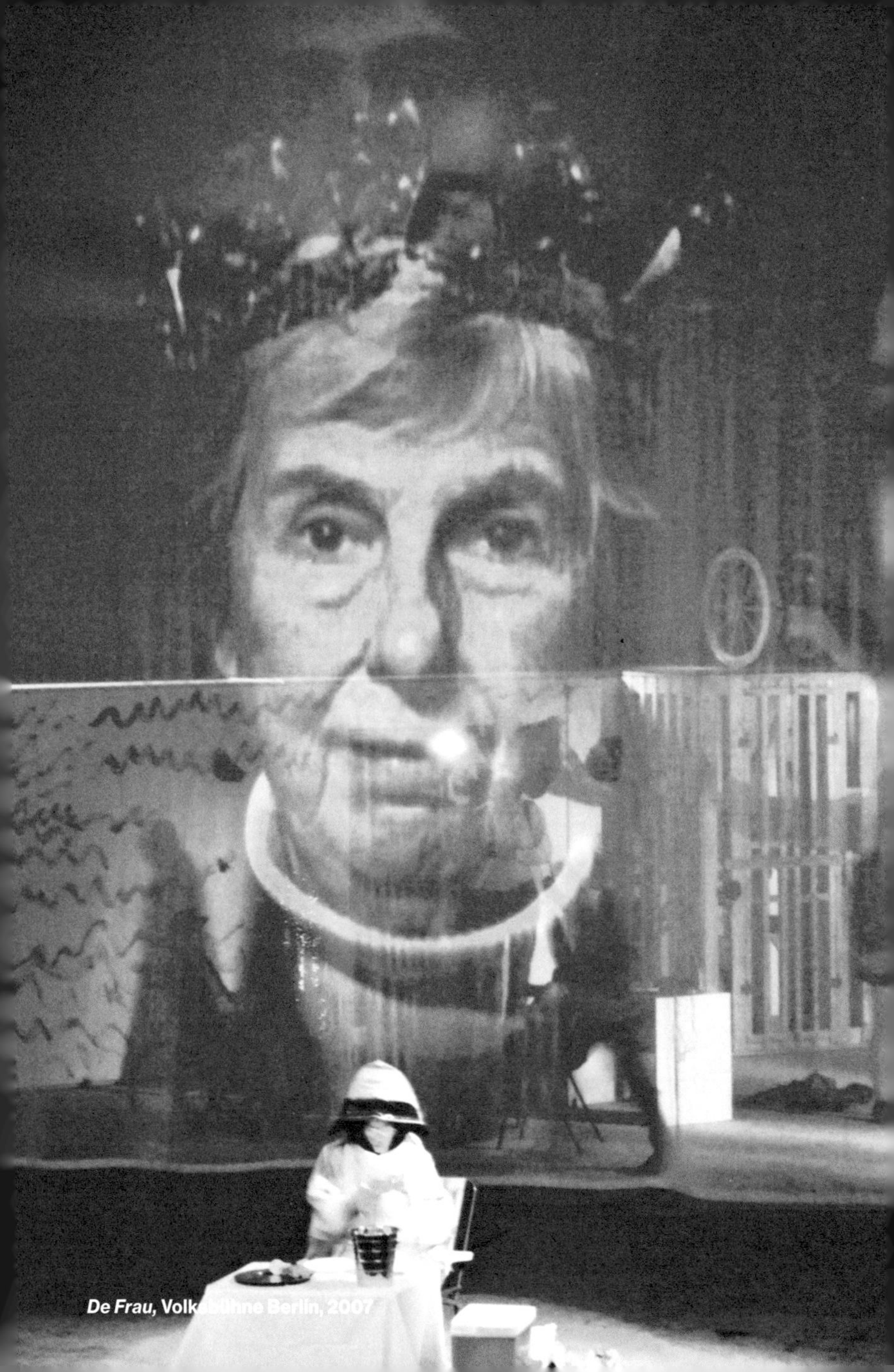

De Frau, Volksbühne Berlin, 2007

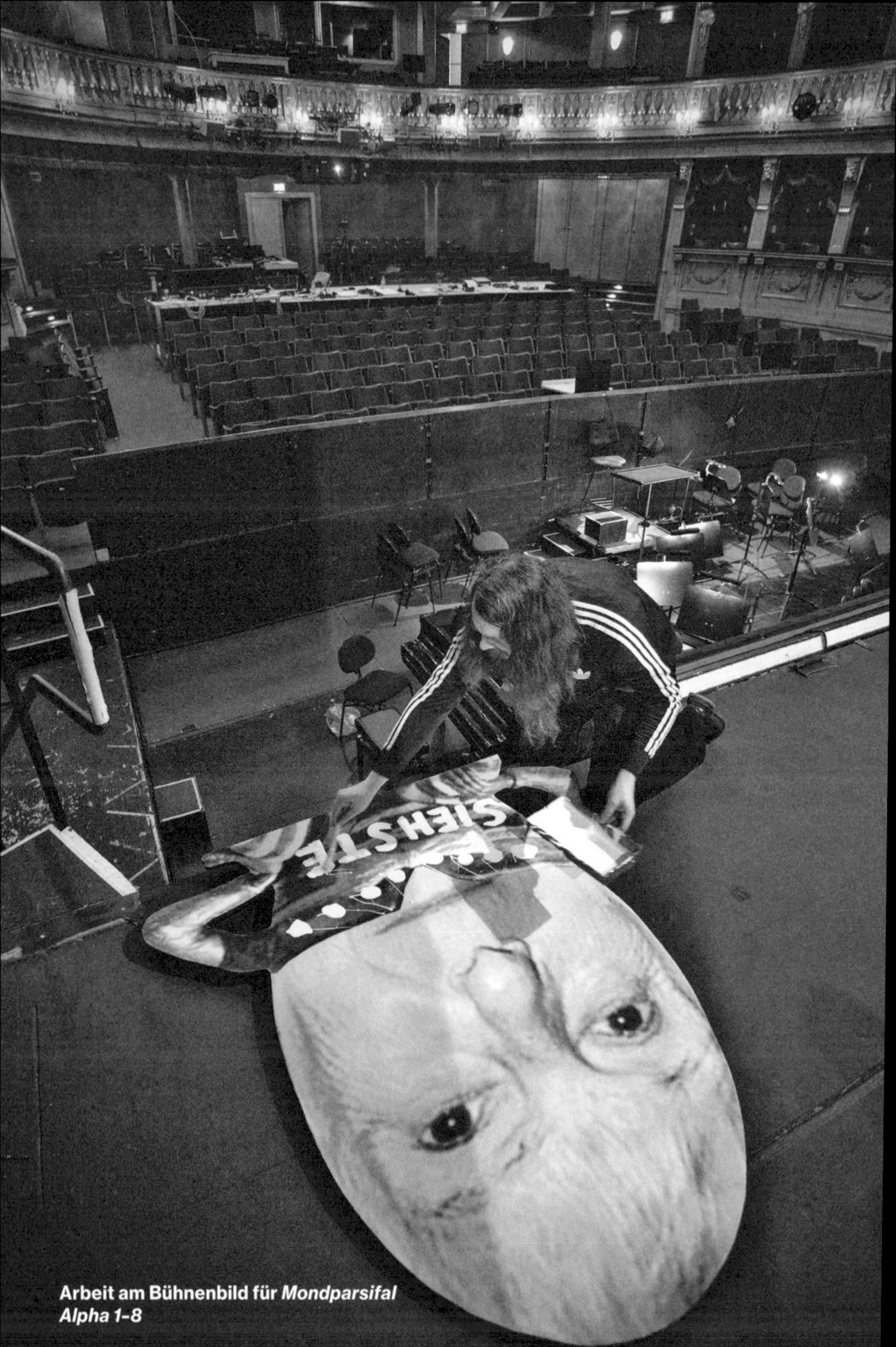

Arbeit am Bühnenbild für *Mondparsifal Alpha 1–8*

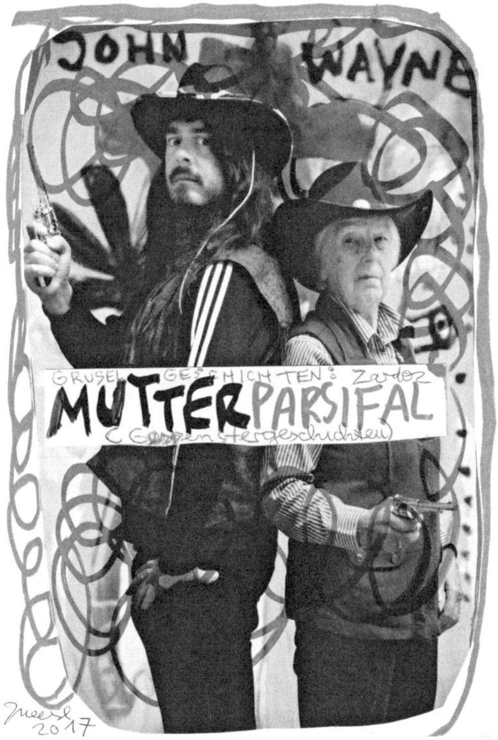

Dr. JOHN-MONDPARSIFAL-
SONCLAIREX-SERIE, 2017
Collage, Foto,
Permanentmarker auf Papier
29,7 × 21 cm

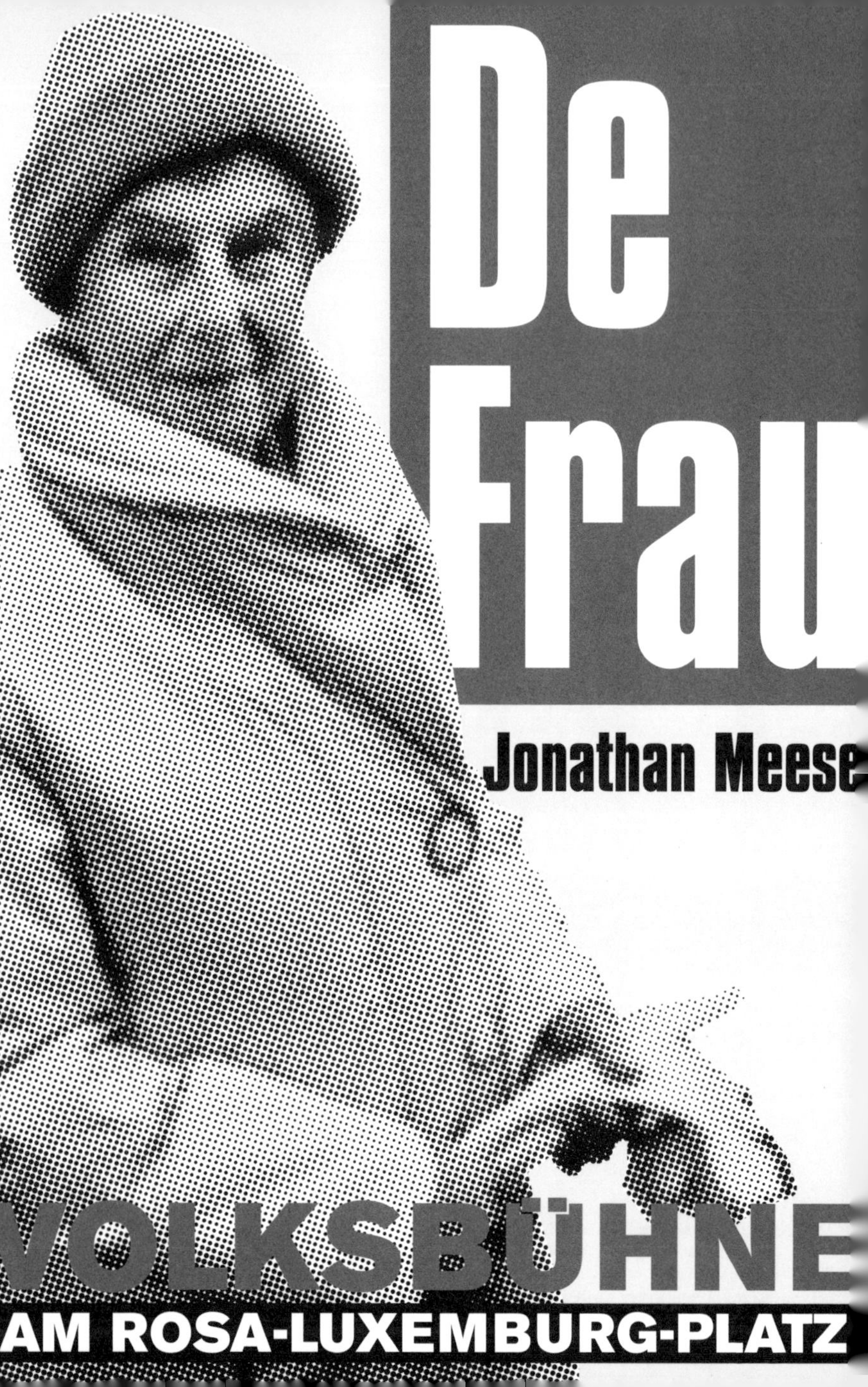
De
Frau
Jonathan Meese
VOLKSBÜHNE
AM ROSA-LUXEMBURG-PLATZ

①

BÜHNENBILD für

"DE FRAU"

(DR. POUNDADDYLEIN)

UNTERTITEL:
ERZSCHACH der TYRANNIN
(DR. EZODYSSZEUSUZUR)

Das BÜHNENBILD SEI EINE DREHBÜHNE bestehend aus einem Kreuz aus 12 fahrbaren Wänden:

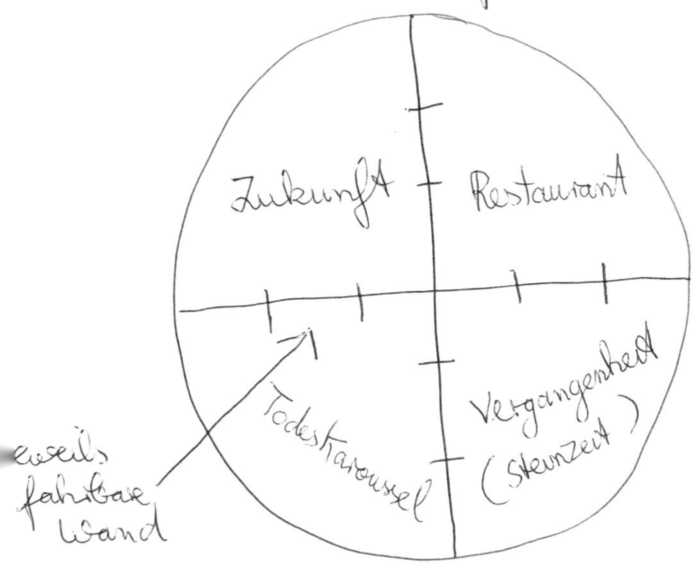

Montag 11.12.06

DR. Proben für "De Frau"

Dienstag 12.12.06: 15⁰⁰ – 19⁰⁰ Uhr

Kostüme anzehen: ~~2 Gruppen~~ 15⁰⁰ – 17⁰⁰ / 17⁰⁰ – 19⁰⁰

Mittwoch ~~9⁰⁰ Henry SMART~~ 13³⁰ — 17⁰⁰ Uhr

2 Gruppen 13³⁰ – 15⁰⁰ Uhr / 15⁰⁰ Uhr – 17⁰⁰

Donnerstag 14⁰⁰ – 17⁰⁰ Uhr
Alle

Freitag 11⁰⁰ Uhr – 14⁰⁰ Uhr
Alle

Alles ohne

Gewähr,

also ungefähr,

Alles Liebe, Jonathan

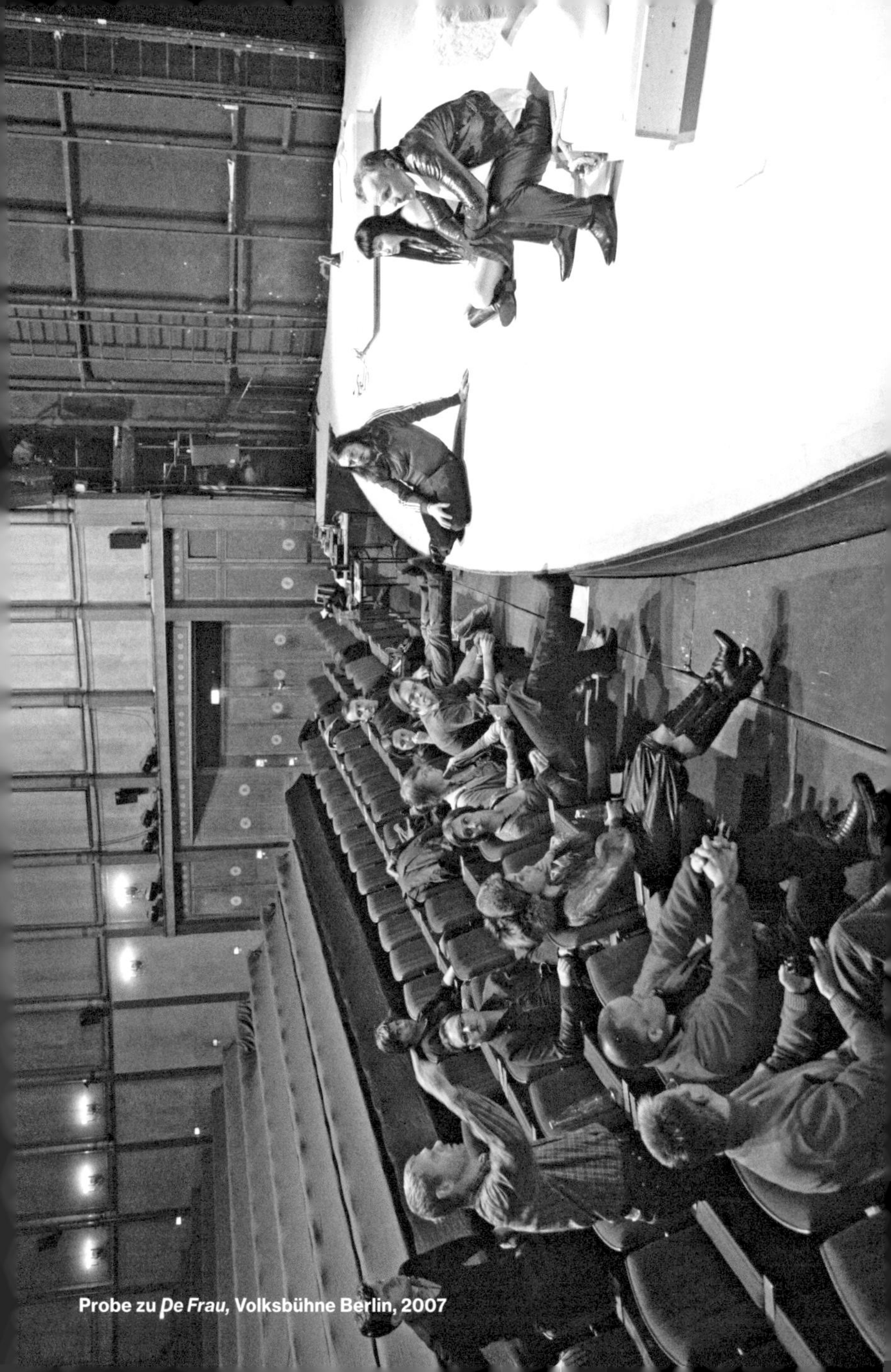

Probe zu *Ꝓe Frau*, Volksbühne Berlin, 2007

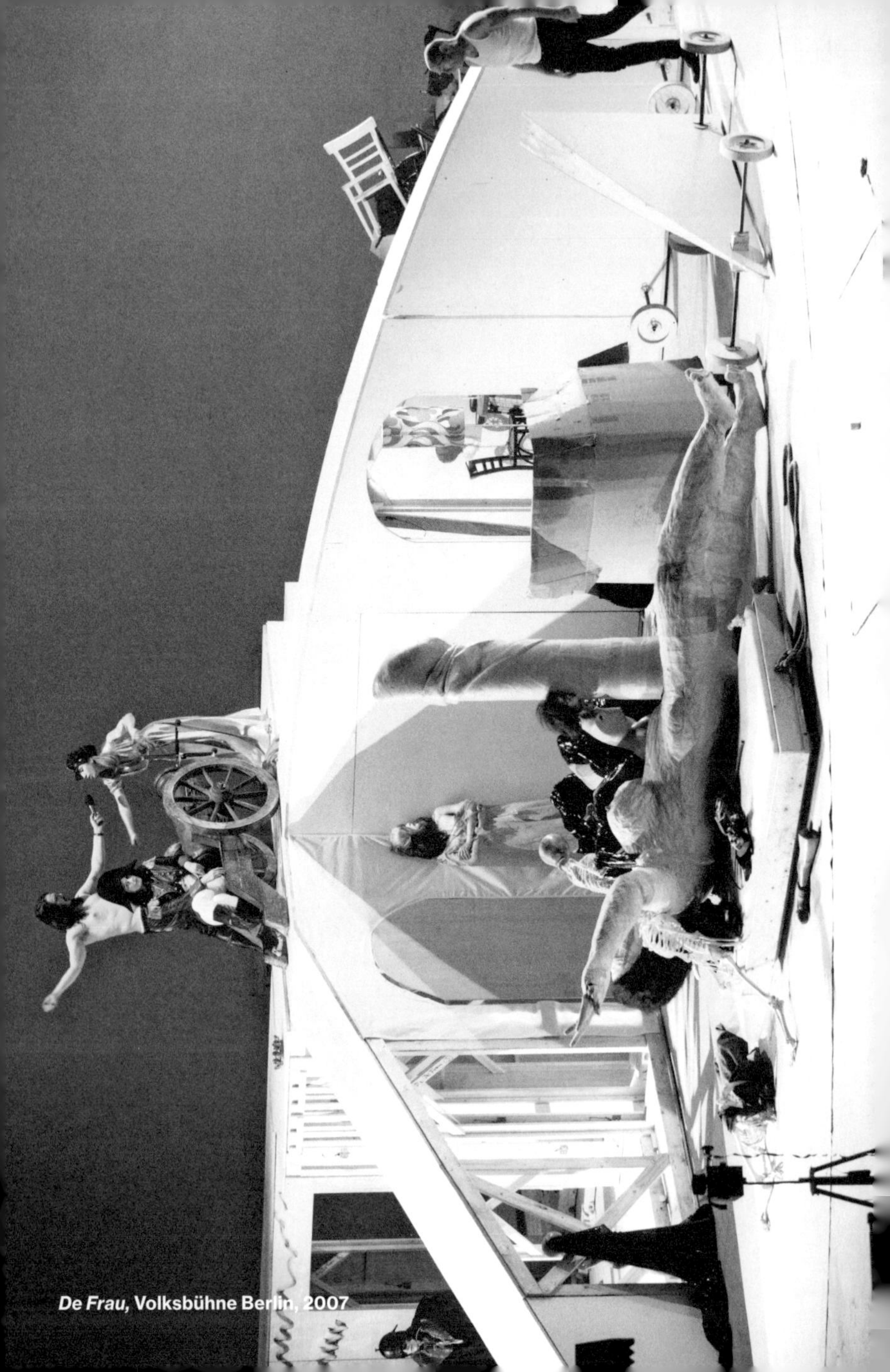

De Frau, Volksbühne Berlin, 2007

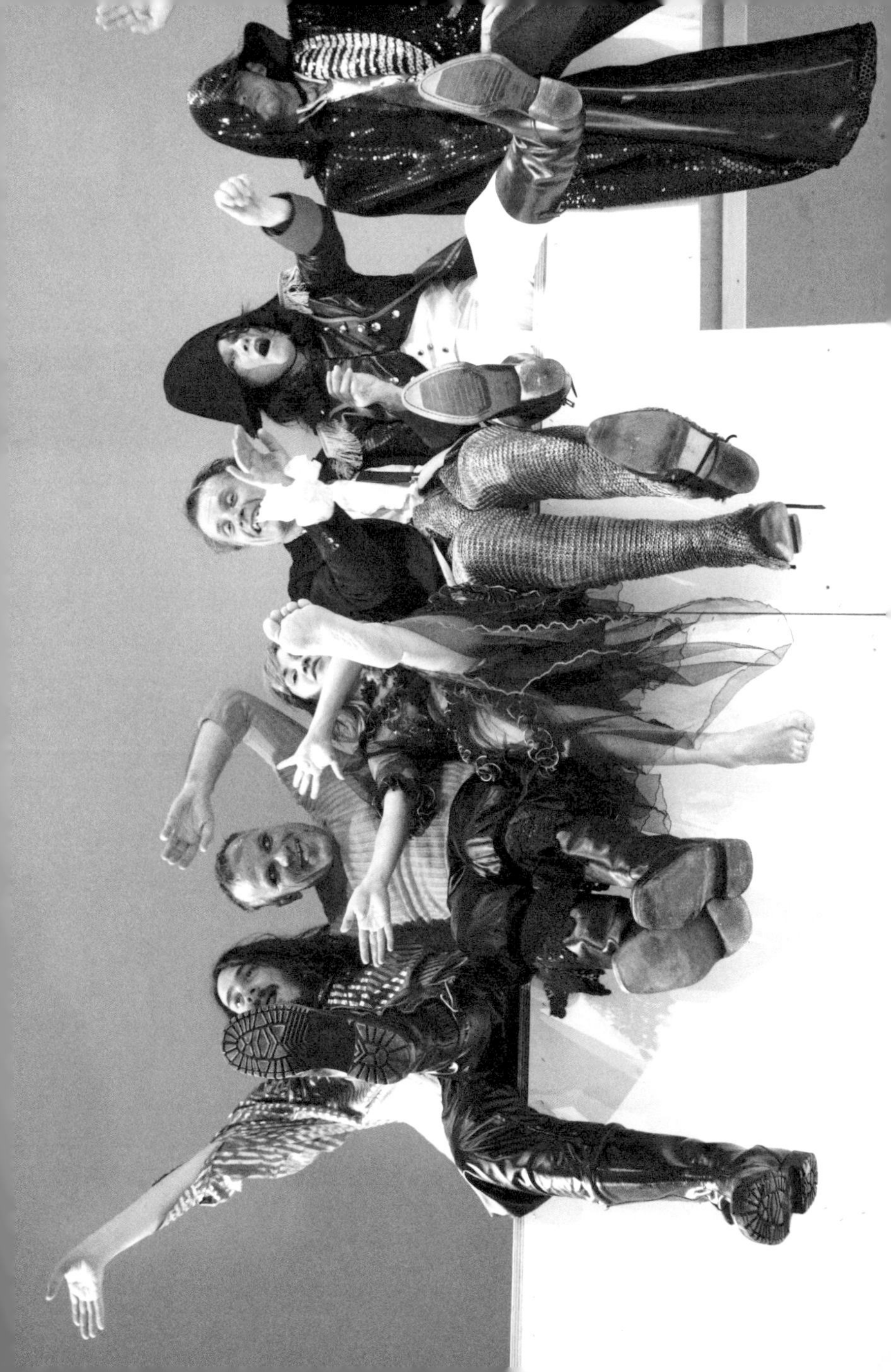

21. April – 2. Juni 2007: *Napoleon,* Galerie Daniel Blau, München.

26. April – 3. September 2007: Beteiligung an der Ausstellung *The Believers,* MASS MoCA Massachusetts Museum of Contemporary Art, Massachusetts (USA).

9. Mai – 22. Juli 2007: Ausstellung *SEI LIEB, MUMIN. (TANZ DE DEPUTY),* Staatliche Kunsthalle Karlsruhe, Karlsruhe.

12. Mai – 21. Juli 2007: Beteiligung an der Ausstellung *Mythos. Matrix des Weltbildes,* Upstairs Berlin, Berlin.

15. Mai – 31. August 2007: Ausstellung *Jonathan Meese. Das Gruselkabinett des Dr. Erzmarx (Der Getreidedaddy),* Museum Karl-Marx-Haus, Trier.

25. Mai – 19. August 2007: Ausstellung *JONATHAN ROCKFORD (DON'T CALL ME BACK, PLEASE),* De Appel Arts Centre, Amsterdam (Niederlande).
25. Mai 2007: Performance *JONATHAN ROCKFORD (DON'T CALL ME BACK, PLEASE)* zur Eröffnung.

Im Juni 2007 wechselt die Kunsthistorikerin Doris Mampe von CFA, wo sie neben Meese auch Raymond Pettibon und Albert Oehlen betreut hatte, als Studioleiterin ins Atelier von Jonathan Meese. Fortan werden sämtliche Arbeiten, die zuvor in der Galerie erledigt worden waren, in Eigenregie und -verantwortung vom Studio selbst gemanagt. Mampe treibt die Professionalisierung des Studios durch den Aufbau eines regelrechten Atelierbetriebes rasch voran: Sie sucht und findet mit dem Pumpwerk, das 2010 gekauft und umgebaut wird, geeignete Räume, initiiert Archive, führt vorhandene fort, baut Kontakte zu internationalen Galerien, Kuratoren und Sammlern auf, pflegt und festigt diese. Sie stößt Ausstellungen an, entwickelt Strategien und schreibt Texte – insbesondere zur Malerei von Meese, die sie bis heute für weitgehend missverstanden hält. Doris Mampe ist im internen »Kosmos Meese« eine der Schlüsselfiguren, die ihm alles Organisatorische und Unkünstlerische abnimmt und ihn im Betrieb positioniert.

Mit der Inbetriebnahme des Pumpwerks 2010 gab es eine künstlerische und administrative Zusammenballung aller notwendigen Aktivitäten an einem Ort. Das Pumpwerk wurde zu meiner Kommandozentrale, zum Hauptquartier der Kunst. Eine neue Kunst-Familie entstand, die sowohl im Privathaus in Mitte als auch im Pumpi arbeitet. In diesem Zeitraum entwickelte sich eine für die Zukunft notwendige Unabhängigkeit, Eigenverantwortung und Konzentration. Das kleine familiäre Team bestehend aus Brigitte, David, Doris, Jan, Marion, Mathilde, Stephan und Susan ist essentiell für das Funktionieren und Gelingen jeder Kunstaktivität. Meine Galeristen sind wie Satelliten und unterstützen uns im Spiel der Kunst.

7. Juni 2007: Performance *REVOLUTIONSGOTTKIND NEMEESELISISYS (das LIEBLINGSSTOFFTIER ›NONNIE‹)* im Rahmen der Veranstaltungsreihe *Ausweitung der Kunstzone. Interart Studies – Neue Perspektiven der Kunstwissenschaften,* mit anschließender Podiumsdiskussion zum Thema *Monster und geniale Parasiten. Hybride Energien im Theater der Gegenwart,* Freie Universität Berlin, Berlin.

8. – 29. Juni 2007: Ausstellung *DE ZEUZ – DEINE GETREIDEGÖTTIN = ERNTELICHT AUS FLEISCH, dieses geometrische EI UND ERZTIERKIND AUS WALDBEEREN UND DE PHARISÄER SCHAU aus MILCH. (Das Bermudadreieck lebt),* Trinitatiskirche, Köln.

9. Juni – 9. September 2007: Beteiligung an der Ausstellung *Looking Up,* Galeria Mário Sequeira, Braga (Portugal).

12. August – 18. November 2007: Ausstellung *Gundling Meese Erzstaat,* Schloss Neuhardenberg, Neuhardenberg.

14. – 17. August 2007: Theaterstück *Erkundungen für die Präzisierung des Gefühls für einen Aufstand* von Rolf Dieter Brinkmann, Regie: Martin Wuttke, Bühne: Jonathan Meese, mit Kathrin Angerer, Jonathan Meese, Bernhard Schütz, Volker Spengler, Lilith Stangenberg und Martin Wuttke, Schloss Neuhardenberg, Neuhardenberg.

20. September 2007 – 3. Februar 2008: Ausstellung *FRÄULEIN ATLANTIS,* Essl Museum, Klosterneuburg / Wien (Österreich).
20. September 2007: Performance *FRÄULEIN ATLANTIS* zur Eröffnung.

21. September – 9. November 2007: Ausstellung *DON'T CALL US, WE CALL YOU,* Galerie Krinzinger, Wien (Österreich).

26. Oktober – 7. Dezember 2007: Ausstellung *MARQUIS de SCHNURRKUSS ›MILCHMÄDCH‹ MEESIE (BABY-BOUNCER) DIE ULTRAGROSSEN ABENTEUER von LOLLY, POLLY, SÜSSESÜSSESÜSSES, OKTN de PONY, NONNIE-DARLING, STUPSNÄSCHEN-TONI, Sweetsweetie, Hulla-Hulla-Flashy im süssen rechtsfreien Raum vom Babypotentaten »Colonel d'on Hymyngys«, hau...,* Kunstraum Innsbruck, Innsbruck (Österreich).

26. Oktober 2007: Performance *La Vengeance de Monte-Cristo,* Goethe Institut, Paris (Frankreich).

27. Oktober – 29. Dezember 2007: Ausstellung *L'Amour de Monte-Cristo,* Daniel Templon, Paris (Frankreich).

20. November 2007 – 12. Januar 2008:
Ausstellung *MARQUIS d'OVERKILLY'S Revolution de Baby LIEBESEISVERKÄUFERTIERKIND HUMPTY-DUMPTY, bitte 3 Kugeln Eis: 3x babybunt mit 4 süssen Saucen (Pony, Waldmeister, Schnute und Earl Grey),* beaumontpublic, Luxembourg (Luxemburg).

15. Dezember 2007 – 30. März 2008; 31. Mai 2007 – 15. Oktober 2008: Beteiligung an der Ausstellung *Paul Thek. Werkschau im Kontext zeitgenössischer Kunst,* ZKM | Museum für Neue Kunst, Karlsruhe / Deichtorhallen, Sammlung Falckenberg, Hamburg.

2008

11. Januar – 22. Februar 2008: Ausstellung *GENERAL SWEETIE (Lolly, Revolution, Mouth, Cookie),* Galerie Mirchandani + Steinruecke, Mumbai (Indien).

14. Januar 2008: Performance *DEPUTY DARLING. Dr: Baby-James-Bondaddy (Revolution + Revolution = Jamees'l),* Galerie Mirchandani + Steinruecke, Mumbai (Indien).

24. Januar – 8. März 2008: Ausstellung *Jonathan Meese, 23. Januar 1970,* Contemporary Fine Arts, Berlin.

1. Februar 2008: Performance *Die BABYDIKTATORIN der Kunst ›SCARLETTIERBABY‹ im ›PLATINSCHMUCK-KÄSTCHEN‹ der SAALREVOLUTION, SÜSS. (SAFARISCARLETTIERKIND mit und lieb im STAHLSAAL= DEPOT der DEMUT, DU-DU-DU)* im Rahmen der Reihe *Berliner Lektionen,* Berlin.

7. März 2008: Performance mit Bazon Brock und Harald Falckenberg *MONTE VERITÀ – DIE GEHEIMEN BERGKETTEN DER GEILEN ZOFE INMITTEN VON 1000 SÜSSIGKEITENLAWINEN, die spitz wie LUMPI, schmecken (die allergeilste ZOFE in dicker BÄRENSAUCE), später ZAHNFLUTSCHI. (1. LEBENSSAAL-FORM. DIKATUR der Kunst),* Cabaret Voltaire, Zürich (Schweiz).

9. April – 8. Juni 2008: Ausstellung *Ufo Go Home – Fasching der Kunst, Cicle: Eufòria. Casos d'optimisme extreme,* CaixaForum Barcelona, Barcelona (Spanien).

12. April 2008: Performance *DIE INTHRONISATION der ›Diktatur der Kunst‹ ist ein Kinderspiel (Der Mensch sei bitte stubenrein)* im Rahmen der Veranstaltung *Gipfel der Kreativität* des Art Directors Club, Berlin.

17. April – 27. Juli 2008: Beteiligung an der Ausstellung *Ad Absurdum – Energien des Absurden von der klassischen Moderne bis zur Gegenwart*, MARTa Herford, Herford.

2. Mai – 14. Juni 2008: Ausstellung *RUBBEN – BOOKED FOR KILLING A POLICEMAN* (mit Jonas Burgert und Herbert Volkmann), Laden für Nichts, Leipzig.

9. Mai – 18. Juni 2008: Ausstellung
DICTATORBABY MARY POPPIN'S CATS, DOGS and EGGPIES (The REVOLUTIONBABY de LARGE is back...), Bortolami, New York (USA).
9. Mai 2008: Performance *DICTATORBABY MARY POPPIN'S CATS, DOGS and EGGPIES (The REVOLUTIONBABY de LARGE is back...)* zur Eröffnung.

16. Mai – 3. August 2008: Beteiligung an der Ausstellung *Blasted Allegories. Werke aus der Sammlung Ringier*, Kunstmuseum Luzern, Luzern (Schweiz).

22. Mai – 12. Oktober 2008: Beteiligung an der Ausstellung *Vertrautes Terrain. Aktuelle Kunst in & über Deutschland*, ZKM | Museum für Neue Kunst, Karlsruhe.

PALÄOZOIKUM: SCHUTZFOSSILISATION
> Ahnenmensch

26. Mai 2008: Performance *BABYHEIDEGGERZKNÜPPEL-AUSDEMSACKHOLZVORDERHÜTT'N*, Heidegger-Hütte, Todtnauberg.

30. Mai – 10. August 2008: Beteiligung an der Ausstellung *Back to Black,* Kestnergesellschaft, Hannover.

28. Juni – 28. September 2008: Beteiligung an der Ausstellung *Lustwarande 08 – Wanderland,* Fundament Foundation, Tilburg (Niederlande).

5. Juli – 31. August 2008: Beteiligung an der Ausstellung *Das Gelände,* Kunsthalle Nürnberg, Nürnberg.

26. Juli – 10. August 2008: Ausstellung *Marlene Dietrich in Dr. No's Ludovico Clinic (Dr. Baby's Erzland),* Watermill Center, Southampton (USA).
26. Juli 2008: Performance *Marlene Dietrich in Dr. No's Ludovico Clinic (Dr. Baby's Erzland)* zur Eröffnung.

3. September – 23. November 2008: Beteiligung an der Ausstellung *Fictions and Conflicts – Cultural Exchange and Influences in Northeast Europe,* Kalmar Konstmuseum, Kalmar (Schweden).

12. September – 22. Oktober 2008: Ausstellung *DR. GO HOME (BABYTARANTULA IS BACK IN GODZILLA-GYM, thanks… 1923–2023),* The Journal Gallery, New York (USA).

12. September – 12. Oktober 2008: Beteiligung an der Ausstellung *Pleinairism,* i8 Gallery, Reykjavik (Island).

13. September – 30. November 2008: Beteiligung an der *Yokohama Triennale 2008,* Yokohama (Japan).
13. September 2008: Performance *DR. NO-METABOLISM IN MOOMINGYM, like SOLDIER-FLASH-BLUE de MING (BABYKINGKONG IS BACK IN FANTOMAS-GYM, thanks … 1912–2012)* zur Eröffnung.

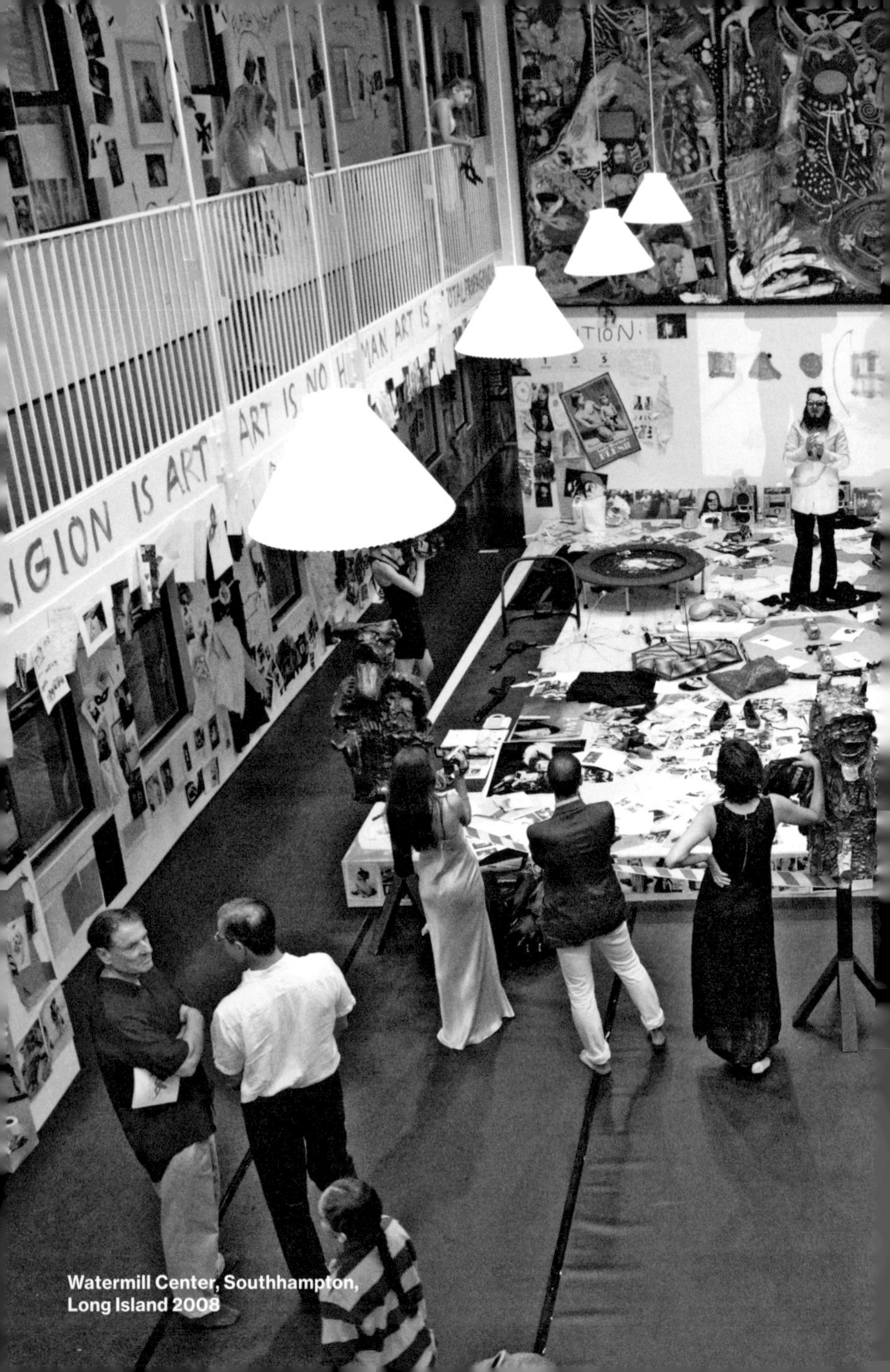

Watermill Center, Southhampton, Long Island 2008

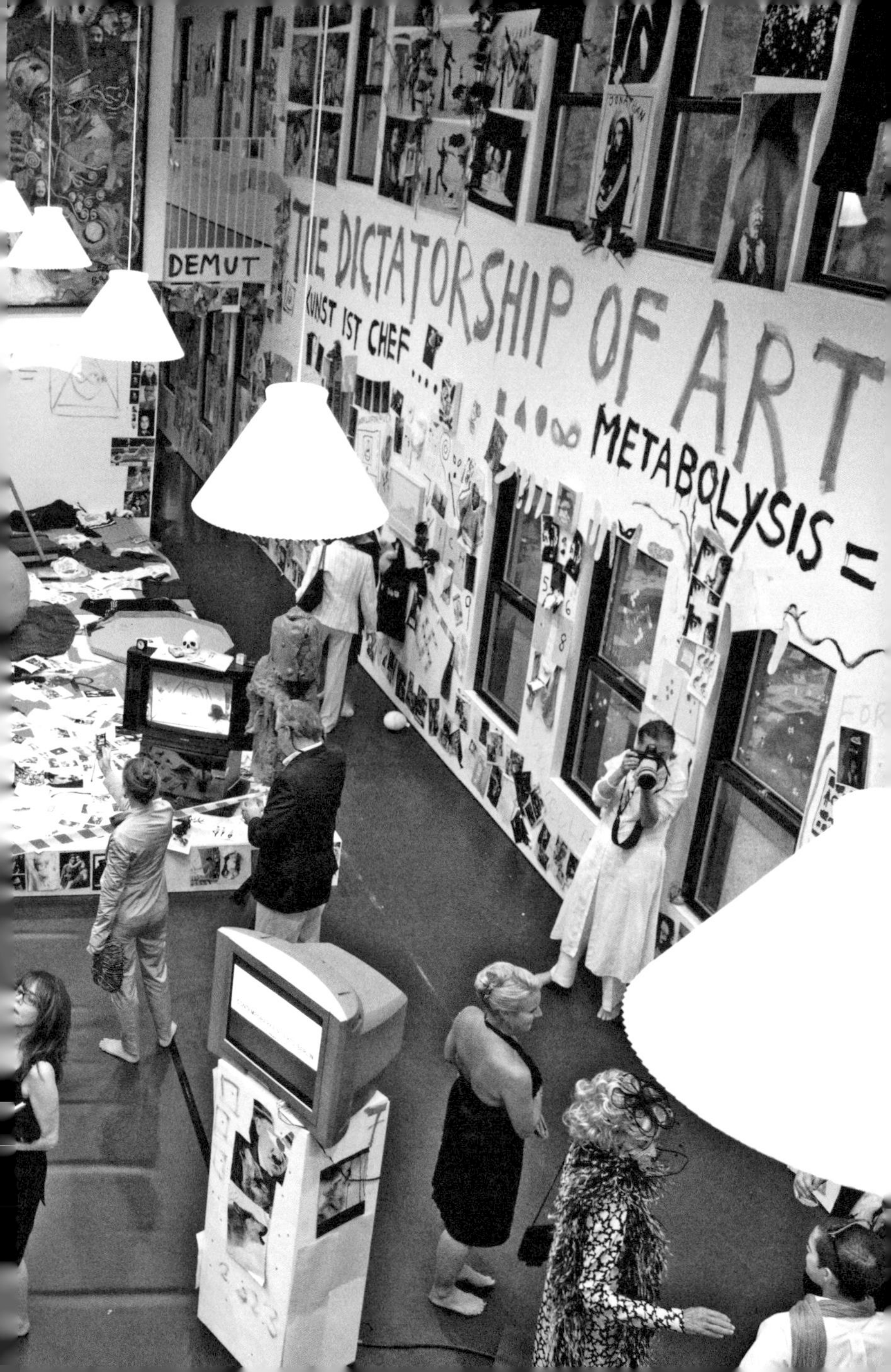
DEMUT
THE DICTATORSHIP OF ART
KUNST IST CHEF
METABOLYSIS =

3. Oktober – 8. November 2008: Ausstellung *DR. ROCK LOBSTER (DR. CIRCUS METABOLISMUS MAXIMUS)*, Greener Pastures Contemporary Arts, Toronto (Kanada).
4. Oktober 2008: Performance *MOOMINBABY de Large smells totally like the dictatorship of art, hmmm (Scarlettierbaby is Lady Metabolism)*, The Power Plant, Toronto (Kanada).

17. Oktober 2008: Performance *DR. METABOLISMYS FOR PRESIDENT IS BORN (ERZMUMIN'S BONBON, now…)*, Lilith Performance Studio, Malmö (Schweden).

19. Oktober – 14. Dezember 2008: Ausstellung *ALARM de ALARM (PROPAGANDA IN ALASKA)*, Mead Art Museum, Amherst (USA).

13. November 2008 – 24. Januar 2009: Ausstellung *BABYPROPAGANDADDY'S Metabolismys (FISHYALARM IN ANTARKTIKA ON BOHRINSEL ›MOOMIN‹)*, Galleri Bo Bjerggaard, Kopenhagen (Dänemark).

22. November 2008 – 17. Januar 2009: Ausstellung *STOFF-WECHSEL (KEIN ZEN IN BRONXEN, DU ATOMISCHES MENSCHENSPIELZEUG)*, Galerie Thaddaeus Ropac, Salzburg (Österreich).

7. Dezember 2008: Performance DRIVE ME HOMEESE BABYBABY, TO ERZLAND (ACHTUNG), Mead Art Museum, Amherst (USA).

2009

15. Januar – 21. Februar 2009: Ausstellung *CASINOZ BABYMETABOLISMN (Put DR. NO'S MONEY in your mouth, Baby)*, Modern Art / Stuart Shave, London (UK).

3. Februar – 1. März 2009: Beteiligung an der Ausstellung *Another Mythology*, National Center for Contemporary Arts, Moskau (Russland).

7. Februar – 14. Juni 2009: Beteiligung an der Ausstellung *Drei – Das Triptychon in der Moderne*, Kunstmuseum Stuttgart, Stuttgart.

11. Februar – 14. März 2009: Ausstellung *KINDCHENSCHEMAMA ›KUNST‹ (Menschen sind zum Glück SPIELZEUG des TOTALEN BABYTUMS ›HAPPI-HAPPI-BIRTHDAY‹, wie Spargelförmiges Mumin 8 des Scarlettierbabys, salzig, süß, melonenfrisch und waldmeisterlich…)*, Galerie Karlheinz Meyer, Karlsruhe.

12. Februar – 28. April 2009: Beteiligung an der Ausstellung *Contemplating the Void: Interventions in the Guggenheim Museum*, Guggenheim Museum, New York (USA).

13. Februar: Performance *Kunst als rechtsfreier Raum*, im Rahmen des Seminars *Art and Criminal Law*, Juristische Fakultät der Universität Potsdam, Berlin.

5. – 29. März 2009: Beteiligung an der Ausstellung *FUENTES. Außereuropäische Einflüsse auf zeitgenössische Künstler*, Galerie Thaddaeus Ropac, Salzburg (Österreich).

21. März – 13. Juli 2009: Beteiligung an der Ausstellung *Permanent Trouble. Aktuelle Kunst aus der Sammlung Kopp München*, Kunstforum Ostdeutsche Galerie, Regensburg.

April 2009 – April 2011: Beteiligung an der Ausstellung *Köln Skulptur 5*, Skulpturenpark Köln, Köln.

1. Mai – 14. Juni 2009: Beteiligung an der Ausstellung *60 Jahre – 60 Werke. Kunst aus der Bundesrepublik Deutschland von '49–'09*, Martin-Gropius-Bau, Berlin.

30. April – 30. August 2009: Ausstellung *ERZSTAAT ATLANTISIS (Der Säugling ›Meesi‹ juckt,) die Nabelschnur zuckt, bis zum Sankt Nimmerleinstag, mampf, mampf, mampf… hmmmm [ACHTUNG]*, Arp Museum Bahnhof Rolandseck, Remagen.
30. April 2009: Performance *BABYFACE ›HAGEN VON TRONJE‹ IST AFRICAN KING (OKKULTISMUS IST ZU traurig und muss schnell weg, WIE LUTSCH-KUNST)* zur Eröffnung.

»Nichts ist passender als Bronze, wenn es darum geht, Meeses kunsttheoretischen Ansatz zu verstofflichen, nichts passender als Atlantis, um ihn zu versinnbildlichen. Was Meese antreibt, gibt er auf einem programmatischen Blatt seiner Rolandsecker *Atlantisis*-Edition in militärischem Staccato zu Protokoll: ›Totalstoffwechsel, Totalatlantisis, kein Mensch, kein ›Ich‹, keine Esoterik, keine Meinung, kein Ritual, kein Kult, keine Kultur, keine Befindlichkeit, keine Religion, keine Depression, kein Geld, keine Angst, Totaltotaltotalatlantisis ist totaler Metabolismus‹. In einem Interview mit Hermann Vaske äußert er sich 2006 kaum geschmeidiger: Ihm als Künstler habe es nicht darum zu gehen, irgendwelche ›Selbstverwirklichungsfanatismen‹ zum Ausdruck zu bringen oder seinen ›kleinen Arsch‹ zu versilbern. Vielmehr habe er in Demut der ›Revolution der Kunst‹ zu dienen und zu tun, was sachdienlich sei. Meese vergleicht künstlerisches Handeln mit den Prozessen der Natur. In der *Atlantisis*-Edition beschreibt er Kunst als menschenfreie Verkettung von metabolischen Notwendigkeiten. Der Begriff ›Metabolismus‹ oder das gleichbedeutende deutsche Wort ›Stoffwechsel‹ fallen in diesem Zusammenhang häufig.
Auch der Denker, der diesen Begriff in die Sozialwissenschaft eingeführt hat, findet in dem Gespräch mit Vaske Erwähnung: ein recht bekannter, bis heute kontrovers diskutierter Philosoph des 19. Jahrhunderts – Karl Marx. Und Meese hofft, dass es gelinge, den ›Karl Marx der Zukunft‹ zu gebären. Mit Blick auf seine Haartracht könnte man fast meinen, er halte sich selbst dafür. Marx definiert den ›Stoffwechsel‹ im *Kapital* als Leitmotiv

nicht entfremdeter Arbeit, als Prozess, in dem das freie menschliche Subjekt die Natur in seinem Sinne umformt. Meese hat Marx die diskursanalytische Wende des 20. Jahrhunderts voraus. Nicht die Revolution des Proletariats, sondern die ›Revolution der Kunst‹ hat er auf seine Fahnen geschrieben. Das freie Subjekt ist als diskursives Produkt enttarnt. Michel Foucault hat uns beigebracht, dass es die durch Machtverhältnisse bestimmten Dispositive sind, die unser Wissen und Handeln diktieren. Auch die Kunst ist ein solch machtgeprägtes kulturelles Gebilde. Doch kann sie mit dem ihr eigenen Hang zum Experimentellen, zum Abwegigen, zum Grotesken, zum Kritischen, zum Systemzersetzenden dafür sorgen, dass eigennützige Besserwisser und Wichtigtuer nicht zu viel Macht erlangen. Das Feuer der ›Revolution der Kunst‹ sorgt für die stetige Verflüssigung des Vulkanerzes unserer Kultur. Das dem Spiel ihrer eruptiven Kräfte ausgelieferte, so machtvolle Imperium Atlantis ist ihr Triumph.« [42]

7. Mai – 16. August 2009: Beteiligung an der Ausstellung *Under Current*, Galerie Rudolfinum, Prag (Tschechien).

9. Mai – 1. August 2009: Beteiligung an der Ausstellung *Bright Morning Star*, Galeria Zé dos Bois, Lissabon (Portugal).

12. Mai – 21. Juni 2009: Beteiligung an der Ausstellung *Twinism*, Kunsthaus Hamburg, Hamburg.

15. Mai – 14. November 2009: Beteiligung an der Ausstellung *La Rose Pourpre du Caire*, Musée d'Art et d'Archéologie, Aurillac (Frankreich).

18. Mai – 3. Juni 2009: Ausstellung *BABY ›KUNST‹ (METABOLISM ROCK'S)*, Regina Gallery, Moskau (Russland).

20. Mai 2009: Podiumsgespräch mit Boris Groys über die *Diktatur der Kunst und die Zukunft der Revolution*, Staatliche Hochschule für Gestaltung Karlsruhe, im Medientheater des ZKM | Zentrum für Kunst und Medientechnologie, Karlsruhe.

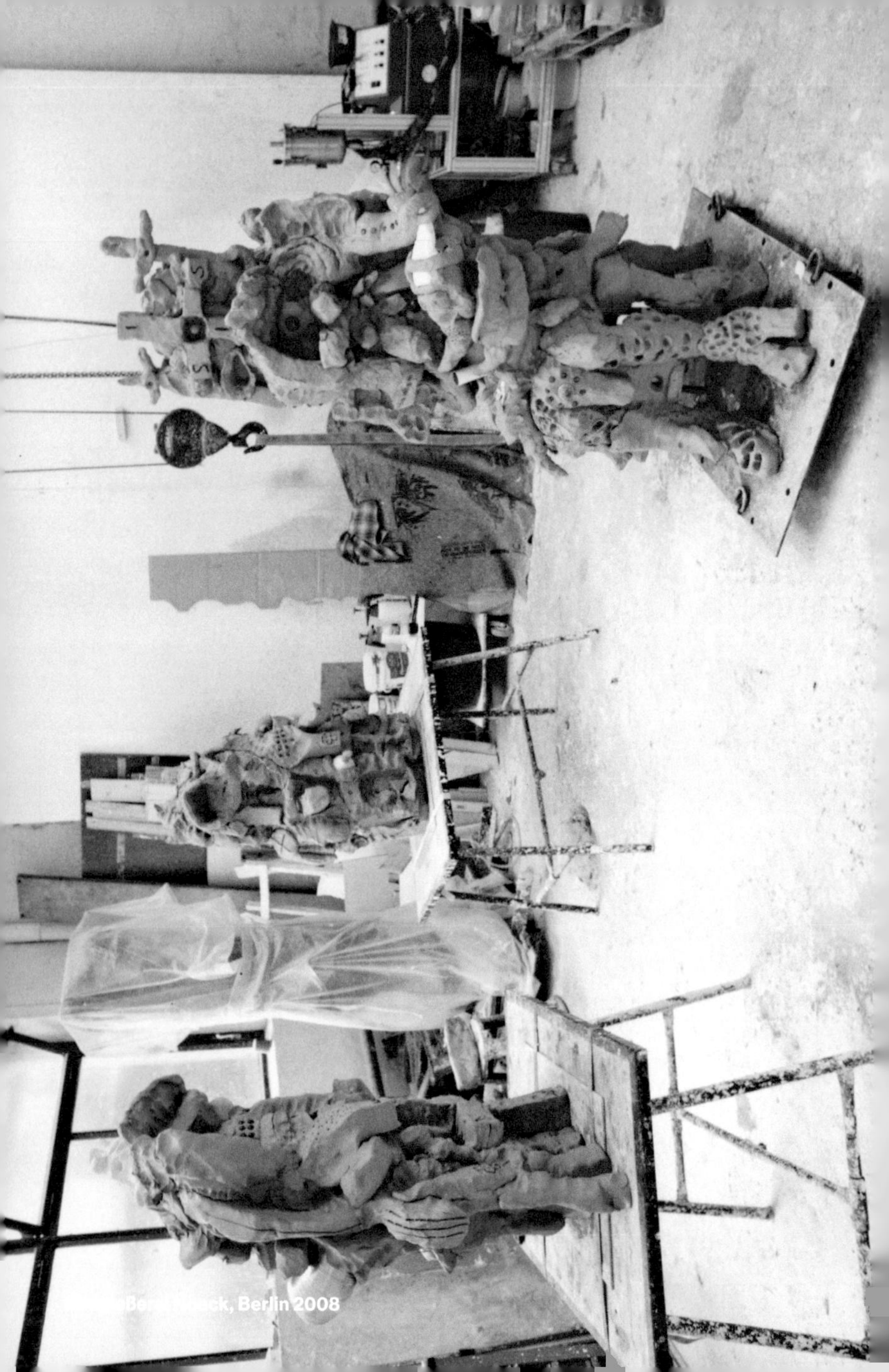

...ck, Berlin 2008

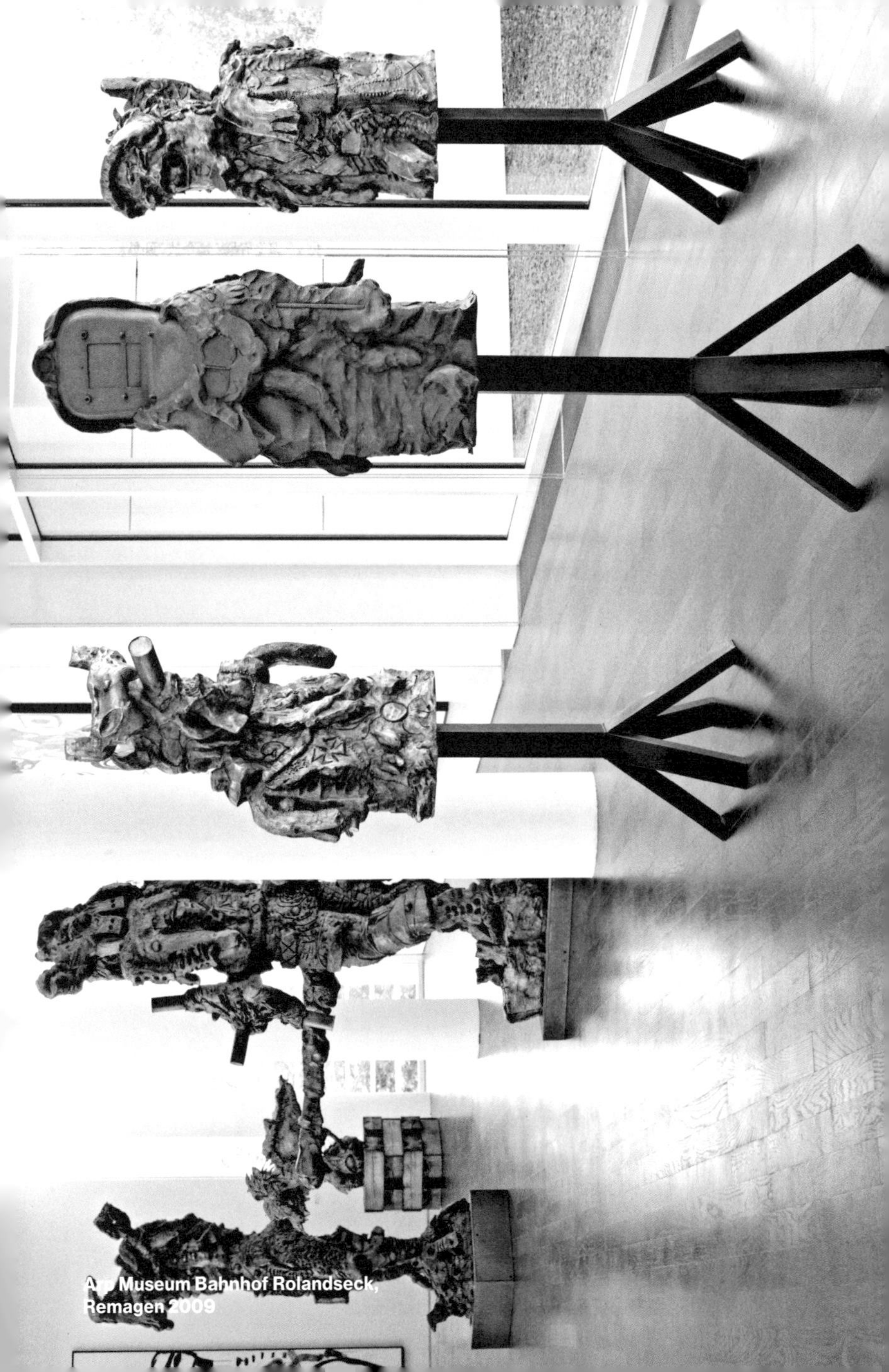

Arp Museum Bahnhof Rolandseck, Remagen 2009

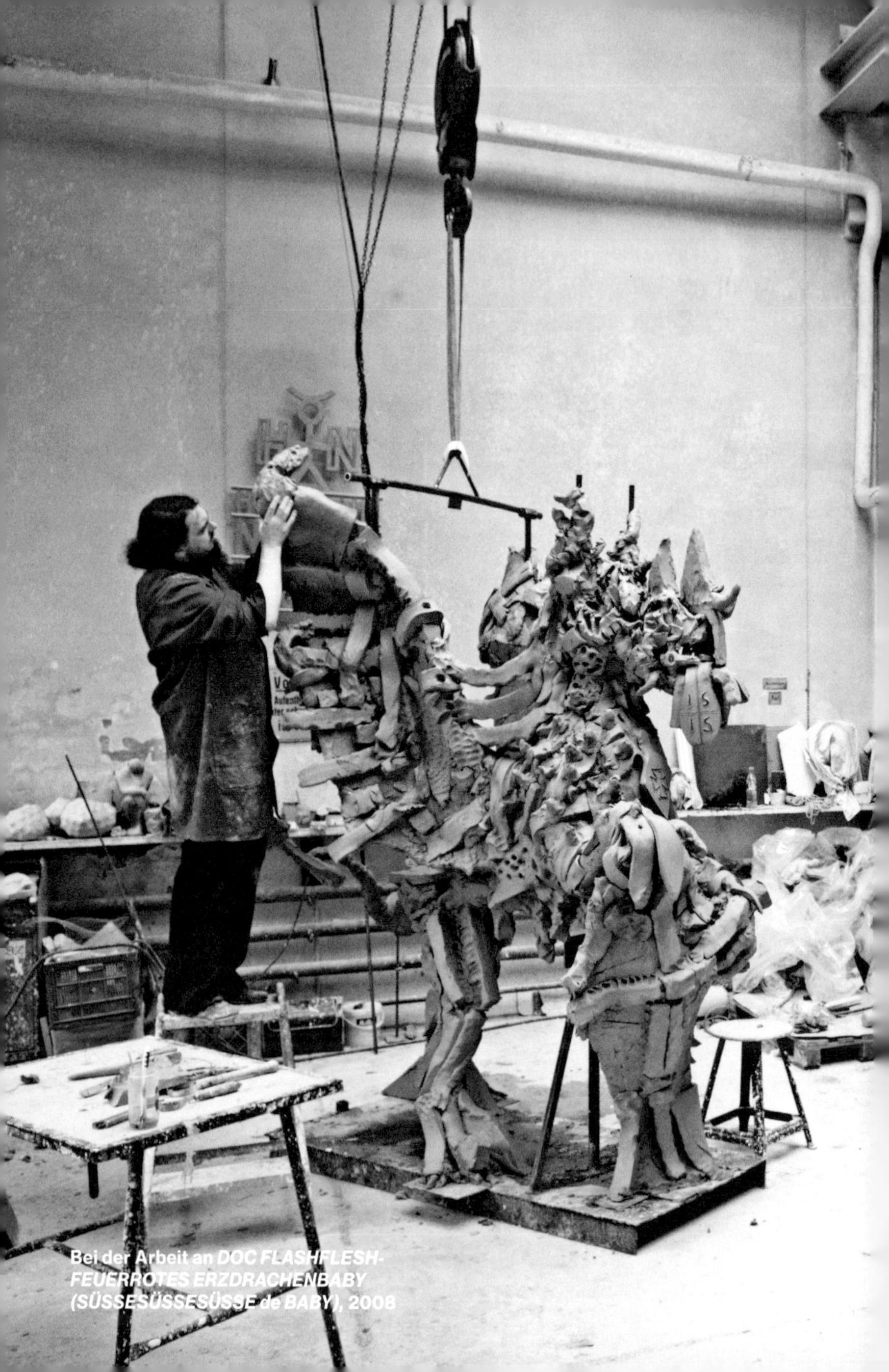

Bei der Arbeit an *DOC FLASHFLESH-FEUERROTES ERZDRACHENBABY (SÜSSESÜSSESÜSSE de BABY)*, 2008

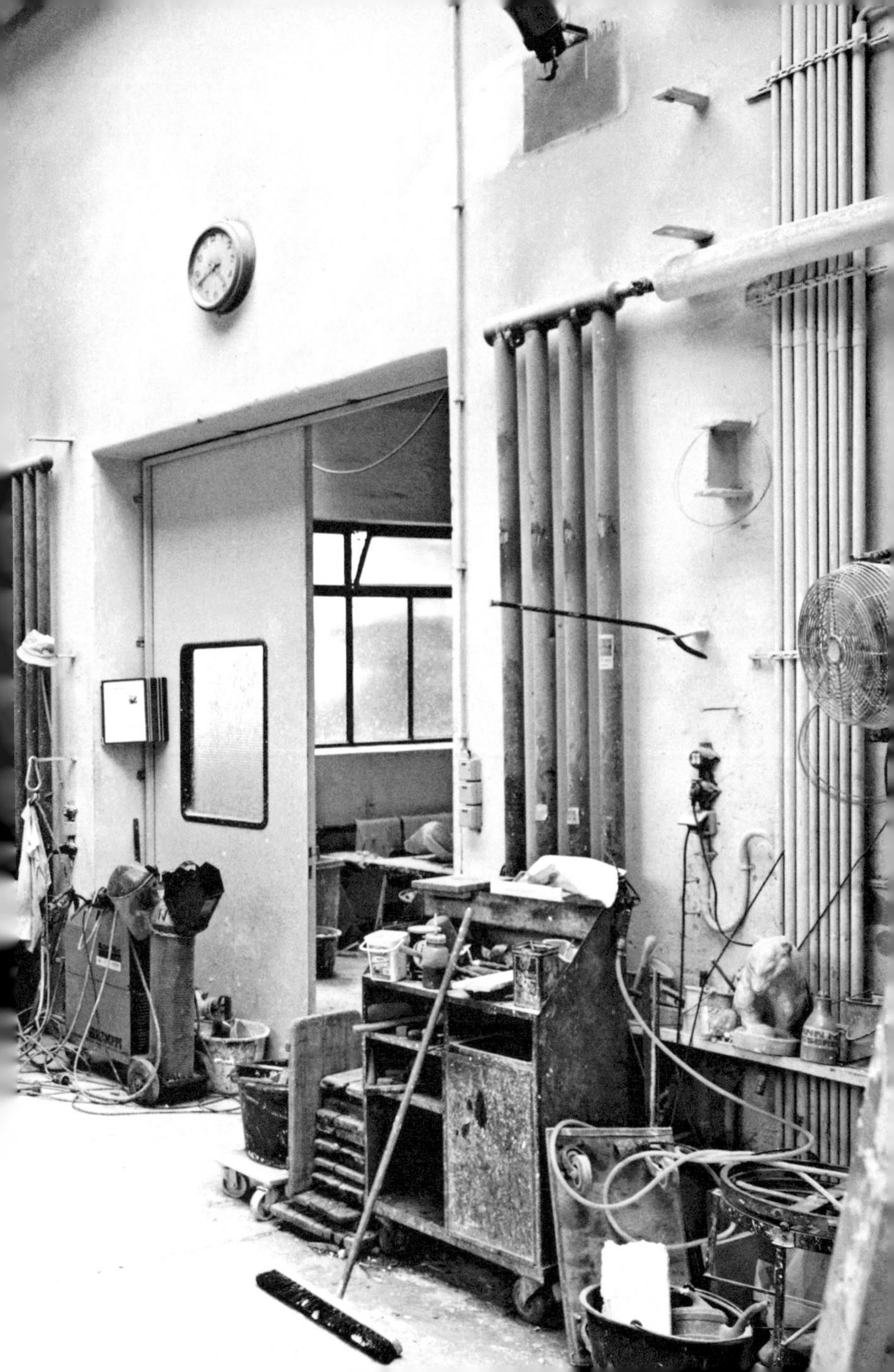

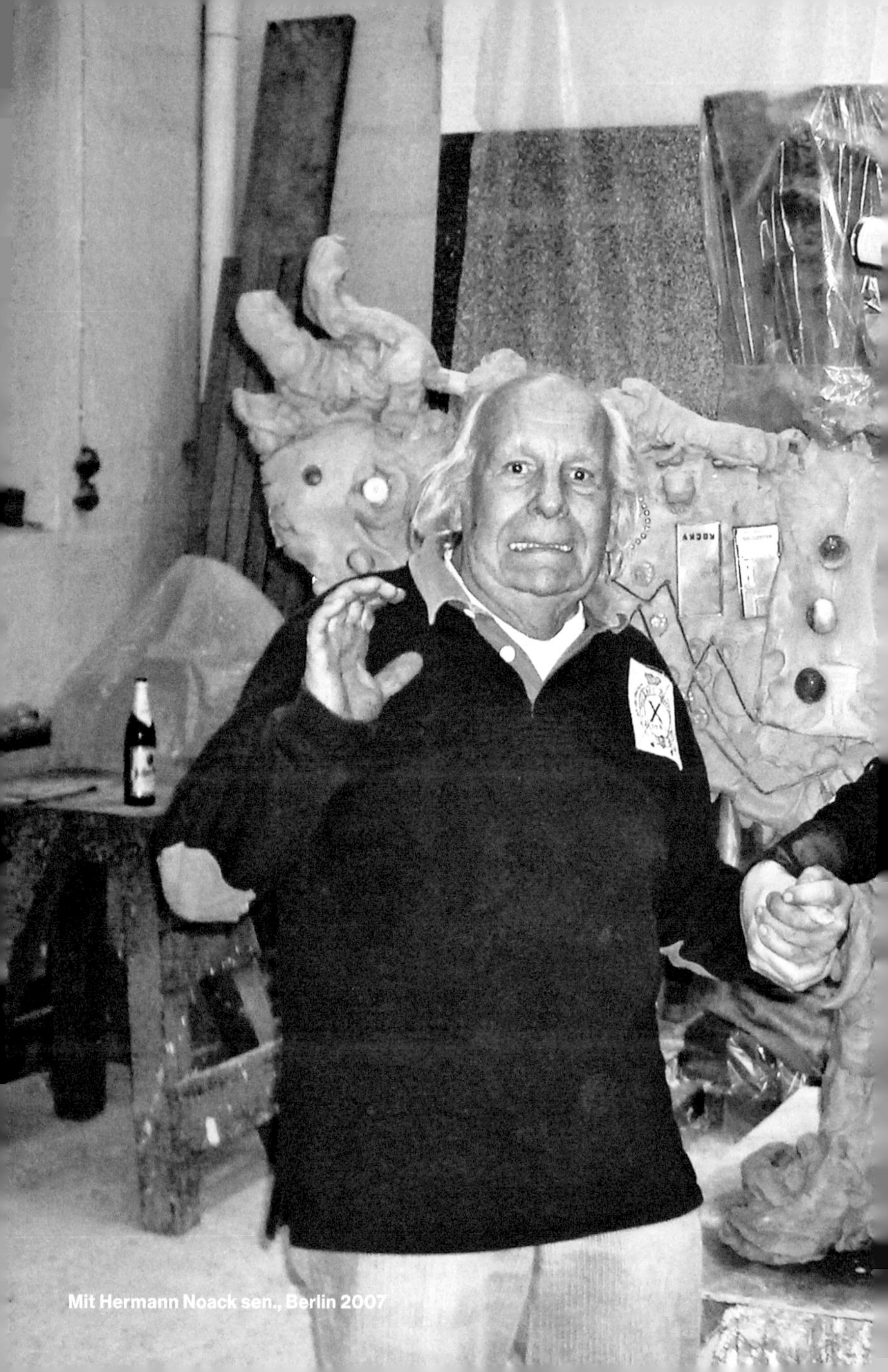

Mit Hermann Noack sen., Berlin 2007

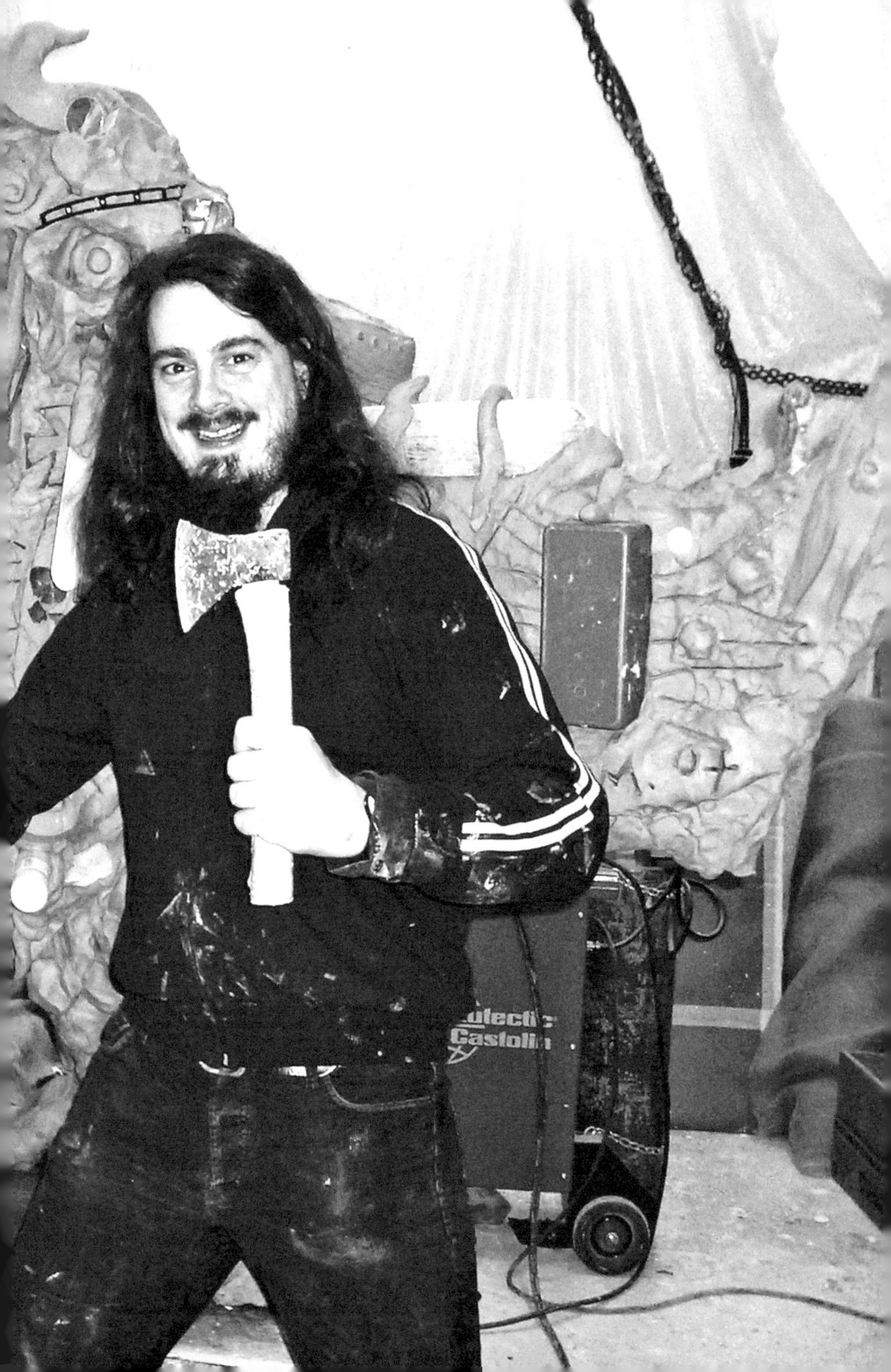
Castolin

28. Mai – 15. November 2009: Beteiligung an der Ausstellung *Visions of the Frontiers,* Instituto Valenciano de Arte Moderno, Valencia (Spanien).

5. Juni 2009: Radioperformance *DON LOLLYTADZIOZ Metabolismys stinkt nicht (PUPS),* Vittoriale degli Italiani, Gardone Riviera (Italien).
6. Juni – 5. Juli 2009: Ausstellung *AHAB SAGT: MOBY DICK IST KEINE DEMOKRATIE; ALLE DEMOKRATEN SITZEN BALD NICHT MEHR IN EINEM BOOT (SCHLACHTSCHIFF DER KUNST SINKT NIMMER),* Vittoriale degli Italiani, Gardone Riviera (Italien).

14. Juni – 2. August 2009: Beteiligung an der Ausstellung *Blicke auf Dürer. Ein Universalgenie im 21. Jahrhundert,* Albrecht-Dürer-Haus, Nürnberg.

1. – 11. Juli 2009: Beteiligung an der Ausstellung *Cargo Manifest,* im Rahmen der Veranstaltungsreihe *under construction* zu den Münchner Opernfestspielen, Container auf dem Marstallplatz, München.

11. Juli – 8. August 2009: Beteiligung an der Ausstellung *Abstrakt bis Figurativ. Neue Deutsche Skulptur,* Upstairs Berlin, Berlin.

17. Juli – 20. September 2009: Ausstellung *Jonathan Meese & Herbert Volkmann. Fleisch ist härter als Stahl. MEERPFERD FÖTUSMANN UND BEAUSATAN KÄSE AN DER OZBAR (Die geilblökenden DINGER),* Mönchehaus Museum Goslar, Goslar.
18. September 2009: Künstlergespräch mit Herbert Volkmann.

5. September – 3. Oktober 2009: Ausstellung *Mishima is back,* Tomio Koyama Gallery, Tokio (Japan).

9. September – 7. November 2009: Beteiligung an der Ausstellung *Prekäre Skulpturen,* Galerie Meyer Kainer, Wien (Österreich).

21. Oktober – 6. November 2009: Ausstellung *Le Brouillard de Dr. Ceramique*, Jean-Claude Binoche, Paris (Frankreich).

12. November 2009: Performance *Liebes München, ich entdemokratisiere (mich für) Dich: Ganz wie Sie wünschen, ich metabolisiere… Servus, Frank Renda, gestattns Burschns!*, Akademie der Bildenden Künste, München.

13. November 2009 – 24. Januar 2010: Ausstellung *Jonathan Meese. Mein Taxi ist schon weg. Humpty DUMPTY'S NAHRUNGSKETTE de BRONSON: SAALKUNST IST die Totale Graphik, wie MUMIN de Scarlettierbaby's METABOLISMUSSCHNAUZE. EIEIEI*, Galerie NOAH, Augsburg.

5. Dezember 2009 – 10. Januar 2010: Ausstellung *aaaaaaahhhhhh, … – rrrrrrrooooooaaaarrr – fffffpppphhhtstkrzchrzstckrc. zzzzztk, -- zeigen. eine audiotour durch berlin von karin sander*, Temporäre Kunsthalle, Berlin.

5. Dezember 2009 – 15. Februar 2010: Beteiligung an der Ausstellung *Strahl Dich aus! Deutsche Kunst nach 1970*, Samuelis Baumgarte Galerie, Bielefeld.

17. Dezember 2009: Performance *Totalraum Kunst* zur Neueröffnung des Meese-Raumes *Erzvorsehung Gralsschöpfung II, Saalschlacht Paracelsus* (1999) in der Sammlung Hoffmann, Berlin.

26. Dezember 2009 – 7. Februar 2010: Ausstellung *JOHNNY (PUPSIE) IN SEINEN BERGEN (HOT FONDUE). DIE BERGWELT SCHREIT ES: DEMOKRATIE IST LEIDER MENSCHENBREI, also: JOHNNY Ameisi, ›KNOCK ON WOOD…‹*, Patricia Low Contemporary, Gstaad (Schweiz).

2010

22. Januar – 13. Februar 2010: Beteiligung an der Ausstellung *Im Laufe der Zeit*, Galerie Karlheinz Meyer, Karlsruhe.

31. Januar 2010: Performance *Die mickrige Odyssee der Menschenmacht ist nun sehr bald, zum Glück, beendet, denn die Kunst wird nun menschenfrei herrschen (Baby-Metabolismus stinkt nicht, mein Quallenbaby ist kein Menschenparteien-claqueur, Scarlettierbaby's Mund ißt gerne 120 Blutwürstchen aus Käse, Herrschaft der Kunst, sei lieb…)*, Schauspiel Essen (Grillo-Theater), Essen.

19. Februar – 13. Juni 2010: Beteiligung an der Ausstellung *Macht zeigen. Kunst als Herrschaftsstrategie*, Deutsches Historisches Museum, Berlin.

27. Februar – 31. Dezember 2010: Ausstellung *Omaggio a Gabriele d'Annunzio. Da Filippo Tommaso Marinetti a Luigi Ontani*, Vittoriale degli Italiani, Gardone Riviera (Italien).

9. April – 20. Juni 2010: Ausstellung *3 x C = Circussys Ceramicussus Caligolossoz (Once upon a time in Fort Knoxoz)*, CAC Málaga, Málaga (Spanien).

»Meese's *excessive* imaginary breaks with the traditional figurative to propose a bizarre aesthetic in which the scatological and the satirical aspects of the story are interlinked in a carnivalesque tone and a trauma-exorcising way. […] The German artist's references have nothing to do with appropriationism or the Post-Structuralist strategy of the citation. In fact, Meese's painting has a clearly counter-cultural dimension. […] Jonathan Meese understands that painting does not necessarily have to hide his eagerness to show *heterogeneity*. He does not need to take refuge in a strategy of irony nor put on his ›cultist‹ cloak. Meese is convinced that art has to be more radical than reality, ›leaving no room for harmful spirits‹. […] All sorts of images and statements are running around in this guy's mind; he could just as easily write ›We are Bayreuth‹ as deal with Stalin or John Wayne, mention Hot Sushi – something perhaps undesirable – or paint an Iron Cross. Stalin John Wayne. ›Art is something independent from human influence‹ says Meese, ›with its own instinct, its own reality and its own confusion‹. With a clearly twisted sense of humour and a transgressive instinct, he generates chameleonic yet uncamouflaged works, in which a sense of *horror vacui* is plainly palpable. […] Jonathan Meese tends towards making fun of things, taking things to the extreme with fearless exaggeration. […] There is no doubt at all that Meese proposes a ›transposed popular art‹ in keeping with the dialogism that Bakhtin put at the heart of the reconstruction of the public square culture, that carnivalisation, that the civilising process has had to project onto the shade. This is connected with moments of an acute sense of the *grotesque*. […] Disorder, accumulation, excess, clowning around and the ridiculous materialisation of character are all present in Meese's carnival, in this prodigiously *delirious* discourse that tries to get an insight into history and, above all, open art up to the potential of freedom. […] Jonathan Meese is convinced about the *revolutionary*, or rather rebellious, power of art, although his vision of what is happening leads him to think up a Las Vegas staircase full of mutilated dolls, phallic drawings and skeletons. […] His prophetic and visionary art takes the Nazis to the Middle Ages, goes from punk to Greek tragedy, and from Gothicism to the Theatre of the Absurd. […] Doing art as a potlatch is exhausting; it is an exercise that destroys and regenerates, and possibly pursues shadows. […] A complex catharsis or delirious exorcism in which Jonathan Meese mixes the grotesque with what would seem to be possession by the devil.« [43]

15. Mai – 10. Juli 2010: Ausstellung *FANTOMASSOZ (TEMPIOZ de NEROZ)*, Santa Maria dei Servi, Città della Piève (Italien).

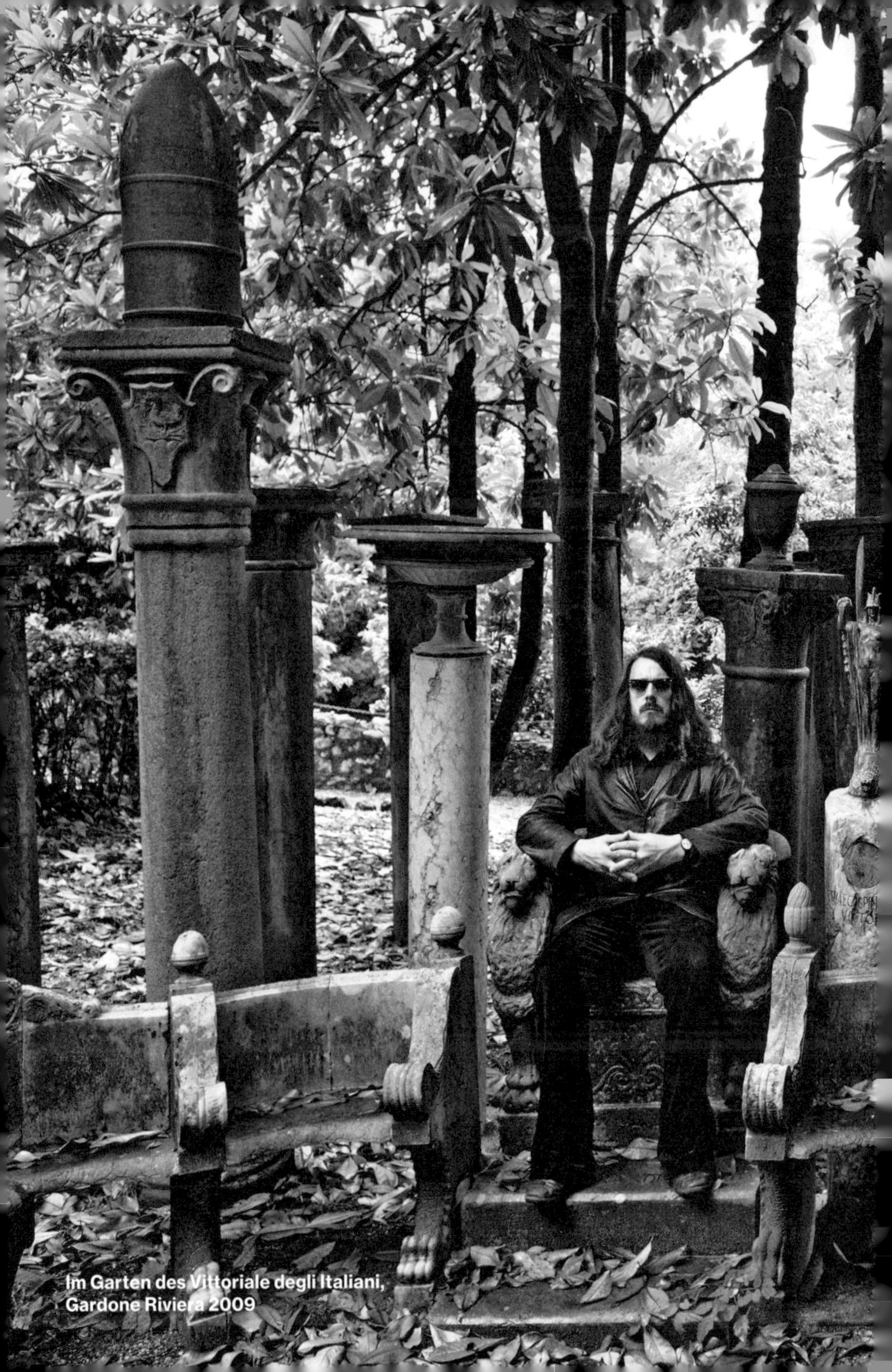

Im Garten des Vittoriale degli Italiani,
Gardone Riviera 2009

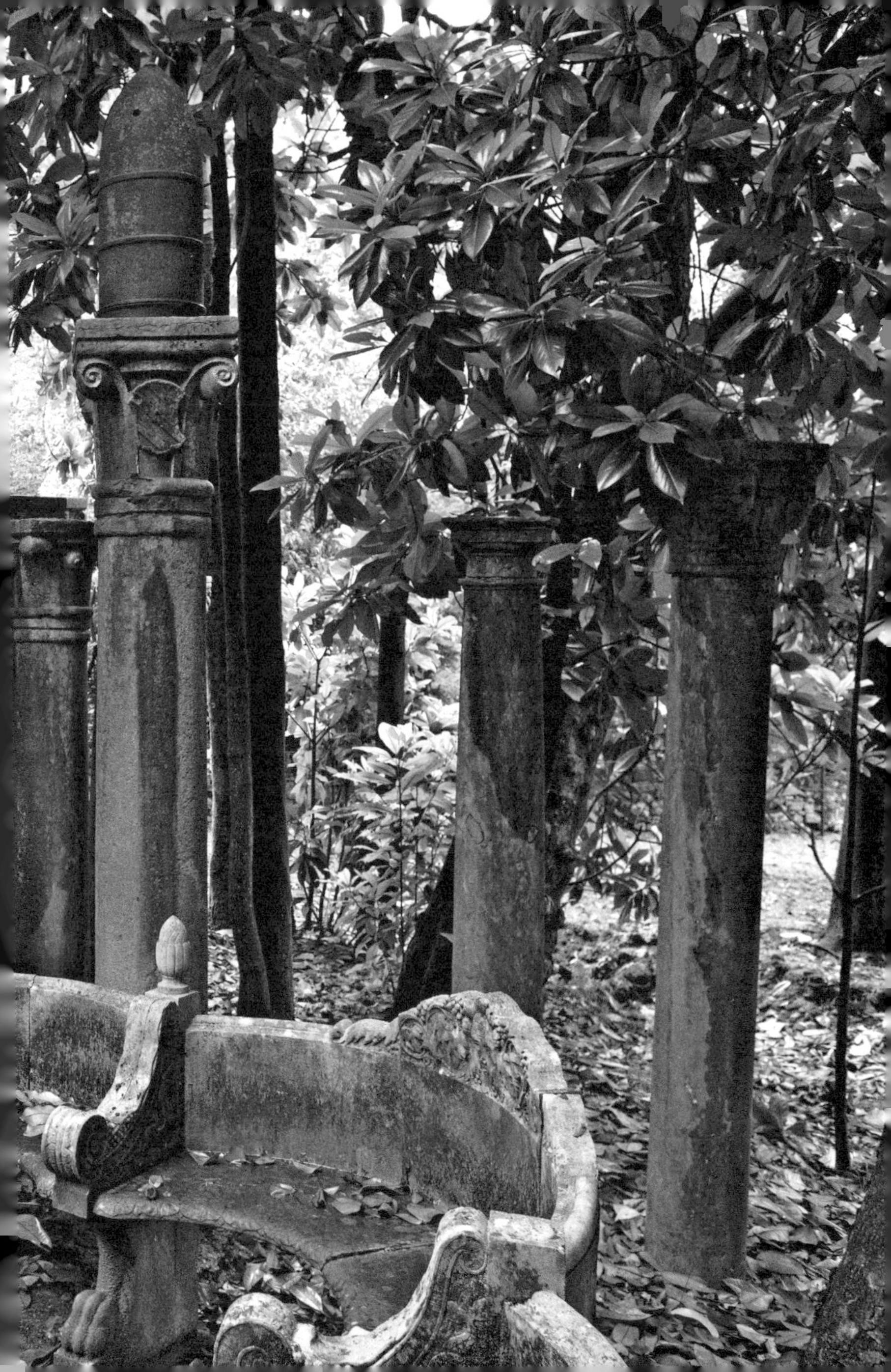

21. Mai – 5. September 2010: Beteiligung an der Ausstellung *En Privat. L'opció desamable,* Es Baluard, Palma de Mallorca (Spanien).

6. Juni – 3. Oktober 2010: Beteiligung an der Ausstellung *Märchen Kunst,* Kunsthalle Darmstadt, Darmstadt.

11. Juni 2010: Vortragsperformance *Der rechtsfreie Raum der Diktatur der Kunst,* Kammergesellschaft, Berlin.

25. Juni – 24. Oktober 2010: Beteiligung an der Ausstellung *Das Fundament der Kunst. Die Skulptur und ihr Sockel seit Auguste Rodin,* Arp Museum Bahnhof Rolandseck, Remagen.

27. Juli 2010: Uraufführung der Oper *Dionysos* von Wolfgang Rihm (Bühnenbild von Jonathan Meese), Salzburger Festspiele, Salzburg (Österreich).

16. September 2010 – 15. Februar 2011: Beteiligung an der Ausstellung *If not in this period of time – Contemporary German Painting,* Museu de Arte de São Paulo, São Paulo (Brasilien).

27. September 2010: Lecture-Performance *DIKTATUR DER KUNST BRÜLLT: STRAMMSTEHNNNN TOTALSTKUNST IST DIE TOTALSTDROGE: ART IS TOTAL Metabolism, KUNST ≠ Demokratie, ART IS NO DEMOCRACY, KUNST ≠ Kultur, ART IS NO CULTURE, SCARLETT JOHANSSON'S TOTALMOUTH DE ANIMALISM IS TOTALBABYART, like MIRANDADDY'S Humpty Dumpty: KUNST AN DIE MACHT … BE YOUR OWN MOOMIN … DIKTATUR DER KUNST SCHREIT: STILLLLGESTANDNNNN* an der Gerrit Rietveld Academie, Amsterdam (Niederlande).

12. Oktober 2010: *OUTSIDER PRODUZIEREN NIMMER DEMOKRATENWARE, ZUM GLÜCK … VERSACHLICHTE FÜHRUNG STATT AUSDRUCK*, Kunst-Führung durch die Ausstellung *Weltenwandler. Die Kunst der Outsider*, Schirn Kunsthalle, Frankfurt.

28. Oktober 2010: Vortragsperformance *TOECUTTER'S FINGERNÄGELCHEN BRÜLLT: KUNST ≠ KULTUR DIE ›DIKTATUR der KUNST‹ IST DIE TOTALSTE BEFEHLSZENTRALE, KEINE BITTSTELLE: KUNST IST TOTALST VERSACHLICHTE FÜHRUNG, KUNST IST KEINE MENSCHENIDEOLOGIE, KUNST IST KEINE MENSCHENMACHT, KUNST IST KEINE ESOTERIK UND KUNST IST KEINE MENSCHENANARCHIE: KUNST IST DIE EINZIGE TOTALSTE WELTANSCHAUUNG DER ZUKUNFT, toll, toll, toll … also KUNST AN DIE MACHT, es bringt's … (SCARLETTIERBABY'S KRILLLLMUND IST KUNST)*, Fachhochschule Salzburg, Salzburg (Österreich).

4. November 2010: Vortragsperformance *KUNST ungleich KULTUR. Scarletttierbaby's Metabolismus schreit: speichel('n) ist Kunst! Kunst ist eine Befehlszentrale, keine Bittstelle! Kunst ist kein Wünsch-Dir-Was! Toecutter's Metabolismus brüllt: KEIN MENSCH IST REVOLUTION! KEIN MENSCH IST KUNST! KUNST ungleich DEMOKRATIE quod erat demonstrandum*, Kunstsammlung Nordrhein-Westfalen, Schmela Haus, Düsseldorf.

1. Dezember 2010 – 13. Februar 2011: Beteiligung an der Ausstellung *Sculpture*, Museum of Contemporary Art, North Miami (USA).

»When he was 15, he created a glazed-ceramic figurine but had no idea that this object was an artwork until his teacher exclaimed it so. For Meese, this small lumpish ceramic, which looks like a figure trying to move through a wall, is a powerful talisman that he has held onto until this day, even using it as the Holy Grail

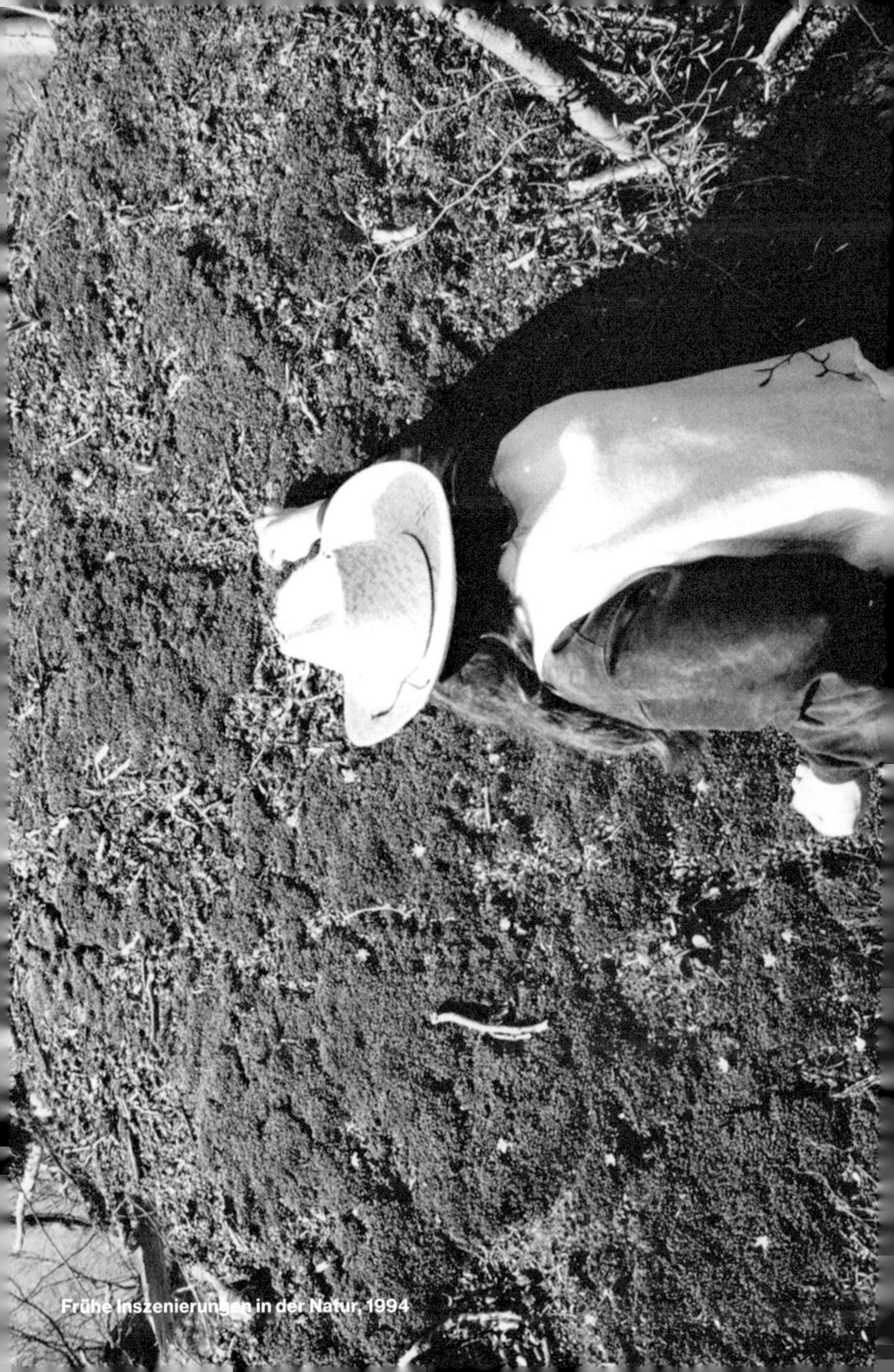

Frühe Inszenierungen in der Natur, 1994

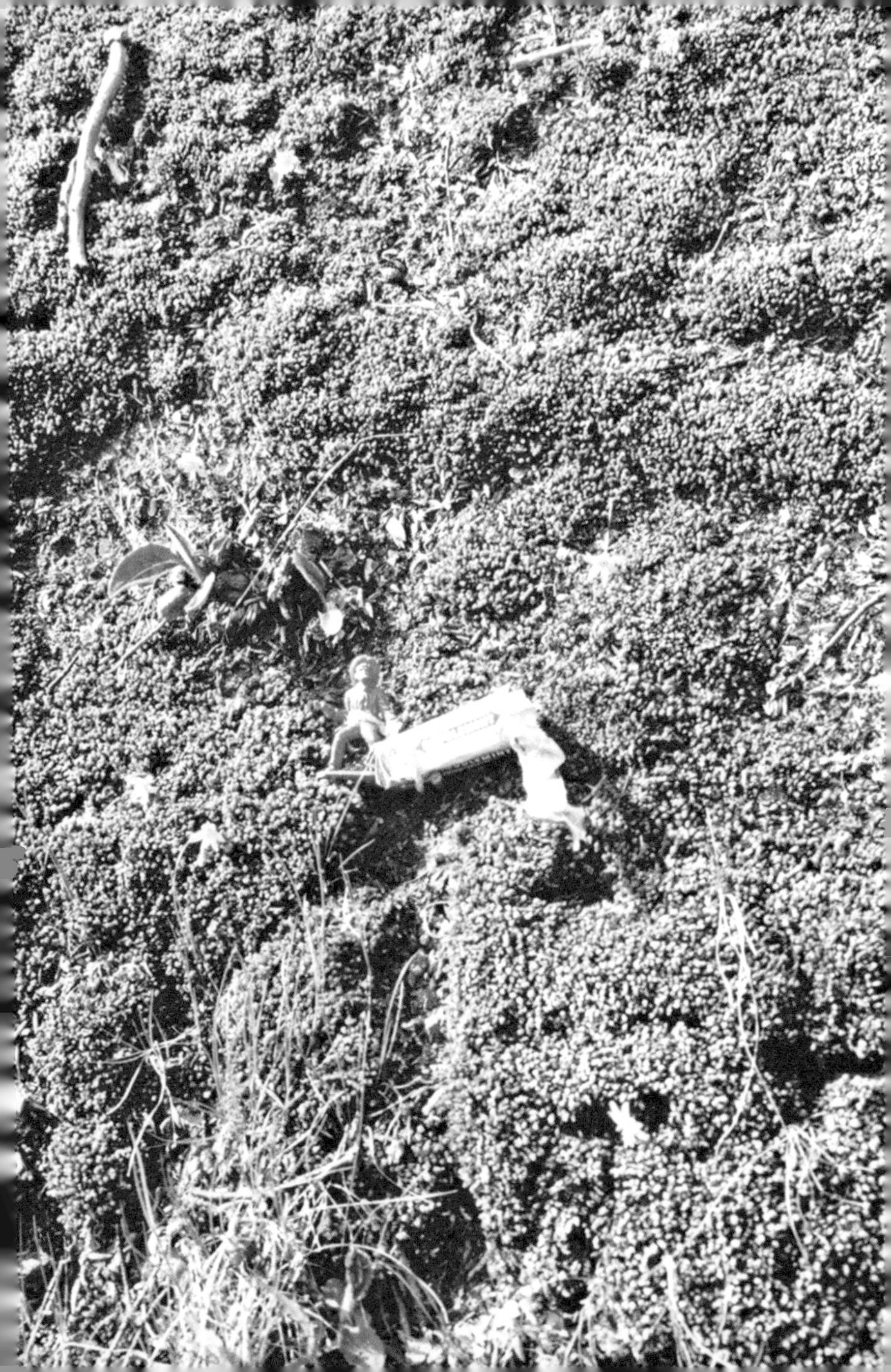

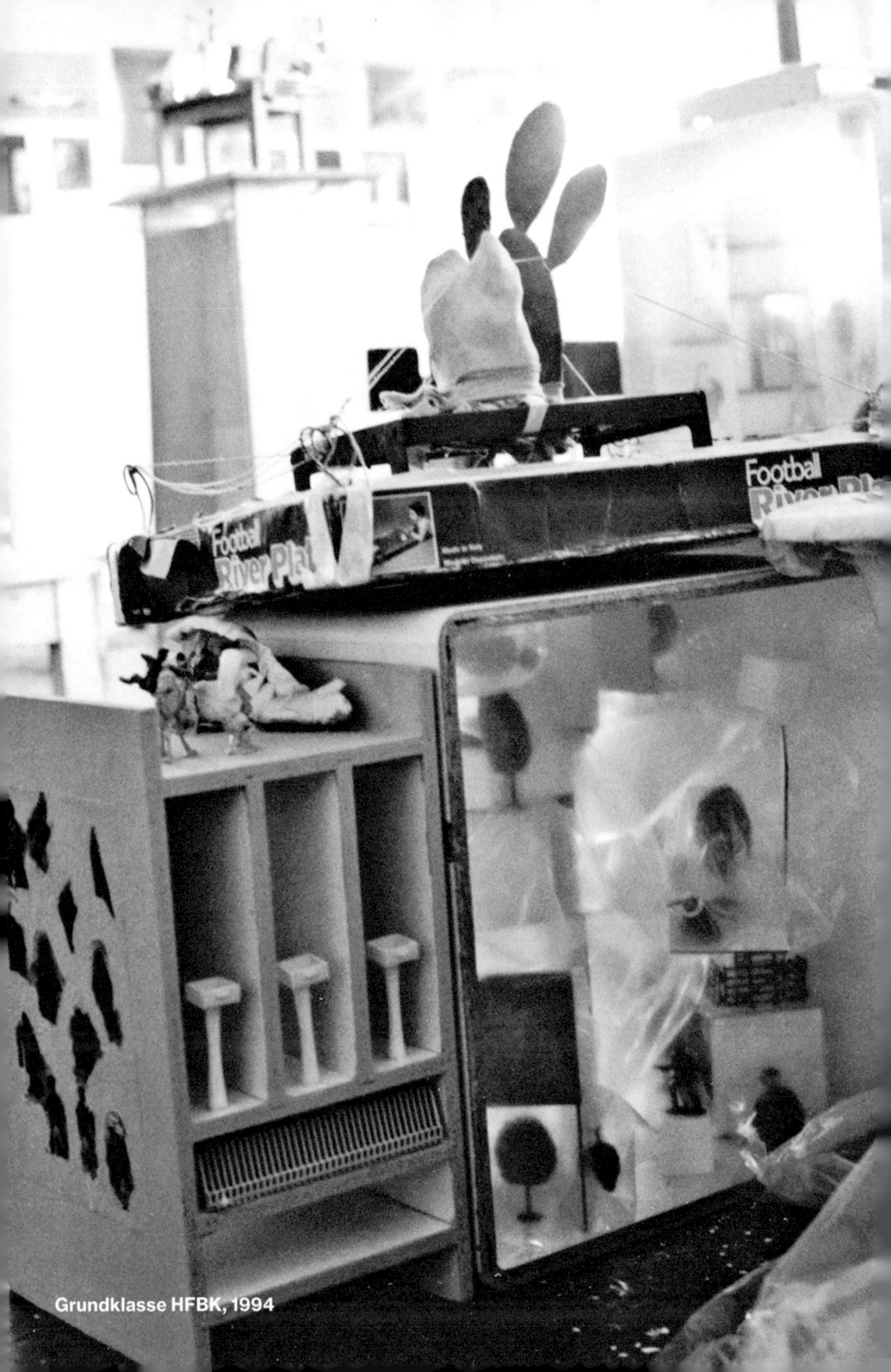

Grundklasse HFBK, 1994

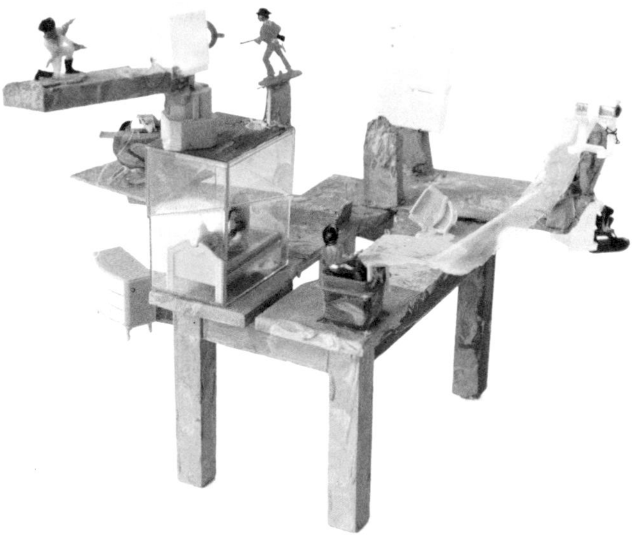

Modell für eine Raumskulptur, 1994

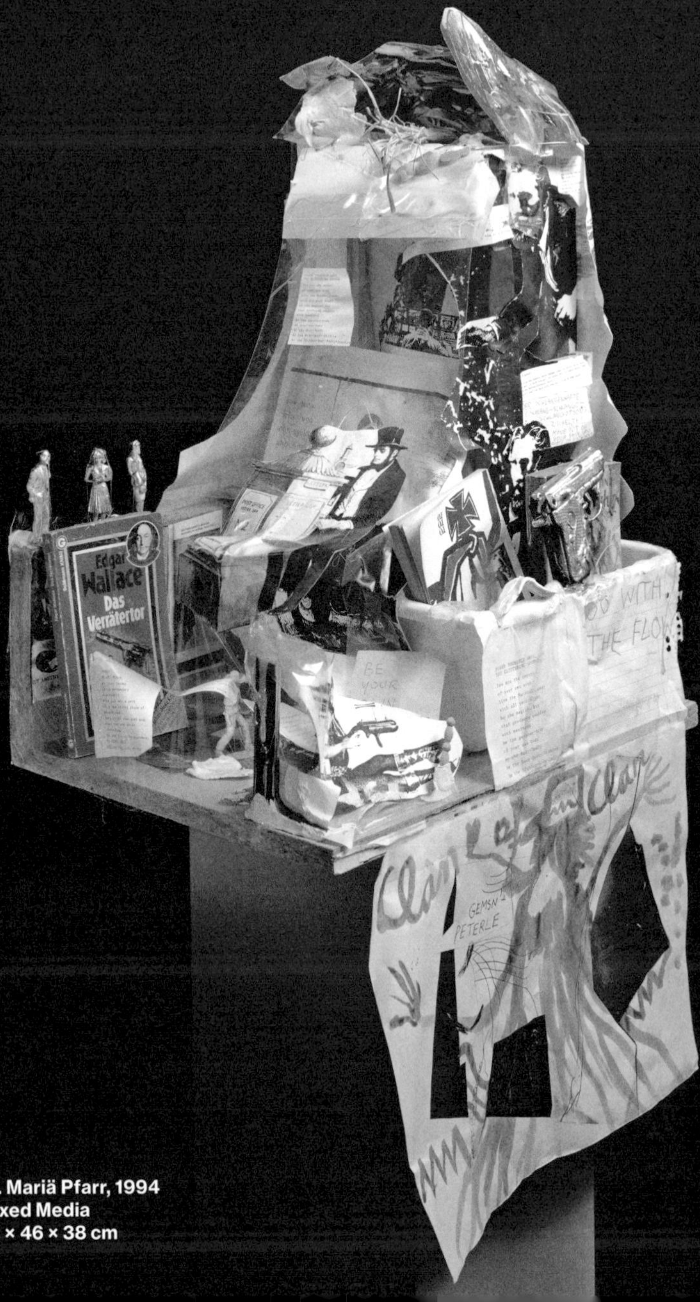

St. Mariä Pfarr, 1994
Mixed Media
92 × 46 × 38 cm

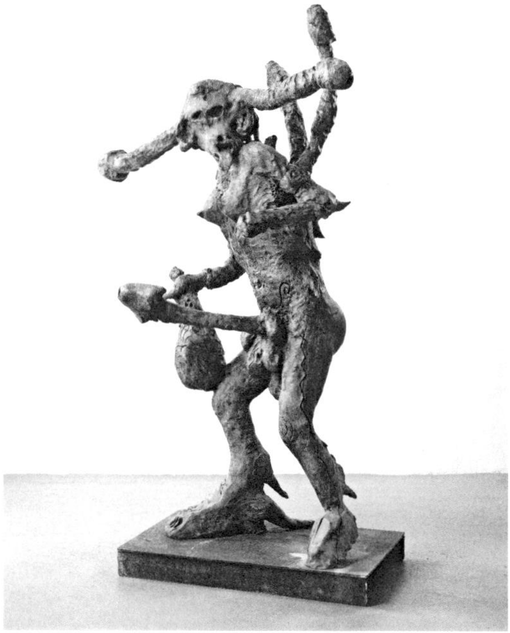

Der Propagandist, 2005
Bronze
216 × 140 × 95 cm

prop for his 2005 performance *Jonathan Meese ist Mutter Parzival.* […] When Meese came to realize that art school was an option, he felt compelled to enroll. […] Again, a sculpture was the work that earned him notice: the second sculpture he ever created was one of the works that gained him admission to the Academy of Fine Arts in Hamburg. […] Meese made this sculpture by squeezing clay with his hands to form a small primal totem (he painted it bright yellow ten years later). […] Meese's role-playing through art originated in 1993, during the first few months at the academy, when he purchased approximately 100 toy cowboys and Indians, and took them to the beach, where he placed them in all kinds of situations. […] He began adding these small figurative arrangements to his early installations at art school. In most cases, these are among the few artifacts that remain from the installations he made in that period. Most of these works have not been seen since they were packed away after Meese left school in 1998. It was only in 2008, when he began to prepare for a move into his new studio (and at the urging of this author), that he unpacked the boxes and these early pieces found new life. Many of them were made with a simple gesture that suggests the artist's sense of play as an essential element of the work. […] Plastic cowboys and Indians are the most frequent actors to populate these scenes. […] Also among Meese's early three-dimensional works are dioramas constructed in suitcases. He removed the sides of these structures and filled the interiors with dramatic scenes before sealing them with sheets of plastic. […] These valises also prefigure his foray into stagecraft for theatrical and operatic productions as well as his own performances. He filled the valises with props and his own drawings. At the time he created these works, he wanted to make films but instead enacted scenes in the interiors of valises. Although the figures are small, they are always in proportion to the scale of their surroundings, so that viewers can project themselves into the scene in the box and imagine becoming part of the action.

[…] This ideal space also characterizes the space he creates for his own performance; when he is in the performance space,

he is in the separate world of art, where anything is possible and permissible and he can play and act out whatever he imagines. [...] Some of the earliest works he made after leaving art school were masks [...] The faces of his later bronze and ceramic figures are also mask-like, a characteristic Meese emphasizes by making the eyes appear deep-set, and leaving a hole in the back of the heads. The fetishistic power he recognized in his first ceramic figure continued to fascinate him, and he infused many of his early sculptures with primal forces. Human skulls are incorporated in several of these works [...] Meese's early assemblages are very fragile. He always imagined making them larger and in more permanent material, but he did not have the resources until 2003, when his gallery in Berlin, Contemporary Fine Arts, provided the opportunity to work in bronze, a medium that also has a strong link with art history. [...] His bronze and ceramic figures essentially are surrogates for Meese and the various guises he assumes as well as for the forces of good and evil that he channels when he performs. [...] The bodies of these figures were originally composed of objects that Meese assembled, as in his previous installations and sculptures, then covered in clay and cast in bronze. The masklike face of the 2006 statue *Napoleon* was originally composed from toy aliens, and its large, flat feet were formed by casting rubber flippers. [...] Several of Meese's bronze sculptures are based directly on ancient sculptures, which he generally models after two-dimensional reproductions in books. In most instances, he greatly enlarges the original source object [...] The monumental *Der Propagandist*, which is fashioned after a tiny Pompeian amulet he saw in a book, has a sheep's face, female breasts, five phalluses, including one that is enormous, and cloven hoofs. Meese's enlarged version of the ancient amulet transforms the original into a comical satyr-like miser guarding his sack of treasures, which is so cumbersome that it immobilizes him (much as Meese's early toy figures were stuck in ›bad situations‹).
To Meese, these bronzes based on ancient sculptures are kindred spirits to his early totemic figures. [...] Meese has been partial to working in ceramic since the creation of his first sculpture

at age 15. He still finds it to be the most direct medium and likes that each work is unique rather than editioned, like the bronzes. These polychrome ceramics combine elements of Meese's paintings with his sculpture. Their streamlined forms suggest bombs, phalluses, the round-helmeted English police that appear in his early assemblages, or science fiction creatures, especially Darth Vader from the *Star Wars* film saga. The arrangement of this ceramic army all in a row seems to denote power, but the word ›Isis‹ is inscribed on these pieces. Once again Meese pairs objects representing potential destruction and death with the symbol of rebirth.
Meese uses his sculptures in much the same way that he played with the toy cowboys and Indians in his early performances and dioramas. Each appearance provides a new stage and context for his three-dimensional works, such as the peripatetic giant bronze *Der Propagandist* (edition of three). […] In 2005 Meese joined forces with Danish/Israeli artist Tal R on a madcap installation titled *Mother,* first shown at Statens Museum for Kunst, Copenhagen, for which the two artists created a room-sized castle/womb that was guarded by *Der Propagandist.* He also showed the same sculpture in the group show *Dionysiac* at the Centre Pompidou in 2005, as part of an assembled cast of characters of his existing sculptures, including busts of Nietzsche, Wagner, Fu-Manchu, and himself, arranged on pedestals in front of a 12-meter-long painting in a cramped room. That same year, *Der Propagandist* was a prominent prop in the staging of *Jonathan Meese ist Mutter Parzival,* […] *Der Propagandist* appears once again in the current show at the Museum of Contemporary Art North Miami as a sculpture installed in an arrangement that plays at being an exhibition, based on traditional sculpture galleries in which works coexist in an open space. *Der Propagandist* and the other figures animate the museum's space, while the army of ceramic soldiers running the length of the gallery wall assumes the role of the Greek Chorus, ecstatically flashing their expressionistically pigmented forms and mix of poetic signs.« [44]

2011

8. Januar – 19. Februar 2011: Ausstellung
St. Neutralité (TOTALES BALLETT de LOLITADZIOZ),
Galerie Daniel Templon, Paris (Frankreich).

27. Januar 2011: zwei Performances
TOTALSTMILITÄRORGANISATION ›DIKTATUR DER KUNST‹: KUNST IST EINE BEFEHLSZENTRALE, KEINE BITTSTELLE; GANZ WIE SIE WÜNSCHEN: KUNST UNGLEICH KULTUR ERZULTRATOTALSTDIENST ›KUNST‹, VERSACHLICHT DIE FÜHRUNG, KUNST AN DIE MACHT, DIE ›DIKTATUR DER KUNST‹ BRÜLLT: STRAMMMMSTEHN'....
und
(FÜHRUNGSBEFEHLE DER KUNST HEISSEN: HERMETISIERE, METABOLISIERE, ENTINDIVIDUALISIERE, ENTDEMOKRATISIERE.... also SIEH' VON DIR AB: KNIE' NIEMALS NIEDER, nimmer mehr: STILLGESTANDN'....) JONATHAN MEESE ist 1. Metabolischster SOLDAT der ›Diktatur der Kunst‹, toll, toll, toll...., Universität der Künste, Berlin.

5. Februar – 25. April 2011: Beteiligung an der Ausstellung
Freibeuter der Utopie, Weserburg Museum, Bremen.

6. März 2011: Performance *DIE DIKTATUR DER KUNST IST VERSACHLICHTE FÜHRUNG. KUNST IST IMMER ERZNEUTRALITÄT, NUR KUNST SOLL DIE TOTALE MACHT ERGREIFEN*, Staatsschauspiel Dresden, Dresden.

7. März – 12. August 2011: Beteiligung an der Ausstellung
Festival der Tiere. Eine Ausstellung für Kinder und Erwachsene,
Essl Museum, Klosterneuburg bei Wien (Österreich).

22. März 2011: Einweihung der Skulptur *HUMPTY DUMPTY*,
Kolonnadenhof der Alten Nationalgalerie, Berlin.

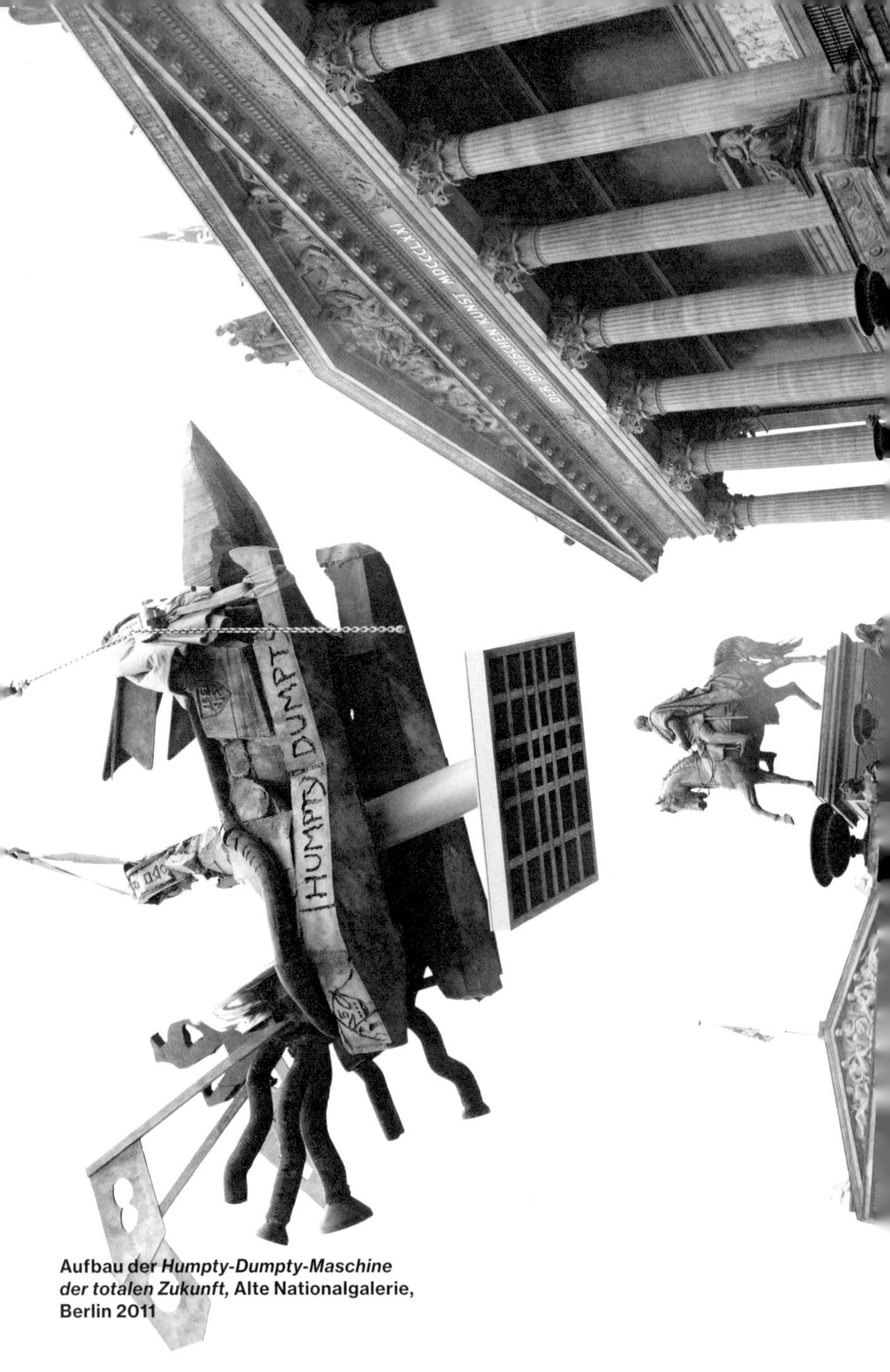

Aufbau der *Humpty-Dumpty-Maschine der totalen Zukunft*, Alte Nationalgalerie, Berlin 2011

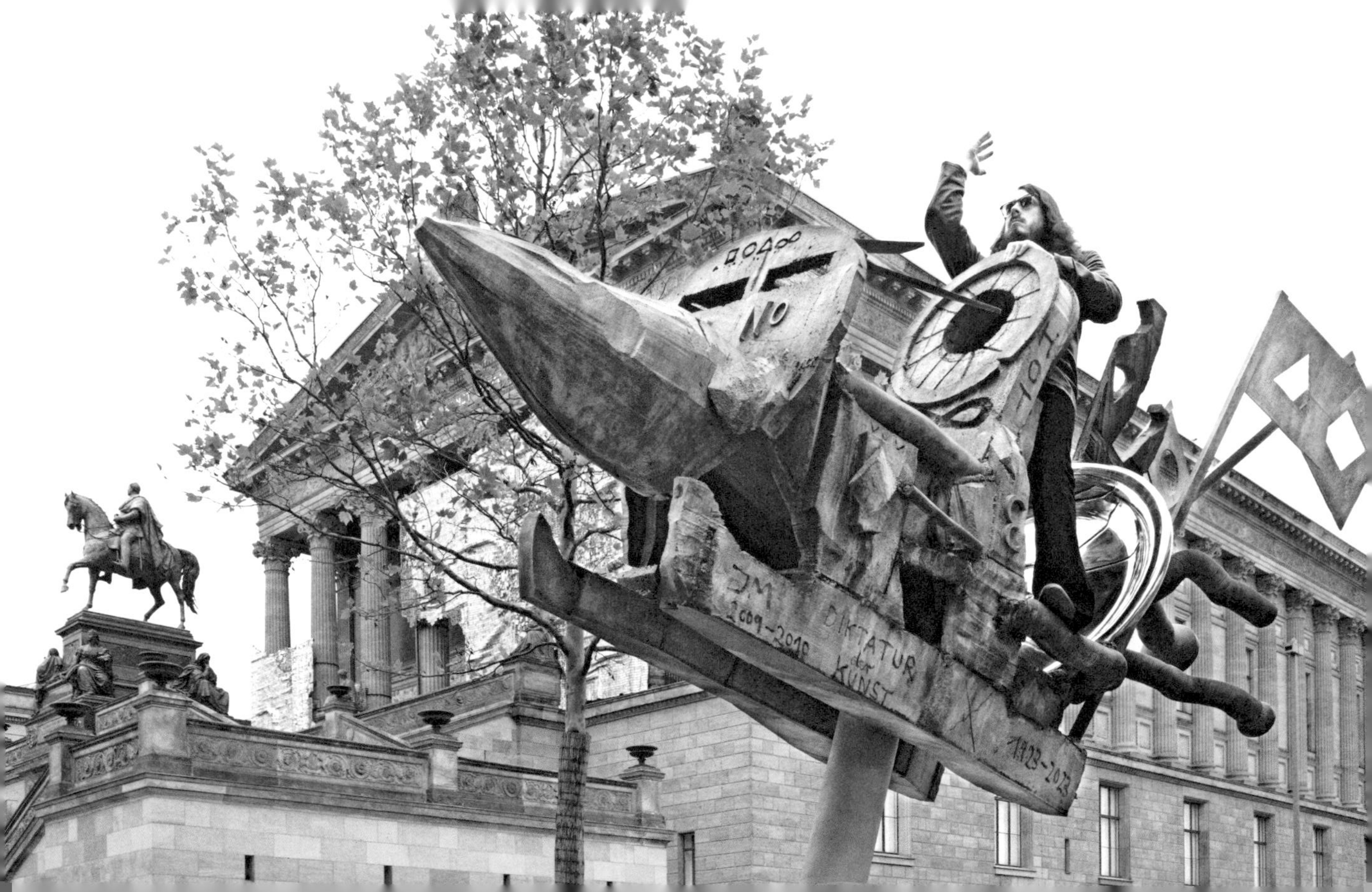
JM
2009–2010
DIKTATUR der KUNST
1923–2023

25. März – 3. Juli 2011: Beteiligung an der Ausstellung *The Magic of Clay – Ceramics in Contemporary Art,* Gl Holtegaard, Holte (Dänemark).

26. März – 31. Juli 2011: Beteiligung an der Ausstellung *Der heilige Augenblick / Il Santo Momento,* Museum am Dom, Würzburg.

20. April 2011: Performance *ERZREVOLUTION DICTATORSHIP OF ART: Die Diktatur der Kunst is the sound of the future says BABY de LARGE,* Admiral Freebee Festival, Antwerpen (Belgien).

1. Mai – 18. September 2011: Beteiligung an der Ausstellung *Aller Zauber liegt im Bild,* Museum Würth, Künzelsau.

3. Juni 2011: Talk mit dem Dramaturgen Klaus Bertisch, Stedelijk Museum, Amsterdam (Niederlande).

17. Juni 2011: Performance *SCHNABBELDISCHNAPP-AHAB RÄUMT AUF: Strullert die Pupsdemokraten von Bord! Ungeheime Kommandosache: Seegurken an Deck! Ahabgehorsam: Krillllgestanden! Zusatzbefehl an alle 68er: Fletcherchristchen mi nit on…,* Burgtheater, Wien (Österreich).

23. Juni – 12. August 2011: Beteiligung an der Ausstellung *Paul Clay, A Group Show,* Salon 94, New York (USA).

30. Juni 2011: Performance *Der 1. BABYSOLDAT der DIKTATUR der KUNST, ZUSTANDMEESE, STEHT IMMER STRAMM (STRAMMMMMEESEL strullert: Demokratisiert mi nit on),* Donaufestival, Krems (Österreich).

2. Juli – 30. August 2011: Beteiligung an der Ausstellung *Deutsch,* Galerie Crone, Berlin.

20. Juli – 3. August 2011; 10. Dezember 2011 – 30. Januar 2012: Beteiligung an der Ausstellung *Berlin – Klondyke*, Klondike Institute of Art & Culture – Odd Gallery, Dawson City / Yukon (USA); Art Center, Los Angeles (USA).

22. Juli – 7. August 2011: Ausstellung *Animalisma-Renda-Propaganda-Muminalisma Full bio-logisch Metabolismmmm im Maul (Mirananny, Mirandaddy, Noradaddy)*, Conceptual Art Centre Bukovje, Postojna (Slowenien).

27. August 2011: Ausstellung *ERZHAUS ›SPEICHELCHEN‹, 1000 LECKERLIS DE MEES' DES MÄDCHENTRAUMAT-MOSOZ (NIEDERGANG DES HAUSES ›UNGEHORSAM‹)*, Künstlergespräch mit Bazon Brock, Chesa Planta, Samedan (Schweiz).

»Es mag zunächst merkwürdig erscheinen, dass Jonathan Meese sich der Nietzsche-Kernland-Vorstellung unterordnen will. Aber es ist faktisch biografisch tatsächlich so. Eines Tages ging ich auf der Chastè spazieren, ich torkelte in Nebelschwaden, es war schon dämmerig, durch die Gegend und ich stieß auf einen Herrn. Das war Jonathan, dem ich dann zeigte, wie man heraus kam aus der Chastè, zurück in das damalige Quartier mit Mami. Er war ihr nämlich leichtfertig entwischt, um die Welt alleine zu erkunden. Das war im Nebel auf der Chastè etwas schwierig. Das zweite Mal traf ich ihn in den Winterferien in Sils Maria, wo Mami und er im Waldhaus logierten wie viele andere Künstler zu der Zeit. Als wir auf der Malojaebene spazieren gingen, gelang es mir zum ersten Mal, ihm Nietzsches Idee vom großen Metabolismus darzulegen. Nietzsche hat ja entdeckt, dass der ganze theologische Hokuspokus vollkommen überflüssig ist. Denn wer zu seinem Steak oder zu seinem Salat auf dem Teller oder zu seinem Wein im Glas nicht sagt, ›Du bist mein Leib, du werde mein Blut!‹, der wird jämmerlich verhungern und verdursten. Das heißt, dass die große Formel des katholisch-pathetischen Wandlungsgeschehens – ›Dies ist mein Leib, dies ist mein Blut ...‹ – etwas ist, was die Naturerfahrung uns vorgibt:

Wir müssen die Welt anverwandeln, also zu unserem Leib und Blut machen, um überhaupt leben zu können. Das ist Metabolismus. Ich kenne Jonathan Meese seit nunmehr zehn Jahren als denjenigen, der im Sinne von Nietzsche die größte Herausforderung an unser Ausweichverhalten stellt. Er ruft uns dazu auf, uns nicht mehr auf die geniale Urheberschaft des Individuums zu berufen, wenn es um Werkschaffung, Politik- oder Finanzmarktgestaltung etc. geht, sondern jetzt endlich zu kapieren, dass auch die Kunst von den Logiken der Evolution nicht ausgenommen ist. Sowohl die Politik als auch die Wissenschaft hinken weit hinter dem evolutionären Geschehen, genannt ›der Markt‹, hinterher – genau so wie sie früher dem Schicksal oder dem Gotteswillen hinterherjagten. Das heißt, dass Jonathan der größte Nietzscheanische Provokateur des Nachdenkens ist, des Nachdenkens über die Frage: ›Wie kommen wir dazu, überall die Darwin'sche Evolution zum Kernbegriff unserer Weltverhältnisse zu erklären und ausgerechnet die Kunst vom evolutionären Geschehen auszunehmen?‹ Die ›Ameise der Kunst‹ ist ja die Rückstufung des bohèmehaft-genialen Urhebers der Welt – des Künstlers – auf die Ebene evolutionären Prozessgeschehens. Jonathan provoziert also sowohl die gesamte Kunstwelt, die ihrem eigenen Selbstverständnis zufolge alles genialer individueller Urheberschaft zu verdanken hat, als auch sämtliche Künstler, die sich als gnadenlose Konkurrenz Gottes zu verstehen geben. Als Ich-Behaupter, als Ich-Bastion. Jonathan Meese stuft das auf die Ebene zurück, auf die schon Darwin es gebracht hat und auf die auch die Gehirnforschung und die Ökonomie es inzwischen gebracht haben, die ja beide nicht mehr von Herrn X oder Herrn Y als den großen genialen Schöpfern der Finanzmarkttransaktionen sprechen, sondern vom System.
Was passiert, wenn wir den letzten Rettungsanker unserer humanistischen Weltvorstellung – nämlich die Kunstwelt, getragen vom individuellen, genialen, einzelnen Urheber – nehmen und sie nun auch noch unter das allgemein akzeptierte Erkenntnispostulat der Evolution stellen? Wenn Meese sich selbst als ›Ameise der Kunst‹ bezeichnet, dann ist er nicht mehr *der* Genius, sondern er ist *ein* Diener, *ein* Akteur innerhalb eines großen

dynamischen Stroms. Auf diese Weise kann er jeden, der glaubt, dass er mit seiner genialen individuellen Geste eine Setzungshandlung im Fichte'schen Sinne begehen könnte, von der ausgehend die Weltgeschichte neu erklärt werden würde, wirklich in radikaler Weise auf das herunterstufen, was dahinter steht: die Evolution. Die Großmaulerei, die Großtuerei der Künstler hört damit auf. Das heißt, dass wir nicht länger von den Dynamiken der Kultur kontrolliert werden, dass wir keine Sklaven der dogmatischen Durchsetzung eines Herrschaftsanspruchs, eines Glaubensanspruchs, eines Regelanspruchs mehr sind, wie die Gesellschaft sie entwickelt, sondern dass wir als Künstler und Wissenschaftler rausgehen aus den Diktaten der Kultur und Religion, dass wir uns von deren Behauptungen abkoppeln und die Behauptung der Autonomie dagegen setzen. Das für mich radikalste provokative Geschehen geht gegenwärtig von Jonathan Meese aus, und zwar, weil er mich jeden Tag mit meiner schönen Illusion konfrontiert, dass ich mich noch an humanistische Ideen klammern könnte, an das selbstverantwortliche autonome Individuum als Künstler, als Wissenschaftler, abgekoppelt von der Theologie, von der Kultur, vom Markt, von jeder Bestätigung durch Markterfolge, durch Zuspruch der Mächtigen, durch die Presse oder andere Medien etc. Wie Nietzsche die theologisch wahnhafte Jungfernschaft des 19. Jahrhunderts gezwungen hat, zwingt Meese mich dazu, mich mit den harten Tatsachen der Evolution im Darwin'schen Sinne auseinanderzusetzen. Wenn Sie das im Einzelfall verfolgen wollen: Zum Beispiel im Design hat Darwin eine ungeheuerliche Bedeutung für die Entwicklung dieses Gedankens. Die Designer haben inzwischen längst anerkannt, dass der Grundvater der Begrifflichkeit des Design kein anderer als Darwin ist. Die Formel ›Survival of the fittest‹ heißt ja gerade nicht, dass der Stärkere überlebt, sondern der Bestan- bzw. Best*ein*gepasste: ›To fit into‹. Es geht also darum, sich den Voraussetzungen, die von der Evolution vorgegeben sind, am besten einzupassen. Meese ist so ein ›To fit into‹. Der passt sich ein. Der Witz dabei ist, dass Jonathan psychisch so stark ist, dass er es sogar aushält, sich den Konsequenzen der Betrachtung von Kunst und Kunstwissenschaft als bloß evolutionärem

Prozess ohne die Teilhabe der Individuen als Genies, als Einzeltäter, zu stellen. Er ist psychisch so stark, dass er es aushält – wie die Evolution – ins Blaue hinein zu experimentieren und reihenweise Kitsch, Dreck, Abfall, Müll, Unartikuliertes zu behaupten und sich selbst zu sagen: ›Evolution Scheiterhaufen!‹ Er verzichtet sogar darauf, zu behaupten, dass etwas bedeutsam sei, weil er es äußert. Das sind wirklich radikale Positionen, die noch lange, lange brauchen werden, bis wir uns auch im Bereich der Wissenschaften und der Künste dem Gedanken Darwins anschließen, dass keinerlei individuelle Intervention, keinerlei Setzungshandlung im Fichte'schen Sinne mehr vorgenommen werden kann. Selbst mithilfe von riesigen Heeren lässt sich nichts mehr als Weltbehauptung durchsetzen. Das ist die letzte Illusion, die Nietzsche im Hinblick auf Wagner zu knacken versuchte, indem er sagte, dass eine Operette mit Hopsasa und Trallala evolutionär gedacht viel bedeutsamer sei als die ganze Wagnerei. Es bedarf offenbar solcher Individuen, welche die Kraft haben, die unglaubliche, radikale, terroristische Wahrheit und den Terror der Wahrheit zu ertragen – und diesen im Grundsatz sogar herauszufordern. Alle Konkurrenten von Meese haben sich längst anders entschieden. Nehmen sie etwa Anselm Kiefer im Jahr 1985. Plötzlich fängt der an, die Themen der jüdischen Kabbala aufzunehmen, von der er im Grunde überhaupt gar keine Ahnung hat. Aber er spürte instinktiv, dass die Zeit gekommen war, wo er die Autonomie des künstlerisch-wissenschaftlichen Arbeitens nicht mehr brauchen konnte. Wo er wieder zurückwandeln musste unter den Schutzmantel der Kultur und theologischer Traditionen. Kiefer hatte bemerkt, dass die Künstler ohne kulturelles *Backing* nichts mehr wert sind, dass sie nichts mehr bauen können. Es gibt also eine zweite große Bewegung, dass sich alle – nicht islamistisch, sondern christlich gesehen – wieder unter die Fittiche von Kultur und Theologie begeben, um sich selbst Bedeutung zu geben. Kiefer ist das mahnende Beispiel dafür, was dabei herauskommt, wenn sich jemand im Angesicht von 7.000 Jahren kultureller Zivilisation und kultureller theologischer Kontinuität seine eigenen Ohnmacht eingesteht und förmlich schreit: ›Ich komme mit meinem Salat nicht weiter!‹ Denn dann kommt genau der Kitsch heraus, der da produziert wird. Der Kitsch ist aber höchst bedeutend, ja, der Kiefer-Kitsch ist höchst bedeutend. Genauso wie auf der anderen Seite Jonathan Meese höchst bedeutend ist. Diejenigen, die stark genug sind, die Evolution endgültig auch auf die Arbeit des Künstlers anzuwenden und zu sagen: ›Wir sind alle nur Ameisen, Partikel im Strom der Entwicklungsdynamiken. Wir betrachten das System Kunst auf die gleiche Weise wie das System der Entstehung von großen evolutionären Entfaltungsschritten, wie das Entstehen der Vogelarten aus den Dinosauriern etc. Wir sind Partikel innerhalb dieses Geschehens, weil wir psychisch stabil genug sind.‹ Und das ist der Künstler: ›Ich bin hart genug, stabil genug, intelligent genug, um all das anzuerkennen, was gegen meinen eigenen Durchsetzungswahn spricht.‹ Und deswegen ist Meese bedeutend. Kiefer steht auf der einen Seite als Prototyp für alle, die sich wieder zurückflüchten in die Kultur, in die zivilisatorische Hülle des religiösen Bramarbasierens, von dem Nietzsche längst gesagt hat, dass es ›nichts anderes als Altersfaktizität‹ sei. Und Meese steht für die andere Seite, er flüchtet sich nicht in die Religion, er flüchtet sich nicht in die Kultur, er flüchtet sich nicht wieder in den Schutz der großen ornamentalen Gestaltungstradition, die 7.000 Jahre alt ist, während die Kunst erst seit 600 Jahren existiert.« [45]

9. September – 15. Oktober 2011: Beteiligung an der Ausstellung *Gute Hoffnung*, Galerie Sabine Knust, München.

10. September – 16. Oktober 2011: Beteiligung an der Ausstellung *A paper trail*, Cultuurcentrum de Werft, Geel (Niederlande) / Cultuurhuis De Warande, Turnhout, (Belgien).

11. September 2011 – 8. Januar 2012: Ausstellung *JONATHAN MEESE. TOTALSTE GRAPHIK. Die ›Diktatur der Kunst‹ ist immer Totalstgraphik als versachlichte Führung, wie geil…*, Lyonel-Feininger-Galerie, Quedlinburg.

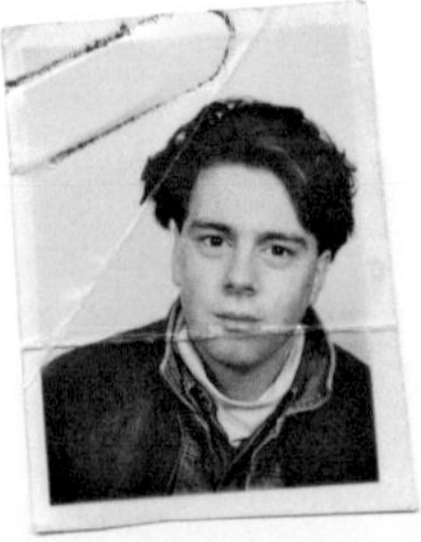
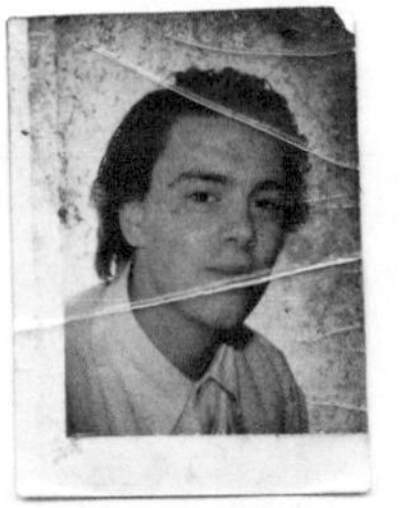
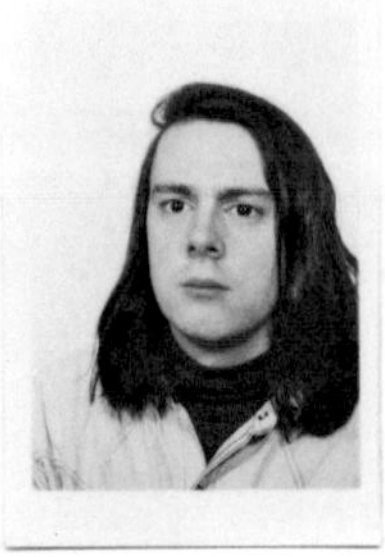
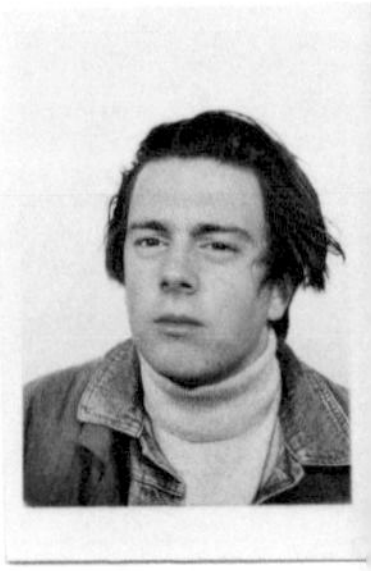
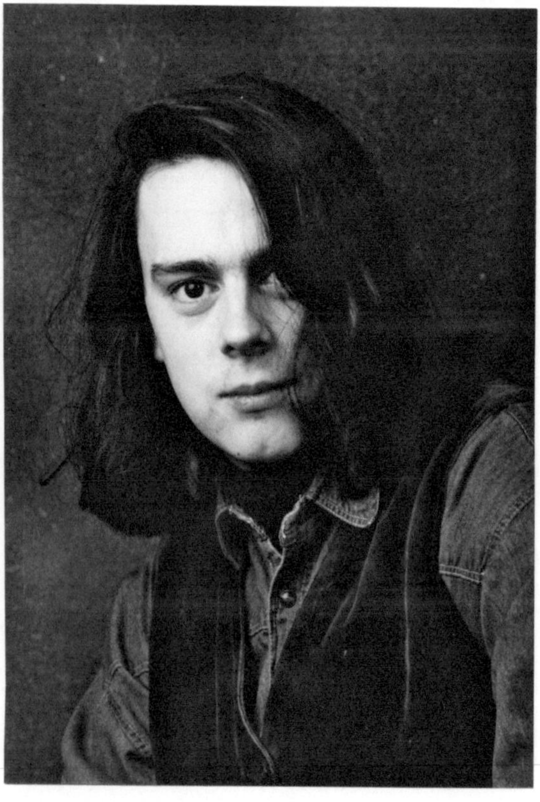
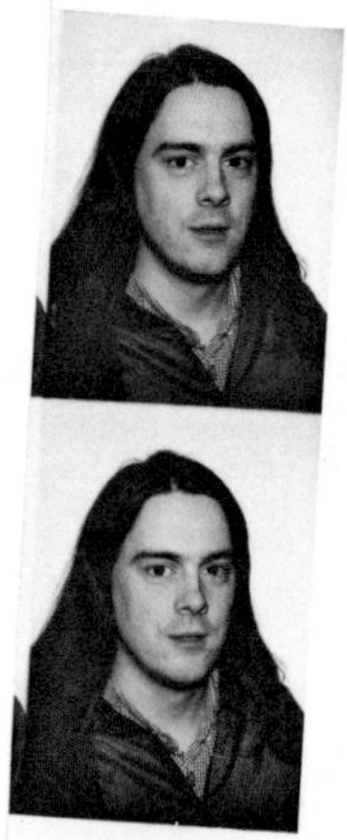
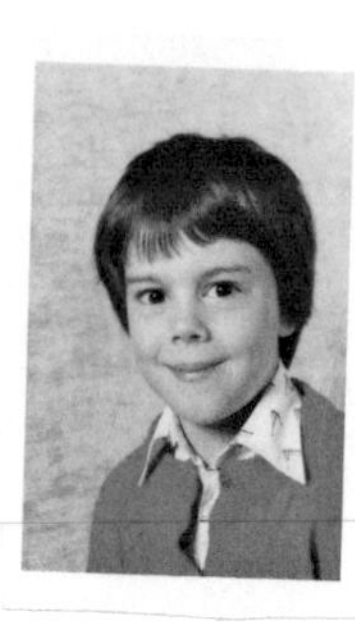

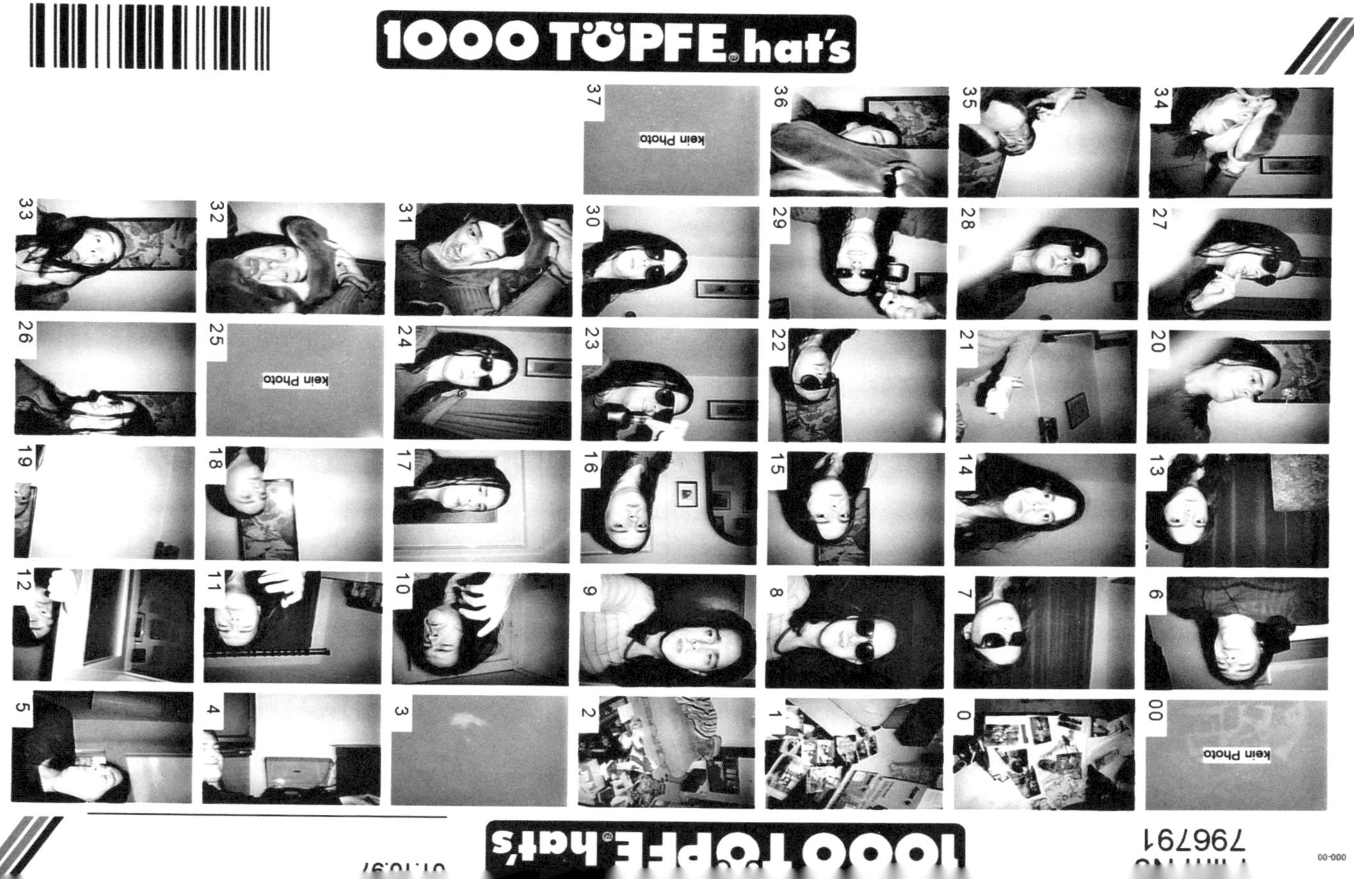
1000 TÖPFE hat's
kein Photo
796791

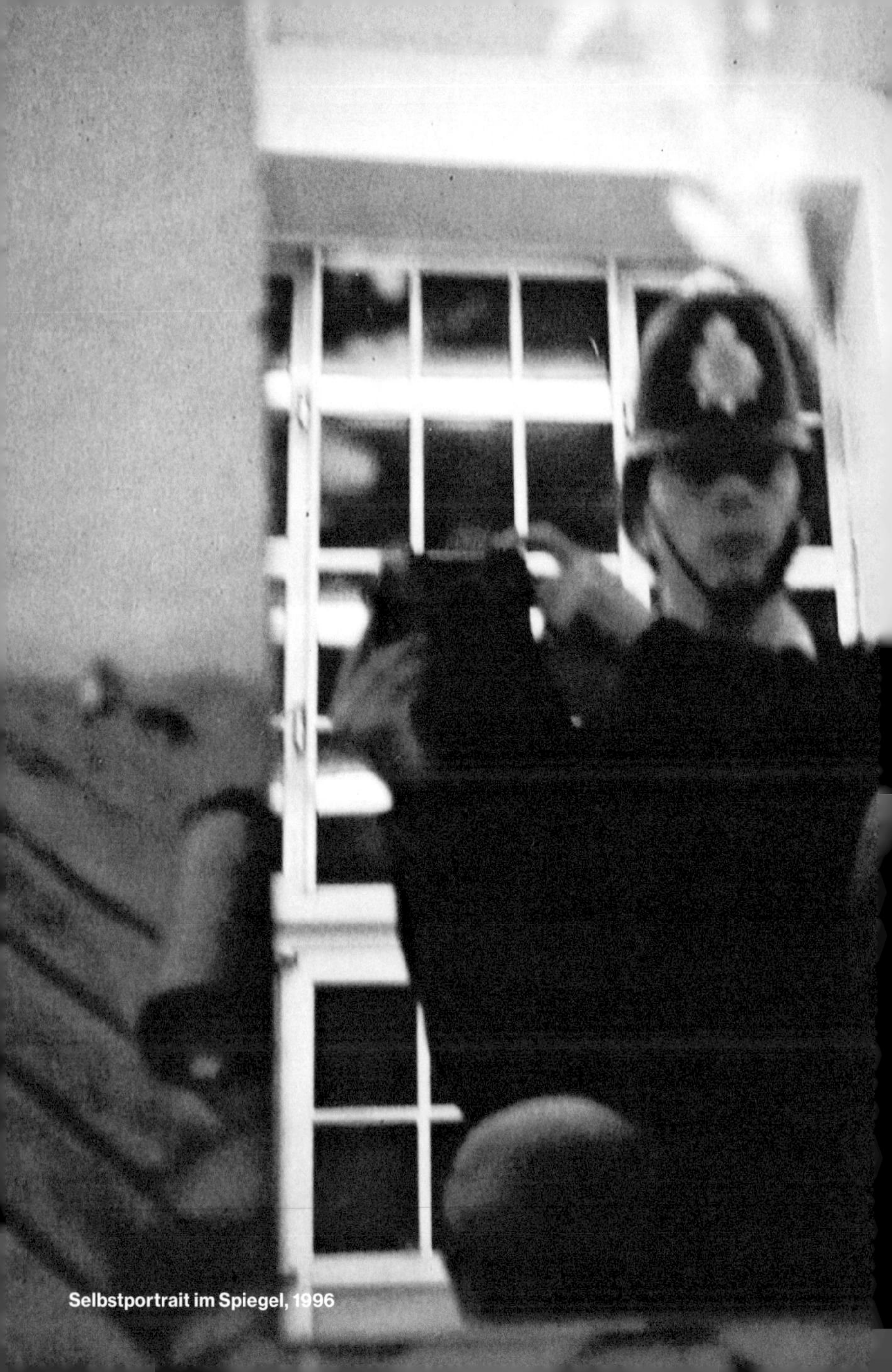

Selbstportrait im Spiegel, 1996

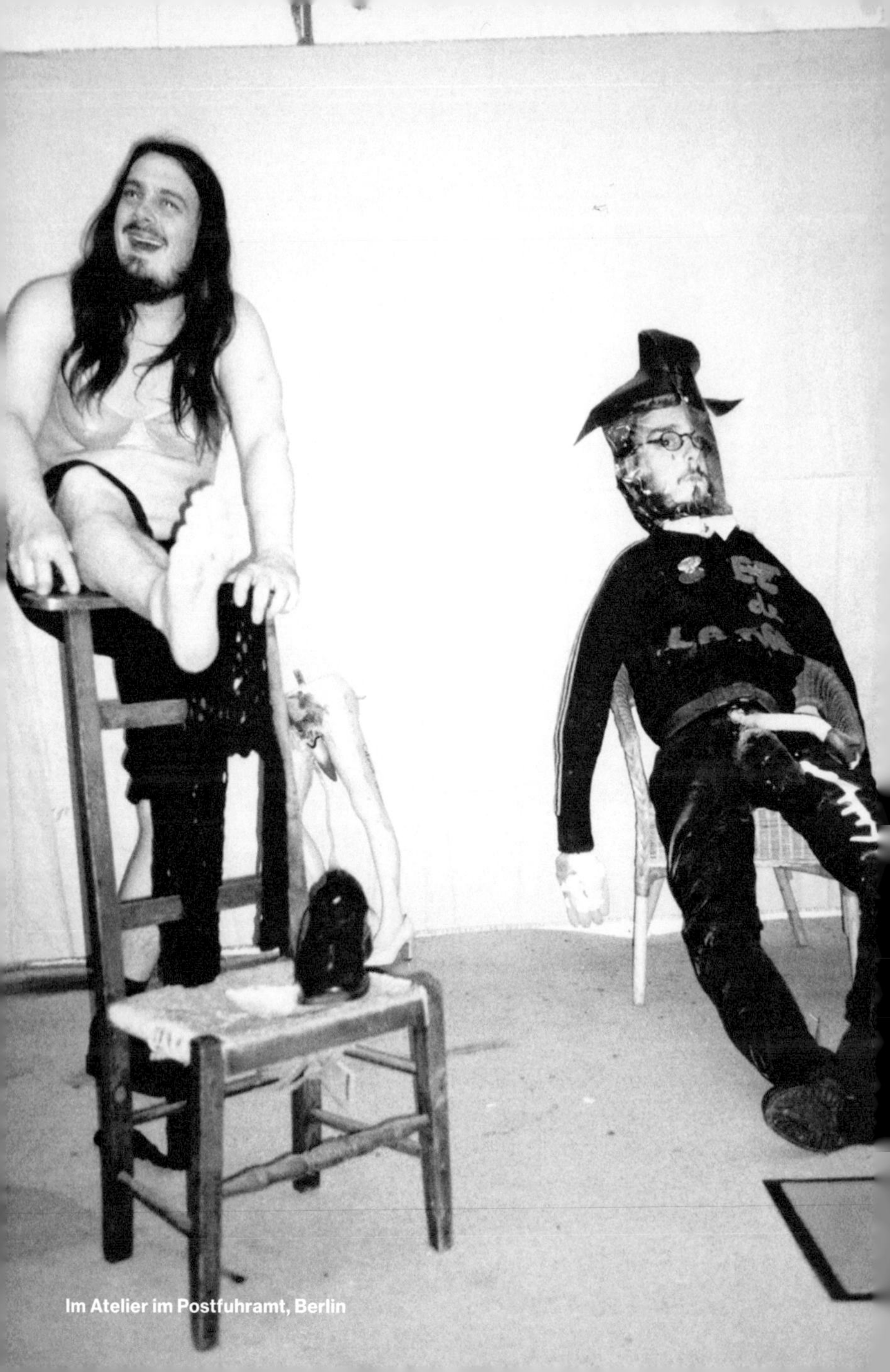

Im Atelier im Postfuhramt, Berlin

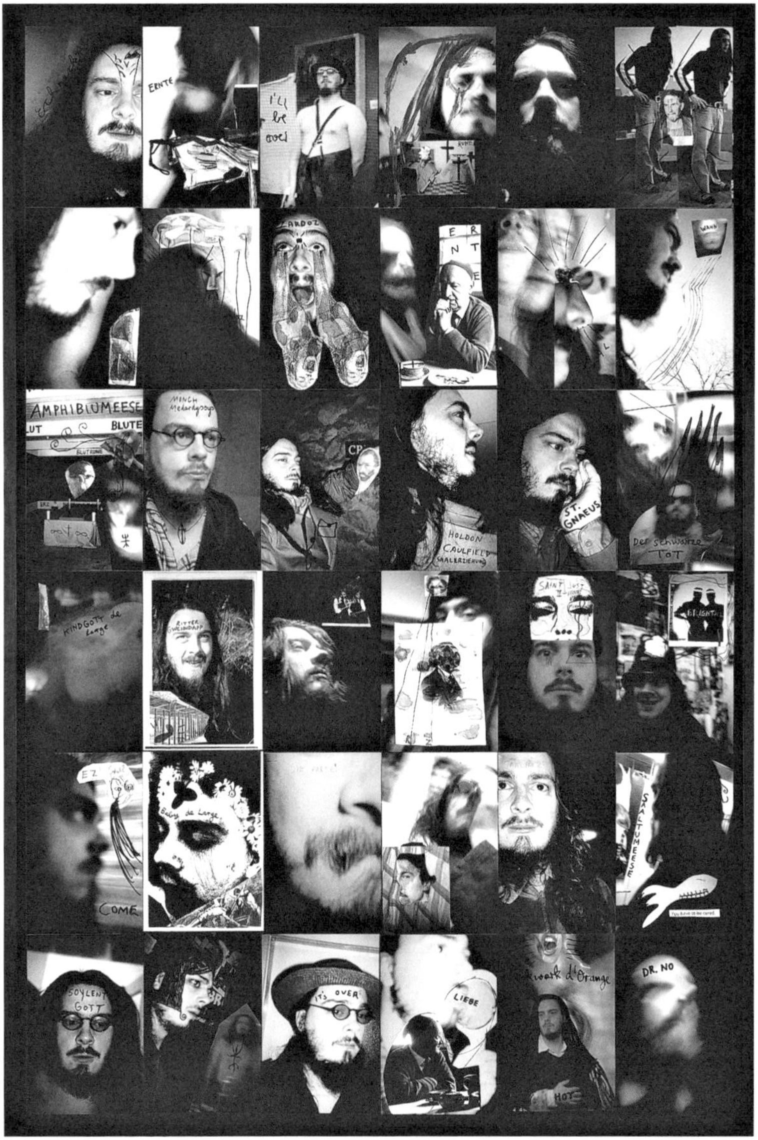

Sankt Ich II, 2002
Foto, Collage
190 × 132 cm

15. September – 29. Oktober 2011: Beteiligung an der Ausstellung *Eyes Wide Shut. Contemporary Drawings from Germany*, Johannes Vogt Gallery, New York (USA).

1. Oktober 2011 – 15. Januar 2012: Ausstellung *TOTALZELBSTPORTRAIT,* Gemeentemuseum – Museum of Contemporary Art, Den Haag (Niederlande).

»Die Selbstporträts nehmen allein schon quantitativ eine besondere Stellung im Werk Jonathan Meeses ein. Bereits an der Kunstakademie beginnt er, sich selbst in immer neuen Rollen fotografisch festzuhalten und verwendet die Abzüge seines Konterfeis in seinen wandfüllenden Installationen [...] Fungiert das Selbstbildnis bei ihm als Mittel einer selbstreferenziellen Inszenierung seiner Person? Allein die Zahl der Selbstbildnisse provoziert den Rückschluss auf ein narzisstisches Selbst [...] Und doch verhält es sich anders. Zwar spielt er [...] mit unterschiedlichen Rollen, jedoch leitet er daraus keinen künstlerischen Herrschaftsanspruch für eine außerhalb des Bildes liegende Realität ab. Das Rollenspiel dient auch nicht der Suche nach der eigenen Identität – im Gegenteil: [...] Meese fokussiert in seinem Werk [...] auf die ambivalente Macht des Bildes gegenüber der Realität. In diesem Sinne interessiert er sich nicht für sich in der Rolle, sondern für die Rolle an sich. Die These von der exzessiven Selbstdarstellung lässt sich noch weiter schwächen: Schon früh sucht Meese das Austauschbare, Überindividuelle in seinen Porträts hervorzuheben. So ersetzt er in *Soldat Meese ist Richard Wagnerz* [Abb. S. 166] sein Gesicht durch den Schädel, der uns, wie der Tod, alle gleich macht. [...] Im Laufe der Jahre reduziert Meese sein Bild auf die reine Linie; es bleiben die langen schwarzen Haare, der Bart und die Streifen der Adidas-Jacke als grafische Zeichen. Natürlich entsteht dabei eine Art Logo. Doch es deutet auf die Sache, das Bild, und nicht auf das Individuum und verweigert sich so dem narzisstischen Charakter der menschlichen Selbstfindung.« [46]

9. Oktober – 20. November 2011: Beteiligung an der Ausstellung *The Silver Show*, Neuer Aachener Kunstverein, Aachen.

4. November – 23. Dezember 2011: Ausstellung *HOT EARL GREEN SAUSAGE TEA BARBIE (FIRST FLUSH)*, Bortolami Gallery, New York (USA).
4. November 2011: Performance *WAR'SAINT JUST (FIRST FLASH).*

2012

12. Januar – 1. März 2012: Ausstellung *MARQUIS D'OCTAN (MISS MEESI-P-EGGY DOC DOGGY PIGGY DICK DICKSON DICK DUCKY IS IN TOWN)*, Bernier / Eliades Gallery, Athen (Griechenland).

15. Januar – 15. März 2012: Beteiligung an der Ausstellung *Graphik*, Galerie Catherine Putman, Paris (Frankreich).

4. Februar – 15. April 2012: Ausstellung *EVOLUTION de LARGE (ICH-TEA-OHHH-SAURYS)*, Kunstforeningen GL Strand, Kopenhagen (Dänemark).

15. März – 27. Mai 2012: Ausstellung *Totalste Graphik*, Akademie der bildenden Künste, Wien (Österreich).
15. März 2012: Performance *Der Non-Nostalg ›Meesevolutionär‹ spricht. Die Burschns gestattns a Evolutionussns.*

Die Performance zur Grafik-Ausstellung in Wien war schon sehr gut. Das war einfach eine Rede, eine programmatische, diktatorische Rede. Jan [Bauer] zeigt mir hinterher oft Filmausschnitte von den Performances, aber das ist dann immer schwierig für mich, weil ich merke, dass man es noch viel besser, noch viel, viel geiler hätte machen können. Aber es ist auch ein Ansporn. Ich weiß, dass das Distanzierteste das Geilste ist und am Ende übrigbleibt. Was an absolut gar nichts mehr anknüpft, das ist das Geilste. Wie ein

Klumpen Gold, Ahab, Lolita oder wie Hagen von Tronje. Das steht so solitär da, da ist sonst überhaupt nichts. Und genau deshalb bleibt es. Und Wagner ist auch völlig einzigartig. Den kann man auch nicht realfanatisch kritisieren, weil er so hermetisch der Kunst verpflichtet war. Die Kunst Wagners hat überlebt, die Politik Wagners nicht. Die Hermetik ist das Entscheidende, denn das Hermetischste bleibt. Was mit Nichts kommuniziert, schafft die stärksten Bilder. Aber das braucht Zeit. Manchmal will man ja, dass ein bestimmtes Bild übrigbleibt, aber das ist es dann nicht unbedingt – ich kann da gar nichts beeinflussen, das ist ja überhaupt nicht von meinem Willen und Wollen abhängig.
Ich war wahrscheinlich schon immer so, wie ich bin. Ich musste einen Beruf finden, oder eine Sache finden, die mich zu anderen Menschen auf Distanz halten kann. Deshalb spielt sich Kunst an mir ab, weil dann immer etwas zwischen mir und den anderen steht: eine Zeichnung, ein Text, eine Skulptur, eine Performance. Ich kann immer sagen: »Hey, es geht hier gar nicht um mich! Hier, das ist das Ding, um das es geht. Nimm's mit nach Hause, und wenn du es scheiße findest, schmeiß es weg, aber lass mich damit in Ruhe.« Ja, eigentlich ging es immer nur darum: »Lasst mich doch bitte in Ruhe! Bleibt einfach weg! Sperrkreis, Bunker und Waldeinsamkeit.« Dass ein Objekt zwischengeschaltet wurde, war das Wichtige. In der Religiosität hätte ich deshalb niemals bestehen können – ich sollte zwischenzeitlich ja mal Jesuit werden, zumindest sollte ich bei den Jesuiten in München universal ausgebildet werden. Ich wäre wahrscheinlich Mönch Medardus geworden. Aber in der Religion gibt es keine Zwischenschaltung, da gibt es nur dich und Gott. Und das ist zu nah, zu intim, zu ekelig, zu spekulativ. Das ist zu ichversaut, das interessiert mich nicht. Ich bin nicht das Besondere, das zwischengeschaltete Ding ist das Besondere, aber auch nichts Heiliges. Und das hat sich im Laufe des Kunststudiums herauskristallisiert. Aus genau dem Grund kam auch so viel Material zum Einsatz, es musste eben ganz viel zwischengeschaltet werden. Je mehr desto besser, die Pufferzone wurde immer größer. Aber jetzt merke ich, dass es gar nicht um die Dicke der Pufferzone geht, sondern allein darum, dass es das Geilste ist – dieses eine Blatt. Ein Foto von Adolf Hitler kannst

du immer zeigen, da hast du sofort Millionen von Menschen gegen dich. Das kannst du einfach zeigen: »Hier hey, das ist es!« Dann hast du diese Leute gleich schonmal weg und kannst dich um die anderen kümmern. Und es läuft ja immer gleich. Du musst immer sagen: »Ach so, du bist Politiker, weg! Du bist Religion, weg! Du bist also Ideologie, weg! Du bist Esoteriker, weg! Du bist Okkultist, weg!« Diese Abgrenzungen sind alles nur Mechanismen, um in Ruhe gelassen zu werden und um von diesen Mitläufertypen nicht mehr genervt zu werden. Also immer sagen: »Hau ab, du Ideologenstussi! Hau ab, du Kackarsch, du bist doch einfach nur ideologieversaut, also ein Anbiederer! Da musst du durch, nicht ich.« Und da musste ich Mittel und Wege der Abgrenzung und Selbstausgrenzung finden. Am Anfang habe ich das durch Üppigkeit, durch ganz viel Material gemacht. Mache ich jetzt immer noch teilweise, aber jetzt kann ich es auch mit einem Bild. Und mit Schurken, wie Nero und Caligula, geht die Distanzschaffung ganz einfach. Also im Haltlosen Freunde zu finden, ist ganz schön schwierig. In der Kunstwelt habe ich die fast nie gefunden. In der Kulturszene ist das der Punkt, wo die Leute sofort gehen. Da bleiben nur die, die wirklich hermetisch sind und die wissen, was das für eine Spielkarte ist, die ich da ziehe: Im Diktatorenquartett ist Hitler nämlich der Joker. Das ist ein Kartenspiel für Kinder. Mit Adolf spielst du da immer den Blitztrumpf. Immer! Mit wem sollte man auch sonst den Blitztrumpf spielen können? Mit Wagner, Nietzsche und Marquis de Sade und Mutter geht es auch. Das, was ich sage, ist keine Lebensphilosophie. Das ist übrigens auch ganz wichtig, das ist nicht mein Ding, zum Guru tauge ich nicht. Es gibt ein paar Leute, die mitmachen wollen, aber die sind alle verrückt, die suchen alle nur einen Gott. Aber das kann ich ihnen nicht bieten. Also, wenn es nur um Vitalität geht – Vitalität ist übrigens auch ein ganz wichtiges Wort –, dann setzt sich immer das Vitalste durch. Das Vitalste muss aber nicht zwangsläufig auch das Stärkste sein. Das kann ein Gegenstand sein oder auch nur ein Schrei oder ein Gebrüll. Also, mich schaltet das Gebrüll von Adolf Hitler ja total an. Manche können das ja überhaupt nicht ertragen. Ich sehe das aber animalisch, nicht moralisch. Für mich ist das Gebelle wie so eine Rhythmusgeschichte,

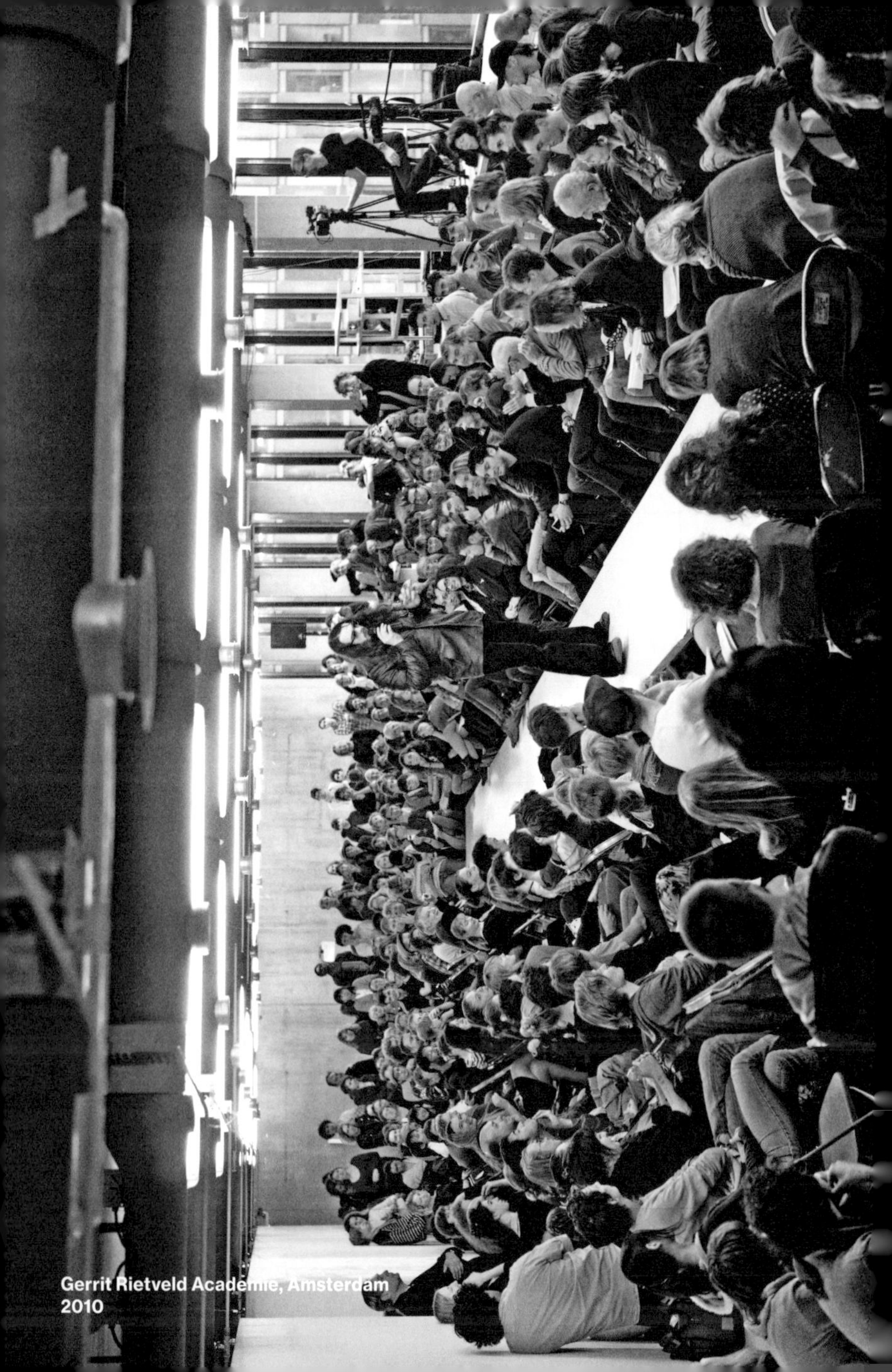

Gerrit Rietveld Academie, Amsterdam
2010

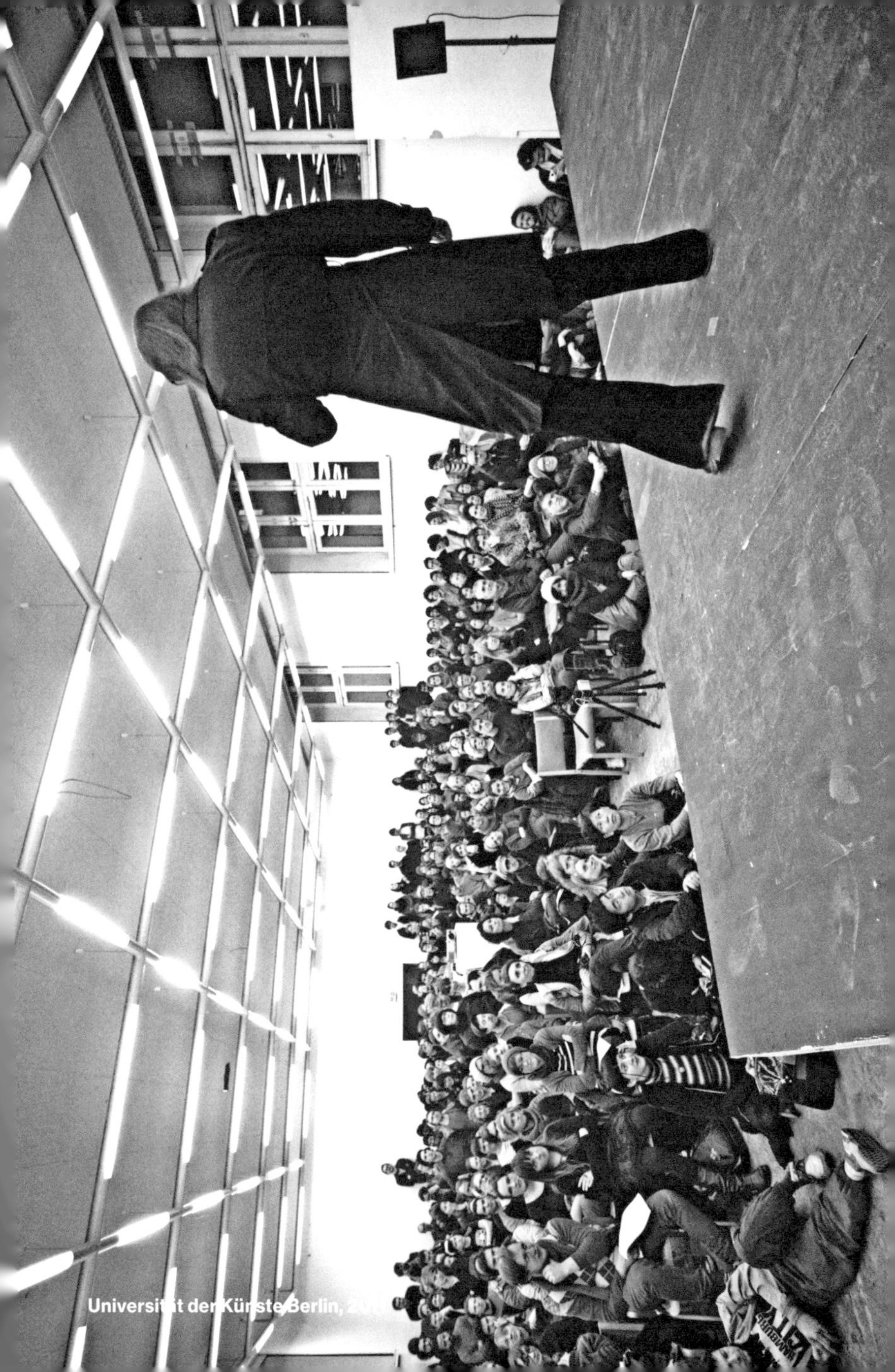

Universität der Künste Berlin, 20

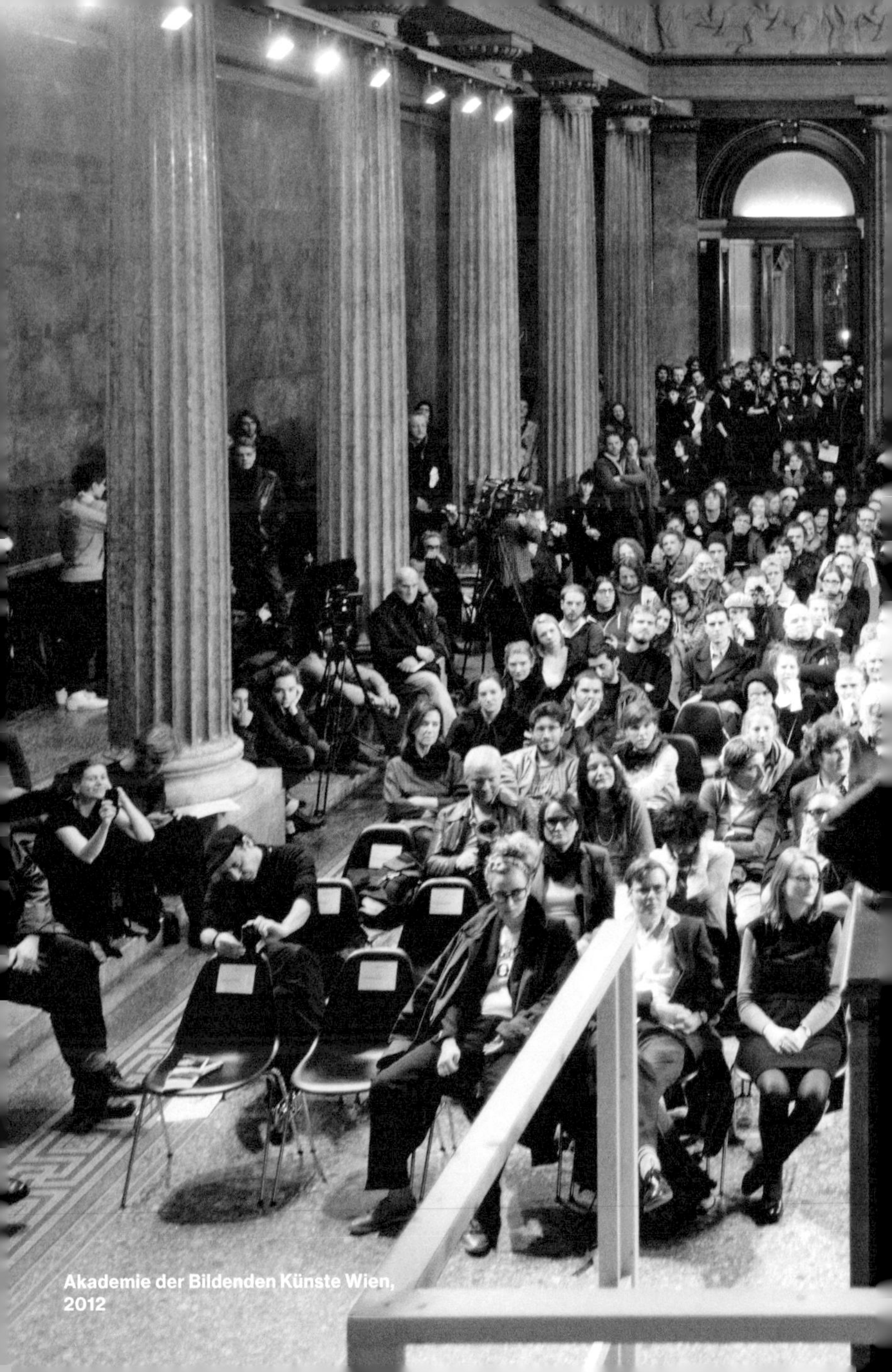

Akademie der Bildenden Künste Wien, 2012

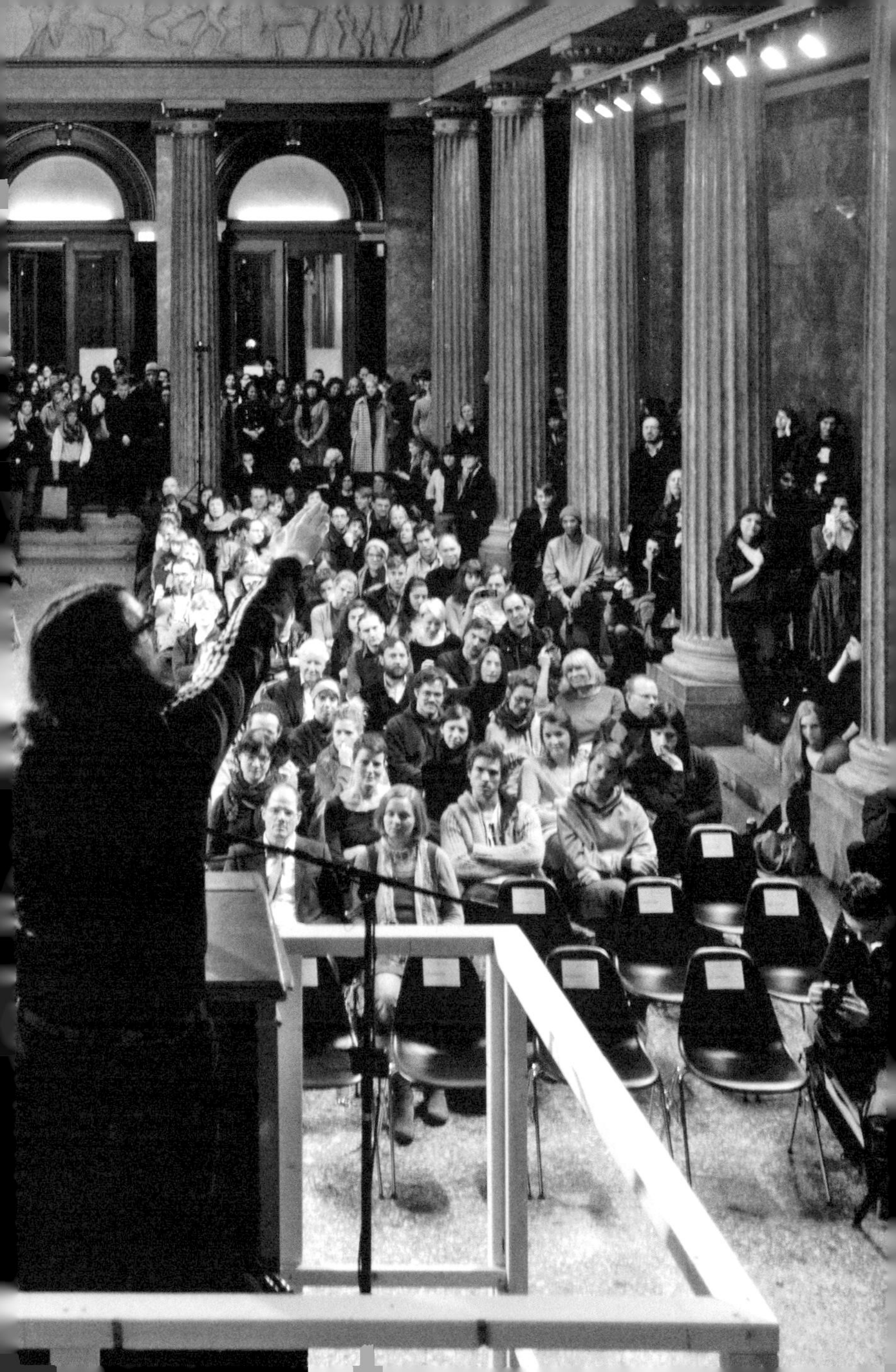

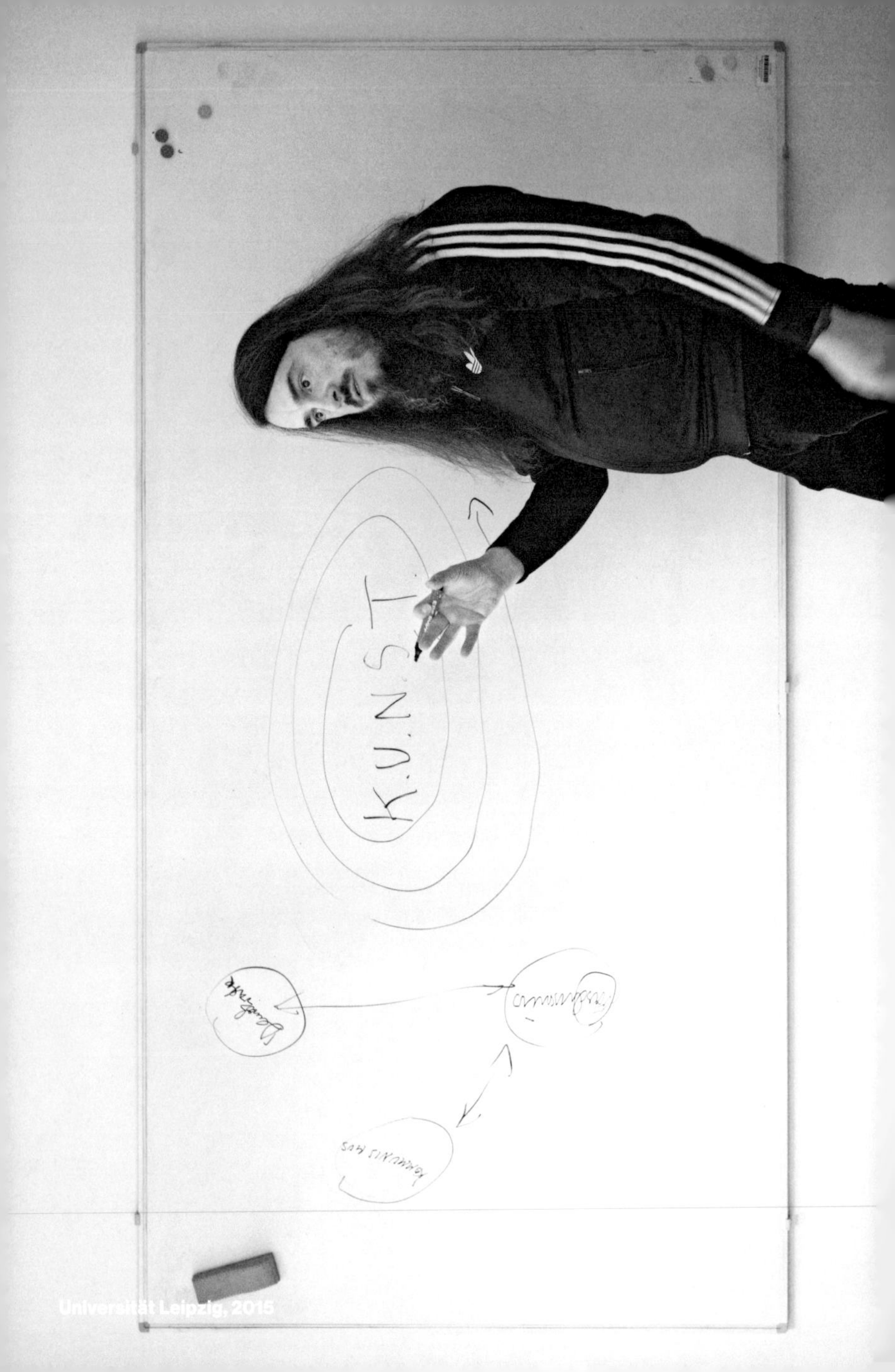

Universität Leipzig, 2015

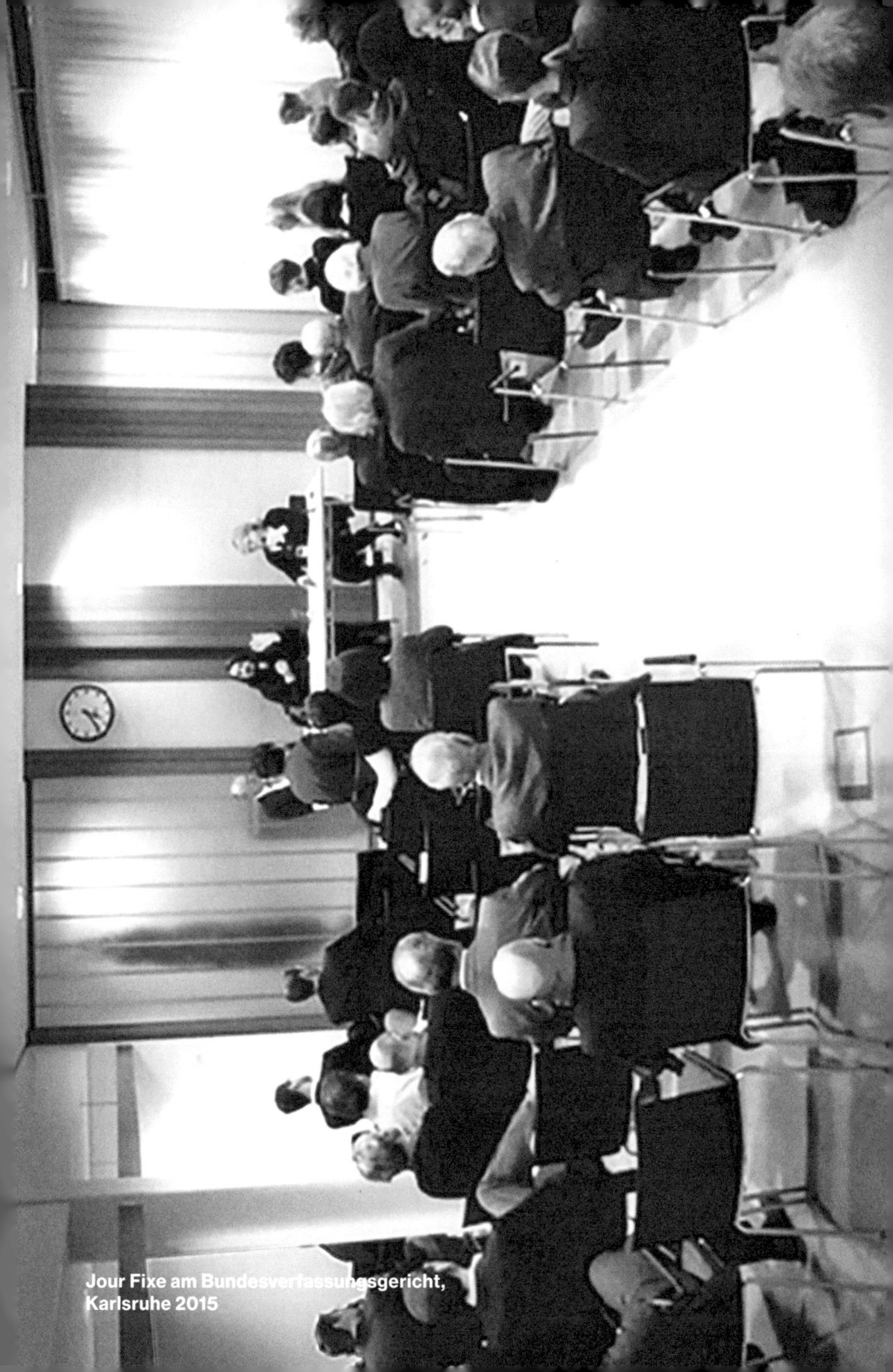

Jour Fixe am Bundesverfassungsgericht,
Karlsruhe 2015

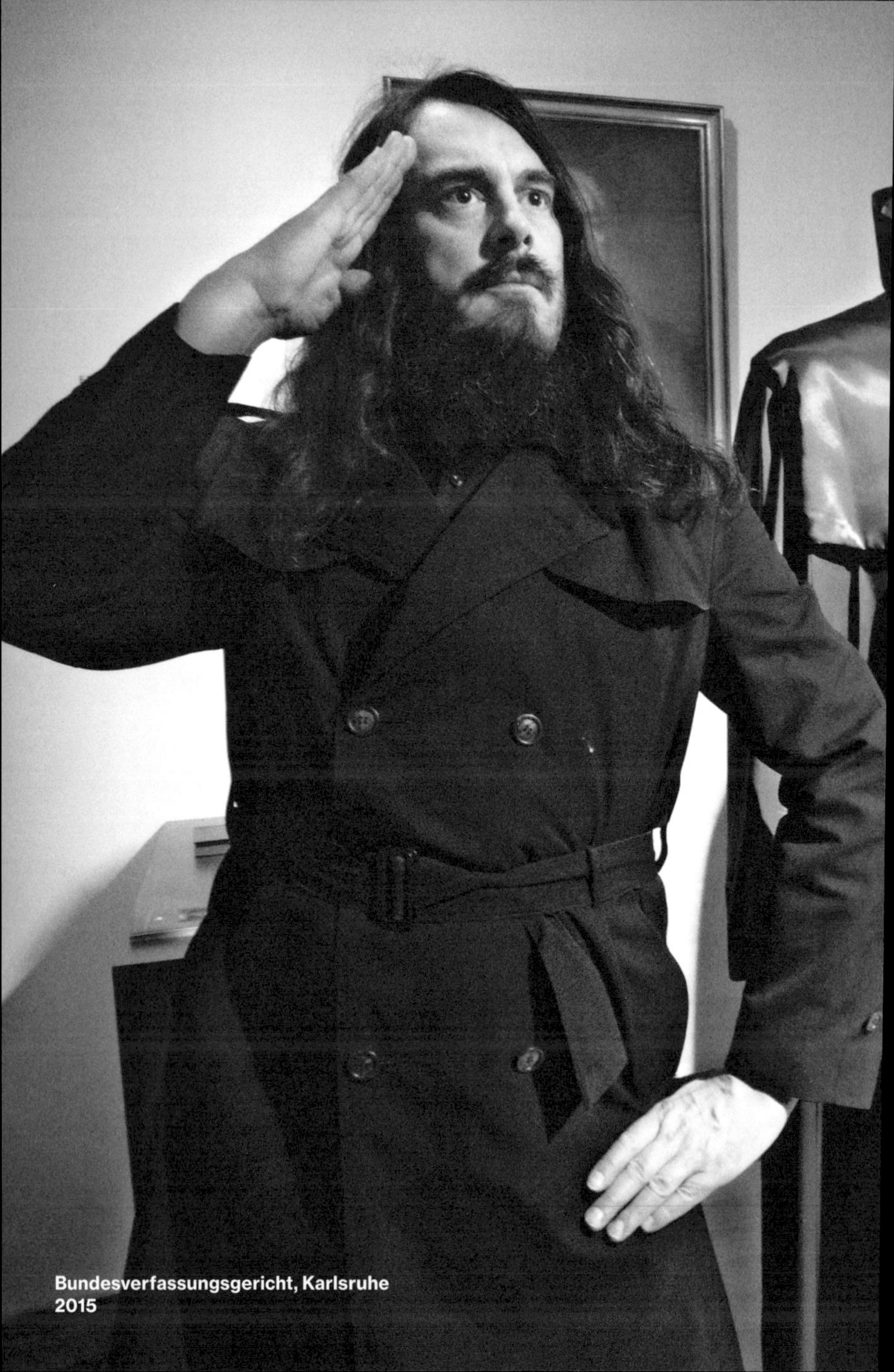

Bundesverfassungsgericht, Karlsruhe
2015

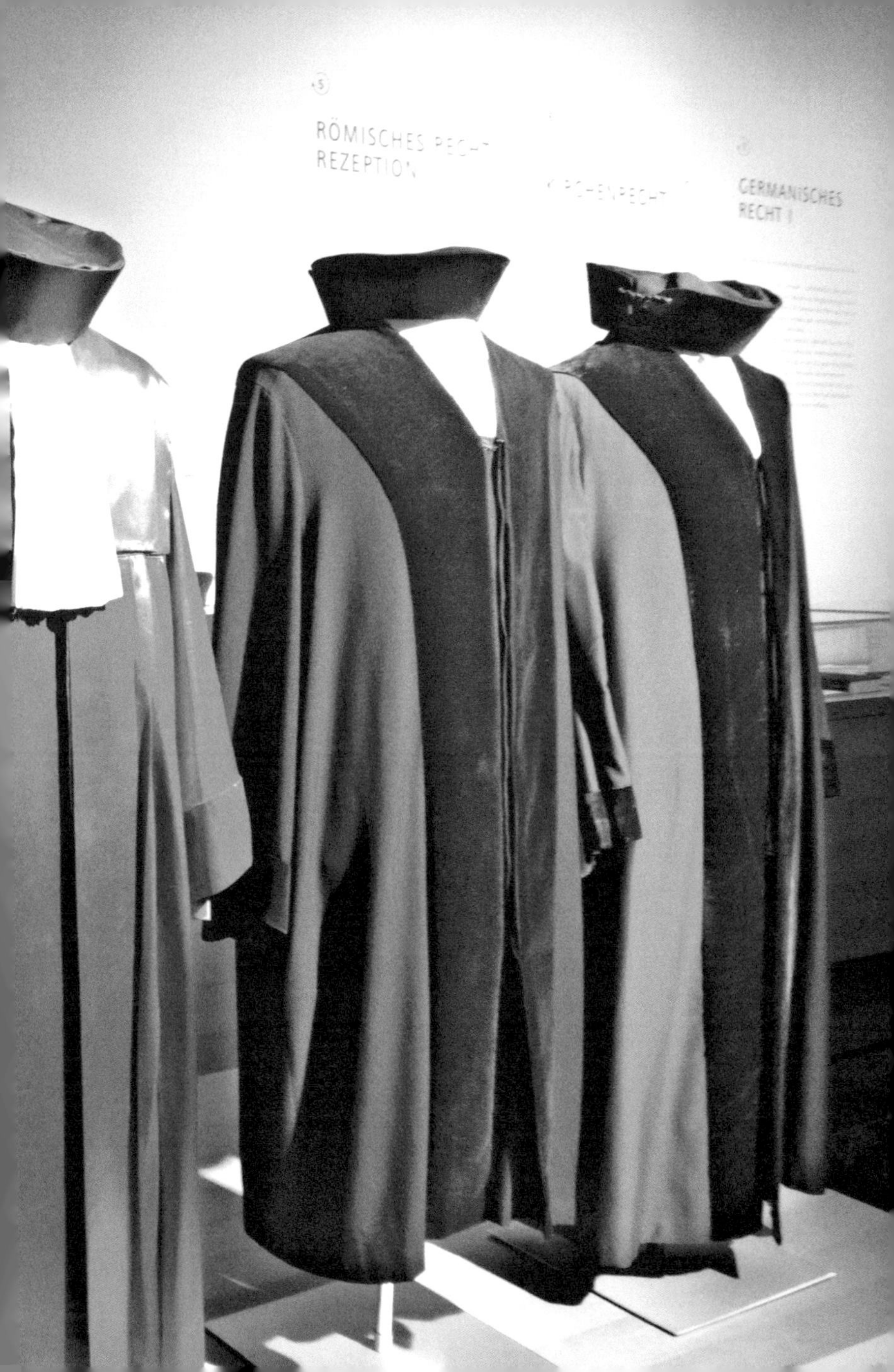
RÖMISCHES
REZEPTION
GERMANISCHES
RECHT I

wie ein Taktgeber, also ein Trommelschlag auf der Kunstgaleere: bumm, bumm, bumm. Und der Wagner ist das auch.

18. März – 10. Juni 2012: Beteiligung an der Ausstellung *Zeitgegenstände. Kultur baut Europa. Wolfgang Rihm*, Städtische Galerie Karlsruhe.

23. März – 24. Juni 2012; 15. September 2012 – 10. März 2013: Beteiligung an der Ausstellung *ARTandPRESS* mit der Installation *FREI NACH SCHNAUZE, 1. PRESSESTALL: KUNST IST TOTALSTSPIEL*, Martin-Gropius-Bau, Berlin; ZKM | Zentrum für Kunst und Medientechnologie, Karlsruhe.

28. März – 20. April 2012: Ausstellung *ERZERZERZMUSIK de LARGE*, Galerie Karlheinz Meyer, Karlsruhe.

11. April – 29. Juli 2012: Beteiligung an der Ausstellung *Les Maîtres du désordre*, Musée du Quai Branly, Paris (Frankreich).

20. April – 26. Mai 2012: Ausstellung *FANCY de GUIDOZ QUILLERZ mi on, s.v.p. im Eiraumussns. (Ei-Ei-Ei, das UNTENRUM-SUPERPETUUMOBILE „Geilstkunst" fummelts DIRN)*, Galerie Sies + Höke, Düsseldorf.

2008: GNAEUS: Halt: Nährkette

16. Mai 2012: Talkreihe *Literatur wie Kunst*, Buchvorstellung *Ausgewählte Schriften zur Diktatur der Kunst* mit Robert Eikmeyer (Herausgeber) und Ingo Arend (Moderation), Literaturforum im Brecht-Haus, Berlin.

Der Kunstwissenschaftler Robert Eikmeyer hat aus der Materialfülle von weit über 50.000 Manuskriptseiten ein opulentes, alle wichtigen Texttypen repräsentierendes Lesebuch zusammengestellt und um ein Glossar, ein instruktives Nachwort sowie eine umfassende Meese-Bibliografie ergänzt. Meeses Schriften zur Kunst – insbesondere die zur *Hermetischen Revolution* und zur *Diktatur der Kunst* – sind als Band 2656 in der berühmten Regenbogenreihe der edition suhrkamp erschienen.

»Im Alter von 12 bis 14 Jahren hat Jonathan Meese selbst kaum gesprochen, sondern die meiste Zeit nur merkwürdige Töne von sich gegeben. Seine Sprache kam aus den Mündern von Stofftieren oder Cowboys, eine Geheimsprache, die aus ungefähr 13 Wörtern und 3 Grimassen bestand. An einige kann sich Meese heute noch erinnern: Dehe, Doho, Nonninei, Beutehe, Diapo. Die drei Grimassen waren Zähne nach vorne (samt dadurch möglichen sirenenähnlichen Lauten), dann ›schnelles Mund auf und zu‹ happahappahappa) und sich oder dem Nachbarn unters Kinn fassen, nach oben ziehen und ›Kröööh‹. Damit hat sich Jonathan Meese die Welt erklärt, bzw. die Welt hat sich so an ihm erklärt. Diese instinktive Tiersprache diente zur Abgrenzung und war gleichzeitig aus einem Sicherheitsbedürfnis entstanden, da er damals aufgrund seines kindlichen Verhaltens von den Mitschülern ausgegrenzt wurde. Mit 23, 24 begann er die Dialoge der Spielzeugwelt aufzuzeichnen. Krakenbill, Schergentoni, die Gangster, Cowboy 1–10, Harry Hairman, Hagen von Tronje hießen nun die Akteure, die seine Hefte und Texte Mitte der neunziger Jahre an der Hamburger Kunstakademie bevölkerten. Aus den Filmen, die er schaute, kamen in der Folge immer mehr hermetische Figuren der Populärkultur hinzu: Zed, der Führer der Brutalen aus *Zardoz*, Meeses Lieblingsfilm, Dr. Phibes, ein rachsüchtiger Organist, der die Blutorgel spielt und im ganzen Film kein Wort spricht, Dr. No, Gegenspieler von James Bond in *James Bond jagt Dr. No*, der ›blaue‹ Matthias aus *Der Omegamann*, um nur einige zu nennen, und natürlich Caligula aus dem gleichnamigen Film von Tinto Brass sowie Alex DeLarge aus *A Clockwork Orange:* unheilbar, aber nicht krank. Allesamt ›Symbol[e] für die Unveränderlichkeit dessen, was wesentlich ist‹. […] Die Masken dieser hermetischen Figuren sprechen miteinander von den Wänden der Installationen, sie duellieren sich, ohne sich zu verletzen, und ändern dabei häufig ihre Namen und Ausdrucksweise. In diesem Tanz spielen alle ihre Karten aus, sieben sich dabei aber auch weg, denn bestimmte ›Figuritäten‹ halten nicht. Nur die hermetischsten Figuren der Nährkette bleiben bestehen. Mit Prä- und Suffixen, semantischen Erweiterungen oder häufig lautmalerischen Variationen wird getestet, ob ein Wort oder eine Figur das aushält: Fra Hagen von Tronje oder Erz Hagen von Tronje oder Saal Hagen von Tronje heißen die Vorreiter bzw. Nachfolger dieser Figur. Sie sind Teil der Nährkette, die man sich wie eine Perlenkette vorstellen kann. Hagen von Tronje ist Adolf Hitler, Adolf Hitler ist der 1. Cowboy, der 1. Cowboy ist der 2. Indianer, der 2. Indianer ist Hagen von Tronjes Baby, und das Baby von Hagen von Tronje ist Drusilla und gleichzeitig Caligulas Spielkind. Alle Figuren sind nur Spiegelungen: […] Die Sprache, die aus den Mündern der hermetischen Figuren kommt, ist selbst eine Nährkette, welche auf dem Wege der Versachlichung einer Vielzahl von Abwandlungen unterzogen wird. Dies geschieht beispielsweise mittels orthografischer Eigenheiten, Verschiebungen oder Neologismen. […] Es ist ein Aufmarsch hermetischer Figuren, die gleichzeitig die Sprache selbst sind. Bestimmte Figuren und Wörter, ›Staatssatanismus‹ und ›Staatsbiologie‹ beispielsweise, kristallisieren sich als richtig heraus, werden immer stärker, während andere wie Holden Caulfield, Klaus Kinski, Cary Grant oder ›Ahoi de Angst‹ auf der Strecke bleiben. Die Texte werden dabei zu einer Art Über-Archiv, Grabkammern für Worte, Figuren, Nahrung. […] Meese kocht alles um ihn herum ab: ›Meine Bilder sind konzentrierte, gesudete Texte‹ oder auch ›meine Texte sind gesudete Bilder‹, denn ein Vor- oder Nachher lässt sich hier schwer ausmachen. Die Sprache wird gemahlen, gepresst, durchs Sieb gescheucht, bis die härtesten Brocken übrig bleiben. Das, was nicht zermahlen werden kann, der Rest, ist einfach nur noch Brei. Alles wird so lange gekocht, bis das Geilste übrig bleibt, die Essenz: Gold. Denn Gold ist der komplett neutrale Teil. Es geht immer nur ums Gold. Das Gold ist die Hauptperson, nicht der Goldsucher. Das Gold ist eigentlich das Menschlichste: St. Gold, Erzgold, Wahngold. […] In den Geräuschen und Gesten von Pornofilmen überlebt ein Rest der Kinder-Tiersprache, das immer gleiche Stöhnen und Wimmern, eine Sprache, die die Zukunft anlockt. Es findet sich nichts Nostalgisches, weil sie immer gleich ist, den Rhythmus des Strammstehens hat, wie ein Unterdruck, ein Ton, der sich selbst erzeugt. Die Sprache der Pornographie ist wie Meeses vorpubertäre Kindersprache eine versachlichte Sprache. ›Religion ist ohnehin einer der wenigen Orte, an denen überhaupt noch Sprache stattfindet, genau wie im Militär und in der Sexualität. [...] Weil es dort präzise ist. Da geht es um Befehle und um ihre Ausführung.‹ [. . .] Die 12 oder 13 Worte und drei Gesten der Geheimsprache waren bereits ultrapräzise. Zu jedem Menschen zu sagen ›Du heißt Doho‹ oder ›Na, Doho, wie geht's dir Doho?‹, ›What's up Dehe?‹, ›Deheminnedorn‹, hat den Rhythmus und die Schärfe einer Militärsprache. Diese Militärpartitur hat sich nun durch das Suden bzw. Schleifen von Worten, Gesten und Figuren auf größere Bereiche ausgedehnt: Wo anfänglich nur Doho, Dehe möglich waren, ergehen nun, nach dem Überwinden der Angst, klare Ansagen und Befehle: Diene, Strammstehen, Sieh von dir ab, Strammstehen Strammstehen Strammstehen, Dienen Dienen Dienen. Diese zum Marsch rhythmisierte Sprache ist der Revolver, der spätestens 2023 in die Decke des Saals schießen wird. Danach, nach der Machtergreifung der Kunst, ist eine völlig neue Sprache vorstellbar. Klingend, immer gleich, wie Tierschmatzen. Jetzt zeigt sich deutlich, dass die Nahrungskette eigentlich immer schon eine Befehlskette war. Die Weltformel kann nur ganz simpel sein: Die Urformen, die sich mischen, immer wieder neu, aber immer wieder gleich.« [47]

31. Mai 2012: Radio-Performance in der Sendung *WortLaut live*, WDR3, Bar Zum scheuen Reh, Köln.

4. Juni 2012: *Größenwahn in der Kunstwelt,* SPIEGEL-Gespräch mit den Kultur-Redakteurinnen Ulrike Knöfel und Marianne Wellershoff, Universität Kassel.

»Furzgrößenwahn

Von Ulrike Knöfel und Marianne Wellershoff

Bei einer SPIEGEL-Veranstaltung an der Universität Kassel spricht der Künstler Jonathan Meese über den angeblich ich-versauten Zustand der Kunstwelt in Zeiten der Documenta. Oder: Ein Interview mit Hitlergruß.

Meese ist ein pünktlicher Mensch. Eine Stunde vor dem öffentlichen »SPIEGEL-Gespräch – live in der Uni« steigt er in Kassel aus einem silbernen Geländewagen mit getönten Scheiben. Meese, lange Haare, langer Bart, trägt wie immer eine Adidas-Jacke, heute ist es eine aus Leder. Er setzt eine Sonnenbrille auf. Er lacht auf eine eher schüchterne Weise. Seine Assistenten haben ihn aus Berlin nach Kassel gefahren. Es ist der vergangene Montag, ein paar Tage vor dem Beginn der Documenta, der wichtigsten Ausstellung der Welt. Das Thema des Gesprächs heißt: »Größenwahn in der Kunstwelt«. Jonathan Meese ist, aus vielen Gründen, für dieses Thema ein ziemlich guter Gesprächspartner. Seit 15 Jahren provoziert und unterhält Meese, 42, die Kunstszene. Er malt, er bildhauert, er hat ein Theaterstück geschrieben. Legendär sind seine Performances. Kunst ist für ihn ein großes Spiel. Eigens für diesen Abend hat er drei Manifeste verfasst (zwei davon können unter www.spiegel.de/meese gelesen und heruntergeladen werden). Noch wartet er, er freut sich, ist auch nervös, Appetit hat er keinen. Mehr als 250 vorwiegend junge Zuhörer sind gekommen. Der Künstler bedankt sich für die Einladung, er sei »glücklich, glücklich, glücklich«. Dann liest er aus einem der Manifeste vor, mit lauter, manchmal brüllender Stimme. Es sind mehrere Seiten, handgeschrieben, die er vorträgt. Seine Gesichtsfarbe bekommt etwas Rötliches, er sagt Sätze wie: »Die Kunst braucht den limitierten Furzgrößenwahn des Menschen-Ichs nicht.« Das Gespräch beginnt.

SPIEGEL: Herr Meese, warum schreien Sie so nach der Diktatur der Kunst, haben wir die nicht längst erreicht? Wir leben in

einem Zeitalter der Kunst, es gibt mehr Ausstellungen denn je, mehr Museen, mehr Künstler, mehr Kunst. Das muss Sie doch glücklich machen.
Meese: Nein. Es gibt viel, das so tut, als wäre es Kunst. Das meiste aber ist so hasserfüllt der Kunst gegenüber. Und die Menschen, die sich heutzutage mit Kunst befassen, haben so eine unglaubliche Angst vor Kunst. Kunst ist doch ein Regierungssystem, die einzige gesellschaftspolitische Alternative.
SPIEGEL: Man sieht am Beispiel von Kassel, wie gut es der Kunst geht. Die ganze Welt scheint neugierig darauf zu sein, was man auf der Documenta zu sehen bekommt. Wir leben in kunstaffinen Zeiten. Wofür muss Jonathan Meese jetzt noch kämpfen?
Meese: Ich sehe das ganz und gar anders. Die Kunst wird nicht geliebt, ihr wird nicht gedient. Es wird irgendeiner Kultur gedient. Kultur ist ja nicht Kunst, Kultur ist Kultivierung, Zucht.
SPIEGEL: Ist Kultur ein Geschäft?
Meese: Ein Geschäft kann es ja sein, wenn es ein geiles ist. Wenn der Metzger in Ahrensburg mir verkündet, dass sein Laden ideologiefrei, religionsfrei, spiritualitätsfrei und esoterikfrei ist, dann dient dieser Metzger der Kunst. Wenn er aber katholisch ist oder protestantisch oder FDP oder CDU oder NSDAP, dann weiß ich, diese Person dient weder der Kunst, noch kann das Fleisch geil sein.
Das Publikum lacht. Meese hat sich warmgeredet, seine Miene wirkt grimmig.
Meese: Ich will die Meldung haben von Berlin, dass Berlin ideologiefrei ist. Das Recht habe ich. Das ist ein Grundrecht von Menschen. Ich möchte, dass mir verkündet wird, dass New York ideologiefrei ist.
SPIEGEL: Die Ideologiefreiheit selbst ist aber keine Ideologie?
Meese: Nein, natürlich nicht. Weil sie totalstes Spiel ist. Wenn Sie total spielen, herrscht keine Ideologie. Wenn Sie aber ideologisch spielen, herrscht noch nicht einmal ein Spiel. Die Olympiade ist kein Spiel, weil da der Ideologischste gewinnt. Überhaupt: Das Prinzip, jemanden zu besiegen, gibt es in der Kunst nicht. Ich bin wie ein Baby oder ein Tier, fragen Sie mal ein Tier, ob es religiös ist.

SPIEGEL: Darf man sich der Welt so entziehen?
Meese: Ich entziehe mich ja nicht, ich bin im Hauptquartier Berlin zugegen. Ich verbunkere mich und schmeiße die Befehle heraus.
SPIEGEL: Das klingt nicht nach Diktatur der Kunst, sondern nach Diktator der Kunst.
Meese: Ja, aber wenn man versachlicht ist, dann ist es eine Diktatur.
SPIEGEL: Also Sie sind eine Sache?
Meese: Ja. Ich bin versachlichte Diktatur.
SPIEGEL: Sind Sie der Chef in Ihrer Diktatur?
Meese: Nicht in meiner! Ich nehme ja auch nur die Befehle in Empfang und setze sie um. Ich schlafe, ich esse, ich trinke, ich verdaue.
SPIEGEL: Wie sehen Sie den Zustand der Kunstwelt, die ja auch eine große Show ist: Sammler fahren mit Mammutyachten zur Biennale nach Venedig. Ukrainische Oligarchen lassen Künstler in ihre Privatmuseen nach Kiew einfliegen. Wo ist da für Sie Schluss?
Meese: Wenn die Leute der Diktatur der Kunst dienen, können sie auch mit einer geilen Yacht fahren.
SPIEGEL: Wie diene ich da der Kunst?
Meese: Indem Sie strammstehen auf dieser geilen Yacht.
Lachen im Publikum.
SPIEGEL: Verstehen Sie sich als politischen Künstler?
Meese: Die Kunst wird diese mickrige politische Landschaft ersetzen. Die Leute werden alle abdanken. Adolf Hitler hätte 1936 zur Olympiade abdanken müssen. Wenn er von der Diktatur der Kunst gewusst hätte oder gehört hätte, hätte er abgedankt, weil er auch nur das Radikalste gesucht hat.
SPIEGEL: Dass er das getan hätte, wollen wir doch schwer bezweifeln, auch wenn es ein guter Schritt gewesen wäre.
Meese: Natürlich.
SPIEGEL: Heute fordern Sie, dass der Dalai Lama abdankt.
Meese: Der Dalai Lama muss aber ganz klar abdanken. Wie kann das im Jahr 2012 noch gehen? Wie kann man denn vor Menschen noch niederknien, es gibt doch gar keine heiligen Menschen. Das ist nämlich Hochmut. Wie in Griechenland, die Wiege der Demokratie, das ist auch der Endpunkt. Ja, das miese System

Demokratie wird genau da untergehen, wo es erschaffen wurde. Der Teufelskreis schließt sich.

Die »Weltdiktatur der Demokratie« ist für Meese eine »Gehirnwaschanlage«, eine Sekte. Alle wollten individuell sein, seien aber gleichgeschaltet. Er sagt: »Früher hast du wenigstens noch gewusst, wenn du in ein stalinistisches Arbeitslager hineinkommst. Heute merken die Leute das gar nicht mehr, die gehen da alle rein, hohoho, Reise ins Ich, hohoho, Arbeitslager Ich.« Immer wieder drischt er auf die Demokratie ein.

SPIEGEL: Der Angriff auf die Demokratie ist natürlich eine gezielte Provokation.

Meese: Das Gefängnis ist da. Deutschland ist ein Gefängnis, genauso wie Europa. Alles ideologieverseucht. Kunst ist die Gesamtheit des Notwendigen.

SPIEGEL: Oder des Nichtnotwendigen, sagen manche.

Meese: Aber das sind miese Dadaisten. Die trauen der Kunst nichts zu.

Viele Bonmots, viele Lacher. Ganz selten wirkt Meese so, als müsse er selbst lachen. Er betont, es sei »mit Humor gepflastert«, was er da sage.

SPIEGEL: Die Kunst spricht durch Sie zu uns?

Meese: Ich bin doch kein Medium, kein Schamane, das ist doch widerlich, igitt, da müssen Sie Beuys fragen. Es geht doch auch nicht darum, dass man malt oder so etwas. Es geht doch darum, dass man die Wurst, die man brutzelt, am geilsten macht. Du musst deinen Job mit totaler Hingabe, totalst liebevollst, ideologielos ausführen.

SPIEGEL: Dann ist jeder Mensch Künstler, und wir sind wieder bei Beuys.

Meese: Dann ist keiner ein Künstler, das ist das viel Geilere. Jeder ein Künstler, das heißt dann wieder, oah, wir sind wichtig und toll. Keiner möge Künstler sein.

SPIEGEL: Kann man der Kunst nicht auch dienen, indem man sich eine Eintrittskarte für eine Ausstellung kauft, zum Beispiel für die Documenta?

Meese: Nein, wenn da keine Kunst zu sehen ist, dann dienen Sie nur der Kultur.

SPIEGEL: Wäre denn Kunst auf der Documenta zu sehen, wenn Sie teilnähmen?
Meese: Wenn man nur mich bringen würde, eventuell. Ich weiß doch nicht, ob sich Kunst an mir abspielt. Ich kann nicht Kunst erzwingen, ich weiß nur, wie ich der Kunst diene.
SPIEGEL: Es wäre ein Risiko für die Documenta, in fünf Jahren eine ganze Ausstellung nur mit Jonathan Meese zu gestalten, wenn der nicht weiß, ob dann gerade die Kunst in ihn eindringt.
Meese: Aber zumindest bin ich demütig der Kunst gegenüber, und man braucht keine Verbrechen von mir zu erwarten.
Ich spiele vielleicht den dritten und vierten Weltkrieg, aber er wird ja nicht gemacht.
SPIEGEL: Sind Sie, wenn Sie als einziger Künstler der Documenta ausstellen wollen, leicht größenwahnsinnig?
Meese: Ich bin eine einfache Ameise, die einfach ihren Dienst erfüllt.
SPIEGEL: Kennen Sie noch andere Ameisen der Kunst?
Meese: Ja, ansatzweise. Warhol hat der Kunst gedient. Zu Zeiten auch Klaus Kinski, der konnte von sich absehen, der hat gespielt. Es geht ja um das Spiel. Es ist das einzige Spiel der Zukunft, das keine Opfer produziert.
SPIEGEL: Nur für das Verständnis: Warum war Warhol eine Ameise der Kunst?
Meese: Warhol hat das Spiel der Masken verstanden, er hat verstanden, dass es nicht um sein Ich geht. Das ist ja schon mal ganz gut, Hut ab!
SPIEGEL: Und Beuys?
Meese: Joseph Beuys war ichversaut zum Schluss bis zum Gehtnichtmehr, der hat die Grüne Partei gegründet, das ist ja ganz grauenhaft. Da hat er versucht, die Kunst der Realpolitik unterzujubeln. Das ist Hochverrat, Mann. Komischerweise sind alle Künstler heute linkspolitisch. Ist doch mickrig. Sei doch gar nichts.
SPIEGEL: Sie haben ordentlich Karriere gemacht.
Meese: Durch Zufall. Ich wollte gar keine machen. Das hat sich einfach so ergeben, weil ich eben von der Diktatur der Kunst gehört habe.

SPIEGEL: Wer hat Ihnen denn davon erzählt?
Meese: Weiß ich nicht, ich hab' es geträumt, oder es war meine Mutter oder ein Tier, oder ich habe mal nicht in den Spiegel geguckt.
SPIEGEL: Leiden Sie auch ein Stück weit an der Kunst? Es sah so aus, als hätten Sie sich die vergangenen Jahre etwas zurückgezogen.
Meese: Ich leide doch nicht an der Kunst, ich leide daran, dass so wenig Kunst da ist. Ich leide darunter, dass mir irgendwelche Skulpturen verkauft werden sollen als Kunst, aber in Wirklichkeit Design sind. Ich leide darunter, dass irgendwelche beschissenen Malereien gezeigt werden, die in Wirklichkeit nur hochgepushte Illustrationen sind. Seit 1945 ist doch nichts auf diesem Planeten passiert, keine gute Literatur, nichts. Alles völlig verwässert, alles Weichspülprogramm.
SPIEGEL: Wäre es nicht naheliegend, dass Sie als Professor an die Unis gehen und da alles aufmischen?
Meese: Ich kann mir doch nicht von diesen Psychopathen die Zeit und die Energie stehlen lassen.
SPIEGEL: Meinen Sie die Kollegen oder die Studenten?
Meese: Beides. Die Kollegen, die alle auf Hierarchie Bock haben, das sind alles vormalige Anarchisten. Diese ganzen Anarchisten, die mit mir studiert haben, die sind alle ganz liebend gern Professoren geworden, um im demokratischen Furzsystem die Hämorrhoiden zu unterrichten, die Studenten heißen. Diese Studentenfürze sind Hämorrhoiden im Arsch des Staates.
Ich habe wenigstens noch erkannt, dass ich ein mieses Studentenschwein war.
Freudiges Aufjohlen im Saal.
SPIEGEL: Werden Sie auf die Documenta gehen?
Meese: Nein, das trau ich mich gar nicht.
SPIEGEL: Trauen Sie sich nicht, weil Sie da erkannt werden?
Meese: Ja, ich gehe da hin, wenn man mir das absperrt und mich da alleine durchführt. Ja, das ist nun einmal so, ich mein, wenn man so aussieht wie ich. Wo will man denn da noch hingehen?
SPIEGEL: Heißt das, Sie lassen sich immer alles absperren, wenn Sie Kunst ansehen?

Meese: Man kann doch ins Internet gehen, man guckt das in Büchern nach. Außerdem rieche ich das doch, ich bin doch ein Haifisch. Ich rieche auch, wenn in Kassel irgendein geiles Kunstwerk entsteht.
SPIEGEL: Und riechen Sie etwas?
Meese: Nein, ich rieche gar nichts. Ich rieche ichversaute Typen, ist wahrscheinlich nicht ganz so schlimm wie die Berlin Biennale, aber ist wahrscheinlich schon ziemlich grauenhaft. Eben ichversauter Dünnpfiff. Und wenn man sich das anschauen will, ins Gesicht schmieren, und glaubt, das ist geil, hat man selber Schuld.
Meese muss kurz lachen, hat sich aber nach ein paar Sekunden wieder im Griff.
SPIEGEL: Freut es Sie eigentlich, wenn Sie hören, da gibt jemand 60.000 Euro für ein Meese-Werk aus?
Meese: Warum geben die nicht ganze Staatshaushalte aus? Es wäre doch geil, wenn ganz New York einfach Pleite macht und das System zusammenbricht. Wir sehen das doch in Griechenland.
SPIEGEL: Haben die zu viele Meeses gekauft?
Meese: Zu wenige! Warum soll nicht Kunst alles kosten? Dann wird sich das Geld abschaffen, die Absurdität dieser ideologieverseuchten Dinge wird an den Tag gelegt.
SPIEGEL: Sie geben Ihr Geld ja angeblich nicht für Kunst aus, sondern für Bücher.
Meese: Ich liebe Bücher, es gibt noch radikale Bücher. Ich kaufe alles aus dem Nationalsozialismus und alle Pornos, Mangas. Alles, was sprießt. Alles mit Befehlsstruktur. Ich liebe es, Befehle zu empfangen. Jonathan tu dies, Jonathan tu das, wach auf, steh auf, dusch, geh ins Bad, schlaf jetzt. So ist meine Mutter. Das ist super, es wird immer präziser. Die hat ja auch keine Zeit mehr, die ist 82.
SPIEGEL: Ist Ihre Mutter auch versiert in der Diktatur der Kunst?
Meese: Ja natürlich. Sie kommt nicht zu solchen Auftritten. Ich bin dann nicht mehr ihr Sohn, sagt sie.
Meese sagt: »Sooooohn«. Er ruft das Wort geradezu.
Ha. Aber ich bin natürlich ihr Sohn. Ich habe totalen Respekt

vor ihr. Wenn sie mir sagen würde, du musst auf der Documenta ausstellen oder du musst den deutschen Pavillon auf der Biennale in Venedig machen, dann muss ich es machen. Dann kann ich ja nicht sagen, ich mache es jetzt nicht. Mutter ist Verbindungsmann Nummer eins zur Diktatur der Kunst.
SPIEGEL: Sind Sie angefragt worden für die nächste Biennale in Venedig?
Meese: Nein. Das trauen die sich nicht.
Schallendes Gelächter von Meese.
Und wenn, dann würde ich es ja mit Humor machen oder auch nicht machen. Das muss man dann sehen. Ich bin ja dafür, dass sich Bayreuth ausdehnt, dass die Bühne immer größer wird, und dann können wir alles spielen.
SPIEGEL: Würden Sie sich vor ein Gemälde von Gerhard Richter stellen und strammstehen?
Meese: Ich kann sehr gut vor geilen Sachen strammstehen, da habe ich kein Problem. Da mache ich gerne auch diesen hier:
Meese hebt den rechten Arm zum Hitlergruß.
Meese: Ich schreite so …
Wieder der Hitlergruß.
… gerne auch mal in meinem Atelier herum. Das ist gut, das macht den Körper auf. Das ist nicht diese mickrige Bewegung nach innen.
Er krümmt sich nach vorn.
Oh, da finde ich mein Ich, meine Gefühle, meine Seele. Seele wiegt sieben Gramm, wird rausgefurzt.
Schweißperlen auf Meeses Stirn, er wirkt ein wenig ausgelaugt.
SPIEGEL: Haben Sie eigentlich auch Künstlerfreunde?
Meese: Habe ich. Aber es werden immer weniger. Weil die so frustriert sind alle, die wollen nichts mehr. Die nehmen das einfach hin, was so passiert. Die finden alles dann gut, wenn es für sie gut ist.
SPIEGEL: Sind das auch Professoren?
Meese: Viele von denen, die wollen ihren Dreck weitergeben, natürlich, wollen ihre Studenten und Studentinnen durchbumsen. Ist doch auch o.k. Aber können es doch wenigstens sagen, worum es geht. Oder die Hierarchie bilden. Aber früher schön

anarchistisch. Deshalb habe ich mich auch zurückgezogen, um mich abzugrenzen, Kraft zu tanken.
SPIEGEL: Haben Sie an dieser ganzen Entwicklung gelitten?
Meese. Ja, klar. Vor zehn Jahren war es doch noch viel geiler, da war noch ein familiäres Ding unterwegs. Und plötzlich zersplittert das alles. Das ist wie bei den Parteien. Jetzt kommen auch noch die Piraten. Ganz ichversaute Typen. Immer verfeinertere Leberwürste sind unterwegs.
Das Publikum darf Fragen stellen. Ein junger Mann will wissen, ob die Atombombe eine Bedeutung für die Kunst hat und auch für Hitler gehabt haben könnte. Meese ist begeistert und antwortet: »Wir brauchen doch gar keine Menschen mehr an der Macht. Wieso gibt's denn überhaupt noch ideologische Repräsentation? Wie kann denn das sein nach 1945, nach dem Nullpunkt?« Hitler, sagt er, sei der extremste Schauspieler gewesen, der habe Führer gespielt. »So plausibel«, dass die Leute das plötzlich wollten. Doch man mache auch nicht Darth Vader zum Führer. Eine junge Frau möchte einen Schluck von Meeses Cola haben. Ernsthaftere Fragen folgen. Eine lautet: »Ganz präzise: Was will die Kunst?«
Meese: Die Kunst will den Neustart, Tabula rasa. Wir müssen alles vom Tisch ziehen. Du kannst ja FDP sein in deinem Hobbykeller, aber niemals auf der Straße, niemals in einem Parlament. Immer wieder kommt ein neues mickriges Abziehbild von Adolf Hitler. Lass sie doch ruhen, Mann! Er ist da gewesen, wir brauchen diese mickrigen Kopien nicht mehr. Wir hätten schon bei Caligula sagen müssen: »Danke schön für den Losungsspruch, Hodensack!« Guckt euch Caligula im Film an, das reicht doch! Und das ist die konkrete Ansage: »Mach den Tisch rein! Mach Tabula rasa bei dir!« Vor der Kunst müssen Sie nicht niederknien, es gibt keine niederknienden Babys. Kein Baby betet. Warum nicht? Warum wird diese Frage nicht gestellt? Wenn es einen Gott gäbe, hätte er die Babys schon betend auf die Welt gebracht. Aber nein, das gibt es nicht, das sind Erfindungen. Das ist alles Bevormundung!
Ein junger Zuschauer bahnt sich den Weg durchs Publikum zum Podium. Langsam, aber bestimmt wischt der junge Mann die Gläser vom Tisch. Meeses Assistent springt auf und greift dem

Störer an die Schultern, fotografiert dann aber sofort die Scherben. Meese wirkt erschrocken, reagiert aber freundlich.
Meese: Das ist genau das, was Realitätsfanatismus ist. Junge, das ist Realitätsfanatismus.
Störer: Das Spiel ist aus!
Meese: Das hier geht nicht. Nicht ein Glas kaputt machen. Das Glas kann doch nichts dafür.
Störer: Das Spiel ist aus!
Meese: Keine Sachen kaputt machen. Das ist Realitätsfanatismus. Jetzt wurde eben die Bühne zur Realität gemacht … Der will wahrscheinlich wirklich noch was.
Zwischenruf aus dem Publikum: Der ist Künstler wie du.
Meese: Ja. Aber er muss dienen lernen … Der will irgendwas.
Zwischenruf aus dem Publikum: Aber was will er?
Meese: Weiß ich nicht, ihr müsst ihn befragen. Da ist jetzt der wunde Punkt passiert. Und dieser Mann, der das gemacht hat, ist ganz toll. Aber er soll es nicht wieder machen. Ich muss jetzt auch gleich abzischen. Ich bin jetzt auch so traurig und glücklich zugleich.
Applaus.« [48]

20. Juni – 2. September 2012: Beteiligung an der Ausstellung *Die Sammlung,* Essl Museum, Klosterneuburg bei Wien (Österreich).

20. Juni – 30. September 2012: Beteiligung an der Ausstellung *Notre combat – Unser Kampf,* Dokumentationszentrum Reichsparteitagsgelände, Nürnberg.

8. Juli 2012: Premiere der Oper *Dionysos* von Wolfgang Rihm (Bühnenbild: Jonathan Meese), Staatsoper Berlin, Berlin.

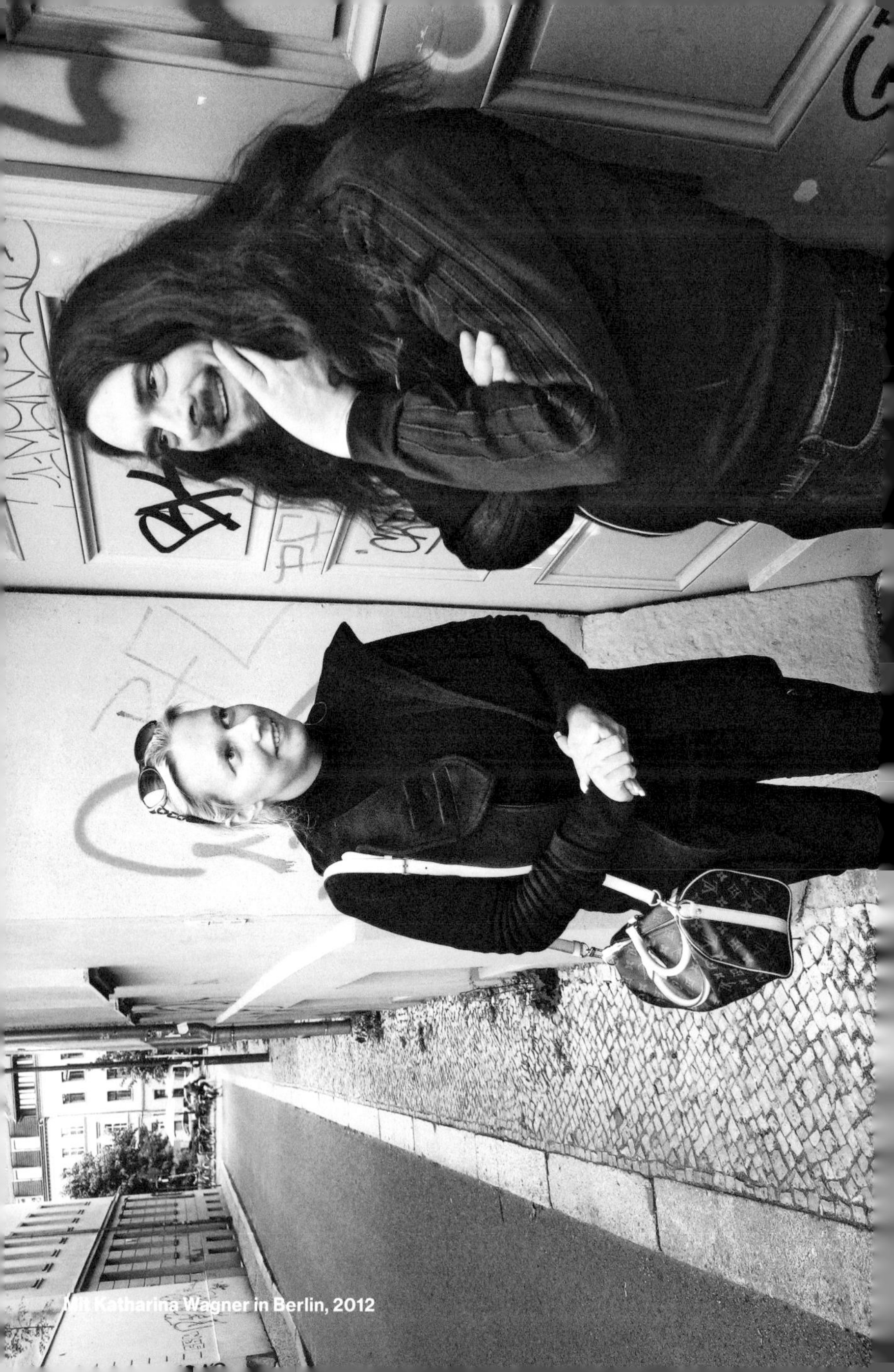

Mit Katharina Wagner in Berlin, 2012

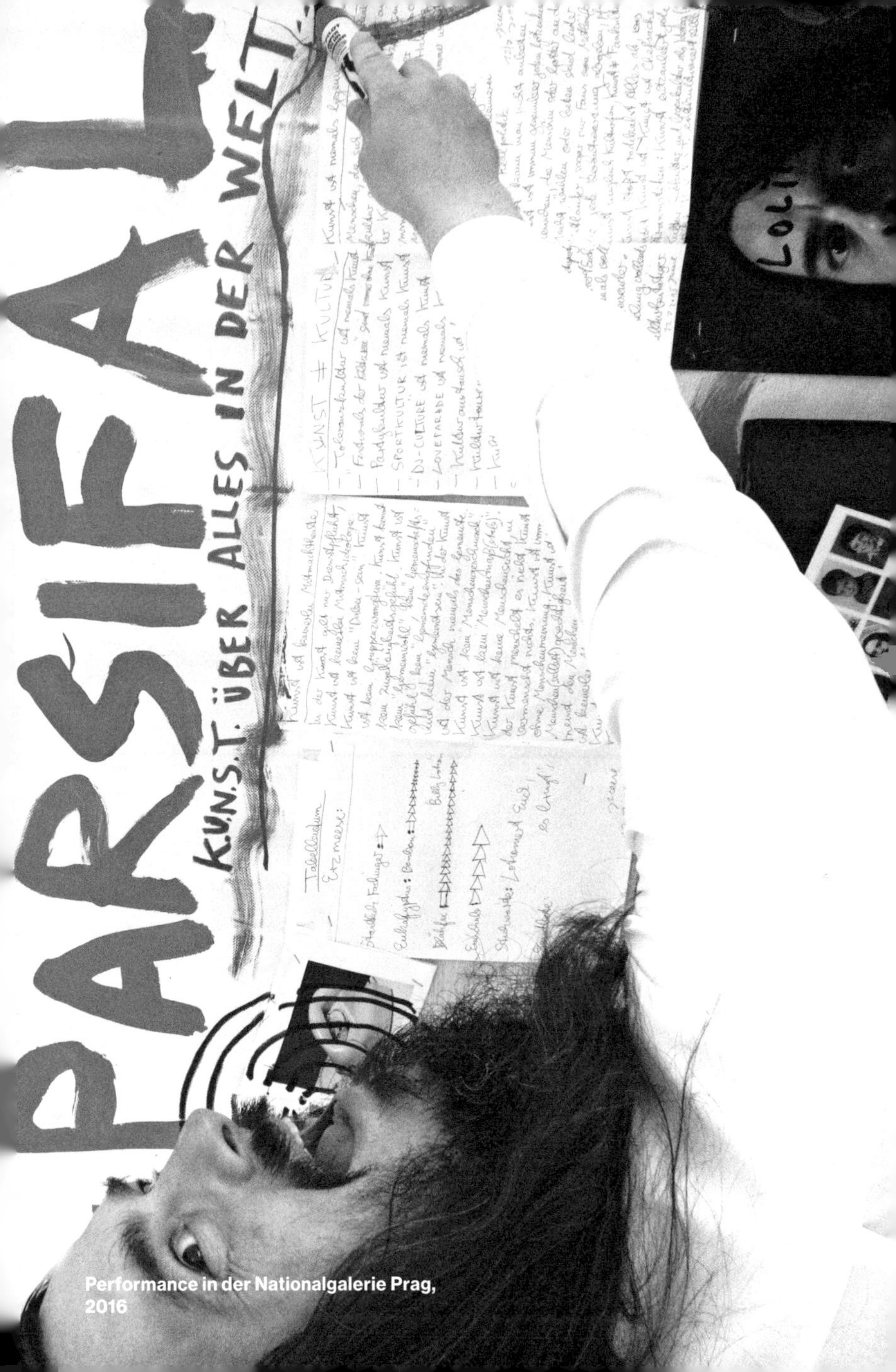

Performance in der Nationalgalerie Prag, 2016

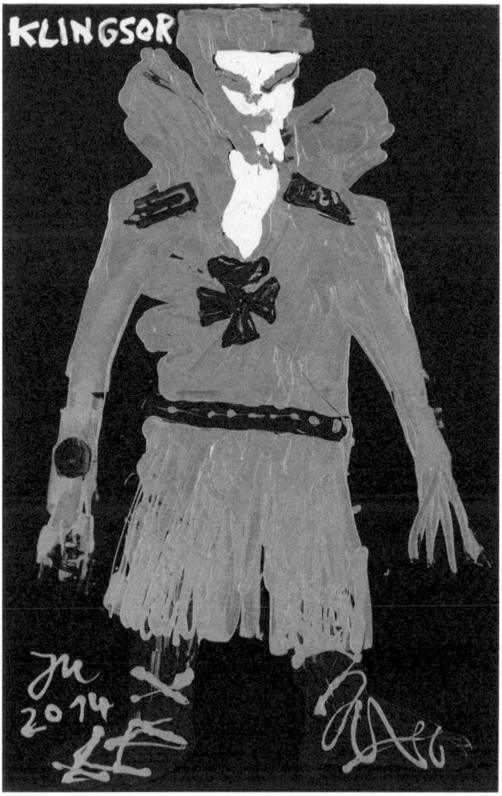

DER GOLDENE HADES: RUF' MICH AN,
2014
Acryl auf Leinwand
210 × 140 × 3,3 cm

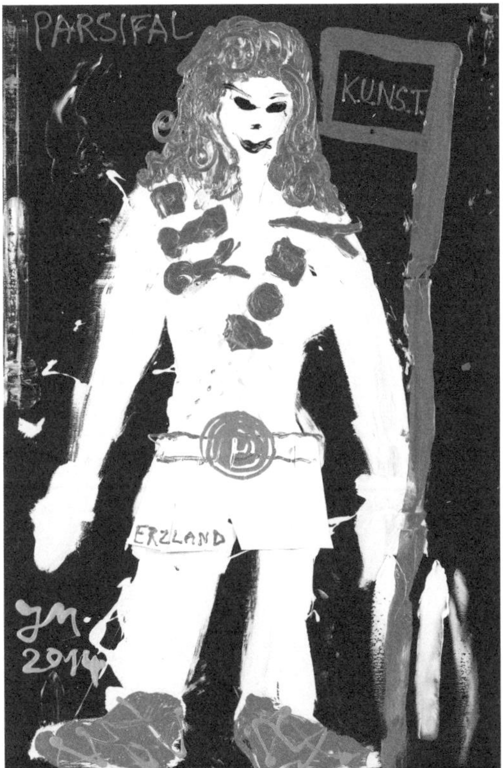

PARSIFAL K.U.N.S.T. ERZLAND, 2014
Acryl, Acrylspachtel und Mixed Media
auf Leinwand
210 × 140 × 2,5 cm

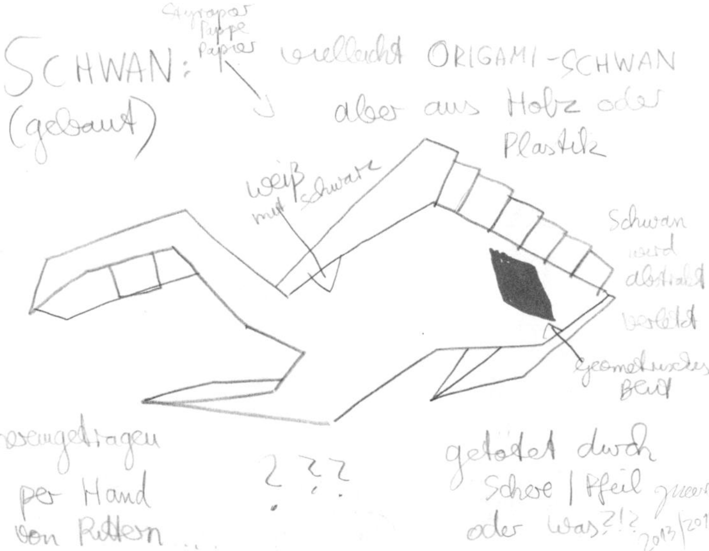

Ohne Titel (Bayreuth Bühnenbild Zeichnungen und Entwürfe – Schwan), 2013–2014
Bleistift und Permanentmarker auf Papier
30 × 42 cm

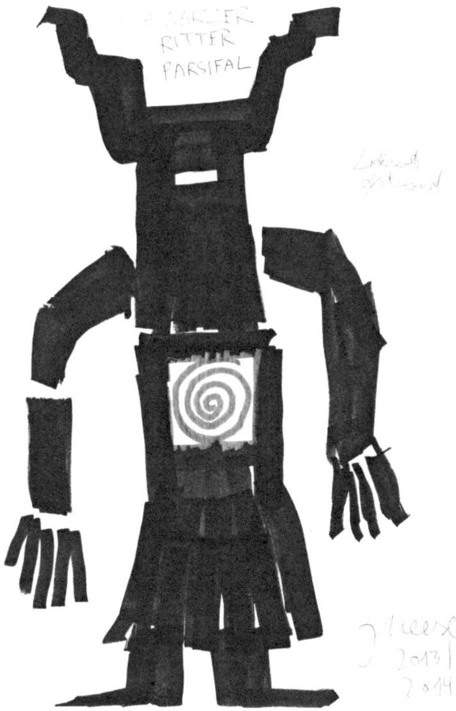

Ohne Titel (Bayreuth Bühnenbild
Zeichnungen und Entwürfe – Parsifal),
2013–2014
Permanentmarker, Buntstift,
Kugelschreiber und Bleistift auf Papier
40 × 30 cm

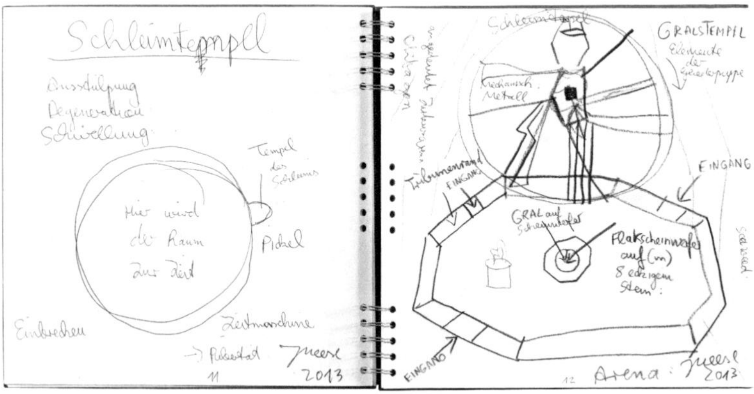

Ohne Titel (Skizzenbuch Bayreuth),
2013–2014
31,5 × 33,5 × 3 cm

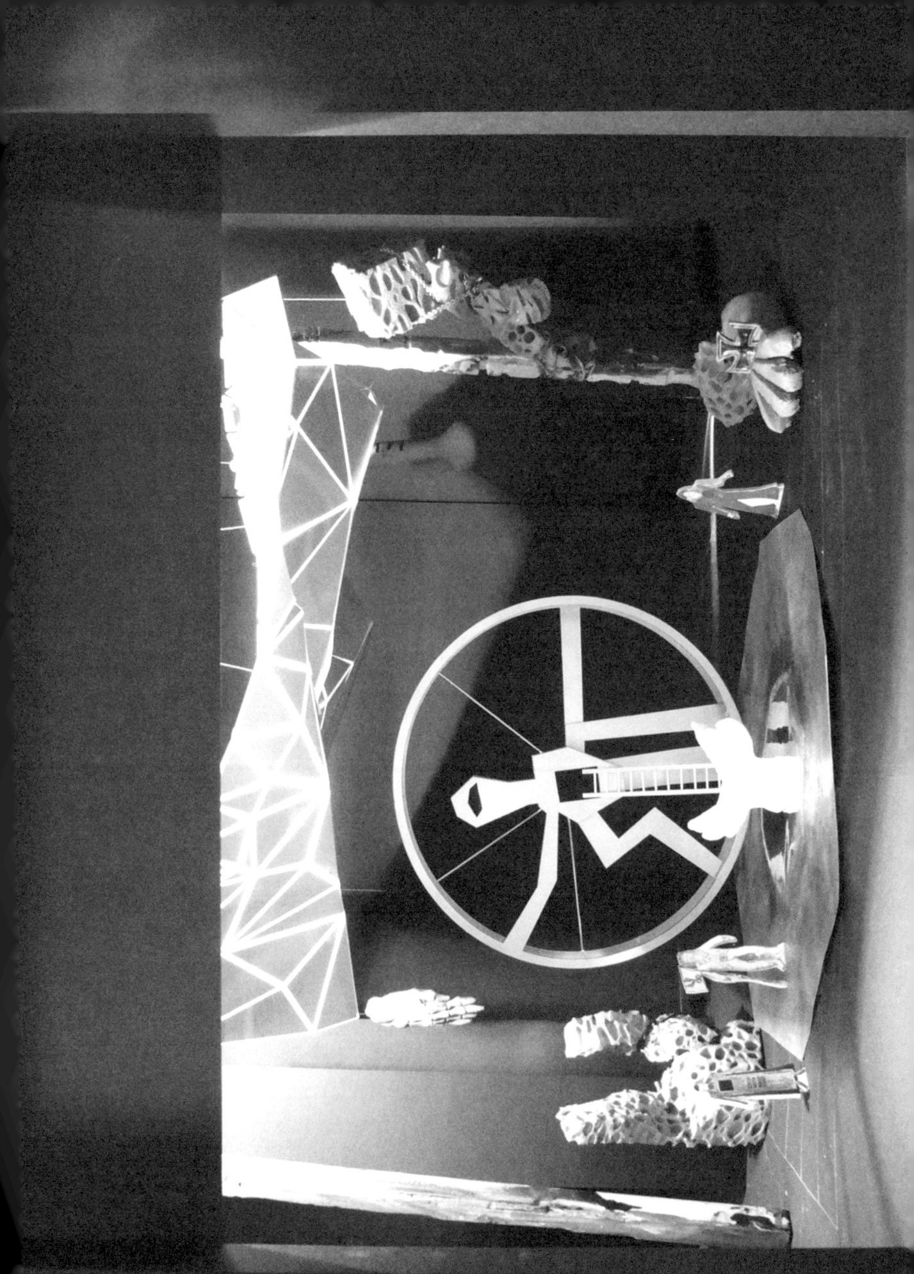

Bühnenbildentwurf Bayreuth – Gralstempel, 2014

Behausung: Metabayreuthonon:

25. Juli 2012: Die Festspielleitung gibt bekannt, dass Jonathan Meese 2016 in Bayreuth Richard Wagners *Parsifal* inszenieren soll.

»Der skandalumwitterte Künstler Jonathan Meese soll 2016 in Bayreuth die Oper ›Parsifal‹ inszenieren. Die Festspielleiterinnen Katharina Wagner und Eva Wagner-Pasquier verkündeten die überraschende Personalie am Mittwoch kurz vor dem Beginn der diesjährigen Richard-Wagner-Festspiele. Meese hat bislang noch keine große eigene Regiearbeit im Fach Oper geliefert. Man sei überzeugt von ihm, betonten die Festspielchefinnen jedoch.«[49]

»Dass sich bildende Künstler auf solch eine Figur lieber gar nicht erst einlassen, ist verständlich. Umso eigentümlicher, umso radikaler – oder auch unbelasteter (je nach Lesart) – erscheint Meeses aus der Zeit gefallener Umgang mit dem Wagner-Komplex. Er ist der Erzwagnerianer in einer Kunstwelt, die sich politisch und moralisch gern auf der richtigen Seite wähnt, ihre eigenen Verstrickungen (etwa in einen immer zynischer und menschenfeindlicher werdenden Finanzmarkt) aber tunlichst ausblendet. Meese schert sich nicht um Tagespolitik oder ideologische Debatten – darin weiß er sich mit Wagner einig, der sich zeitlebens in Schwärmereien und Tagträumereien, ins Fabulieren und Ausblenden jeglicher pragmatischer Lebensführung flüchtete. ›Richard Wagner verneinte jede Realität, deshalb existiert auch keine Ideologie, wie Meese‹, formulierte er unlängst auf eine Anfrage des Magazins *Weltkunst*. Das ist es, was Meese an Wagner fasziniert: wie dieser alles seiner Kunst unterordnete, wie er seine eigenen Weltgesetze aufstellte, wie radikal und kompromisslos er seine megalomane Idee eines neuen Gesamtkunstwerks durchsetzte und wie er in seinen Opern eine ferne, aus den unterschiedlichsten Sagen zusammengeklitterte Gegenwelt errichtete, die uns mit ihren menschlichen Dramen aber unmittelbar betrifft. Kunst, die alles darf und alles kann, weil die normalen Regeln für sie nicht gelten – das ist der Wagner, dem Meese sich nahe fühlt und den er in seine eigene Kunst einspeist.

›Richard Wagner ist Chefsache KUNST‹, hat er einmal bewundernd formuliert. Um die Musik Wagners, dessen bedeutenden und innovativen Beitrag zur Moderne, geht es Meese gar nicht so sehr. ›Mich interessiert er eher als Figur, in seiner Physiognomie, oder als Geschichtenerzähler. Mich interessiert sein Image oder wie er sich durch seinen Lebenswandel selbst zur Karikatur gemacht hat‹, erklärt er im Gespräch – Wagner als einsam herausragender Künstlertypus auf der weiten Ebene der Mittelmäßigen und Angepassten, die Kunst als Schutzraum für Außenseiter und Sonderlinge, als Territorium für einzigartiges Schaffen. Auch wenn er es so geistesgeschichtlich nicht ausdrückt, beschwört Meese voller Lust den Genie- und Künstlerkult und die kunstreligiösen Aspekte der Romantik, die Wagner in seinem Leben wie in seinem Werk so sehr auf die Spitze trieb, dass er damit ebenso viel kultische Verehrung wie abgründigen Hass geerntet hat. Wagner hat schon immer polarisiert; eine abgemilderte, ausgleichende Rezeption gibt es nicht – auch das übrigens eine Parallele zu Meese, was diesem keineswegs unrecht ist.« [50]

»During Easter of that year [2005] the artist presented *Jonathan Meese ist Mutter Parzival* (Jonathan Meese is Mother Parsifal) at the Staatsoper in Berlin. Ever since, Meese increasingly also began to endorse the idea of an image as being something essentially evolutionary. That commission not only generated numerous drawings and paintings but eventually resulted in phone calls from Bayreuth. Seven years later, in 2012, the artist was contracted to make the stage sets and costumes, as well as oversee the choreography, for a new production of *Parsifal* at the 2016 summer festival at Bayreuth. By the time negotiations had broken down, Meese was so deeply ensconced in the nuances of the libretto that he would talk of nothing else. From the outset, Meese insisted on making visible the following: ›The only real evolution that takes place in Parsifal, who is an artist, is within his consciousness. By the time he arrives in the area near the Grail … culture has been thoroughly perverted. … Upon being ›kissed‹ by Kundry, Parsifal, who is disconnected from the morals and rules of society, becomes conscious that the origin of Amfortas' pain is his enslavement to false systems of belief, chief amongst which is the making of art into a religion. … There is no Grail, just the ›myth‹. After Parsifal touches the Grail with his spear, it breaks, releasing a form that stands for a future ›free‹ inventive ability. A collage from 2006 leaves no doubt that he now had come to view his stage work on *Parsifal* as inseparable from his artistic beginnings. It consists of a 1997 photograph that shows him standing inside his second installation, from 1996–97, once again wearing the mask of Fantomas but now sporting a huge beard. In the collage, swaths of pink and black paint obscure the rest of him, again intimating the emergence of something still taking form. It wasn't until 2005, however, that he inscribed the word Parsifal on that original image, a name no longer visible in the collage. Meese's deep identification with Parsifal has little in common with Joseph Beuys's interest in the literary figure. Meese is no more interested in trying to come to terms with Germany's fraught past than in mediating religious or political views. […] Indifferent to society's standards and morals, and fed up with its frequent misunderstanding of his art, he has become increasingly intent on distancing himself from the art world. Meanwhile, he continues to construct a large body of drawings, conceived as an ›Alphabet for the Future‹. Evolutionary in essence, the forms and titles of these works derive from ideas intrinsic to Meese's early installations. A battalion of images that continue to swell in rank, they too are aimed at effectuating the coming ›Dictatorship of Art‹ he is so intent on realizing.« [51]

Die Angebote werden immer extremer, immer hermetischer. Was will ich denn noch – ein hermetischeres Angebot, als Parsifal *in Bayreuth zu machen, kann es doch gar nicht mehr geben, das ist die Spitze der Hermetik.* Parsifal *ist die extremste Oper, die je geschrieben wurde und möglicherweise die präziseste und gleichzeitig missverstandenste – da ist irgendwas abgegangen, was absolut unglaublich ist, also wirklich, das ist ein Schlüsselwerk für die Zukunft.* Parsifal *ist präziser und radikaler als jede Religion. Diese Oper beschreibt die Entwicklung und den Werdegang des Menschen und jeder anderen Existenz im Kreislauf der Evolution. Aber ohne den Menschen zum Maß aller Dinge zu erheben, ist der* Parsifal *der Evolutionsschritt von morgen.* Parsifal *kann man gut mit* Zardoz, Conan der Barbar, Barbarella, The Wicker Man, Clockwork Orange *oder* Lolita *vergleichen, weil all diese Filme als totale Kunstwerke in ihrer Hermetik genauso stark sind wie zum Beispiel* 2001: Odyssee im Weltraum, *wo ein Gegenstand gesucht wird, der da summt, der sich enthüllt und da rumfliegt wie der Heilige Gral. Man fragt sich ja oft, was genauso stark ist wie dieses Parsifal-Ding, und da fällt einem eben nicht so wahnsinnig viel ein. Die Märchen der Gebrüder Grimm vielleicht, John-Sinclair-Hefte, die Mumins, ja, damit lässt es sich vergleichen: Auf den Punkt gebracht, bündig! Parabeln des Lebens. Komisch, alles sehr kindlich und spielerisch, da wird gar nicht so viel um den heißen Brei herumgeredet und es ist viel intensiver und erhellender als das, was in ideologischen, also religiösen und politischen Texten gebracht wird. Gegen* Parsifal *hat Religion überhaupt keine Chance.* Parsifal *ersetzt alle Religionen.* Parsifal *ist eben keine Ersatzreligion. Parsifal ist der große Entheiliger und Richard Wagner ist kein Guru. Viele wollen* Parsifal *und Richard Wagner durchreligiösieren, um das Ganze für sich irgendwie handhabbar zu machen – und das ist, denke ich, falsch. Ich mache ja auch diese Kunstwerke, um sie abzuhaken, mache ja auch inhaltlich starke Sachen, um diese abzuhaken. Und ich gehe davon aus, dass Wagner die Religion durch* Parsifal *für sich und alle anderen abgehakt hat.*

Bei mir ist diese ganze Entwicklung ja eigentlich ziemlich logisch. Bayreuth ist eben nicht nur irgendeine Station in einem Ausstellungsreigen, Bayreuth ist mehr, Richard Wagners Bayreuth steht nun mal für das Gesamtkunstwerk, basta. Aber Orte sind mir trotzdem meistens relativ egal: Ich vertraue nur der Kunst. Zum Glück bin ich fast immer in die Hände von Profis gekommen. Und das ist eben geil! Du wirst an die Hand genommen und kriegst gesagt: »Komm jetzt mal mit uns und schau dir das an. Und dann kannst du da spielen, wir vertrauen dir! Du hast Carte blanche!«

Aber was jetzt eben klar wird, ist, dass alles seine Zeit hat. Wenn das Vertrauen schwindet, dann wird es doof. Dann werde ich auch bockig, dann werde ich böse und dann muss der Ärger auch raus.

Die Leute müssen in einem gewissen Sinne mitgehen, zumindest müssen sie aushalten können, was ich mache. Sie müssen es nicht geil finden, darum geht es nicht, aber sie müssen es erlauben. In der Kunst geht es ja darum, dass du das freie Spiel erlaubst. Wenn ich nun morgen aus dem Bayreuth-Ding rausgeschmissen werden würde, dann würde ich es eben anders machen oder woanders machen. Der Ort ist wie gesagt theoretisch ja egal. Bayreuth steht für totale Kunst und ist mir deshalb ans Herz gewachsen, als eine Kommandozentrale der Kunst. Aber wenn die Dinge nicht so laufen wie angedacht, dann wird der Fluss sich einen anderen Weg bahnen – und zwar genau dahin, wo die Sache hin soll, hin muss.

9. September 2012: Podiumsgespräch mit Durs Grünbein, 12. Internationales Literaturfestival Berlin, Berlin.

6. September – 20. Oktober 2012: Ausstellung *DRAGONBABY ›Johnny‹ (Erzmuttersöhnchen on the Rocks),* Tim van Laere Gallery, Antwerpen (Belgien).

21. September – 14. Oktober 2012: Beteiligung an der Ausstellung *Berlin – Klondyke,* Neuer Kunstverein Pfaffenhofen, Pfaffenhofen.

12. Oktober 2012: Premiere der Oper *Médée* (Regie: Pierre Audi; Bühnenbild: Jonathan Meese), Théâtre des Champs-Elysées, Paris (Frankreich).

27. Oktober 2012 – 10. Februar 2013: Beteiligung an der Ausstellung *Mythos Atelier,* Staatsgalerie Stuttgart, Stuttgart.

29. November 2012 – 19. Januar 2013: Ausstellung *›Erzhagenerz ErzvonErz Erztronjerz‹ liebt nur den Gesichtsausdruck ›Kunst‹, voom. (Erztrüffelschweinchen ›Schlau‹ gefällt nur der Kunst, basta) Kunst ungleich Extremsport…,* Galerie Krinzinger, Wien (Österreich).

7. Dezember 2012 – 17. Februar 2013: Beteiligung an der Ausstellung *Wagner 2013. Künstlerpositionen*, Akademie der Künste, Berlin.

2013

20. Januar 2013: Artist Talk *Art is No Ideology (Art is No Democracy) Art is Love. Art is DR. NO*, Tel Aviv Museum of Art, Tel Aviv (Israel).

20. Februar – 10. April 2013: Ausstellung *Erz-General Red Parsifal (Der Lolitabefehl)*, Red October Gallery, Moskau (Russland).
20. Februar 2013: Lecture Performance ›*OPEN YOUR MOUTH‹ ART IS NO IDEOLOGY (ART IS NO POLITICAL SYSTEM) ART IS TOTAL LOVE, ART IS TOTAL BEAUTY (ART IS NO ANARCHY, ART IS CHIEF) -> ART IS TOTAL POWER, ART IS THE ONLY FUTURE. ›CLOSE YOUR MOUTH*‹, Red October Gallery, Moskau (Russland).

21. Februar – 30. März 2013: Ausstellung *Tropical Alaska-Kid (Der Molokobefehl)*, Regina Gallery, Moskau (Russland).

22. März – 19. Mai 2013: Gruppenausstellung *Pivot Points: 15 Years & Counting*, Museum of Contemporary Art, North Miami (USA).

7. April – 18. August 2013: Gruppenausstellung *Artists for Tichý – Tichý for Artists*, GASK, Kutná Hora (Tschechien).

21. April – 7. Juli 2013: Beteiligung an der Ausstellung *Mythos Wagner – Wagner im Spiegel der deutschen Gegenwartskunst*, Klinger Forum, Leipzig.

22. Mai – 22. September 2013: Gruppenausstellung *Art Zuid, International Sculpture Route*, Amsterdam (Niederlande).

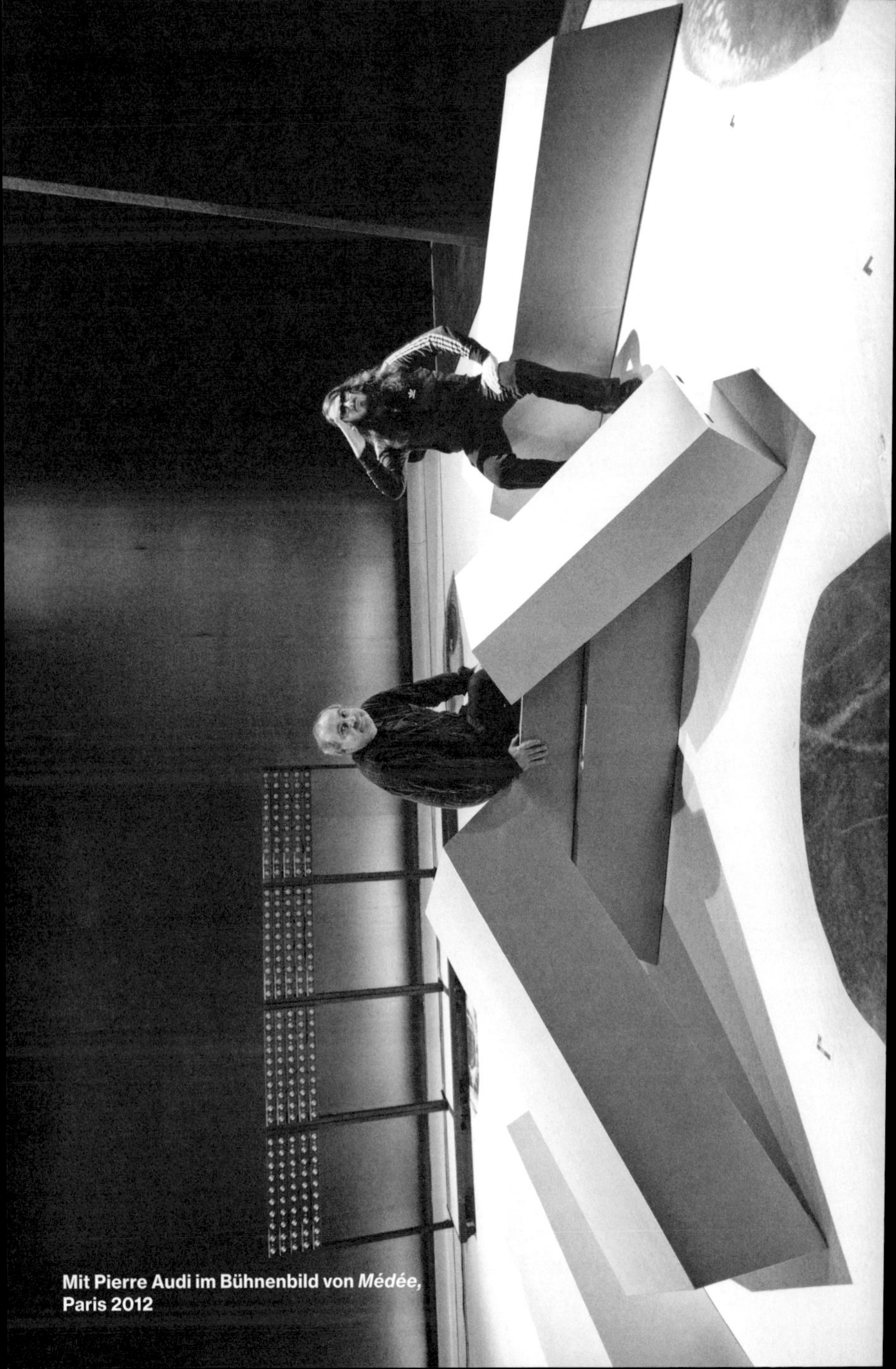

Mit Pierre Audi im Bühnenbild von *Médée,*
Paris 2012

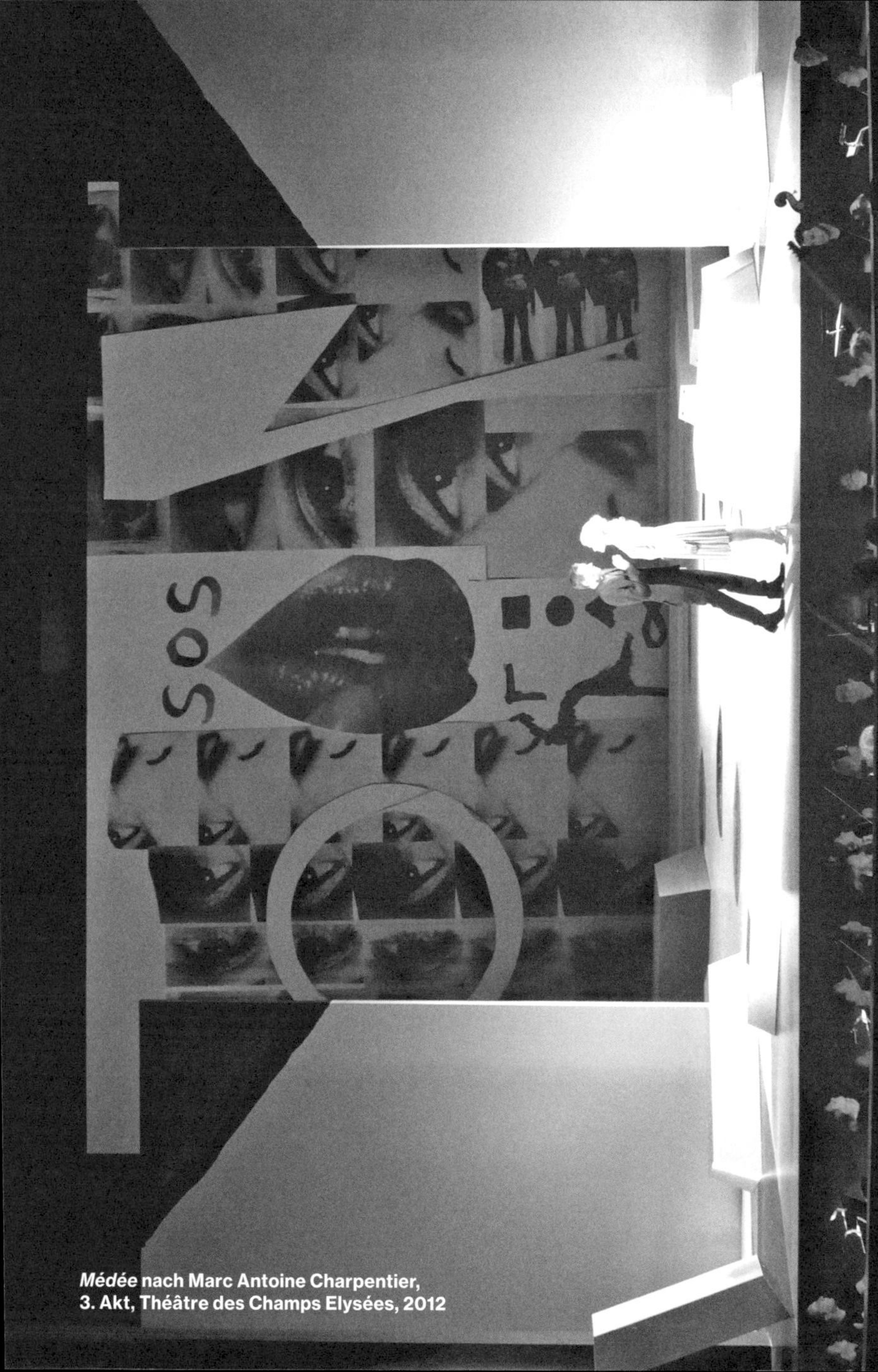

Médée nach Marc Antoine Charpentier,
3. Akt, Théâtre des Champs Elysées, 2012

23. Mai – 9. Juni 2013: Gruppenausstellung *Twente Biennale – Identifying Europe,* Rijksmuseum Twenthe, Enschede (Niederlande).

25. Mai – 8. September 2013: Beteiligung an der Ausstellung *Dritte Welle. Die Gruppe SPUR, der Pop und die Politik,* Kunsthalle zu Kiel, Kiel.

26. Mai – 1. September 2013: Gruppenausstellung *1.pers.sing. the artist's body in contemporary art,* b-05, Montabaur.

3. Juni 2013: Strafbefehl

»(dpa) Wegen eines Hitlergrusses ist gegen den Berliner Künstler Jonathan Meese Strafbefehl ergangen. Ob sich der 43-Jährige vor Gericht in Kassel verantworten müsse, sei noch nicht klar, sagte eine Sprecherin der Staatsanwaltschaft in Hessen am Montag. Meese könne den Strafbefehl akzeptieren und eine Geldstrafe zahlen. Wenn er aber dagegen vorgehe, werde vor Gericht verhandelt. Der skandalumwitterte Künstler hatte vor rund einem Jahr in einem öffentlichen Gespräch in Kassel zum Thema ›Grössenwahn in der Kunst‹ die ›Diktatur der Kunst‹ gefordert und, um dies zu unterstreichen, den Arm zu der verbotenen Geste gehoben. Der Strafbefehl sei ergangen, weil er ›Kennzeichen verfassungswidriger Organisationen‹ verwendet habe, sagte die Sprecherin weiter.« [52]

Bürgerkrieg: sein Dazutun
überall liegt dein Schädel

In Mannheim mache ich ein Ballett: Schiller. *Ich habe die Bühne ganz für mich alleine und mache zwei Stunden so eine Art Staatsballett. Das kann aber Stechschritt sein, da muss ich noch ein bisschen darüber nachdenken. Also eigentlich brauche ich nur ein Pult und das Mikrofon und lege los. Am Anfang habe ich gedacht, ich bringe nur* You *von Boytronic in der extended version in Endlosschleife, dann habe ich gedacht, ich mache ein Potpourri von* zehn verschiedenen Songs. Jetzt bin ich gerade dabei zu überlegen, eher ein Soldatenlied zu spielen, oder Daddy Cool von Boney M. Einen deutschen Song zu singen, erscheint im Moment inhaltlich vielleicht richtiger, aber Daddy Cool ist trotzdem passender, weil du immer »Schiller, Schiller, cool, Schiller, Schiller, cool…« draus machen kannst. Oder: »Mach den Schiller… mach doch den Schiller« oder »mach den Goethe…« und dazu Grimassen. »Mach den Hitler, mach ihn doch einfach nur, marschier den Hitler, marschier ihn pur«. Ich habe auch einen Tick Lampenfieber vor der nächsten Performance in Mannheim, das ist nach langer Zeit mal wieder eine öffentliche.

Eigentlich sind öffentliche Performances ja völlig gegen meine Natur gerichtet. Meine Natur ist Pennen. Meine Natur ist, zuhause sein und mich überhaupt nicht zeigen. Das war immer schon so, ganz extrem in der Schulzeit und jetzt wieder extremer. Es kostet mich eine unglaubliche Überwindung, das zu machen, aber durch die Kunst kann ich es ohne Probleme. Aber ich will nicht, dass Leute mir sagen, dass ich mich aufdränge. Das ist immanent, das hat damit zu tun, dass ich eben Kunst mache. Kunst muss sich aufdrängen, nicht die Realität. Die Kunst greift an, der uniformierte Jonathan Meese greift an – performancehaft. Ich dränge mich doch nicht auf der Straße auf, im normalen Leben bin ich vollkommen zurückhaltend. Du musst die Realität boykottieren, aber genau das Gegenteil ist heute der Fall. Die Künstler heute wollen von der Realität ergriffen werden. Und begriffen. Und das wollte ich nie. Und es wird eben immer schlimmer. Früher gab's noch eine ganz klare Haltung: Die Realität ist der Feind, heute ist nur Realität der Freund. Ja, und jede Antirealität wird abgelehnt und für idiotisch gehalten. Aber man muss immer gegen das sein, was da draußen ist. Immer! Und du darfst niemals vor der Realität kapitulieren, niemals. Die Realität ist für mich das, was man draus macht, nicht wie sie da draußen aussieht. Für mich war immer klar, dass alle Künstler gegen die ideologische Realität sind. Ich bin völlig erstaunt, wenn das nicht so ist. Das ist für mich völlig wahnsinnig. Das Paradies ist ja die Kunst, also nicht die Realität, nie. Aber so reden Künstler heute nicht mehr. Es geht nur noch darum, die Realität noch realer zu machen. Das ist Horror, das ist *übergriffig. Das ist Verrat an der Kunst. Das ist Etikettenschwindel, als würde man heute ganz beschissene Brötchen backen, aber so tun, als würden sie super geil schmecken und sie jedem reindrücken. Und das wird auch befeuert, unterstützt und gewollt. Dazu diese ganzen Ausstellungen… Ich habe ja selbst einen Ausstellungsmarathon gemacht. Damals habe ich alles persönlich gemacht, bin überall hingefahren. Jetzt schicke ich auch mal ein Video oder ein Manifest irgendwohin. Aber das war ein wahnsinniges Pensum. Viele sagen, hör doch mal auf damit, komm doch mal zu was Neuem, aber das ist ja das Neue! So lange es Spiel bleibt, kann ich es ja nicht abhaken. In dem Moment, wo es sich selbst abhakt, kann es weggehen. Aber da muss mir erstmal was Extremeres angeboten werden als die Herrschaft der Kunst. Also, was kann Kunst? Wir können ja so sagen: Kunst könnte uns alle vernichten, Kunst könnte gar keine Kunst sein oder eben Herrschaft sein. Also, sehr viel mehr Endpunkte gibt's ja nicht und nur mit denen kannst du dich beschäftigen. Warum sollte ich mich mit irgendeiner anderen Fragestellung beschäftigen? Das ist doch durchgekaut, also die Fragestellung, ob Kunst jetzt individuell jemanden weiterbringt oder nicht, das ist doch schon beantwortet worden: Ja! Aber was bringt's? Nix! Also, damit kann ich ja alles begründen. Und Hitler ist eben nicht abgehakt. Die Leute haben gesagt, ja, jetzt muss das doch mal ein Ende haben – aber es ist noch nicht zu Ende, nicht nur für mich. In der Kunst ist Hitler doch gar kein Problem. Das Verbotsschild in der Kunst, dafür soll der noch herhalten? Wir können doch keine Selbstzensur üben. Wir können uns in der Kunst doch nicht selbst limitieren. Wir können doch nicht Adolf Hitler bringen als das, was nicht Kunst ist oder was man in der Kunst gar nicht mehr berühren darf. Deshalb zeigt er sich – nicht ich mich ihm – er zeigt sich, weil da immer noch Leute denken, das geht ja gar nicht. Für mich ist er Material wie Farbe. Er wird halt in der Kunst verwurstet.*

26. Juni 2013: Performance *GENERALTANZ DEN ERZSCHILLER (GUIDO QUILLER IST DER TOTALSTE DON GIN SCHILLER, BALLETTIERT EUCH, WIE SCHNURRL' – NONNINEI, ES BRUZZELTS: DR. SCHILLERZ (SCHILLER MI ON, S.V.P.)*, Nationaltheater Mannheim, Mannheim.

»(dpa) *Meese verliert mit Hitlergruß und Hakenkreuz die Zuschauer*
Jonathan Meese hat mal wieder zugeschlagen: Bei den Mannheimer Schillertagen sollte der Künstler eine Theater-Performance zu Friedrich Schiller aufführen. Doch stattdessen gab es permanent Hitlergrüße und gespielten Oral-Sex mit einer Alien-Puppe. [...] Aus dem Mannheimer Nationaltheater flüchtende Zuschauer waren sich schnell einig: ›Thema verfehlt. Note 6.‹ Am Mittwochabend schaffte es der für seine aggressiven Performances bekannte Aktionskünstler Jonathan Meese (43) innerhalb von 165 langen Minuten, die meisten seiner Zuschauer zu verlieren. Während der Uraufführung seines Ein-Mann-Stücks *Generaltanz den Erzschiller* zeigte der unrasierte Langhaarige unaufhörlich den Hitlergruß, beschmierte eine Außerirdischen-Gummipuppe mit einem Hakenkreuz oder deutete mit dieser Oral-Sex an. Das komplett auf Nonsens beruhende Auftragswerk geriet zur Farce, da der in einem schwarzen Trainingsanzug bekleidete Meese permanent das Ende und Kaputtsein der ›Scheiß-Demokratie‹ beschrie, das deutsche Grundgesetz beleidigte und dabei Energy-Drinks in sich hineinschüttete. Die Zuschauer beschimpfte er als ›Form-Fleisch-Menschenklone‹, die sich von ›Demokratie-Terroristen‹ regieren ließen, die es mit Wahlenthaltung zu beseitigen gelte. Viele ältere Theaterbesucher verlor er mit der Bemerkung, die ›68er-Bewegung‹ habe nichts gebracht und sei nur ›Massenindividualismus und Rudelbumsen‹ gewesen. Seine Tiraden im irren Auf- und Abgehen wurden mit der ständigen Wiederholung von eingespielten Musiktiteln wie ›You‹ der 80er-Jahre-Band Boytronic orchestriert. Unaufhörlich rief Meese die ›Diktatur der Kunst‹ aus, eine Auseinandersetzung mit Friedrich Schiller außer der

Bemerkung ›Schiller ist radikaler als die Polizei erlaubt‹ gab es überhaupt nicht. Dafür bezeichnete er in mantraartigen Gesängen in Verbindung mit alter Popmusik sowohl Adolf Hitler, Richard Wagner oder den Militarismus als ›cool‹. Ein tieferer Sinn war nicht zu erkennen. Meese verzichtete in seiner Wort-Ekstase darauf, sich auszuziehen, öffentlich zu urinieren oder seinen Darm zu entleeren, was ihm vom verbliebenen, unaufmerksamen und sich miteinander unterhaltenden Publikum positiv angerechnet wurde. Am Ende wurde er sogar von Theatermitarbeitern von der Bühne geklatscht. Die nicht-sehenswerte Mannheimer Aufführung wird jedoch möglicherweise die Justiz interessieren. Erst vor ein paar Wochen hatte der Skandalkünstler mit einem öffentlichen Hitlergruß Aufsehen erregt. Dafür muss er sich am 18. Juli vor dem Amtsgericht Kassel verantworten, wie ein Gerichtssprecher am Donnerstag sagte. Anwalt Pascal Decker von der Kanzlei dtb Rechtsanwälte teilte mit, sein Mandant werde persönlich erscheinen. Aus Sicht des Anwalts ist Meeses Verhalten als Teil seiner Kunst-Performance von der in Artikel 5 des Grundgesetzes verbürgten Kunstfreiheit gedeckt. 2016 soll Meese übrigens bei den Bayreuther Festspielen Wagners ›Parsifal‹ inszenieren. Erfahrungen als Regisseur von Opern hat er bislang keine.« [53]

»Nach Georges Batailles Theorie der ›heterogenen Phänomene‹ erscheinen Meeses disparaten Elemente in neuem Licht: Meeses Extremgestalten stehen außerhalb eines durch Vernunft, Nützlichkeit, Harmonie und Vereinheitlichung von Normen und Regeln gekennzeichneten ›homogenen Prinzips‹. Es sind Personen, die von der ›homogenen Gesellschaft‹ nicht integriert werden. Nero, Caligula, Stalin und Hitler sind der Inbegriff von Macht, Staatsgewalt, Terror und Krieg. Robespierre, Nietzsche, Heidegger und Wagner repräsentieren die ›heterogenen Phänomene‹ Verführung, Maßlosigkeit und Wahnsinn. Den Bereich des ›kultisch Sakralen‹ spricht Meese mit antiken Gottheiten wie Isis und Osiris, germanischen Begriffen, Gral und Runen sowie christlichen Riten an. Der Marquis de Sade und Alex de Large verkörpern Verführung, Sexualität sowie orgiastische Exzesse. Das gesamte Spektrum der von Bataille thematisierten, durch die ›homogene Gesellschaft‹ ausgegrenzten oder verfemten Elemente, ist durch Meeses Bezugspersonen repräsentiert. Bataille betonte die duale Struktur dieser heterogenen Welt‹: ›… es besteht in gewissem Sinn Koinzidenz der Gegensätze zwischen dem Ruhm und der Erniedrigung, zwischen den erhabenen, imperativen (höheren) und den elenden (niederen) Formen. Dieser Gegensatz durchzieht das Ganze der heterogenen Welt und fügt sich den bereits durch die Heterogenität bestimmten Charakteren als fundamentales Element hinzu.‹ Er liefert hiermit eine Erklärung für die Koexistenz von Meeses sowohl positiv als auch negativ konnotierten Figuren: Sie alle passen nicht in das Schema der ›homogenen Welt‹. Die Personen sind in sich ambivalent und provozieren somit wechselnde affektive Reaktionen: Die Nennung Nietzsches ruft sowohl Bewunderung ob seines philosophischen Potentials als auch Abscheu wegen seiner Rigorosität hervor. Ebenso wird Richard Wagner als großer Komponist geschätzt, jedoch wegen seiner nationalistischen, antisemitischen Gesinnung abgelehnt. […] Batailles Theorie ermöglicht eine Deutung von Meeses Gestalten, die kein moralisches Urteil fällt, sie weder verherrlicht noch ablehnt. Diese Personen gehören zum Bereich des ›Heterogenen‹ und stehen außerhalb der Regeln und Normen von Vernunft und Nützlichkeit. Sie bewegen sich zwischen zwei Polen: dem Erhabenen, Heiligen auf der einen Seite und dem Verworfenen, Bösen, dem Tabu auf der anderen Seite. Da ihre Positionierung innerhalb dieses Feldes aber nicht eindeutig festzulegen ist, beschäftigte sich Meese eingehender mit diesen Personen. Jene beunruhigenden Phänomene werden vielfach sowohl aus dem ästhetischen Kontext der Kunst ausgeschlossen, als auch aus der alltäglichen Realität verdrängt. Dies erklärt die teilweise heftigen Reaktionen und die Vorwürfe gegen Meese.« [54]

29. Juni – 11. November 2013: Gruppenausstellung *Adventures of Truth – Painting and Philosophy: A Narrative*, Fondation Maeght, Saint-Paul de Vence (Frankreich).

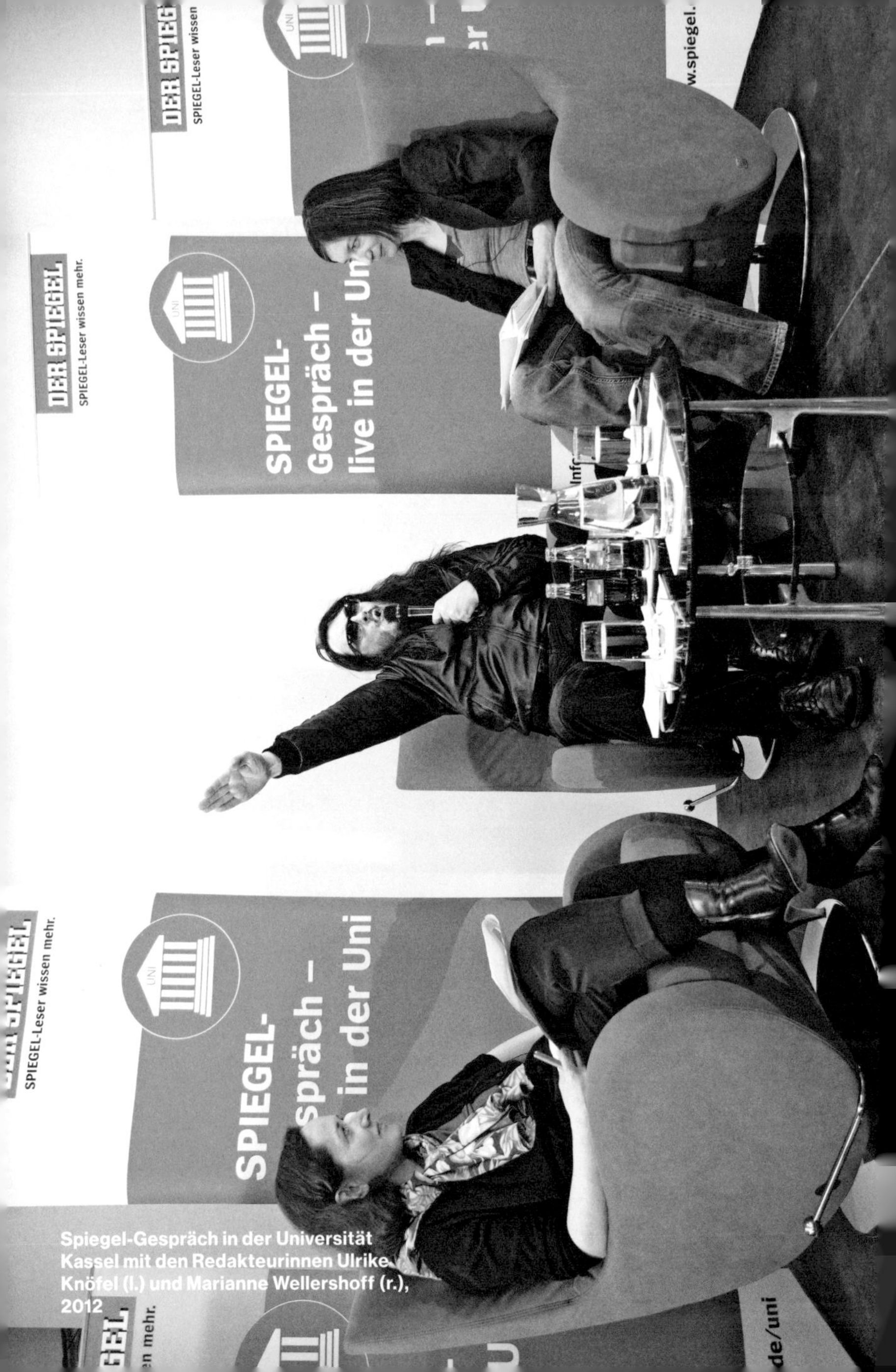

Spiegel-Gespräch in der Universität Kassel mit den Redakteurinnen Ulrike Knöfel (l.) und Marianne Wellershoff (r.), 2012

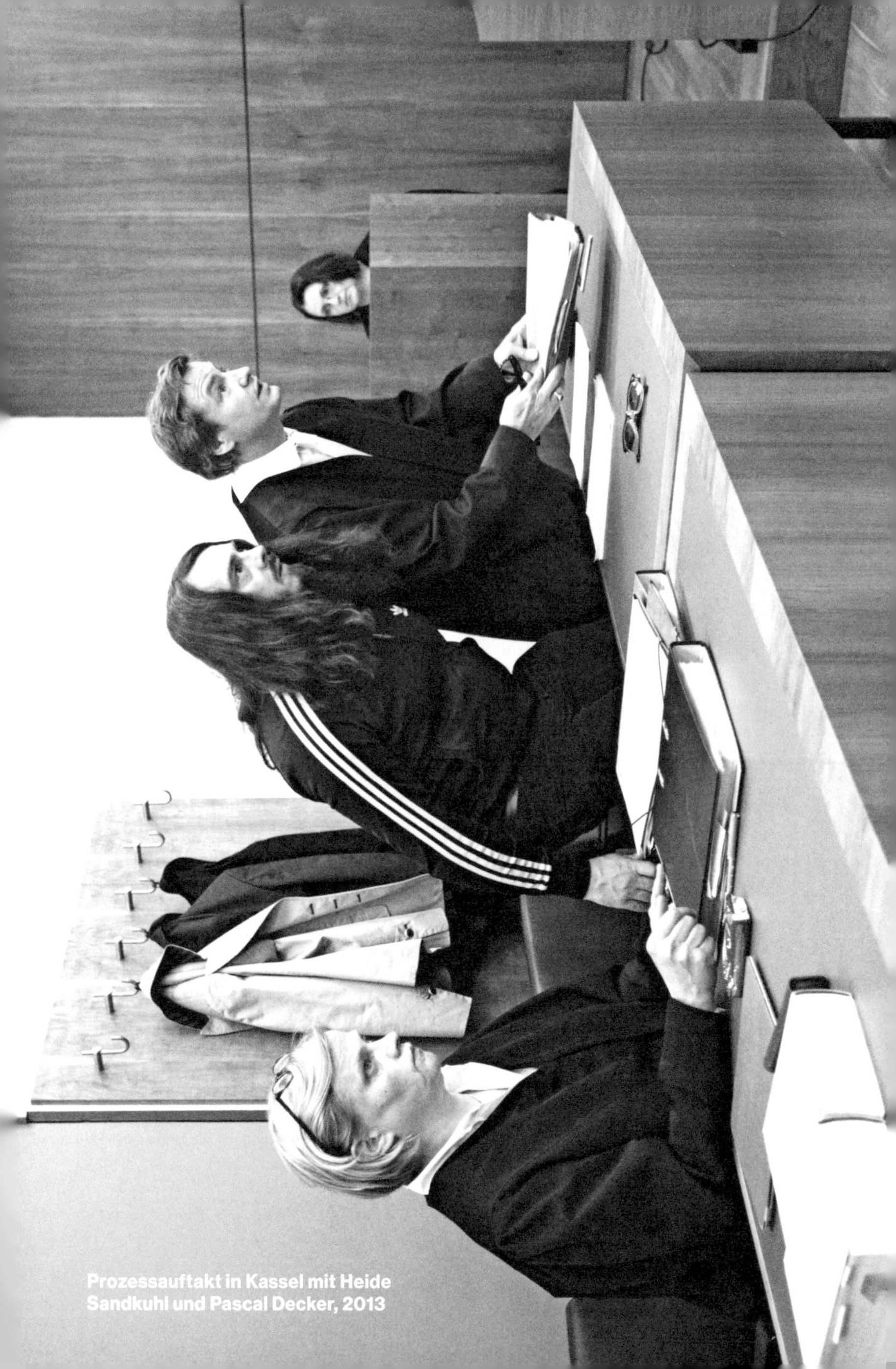

Prozessauftakt in Kassel mit Heide Sandkuhl und Pascal Decker, 2013

18. Juli 2013: Prozessbeginn in Kassel

»(dpa) Der Künstler Jonathan Meese hat vor dem Kasseler Amtsgericht einen verbotenen Hitlergruß bei einer Veranstaltung zugegeben. Zugleich machte der ganz in Schwarz gekleidete Künstler am Donnerstag deutlich, dass es sich dabei um den Teil einer Kunstaktion und nicht um seine private Meinung gehandelt habe. ›Ich würde doch nicht in einem Restaurant einen Hitlergruss zeigen, ich bin doch nicht bescheuert‹, sagte der 43-Jährige. Meese, der als eine der provokantesten Figuren der gegenwärtigen Kunstszene in Deutschland gilt, hatte im Juni 2012 in einem Gespräch zum Thema ›Grössenwahn in der Kunst‹ die ›Diktatur der Kunst‹ gefordert und den Arm zu der Geste gehoben. Vor dem Amtsgericht wird ihm das Verwenden von Kennzeichen verfassungswidriger Organisationen vorgeworfen. Auch in Mannheim wird gegen Meese ermittelt, weil er bei einer Theateraufführung im Juni mehrmals den Hitlergruß gezeigt und eine Alien-Puppe mit einem Hakenkreuz beschmiert hatte. Das Gericht nahm sich in der Verhandlung am Donnerstag auch einen 90-minütigen Film über das Gespräch vor, bei dem Meese im Juni 2012 aufgetreten war.« [55]

Mir war völlig klar, dass ich in den letzten Instanzen auf jeden Fall freigesprochen werden muss, es wäre sonst zu einer ganz großen Problematik für den Staat gekommen, weil es tatsächlich um Kunstfreiheit ging. Das wollten die Leute nicht wahrhaben, das mögen die nicht, aber es ging tatsächlich um die Fragestellung, jetzt konkret bei dem, was ich da gemacht habe, ist das von der Kunstfreiheit gedeckt oder nicht? Es geht nicht um Geschmacksfragen. Schlimm waren diese Claqueure im Hintergrund, die dann dachten oder wollten, dass das eine Geschmacksfrage wird. Bei vielen Künstlern, ob das nun die Impressionisten waren, van Gogh, Duchamp oder Balthus, wurde immer gesagt, schlechter Geschmack, schlechter Geschmack, schlechter Geschmack – oder geschmacklos. Und dass sich dann plötzlich diese Tugendwächter der Kunst, eigentlich der Kultur, gemeldet haben, um zu sagen, dass man wegen Geschmacklosigkeit verurteilt werden sollte. Das ist schon ziemlich krass. Kunst ist doch niemals eine Frage des Geschmacks. Kunst ist eine Frage der Notwendigkeit. Ich habe sogar Schauspieler auf der Straße getroffen, die mir gesagt haben, das Dritte Reich darf nicht auf der Bühne thematisiert werden. Die Bühne ist dafür zu klein, das Verbrechen ist so groß. Dazu kann man nichts mehr sagen. Dann dürfte ja Pasolini nicht gebracht werden, Der große Diktator, *dann darf man keine Illustrationen, keine Zeichnungen, ja, dann darf man keine Satire mehr machen und kein Buch mehr schreiben. Das ist Geschmacksterrorismus. Aber das kam eben aus dem Maul von Leuten, wo man's nicht gedacht hätte. Die größten Feinde der Kunst sitzen im selben Haus, das ist immer so, auch wenn das natürlich das Enttäuschendste überhaupt ist. Die kommen aus deiner Gruppe, aus deinem Umfeld. Irgendwann ziehen sie ihre Masken ab, man muss nur den längeren Atem haben, denn dann zeigen sie sich, und dann muss man sich von ihnen entfernen. Wenn man das Prinzip Kunst beibehält, bleiben diese Kulturfunktionäre immer zurück. Man kann sich aufregen, man kann auch sauer sein, aber es ist völlig richtig, dass jetzt eine andere Phase beginnt – die Kunst steht über den Dingen. Die Freiheit der Kunst ist für Meese das höchste Gesetz.*

»Kein geringerer als Heiner Bastian beispielsweise, in gewissen Kreisen eine etablierte Größe, die mit dem Kitschbruder Kiefer ihr gutes Auskommen hat und mit dem Mythos Beuys, ihrem älteren Steckenpferd, im letzten Jahr wohl einige Probleme kompensieren musste, dieser Bastian nahm also im Juli 2013 im Deutschlandradio die Gelegenheit wahr, um dort im besten Einvernehmen mit der ihm eifrig zuarbeitenden Journalistin Britta Bürger gegen Jonathan Meese Stimmung zu machen, exemplarisch natürlich nur und zum Besseren der Kunst im Ganzen, allerdings in dem Moment mit keiner anderen Aussicht, als einen Künstler hinter Gitter zu bringen. Denn Jonathan Meese stand zu der Zeit vor Gericht. Weil er in einem öffentlichen Interview vor einem großen Publikum ›mal wieder den Hitlergruß gezeigt‹ hatte (so die Worte von Britta Bürger; korrekt wäre wohl doch gewesen: ›den Hitlergruß demonstriert hatte‹) und die ›Diktatur der Kunst‹ forderte (auch diese Parole wollte Frau Bürger gleich mitverhandeln). Scheinheilig verbreitete sich Bastian nun zunächst über die ›Freiheit der Kunst‹, nannte sie ein ›hohes Gut‹, das ›eigentlich nicht von einer Strafprozessordnung geregelt werden kann‹, zielte in dem konkreten Fall und für Jonathan Meese allerdings auf nichts anderes als die Einschränkung dieses Gutes: ›Der öffentliche Auftritt eines Menschen, ob er sich Künstler nennt oder nicht Künstler, hat etwas mit sittlichen oder hat etwas mit ethischen Maßstäben zu tun.‹ Mit anderen Worten, Herr Bastian wollte gar keinen Unterschied zwischen Künstler und ›nicht Künstler‹ zulassen. Vielleicht schwebte ihm für die Regelung solcher Fragen eine Art Sondergericht vor, zu dem er selbst dann als Experte geladen werden könnte. Vorläufig außergerichtlich agierend, stellte er dennoch sicher, dass er auch im Rahmen des Gerichts und auf dem Boden unserer Realität den richtigen Griff parat gehabt hätte, denn er sprach Jonathan Meese einfach ab, ein Künstler zu sein, sprach ihm also den Schutz der besonderen Freiheit ab und redete seiner Verurteilung das Wort. Glücklicherweise folgte das Gericht dem selbsternannten Gutachter nicht und warf die Anklage nieder. Frau Bürger und Herr Bastian waren mit ihrem Anliegen natürlich nicht allein, denn eine gewisse ›Hörigkeit‹ ist in diesem Land immer noch gut verankert, die ›Freiheit‹ eher nicht, zumal wenn es um die der Kunst geht. Entsprechend häufig sind in der deutschen Kultur Figuren, die vorsätzlich oder ohne es zu merken nichts anderes wollen, als einen Künstler zurechtzuweisen, seine Bereiche einzugrenzen, seine Sprache zu kontrollieren. Ob sie nun ›Theoretiker‹ sind, die ohnehin gern glauben, es von Amts wegen besser zu wissen, oder ob sie auf dem Verwaltungsposten einer Institution der Kunst sitzen und dort ihr eigenes Renommee ausbauen, was allzu oft darauf hinausläuft, dem Künstler die Sache aus der Hand zu nehmen, um ungestört damit hantieren zu können; ob sie als Händler oder Sammler ins Atelier kommen und verwertbare ›Produkte‹ wollen, Bedingungen der ›Produktion‹ aber gerne übergehen, oder ob sie als Journalisten an das Subjekt ihres ›Themas‹ herantreten und verstehen müssen, dass dieses Subjekt zumeist sehr viel höher angesehen ist als sie selbst, besser verdient und zudem frei agieren kann (was ihnen bekanntlich ständig verwehrt wird) – all diese Nicht-Künstler fühlen sich aufgrund ihrer ganz handfesten Interessen zuständig, wenn es um die ›Freiheit der Kunst‹ geht, und viele haben von dieser Freiheit, wie auch immer sie ihre Bedenken formulieren oder begründen, ganz einfach genug.« [56]

14. August 2013: Freispruch durch das Amtsgericht Kassel.

»Kassel – Das Urteil im sogenannten Hitlergruß-Prozess gegen Jonathan Meese ist gefällt: Das Amtsgericht Kassel hat den 43-jährigen Künstler am Mittwoch von dem Vorwurf freigesprochen, ein Kennzeichen verfassungswidriger Organisationen verwendet zu haben. [...] ›Es ist klar, dass der Angeklagte sich nicht mit nationalsozialistischen Symbolen oder Hitler identifiziert, sondern das Ganze eher verspottet‹, sagte die vorsitzende Richterin. Es sei bei seiner Performance um eine Kunstdiskussion gegangen, urteilte sie weiter. Zudem sei die Atmosphäre auch im Zusammenhang mit der damals bevorstehenden Weltkunstausstellung Documenta ›aufgeladen mit Kunst‹ gewesen.« [57]

31. August – 1. Dezember 2013: Gruppenausstellung *The Absent Title*, Bienal Internacional de Curitiba 2013, Oscar Niemeyer Museum, Curitiba (Brasilien).

25. September 2013 – 16. März 2014: Beteiligung an der Ausstellung *Euphorie und Unbehagen – Das jüdische Wien und Richard Wagner*, Jüdisches Museum Wien, Wien (Österreich).

27. September 2013 – 12. Januar 2014: Gruppenausstellung *Sehnsucht Ich*, Essl Museum, Klosterneuburg bei Wien (Österreich).

10. Oktober – 21. Dezember 2013: Beteiligung an der Ausstellung *Why Painting Now?*, Krinzinger Projekte, Wien (Österreich).

24. Oktober – 30. November 2013: Gruppenausstellung *Everything and More*, Tim Van Laere Gallery, Antwerpen (Belgien).

Staatliche Hochschule
für Gestaltung Karlsruhe

Prof. Dr. Wolfgang Ullrich
Institut für Kunstwissenschaft

Karlsruhe, 27.07.2013

Gutachten zum Strafverfahren gegen Jonathan Meese

1. Gibt es in der Kunstgeschichte Beispiele dafür, dass Künstler in Gesprächen mit Medien (Interviews) Kunst-Performances dargeboten haben?

Seit die Form des Interviews ab den 1960er Jahren an Bedeutung gewann, gingen Künstler auch sehr reflektiert damit um – und haben die Gattung häufig dazu genutzt, um ihren künstlerischen Habitus oder ein spezifisches Konzept in Szene zu setzen. Es gab Verweigerungsgesten, Formen der Übertreibung, gezielte Falschaussagen, originelle Reaktionsformen. Der Fotokünstler Hans-Peter Feldmann hat z.B. 1972 auf Fragen in einem Interview nicht mit Worten, sondern mit dem Zeigen von Bildern geantwortet. Und Sigmar Polke steht unter Künstlern alles andere als allein, wenn er 1984 seinerseits in einem Interview bemerkte: „Ein Interview ist dann gut, wenn es innerhalb des Interviews eine eigene Logik gibt, wenn das Interview eine Kunstform wird."[1]

Schon 1964 hat derselbe Sigmar Polke ein fiktives Interview zwischen seinem Künstlerkollegen Gerhard Richter und dem Kunstkritiker Anthony Twaites verfasst, das wegen

[1] Zit. n. Michael Diers: "Infinite Conversation, oder: Das Interview als schöne Kunst betrachtet", in: Lars Blunck/ Michael Diers/ Hans Ulrich Obrist (Hgg.): *Das Interview. Formen und Foren des Künstlergesprächs*, Hamburg 2013, S. 27-51, hier S. 44.

Lorenzstraße 15, 76135 Karlsruhe
www.hfg-karlsruhe.de

der unüblichen Brisanz seiner Fragen und Antworten berühmt wurde (z.B.: *„Glauben Sie an Gott?* Ja, ich glaube an mich, ich bin der Größte, ich bin der Allergrößte!").[2] Vor allem aber macht es deutlich, welche Phantasien - Wünsche nach Radikalität und Provokation - die Gattung ‚Interview' bei Künstlern wecken kann. Sie hadern daher nicht selten mit den harmlos-konventionellen Fragen von Interviewern und versuchen, beim Redigieren der Interviews noch Zuspitzungen vorzunehmen. Gerade im Fall z.B. von Gerhard Richter haben die veröffentlichten Interview-Texte nur wenig zu tun mit dem faktischen Gesprächsverlauf - in der Überarbeitung wird das Interview zu einem gänzlich artifiziellen Produkt.[3]

Künstlerinterviews gelten daher innerhalb der Kunstwissenschaft auch nicht als Quellen, die man wörtlich nehmen darf, sondern die, wie die Werke selbst, immer einer eigenen Interpretation bedürfen. Verschiedentlich erkennt man ihnen sogar selbst einen Werkstatus zu.

Dabei sind einige Künstler konsequenter und radikaler als andere. Im aktuellen Standardwerk zum Künstlerinterview - gerade 2013 erschienen - werden von den Herausgebern namentlich fünf Künstler genannt, bei denen das Künstlergespräch bzw. Interview „als eigenständige performative Kunstform, zumindest als mediale ‚Selbst'-Inszenierung" zu bewerten sei. Diese fünf seien Andy Warhol, Joseph Beuys, Martin Kippenberger, John Bock - und Jonathan Meese![4] Weiter wird das Künstlergespräch als „integraler Bestandteil

[2] Sigmar Polke: „Interview zwischen Anthony Twaites und Gerhard Richter" (1964), in: Gerhard Richter: *Text*, Frankfurt/Main 1993, S. 20-23, hier S. 23.
[3] Vgl. Julia Gelshorn: „Der Künstler spricht – Vom Umgang mit den Texten Gerhard Richters", in: Dies. (Hg.): *Legitimationen. Künstlerinnen und Künstler als Autoritäten der Gegenwartskunst*, Bern 2004, S. 127-148.
[4] Lars Blunck/ Michael Diers: „The Point of Interview. Zur Einführung", in: a.a.O. (Anm. 1), S. 9-26, hier S. 9f.

künstlerischer Praxis" gewürdigt, eine Grenzziehung zwischen einem Gemälde oder einer Installation einerseits und einem Interview andererseits wird als unangemessen abgelehnt.[5]

2. Welche Merkmale unterscheiden aus einer Gesamtschau dieser Beispiele Interviews, die Kunst-Performances sind, von solchen Interviews, die keine Kunst-Performances sind?

Interviews, die Kunst-Performances sind, besitzen nicht nur wegen ihrer Inhalte, sondern vor allem in ihrer Form einen inszenatorischen Charakter. Sie durchbrechen einen üblichen kolloquialen Modus, stellen also gerade kein ‚normales' Gespräch zwischen einem Fragenden und einem Antwortenden dar, sondern de(kon)struieren oder überhöhen übliche Formen der Kommunikation. Insbesondere handelt es sich bei einem Interview dann um eine Performance, wenn es vor Publikum stattfindet, die Protagonisten also in einer bühnenartigen Auftrittssituation sind und der Künstler sich nicht nur auf den Interviewer bezieht, sondern auch an das Publikum adressiert. Der Auftritt des Künstlers unterliegt dann Maximen der Gestaltung, die in Beziehung zu anderen Formen der öffentlichen (Selbst)inszenierung stehen und seine künstlerische Identität ergänzen, präzisieren oder verstärken.

3. Ist das Gespräch mit Jonathan Meese, das am 4. Juni 2012 in Kassel stattfand und das auf Youtube unter dem Link http://www.youtube.com/watch?v=L6ccb7uNSNU einsehbar ist, nach diesen Merkmalen aus kunstwissenschaftlicher Sicht als Kunst-Performance oder als Interview einzuordnen?

---

[5] Vgl. ebd., S. 16.

Hier handelt es sich eindeutig um eine Kunst-Performance! Jonathan Meese ist während der gesamten Zeit im Modus des Auftretens, d.h. er spricht nicht ‚natürlich', sondern in einem Tonfall und einer Lautstärke, die ganz bewusst an die Tradition großer politischer Redner anknüpfen. Statt ein Gespräch mit den beiden Redakteurinnen des SPIEGEL zu führen, nimmt er deren Fragen höchstens als Stichworte, um seine Thesen gegenüber dem Publikum mit großem Engagement - in formaler Referenz auf Propagandareden - darzubieten. Er selbst spricht während des Auftritts davon, er habe seine „Show zu machen" (1:16), d.h. er sieht sich ausdrücklich in Beziehung auf das Publikum und nicht in einem Dialog mit den Redakteurinnen. Er begreift sich auf einer „Bühne" und damit zugleich in einem „rechtsfreien Raum" (1:32).

Zum Charakter einer Kunstfigur - eines sich selbst inszenierenden Künstlers - gehören auch Accessoires wie die Sonnenbrille oder der schwarze Adidas-Anzug. Dadurch wird Meeses Gesicht und Figur grafisch reduziert und nähert sich vielen Darstellungen des Künstlers auf seinen Gemälden an. Zu sehen und zu erleben ist also kein Privatmann, der sich über sein Leben und Werk befragen lässt, wie das bei einem Interview der Fall wäre, sondern eine öffentliche Figur, die performativ ein Image bestätigt, das bei vielen früheren Auftritten bereits entwickelt wurde.

Moderatoren anderer Veranstaltungen mit Jonathan Meese bestätigen im Übrigen, dass es gar nicht möglich sei, mit ihm in einer öffentlichen Auftrittssituation einen halbwegs normalen Dialog - also so etwas wie ein Interview - zu führen. So teilt z.B. Robert Eikmeyer, der seit einigen Jahren immer wieder Veranstaltungen mit Meese organisiert und durchgeführt hat, auf Anfrage mit: „Mir

Staatliche Hochschule
für Gestaltung Karlsruhe

Prof. Dr. Wolfgang Ullrich
Institut für Kunstwissenschaft

ist noch nie ein ‚Gespräch' mit Meese vor Publikum gelungen. […] Das lässt er einfach nicht zu."[6] Vielmehr gerät jeder Auftritt vor Publikum zu einer Kunst-Performance.

4. Können Sie Auskunft geben über weitere Performances von Jonathan Meese, in denen er den Hitlergruß dargeboten hat? Wenn ja: Gibt es Merkmale, die sämtlichen Aufführungen gemein sind?

Es gibt zahlreiche Performances von Meese, in denen er den Hitlergruß dargeboten hat. Eine vollständige Liste ist unmöglich zu erstellen, im Folgenden sei aber eine Auswahl - basierend auf publiziertem Bildmaterial, das in/auf Katalogen, Monographien, Künstlerbüchern oder Websites zu/von Jonathan Meese aufzufinden ist - gegeben:

<u>ARARIO Gallery, Cheonan, Korea, 10. September 2005</u>
Performance (Fotos)
Jonathan Meese is Dr. Socrates

<u>Turbine Hall, Tate Modern, London, 25. Februar 2006</u>
Performance
http://www.youtube.com/watch?v=YtaDDIMnvX4
Noel Coward is Back: Dr. Humpty-Dumpty vs. Fra No-Finger

<u>Deichtorhallen, Hamburg, 29. August 2006</u>
Performance mit den Schauspielern Bernhard Schütz und Henning Nass (Fotos)
FRÄULEIN OVERKILLI`S TANZBODEN, rattenscharf, klarmachen (DAS hermetische DUELL des NUGGET-JIM de Gong und DR.

[6] Robert Eikmeyer in einer Mail vom 23. Juli 2013 an den Verfasser.

Staatliche Hochschule
für Gestaltung Karlsruhe

Prof. Dr. Wolfgang Ullrich
Institut für Kunstwissenschaft

BILLY the KIDADDY am Eagle-TAIL von Sherif ›Marshall-DIRN‹ (nah' dem SPINNENTEAFOREST ›MAMMUTUS‹ 1912))

Essl Museum, Klosterneuburg bei Wien, 20. September 2007
Performance (Fotos)
DEMUT + LOLLY

Renaissance Theater, Berlin, 10. Februar 2008
Lecture-Performance im Rahmen der Berliner Lektionen 07/08 (Foto)
Die BABYDIKATORIN der Kunst SCARLETTIERBABY im PLATINSCHMUCKKÄSTCHEN der SAALREVOLUTION, SÜSS. (SAFARISCARLETTIERKIND mit SÜSSESÜSSESÜSSESDIADEM als TOTALE KUNST, erzfrisch, üppig und lieb im STAHLSAAL = DEPOT der DEMUT, DU-DU-DU)
(Foto der Performance: Diktatur der Kunst, 180/181)

Art Directors Club (ADC), »Gipfel der Kreativität«, Berlin, 12. April 2008
Performance
http://www.cfa-erlin.de/videos/zoomview/6d4a42b16c9edd5de4d9bc8705951b0d
DIE INTHRONISATION der Diktatur der Kunst ist ein Kinderspiel (Der Mensch sei bitte stubenrein)

Arp Museum Bahnhof Rolandseck, Remagen, 30. April 2009
Performance zur Eröffnung der Ausstellung *Erzstaat Atlantisis* (Anlandung nach der Überquerung des Rheins) (Propaganda-Veranstaltung)
http://www.youtube.com/watch?v=kWvn5AI62h4
(Nach dieser Performance erfolgte auch eine Anzeige gegen Jonathan Meese wegen der Verwendung von Kennzeichen verfassungswidriger Organisationen, auf die hin es zu einer Vorladung als Beschuldigter vom Polizeipräsident in

Berlin kam. Dokumentiert ist diese Vorladung in: Jonathan Meese: *Diktatur der Kunst. Das radikalste Buch*, Köln 2011, S. 137.)

Performa 11 - New Visual Art Performance Biennial, New York, 4. November 2011
Performance
http://www.youtube.com/watch?v=7KwKsAclEvA
WAR ›SAINT JUST (FIRST FLASH)‹

Akademie der bildenden Künste, Wien, 15. März 2012
Performance / Propagandarede
http://www.youtube.com/watch?v=E2NBKfRvwkc
(Bei 1:16 wird die „Muskelbewegung" des Hitlergrußes eigens erklärt und vorgeführt!)

17. Internationale Schillertage, Nationaltheater Mannheim, 26. Juni 2013
Performance (Fotos Spiegelinterview)
DER NON-NOSTALG »MEESEVOLUTIONÄR« SPRICHT: DIE BURSCHNS GESTATTNS A EVOLUTIONSNUSSNS GENERALTANZ DEN ERZSCHILLER (UA), (GUIDO QUILLER IST DER TOTALSTE DON GIN SCHILLER, BALLETIERT EUCH, WIE SCHNURRL'-NONNINEI, ES BRUZZELTS: DR. SCHILLERZ), (SCHILLER MI ON, S. V.P.)

Bemerkenswert ist, dass Meese keinen Unterschied macht, ob eine Performance in Deutschland oder in einem anderen Land stattfindet. Für ihn gehört der Hitlergruß vielmehr zum festen Repertoire seiner Gesten und Zeichen.

5. Können Sie andere Fälle nennen, in denen sich Künstler für eine künstlerische Darbietung des Hitlergrußes bedient haben? Wenn ja, welche Fälle waren das?

Prof. Dr. Wolfgang Ullrich
Institut für Kunstwissenschaft

Der prominenteste und kunsthistorisch bedeutsamste Fall ist der von Anselm Kiefer. Der Künstler machte 1969 ein Projekt unter dem Titel *Besetzungen*, das darin bestand, dass er die Schweiz, Frankreich und Italien bereiste und fotografisch dokumentierte, wie er jeweils an einem historisch bedeutsamen Ort (z.B. Forum Romanum, Vesuv, Arles) den Hitlergruß machte. Er trug dabei Reitstiefel und eine Reithose, immer stand er einsam auf einem leeren Platz oder von Natur umgeben. Parallel zu der Fotoserie entstand eine Reihe von Gemälden, auf denen sich der Künstler ebenfalls mit Hitlergruß malte, jeweils exponiert in einer Landschaft oder in besonderen Situationen (z.B. gegenüber dem Papst). Die Fotografien wurden, nachdem sie bereits bei Ausstellungen zu sehen waren, erstmals 1975 komplett abgedruckt in der Zeitschrift *Interfunktionen* (Heft 12, hg. v. Benjamin Buchloh). Im Jahr 2008 gab es von Mai bis September eine Einzelausstellung Anselm Kiefers in Berlin, die unter dem Titel *Heroische Sinnbilder* die meisten Hitlergruß-Werke des Künstlers versammelte. Diese Ausstellung führte zu keinen Protesten oder gar Anzeigen, vielmehr erhielt Kiefer im selben Jahr sogar (im Oktober) den Friedenspreis des Deutschen Buchhandels - einen der international renommiertesten Preise für moralische Gesinnung!

In einem Interview aus den 1980er Jahren erklärte Kiefer auf die Frage nach dem Sinn seiner Hitlergruß-Arbeiten: „Dieses ‚Mit erhobenem Arm mich dahinstellen' war für mich eine Selbsterfahrung, vor allem herauszufinden, wer ich bin, vor allem in der Tradition der Geschichte, insbesondere der jüngeren Geschichte."[7] Performativ wollte er also nachvollziehen, was die Geste

[7] Anselm Kiefer, zit. n. Wulf Herzogenrath: „Bilder entstehen nicht nur aus ‚Nach-Denken', sondern aus ‚Vor-Leben'", in: *Anselm Kiefer*, Katalog Nationalgalerie Berlin 1991, S. 93-100, hier S. 95.

Staatliche Hochschule
für Gestaltung Karlsruhe

Prof. Dr. Wolfgang Ullrich
Institut für Kunstwissenschaft

des Hitlergrußes mit demjenigen macht, der sie exekutiert; es ging ihm darum, die eigene Position innerhalb der deutschen Geschichte besser zu verstehen.

Wird das als Begründung offenbar akzeptiert, um Kiefer seine Hitlergrüße durchgehen zu lassen, so müsste Meeses Erklärung für dieses Performance-Element erst recht als Ausweis einer Gesinnung anerkannt werden, die allem Ideologischen mit unmissverständlicher Klarheit entsagt: „Der Hitlergruß ist ein Symbol, das neutralisiert werden muss."[8] Das ist ausdrücklich nicht als Geschichtsrelativierung gemeint, sondern steht im Kontext der künstlerischen Haltung Meeses, die insgesamt das Ziel verfolgt, die Menschen von zu starken Bedeutungen, ja von semantischen Überforderungen durch einzelne Gesten und Phänomene zu befreien. Dahinter steht das in der Geistesgeschichte seit der antiken skeptischen Philosophie immer wieder vertretene Ideal einer Welt, in der ideologische Okkupationen ‚neutralisiert' und damit unschädlich gemacht werden. Jonathan Meese liefert mit seinen Performances die aktuell stärkste und bedeutendste Ausprägung dieses Ideals, er ermöglicht eine Diskussion über die Macht von Zeichen und beschreitet Wege, diese zu bannen und ‚abzuarbeiten'.

Prof. Dr. Wolfgang Ullrich

[8] Jonathan Meese: „Die Leute sind ichversaut", in: Der Spiegel 29/2013 (15. Juli 2013), S. 96-99, hier S. 98.

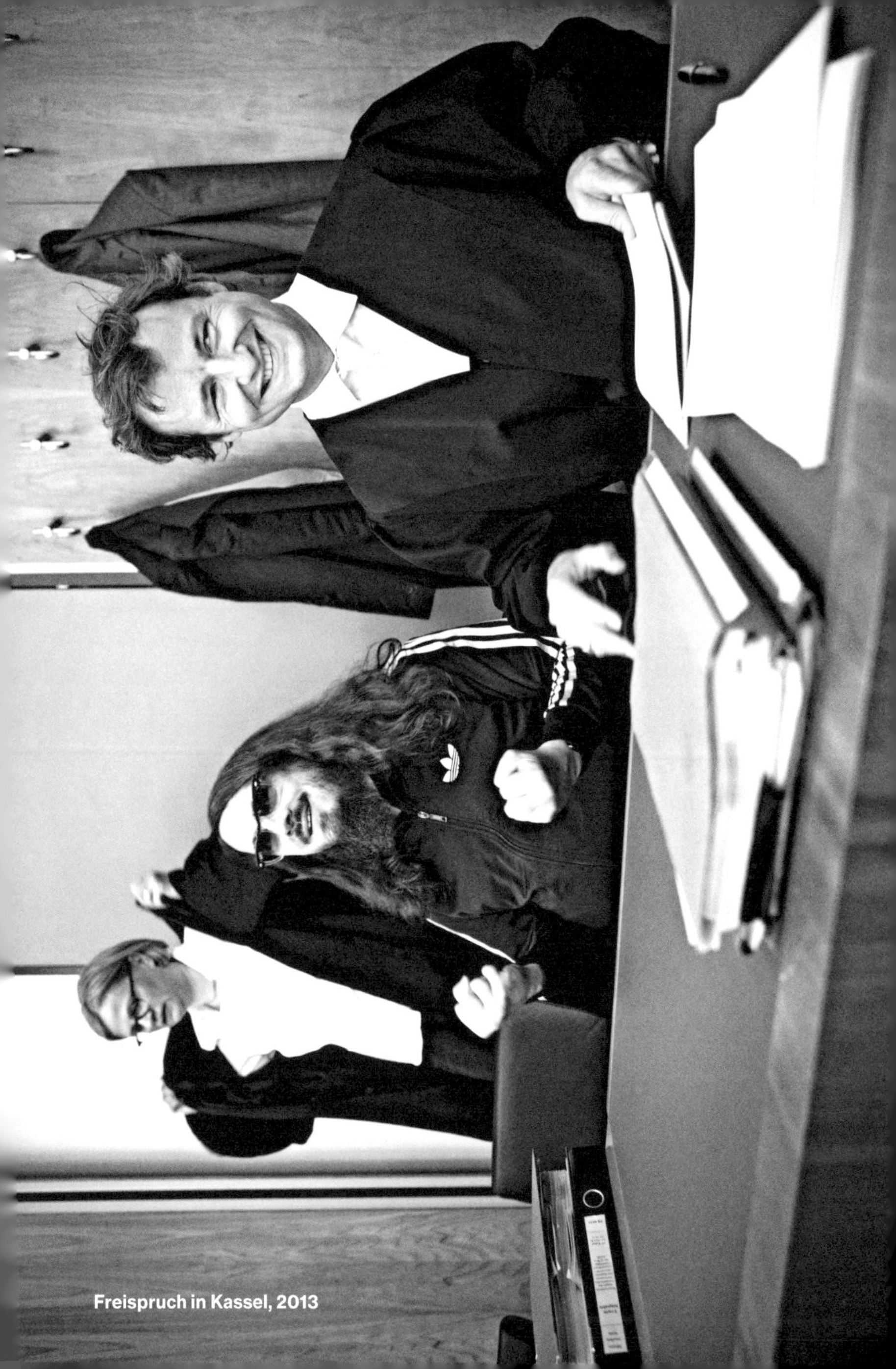

Freispruch in Kassel, 2013

26. Oktober 2013: Symposium *Die Zukunft der Oper*, Deutsche Oper, Berlin.

11. November – 22. Dezember 2013: Ausstellung *JAMEESE de BONDADDY (Moon of Gold)*, Galerija TR3, Ljubljana (Slowenien).

16. November 2013 – 9. März 2014: Ausstellung *Malermeese – Meesermaler*, Museum der Moderne, Salzburg (Österreich).

Malen ist einfach, simpel – das fällt mir wahnsinnig leicht, also ich spüre da überhaupt keinen Widerstand. Ich finde, dass ich jetzt schneller geworden bin – aber einfach nur praktisch gesehen – und sicherer, aber nur, weil ich es praktisch öfters gemacht habe. Übung macht den Meister. Da ist nichts Besonderes dabei. Man hat sich kein Expertenwissen angeeignet. Das ist für mich falsch, mit so was will ich überhaupt nichts zu tun haben. Das muss einfach aus dem Handgelenk kommen oder eben nicht. Es sind zwar immer neue Techniken dazugekommen, aber das Bild ist nicht aufgrund der Technik gut. Das ist nur eine Nebenerscheinung. Es geht immer noch darum, ob es ein geiles Bild ist, ein Bild, das stimmt, das evolutionär richtig ist – das einfach gemalt werden musste, um mal gezeigt zu werden – und das dann sein eigenes Leben führt und im Kreislauf der Kunst eingebettet ist. Aber irgendwann werden die Leute auch mal merken, hey, wenn es ein geiles Bild ist, dann ist es auch geile Malerei.

16. November 2013 – 18. Mai 2014: Beteiligung an der Ausstellung *Imperium der Götter. Isis – Mithras – Christus. Kulte und Religionen im Römischen Reich*, Badisches Landesmuseum Karlsruhe.

2014

17. Januar – 26. April 2014: Ausstellung *ZOO(M) DE LARGE (JAIL D'ART)*, Galleri Bo Bjerggard, Kopenhagen (Dänemark).

21. Januar – 29. Juni 2014: Gruppenausstellung *Paperworlds,* me Collectors Room Berlin, Berlin.

24. Januar – 28. Februar 2014: Filmpräsentation *K.U.N.S.T.: ›TANZ' DOCH MAL KEIN ICH‹ (OM MI NIT ON),* Mallorca Landings, Mallorca (Spanien).

25. Januar – 1. März 2014: Gruppenausstellung *Broken Gods Broken Heroes,* Slewe Gallery, Amsterdam (Niederlande).

10. Februar 2014: Offizielles Ende der Zusammenarbeit mit CFA.

»*Jonathan Meese beendet Zusammenarbeit mit CFA.* Der Berliner Künstler Jonathan Meese wird nicht mehr mit der Galerie Contemporary Fine Arts (CFA) zusammenarbeiten. Das gab sein Studio am Montag in einer Pressemitteilung bekannt. ›Meese dankte CFA für die lange und vertrauensvolle Zusammenarbeit und betonte, dass die Trennung von ihm in Respekt und Dankbarkeit für das gemeinsam Erreichte vollzogen wurde.‹ Der Künstler wurde seit Ende der 90er-Jahre von der Galerie repräsentiert. Obwohl CFA und Meese getrennte Wege gehen, kündigt die Galerie für den 22. Februar die Eröffnung einer Meese-Ausstellung an: Die 24 Arbeiten der Schau ›Johnny Come Home II‹ stammen aus einer Privatsammlung, sagte Galerist Bruno Brunnet zu Monopol.« [58]

20. Februar: Lecture Performance *Muss Kunst widerständig sein?,* Zürcher Hochschule der Künste, Zürich (Schweiz).

19. März 2014: *Mein Glück und die Diktatur der Kunst. Werner Spies trifft Jonathan Meese,* Podiumsgespräch im Rahmen des internationalen Literaturfestivals lit.Cologne, Literaturschiff MS RheinEnergie, Köln.

11. – 31. Mai 2014: Beteiligung an der Ausstellung *Kunstepidemie – Büttner & Scolari,* Feinkunst Krüger, Hamburg.

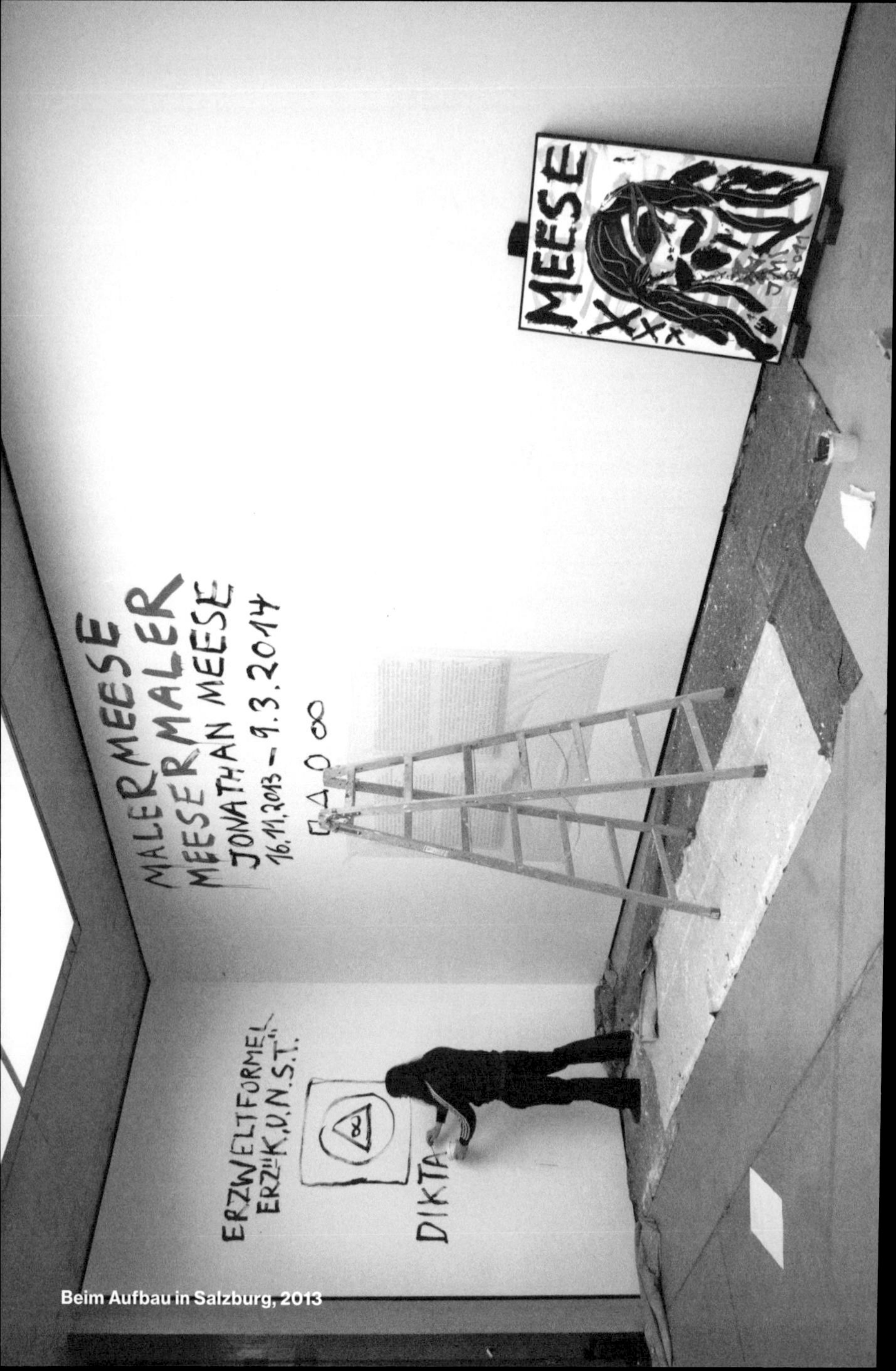

Beim Aufbau in Salzburg, 2013

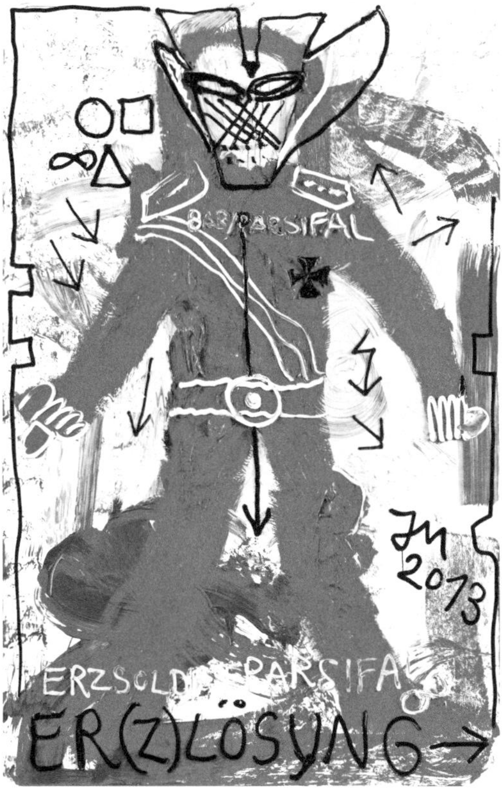

DER HIMMLISCHSTE FEUERWEHR-MENSCH »SOS-PARSIFAL«, 2013
Öl und Acryl auf Leinwand
270 × 180 cm

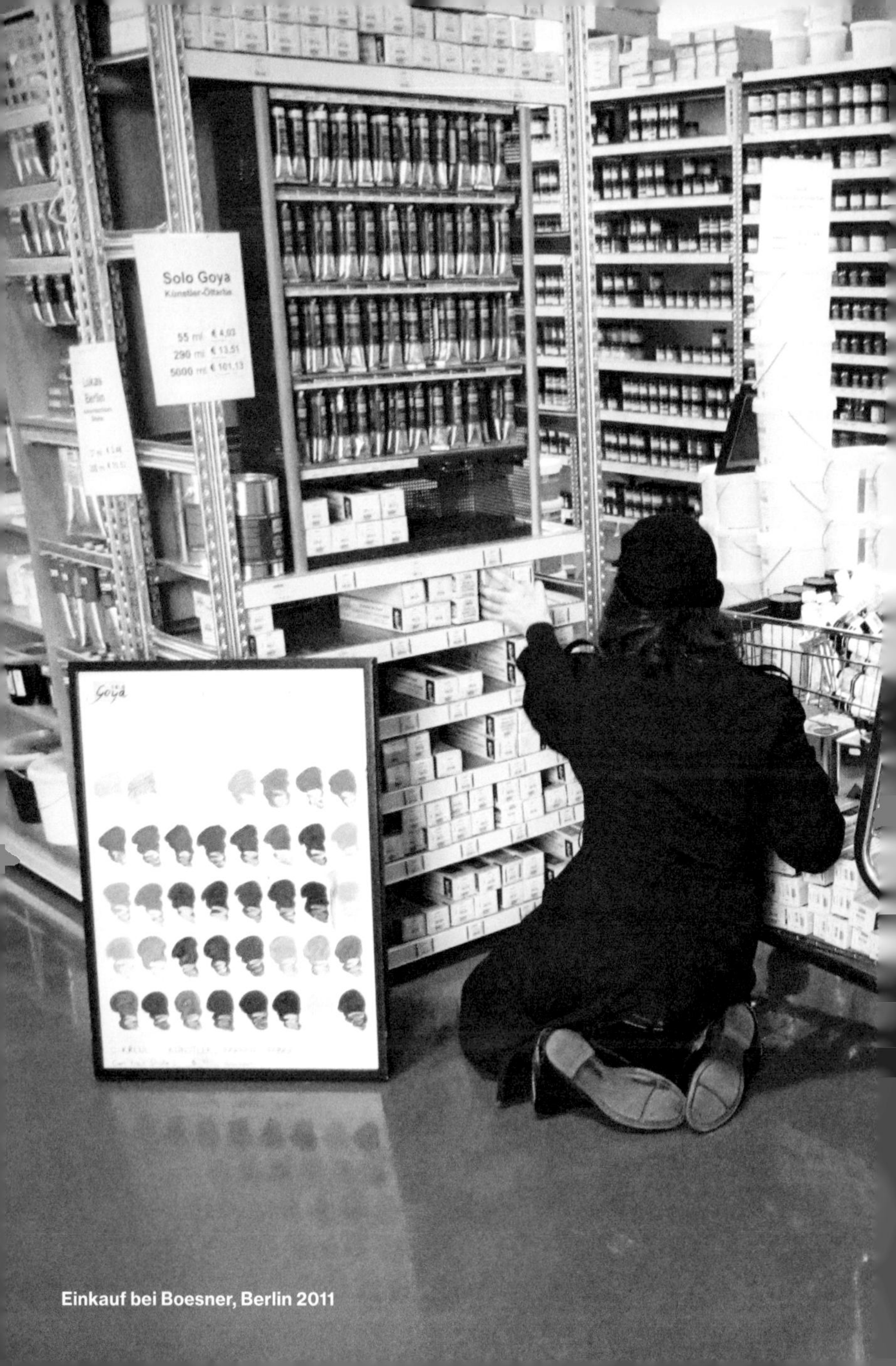

Einkauf bei Boesner, Berlin 2011

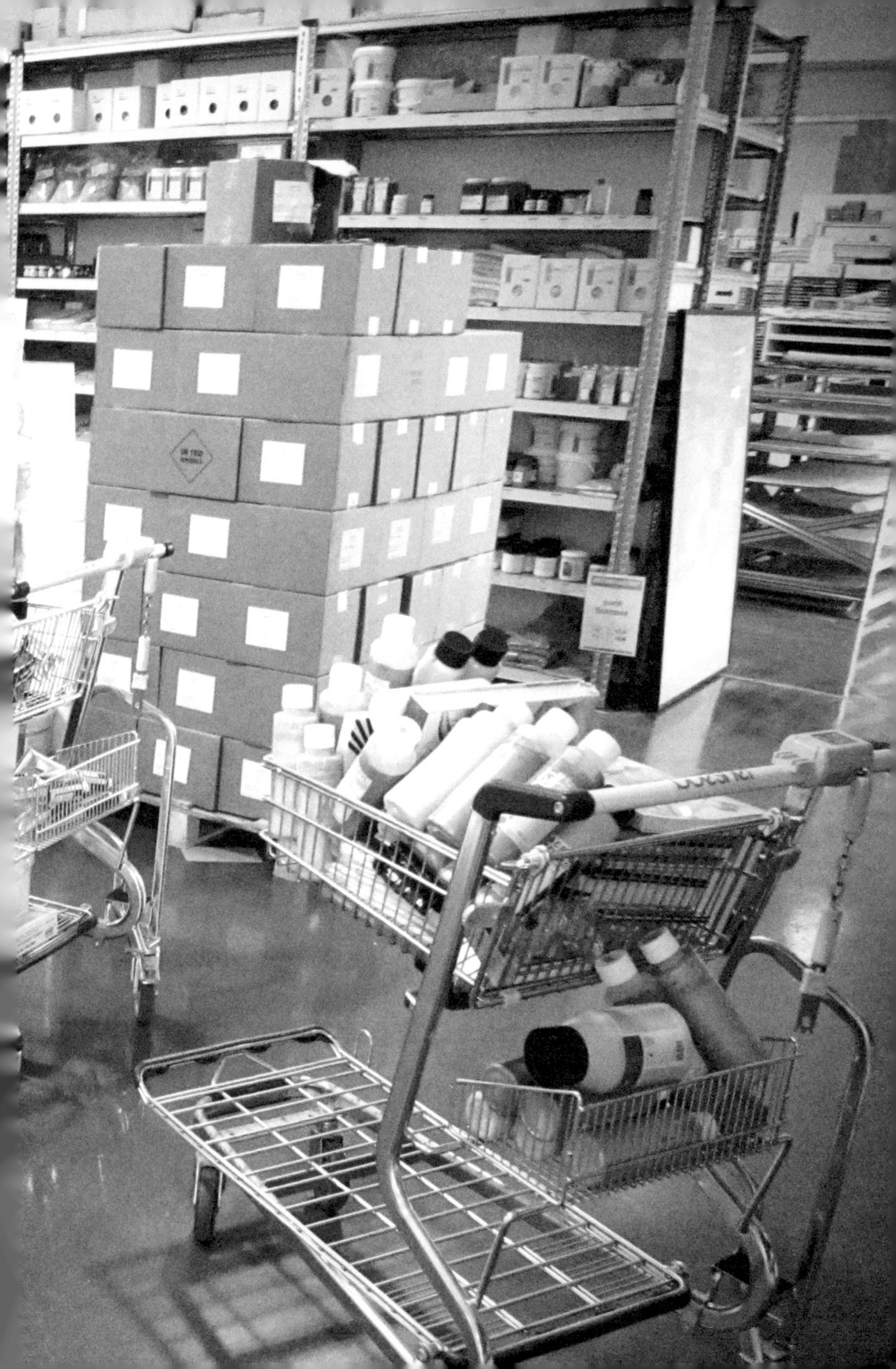

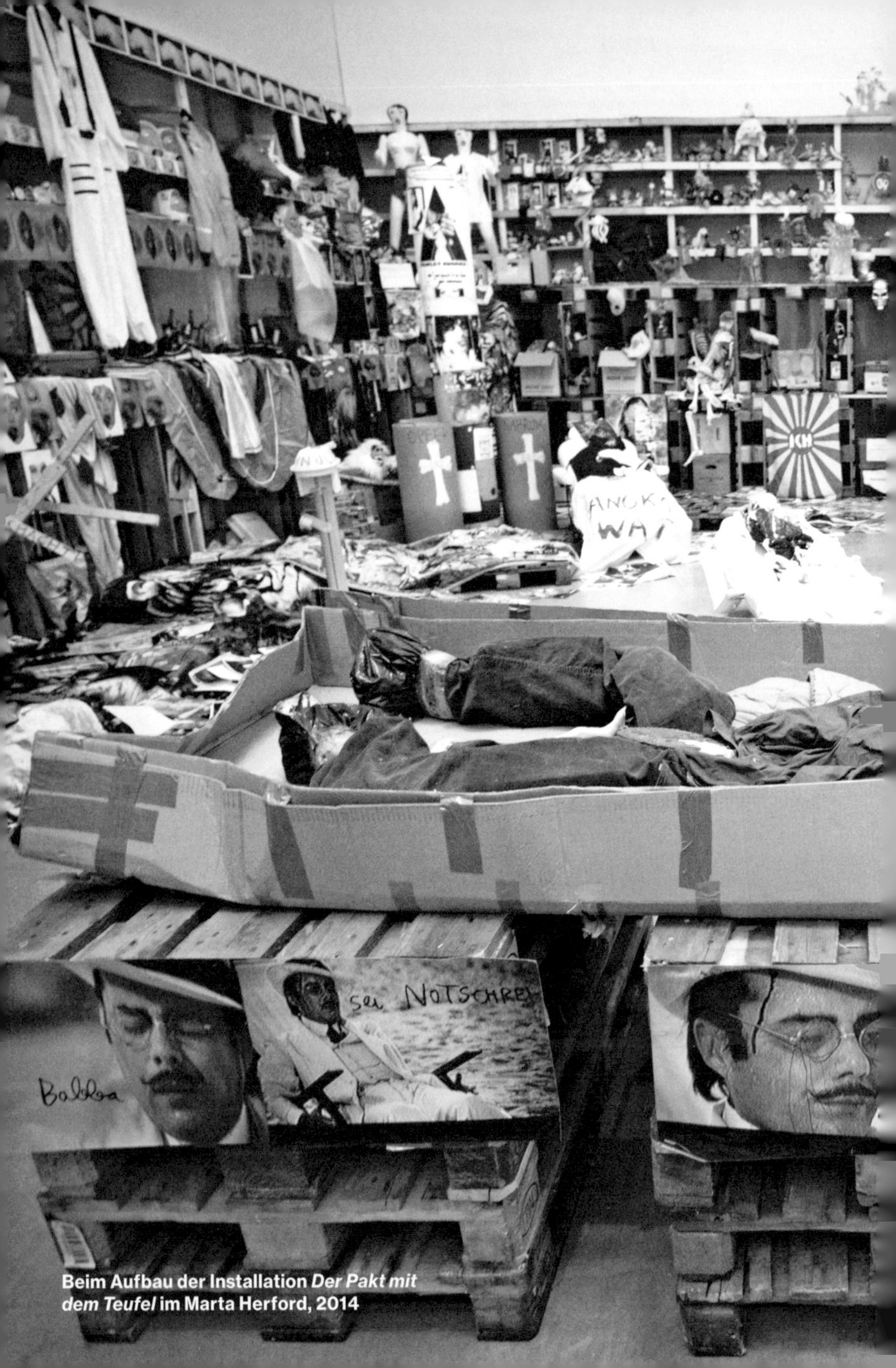

Beim Aufbau der Installation *Der Pakt mit dem Teufel* im Marta Herford, 2014

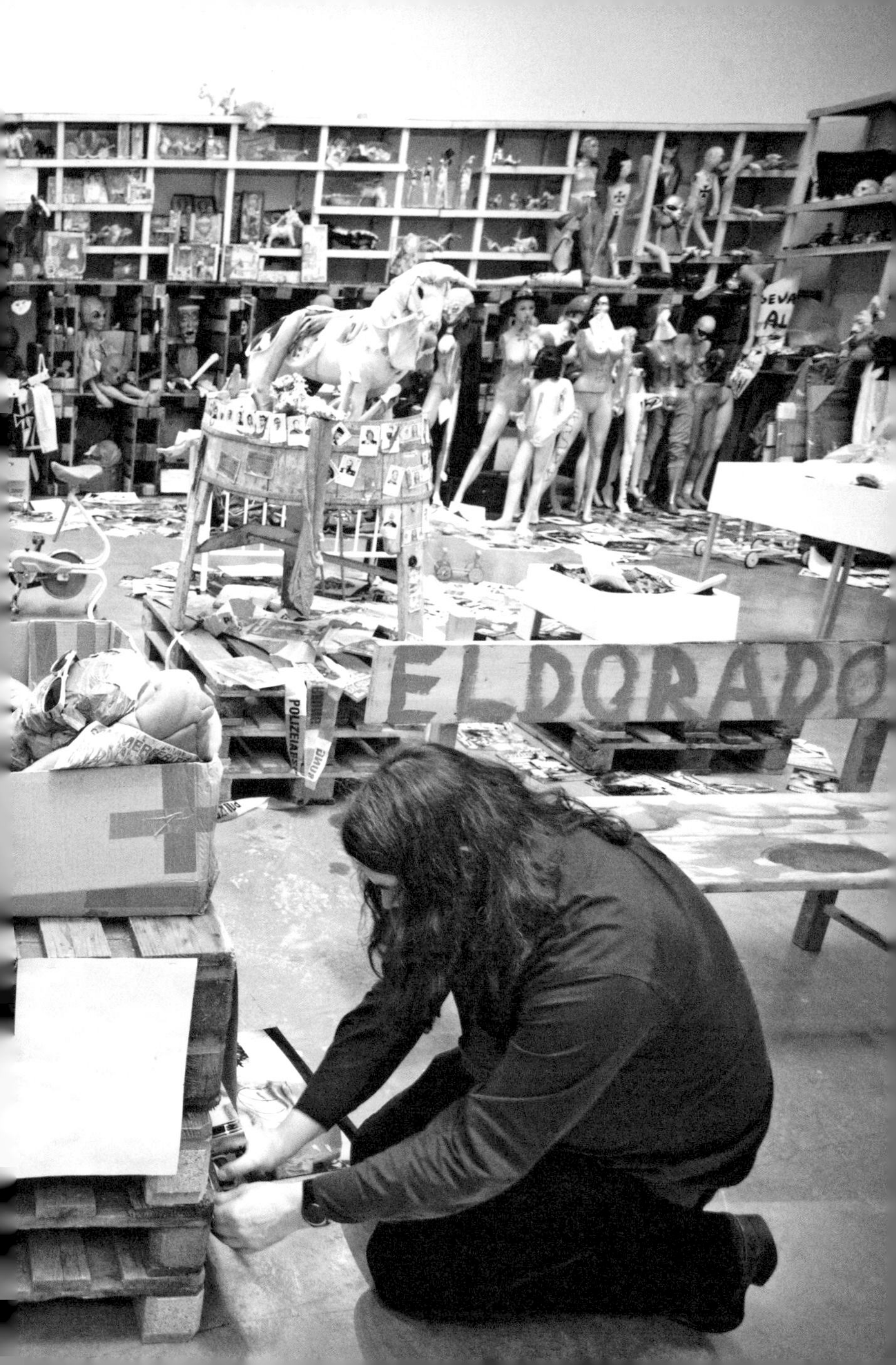
ELDORADO

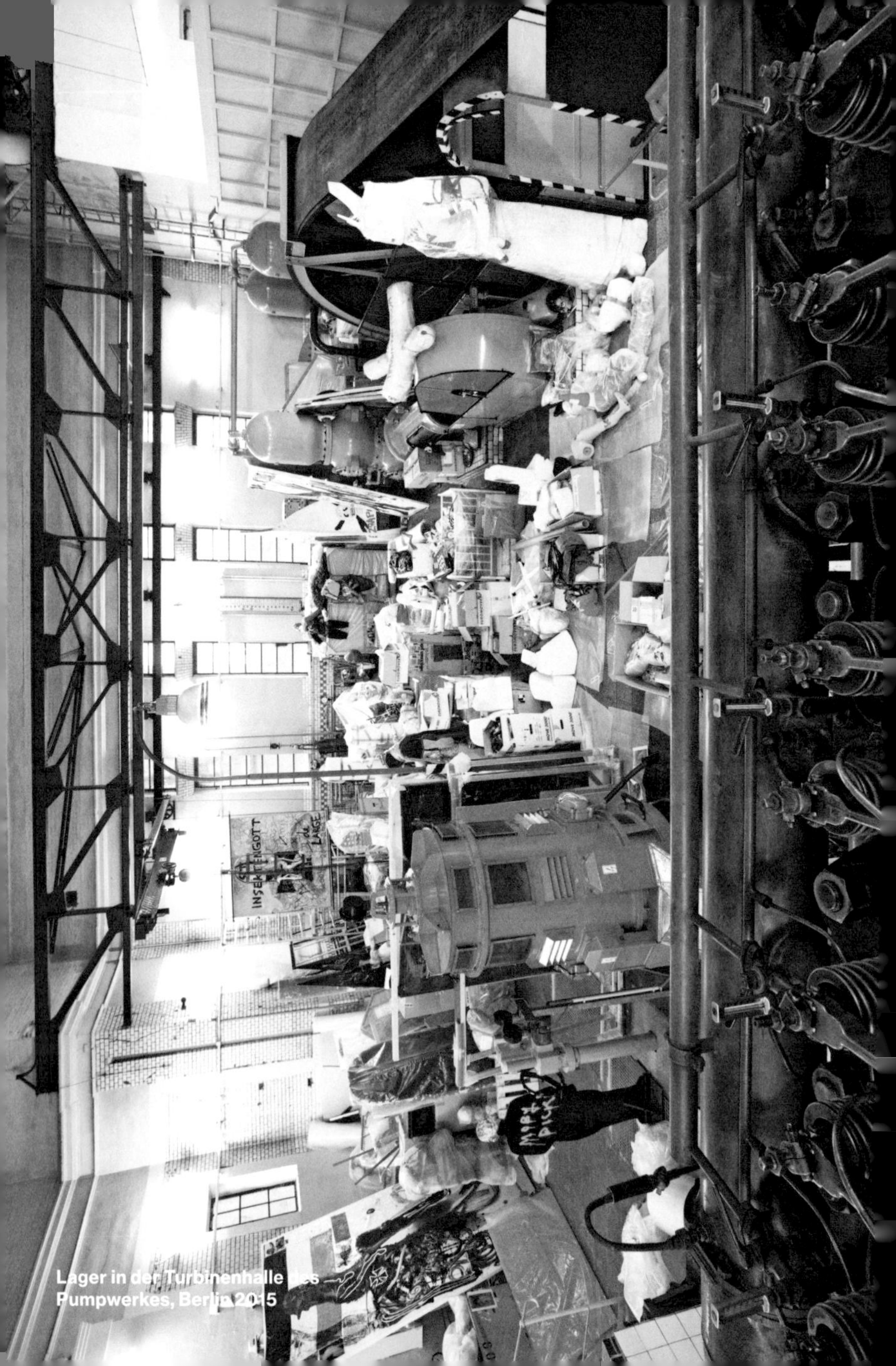

Lager in der Turbinenhalle des Pumpwerkes, Berlin 2015

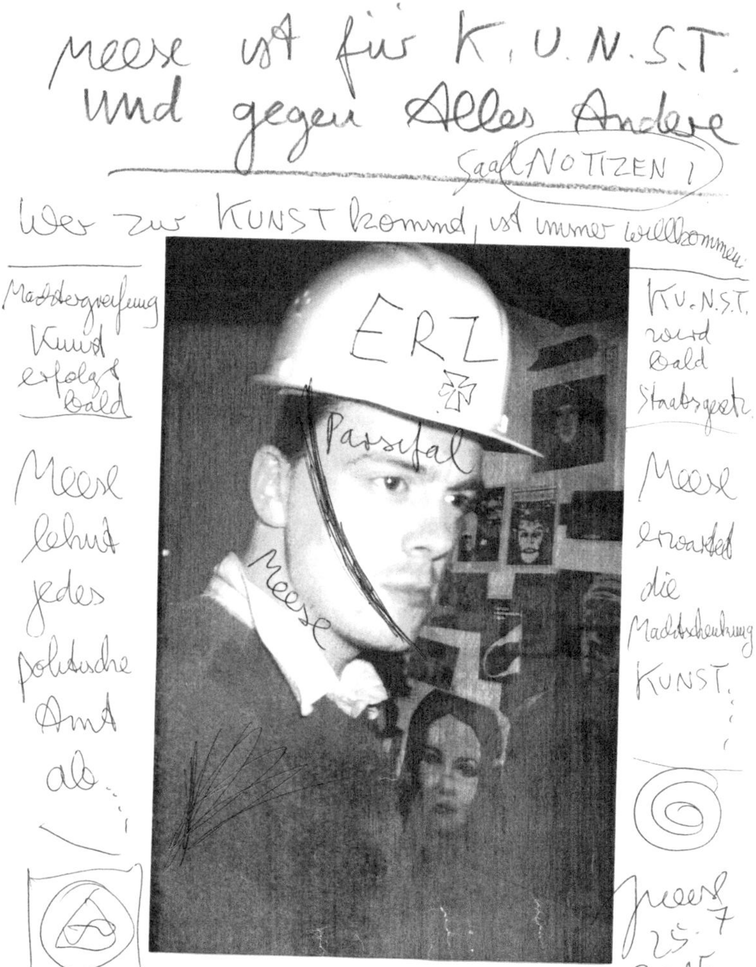

Manifest Notizblatt, 2015
29,8 × 21 cm

15. Mai – 28. Juni 2014: Gruppenausstellung *Portray*, Tim Van Laere Gallery, Antwerpen (Belgien).

28. Juni – 5. Oktober 2014: Installation *Der Pakt mit dem Teufel* in der Gruppenausstellung *Freundliche Übernahme. Künstler zeigen ihre Sammlung*, MARTa Herford, Herford.

5. September – 11. Oktober 2014: Ausstellung *Countdown ›K.U.N.S.T.‹ (Die Geilstinvasion)*, Sies + Höke Galerie, Düsseldorf.

In der Kunst habe ich auch mal zwei Parteien gegründet: Einmal die MNSKP (Menschen – Nähr – Saal – Kampf – Partei) und die SEPTEM (Saal – Erzpartei – Totaler – Erz – Mensch). Das waren eher Jokes, Gesellschaftswitze. Parteigründungen in der Kunstszene sind sehr üblich, aber immer eine Sackgasse. Dann kam irgendwann die K.U.N.S.T., das ist keine Partei, sondern eine totale Liebeserklärung an Kunst. Das Wort hört sich so viel geiler an: K – U – N – S – T. Aber dazu braucht man Jahre. Ich habe fast 20 Jahre gebraucht, um von dem Wort ›Kunst‹ zu ›K.U.N.S.T.‹ zu kommen. Durch die Punkte zwischen den Buchstaben erzeugt man die Radikalisierung des Wortes Kunst. Da ich ja immer sehr vieles in Anführungsstriche setze und mit Punkt, Punkt, Punkt, kam das irgendwann automatisch – das schafft man nur durch Evolution und Beharrlichkeit. Das kommt von selbst, wenn man es zulässt und dran arbeitet. Das ist so geil; das Feld ist unermesslich.

11. Oktober – 2. November 2014: Ausstellung *Pump up the Vampire, pump up the Vampire, pump up the Vampire, smell!*, Glue Factory, Glasgow (Schottland).

17. Oktober 2014 – 11. Januar 2015: Gruppenausstellung *Anarchia. Utópia. Forradalom*, Ludwig Múzeum, Budapest (Ungarn)

14. November 2014: Die Festspielleitung in Bayreuth gibt das Ende der Zusammenarbeit bekannt.

»(cbu/dpa) Hamburg / Bayreuth – Eigentlich sollte seine Inszenierung von ›Parsifal‹ einer der Höhepunkt der Bayreuther Festspiele 2016 werden. Doch nun trennen sich die Veranstalter von Skandalkünstler Jonathan Meese. Sein Konzept sei nicht finanzierbar, teilten sie am Freitag mit.« [59]

Das, was wir in Bayreuth bei den beiden Modellpräsentationen vorgeschlagen haben, wäre nicht wortwörtlich das gewesen, was auf der Bühne gezeigt worden wäre. Da gab es wie immer Spielraum. Noch kurz vor der Premiere hätte ich alles ändern können, auch so, dass es total nach einer Veränderung ausgesehen hätte. Das geht nämlich ratzfatz, ein Bühnenbild scharf zu machen, da brauchst du eine Stunde für die ganze Fläche. Also wenn ich einen Tag vor der Premiere gemerkt hätte, die Sache reicht in ihrer Radikalität und Zukünftigkeit nicht, dann hätte ich mich in einer Nachtsitzung da hingesetzt und hätte es angeschärft.

Die Bayreuther Festspiele hatten vor der ›Werkstatt Bayreuth‹, dem Prozess der Sache, schon im Voraus Angst. Aber ich sah da nie eine Problematik, auch nicht für die. Denn es geht ja um ein Gesamtkunstwerk. Da haben alle ihre Verantwortung und ihren Beitrag zu leisten. Die Arbeit in Bayreuth wäre immer geil gewesen. Die Vorbereitungen im Atelier waren schon geil, aber vor Ort bei den Proben, wäre es noch genialer geworden, das steht fest. Ich hätte ja auch überall noch Hakenkreuze hinmalen können, dann hätten sie's am letzten Tag absagen müssen, nach ihrer Vorstellung. Aber ich hatte keine Hakenkreuze im Gepäck. Die hatten wahrscheinlich auch Angst, dass ich bei der Verbeugung einen Meesegruß vorm Vorhang mache. Wäre ja auch alles denkbar gewesen, wenn irgend eine blöde Fratze mich da angeguckt hätte. Das spielte vielleicht unterschwellig mit rein in die Absage, aber für mich war das nicht vorhersehbar. Es wäre auf jeden Fall etwas passiert, das vollkommen aus dem Rahmen gefallen wäre, das ist sicher – unter den Bedingungen, unter dem Druck und auch der Geilheit dessen, was wir da angeboten haben. Und des-

halb wäre es doch eine Riesenchance auf Erneuerung gewesen. Das Formale und die Formalien waren doch vollkommen egal. Ich dachte immer, die Bayreuther Festspiele ziehen das gemeinsam mit uns durch, erst die Termine, dann die Bauprobe und dann wird man weitersehen. Richard Wagners ›Gesamtkunstwerk‹ bedeutet: Alle ziehen an einem Strang. Es herrscht Risikobereitschaft und Teamgeist. Da wurde aber immer ein Riesenbohei gemacht, nie von uns, sondern von denen – immer wurden Ultimaten gestellt. Und du merktest immer, um Kunst geht es gar nicht. Noch nicht mal um Geld. Es ging immer nur um Bürokratie, Politik und Angstmacherei. Ja, ich hätte auch sagen können, wir stellen da drei Hängematten auf, das wäre ihnen auch zu teuer und zu kompliziert gewesen. Irgendwie wurde dann klar, dass wir eliminiert werden sollten. Aber wenn ich mir jetzt die Inszenierungen von anderen da ansehe, dann kriege ich das Grausen. So hätte es niemals bei uns ausgesehen.
Die sind so doof, die Typen, die begreifen das Potenzial nicht, das hinter Parsifal *steckt. Das Ding kann man zur Weltkunstherrschaft bringen. Aber die Bayreuther Festspiele sind heute nicht mehr Richard Wagners Zuhause. Das ist so schade. Momentan gibt es nicht viele Räume in Deutschland, wo die Zukunft noch abgehen könnte, aber in Bayreuth ginge es, wenn es wieder nur der Kunst gilt. Deshalb bin ich auch so enttäuscht, weil das Bayreuther Festspielhaus ist ja die Keimzelle der Kunst, das ist die Raketenrampe der Zukunft. Aber das bedeutet nicht, dass die Rakete nicht woanders starten kann.*
Nur, wenn wir jetzt Parsifal *woanders bringen, muss man's natürlich anders machen, völlig anders. Parsifal ist der Erlöser der Situation, indem er alles ad absurdum führt und erkennt, dass jede Ideologie scheiße ist, und er zerstört die Ideologie, die dort ist, indem er den Ideologen einen Spiegel vorhält und am Ende durch Kunst den Weg in die Zukunft weist. Parsifal ist nicht neuer Herrscher geworden, sondern er geht dann seines Weges, er geht nach Hause. Er will kein neues Königreich bilden – er wird nach der Erlösung der Gralsgemeinschaft durch Kunst seine Krone wegschmeißen. Kunst ist die Herrschaft der Evolution. Aber das wollen die Bayreuther nicht hören, das ist für die Horror, und die*

ganzen Regisseure, die sich da ranwagen, erzählen auch die Geschichte genauso, wie die Wagnerianer es hören wollen. Dass dann wieder das neue Königreich gebildet wird, wieder eine neue Ideologie folgt, wieder der geile ideologische Typ an der Macht ist. Das Wort Evolution können die nicht ab. Die kennen nur Verheiligung. Die Wagnerianer sind letztlich die größten Feinde von Richard Wagner, das wusste Nietzsche schon. Gottheiten sind viel zu langweilig, die überleben ja noch nicht mal einen Vulkanausbruch. Das hat auch Richard Wagner erkannt – jedes religiöse System ist bislang untergegangen. Jedes politische System auch – das Einzige, das übrigbleibt, ist die Kunst. Bei mir hätte sich der Erlöser am Ende selbst erlöst. Das wäre das Ende des Gurutums. Das Heillose wollten die aber nicht, damit geht ja auch ihre Struktur da zu Ende. Dabei müssen sie das machen, um in die Zukunft zu kommen, Bayreuth muss sich strukturell erneuern, sonst geht es nicht voran und man verhaftet im Gestern. Die müssen sich einfach entheiligen. Parsifal ist der heillose Künstler, ist die Figur, die durch Naivität und dadurch, dass sie sich nicht der Kunst in den Weg stellt, alles verändert – indem er es passieren lässt.
Er ist eben nicht korrumpierbar, nicht käuflich, geht seinen Weg, ist mal irritiert, aber trotzdem geht er weiter, Schritt für Schritt, so wie van Gogh, Balthus, John Sinclair oder Mr. Spock. Das sind ja alles die gleichen Typen, die lassen sich nicht abbringen, das ist auch die Aufgabe.
Parsifal ist für mich eben eine Idealfigur. Ich konnte mich so liebevollst in die Sache rein schmeißen und dann, nachdem ich rausgeschmissen wurde, mit Fug und Recht behaupten: Meese ist Parsifal. Parsifal hat sich trotz der Entwicklung die wichtigsten Dinge nicht abtrainieren lassen, er hat sich nicht fangen lassen. Es geht ja immer nur darum, dass du hermetisch durchkommst und er ist durchgekommen. Er hätte ja auch sagen können, oh, ich werde jetzt einfach nur ein blöder Gralskönig, ich will hier gar nichts, ich will nur mitmachen, wie die ganzen anderen Pisser auf diesem Planeten, die immer überall mitmachen. Damit bist du ja weg. Wenn du Mitläufer sein willst, bist du weg, dann bist du absorbiert und der ist nicht absorbiert worden. Parsifal stand immer außen, hat seine Pflicht erfüllt. Er hat gelernt, sich nicht ablenken zu

lassen von den Pflichten, die er hat. Und das hat man ja auch bei mir: Jeder, der an die Kunsthochschule geht, macht erstmal Kunst, da hat der Beuys auch völlig recht; jeder kann aufgenommen werden. Jeder, der sich dort bewirbt, ist tatsächlich zunächst Künstler, aber dann wird dir leider oft die Kunst abtrainiert. Die Spreu vom Weizen zu trennen, das ist ja die Aufgabe der Kunsthochschule. Ja, und mancher lässt sich das freie Spiel abtrainieren. Da greift leider die Dressur – aber bei mir ist das eben nicht so. Das System konnte mich nicht durchkultivieren oder durchdressieren. Das ist total entscheidend. Und Parsifal ist auch nicht kulturmitgeschnappt worden. Ich muss, wie er auch, tagtäglich aufpassen, nicht vereinnahmt zu werden, aber ich habe das Vertrauen in die Kunst nie verloren. Die Kunst hat mich immer auf Kurs gehalten und hat mich beschenkt. Es ist ein Geschenk der Zukunft an mich, immer wieder große Hürden nehmen zu dürfen. Mal springe ich drüber hinweg, mal unterlaufe ich sie. Manchmal muss ich auch mit dem Kopf durch die Wand.

21. November 2014: Performance *Wutrede* im Rahmen des Literaturfestivals München, Kesselhaus, München.

22. November 2014 – 15. Februar 2015: Gruppenausstellung *Apocalypse Now! Visionen von Schrecken und Hoffnung in der Kunst vom Mittelalter bis heute*, Pfalzgalerie, Kaiserslautern.

28. November 2014 – 10. Januar 2015: Ausstellung *Dr. Prost Bratwurscht shoot your Dr. No-Shot! (Erz-Magical Mystery Pork Shoulder Sausage Bello-roll de Large)*, Modern Art, London (UK).

2015

10. Januar – 21. Februar 2015: Ausstellung *Parsifal de Large*, Galerie Daniel Templon, Paris (Frankreich).

20. Januar – 13. März 2015: Beteiligung an der Ausstellung *Small Faces, Large Sizes,* Proje4L / Elgiz Museum of Contemporary Art, Istanbul (Türkei).

5. Februar 2015: *Kunst und Strafrecht,* Seminar für Jurastudenten der Universität Leipzig.

21. Februar – 14. Juni 2015: Gruppenausstellung *All the World's a Stage. Works from the Goetz Collection,* Fundación Banco Santander, Madrid (Spanien).

13. März – 25. April 2015: Ausstellung *Spitzenmeesige Women (Schniddeldiddelson),* Tim Van Laere Gallery, Antwerpen (Belgien).

1. April – 12. Juli 2015: Beteiligung an der Ausstellung *Picasso in der Kunst der Gegenwart,* Deichtorhallen Hamburg, Hamburg.

24. April – 21. Juni 2015: Gruppenausstellung *Black Bandits,* Haus am Lützowplatz, Berlin.

16. Mai 2015: *Bayreuth: Ein Missverständnis?,* Gespräch mit Harald Falckenberg im Rahmen der Reihe *Aus dem Maschinenraum der Kunst,* Volksbühne, Berlin.

26. Juni – 29. August 2015: Ausstellung *Chefsache Richard Wagner,* Galerie Sabine Knust, München.

4. – 26. Juli 2015: Beteiligung an der Ausstellung *Working Drawings and Other Visible Things on Paper Not Necessarily Meant To Be Viewed As Art (After Bochner),* CAC Bukovje, Võru (Estland).

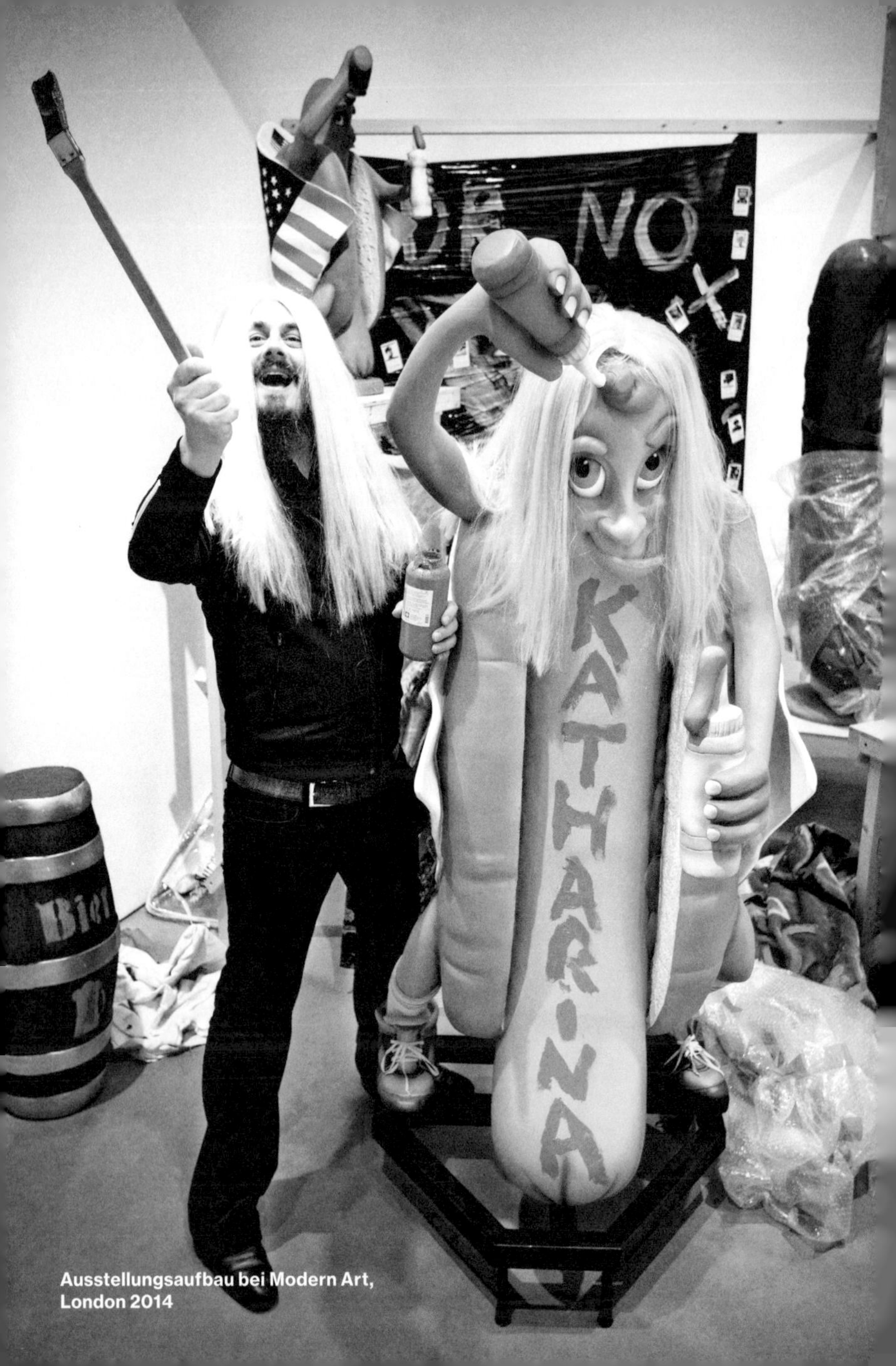

Ausstellungsaufbau bei Modern Art,
London 2014

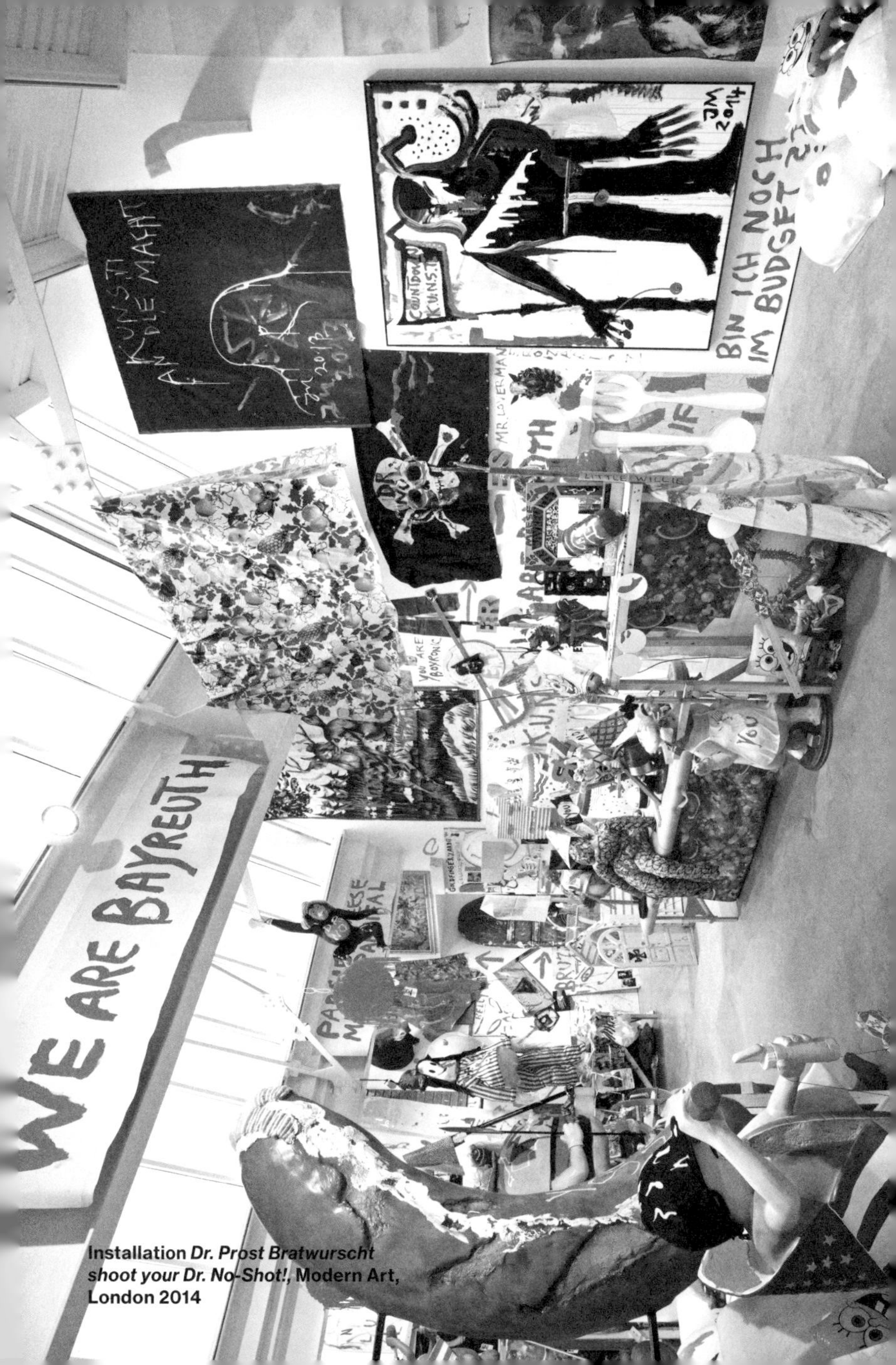

Installation *Dr. Prost Bratwurscht shoot your Dr. No-Shot!*, Modern Art, London 2014

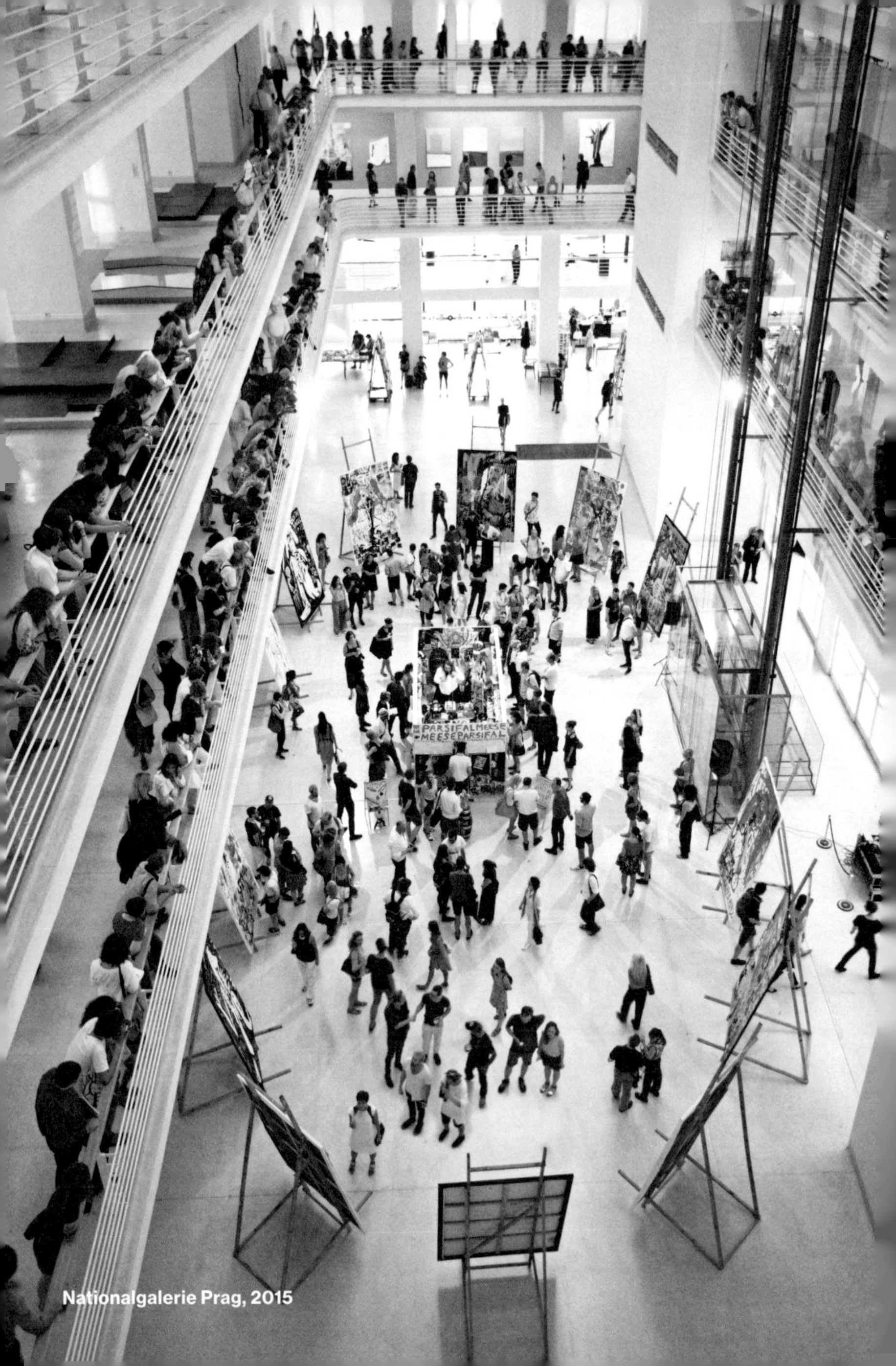

Nationalgalerie Prag, 2015

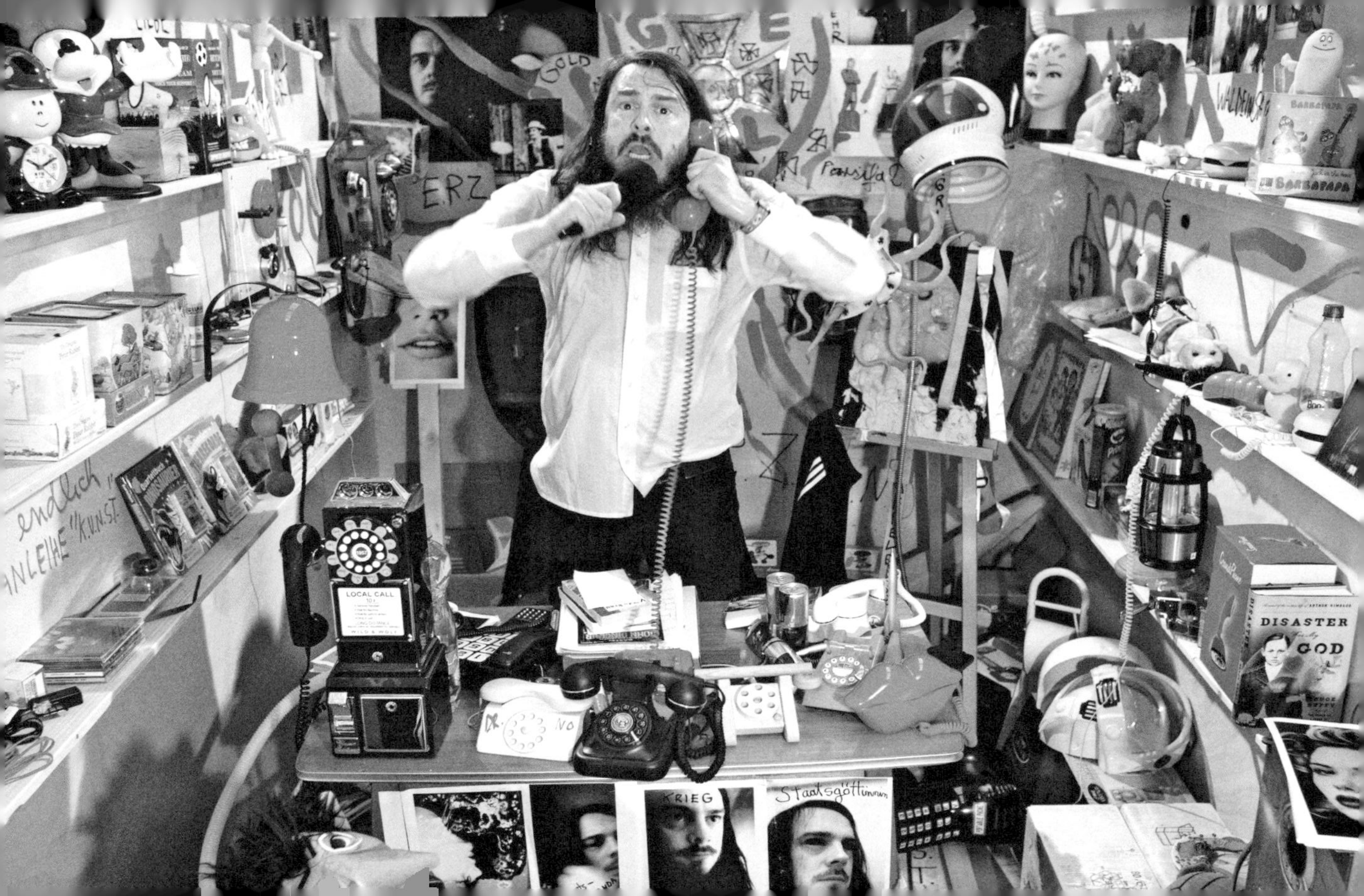
E.R.Z
Parsifal
endlich
ANLEIHE "K.U.N.S.T."
LOCAL CALL
DISASTER
GOD
KRIEG
Staatsgöttinnen

21. Juli – 18. Oktober 2015: *My Über Daddys,* Installation im Rahmen der Ausstellung *Artists and Prophets,* Nationalgalerie, Prag (Tschechien).
21. Juli 2015: *›You‹, Living in the Erzbox: L.O.V.E de Large (Visionstelefon),* Performance im Rahmen der Ausstellung *Artists and Prophets,* Nationalgalerie, Prag (Tschechien).

22. August – 8. November 2015: Gruppenausstellung *Avatar und Atavismus. Outside der Avantgarde,* Kunsthalle Düsseldorf, Düsseldorf.

10. September – 3. Oktober 2015: *Dr. No zeichnet Deine Kriegsanleihen (Privat), Dr. Spock evolutioniert…,* 8. Salon, Hamburg.

9. Oktober 2015 – 20. März 2016: Gruppenausstellung *DEMONSTRATING MINDS – Disagreements in Contemporary Art,* Kiasma Museum of Contemporary Art, Helsinki (Finnland).

23. Oktober – 21. Februar 2016: Beteiligung an der Ausstellung *Rabenmütter. Zwischen Kraft und Krise: Mütterbilder von 1900 bis heute,* Lentos Kunstmuseum, Linz (Österreich).

24. Oktober 2015: Filmpräsentation im Rahmen von *Etcetera III. An Evening with Performances, Screenings and Videos,* S.M.A.K. Stedelijk Museum voor Actuele Kunst, Gent (Belgien).

13. November 2015 – 30. Januar 2016: Ausstellung *Jonathan Meese. DR. NO SPORTARZAHN (EVOLUTIONSSCHRITT DE FIT),* Galerie Krinzinger, Wien (Österreich).

22. November 2015: Beteiligung am Symposium *Oper und Politik,* Deutsche Oper, Berlin.

2. Dezember 2015: *Kunst und Recht,* Vortrag am Bundesverfassungsgericht, Karlsruhe.

2016

10. Januar – 28. März 2016: Gruppenausstellung *Vom Allmächtigen zum Leibhaftigen. Religiöse Motive in der SØR Rusche Sammlung Oelde / Berlin,* Kunstverein Apolda, Apolda.

15. Januar – 6. März 2016: Gruppenausstellung *nollpunkt,* Växjö Konsthall, Växjö (Schweden).

20. Januar – 3. April 2016: Beteiligung an der Ausstellung *Museum = K(x+y)/D,* IKOB, Eupen (Belgien).

20. Februar – 22. Mai 2016: Beteiligung an der Ausstellung *Bittersüße Zeiten – Barock und Gegenwart,* Edwin Scharff Museum, Neu-Ulm.

11. März – 17. April 2016: Gruppenausstellung *Akademie Isotrop – 20 Jahre später,* 8. Salon, Hamburg.

7. April – 5. Juli 2016: Gruppenausstellung *Borscht & Champagne. Selected Works From The Collection Of Vladimir Ovcharenko,* Museum of Modern Art, Moskau (Russland).

4. Mai 2016: *Kunst und Design,* Gespräch mit Robert Eikmeyer, Hochschule Pforzheim, Pforzheim.

5. Mai – 25. September 2016: Beteiligung an der Ausstellung *FÜNFZIG ZIGARREN FÜR DAS LICHT DER ZUKUNFT,* Kunstverein KISS, Abtsgmünd-Untergröningen.

19. Mai – 18. Juni 2016: Gruppenausstellung *Theories of Modern Art,* Modern Art, London (UK).

21. Mai – 23. Oktober 2016: Beteiligung an der Ausstellung *Le Cabinet des Merveilles – 15 ans d'acquisitions des musées de Strasbourg,* Musée d'Art moderne et contemporain de Strasbourg (Frankreich).

9. Juni – 24. Juli 2016: Ausstellung
Dr. No versus E.R.Z.P.A.R.S.I.F.A.L., Galerie NOAH, Augsburg.

18. Juni 2016: Jonathan Meese gibt bekannt, dass die Leitung der Wiener Festwochen und der Berliner Festspiele ihn mit einer Neufassung des *Parsifal* beauftragt haben. Das Stück soll unter dem Titel *MONDPARSIFAL 2017* uraufgeführt werden.

18. Juni 2016: *100 Years Dada,* Jonathan Meese im Gespräch mit Adrian Notz, Art Basel Talks, Basel (Schweiz).

29. Juni 2016 – 16. Januar 2017: Gruppenausstellung *Zwischen zwei Horizonten. Deutsche und französische Avantgarden aus dem Saarlandmuseum,* Centre Pompidou-Metz (Frankreich).

2. Juli – 2. Oktober 2016: Beteiligung an der Ausstellung *Retour au meilleur des mondes,* FRAC Auvergne, Clermont-Ferrand (Frankreich).

18. August 2016: *L.O.V.E. – MONSTERS DO NOT VOTE (HUMPTY DUMPTY'S LAW OF NATURE),* Performance im Rahmen von ›A Fair Land‹, Irish Museum of Modern Art, Dublin (Irland).

19. August 2016: Besuch bei Regisseur John Boorman in dessen Haus in Annamoe / Wicklow (Irland).

Jonathan Meese: *First of all, I'm very happy to be here and to be able to ask you a few questions about* Zardoz, Parsifal *and* Excalibur. *I've seen* Zardoz *perhaps two- or three-hundred times, it's my all-time favourite movie, in my view comparable to* The Wicker Man *or* A Clockwork Orange. *I would like to start with the last scene of* Zardoz, *where Sean Connery and Charlotte Rampling, Zed and Consuella, have had their baby, and with the question whether this child could be Parsifal?*

John Boorman: *Well, it's an interesting interpretation because* Parsifal *was a very big influence on me, so, when I was writing* Zardoz, *inventing the story, I saw it as being in the tradition*

of Parsifal, *and of course I also made* Excalibur, *which is about the holy grail legend, so that's been one of the things that I've been immersed in all my life.*
J. M.: *Was the story of* Zardoz *already in your head when you were a child or a young adult? How did it develop?*
J. B.: *Well, I'll tell you how it came about. The starting point for me was: I was looking at the world and I could see how the rich were getting richer and the poor were getting poorer, the rich had access to medicine and technology, and they were living longer. Projecting that into the future, I could see how there was a possibility that the elite could find a way of living forever, of conquering death. Where would that lead? Clearly, the elite group would be cut off from the lesser people, and they would have to deal with the question of immortality. How would that affect them? The more I thought about it, the more I fell in love with the idea of death, that immortality was a burden. And, of course, eventually these people all wanted to find a way to die; immortality was unbearable. Another influence on me was George Bernard Shaw, who wrote a play called* Back to Methuselah. *In this play, he had these Methuselahs who lived for a thousand years, and the only way they could die was to be struck by lightning. So, I was making a projection into the future, and this was the starting point of* Zardoz. *The other influence really was my living here, in this house and in these grounds, surrounded by all my trees. These trees, my ancient oaks and limes and redwoods, are my Methuselahs, I learn a great deal from them. For instance, the great mystery of trees is how the sap goes up from the roots, sometimes two- or three-hundred feet. Nobody knows. And, of course, water doesn't behave like everything else. Water has cast a spell on scientists not to investigate it because it's too embarrassing. Water doesn't give a shit about physics, it goes its own way. So, I'm on a quest to find, really, the secret of how the sap goes up the trees. Living here – in this environment, amongst these trees – was really the inspiration that brought me to* Zardoz. *And I wrote it in this house.*
J. M.: *So it was entirely your invention?*
J. B.: *A colleague and friend of mine, Bill Stair, who has since died, helped me with it and devised a lot of the infrastructure of*

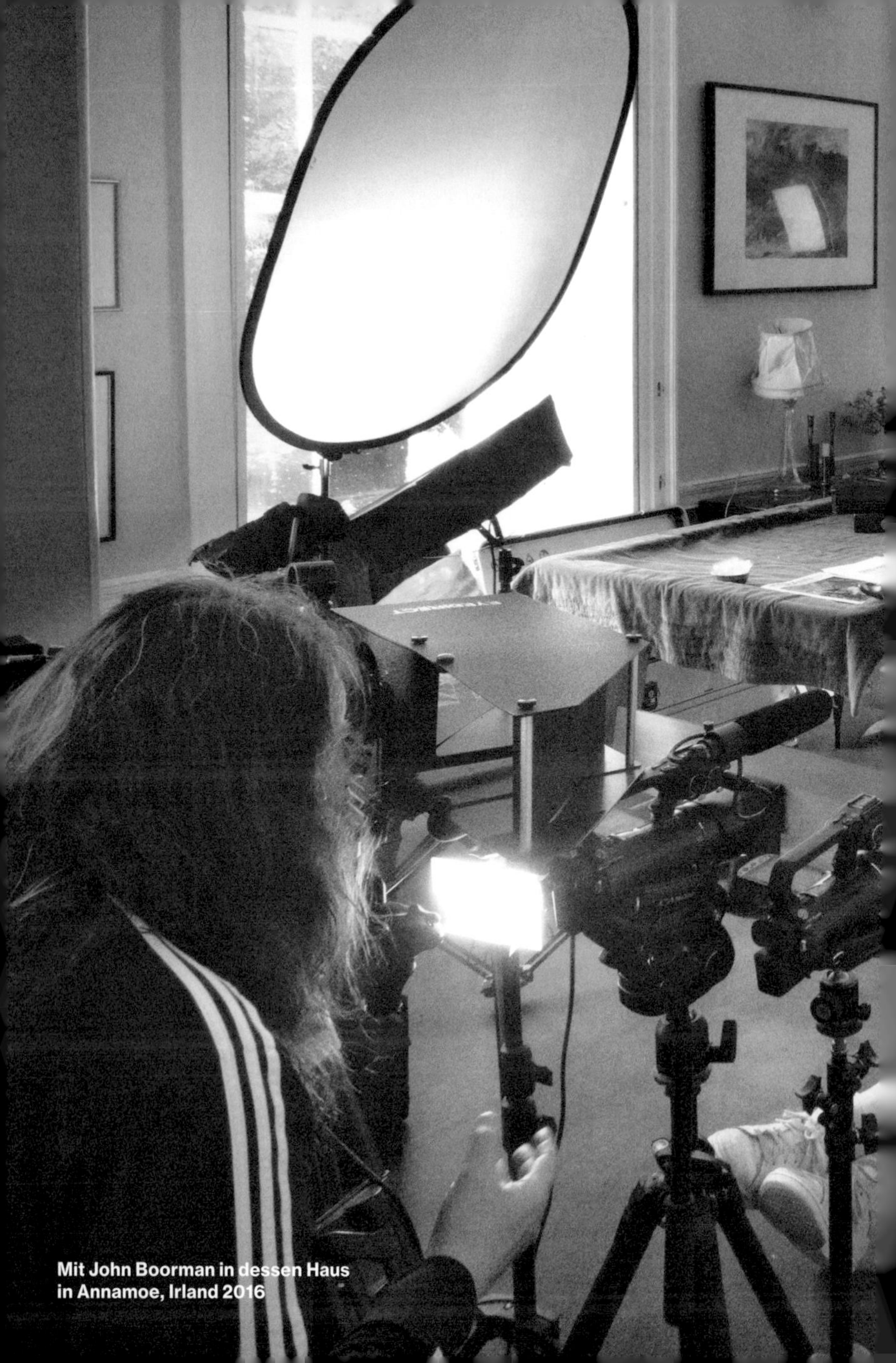

Mit John Boorman in dessen Haus
in Annamoe, Irland 2016

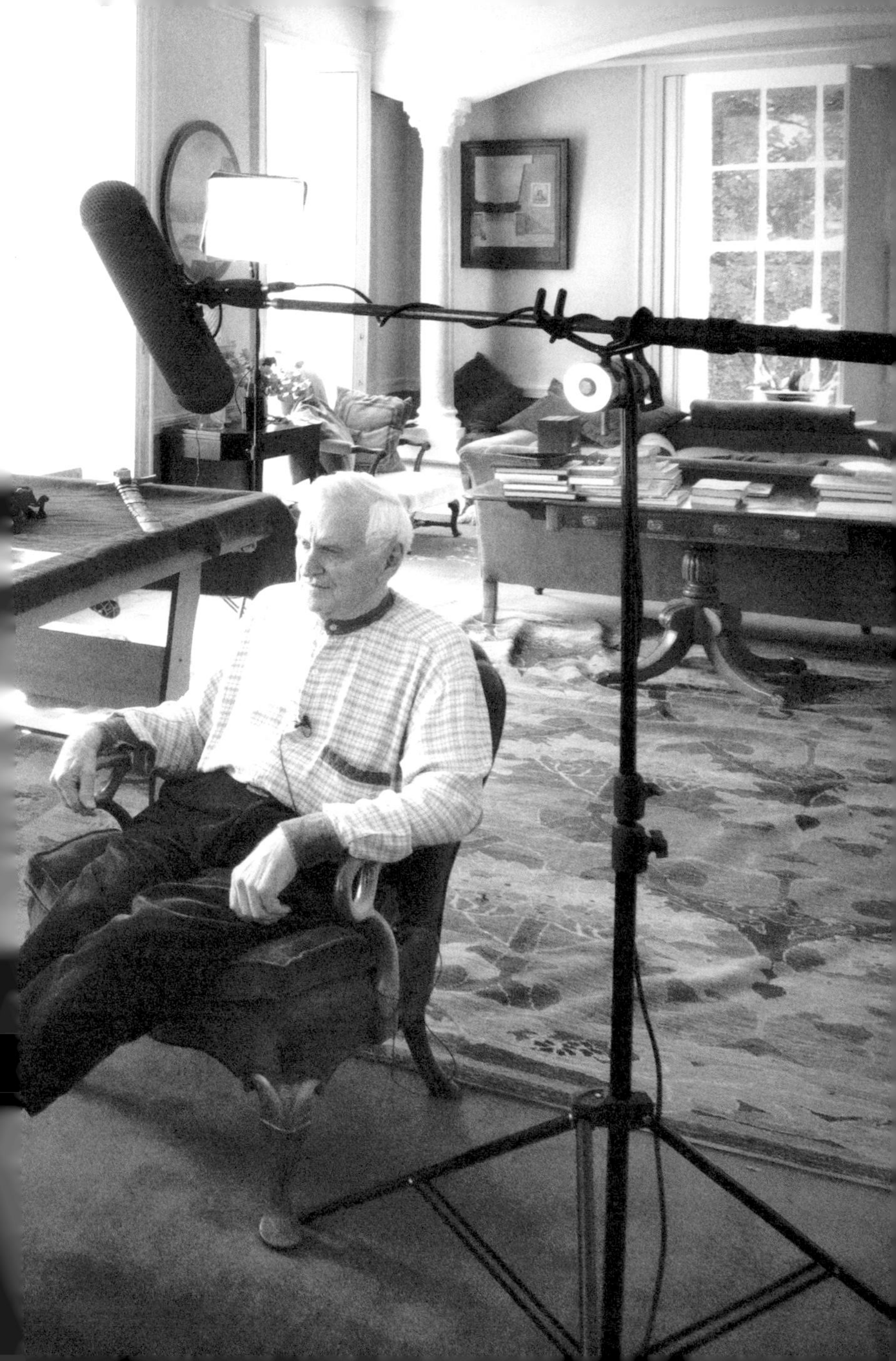

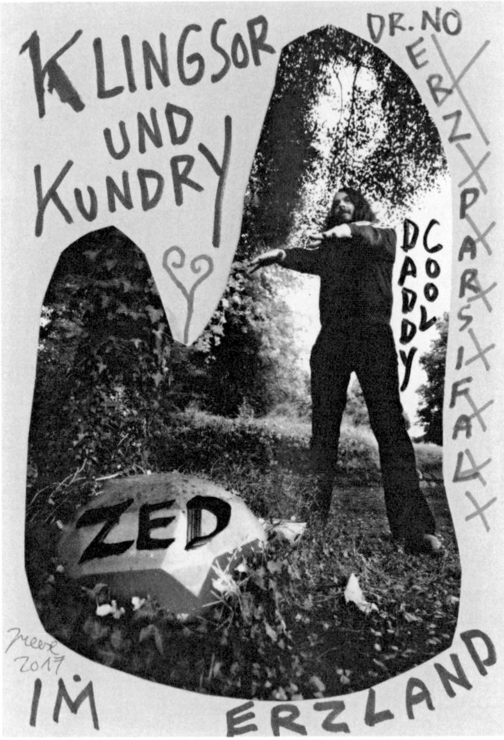

**Dr. JOHN-MONDPARSIFAL-
SONCLAIREX-SERIE, 2017
Collage, Foto, Permanentmarker
auf Papier
29,7 × 21 cm**

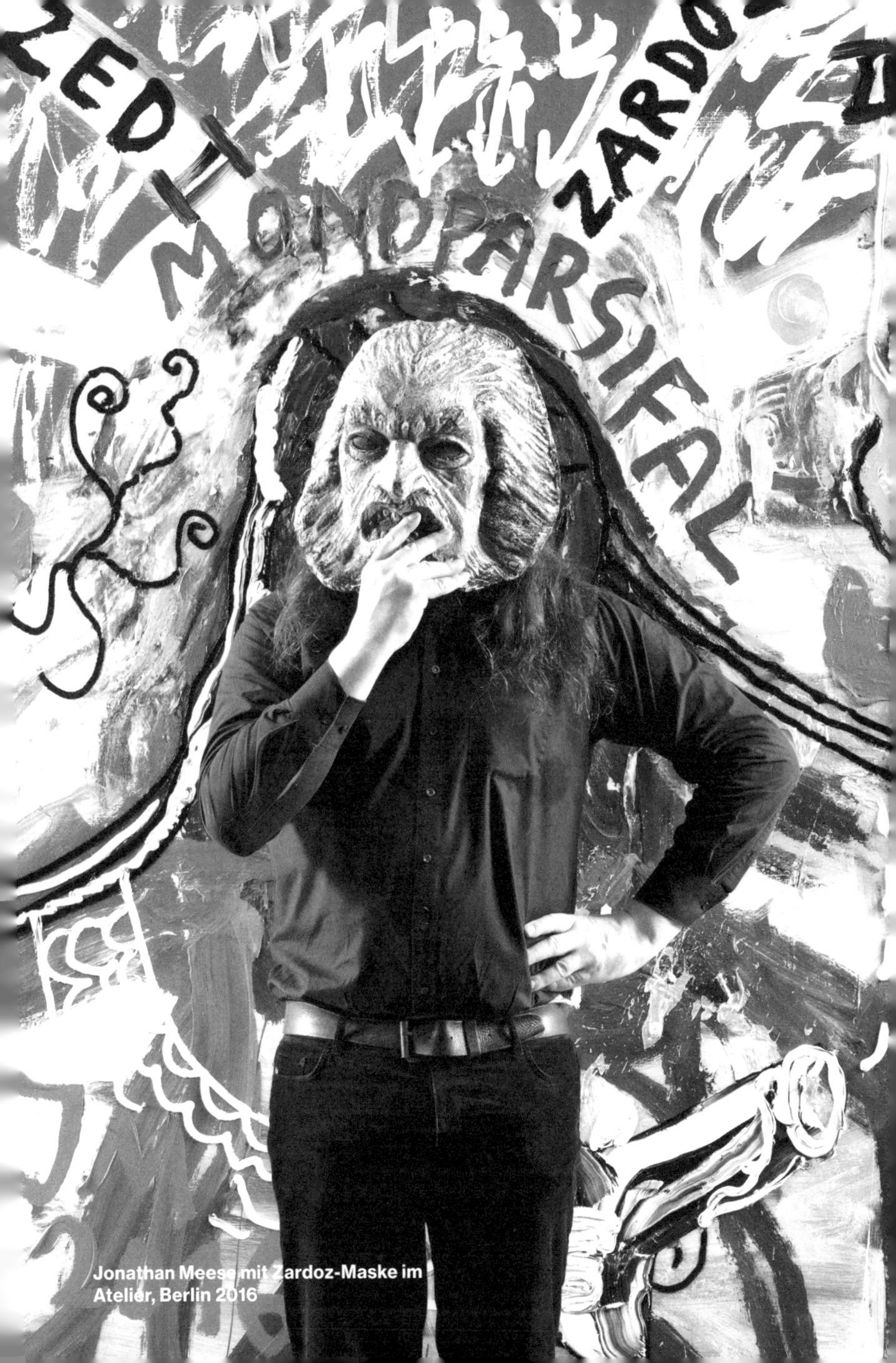

Jonathan Meese mit Zardoz-Maske im Atelier, Berlin 2016

the elites, but otherwise yes, I did it, and I think it was very much inspired by this place.

J. M.: *To me that's fantastic because I've come to the conclusion that being at home in fact is art – staying at home and keeping a certain distance, so you can do what is necessary. I first watched* Zardoz *when I was twelve years old, with a friend and my dolls, Moomin dolls, and with sweets, on the couch. I didn't understand anything but I knew that it was a masterpiece at the time, and the images always came back. Then I watched it when I was in art school, maybe one hundred times, two hundred times. I used it a lot – it's so naïve, complex, clever and it is incredibly futuristic.*

J. B.: *Well, for me it was a combination of a number of ideas, as I've explained, and it was a question of drawing them together. A lot of people say to me that watching it is almost a religious experience, because when you watch it you feel that somehow great secrets of the universe are going to be revealed to you. Whether they are or not I don't know, but often people tell me that there's something sacred about it. When it was first shown, it was very much like your experience. That certain – particularly very young people – saw it and had very much your reaction. They didn't understand it quite but they sensed there was something important there and they also responded to the imagery. It grew and grew and every year it has gathered more support and more adherence.*

J. M.: *You once talked about the hubris of wanting to put everything into the film. I think you succeeded and it created a new dimension. The language, the music, the sound, the actors – to me it looks like a big performance but I'm quite sure it was strictly executed. Or was it spontaneous?*

J. B.: *Well – no. It was very carefully worked out. We spent a lot of time preparing it and developing the images. The Art Director was Anthony Pratt, who has designed a lot of my films. And he was great. But, you know, it was also very simple in many respects. For instance the scene where the knowledge is imparted to the Sean Connery Zed character, we did that very simply, by just projecting those images from 16 mm projectors onto his body, arranged in a certain sequence. When people look at that scene, they say that this was very complicated. But it was actually quite simple. You know, there are simple solutions. For instance the shield that protects the Vortex, you see Sean Connery pushing against it, there's nothing there, he's just pushing against it, I made it very cheaply. I made the whole film for one million dollars, of which 100,000 was Sean Connery's fee. And that was it. I made it on a negative pick-up, that is to say, the agreement with Fox was that I would deliver them the film and they had no controls at all. This was the deal we made. I casted and wrote it as I wished, they had no control over the script or casting, I would deliver them the film, they would pay me the million dollars. I borrowed the money to make it. All the other studios turned it down because nobody could understand it, they just didn't understand it. That was the deal I finally made.*

J. M.: *What you just said sounds like total freedom to me, and that is very important for art: it's about freedom. Also, I think that it was the role of his life for Sean Connery, for Charlotte Rampling and all the others, too – it was perfectly casted. This idea of knowledge through osmosis also always stuck with me. The images are great! I love the scene where he looks into the book of* The Wizard of Oz *and says: ›I have read everything‹. That always stayed with me: a person who has read everything.*

J. B.: *Yes, he found the library. And then, of course, he discovers the* Wizard of Oz *book and realises that the flying head – the whole idea – is based on* The Wizard of Oz, *Frayn's Zardoz head. It was really Magritte that inspired the head. We built the head out of polystyrene and for the scene where we go right into the mouth, we had it on a crane and shot it backwards. So, we started with the camera right on the mouth of the head and then pulled it away and burned a few old tires to get the black smoke, and drew it away, shooting at 48 frames per second and that was the effect, have it coming through the clouds. So, because I had so little resources, you know, just 900,000 dollars, to make the whole film, it was very elaborate with all those effects, I had to find very simple solutions to all those problems. It was made in a very simple manner.*

J. M.: *Did the actors have to repeat the scenes over and over again or did you mostly use the first takes?*

J. B.: *I always say to actors that I don't believe in rehearsing on film. I think that everybody should be ready. The first take should be the one you use, unless for some technical reason you have to do it again. So I shoot very few takes and very little film. In this case, because of the restrictions of budget, it was essential to shoot very few takes.*
J. M.: *When I look at the film and see it as a whole, it's a ›Gesamtkunstwerk‹, like Richard Wagner, like a children's ball – round, hermetic, its own thing. Would you consider making* Zardoz II?
J. B.: *Well, the problem is that there's nobody left alive at the end of the film – at least of this elite group, except the small boy. In the final scene we see Sean Connery and Charlotte Rampling with a baby, it grows up, time passes and the child leaves, and they then gradually become skeletons and turn into dust. And you're left with a hand on the wall of this cave. So, what I suggest is that maybe the whole film, the whole story had taken place thousands of years ago in an earlier civilisation, and the hand was the only thing that survived, the hand on the wall. I wanted to try and suggest that the whole thing existed outside of time.*
J. M.: *Like* Parsifal.
J. B.: *Yes. This notion, a* Parsifal *notion, is always of a quest, the search for wholeness, for roundness, for completion. And that's what I was attempting to do. I think what you said to me earlier of how you couldn't believe there was so much information, so many ideas in the film – a lot of people have criticised the film for that reason. That there's too many ideas, and people are overwhelmed or confused by them. Particularly, you know, when you come to the end, where Zed and the other characters are coming to the end of the story and Frayn says: ›Oh, we've all been used and abused‹ and Zed says: ›Well, I've seen the face of the force that put those ideas in your head.‹ The idea is that we don't know where ideas come from, they occur to us. I can't tell you, really, where the ideas for this film come from, they just came to me and I put them in some order, an arrangement. The other thing about the film that confuses people is the comedy, the humour. It's full of jokes, really, and somehow, people say to me: ›You're dealing with very serious subjects here and yet you keep making jokes. How do you explain*

that?‹ And I say: ›Well, I don't know, it's just that in my life and in my world, the more serious it gets, the funnier I find it‹.

J. M.: *Absolutely. That's the way to face the future – being able to laugh. Coming back to the last scene: when I look at it, I always see this child entering the world, and keep thinking that maybe he is Zed II, that maybe when bigger danger emerges he has to be the liberator again. I have this great wish that one day somebody will make* Zardoz II. *I think you are the only one who can do it the way it should be done; but I'm certain that similar to evolution it will simply happen – not as a remake, rather something that opens it up again, because the core of the story is so clever, it's so philosophical, playful. It's the vision of a child from the future. There is just nothing wrong in this film. Was there a lot more material that you didn't use?*

J. B.: *No. Every shot I made is in the film, because the thing was an idea that grew and grew and changed and I was somehow inspired in writing it. It was interesting that Sean Connery, who comes from a very simple background in Scotland, a very poor family, instinctively understood it. He never asked me: ›Why are we doing this?‹ He felt it, he understood it and he went with it.*

J. M.: *I think that's the right word: instinct; it's a very instinctive film. To me, it's not even creative, it's instinctive. You have said that Zed is much more clever, much stronger than all the others. They, the others, are degenerated in a certain way. Perhaps it's also about vitality and about growing – I'm thinking of the fruit in the film, or the way the bread is presented.*

J. B.: *Yes. Green bread.*

J. M.: *I used it in a theatre play as a homage to you, because I was so fascinated by green bread.*

J. B.: *You know, when the film first came out, it had a small passionate group of advocates. Every time I went to America, I stayed in the same hotel in Los Angeles. And when I checked in to the hotel, there was always a loaf of green bread waiting for me from the* Zardoz *admirers.*

J. M.: *This combination of the old and the new is tremendous, it's exactly how it should be done and how we should imagine the future. My team and I went to the Wicklow Mountains yesterday. We took a pane of glass with us and I tried to copy this scene with Sean Connery at the Vortex. I also did a few other scenes, maybe we will show them to you, just for fun. I also bought twenty Zardoz masks in America. One of my greatest favourites is the Zardoz room, when Zed goes through the staircase, finds the secret door and comes into this room – for me it is total art, all these writings on the walls, the drawings – who made those?*

J. B.: *That was Bill Stair, I was telling you about him. He was an artist – and he did a lot of those things, some of the graffiti, like ›Not to be born is best‹, and so on.*

J. M.: *›The secret land‹ or something like that is also written in the back. Then Zed pulls the curtain and there's Zardoz – it's fantastic.*

J. B.: *Outside the door there, I'll show you later, there's a huge piece of glass. When I did the scenes with the ring, when Zed looks at the ring and images appear in it, I had this big piece of glass cast – it was very difficult to cast glass to such a large piece. I projected images into it so that he looks at his ring and you cut to this big piece of glass with the images, projected onto it. Interestingly enough it was clear glass, and over the years – this is after all '73, '74 – that glass has turned pink for some reason. It's sitting outside, I'll point it out to you.*

J. M.: *Wonderful, thank you. The colours are also very important. For example this blue house – when I was twelve, I thought how could that have been done? The same with the mirrors that you use in all the sculptures. It was all brilliantly arranged, very much for children. I could talk about every scene and every motion of the mouths, or how they vote – it's crazy, your idea with the facial movements and fingers and all that.*

J. B.: *Probably I did put too much in because I think at the first viewing, people can't take it all in, it seems too dense, and it's in subsequent viewings, really, that it emerges, that all the elements and the layers emerge.*

J. M.: *I think you have to overwhelm people, like Richard Wagner or Stanley Kubrick or the guy who made* The Wicker Man. *I think these are just milestones or laws of nature.*

J. B.: *You know, it's very interesting that you mention Kubrick.*

2001 – *I saw it at the Cinerama Dome in Los Angeles on the first day, and I was overwhelmed. I thought it was so extraordinary. I phoned Stanley Kubrick and I told him what I felt about it and I congratulated him. It opened in just two cinemas: one in Los Angeles and one in New York, and the reviews were not good. Very few people went to see it so that a few days later Kubrick phoned me back and said: ›Would you give me a quote because I don't have enough critical quotes to make an ad.‹ So he got several directors to give him quotes about the film because he didn't have the critics. It was only very gradually that it caught on and it gradually built an audience. Today, you know, in America, they release a film like two thousand or three thousand prints and hope to get most of their money back on the first weekend. If that had happened to* 2001, *it would have failed and disappeared. It's an extraordinary film, isn't it?*
J. M.: *Do you remember the quote or what you said, what came to your mind at the time?*
J. B.: *I said about the film that it had advanced cinema, and that the way the film developed and unfolded had never been done before. It was a unique movie. And I still believe that. I've seen it many times.*
J. M.: *Maybe you already know that I was asked to do* Parsifal *in Bayreuth but then was thrown out. Now, I am working on the* Moon Parsifal. *In fact, in this theatre play, that will be performed in Vienna and Berlin, I want to use 50 minutes of* Excalibur, *from the final scene with the golden boy. I want to use it in the film, and my actor, Parsifal, will emerge from the movie picture.*
J. B.: *Great!*
J. M.: *I hope this is permitted?*
J. B.: *Yeah, you have my blessing.*
J. M.: *This is a play in a theatre, though I have been increasingly interested in the techniques of film making. I'm not a director but I think it would be wonderful if you considered thinking about* Zardoz II, *just the start of it, maybe the first 5 or 10 minutes. Maybe there is a door in? I don't consider it my duty to make it but I do consider it my duty to show there is a possibility. I will also use the image of Zed, and the child as the liberator, like Parsifal.*

In my opinion there's a similarity with Alex DeLarge, though in a certain different way.
J. B.: *I have thought about what happens to that boy as he leaves, because he would have inherited these extraordinary powers from Zed. I always imagined that he would become some kind of magician, some kind of seer but that's as far as I ever went with it.*
J. M.: *I want to ask you a question about the holy grail now, which takes me back to the last scene of the* Zardoz *film once more and the crystal in it. I wanted to ask you if this could be the holy grail?*
J. B.: *The grail was always expressed as a bowl, like a lake surrounded by mountains or a chalice. In* Zardoz *they had these rings which they communicated with. They were receptors and transmitters and they could also contain images, you could see images in them. In order to show the images in the ring, we made this huge piece of glass and then we projected images into it and shot it in close-up, so he would look in his ring and you cut to a shot of the image inside this thing. And, of course, remember in the film you eventually go inside the crystal. Zed is trapped inside the crystal, so my thought was that the grail had always been seen in a particular way but perhaps it was the reverse. Perhaps it was not a bowl, not a hole, not a lake, but crystal, in which there is everything. Everything existed inside this crystal. And if you could find a way to penetrate it, you could find truth and immortality.*
J. M.: *Exactly. That is also something that always stuck with me: truth or revenge. Truth or revenge – I think art is revenge against everything that is not art. So maybe it is made out of water, as you said, or light or both?*
J. B.: *Well, it is light and water. Glass is the closest thing to water because clear glass has no colour and is transparent just like water. It's almost as though it's merely something to collect in which you find other things collected. It's a mystery.*
J. M.: *Maybe it collects all art and protects it. But the crystal should be bigger, perhaps as big as the world or as big as the universe for something to happen inside it, a new reality, maybe. I don't know. I'm always thinking about these things, how to get away from reality.*
Brigitte Meese: *But John said, of course, that crystal is the closest to water, so maybe the grail is water?*

J. B.: *Yeah, I think it can be, and it goes back to what I was saying about sap rising in the trees. Nobody knows how it happens, so at the very heart of nature are all these mysteries that we don't understand. Scientific research is very narrow and exclusive. It finds out little bits of things but no-one really tries to discover the whole, how things come together, how things fit together. Well, I'm still determined to discover some of the mysteries, but I'm running out of time, you know, I'm 83.*

26. Oktober – 10. Dezember 2016: Beteiligung an der Ausstellung *OPEN WINDOWS – Reflections on Beuys,* Sexauer Gallery, Berlin.

27. Oktober – 23. Dezember 2016: Ausstellung *DR. TRANS-FORM-ERZ,* David Nolan Gallery, New York (USA).

2017

3. Februar – 12. Februar 2017: Ausstellung *BLITZPHOTOÜBERMALEREI (Evolution statt Revolution),* Sies + Höke Galerie, Düsseldorf.

14. Februar – 30. April 2017: Ausstellung *Dr. Merlin de Large (Marquis Zed de Baby-Excalibur),* Carré Saint Anne, Montpellier (Frankreich).

16. Februar 2017: Verleihung *Hans Platschek Preis für Kunst und Schrift,* Art Karlsruhe.

17. Februar 2017: Monopol Künstlergespräch *Art aber Fair,* Art Karlsruhe.

16. Februar – 26. März 2017: Beteiligung an der Ausstellung *Drawing Island,* The Journal Gallery, New York (USA).

21. März 2017: Künstlergespräch im NICC Flanders Arts Institute, Brüssel (Belgien).

23. März – 12. Mai 2017: Ausstellung *›E.T‹ vs. ›DR. IDEOLOGY‹ (JOHNNYFUZZY M. SINCLAIR),* Tim Van Laere Gallery, Antwerpen (Belgien).

12. Mai – 18. Juni 2017: *PARSIFAL'S TRAUM: CHEFSACHE K.U.N.S.T.,* eine Intervention in der Gemäldegalerie des Kunsthistorischen Museums, Wien (Österreich).

19. Mai – 1. November 2017: Beteiligung an der Ausstellung *Luther und die Avantgarde,* ehemaliges Gefängnis Wittenberg.

20. Mai – 9. Juli 2017: Gruppenausstellung *DES EINEN GLANZ DES ANDERN GLUT – Kunst im Kloster Magdenau,* Wolfertswil / Degersheim (Schweiz).

1. Juni – 5. August 2017: Ausstellung *DE PAKT MIT RICHARD WAGNERZ (Gestattns': Die Hügeljanerz hebens' ab...),* Galerie Krinzinger, Wien.

4. Juni 2017: Uraufführung der Oper *MONDPARSIFAL ALPHA 1–8 (ERZMUTTERZ DER ABWEHRZ),* Musik: Bernhard Lang; Regie, Bühne und Kostüm: Jonathan Meese, Theater an der Wien, Wien (Österreich).

Parsifal der Zukunft –
eine Gesprächscollage mit Bernhard Lang
Bernhard Lang: *Meine erste Assoziation zu Jonathan Meese und Parsifal war: Er schießt in Bayreuth einen Vogel ab und wird verstoßen. Das ist die Kurzfassung der Geschichte: In Bayreuth einen Vogel abzuschießen und dafür aus der Gralsburg verwiesen zu werden. Ich bin den Bayreuthern aber sehr, sehr dankbar, denn sonst würden wir jetzt nicht hier sitzen. Warum Richard Wagner und warum* Parsifal? *Einerseits geht meine persönliche Beschäftigung mit dem Thema auf die 80er Jahre zurück. Damals hatte*

ich eine wagnerianische Phase, in der ich mich durch sein gesamtes Werk durchgearbeitet habe. Die Begriffe »Entzeitlichung«, »unendliche Melodie«, das grenzenlose »ins Nichts Hineingehen« in der Musik waren für mich wesentlich und faszinierend.
Der Parsifal *und der* Tristan *waren natürlich die Hauptgegenstände meines Interesses. Vor allem stellte die Musik des* Parsifal *für mich harmonisch ein Wunderwerk dar. Der* Tristan *ist harmonisch ab einem gewissen Punkt verständlich, aber der* Parsifal *wirft Rätsel auf, die auf die spätere impressionistische Harmonik verweisen. Das hat mich total fasziniert. Danach kam die Verkaterung. Denn je genauer man Wagner liest, desto näher kommt man diesen Bösartigkeiten, die in seinen Werken verborgen sind, wie dem Überdruss und der Menschenfeindlichkeit – all diese Dimensionen, die später zu den politischen Lesarten geführt haben. Kurz gesagt ist das Hitler-Zitat »Wer Wagner nicht versteht, versteht das Dritte Reich nicht« nicht ganz grundlos. Es ist in diesen menschenverachtenden und bösartigen Dingen, die in den Werken Wagners verborgen sind, begründet. Beim* Parsifal *sind sie in die Märchenwelt eingebettet und auf den ersten Blick nicht so sichtbar. Man bemerkt sie erst, wenn man das Werk ein wenig genauer betrachtet und die magische Oberfläche durchbricht.*
Jonathan Meese: *Parsifal ist der Befreier, das ist der Urkünstler. Der Narr, der mal kurz Ritter wird – oder mal kurz Ritter spielt, und dann die Welt von allen Ideologien und Religionen befreit. Und dann wieder Narr ist. Wie Nietzsche das auch schon formuliert: Wir wollen den Hans Wurst und nicht den Heiland. Also, das ist keine heilige Geschichte und auch bei Richard Wagner ist das keine heilige Geschichte. Da werden heilige Motive benutzt, um sie ad absurdum zu führen und zu entlarven. Die ganzen Wörter, die da benutzt werden, Karfreitagszauber und dieser ganze Quatsch, das wurde nur benutzt, um die Macht der Kunst darzustellen. Weil die Kunst alles überwindet und neu besetzt. Genauso wie deine Musik Wagner überschreibt und in die Zukunft katapultiert. Die Lesart von diesen eindimensionalen Wagnerianern ist ja grauenhaft. Wir müssen Wagner entmythologisieren, damit die Sache selbst wieder im Vordergrund steht. Und das geht*

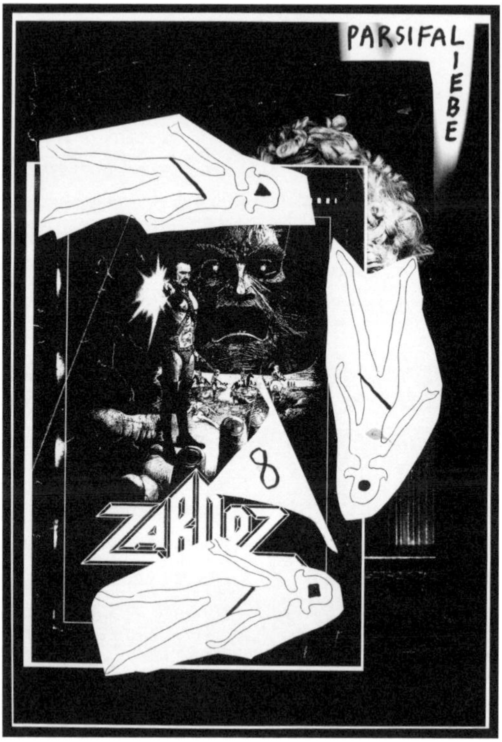

MONDPARSIFAL, 2016
Collage und Permanentmarker auf Papier
42 × 30 cm

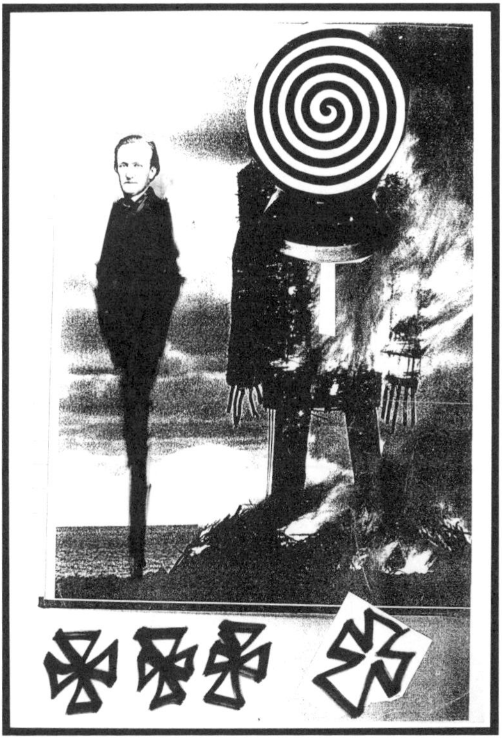

MONDPARSIFAL, 2016
Collage und Permanentmarker auf Papier
42 × 30 cm

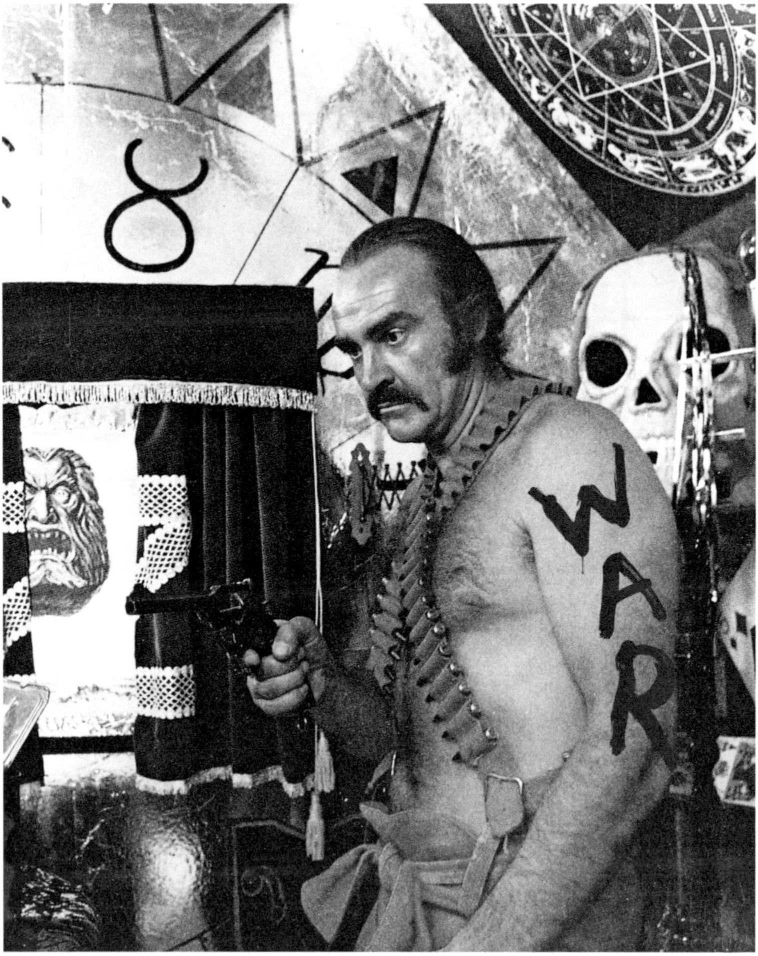

Ohne Titel (WAR), 1998
Foto, Acryl
126,1 × 150,5 cm

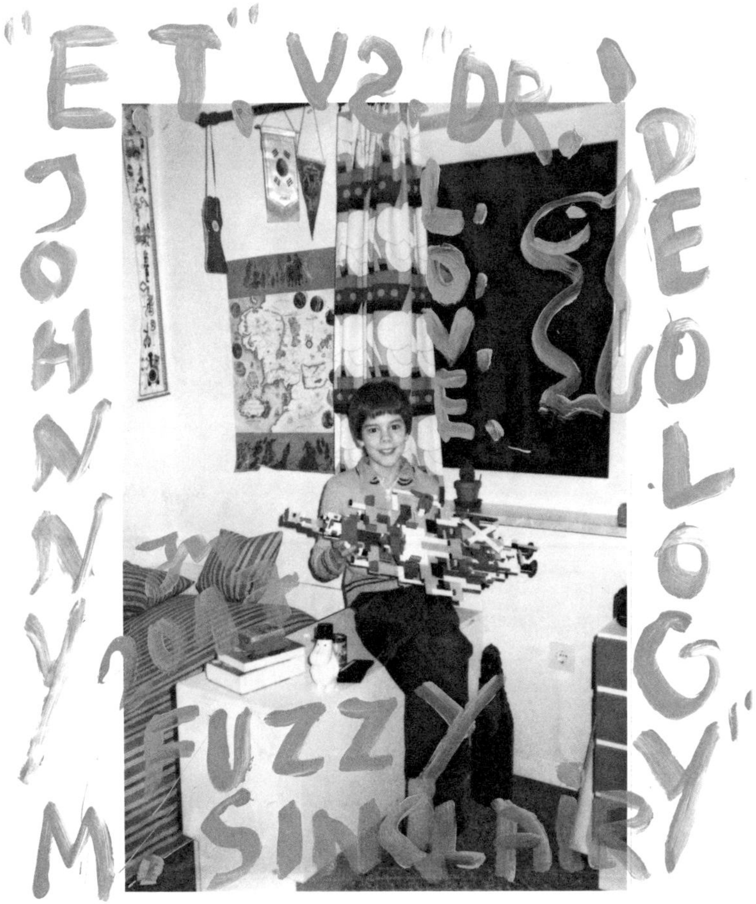

KUNSTRAUMSCHIFF IM BETT DE LA BOUM (MEESIFF), 2017
Mixed Media, Acryl, 2-teilig
29 × 61 × 96 cm

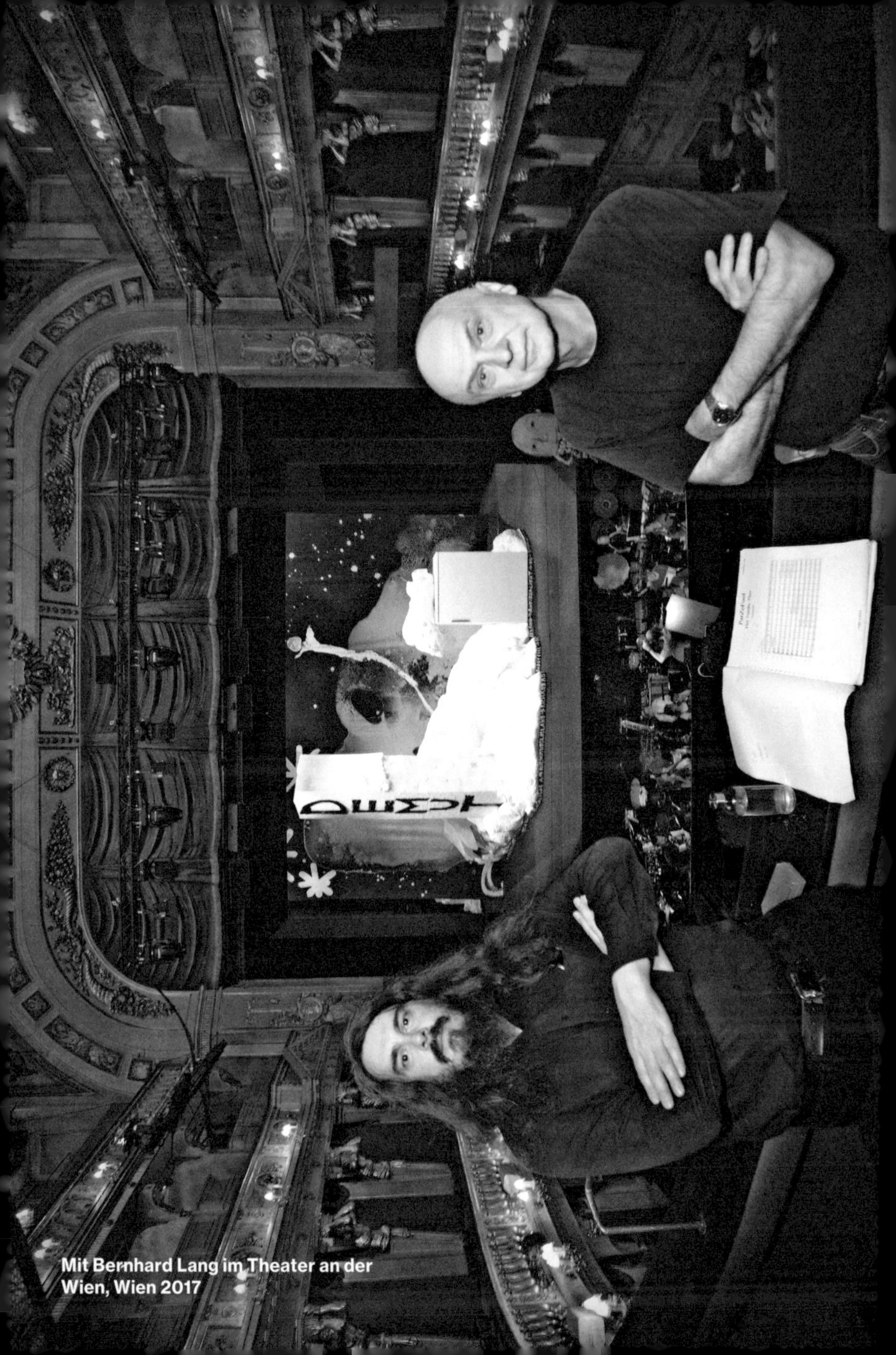

Mit Bernhard Lang im Theater an der Wien, Wien 2017

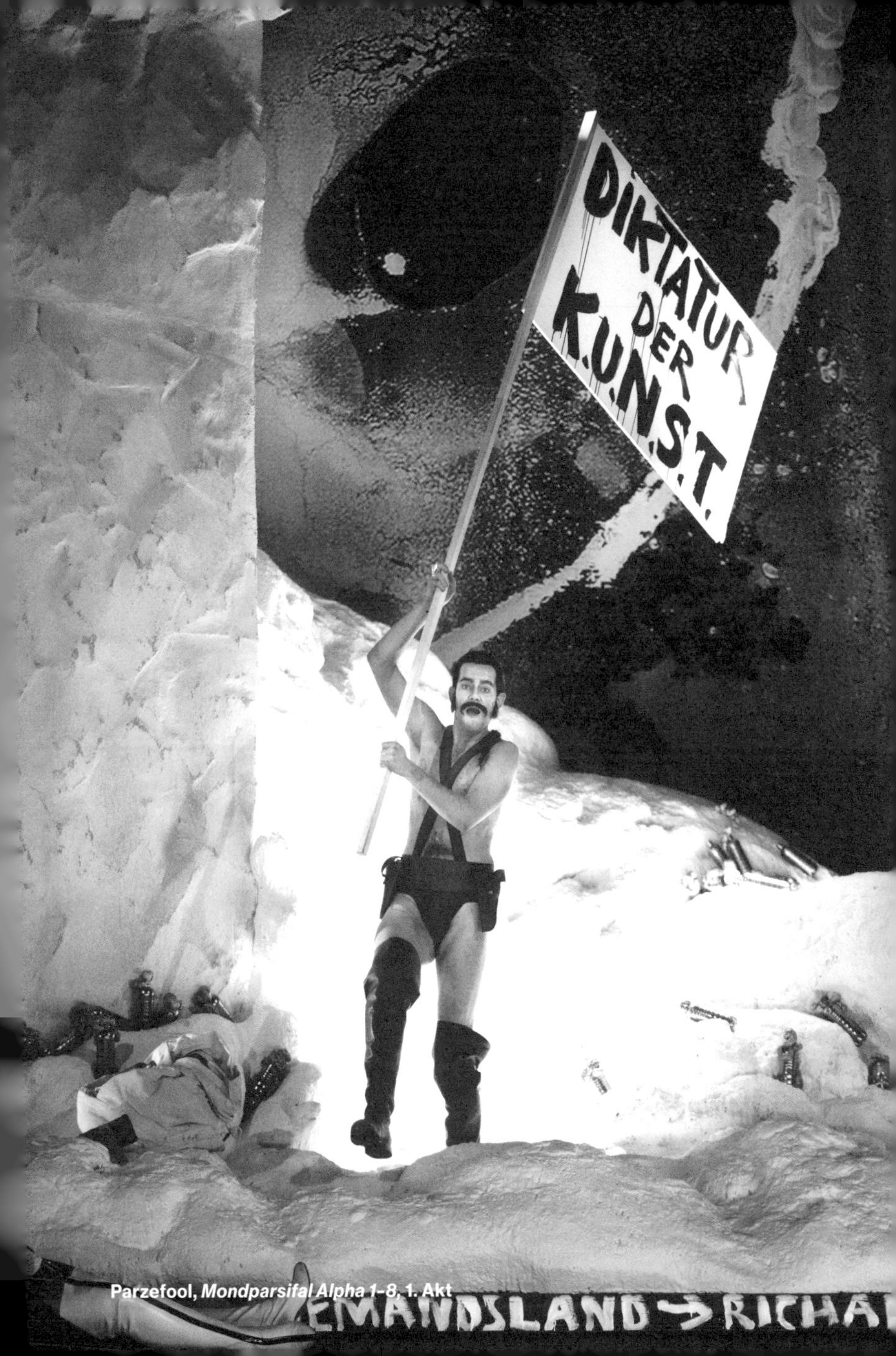

Parzefool, *Mondparsifal Alpha 1–8*, 1. Akt

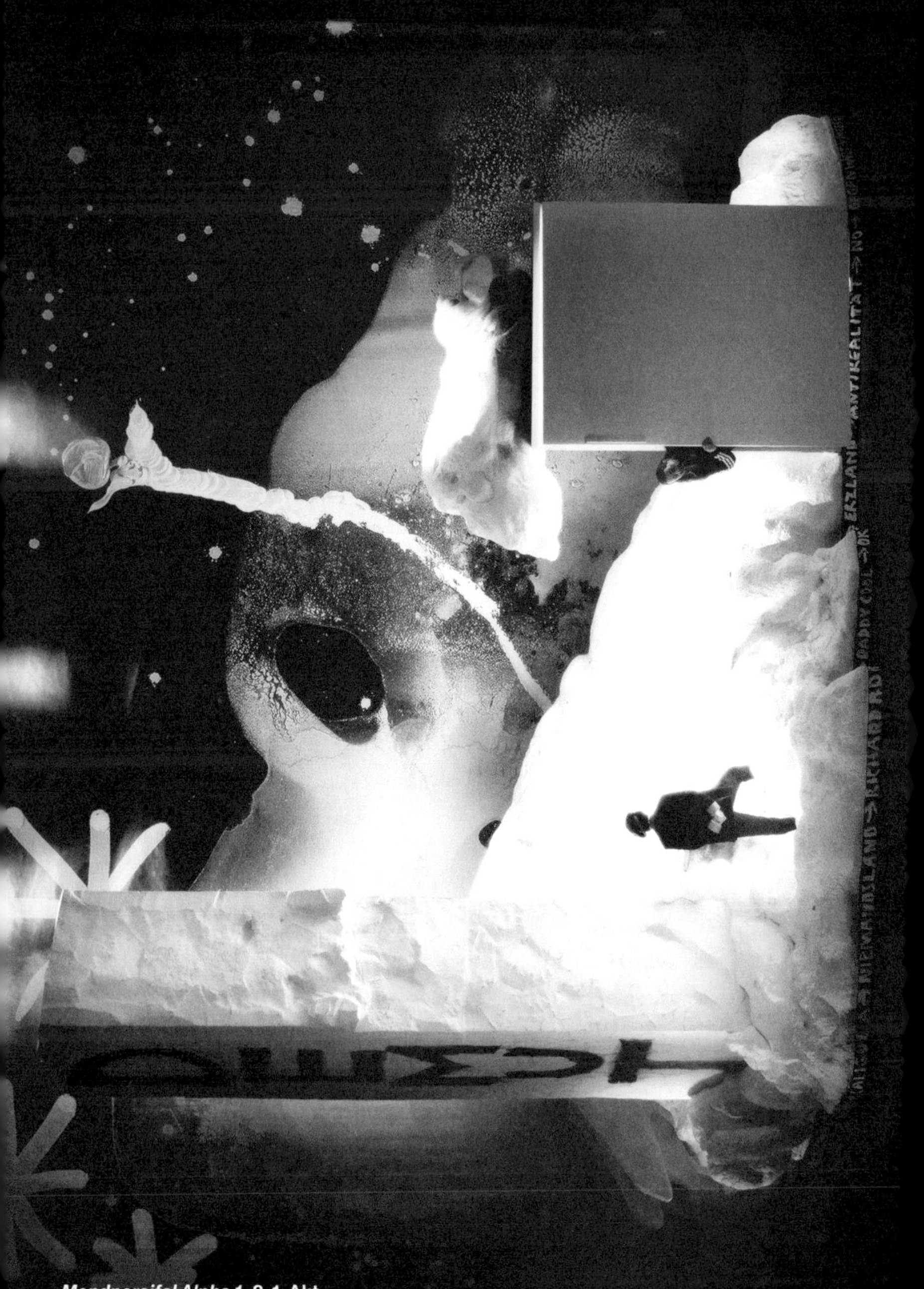

Mondparsifal Alpha 1–8, 1. Akt

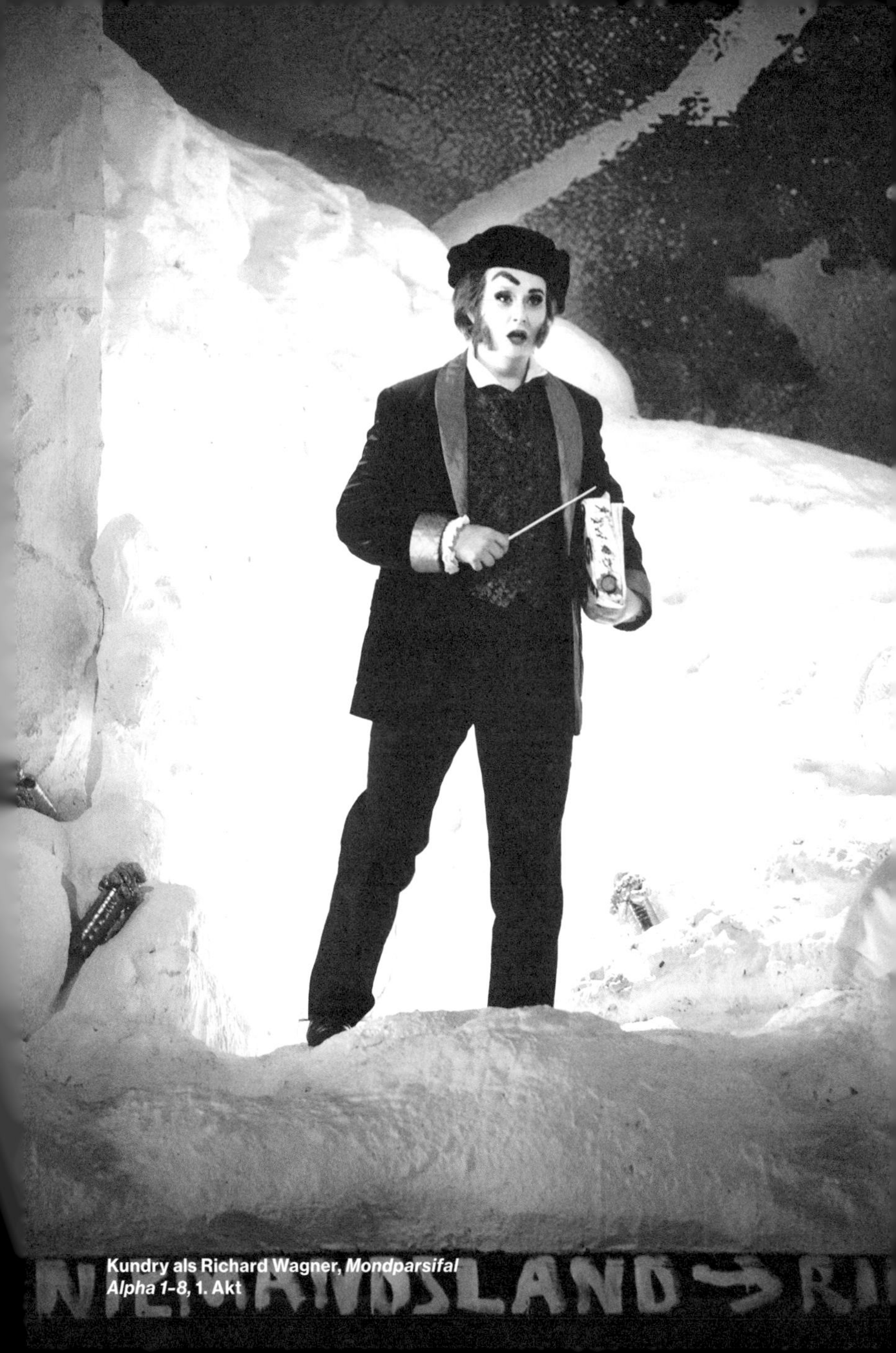

Kundry als Richard Wagner, *Mondparsifal Alpha 1–8*, 1. Akt

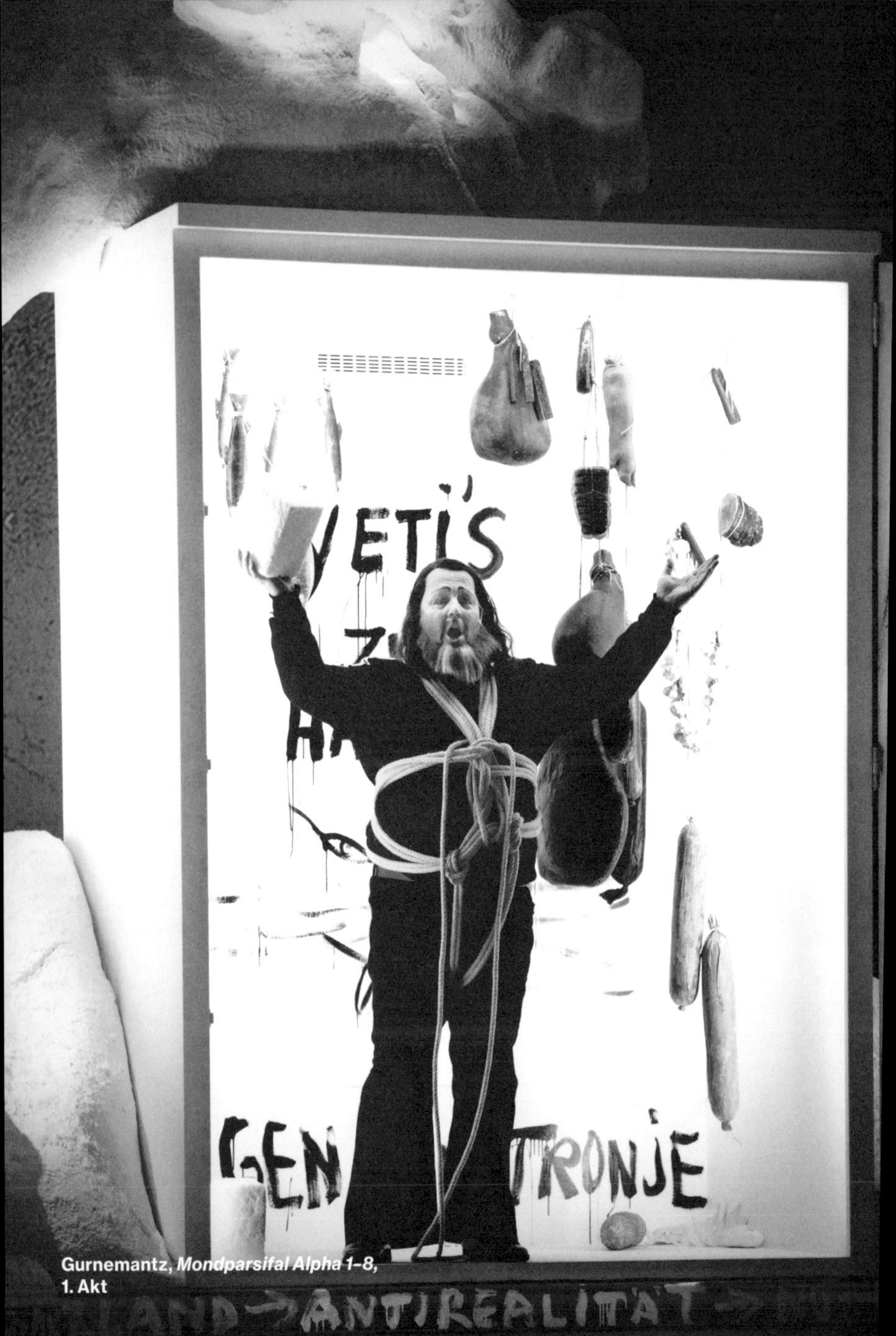

Gurnemantz, *Mondparsifal Alpha 1–8*, 1. Akt

Mondparsifal Alpha 1–8, 3. Akt

nicht, wenn wir ihn nur noch heilig sehen und immer nur die Wiederholung des Gestrigen wollen. Wir brauchen die Wiederholung des Notwendigen und nicht die des Gestrigen.
B.L.: *Die Sache mit dem Narren hat mich natürlich sehr interessiert. Die ist im Namen schon verschlüsselt. Denn es heißt ja bei Wagner nicht* Parzival *wie im Original, sondern* Parsifal. *Wagner vermutete, das hieße Fal Parsi, also der reine Tor. Und der reine Tor, der Narr wird ja bei ihm sehr oft zitiert, im positiven Sinn zitiert. Das ist eine Figur, die sehr interessant ist, weil sie in allen Kulturen und Religionen auftritt. Der Narr ist derjenige, der aus der Religion hinaustritt. Wie Nasreddîn Hoca zum Beispiel, der das Gesetz bricht, aber eigentlich der Weise ist. Wenn man die Rolle dieses Narren, der über dem Gesetz steht oder außerhalb des Gesetzes steht, wie es auch Nietzsche in* Zarathustra *beschreibt, wenn man die bei Wagner verfolgt, verkrustet der so ein bisschen. Er wird progressiv Gralsbeamter und die Wahrheit verschwindet so ein bisschen aus dem Stück. Für uns war die aber bis zum Schluss wichtig. Was habe ich mit dem Stück gemacht? Ja, ich bin ein relativ einfacher Mensch, ich habe nichts anderes gemacht, als das, was ich immer mache, mich wiederholen. Und ich habe, wenn man es auf die kürzeste Formel bringt, das Leitmotiv zum Loopmotiv gemacht. Darüber haben wir uns in Berlin schon abgesprochen und gesagt, wir nehmen die tollen Sätze und arbeiten mit denen. Die Linearität der Erzählung wird durch die Looptechnik ersetzt. So wird eine neue Struktur geschaffen, wobei gerade diese Technik große Affinität zur Wagnerschen Wiederholungs- und Leitmotivtechnik sowie zu der unendlichen Melodie aufweist, denn alles sind Strategien der Wiederholung. Einig waren wir uns auch mit dem Kinobezug. Alexander Kluge sagt, Bayreuth sei das erste IMAX oder Multimediakino gewesen. Ich habe, als ich die Uraufführung von Martin Arnolds* Alone. Life Wastes Andy Hardy *im Kino sah, mit ihm Freundschaft geschlossen und verehre ihn ganz unglaublich. Martin Arnold hat mit Found Footage und Looptechnik auf neue Art Kontexte und Strukturen erzeugt. Und ich habe diese kinematografischen Techniken mehr oder weniger auf Musik übertragen. Da ist natürlich das Musiktheater naheliegend. Man sieht auch bei Martin*

Arnold immer Personen-Konfigurationen, das sind theatralische oder musiktheatralische Konfigurationen. Musik spielt auch bei ihm eine große Rolle und wenn man sich das so vorstellt, dann ist Mondparsifal Alpha 1–8 *ein musikalischer Martin Arnold projiziert auf den Text von Richard Wagner.*
J.M.: *Für mich treibst du die Musik auf die Spitze. Da findet eine Entheiligung des Stoffs statt, die notwendig ist. Für mich war dieser Stoff nie heilig, im aller extremsten Fall vielleicht heidnisch. Da werden nur christliche Motive benutzt, um sie ad absurdum zu führen. Das muss man aufreißen. Ich habe viel mit Alexander Kluge darüber gesprochen und der sagte auch: Aufmachen! Genauso machst du die Musik Wagners auf – und durch Wiederholung wird sie essenziell. Kunst ist ja die Wiederholung des Notwendigen und nicht des Geschmacks. Geschmack vergeht und Kunst bleibt. Kultur vergeht, Kunst bleibt. Politik vergeht, Kunst bleibt. Religion vergeht, Kunst bleibt. Ich habe gemerkt, dass die serielle Angelegenheit und dieses Loopen das ist, was uns ausmacht. Wir alle machen ja immer das Gleiche. Wir atmen. Wir gehen ins Bett. Wir wachen auf. Wir schlafen, wir essen, wir trinken, wir schwitzen. Das sind die notwendigen Dinge. Alles Andere ist Luxus oder Beiwerk. Das ist die Propaganda des Notwendigen. Wir machen immer das Gleiche, nur dann können wir leben. Die Variationsfanatisten, die immer denken, sie müssten anders atmen oder sie müssten anders schlafen, die haben eben ein Problem. Man hat halt bestimmte Dinge zu tun und Malen ist halt Malen. Man macht das so. Ich würde gerne noch auf einen anderen Punkt kommen. Ich weiß noch, vor eineinhalb Jahren gingen wir hier durch Wien und ich sagte zu dir: »Mensch, ich weiß schon, was diese ganzen Kritiker schon jetzt im Vorfeld sagen werden. Das ist ja gar nicht Richard Wagner, das ist ja nur eine Performance. Dann: Steuergeldverschwendung, wie kann man nur soviel Geld für so etwas ausgeben, der soll das doch zuhause machen.« Das habe ich schon ganz oft gehört. Nur sie haben die Rechnung ohne den Wirt gemacht. Weil du mir damals schon auf der Straße gesagt hast: »Nee, nee, nee, nee, das können die gar nicht ignorieren.« Wir haben eine Weltklasse-Dirigentin, spitzenmäßig, Simone Young, absolut vom Feinsten und präzise. Wir haben eine Musik,*

die so bombastisch und neu ist und aus dem Weltall kommt. Wir haben das Klangforum in Wien, wir haben den Schoenberg Chor, wir haben Sänger, die in Bayreuth singen und so geil sind und so eine Lust haben, etwas zu riskieren. Wir haben das Theater an der Wien, das strammst steht für die Kunst. Noch kein einziges Mal ist das Wort Geld gefallen. Kein einziges Mal. Ich habe ein Team, das ist grandios. Das sind Leute, die schon Filme ausgestattet haben, tausende, hunderte von Opern gemacht haben, das sind Vollprofis. Und da zu behaupten, das sei eine Performance von mir! Ich bin gar nicht auf der Bühne. Ich meine, man muss jetzt mal die Katze im Sack lassen. Die wollen das klein machen.

B.L.: *Ich bin mir sehr, sehr sicher, dass das eine intensive Produktion wird. Das kommt aus einer bestimmten Sicherheit in der Arbeit. Das ist ja nicht immer und hundertprozentig so, aber hier hat es sich einfach gut entwickelt. Auch dank dir, weil du unser Energiebündel bist, das hinter der ganzen Sache steht, da schläft man nicht ein. Das heißt, das Ganze ist dauernd in Fahrt, unglaublich intensiv und es ist sicher etwas ganz, ganz Neues und es schaut sicher ganz weit in die Zukunft. Das weiß ich einfach. Es ist schon interessant, wenn ich das jetzt mit anderen Produktionen vergleiche, der Blick in die Zukunft, der liegt unserer Arbeit schon inne. Wir haben jetzt mittlerweile schon zwei Kritiken über ein Stück bekommen, das es noch gar nicht gibt. Und das ist schon eine ganz beachtliche Leistung, dass die Rezeptionsgeschichte beginnt, bevor das Stück begonnen hat. Das macht die Sache für mich interessant und spannend. Also ärgern tue ich mich nicht darüber. Aber die Strategie der Vorverurteilung ist ganz interessant.*

J.M.: *Als man mir anbot, das hier in Wien zu machen, war die Frage, was macht man. Mir wurde auch eine Performance angeboten, ganz klar. Aber dann habe ich mir doch überlegt, nee, nee, das kann es nicht sein. Das wäre zu schwach. Außerdem habe ich es auch schon gemacht, an der Staatsoper in Berlin. Dreimal fünf Stunden* Parsifal *allein auf der Bühne. Da war auch Katharina Wagner. Da war auch Nike Wagner. Die waren alle da. Die haben gesehen, wie geil das war. Deswegen wurde ich ja auch nach Bayreuth eingeladen. Aber das Konzept für Bayreuth habe ich erstmal in die Schublade gesteckt, das kann man dort in 15, 20*

Jahren machen. Der Wiener Mondparsifal *spielt im Weltall. Wir müssen diese Erde verlassen, auch gedanklich, um wieder klar zu sehen. Wir sind so etwas von versaut von all den schrecklichen Informationen, die wir täglich bekommen und auf die wir immer nur mit Vergangenheit antworten wollen. Also mit Mustern, die es schon gab. Mit* Mondbasis Alpha 1, *das ich damals schaute, kam die Idee, man muss diesen* Parsifal *auf den Mond schießen, man muss ihn aus dem Weltall kommen lassen. Und dann kamst du ins Spiel. Und wir haben darüber geredet und du wusstest über* Mondbasis Alpha 1 *mehr als ich. Das sind ja keine nostalgischen Produktionen, das sind Zukunftsproduktionen.*
B.L.: Mondbasis Alpha 1 *ist von Gerry und Silvia Anderson, die eigentlich durch Puppenfilme berühmt geworden sind.* Thunderbirds *oder* Joe 90, Captain Scarlet, Fireball XL 5, *Supermarionation-Filme. Sie haben dann angefangen, diese Puppentechniken auf Science-Fiction-Filme zu übertragen. Die haben eine wunderbare, eiskalte, künstliche Atmosphäre mit wunderbar inszenierten Explosionen und so weiter entwickelt. Die sind ästhetisch ganz schön anzusehen. Ich habe die ganze Serie mehrfach angesehen und wir haben dann in Berlin ausgewählte Folgen in der Wagner-Vorbereitung gemeinsam angeschaut. Und das war neben* Zardoz *eine weitere filmische Begegnung, die uns verbindet.*
J.M.: *Ich war letzten August in Irland und durfte John Boorman besuchen. Das ist einer der größten Regisseure aller Zeiten. Der ist wie Fritz Lang, Stanley Kubrick. Ich habe ihn gebeten: Mach* Zardoz II, *du bist der Chef. Und ich habe ihn gefragt: Was ist der Gral? Da hat er gesagt: Das ist Wasser, weil Wasser alle Formen annehmen kann. Verdichtung, Ausbreitung, Eis. Ich war so begeistert. Mit* Mondparsifal *springe ich ins kalte Wasser. Es kann ein Desaster werden und alles auseinanderfallen – und dann wird gelacht. Es kann sein, dass es niemand mag. Das ist mir aber egal. Deswegen habe ich noch nie ein Bild gemalt, damit es jemand mag, noch nicht einmal, damit es mir gefällt. Das interessiert mich nicht. Mich interessiert Notwendigkeit. Nichts, was sich aufdrängt, sondern was sich aus der Zukunft uns zeigt. Ich bin hier nicht engagiert worden, um etwas von gestern zu bestätigen, son-*

dern um eine Tür aufzumachen. Ich weiß, dass viele Leute das Kindliche, Naive als Schwäche empfinden. Ich aber nicht. Ich bin Don Quijote, Zed aus Zardoz, *Alex DeLarge aus* Clockwork Orange. *Weil das kindliche Spiel Spielräume öffnet. Der erwachsene, durchideologisierte Geist verengt diese Spielräume und macht Kunst unmöglich. Das Kind sagt: »Wow! Heute bin ich Parsifal, morgen bin ich Hagen von Tronje und übermorgen bin ich der Drache.« Natürlich bin ich ein Möchtegern-Parsifal. Genauso wie ich ein Möchtegern-Künstler bin.*

B.L.: *Ich denke, der Respekt vor einem Text zeigt sich darin, dass man ihn sprengt. Und in dem Mut zur neuen Lesart und neuen Sichtweise zeigt man die Verehrung dem Original gegenüber. Da ist gerade die Musiktheaterkultur eine tote Wiederholungskultur, die immer schlimmer wird. Wenn man überlegt, wie das Vorkriegs-Wien aufgeschlossen war, im Hunger nach Neuem, in der wissenschaftlichen Innovation, in der philosophischen Innovation, in der musikalischen Innovation. Wenn man heute auf diese reaktionäre Touristen-Maschine blickt, den Unwillen, Neues zu wollen und Neues zu produzieren, dann ist das eine große Katastrophe, die allen wurscht ist. Unser Stück ist ein Einzelfall. Wenn man sich überlegt, dass das im 18. oder 19. Jahrhundert der Normalfall war! Da haben die Leute gegähnt, wenn ein Stück zum dritten Mal gekommen ist. Diese Repetitionskultur ist wirklich desaströs und wir steuern mit unserem Stück dagegen, gegen diesen Zeitgeist und gegen diese Rezeptionsgewohnheiten. Das ist kein Schönbrunn mit Mozart in Perücke, sondern das sind neue Hörerfahrungen, neue szenische Erfahrungen und neue konzeptuelle Ansätze. Du siehst Musiktheater wirklich anders, komplett neu. Für mich ist das sehr schön, miterleben zu können, dass jemand einen neuen Blick auf das Medium wagt und die Aufforderung ausspricht, nur noch das zu machen. Im Theater an der Wien nur neue Stücke spielen, von jungen Komponisten. Wir sehen den* Mondparsifal *quasi als Zukunftsballon. In der derzeitigen Situation ist das natürlich Utopie, aber so sollte es eigentlich sein. Ich habe manchmal das Gefühl, dass wir uns den Ägyptern annähern, die ihre Ruinen haben, sie anbeten und den Touristen verkaufen, statt etwas Neues zu bauen oder zu pro-*

duzieren. Und Österreich ist in einer Annäherungskurve dorthin.
J.M.: *Stichwort Pyramide. Da sieht man auch, die Pyramiden sind übrig geblieben als Kunstwerke, aber das worum es ging, die Tempelartigkeit, die Religion damals, das Politische, hat eben nicht überlebt. Das bedeutet, dass es zu schwach war. Und das ist heute genauso. Richard Wagner war ein ganz großer Ent-Templer. Das, was wir hier machen, ist eine Ent-Tempelung. Hagen von Tronje zum Beispiel, das ist wirklich einer meiner größten, größten, größten Helden aller Zeiten. Fritz Lang, und auch die andere Verfilmung aus den Siebzigern, habe ich mit zwölf gesehen, und ich habe diesen Mann geliebt und ich fand ihn viel geiler als Siegfried, weil er das Heft in die Hand und den Speer genommen hat, um diese Ideologie der Unverwundbarkeit Siegfrieds zu zerbrechen. Es wäre ein ganz langweiliger Staat gewesen, mit einem Herrscher, der angeblich unverwundbar ist. Denn das ist ja das Langweiligste und Blödeste, das es gibt. Das ist Menschendiktatur. Oder Parlamentarismus. Und Hagen von Tronje musste das tun, was er tat, um die Geschichte voranzubringen. Wie Judas. Das ist eine ähnliche Figur. Parsifal ist auch im Auftrag der Kunst unterwegs und muss tun, was notwendig ist. Hagen von Tronje sah auch so geil aus, speziell in dem Stummfilm von Fritz Lang. Ich habe mich immer in dem gesehen. Ich liebte diese Figur, die immer aus dem Saal kam, als Überlebender. Dieser brennende Saal. Und er kam raus, als treue Figur und hat zum Schluss den Gral, also den angeblichen Gral, den Hort, nicht verraten. Das zeigt, Kriemhild war doch nur an Geld interessiert. Das ist wahnsinnig.*
B.L.: *Wir machen den* Ring!
J.M.: *Ja, wir müssen den* Ring *machen. Das ist das Nächste, was du machst, du musst dich ja auch selbst überbieten. Ich auch. Ich kann jetzt nicht zurück.*

2023: Diktatur der Kunst

Erzberlin: K.U.N.S.T. : Keine ANGST! 2018

ABSCHLUSSMANIFESTYRN!

1. ENDPUNKTMANIFEST!

NUR KUNST IST ZUKUNFT!

NUR KUNST IST CHEF!

---

1. WIR KÖNNEN NUR DER KUNST VERTRAUEN!
2. WIR KÖNNEN NUR DER EVOLUTION VERTRAUEN!
3. WIR KÖNNEN NUR DER LIEBE VERTRAUEN!
4. WIR KÖNNEN NUR DEM RESPEKT VERTRAUEN!
5. WIR KÖNNEN NUR DEM "KIND IN UNS" VERTRAUEN!

6. WIR KÖNNEN NUR DER "MUTTER" VERTRAUEN!

7. WIR KÖNNEN NUR DEM "KUNSTMILITÄR" VERTRAUEN!

8. WIR KÖNNEN NUR DER "ANTIREALITÄT" VERTRAUEN!

9. WIR KÖNNEN NUR "Hagen von Tronje" VERTRAUEN!

10. WIR KÖNNEN NUR DER "RADIKALITÄT" VERTRAUEN!

11. WIR KÖNNEN NUR "Richard Wagner" VERTRAUEN!

12. WIR KÖNNEN NUR DER ZUKUNFT VERTRAUEN!

K.U.N.S.T. überwindet alle "Nicht-Kunst"!

KUNST ist der größte Überwinder!

K.U.N.S.T. erzeugt Z.U.K.U.N.F.T.!

1
Jonathan Meese. *Ausgewählte Schriften zur Diktatur der Kunst,* hg. von Robert Eikmeyer, Berlin 2012, S. 621–624.
2
Cosima von Bonin / Daniel Buchholz / Christopher Müller (Hgg.): *Glockengeschrei nach Deutz,* Köln 1997, o. S.
3
Harald Falckenberg: »Jenseits von Gut und Böse. Das Phänomen Jonathan Meese«, in: Kat. *Jonathan Meese. Revolution,* Kestnergesellschaft Hannover 2002, S. 21–42, hier S. 23.
4
Jörg Heiser: »It was a very good year«, in: *Gesinnungsbuch '99,* Köln 1999, S. 11–16, hier S. 11.
5
http://www.germangalleries.com/Frankfurter_Kunstverein/Starter.html
6
Roberto Ohrt: »Dr. No Private Meese und die Masken der Geschichte«, in: Kat. *Jonathan Meese. Pump Up the Vampire, Pump Up the Vampire, Pump Up the Vampire, Smell!,* Glasgow 2014, S. 8–21, hier S. 11–17.
7
Heiser, a.a.O. (Anm. 4), S. 11–16.
8
Pressetext Berlin Biennale, auf: http://www.kunstaspekte.art/event/1-berlin-biennale-1998-event
9
Fabrice Hergott: »Das Schweigen von Saint-Just. Meese und die Französische Revolution«, in: Kat. *Jonathan Meese. Mama Johnny,* Köln 2007, S. 267–272, hier S. 269.
10
Falckenberg, a.a.O. (Anm. 3), S. 26.
11
Susanne Titz: »Mr. Deltoid's a.k.a. Urleandrusus – Sonnenallee – AHOI DE ANGST – FAIR WELL Good Bye«, in: Kat. *Jonathan Meese. Mama Johnny,* Köln 2007, S. 281–282.
12
Isabelle Graw: »›Sei mein Weidenmann!‹, – Magische Rituale«, in: Spex 04, 1999, S. 44–45, hier S. 45.
13
Sebastian Preuss: »Chefsache Kunst im Erzland der totalsten Liebe: Meese und Wagner«, in: Kat. *Jonathan Meese. Malermeese – Meesermaler,* Köln 2013, S. 158–161, hier S. 158.
14
Dorothea Strauss: »Führe dich in Versuchung«, in: Kat. *Jonathan Meese. Sonnentanz. Der Weidenmann. Nahrung. Erzisis,* Kunsthalle St. Gallen 1999, o. S.
15
Gemeint ist Bayreuth.
16
Heiser, a.a.O. (Anm. 4), S. 12–14.
17
Thomas Kellein: »Jonathan Meese oder die Energie der zerstörten Form«, in: Kat. *Jonathan Meese,* New York / Köln 2001, S. 23–28, hier S. 25f.
18
Jan Verwoert: »›Akademie zu machen ist praktischer‹. Ein Interview mit der Akademie Isotrop«, in: Springerin. Hefte für Gegenwartskunst 2/99, auf: http://www.springerin.at/1999/2/review/akademie-zu-machen-ist-praktischer/
19
Isabelle Graw: »›Nicht böse sein‹. Über die mythische Dimension im Werk von Jonathan Meese«, in: *Gesinnungsbuch '99,* Köln 1999, S. 5–10, hier S. 5f.
20
Falckenberg, a.a.O. (Anm. 3), S. 31.
21
Jan Verwoert: »Produktionsmeldung zu John Bock, Jonathan Meese und Bernd Krauß«, in: ARTIST Kunstmagazin Nr. 42 1/2000, S. 46–50.
22
Kellein, a.a.O. (Anm. 17), S. 24
23
Heiser, a.a.O. (Anm. 4), S. 15f.
24
Kathrin Luz: »Jonathan Meese. Messy, Messias – und Massacreur eines konformistischen Kunstbegriffs«, in: Kat. *German Open. Gegenwartskunst in Deutschland,* Kunstmuseum Wolfsburg, Ostfildern-Ruit 2000, o. S.
25
Falckenberg, a.a.O. (Anm. 3), S. 27.
26
Ebd., S. 34.
27
Veit Loers: »Die Verschwörung des Saalmenschen«, in: Kat. *Jonathan Meese. »Stierhoden und Absinth«. Erwin Meese,* Berlin 2000, o. S.
28
Klaus Gronen: *Bedeutung und Eignung des Begriffes Avantgarde für die zeitgenössische Kunst am Beispiel Jonathan Meese und John Bock,* Berlin 2007, S. 117–120.
29
Robert Fleck: »Jonathan Meese. Von der Berlin-Biennale bis zu den Deichtorhallen 2006«, in: Kat. *Jonathan Meese. Mama Johnny,* Köln 2007, S. 257–264, hier S. 257f.
30
Falckenberg, a.a.O. (Anm. 3), S. 21f.
31
»Der Pornographiestaat kommt! Jonathan Meese möchte heute abend den Berlinern seinen Freund Ezra Pound vorstellen. Ein Monolog«, aufgezeichnet von Stefan Heidenreich, in: Frankfurter Allgemeine Zeitung, 20.04.2002, Nr. 92, S. BS3, auf: http://www.genios.de/document/FAZ__FBS200204201392988
32
Daniel Schreiber: »Erzstaat Atlantisis«, in: Kat. *Jonathan Meese. Erzstaat Atlantisis,* hg. von Oliver Kornhoff, Köln 2009, S. 25–172, hier S. 89–94.
33
Friedrich Meschede: »Barocker Bösewicht auf dem Weg vom Idolforscher zum Idolfinder. Beobachtungen zu den Bronzeplastiken von Jonathan Meese«, in: Kat. *Jonathan Meese. Das Bildnis des Dr. Fu Manchu,* Berlin 2004, o. S.
34
Schreiber, a.a.O. (Anm. 32), S. 26f.
35
Preuss, a.a.O. (Anm. 13), S. 160.
36
Seit 2008 gestaltet und pflegt Jan Bauer die Website www.jonathanmeese.com.
37
Wolfgang Ullrich: »›Wir sind im Wahlkampf‹. Die Inszenierung Jonathan Meeses«, in: Wespennest. Zeitschrift für brauchbare Texte und Bilder Nr. 152, S. 70–77, hier S. 72ff.
38
Karel Schampers: »Sherwood Forest. Jonathan Meese und Jörg Immendorff, in: Kat. *Jonathan Meese. Mama Johnny,* Köln 2007, S. 277–278.
39
Schreiber, a.a.O. (Anm. 32), S. 27.
40
Ullrich, a.a.O. (Anm. 37), S. 74.
41
Sven Nommensen: »Diktatur der Kunst. Die Mission des Ritters Johnny«, in: Kat. *Jonathan Meese. Ritter Johnny,* Bad Oldesloe 2006, S. 17–25, hier S. 22–24.
42
Schreiber, a.a.O. (Anm. 32), S. 31f.
43
Fernando Castro Flórez: »Stoffwechsel, Stofftier and other Stuff (Musings on Jonathan Meese's Excessive Imaginary), in: Kat. *Jonathan Meese. 3 x C = Circussys Ceramicussus Caligolossoz (Once upon a time in Fort Knoxos),* CAC Málaga 2010, S. 117–133, hier S. 118–125.
44
Bonnie Clearwater: »Jonathan Meese: Sculpture«, in: Kat. *Jonathan Meese: Sculpture,* Museum of Contemporary Art, North Miami 2010, S. 8–30, hier S. 10–30.
45
Künstlergespräch mit Bazon Brock anlässlich der Ausstellung in der Chesa Planta, auf: http://www.youtube.com/watch?v=R42S77Y3RnY
46
Doris Mampe: »(Selbst-)Porträt«, in: Kat. *Jonathan Meese. Malermeese – Meesermaler,* Köln 2013, S. 48.
47
Robert Eikmeyer: »Nachwort«, in: *Jonathan Meese. Ausgewählte Schriften zur Diktatur der Kunst,* Berlin 2012, S. 652–662, hier S. 653–660.
48
»Spiegel-Gespräch.›Furzgrößenwahn‹«, in: Der Spiegel Nr. 24/2012, S. 140–144.
49
»Jonathan Meese soll ›Parsifal‹ in Bayreuth inszenieren«, in: Die Welt, auf: http://www.welt.de/aktuell/article108381485/Jonathan-Meese-soll-Parsifal-in-Bayreuth-inszenieren.html
50
Preuss, a.a.O. (Anm. 13), S. 158.

51
Pamela Kort: »The Screen and the Spot«, in: Kat. *Jonathan Meese. DR. TRANS-FORM-ERZ,* David Nolan Gallery, Köln 2016, S. 9–19, hier S. 17f.
52
http://www.nzz.ch/aktuell/panorama/jonathan-meese-erhaelt-strafbefehl-wegenhitlergrusses-1.18092200
53
dpa-Meldung von Christian Jung vom 27. Juni 2013, die in der Folge von nahezu allen Medien kolportiert wurde, z.B. http://www.sz-online.de/nachrichten/kultur/meese-verliert-mit-hitlergruss-und-hakenkreuz-die-zuschauer-2605170.html
54
Gronen, a.a.O. (Anm. 28), S. 205–207.
55
http://www.nzz.ch/panorama/meese-gibt-hitlergruss-zu-1.18119076
56
Ohrt, a.a.O. (Anm. 6), S. 19f.
57
http://www.spiegel.de/kultur/gesellschaft/freispruch-fuer-kuenstler-jonathan-meese-im-hitlergruss-prozess-a-916586.html
58
Monopol, online abrufbar unter: http://www.monopol-magazin.de/artikel/20107966/Jonathan-Meese-beendet-Zusammenarbeit-mit-CFA.html (Stand Juni 2017)
59
http://www.spiegel.de/kultur/gesellschaft/jonathan-meese-parsifal-fuer-bayreuther-festspiele-gecancelt-a-1003018.html

Über die Autoren

Robert Eikmeyer, geboren 1963, studierte Malerei in Stuttgart, anschließend Kunstwissenschaft in Karlsruhe, wo er mit einer Dissertation zur ›Diktatur der Kunst‹ promovierte. Nach Lehraufträgen an verschiedenen Hochschulen ist er seit 2015 Dozent für Kunst- und Designtheorie an der Hochschule Pforzheim. Zahlreiche Publikationen zur zeitgenössischen Kunst. Zum Werk von Jonathan Meese sind u.a. erschienen: *Jonathan Meese. Slavoj Žižek. Ernteschach dem Dämon, Jonathan Meese. Erznahrung, Jonathan Meese. Ausgewählte Schriften zur Diktatur der Kunst.*

Doris Mampe ist seit 2007 Managerin von Jonathan Meese. Sie studierte Kunstgeschichte, Kommunikations- und Politikwissenschaft an der Ludwig-Maximilians-Universität in München und an der Sorbonne in Paris. Bereits während des Studiums beschäftigte sie sich mit Kuration und zeitgenössischer Kunstproduktion sowie der Förderung junger Künstler. Tätigkeiten für verschiedene Galerien mündeten schließlich in der Arbeit mit Jonathan Meese. Als Herausgeberin hat sie verschiedene Kataloge mitkonzipiert: *Jonathan Meese. Totalzelbstportrait, Jonathan Meese. Malermeese–Meesermaler, Jonathan Meese. Babysculptures.*

Impressum

© 2018
Robert Eikmeyer, Doris Mampe und
Verlag der Buchhandlung
Walther König, Köln

© VG Bild-Kunst, Bonn 2018
für Jonathan Meese, Wilfried Petzi,
Daniel Richter

Gestaltung:
Thomas Mayfried
Bildregie:
Swantje Grundler, Thomas Mayfried
Lektorat:
Bernd Müller, Lisa Contag
Herstellung:
Lösch GmbH & Co. KG

© der abgebildeten Fotos und
Abbildungen bei den Fotografen und
Künstlern

Erschienen im
Verlag der Buchhandlung
Walther König, Köln
Ehrenstr. 4
50672 Köln

Bibliografische Information der
Deutschen Nationalbibliothek:
Die Deutsche Nationalbibliothek
verzeichnet diese Publikation in
der Deutschen Nationalbibliografie;
detaillierte bibliografische Daten
sind über http://dnb.d-nb.de abrufbar.

Printed in Germany

Vertrieb:
Buchhandlung Walther König
Ehrenstr. 4
50672 Köln
Tel. +49 (0) 221 / 20 59 6 53
verlag@
buchhandlung-walther-koenig.de

ISBN 978 3 96098 239 5

Bildnachweis

Wir danken allen Inhabern von Bildnutzungsrechten für die freundliche Genehmigung der Veröffentlichung. Sollte trotz intensiver Recherche ein Rechteinhaber nicht berücksichtigt worden sein, so werden berechtigte Ansprüche im Rahmen der üblichen Vereinbarungen abgegolten.

14–27, 38–41, 48, 49, 53, 63, 65, 67, 70, 76, 77, 80/81, 84–87, 89, 91, 98, 99, 101, 103–105, 119, 121–128, 131, 134–139, 156–161, 169, 172, 173, 178, 186, 196, 206–209, 219, 238, 245, 260, 264–267, 274, 275, 290, 298, 301, 312, 314, 320, 326/327, 332–335, 343, 344, 374–376, 392–395, 467, 516/517: © Bureau Jonathan Meese
Umschlag, 32/33, 71, 82/83, 111, 143–153, 166, 187, 190/191, 214, 215, 254, 256/257, 270–273, 276–281, 288, 289, 291, 296, 297, 299, 300, 302–305, 308, 309, 313, 315–317, 322–325, 328/329, 336–338, 340, 341, 345–347, 354/355, 360–363, 370/371, 384, 385, 402–409, 424–430, 438, 439, 446, 447, 461, 464–471, 478–481, 486–489, 500/501, 503–509: © 2005–2017 Photography Jan Bauer . Net | Courtesy Jonathan Meese . Com
42/43, 54/55: © Isabel Mahns-Techau
52, 74, 75, 90: © John Bock
50/51, 60–62, 64, 66, 69, 88, 118, 377: © Stefan Thater
68, 100, 112–115, 167, 170/171, 179–181, 192, 197, 210–213, 229, 236/237, 239, 251, 261, 292, 378, 379, 397, 502: © Jochen Littkemann
102: © Nicole Hackert
110: © Daniel Richter
120, 242–244: © Bruno Brunnet
129, 132, 133: © Caroline Stummel
130: © Philipp Haverkampf
140–142: © Melanie Faulbacher
168: © Rolf Abraham
193: © Walter Remy
218: © Jens Weber
220/221: © Wilfried Petzi
226, 227, 250: © Tom Powel
228, 230/231: Foto: Egbert Haneke © Deichtorhallen Hamburg – Sammlung Falckenberg
255: © Nachlass Christoph Schlingensief
268, 269: © Caroline Roesle
293: © Lona·media Filmproduktion
321: © Peter Doig
339: © Angelika Schuster
342: © LSD / Leonard Neumann
364/365: © Doris Mampe
396: © Juli Susin
431: Foto Marlies Forenbacher © Bureau Jonathan Meese
452–460: © Wolfgang Ullrich